公路水运工程试验检测专业技术人员
职业资格考试用书

交 通 工 程

（2020 年版）

交通运输部安全与质量监督管理司
交通运输部职业资格中心　　组织编写

人民交通出版社股份有限公司
北　京

内 容 提 要

本书为交通运输部安全与质量监督管理司和交通运输部职业资格中心组织编写并审定的《公路水运工程试验检测专业技术人员职业资格考试用书》之一。

本书共分三篇,第一篇是基础知识和通用试验方法;第二篇是交通安全设施试验检测;第三篇为机电工程试验检测。本书理论联系实际,强调实用性和可操作性,内容全面、系统;选材时,着重考虑了我国公路交通工程设施产品多、标准多、专业宽、工程应用复杂等特点,注意以颁布实施的有效标准为依据,以产品为线索,将交通安全设施和机电设施联系在一起,将交通工程的基本概念、基本理论、设施的技术要求与检测方法介绍给读者。一些章节是编者根据多年的试验室和工程检测实践对有关检测方法进行的归纳与探索。

本书宜作为公路交通工程试验检测技术人员考试复习教材,也可供相关专业技术人员和高等院校交通工程专业师生教学参考。

图书在版编目(CIP)数据

公路水运工程试验检测专业技术人员职业资格考试用书. 交通工程:2020年版/交通运输部安全与质量监督管理司,交通运输部职业资格中心组织编写. — 北京:人民交通出版社股份有限公司,2020.6
ISBN 978-7-114-16496-5

Ⅰ.①公… Ⅱ.①交…②交… Ⅲ.①交通工程—试验—资格考试—自学参考资料②交通工程—检测—资格考试—自学参考资料 Ⅳ.①U41②U61

中国版本图书馆 CIP 数据核字(2020)第 066588 号

书 名:	公路水运工程试验检测专业技术人员职业资格考试用书 交通工程(2020年版)
著 作 者:	交通运输部安全与质量监督管理司 交通运输部职业资格中心
责任编辑:	刘永超 黎小东
责任校对:	孙国靖 龙 雪
责任印制:	刘高彤
出版发行:	人民交通出版社股份有限公司
地 址:	(100011)北京市朝阳区安定门外外馆斜街3号
网 址:	http://www.ccpress.com.cn
销售电话:	(010)59757973
总 经 销:	人民交通出版社股份有限公司发行部
经 销:	各地新华书店
印 刷:	北京市密东印刷有限公司
开 本:	787×1092 1/16
印 张:	43.25
字 数:	1041 千
版 次:	2020年6月 第1版
印 次:	2020年6月 第1次印刷
书 号:	ISBN 978-7-114-16496-5
定 价:	120.00元

(有印刷、装订质量问题的图书,由本公司负责调换)

《公路水运工程试验检测专业技术人员职业资格考试用书 交通工程》(2020年版)

主 编

张智勇 朱立伟

主 审

黄孙俊 苏文英 于 乐 吴增涛

前　言

交通运输是经济社会发展的重要基础性和先导性产业，也是事关国计民生的重要服务性行业。近年来，我国的交通运输基础设施建设取得了举世瞩目的成就，为国民经济和社会发展以及人民群众的安全便捷出行做出了贡献。公路水运工程试验检测工作是交通运输建设不可或缺的一项重要工作，对于工程建设过程控制、质量评价等方面具有不可替代的重要作用。培育一支高素质的公路水运工程试验检测专业技术人员队伍，是加强交通运输建设工程质量的重要保证。

2015年6月，人力资源社会保障部、交通运输部联合印发了《公路水运工程试验检测专业技术人员职业资格制度规定》和《公路水运工程试验检测专业技术人员职业资格考试实施办法》。据此，交通运输部职业资格中心公布了《2020年度公路水运工程试验检测专业技术人员职业资格考试大纲》。

为方便考生备考，按照《2020年度公路水运工程试验检测专业技术人员职业资格考试大纲》，我们组织来自全国公路水运工程试验检测相关单位和部分高校的专家编写了公路水运工程试验检测专业技术人员职业资格考试用书(2020年版)，包括《公共基础》《道路工程》《桥梁隧道工程》《交通工程》《水运结构与地基》和《水运材料》六册，分别与六个科目相对应。

本套考试用书体现了公路水运工程试验检测的新标准、新工艺、新技术、新设备、新材料的发展对试验检测专业技术人员能力提升的新要求，注重理论联系实际，针对性、实用性和操作性强，既可作为广大考生复习备考的参考用书，也可作为相关从业人员及交通院校相关专业师生在实际工作和教学中的参考用书。

本书修订工作在历年考试用书的基础上完成，在此一并向所有参与编写及修订工作的单位及专家表示感谢！

由于水平有限，疏漏之处在所难免，敬请批评指正。

编写组
2020年4月

目 录

第一篇 交通工程检测基础

第一章 交通工程概论 ... 3
- 第一节 交通工程学概述 ... 3
- 第二节 交通安全概述 ... 7
- 第三节 交通工程设施质量简介 ... 9
- 第四节 公路机电系统概述 ... 15

第二章 交通工程检测相关学科 ... 19
- 第一节 光学 ... 19
- 第二节 力学 ... 26
- 第三节 电学 ... 29
- 第四节 电子与电工技术 ... 35
- 第五节 电气工程 ... 49
- 第六节 计算机与信息技术 ... 62
- 第七节 通信技术 ... 69

第三章 交通工程标准体系 ... 75
- 第一节 概述 ... 75
- 第二节 产品标准的组成 ... 78
- 第三节 交通工程设施(公路)标准体系 ... 81

第四章 抽样基础 ... 84
- 第一节 基本概念 ... 84
- 第二节 交通工程设施抽样检验技术 ... 87

第五章 数据处理与通用试验方法 ... 95
- 第一节 数据处理基础 ... 95
- 第二节 通用试验方法 ... 99
- 第三节 通用仪器设备 ... 108
- 第四节 交通机电设施检测基础 ... 114
- 第五节 常用防腐处理技术及质量要求 ... 136
- 第六节 公路交通工程钢构件的防腐技术要求 ... 138
- 第七节 交通安全设施检验程序与工程评定标准概述 ... 151

第二篇　交通安全设施

第一章　道路交通标志 ··· 161
 第一节　概述 ··· 161
 第二节　技术要求 ··· 162
 第三节　生产及施工工艺 ·· 168
 第四节　检测方法 ··· 170

第二章　道路交通标志反光材料 ··· 175
 第一节　概述 ··· 175
 第二节　技术要求 ··· 179
 第三节　生产工艺 ··· 186
 第四节　检测方法 ··· 187

第三章　道路交通标线 ··· 192
 第一节　概述 ··· 192
 第二节　技术要求 ··· 196
 第三节　道路交通标线的施工工艺 ······································· 205
 第四节　检测方法 ··· 209

第四章　路面标线涂料 ··· 214
 第一节　概述 ··· 214
 第二节　技术要求 ··· 217
 第三节　路面标线涂料的成分构成和生产工艺 ······················ 222
 第四节　检测方法 ··· 230

第五章　公路安全护栏 ··· 243
 第一节　概述 ··· 243
 第二节　技术要求 ··· 244
 第三节　生产及施工工艺 ·· 268
 第四节　检测方法 ··· 273

第六章　隔离设施 ·· 280
 第一节　概述 ··· 280
 第二节　技术要求 ··· 283
 第三节　生产及施工工艺 ·· 290
 第四节　检测方法 ··· 291

第七章　防眩设施 ·· 296
 第一节　概述 ··· 296
 第二节　技术要求 ··· 304
 第三节　生产工艺和施工方法 ··· 307
 第四节　检测方法 ··· 309

第八章 突起路标···314
   第一节 概述···314
   第二节 技术要求···320
   第三节 突起路标的生产工艺和施工方法···············327
   第四节 检测方法···329

第九章 轮廓标···340
   第一节 概述···340
   第二节 技术要求···345
   第三节 轮廓标生产工艺和施工方法························351
   第四节 检测方法···352

第十章 防腐粉末涂料···357
   第一节 概述···357
   第二节 技术要求···358
   第三节 防腐粉末涂料的成分构成、生产工艺和施工方法···362
   第四节 防腐粉末涂料的检测设备、检测方法及检验规则···365

第十一章 交通安全设施工程验收检测·························372
   第一节 概述···372
   第二节 交通安全设施工程施工质量检验···············373
   第三节 交(竣)工验收前的工程质量检测···············386
   第四节 检测结论···388

第三篇 机 电 工 程

第一章 车辆检测器···393
   第一节 概述···393
   第二节 环形线圈车辆检测器的技术要求和试验方法···395
   第三节 施工质量要求及检验评定标准····················400

第二章 气象检测器···402
   第一节 概述···402
   第二节 气象检测器的技术要求及试验方法···········407
   第三节 施工质量要求及检验评定标准····················414

第三章 闭路电视监视系统···416
   第一节 概述···416
   第二节 视频传输产品及通道性能主要指标及测量方法···421
   第三节 工程安装质量要求及检验评定标准···········431

第四章 可变标志···432
   第一节 概述···432
   第二节 技术要求···434

第三节	检验方法	453
第四节	工程安装质量及评定方法	459

第五章 监控中心设备安装及软件调测 462
- 第一节 概述 462
- 第二节 大屏幕投影系统安装质量及检验评定 463
- 第三节 监控中心设备安装及系统调测 465

第六章 监控系统计算机网络 468
- 第一节 网络布线的主要指标 468
- 第二节 监控系统计算机网络安装质量及评定标准 470

第七章 通信管道与光电缆线路 472
- 第一节 概述 472
- 第二节 技术要求 473
- 第三节 通信管道的施工工艺 483
- 第四节 通信管道的检测方法 484
- 第五节 工程施工质量及检验评定标准 499

第八章 光纤数字传输系统 502
- 第一节 基本概念 502
- 第二节 公路光纤数字传输系统工程安装质量及检验评定标准 508

第九章 数字程控交换系统 518
- 第一节 概述 518
- 第二节 高速公路数字程控交换系统安装质量及检验评定标准 519

第十章 紧急电话系统 522
- 第一节 概述 522
- 第二节 技术要求 522
- 第三节 施工与安装质量要求 526

第十一章 通信电源 527
- 第一节 概述 527
- 第二节 高速公路通信电源工程安装质量检验评定标准 527

第十二章 收费站入口车道设备 532
- 第一节 概述 532
- 第二节 入口车道设备技术要求及试验方法 538
- 第三节 安装质量及检验评定标准 557

第十三章 收费站出口车道设备 559
- 第一节 概述 559
- 第二节 出口车道设备技术要求及试验方法 559
- 第三节 安装质量及检验评定标准 570

第十四章 收费站设备及软件 571
- 第一节 概述 571

| 第二节 | 收费站设备性能及软件测试技术要求 | 571 |
| 第三节 | 安装质量要求及检验评价标准 | 575 |

第十五章 收费中心设备及软件 576
第一节	概述	576
第二节	收费(分)中心软件测试技术要求	576
第三节	安装质量及检验评定标准	578

第十六章 IC卡发卡编码系统 579
| 第一节 | 概述 | 579 |
| 第二节 | 安装质量及检验评定标准 | 579 |

第十七章 内部有线对讲及紧急报警系统 580
| 第一节 | 概述 | 580 |
| 第二节 | 内部有线对讲及紧急报警系统安装质量及检验评定 | 580 |

第十八章 ETC门架系统 582
第一节	概述	582
第二节	ETC门架系统关键设备检测	582
第三节	ETC门架系统工程质量检验	587
第四节	运行检测	592

第十九章 低压配电设施 594
第一节	概述	594
第二节	技术要求	595
第三节	施工工艺	600
第四节	施工质量要求及检测方法	603

第二十章 照明设施 606
第一节	概述	606
第二节	技术要求	607
第三节	升降式高杆照明装置	610
第四节	公路LED照明灯具	616
第五节	施工质量要求与检测方法	631

第二十一章 隧道机电设施 633
第一节	概述	633
第二节	环境检测设备性能、安装质量及检验评定标准	634
第三节	报警与诱导设施	642
第四节	通风设施	643
第五节	照明设施	646
第六节	消防设施	652
第七节	本地控制器	658

第八节　隧道监控中心设备及软件 …………………………………………… 664

参考文献 ………………………………………………………………………… 666

附　2020年度《交通工程》科目考试大纲 ………………………………… 671

第一篇

交通工程检测基础

第一章
交通工程概论

第一节　交通工程学概述

一、交通工程学的定义

交通工程学是一门发展中的交叉学科,它与运输工程、道路工程、汽车工程、电子工程、信息工程、系统工程、人机工程、心理学和经济学密切相关,它的内容涵盖了自然科学和社会科学的成分,而且仍在不断地丰富。至今,各国甚至一个国家的不同学者之间还没有一个统一的定义。例如作为世界上成立最早的交通工程师协会——美国交通工程师协会,早期给交通工程学下的定义是:交通工程学是工程学的一个分支,它研究道路规划、几何设计、交通管理和道路网、站点、毗邻用地与各种交通方式的关系,以便使客货运输安全、有效和方便。而到了1983年又重新定义为:交通工程学是运输工程学的一个分支,它涉及规划、几何设计、交通管理和道路网、站点、毗邻用地以及与其他交通方式的关系。后者删减了研究目的,仅仅定义了所属的学科和研究内容。

纵观交通工程学在我国研究、发展与应用40多年的历史,我们可以给交通工程学一个较全面的定义:交通工程学是研究人、车、路与交通环境之间关系规律及其应用的一门工程技术科学,它的目的是应用科学原理最大限度地发挥路网的通行能力,安全、快速、舒适、经济地运送客货,它的研究内容主要是交通规划,道路线形设计,交通设施、交通运营管理。这个定义包含了交通工程学的研究对象(人、车、路、交通管理与环境)、研究内涵(揭示研究对象之间的关系、规律)和在我国五大学科门类中所属类别(工程技术科学)。

二、交通工程学研究的主要内容

交通工程学的定义中已从四个方面描述了本学科的主要研究内容,结合实际工作可细分为以下几个部分。

1. 道路交通特性

任何一门应用学科都是伴随着社会实践而发展起来的,交通工程学是为了解决道路交通问题而产生的。要解决某一地区的交通问题,首先应掌握构成该地区交通要素的人(驾驶员和行人)、车、路以及交通流的特性,即交通特性。

1) 驾驶员和行人的交通特性

驾驶员和行人是构成交通的主体,是道路、车辆的使用者,其行为直接受生理、心理影响,应当从交通心理学的角度来研究驾驶员的视觉特性、反应特性、酒精对驾驶的危害性、驾驶员的驾驶适应性,以及疲劳、情绪、意志、注意力等对行车的影响;另外,由于新技术的应用,目前十分重视交通环境中新的设施、设备对人们交通行为的影响。

2) 车辆的交通特性

(1) 车辆构造概述

车辆是构成交通流的客体,主要用途是运输,亦即载运人和货物,是交通流的主要表现形态。汽车一般由发动机、底盘、车身和电气设备四个基本部分组成。其中:发动机由曲柄连杆机构、配气机构、燃料供给系统、冷却系统、润滑系统、点火系统、起动系统(即2大机构5大系统)构成。底盘由传动系、行驶系、转向系和制动系组成,其作用是支承、安装汽车发动机及其各部件、总成,形成汽车的整体造型,并接受发动机的动力,使汽车产生运动,保证正常行驶。车身安装在底盘的车架上,用于驾驶员、旅客乘坐或装载货物;乘用车、客车的车身一般是整体结构,货车车身一般由驾驶室和货箱两部分组成。电气设备由电源和用电设备两大部分组成;电源包括蓄电池和发电机,用电设备包括发动机的起动系、汽油机的点火系和其他用电装置。

(2) 车辆的交通特性

现代车辆越来越复杂,有众多的特性和参数,其中车辆拥有量和车辆运行特性是与交通工程学密切相关的两个参数。

①车辆拥有量:车辆拥有量是一个城市或一个地区交通状况的具体体现。研究车辆历年的增长率、按人口平均的车辆数、车辆增长与道路增多的关系、车辆组成以及车辆拥有量的发展趋势,可为交通规划提供依据。

②车辆运行特性:研究车辆的尺寸大小与质量,研究车辆的操纵性、通行性能、加速性、制动性能等与安全可靠性、经济特性、交通效率的关系。

3) 道路交通特性

道路是交通的载体,是道路交通的最重要组成部分,从大的方面讲,桥梁、隧道也是道路的组成部分。道路交通特性主要研究道路规划指标如何适应交通的发展、道路线形标准如何满足行车要求、线形设计如何保证交通安全以及道路与环境如何协调等。

(1) 道路的组成

道路由路基和路面组成。

①路基。路基指的是按照路线位置和一定技术要求修筑的作为路面基础的带状构造物,路基与桥梁、隧道相连,共同构成一条线路。路基依其所处的地形条件不同,有两种基本形式:路堤和路堑,俗称填方和挖方。路基经常受到地质、水、降雨、气候、地震等自然条件变化的侵袭和破坏,抵抗能力差。因此,路基应具有足够的坚固性、稳定性和耐久性。

②路面。路面结构层指的是构成路面的各铺砌层,按其所处的层位和作用,主要有面层、基层和垫层。路面不但要承受车轮荷载的作用,而且要受到自然环境因素的影响。由于行车荷载和大气因素对路面的影响作用,一般随深度而逐渐减弱,因而路面通常是多层结构,将品质好的材料铺设在应力较大的上层,品质较差的材料铺设在应力较小的下层,从而形成了路基之上采用不同规格和要求的材料,分别铺设垫层、基层和面层的路面结构形式。

(2) 公路线形

从修建成本角度考虑，公路需要与地形地貌、山川河流、村庄城镇相结合，不可能是一条直线；从交通安全角度考虑，公路线形也不是一条简单的平曲线或竖曲线，而应该是一条自由舒展的三维立体线形，它既能满足行车的力学性能，又能满足线形连续、指标均衡、视觉良好、景观协调、安全舒适等要求。

公路线形包括平面线形、横断面线形和纵断面线形。平面线形有直线、圆曲线、回旋线、缓和曲线以及组合线形，表征这些线形的指标有直线长度、平曲线长度、曲率半径、视距等；纵断面线形主要是直线和圆曲线，有凸形纵断面和凹形纵断面，表征指标有纵坡坡长、最大坡度、最小坡度、最小竖曲线半径等；纵断面线形应平顺、圆滑、视觉连续，并与地形相适应，与周围环境相协调。

(3) 桥梁的基本构成

桥梁主要由上部结构、下部结构和附属结构组成。

(4) 隧道基本结构

隧道结构构造由主体构造物和附属构造物两大类组成。主体构造物是为了保持岩体的稳定和行车安全而修建的人工永久建筑物，通常指洞身衬砌和洞门构造物。附属构造物是主体构造物以外的其他建筑物，是为了运营管理、维修养护、给水排水、供配发电、通风、照明、监控、通信、安全等建造的。

4) 交通流的特性

交通流通常用交通量、车速、车流密度三个参数来表征。交通流的运行有其规律性，既要对交通量、车速、车流密度的变化规律及其相互关系进行研究，又要对车头时距分布和延误的变化规律进行研究。只有对交通流进行定量分析，掌握了各种特征参数的具体数据，才便于针对具体情况进行科学的交通规划、线形设计和交通管理。

另外，掌握交通流的运行特性对划分道路的服务水平、进行技术改造也有重要意义。

5) 服务水平

道路服务水平是驾驶员感受公路交通流运行状况的质量指标，通常用平均行驶速度、行驶时间、驾驶自由度和交通延误等指标表征。

服务水平分为六级。根据交通流状态，各级服务水平定性描述如下：

一级服务水平，交通流处于完全自由流状态。交通量小，速度高，行车密度小，驾驶员能自由地按照自己的意愿选择所需速度，行驶车辆不受或基本不受交通流中其他车辆的影响。在交通流内驾驶的自由度很大，为驾驶员、乘客或行人提供的舒适度和方便性非常优越。较小的交通事故或行车障碍的影响容易消除，在事故路段不会产生停滞排队现象，很快就能恢复到一级服务水平。

二级服务水平，交通流处于相对自由流的状态，驾驶员基本上可按照自己的意愿选择行驶速度，但是开始要注意到交通流内有其他使用者，驾驶人员身心舒适水平很高，较小交通事故或行车障碍的影响容易消除，在事故路段的运行服务情况比一级差些。

三级服务水平，交通流状态处于稳定流的上半段，车辆间的相互影响变大，选择速度受到其他车辆的影响，变换车道时驾驶员要格外小心，较小交通事故仍能消除，但事故发生路段的服务质量大大降低，严重的阻塞后面形成排队车流，驾驶员心情紧张。

四级服务水平,交通流处于稳定流范围下限,但是车辆运行明显地受到交通流内其他车辆的相互影响,速度和驾驶的自由度受到明显限制。交通量稍有增加就会导致服务水平的显著降低,驾驶人员身心舒适水平降低,即使较小的交通事故也难以消除,会形成很长的排队车流。

五级服务水平,为交通流拥堵流的上半段,其下是达到最大通行能力时的运行状态。对于交通流的任何干扰,例如车流从匝道驶入或车辆变换车道,都会在交通流中产生一个干扰波,交通流不能消除它,任何交通事故都会形成长长的排队车流,车流行驶灵活性极端受限,驾驶人员身心舒适水平很差。

六级服务水平,是拥堵流的下半段,是通常意义上的强制流或阻塞流。这一服务水平下,交通设施的交通需求超过其允许的通过量,车流排队行驶,队列中的车辆出现停停走走现象,运行状态极不稳定,可能在不同交通流状态间发生突变。

2. 交通调查

交通调查包括交通量调查、车速调查、车流密度调查、延误调查、交通起讫点调查等内容。这些是交通工程学的基本调查项目,是开展交通分析的基础。为满足什么要求而调查、如何进行调查(包括如何选取调查时间和调查地点,采用何种调查方法,如何制订调查方案)、如何取样、如何进行数据分析,都是交通工程学要研究的问题。

3. 交通流理论

交通流理论是研究各种不同状态的交通流特性,研究如何利用各种交通流特征参数来表征其相互关系,寻求最恰当的模型描述各种交通状态,推求表达公式,为制订交通治理方案、增加交通设施、评定交通事故提供依据。到目前为止,人们已用概率论、流体力学理论、跟驰理论、排队论等对交通流进行了研究。

4. 交通管理

交通管理包括的内容比较多,如交通管理的原则、措施、设施、法规等;又如根据交通条件和道路情况,如何进行交通组织优化,使交通流迅速通过,减少交通延误;再如根据车流特性,如何采取交通管理措施,保证交通安全等。

利用交通信号进行控制是目前最常见的一种交通控制方式,它可以从时间上将不同流向的车流进行分离。如何高效地利用道路的时空资源,如信号配时优化、交通渠化、车道功能划分、绿波控制、面控制等都是交通管理研究的内容。值得强调的是,我国大多数城市中,机动车与非机动车混行的现象相当普遍,这与国外的交通状况存在显著差别。从我国经济发展的状况看,这种现象还将在相当长的一段时间里长期存在。我们必须从我国的实际情况出发,研究适合我国交通特点的交通管理方法。

三、交通工程学常用的分析方法

交通工程学是一门综合性应用学科,主要研究人、车、路、环境之间的相互关系规律。各因素之间相对独立,又相互联系,适合用系统工程的方法进行分析。所谓系统是由相互作用、相互依赖而又相互区别的若干单元组成的,具有特定功能的有机整体。一般说来,系统具有整体性、相关性、目的性、环境适应性四个特点。从形态上,系统可分为自然系统与人造系统、实体系统与概念系统、动态系统与静态系统、控制系统与行为系统。道路交通系统多数是自然系统与人造系统复合而成的实体系统,例如道路网络系统、交通控制系统、公路运输系统、交通环境保护系统。

随着技术的发展和人类对自然社会认识的深入,出现了许多庞大的巨系统,用传统的方法将系统分割后分别研究再组合在一起,得到的结论往往偏离了实际,这就迫使人们从工程的角度,整体上研究系统的功能要求、结构组成、技术性能、经济效果、社会作用、生态影响,以求得到最优解,这就是系统工程的起源。美国1975年的科学技术词典将系统工程定义为:系统工程学是研究许多密切联系的单元组成的复杂系统的设计科学。设计该复杂系统时,应有明确的目标和功能,各单元之间以及单元与系统之间有机相连、配合协调,使得系统总体能达到最优目标,但在设计时要考虑参与系统中的人的因素与作用。系统工程的基本方法是:系统分析、系统设计与系统的综合评价。要实现系统的最优化,首先要对系统进行分析,通过系统分析确定系统的目的,根据不同的目的建立相应的数学模型,对模型进行优化分析并结合边界条件求出模型的最优解;对每个最优解进行评价,选择出技术先进、经济合理的方案,作为最优系统方案。交通工程常用的系统分析方法有线性规划、非线性规划、图与网络理论、排队论、预测理论与方法(时间序列法、回归分析法、灰色模型法、马尔科夫链法、蒙特卡罗法、神经网络法、经验法、弹性系数法等)、决策方法等。

第二节 交通安全概述

在全世界范围内,交通事故都是一个严重的问题。据世界卫生组织统计,在一些工业发达国家,全国的总死亡人数中有4%死于交通事故,而在15~24岁的男青年死亡人数中,有50%死于道路交通事故。美国在1776—1976年的200年间,因战争死亡的人数约为115.6万人;而在1900—1976年的76年间,因道路交通事故死亡的人数竟达210万人。在我国,交通事故也已成为社会性的大问题。因此,研究和掌握发生交通事故的规律,研究交通事故与人、车、路之间的相互关系以及减少交通事故发生的措施,对保证交通安全极为重要。交通安全研究的主要内容有:交通事故的定义、分类、表达方式、变化规律、影响因素,交通事故生成机理以及安全保障措施等。近些年,国内外学者也借鉴了安全学科的研究方法,从安全理论研究交通安全问题,引入了事故致因理论、风险评估、安全评价,还提出了本质交通安全的基本体系,研究不发生交通事故的道路安全系统。

一、交通安全与交通事故

1. 风险与危险

风险是指系统客体所面临的一种威胁,这种威胁一旦发生,将导致系统客体受到伤害。

系统论和能量转移论的观点认为,风险是生产或生活系统所面临的威胁,这种威胁是由于不稳定能量向原本稳定的系统运移的一种趋势所导致,这种能量运移的客观趋势,随时可能击穿系统的能量屏蔽功能,出现能量意外泄漏,导致系统受到伤害或损坏,包括人员、设备和环境等客体。

风险包括可接受风险和不可接受风险。不可接受风险即危险,对于系统来说,危险可能发生,也可能不发生,发生的后果有大有小。因此,危险可定义为:超出了人们的预期而给人或物造成伤害或损失事件的可能性与后果的综合。

2. 安全

安全是相对危险而言的,通常指免受人员伤害、财产损失、设备损坏或环境破坏的一种客观状态。

3. 道路交通安全

道路交通安全是指人们在道路交通系统中,按照交通法规的规定,安全地行车、走路,避免发生人身伤亡、财物损失或环境破坏的一种交通运行状态。安全是一种状态,安全管理的主要任务是通过持续的危险识别和风险管理过程,将人员伤害或财产损失的风险降低并保持在可接受的水平或其以下。

4. 事故

事故是指在生产活动过程中,由于人们受到科学知识和技术力量的限制,或者由于认识上的局限,当前还不能防止,或能防止而未有效控制所发生的违背人们意愿的事件序列。它的发生,可能迫使系统暂时或较长期地中断运行,也可能造成人员伤亡、财产损失或者环境破坏。

事故与安全是对立的,但事故并不是不安全的全部内容,而只是在安全与不安全一对矛盾斗争过程中某些瞬间突变结果的外在表现。

系统处于安全状态并不一定不发生事故;系统处于不安全状态,也未必完全是由事故引起。危险不仅包含了作为潜在事故条件的各种隐患,同时还包含了安全与不安全的矛盾激化后表现出来的事故结果。

事故发生,系统不一定处于危险状态;事故不发生,也不能否认系统不处于危险状态,事故不能作为判别系统危险与安全状态的唯一标准。

事故总是发生在操作的现场,总是伴随隐患的发展而发生在生产过程之中,事故是隐患发展的结果,而隐患则是事故发生的必要条件。

5. 交通事故

依据2007年颁布实施的《中华人民共和国道路交通安全法》,交通事故(Traffic Accident)是指车辆在道路上因过错或者意外造成人身伤亡或者财产损失的事件。与原《道路交通事故处理办法》中的道路交通事故定义相比,新定义有了明显变化:交通事故不仅是由特定的人员因违反交通管理法规造成的;也可以是由于地震、台风、山洪、雷击等不可抗拒的自然灾害造成。构成交通事故要有四个要件,即车辆、道路上、交通违法行为或过错、损害后果。

从系统论和能量转移论的观点来看,交通事故是由于不稳定因素产生的能量向车辆运移,以致击穿了车辆固有能量屏蔽能力,使车辆运行状态失控。要避免交通事故必须消除不稳定因素,要减小事故的严重程度必须采取相应的安全预防措施。

二、公路本质安全

公路本质安全是指公路基础设施本身固有的、内在的、能够从根本上防止事故发生的功能。安全是公路的本质属性,公路本身应是安全的。公路本质安全包括以下四种基本安全要素：

1. 明确性

公路设施的基本功能和路权应能明显识别或予以明确标识，不因公路本身的功能或路权不明确而诱导使用者犯错误，引发交通事故。

2. 主动性

公路设施本身因地质、工程、经济等综合原因而不得不存在的低标准路段或不良点段，应采取明示、诱导、防护、减缓乃至消除等主动工程措施，尽可能降低事故发生概率。

3. 宽容性

驾驶员即使操作失误，也不应受到严重伤害或引发其他严重交通事故，甚至以生命为代价。

4. 冗余性

公路及附属设施发生故障需养护、维护作业时，能暂时维持正常工作或自动转变为安全状态。

这四种安全要素应是公路基础设施固有的，即在其设计建设阶段就应被考虑融入公路主体工程中的基本属性。高度重视发展公路本质安全的系统工程技术，实现公路建设和运营安全，使公路交通系统安全化提高到一个理想的水平，这是世界各国不懈追求的。

三、我国的公路安全保障工程

随着我国公路交通运输业和基础设施的建设和发展，带来的环境和道路安全问题已引起了人们的高度重视。从1990年开始，我国道路事故死亡人数持续大幅度增长。2001年，全国共发生道路交通事故760327起，伤54.9万人，死亡人数突破10万人，达到106367人，直接经济损失30.9亿元。交通事故给人民生命财产带来了严重威胁，引起了党和政府的高度重视，需采取各种措施降低交通事故。在2004年初的全国交通工作会议上，原交通部做出决定：作为2004年中国交通系统重点实施的八件事之一，从2004年开始计划用3年时间在我国实施以"消除隐患、珍视生命"为主题的公路安全保障工程，对国省干线公路上的急弯、陡坡、视距不良等路段开展以交通工程措施为主要手段的综合整治，改善安全防护设施，为行车安全创造条件，促进公路交通的可持续发展，并明确2004年重点抓好210、319、202、105、109五条国道计1万km的实施工作，第一期工程投资超过了50亿元。经过了6年的综合整治工作，安保工程取得了显著效果，到2009年末，我国道路交通事故死亡人数已经下降到7万人以下，为67759人。

第三节 交通工程设施质量简介

一、概述

从交通工程学的定义来看，交通工程设施是交通工程学的一部分，是实现交通管理最终目标的物质体现。广义上,为交通服务的设施都是交通工程设施。考虑我国道路交通的发展、实践和管理应用状况,本书将交通工程设施限定为满足道路交通管理和运营而建造、设置的构造物和装置,不含服务区、停车场、收费站等基础设施。

1. 交通工程设施的定义

交通工程设施是指与道路基础设施相配合,为提高道路通行能力、减少交通事故、降低交通公害程度、增加经济效益,使道路出行者快速、安全、舒适地到达目的地,而沿道路或管理场所设置的构件、装置、设备或系统的总称。

2. 交通工程设施的功能与作用

从上述定义可以看出,交通工程设施的功能体现在两个方面:一是安全防护功能,二是管理服务功能。安全是人类的基本需求之一,道路不仅仅是将始发地和目的地连接在一起的媒介,在满足交通出行条件的同时,更重要的是还应有效地解决交通出行者的安全性问题,在安全得到保障后再解决人类的更高一级的需求,即舒适性、便利性、信息通达性以及环保性等。因此,在道路及其沿线设置的交通工程设施对提高行车安全性、道路通行能力和运行效率,保证车辆连续运行、降低能耗、保护交通环境、提高出行者的舒适程度和方便程度具有重要意义。可以说,道路基础设施建成以后,其能力的发挥取决于交通工程设施。

3. 交通工程设施的分类

从目前实际应用状况分析,交通工程设施分为交通安全设施和交通机电设施。

交通安全设施包括:道路交通标志、道路交通标线、安全护栏、隔离设施、防眩设施、突起路标、轮廓标等。考虑到与土建工程施工配合,在高速公路建设中,通常将地下通信管道也列入交通安全设施部分。

交通机电设施包括:监控设施、通信设施、收费设施、低压配电设施、照明设施、隧道机电设施等。

4. 交通工程及沿线设施的等级

交通工程及沿线设施一般分为 A、B、C、D 四级。其中,A 级适用于高速公路,B 级适用于作为干线公路的一级公路和二级公路,C 级适用于作为集散公路的一级公路和二级公路,D 级适用于三级公路和四级公路。

5. 交通工程及沿线设施配置原则

交通工程及沿线设施包括交通安全设施、服务设施和管理设施三种,各项设施应按统筹规划、总体设计、分期实施的原则配置,并结合交通量的增长与技术发展状况等逐步补充完善。

二、交通工程设施通用质量要求

1. 产品质量的概念

产品质量是由各种要素所组成的,这些要素亦被称为产品所具有的特征和特性。不同的产品具有不同的特征和特性,其总和便构成了产品质量的内涵。产品质量要求反映了产品的特性和满足顾客及其他相关方要求的能力。顾客对其质量要求往往随时间而变化，与科学技术的不断进步有着密切的关系。这些质量要求可以转化成具有具体指标的特征和特性，通常包括使用性能、安全性、可靠性、可维修性、经济性和环保等方面。

产品的使用性能是指产品在一定条件下，实现预定目的或者规定用途的能力。任何产品都具有其特定的使用目的或者用途。

产品的安全性是指产品在使用、储运、销售等过程中，保障人体健康和人身、财产安全免受伤害的能力。

产品的可靠性是指产品在规定条件和规定的时间内，完成规定功能的程度和能力。一般可用功能效率、平均寿命、失效率、平均故障时间、平均无故障工作时间等参量进行评定。

产品的可维修性是指产品在发生故障以后，能迅速通过维修恢复其功能的能力。通常采用平均修复时间等参量表示。

产品的经济性是指产品在设计、制造、使用等各方面所付出或所消耗成本的程度；同时，亦包含其可获得经济利益的程度，即投入与产出的效益能力。

产品的环保要求是随着人们对环境保护意识的提高而提出的，例如产品不含有害物质、可回收利用、节能等要求。

2. 交通工程设施质量通用要求

交通工程设施是用于交通管理的特殊产品，由安全设施和机电设施组成。安全设施一般是一种静态的机械装置或构件，设计生产定型后，其形态和结构是不变的，其质量特性主要有：外观质量、结构尺寸、材料要求（机械力学性能）、防腐涂层质量、耐久性，对于交通标志标线等视觉设备还有光度性能、色度性能等要求。现代机电产品一般是光机电一体化产品，除了安全设施要求的性能外，还有电气安全性能、环境适应性能、通信接口以及在微电脑控制下自动完成的特殊功能要求等。

交通工程设施是看得见、摸得着的实体，材料和加工制造是不可缺少的两个方面，与此相关涉及了众多学科，有金属材料、高分子材料、结构力学、机械加工与制造、光学、物理、化学、表面工程、电子工程、计算机应用、软件工程、通信工程、无线电、自动控制、信息工程、车辆工程、交通工程、道路、桥梁、隧道等学科。承担交通工程设施的检测机构应配备相应的专业人才和检测设备，这样才能满足证实交通工程设施符合质量特性的要求，除人员、设备外，检测机构还应具有符合要求的试验场所。

三、交通工程设施质量状况

我国交通工程学的研究是从交通工程设施入手的，交通标志是最早的安全设施，信号灯是最早的机电设施。20世纪50～70年代，设施的种类不多，设施的质量特别是电子设备主要受技术条件限制，故障率较高，但是技术人员都已尽了最大努力，不存在偷工减料行为，交通行业也没有形成产业和质量检测队伍。我国交通工程设施的规模性应用是伴随着高速公路建设而发展起来的。1988年沪嘉高速公路的建成通车，标志着我国能够自行生产交通波形梁钢护栏、交通标线涂料、交通标志、隔离栅、视频监控、车辆检测器、可变标志等系列交通工程设施。到了1998年，国家加大对交通基础设施投资力度，以每年5000多亿元投入到交通基础设施的大规模建设,这其中的10%~15%投向了交通工程设施,有力地带动了交通工程产业的发展。全国以交通工程产品为主业的大小生产企业达到500~600家,竞争局面开始出现,技术问题、利益问题带来的产品质量和工程质量问题逐渐暴露,对行车安全造成了严重威胁。

四、交通工程设施质量控制

质量控制是为保证产品的生产过程和出厂质量达到质量标准而采取的一系列技术检查和有关作业活动,是质量保证的基础,而检测是质量控制的基础。将产品质量检验的原理推广应用到工程质量管理便形成了工程质量检测,在建筑工程和交通工程中,产品质量检验和工程质量检验同时并存。美国J.M.朱兰认为,质量控制是将测量的实际质量结果与标准进行对比,并对其差异采取措施的调节管理过程。这个调节管理过程由一系列步骤组成:选择控制对象、选择计量单位、确定评定标准、创造一种能用度量单位来测量质量特性的仪器仪表、进行实际的测量、分析并说明实际与标准差异的原因、根据这种差异作出改进的决定并加以落实。因此也可以说,检测这个术语来源于产品质量检验,是质量管理的重要组成部分。

在我国公路交通建设领域,广泛采用了生产企业自检、社会监理、政府监督的质量控制模式。生产企业通过检测,提高了产品质量和效益,降低了产品的废品率;购买方(施工单位或建设单位)通过检测,使得产品的质量得到保障,降低了使用风险。

1. 交通工程设施检测的发展

交通工程设施检测同一般产品检测一样,是伴随着产品和工程建设的需要逐渐形成和发展起来的。1990年,原交通部批准成立了交通部交通工程监理检测中心,负责对产品质量和工程质量的检测和监督监理工作,为工程建设起到技术支持的作用。1994年,原交通部相继颁布实施了《高速公路交通安全设施设计及施工技术规范》(JTJ 074—1994)、《公路交通标志板技术条件》(JT/T 279—1995)、《路面标线涂料》(JT/T 280—1995)、《高速公路波形梁钢护栏》(JT/T 281—1995)四项交通工程标准,为产品和工程检测提供了技术依据。《中华人民共和国产品质量法》(以下简称《产品质量法》)为开展质量监督检测提供了法律依据。在《产品质量法》中规定:"产品质量应当检验合格,不得以不合格产品冒充合格产品"。经过数年的发展,交通工程专业的标准体系基本形成,到目前为止,已有200多项交通工程专业标准。与之适应,交通运输行业成立了一大批检验检测机构,为提高交通建设质量提供了技术保障。

2016年,交通运输部为了进一步规范公路水运工程试验检测活动,保证公路水运工程质量及人民生命和财产安全,修订了《公路水运工程试验检测管理办法》(交通运输部令2016第80号),并公布了《公路水运工程试验检测机构等级标准》,在公路综合甲级检测机构中设有交通安全设施专业,在交通工程专项中设有全部交通专业。交通工程检测为提高产品和工程建设质量,促进产业发展提供了可靠的技术支持。

2. 监督抽查简介

监督抽查是政府实施质量控制的一种手段,依据《产品质量法》第十五条规定,国家对产品质量实行以抽查为主要方式的监督检查制度,对可能危及人体健康和人身、财产安全的产品,影响国计民生的重要工业产品,以及消费者、有关组织反映有质量问题的产品进行抽查。

即产品质量监督抽查是国家的一项制度,是从源头上抓产品质量的一项重要手段。《产品质量法》第八条还规定:"国务院产品质量监督部门主管全国产品质量监督工作,国务院有关部门在各自的职责范围内负责产品质量监督工作。"这是进行行业监督抽查的主要法律依据。

监督抽查是一项政策性很强的工作,一般由政府部门组织,检测机构实施。需要对国家有关监督抽查方针政策、法律法规、标准规范、技术文件,认真学习领会,制定符合行业特点的信息收集、抽样检测、结果通报、处理反馈等实施方案。第一次交通工程产品的行业监督抽查是2000年12月至2001年8月在全国范围内进行的,抽查领域包括生产企业仓库、高速公路施工现场、已完工的路段。通过这次监督抽查活动,基本掌握了波形梁钢护栏产品的生产质量情况,通过结果通报,引起了各省、区、市交通主管部门和业主单位对交通工程产品质量的重视,督促生产企业、施工企业、监理单位认真学习理解产品标准,规范企业的从业行为。

一般监督抽查要经过计划、前期准备、现场抽样、检测及结果处理、结果公布等阶段,具体工作流程如图 1-1-1 所示。

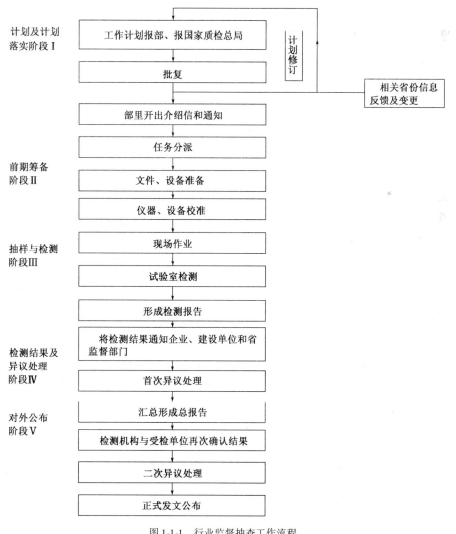

图 1-1-1　行业监督抽查工作流程

五、交通安全设施

1. 交通安全设施的定义

交通安全设施是指为维护交通秩序,确保交通安全,充分发挥道路交通的功能,依照规定在道路沿线设置的交通信号灯、交通标志和标线、防撞护栏和隔离栅等交通硬件设施的总称。

2. 公路交通安全设施的种类

按照《公路交通安全设施设计规范》(JTG D81—2017),公路交通安全设施包括交通标志、交通标线(含突起路标、立面标记等)、护栏和栏杆、视线诱导设施(含轮廓标、合流诱导标、线形诱导标、隧道轮廓带、示警桩、示警墩、道口标柱等)、隔离栅、防落网、防眩设施、避险车道和其他交通安全设施(含防风栅、防雪栅、积雪标杆、限高架、减速丘和凸面镜)等。常见的反光膜、路面标线涂料、防腐涂料这三种产品是制造交通安全设施的原材料,不是交通安全设施。

另外,交通信号灯主要用于城市道路交通管理,既是安全设施也是管理设施,在公路工程中通常划归为机电工程。

3. 公路交通安全设施功能作用

公路交通安全设施主要起安全防护和服务诱导作用,通过科学、合理地设置交通安全设施,最大限度地保障公路使用者的人身和财产安全,为公路使用者提供诱导服务,使其安全、快速、舒适地到达目的地。

4. 公路交通安全设施构造要求

在满足安全和使用功能的条件下,应积极推广使用可靠的新技术、新材料、新工艺、新产品。

5. 公路交通安全设施形式选择

应根据设施的功能要求,本着安全合理、经济实用、技术先进、因地制宜、确保质量的原则选择公路交通安全设施的形式。

6. 公路交通安全设施设置原则

公路交通安全设施应结合路网与公路条件、地形条件、交通条件、环境条件进行总体设计。同一条公路采用的交通安全设施设置原则和设计方案宜保持一致。交通安全设施之间、交通安全设施与公路主体工程和其他设施之间应互相协调、配合使用。

7. 公路交通安全设施的质量要求

大多数公路交通安全设施及相关原材料都有相应的国家标准或行业标准,其质量应首先满足标准的要求。

此外,交通安全设施应用了大量的钢铁材料,为了保证钢材免受环境腐蚀,需要进行防腐处理。交通安全设施常用的防腐处理工艺有热浸镀锌、热浸镀铝、全聚酯静电喷涂、硫化床浸塑等。近几年,双涂层工艺也日臻成熟,逐步得到应用,改善了公路沿线设施的景观。防腐层的质量应满足《公路交通工程钢构件防腐技术条件》(GB/T 18226—2015)的要求。

第四节　公路机电系统概述

一、公路机电系统基本功能

公路机电系统是交通工程设施的重要组成部分,是发挥公路设施交通功能的主要辅助系统,是对公路实施现代化管理(实时和数据管理)的主要工具。

公路机电系统是以电子、电气、控制、通信、机械和交通工程等技术为基础的综合性系统,其基本功能是利用其分布于公路沿线的各种机电设施,采集公路交通量、气象、路面状态、交通事件等信息,经分析及处理后,通过可变信息标志、交通信号灯和车道指示器等设施,实现公路交通运营的管理,确保公路交通安全、畅通,发挥路网综合运输能力。同时,也为道路使用者提供更多有帮助的信息,协助其合理地选择行驶路径,缩短行程、减少延误,充分发挥公路运输通畅直达、自由选择的行动优势,为道路使用者出行与路网资源的高效利用提供最优的服务。

二、公路机电系统一般构成

公路机电系统一般是由监控、收费、通信、供配电、照明和隧道机电等子系统和设施构成的。

1. 监控系统

监控系统一般由信息采集、信息处理与信息发布三个子系统组成。监控系统可分为集中式和分布式两种控制模式,可以采用主线控制、匝道控制和通道控制等方式。系统的性能指标常采用检测率、误报率、平均检测时间等指标评价交通事件自动检测算法的性能;采用系统响应时间、交通事故率下降比例、交通延误下降比例、总出行时间下降比例等指标评价系统的综合性能。

(1)信息采集系统

①车辆检测子系统:在主线及出入口匝道、互通、隧道内等处设置,用来采集所需的交通流数据(车速、车流量、占有率、区间车速等),作为监控中心信息处理系统分析判断、生成控制方案等功能程序的主要数据。

②气象环境检测子系统:主要检测大气温湿度、风力、风向、能见度、降雨量、路面湿滑、路面结冰等影响交通服务水平的气象、路面状况等环境因素。

③闭路电视(CCTV)子系统:通过视频图像采用实时或轮询方式监视监控区域内交通状况。闭路电视子系统主要由摄像、传输、控制、显示/记录四大部分组成。

④隧道环境检测子系统:由环境亮度、能见度、CO浓度、风速风向等环境检测设施组成。

⑤紧急电话子系统:通常安装于隧道内,以便于驾驶员在车辆发生故障或出现交通事故时及时向监控中心通报,同时监控中心利用显示的呼叫电话所在的地点和编号,采取相应的应急

措施。

⑥隧道火灾报警子系统:有手动报警和自动报警两种方式,包括区域报警、集中报警和控制中心报警等模式。根据不同模式,隧道火灾报警子系统主要由火灾探测器、火灾报警控制器、区域显示器、手动按钮等设备组成。

⑦无线对讲子系统:通过高速公路巡逻车上的无线对讲系统来采集路况及突发事件信息。

(2)交通信息处理系统

交通信息处理系统是监控系统的核心环节,是监控策略制定、信息分析、方案生成、控制决策、措施启动等功能的主要承担子系统。通常由计算机系统、室内显示设备和操作控制台等组成。

(3)交通信息提供发布系统

交通信息提供发布系统主要包括可变信息标志、可变限速标志、车道控制标志、交通信号灯和交通广播等设施。

2. 收费系统

高速公路收费系统主要由收费中心管理系统、收费站管理系统和车道收费系统三部分构成。

(1)收费制式:可采用均一制、开放式、封闭式或混合式。

(2)收费方式:宜采用半自动收费、自动收费或不停车收费方式。

(3)通行券(卡):宜选择多次重复使用的非接触式 IC 卡、一次性使用的纸质磁性券或一次性使用的纸质二维条形码券等。

(4)电子不停车收费方式(ETC):ETC 是目前最先进的路桥收费方式。通过安装在车辆风窗玻璃上的车载电子标签与在收费站 ETC 车道上的微波天线之间的微波专用短程通信,利用计算机联网技术与银行进行后台结算处理,从而实现车辆通过路桥收费站不需停车而能缴纳路桥费的功能。

ETC 系统主要由车辆自动识别系统、中心管理系统和其他辅助设施等组成。其中,车辆自动识别系统有车载单元(On Board Unit,OBU)又称应答器(Transponder)或电子标签(Tag)、路侧单元(Roadside Unit,RSU)、车辆检测器等组成。OBU 中存有车辆的识别信息,一般安装于车辆前面的挡风玻璃上,RSU 安装于收费站旁边,车辆检测器安装于车道内或地面下。中心管理系统有大型的数据库,存储大量注册车辆和用户的信息。当车辆通过收费车道时,检测器感知车辆,RSU 发出询问信号,OBU 做出响应,并进行双向通信和数据交换;中心管理系统获取车辆识别信息,如汽车 ID 号、车型等信息,和数据库中相应信息进行比较判断,根据不同情况来控制管理系统产生不同的操作,如计算机收费管理系统从该车的预付款项账户中扣除此次应交的过路费,或送出指令给其他辅助设施工作。其他辅助设施有:车辆摄像系统、自动控制栏杆、交通信号显示设备等。

ETC 系统的主要优点是:减少停车缴费次数,改善收费广场和道路通行能力;减少现金付款,方便用户,防止作弊;降低收费广场建设规模,减少征地;减轻因停车付费带来的环境污染;降低能耗和运营成本等。

国内公路电子收费系统采用 5.8GHz 微波频段的核心设备(包括电子标签读写器、电子标签等)。

由于电子收费系统通过路侧电子标签读写器和车载电子标签之间的无线通信自动完成收费交易,系统所要求的可靠性、兼容性和标准化程度均远高于半自动收费(MTC)系统。

目前,交通运输部正在推广电子不停车收费系统,对系统中使用的车载单元(OBU)和路侧单元(RSU)制定并颁布实施了国家标准《电子收费 专用短程通信》(GB/T 20851—2007),该标准为系列标准,共分五部分,对车载单元和路侧单元的软硬件都有明确的要求。车载单元的主要技术指标有:载波频率、频率容限、调制系数、占用带宽、位速率、协议符合性、互操作性、环境条件、电磁兼容、安全、接口、可靠性;路侧单元的主要技术指标有:载波频率、频率容限、等效全向辐射功率、调制系数、占用带宽、前导码、互操作性、接收误码率、电磁兼容、环境条件、安全、接口、可靠性、通信区域等。这些指标对规范产品质量,保证互联互通起着重要作用。

(5)区域联网收费

①一般由联网收费管理中心(包括密钥管理中心)、区域收费管理中心(包括通行券及票据管理中心)、路段收费分中心(或者区域收费分中心)、收费站四级组成一个收费路网,实施封闭式联网收费。

②联网收费网络系统是由若干层次局域网和通信系统提供的通信链路构成的广域网组成,宜选用TCP/IP网络协议。广域网技术宜选用IP技术、SDH技术、帧中继技术或三网合一技术等。

(6)计重收费

计重收费是考虑了新形势变化的实际情况,对现行多年的收费政策的重大改革和调整,是按照"标准车型、标准装载、标准收费;标准车型、超额装载、超额收费"的原则实施的,更加充分地体现了通行费收取的公平性、合理性和科学性。

目前多数计重收费系统包括以下几个部分:计重秤台;专用称重控制器;轮轴识别器;红外车辆分离器;信息显示屏;收费计算机等。

3. 通信系统

公路通信系统主要由干线传输、程控交换、移动通信和紧急电话等子系统组成。

(1)通信网组成:公路通信网由传送网、业务网、支撑网构成。

①传送网按路网分割模式设计,分割网络可分为干线网与接入网。

②业务网一般包括:电话交换网、数据通信网、图像传输网、会议电视网、路侧紧急电话系统、路侧广播系统、移动通信系统等。

③支撑网由数字同步网、公共信令网、网络管理网组成。

(2)干线网应结合路网的物理路由组织成树型、环型和格型相结合的网络。传输光纤宜采用ITU-TG.652或ITU-TG.655标准。

(3)路段内通信系统宜采用接入网。接入网应以路段分中心为核心,以公路沿线的收费站、服务区为用户构成环型或链状拓扑网络结构。目前多采用基于SDH的多业务传输平台,也有选用基于IP的分组交换网络平台。

(4)省际干线联网的带宽及接口宜为STM-1。省内干线网的带宽结合网络结构及需求设置,宜采用STM-4等级或STM-16等级。

(5)接入网宜采用基于 SDH 综合业务接入网 STM-1、STM-4 等级系统。有条件可采用千兆以太网接入技术。

(6)公路电话交换网一般由长途电话网及本地电话网构成。目前多采用程控数字交换系统,一般要求具有 ISDN 功能及 V5 接口。

(7)数字中继采用 2Mb/s 数字中继接口,局间信令应采用我国 No.7(第七)信令。模拟中继采用二线模拟市话中继接口,局间信令采用模拟用户信令。

(8)电话交换网的网同步采用主从同步方式,省级程控交换机设置二级 B 类时钟;路段级程控交换机设置三级时钟。

(9)公路沿线的外场设备:设备至监控、收费分中心,分中心至监控、收费总中心的数据传输可按功能及数据流量选用(1200~64k)bit/s 低速率、10/100M 或 100/1000M 以太网(Ethernet),以及 E1(30 路脉码调制 PCM,速率是 2.048Mbit/s)等传输方式。

(10)若设有会议电视系统,宜采用 H.320 与 H.323 相结合的系统。

(11)数字同步网:采用主从同步方式,一般由三级组成:

①一级节点:设全网基准时钟 PRC。

②二级节点:设区域基准时钟 LPR。

③三级节点:设辅助时钟 BITS。

④数字同步网主用基准应为 GPS 同步信号,备用基准应为电信公网 PRC 基准时钟信号。当 GPS、公网 PRC 无法正常提供同步源时,应由二级接点基准钟 LPR 提供定时信号。当二级接点还未建立 LPR 时,可根据需要从同级电信公网数字链路中提取定时信号作为外接时钟源。

⑤同步网必须避免定时信号形成环路,低等级时钟只能接收高等级或同一等级时钟的定时。

(12)网络管理网:应能对网络、设备、业务的运行状态、性能进行实时监视、监测和控制,其组成应符合下列规定:

①网络管理网应按不同子系统分设管理网,条件具备时实现统一的管理网。

②网络管理网应分为三个层次:网络管理层、网元管理层及网元层。

③网元层及网元管理层应有 Q3 接口。

4. 供配电系统

供配电系统按照负荷性质、用电容量、工程特点和地区供电条件,合理确定供配电方案。应采用效率高、能耗低、性能先进的电气产品。供配电系统主要包括供电电源、配电线缆、保护装置、配电设备、应急电源等设施。

5. 照明系统

公路照明包括路面照明、工作照明和景观照明等。公路照明能够将必要的视觉信息传递给驾驶员,预防由于视觉信息不足而出现交通事故。同时,良好的照明可以减轻驾驶员的疲劳,提高夜间公路交通的安全性和舒适感。

6. 隧道机电系统

隧道机电系统一般包括车辆检测器、闭路电视监视系统、紧急电话系统、环境检测设备、报警与诱导设施、可变标志、通风设施、照明设施、消防设施和本地控制器等。

第二章

交通工程检测相关学科

交通工程检测技术是一门综合性和实践性很强的工程学科,涉及光学、力学、电学、化学、通信技术、电气工程等相关专业学科。

第一节 光 学

光是动植物以至自然界赖以生存和发展的重要物质,光学是研究光的行为和性质,以及光和物质相互作用的物理学科,人类从外界获取的信息有70%以上来自于光。早期的光学主要研究可见光,人们从研究可见光的传播规律形成的微粒说把光看成是由微粒组成,认为这些微粒按力学规律沿直线飞行,因此光具有直线传播的性质,这期间发现的反射定律和折射定律奠定了几何光学的基础。但是,随着光学研究的深入,人们发现了许多不能用直进性解释的现象,例如干涉、衍射等,而用光的波动性就很容易解释。于是,光学的波动说又占了上风,两种学说的争论构成了光学发展史上的一根红线,形成了今天对光的较全面认识,即光的波粒二象性学说;光是一种电磁波,可由电动力学中的麦克斯韦方程组描述;同时,光具有波粒二象性,需要用量子力学表达。现代光学已扩展到从微波、红外线、可见光、紫外线直到X射线的宽广波段范围内,关于电磁辐射的发生、传播、接收和显示,以及跟物质相互作用的对全波段电磁波的研究。

交通标志标线和诱导设施的主要功能就是向人眼传递清晰的光学信息,本节主要介绍交通安全设施和机电工程设施中经常用到的几个光学术语。

一、光谱分布

光是一种电磁波,其波长范围为 $10^{-4} \sim 10^9$ nm。光波可大致分为红外线、可见光和紫外线三个部分。红外线又可分为:近红外线(780~2500nm)、中红外线(2500~15000nm)和远红外线(15000nm 以上)。可见光又可分为:红光(640~780nm)、橙光(595~640nm)、黄光(565~595nm)、绿光(492~565nm)、青光(455~492nm)、蓝光(424~455nm)和紫光(380~424nm)。紫外线又可分为:近紫外线(250~380nm)、远紫外线(200~250nm)和真空紫外线(1~200nm)。波长小于200nm 的光,在空气中很快就被吸收,只能在真空中传播,故称真空紫外线。

太阳发出的光谱很宽,从几个纳米到远红外线,但是能够到达地面的只有 290~2500nm 这一部分,其他部分都被大气层所吸收。

二、光的反射

1. 光的传播规律

几何光学中,光的传播规律有三条:一是光的直线传播规律——在同种均匀介质中光沿直线传播;二是光的独立传播规律——两束光在传播过程中相遇时互不干扰,仍按各自途径继续传播,当两束光会聚同一点时,在该点上的光能量是简单相加;三是光的反射和折射定律——光传播途中遇到两种不同介质的分界面时,一部分反射,一部分折射,反射光线遵循反射定律,折射光线遵循折射定律。

上面的传播规律是光在理想的均匀介质中发生的,遵循反射规律的反射也叫镜面反射,通常平行光线入射到光滑表面上时反射光线也是平行的。当光入射到实际的材料表面时还会产生漫反射和逆反射。

漫反射:平行光线射到凹凸不平的表面上,反射光线射向各个方向,这种反射叫作漫反射。

逆反射:反射光线从靠近入射光线的反方向,向光源返回的反射。

普通的材料都会产生镜面反射和漫反射,只有经过特殊加工的材料才产生逆反射,逆反射材料是一类重要的交通安全设施专用材料,这部分内容在交通安全设施中还会重点介绍。

2. 全反射和临界角

1)全反射

当光从光密介质进入光疏介质时,折射角大于入射角。当入射角增大到某一角度时,折射角等于90°,此时,折射光完全消失,入射光全部返回原来的介质中,这种现象叫作全反射。

2)临界角

(1)定义:光从光密介质射向光疏介质时,折射角等于90°时的入射角,叫作临界角,用 C 表示。临界角是光由光密介质射向光疏介质时,发生全反射现象时的最小入射角,是发生全反射的临界状态。当光由光密介质射入光疏介质时:

①若入射角 $i < C$,此时既有反射,又有折射,而不发生全反射现象。

②若入射角 $i \geq C$,则发生全反射现象。

(2)临界角的计算:

$$\sin C = \frac{1}{n} \tag{1-2-1}$$

式中:n——光密介质的折射率。

全反射的发现奠定了光纤传输的理论基础,是通信技术发展的一次革命。

三、光源的色温

1. 光源

光源在物理学上是指能发出一定波长范围的电磁波(包括可见光与紫外线、红外线和X光等不可见光)的物体。通常人们将光源理解为能主动发出可见光的发光体。凡物体自身能发光者,称作光源,又称发光体,如太阳、恒星、灯以及燃烧着的物质等。但像月亮表面、交通标线等依靠反射外来光才能使人们看到它们,这样的反射物体不能称为光源。在人们的日常生活中不仅有可见光光源,还有红外线等不可见光光源。可见光以及不可见光的光源被广泛地应用到工农业、医学和国防现代化等方面。

从发光原理来分,光源可以分为四种:

第一种是热效应产生的光,太阳光就是很好的例子。此外,蜡烛等物品也一样,此类光随着温度的变化会改变颜色,一般是随着温度的升高颜色由红变白。

第二种是原子发光,常见的发光二极管(LED)是原子跃迁释放能量发光;另一种是霓虹灯和荧光灯灯管内壁涂抹的荧光物质被电磁波能量激发而产生光。原子发光具有独自的基本色彩,所以彩色拍摄时我们需要进行相应的补正。

第三种是同步加速器激发的粒子发光,也叫同步辐射发光,同时携带有强大的能量,原子炉发的光就是这种,我们在日常生活中几乎没有接触到这种光的机会。

第四种是动植物发光,例如萤火虫,有些海洋生物也可以发光。

2. 光源的色温(CT, Colour Temperature)

光源所发出的光的颜色与黑体在某一温度下(例如将铂加热)辐射的颜色相同时,黑体对应的温度就称为该光源的色温,用绝对温度 K(Kelvin)表示。黑体辐射理论是建立在热辐射基础上的,所以白炽灯一类的热辐射光源的光谱能量分布与黑体的光谱能量分布比较接近,都是连续光谱,用色温的概念完全可以描述这类光源的颜色特性。

3. 相关色温(CCT, Correlated Colour Temperature)

当光源所发出的光的颜色与黑体在某一温度下辐射的颜色接近时,黑体对应的温度就称为该光源的相关色温,单位为 K。

由于气体放电光源一般为非连续光谱,与黑体辐射的连续光谱不能完全吻合,所以都采用相关色温来近似描述其颜色特性。

色温(或相关色温)在 3300K 以下的光源,颜色偏红,给人一种温暖的感觉。色温超过 5300K 时,颜色偏蓝,给人一种清冷的感觉。通常气温较高的地区,人们多采用色温高于 4000K 的光源,而气温较低的地区则多用 4000K 以下的光源。

4. 显色指数(Ra, Colour Rendering Index)

太阳光和白炽灯均辐射连续光谱,在可见光的波长范围内(380~780nm),包含着红、橙、黄、绿、青、蓝、紫等各种色光。物体在太阳光和白炽灯的照射下,显示出它的真实颜色,但当物体在非连续光谱的气体放电灯的照射下,颜色就会有不同程度的失真。我们把光源对物体真实颜色的呈现程度称为光源的显色性。

为了对光源的显色性进行定量的评价,引入显色指数的概念。以标准光源为准,将其显色指数定为 100,其余光源的显色指数均低于 100。显色指数用 Ra 表示,Ra 值越大,光源的显色性越好。

四、光度学

光度学是研究光在发射、传播、吸收和散射等过程中各种光学量计量的学科。目前光度学研究的光学量有发光强度、光通量、照度、亮度等的定义及计量,以及同其他物理量之间的关系,与此相关还研究光学量测量仪器的设计、制造和测量方法等内容。测量方法可分为目视测量(主观光度学)与仪器测量(客观光度学)两类。光度学的研究对交通工程设施准确测量及设计有重要意义。

1. 发光强度

发光强度是表征光的强弱的物理量。一般来说,发光强度随方向而异,所以经常说某方向的发光强度。发光强度是光学计量中最基本的量,也是国际单位制中七个基本量之一,其量值的定义是随着科学的进步而变化的。最初人们用蜡烛发出光的强弱表征发光强度,其单位用烛光表示。从1948年起用坎德拉表示发光强度的单位,坎德拉是一个基本单位,符号为cd。1948—1978年,坎德拉是用铂凝固点温度下的黑体辐射的亮度来定义的。这期间,黑体辐射的理论已经成熟,只要温度能准确地定出,黑体的辐射,包括可见光,就可以完全确定。为了与过去使用的烛光标准相衔接,把铂凝固点黑体的亮度定义为60烛光每平方厘米,后来又改为在101325Pa的压力下,处于铂凝固温度的黑体,在$(1/600000)m^2$表面垂直方向上的发光强度。根据这个定义,一些国家复现了坎德拉,图1-2-1所示是复现坎德拉的光度基准原器示意图。

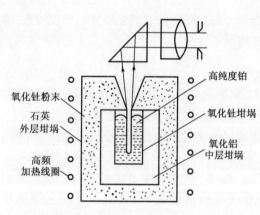

图1-2-1 光度基准原器示意图(1948—1978年)

光度基准原器的中央为一长约45mm、内径2.5mm、壁厚0.2~0.3mm的细管,其下部装有氧化钍粉末。细管、坩埚及其盖子都是用熔融的氧化钍粉末压模烧结成形。细管周围装满纯度约为0.99999的铂。当铂在高频感应加热下熔化后,再适当地降低加热功率,使铂冷却。在铂从液态变为固态的相变过程中,铂的温度将有几分钟的时间保持不变,这时从细管内壁通过上盖小孔发出的光就作为光度基准,精度为0.2%~0.3%。

由于铂凝固点温度下黑体的辐射亮度实现起来有一定的困难,并且各国之间存在较大的误差,国际计量局在1979年第十六届国际计量大会上废除了铂凝固点全辐射体光度基准,通过了发光强度坎德拉的新定义:坎德拉是一光源在给定方向上的发光强度,该光源发出频率为540×10^{12}Hz的单色辐射,且在此方向上的辐射强度为1/683瓦特每球面度。

这是一个开放性的定义,没有规定复现坎德拉的具体形式,而是建立在辐射度学的基础之上的。或者说,新定义标志着光辐射计量从以光源为基础转向以光探测器为基础。显然,只要测得辐射强度或辐射功率,便可通过已知的关系式求出发光强度。该定义把光度和辐射度统一在一个计量基准之上,我国根据坎德拉的新定义,用7只锥腔补偿型电校准常温绝对辐射计和4种有色光学玻璃组合而成的$V(\lambda)$修正滤光器建立起光度计量基准,并由其标定一组发光强度灯的值,作为发光强度副基准,来保持和进行量值传递,均达到了国际先进水平。

2. 人眼的光谱特性和视见函数

研究和试验表明,人眼对不同波长的光具有不同的视觉灵敏度,正常视力的观察者,对波长 555nm 的黄绿色光的变化最敏感,对于短于或长于该波长的光灵敏度都变差,而对紫外光和红外光,则无视力感觉,将人眼的这种特性称为人眼的光谱特性。

国际照明委员会(CIE)将视见函数定义为:"在规定的光谱条件下,引起人眼视觉程度相等的、波长为 λ 和 λ_m 的两个辐射量之比,λ_m 选在 555nm 处,视见函数用 $V(\lambda)$ 符号表示"。取人眼对波长为 555nm 的黄绿光的光谱视效率为最大,取值为 1,其他波长的可见光的视效率均小于 1;红外光和紫外光的视效率为零。

某波长的光的视见函数与波长为 555nm 的黄绿光视见函数的比称为该波长的相对视见函数。

3. 光通量

光通量是表征光源辐射功率大小的物理量,它等于单位时间内某一波长的辐射能量和该波长的相对视见函数的乘积。由于人眼对不同波长光的相对视见函数不同,所以不同波长光的辐射功率相等时,其光通量并不相等。例如,当波长为 555nm 的黄绿光与波长为 650nm 的红光辐射功率相等时,前者的光通量为后者的 10 倍。

光通量的单位是流明,符号为 lm。流明是发光强度为 1 坎德拉的均匀点光源,在 1 球面度立体角内发射的光通量。

光通量是每单位时间到达、离开或通过曲面的光能的数量。如果将光作为穿越空间的粒子(光子),那么,到达曲面的光束的光通量与 1s 时间间隔内撞击曲面的粒子数成一定比例。

因为 1 单位立体角内发射 1 流明的光,光强为 1 坎德拉。sr 为球面度,是立体角的单位。立体角的最大数值为 4π 球面度。如果一只 40W 普通白炽灯的光通量为 350lm,则它的平均光强为:

$$\frac{350\text{lm}}{4\pi\text{sr}} = 28\text{cd} \tag{1-2-2}$$

4. 照度

照度是表征被光源照射点处明暗程度的光度量,单位是勒克斯,符号为 lx。在数量上等于光源照射在被照物体单位面积上的光通量,$1\text{lx} = 1\text{lm} \cdot \text{m}^{-2}$。

5. 亮度

亮度是表征光源表面明亮程度的光度量,单位是尼特,符号为 nt。在数量上,光源在某一方向的亮度是光源在该方向上的单位投影面积,单位立体角内发射的光通量,$1\text{nt} = 1\text{cd} \cdot \text{m}^{-2}$。

太阳表面的亮度为 $2 \times 10^9 \text{cd/m}^2$;

白炽灯的亮度为 $(3 \sim 5) \times 10^6 \text{cd/m}^2$;

普通荧光灯的亮度只有 $(6 \sim 8) \times 10^3 \text{cd/m}^2$。

6. 亮度因数

在规定观测条件和照明条件下,表面上某点在给定方向的亮度因数等于该方向的亮度与相同条件下全反射或全透射的漫射体的亮度之比。

7. 发光效率

光源所发出的总光通量与该光源所消耗的电功率(W)的比值,称为该光源的光效,单位为流明/瓦(lm/W)。

五、色度学

色度学是研究人眼对颜色的视觉规律、颜色测量理论与技术的科学,它是一门以物理光学、视觉生理与心理、心理物理等学科为基础的综合性科学。色度学与物理光学等学科的基础不同,物理光学可以认为是客观的科学,是与人的主观无关的。而色度学却是一种主观的科学,它以人类的平均感觉为基础,因此它属于人类工程学范畴,以对光强的度量来说,物理光学以光的辐射能量这个客观单位来度量,而色度学却以色光对人眼的刺激强度来度量。每个人的视觉并不是完全一样的,在正常视觉的群体中间,也有一定的差别。目前在色度学上为国际所引用的数据,是由在许多正常视觉人群中观测得来的数据而得出的平均结果,从技术应用理论上来说,已具备足够的代表性和可靠的准确性。

色度学的主要任务是研究人眼彩色视觉的定性和定量规律及应用。彩色视觉是人眼的一种明视觉。彩色光的基本参数有:明亮度、色调和饱和度。

明亮度是光作用于人眼时引起的明亮程度的感觉。一般来说,彩色光能量大则显得亮,反之则暗。

色调反映颜色的类别,如红色、绿色、蓝色等。彩色物体的色调决定于在光照明下所反射光的光谱成分。例如,某物体在日光下呈现绿色是因为它反射的光中绿色成分占有优势,而其他成分被吸收掉了。对于透射光,其色调则由透射光的波长分布或光谱所决定。

饱和度是指彩色光所呈现颜色的深浅或纯洁程度。对于同一色调的彩色光,其饱和度越高,颜色就越深,或越纯;而饱和度越小,颜色就越浅,或纯度越低。高饱和度的彩色光可因掺入白光而降低纯度或变浅,变成低饱和度的色光。因而饱和度是色光纯度的反映。100%饱和度的色光代表完全没有混入白光的纯色光。

色调与饱和度又合称为色度,它既说明彩色光的颜色类别,又说明颜色的深浅程度。

应强调指出,虽然不同波长的色光会引起不同的彩色感觉,但相同的彩色感觉却可来自不同的光谱成分组合。例如,适当比例的红光和绿光混合后,可产生与单色黄光相同的彩色视觉效果。事实上,自然界中所有彩色都可以由三种基本彩色混合而成,这就是三基色原理。

三基色是这样的三种颜色:它们相互独立,其中任一色均不能由其他两色混合产生;它们又是完备的,即所有其他颜色都可以由三基色按不同的比例组合而得到。有两种基色系统,一种是加色系统,其基色是红、绿、蓝;另一种是减色系统,其三基色是黄、青、紫(或品红)。

不同比例的三基色光相加得到的彩色称为相加混色,其规律为:

红 + 绿 = 黄

红 + 蓝 = 紫

蓝 + 绿 = 青

红 + 蓝 + 绿 = 白

当前国际上通用的表示颜色的方法,是国际照明委员会(CIE)制定的"1931 CIE—XYZ"表色系统。

为统一量值,在色度计量中应使用国际照明委员会所推荐的标准照明光源。对光源的色度计量,实际上就是对光源的相对光谱功率分布的计量;对不发光的透射样品或反射样品的色度计量,则是对样品的光谱透射比或光谱反射比的计量。

通常实际使用的色度计量器具主要有标准色板、色度计、色差计及光谱光度计等。

六、眩光(Glare)

1984年北美照明工程学会对眩光的定义为:在视野内由于远大于眼睛可适应的照明而引起的烦恼、不适或丧失视觉表现的感觉。眩光的光源分为直接的,如太阳光、太强的灯光等;间接的,如来自光滑物体表面(高速公路路面或水面等)的反光。根据眩光产生的后果主要归结为三种类型:不适型眩光、光适应型眩光和失能型眩光。

不适型眩光是指在某些太亮的环境下感觉到的不适,例如坐在强太阳光下看书或在一间漆黑的房子里看高亮度的电视,当人眼的视野必须在亮度相差很大的环境中相互转换时,就会感到不适。这种不舒服的情况会引起眼的一种逃避动作而使视力下降。

光适应型眩光是指当人从黑暗的电影院(或地下隧道)走入阳光下双眼视觉下降的一种现象。主要原因是由于强烈的眩光源在人眼的视网膜上形成中央暗点,引起长时间的视物不清。当某些人患有眼底疾病(尤其是黄斑病变)时,由于视网膜上光感受细胞的明适应功能受到损害,对这种眩光的反应会更重。

失能型眩光是指由于周边凌乱的眩光源引起人眼视网膜像对比度下降从而导致大脑对像的解析困难的一种现象,类似于幻灯机在墙上的投影受到旁边强光的干扰而导致成像质量下降的现象。CIE对于眩光限制的质量等级见表1-2-1。

CIE对于眩光限制的质量等级 表1-2-1

质 量 等 级	作业或活动的类型
A(很高质量)	非常精确的视觉作业
B(高质量)	视觉要求高的作业;中等视觉要求的作业,但需要注意力高度集中
C(中等质量)	视觉要求中等的作业,注意力集中程度中等,工作者有时要走动
D(质量差)	视觉要求和注意力集中程度的要求比较低,而且工作者常在规定区域内走动
E(质量很差)	工作者要求限于室内某一工位,而不是走来走去,作业的视觉要求低,或不为同一群人持续使用的室内区域

如果单从眩光来评判照明质量的分级,从A向E变化,亮度限制的要求逐渐降低,眩光逐渐增加,照明的质量逐渐下降。A类照明质量非常好,C类是中等质量,E类的质量非常差。

七、逆反射

逆反射是光线反射的一种特殊类型。依据逆反射原理制成的材料或物体称逆反射材料或逆反射体。利用逆反射材料制造的交通标志、标线、突起路标、轮廓标等是一大类公路交通安全设施。掌握有关逆反射的术语和定义,对准确理解逆反射类交通安全设施的功能、作用以及质量要求和测试原理至关重要。

交通行业标准《逆反射术语》(JT/T 688—2007),定义了41个术语,按照这些术语的作用可分为基础术语、几何条件术语和应用术语三部分。

基础术语包括:逆反射、逆反射元、逆反射材料、反光膜、逆反射体。

几何条件术语包括:逆反射体中心、光源点、观测点、逆反射体轴、照明轴、观测轴、第一轴、第二轴、基准标记、照明距离、观测距离 d、基准半平面、入射半平面、观测半平面、入射角 β、入射角分量 β_1、入射角 β_2、观测角 α、视角 v、余入射角 e、余视角 a、方位角 ω_s、道路标线方位角 b、道路标线方位角补角 d、显示角 γ、rho 角 ρ、旋转角 ε。

应用术语包括:发光强度系数 R_I、逆反射系数 R_A、线性逆反射系数 R_M、逆反射亮度系数 R_L、逆反射光通量系数 R_ϕ、逆反射因数 R_F、逆反射分量 R_T、旋转均匀性。

详见交通行业标准《逆反射术语》(JT/T 688—2007)。

第二节 力　　学

力学是研究物质机械运动规律的科学,是机械工程、土木工程、道路桥梁、航空航天工程、材料工程等的基础。力学具备完整的学科结构和体系,在人类的实践活动中无处不在,并且深刻地影响着人类的实践活动。本节主要介绍与交通工程检测和实践有关的几个基本概念。

一、力学的分类

力学可粗分为静力学、运动学和动力学三部分。静力学研究力的平衡或物体的静止问题;运动学只考虑物体怎样运动,不讨论它与所受力的关系;动力学讨论物体运动和所受力的关系。

按研究对象的物态进行区分,力学可以分为固体力学和流体力学。根据研究对象具体的形态、研究方法、研究目的的不同,固体力学可以分为理论力学、材料力学、结构力学、弹性力学、板壳力学、塑性力学、断裂力学、机械振动、声学、计算力学、有限元分析等;流体力学包含流体力学、流体动力学等。

根据研究对象所建立的模型不同,力学也可以分为质点力学、刚体力学和连续介质力学。连续介质通常分为固体和流体,固体包括弹性体和塑性体,而流体则包括液体和气体。

许多带"力学"名称的学科,如热力学、统计力学、相对论力学、电动力学、量子力学等,习惯上被认为是物理学的其他分支,不属于力学的范围。

二、材料力学

材料力学是机械类、土木类等各专业的基础,是固体力学的一个分支。材料力学主要研究构件和机械零件的强度、刚度和稳定性问题。通过研究构件在轴向拉伸或压缩、剪切、扭转和弯曲基本变形下的强度和刚度以及压杆的稳定性问题,逐步将研究内容由简单应力状态推广到复杂应力状态,由基本变形推广到组合变形,由静载问题推广到动载和疲劳问题。

三、材料的力学性能

材料的力学性能是指材料在不同环境(温度、介质、湿度)下,承受各种外加荷载(拉伸、压缩、弯曲、扭转、冲击、交变应力等)时所表现出的力学特征。

四、力的定义

力是物体对物体的相互作用,力具有大小、方向、作用点。力的国际单位是牛顿,简称牛,符号为 N。

力作用的结果可使物体的运动状态和形状与大小发生改变。交通工程检测中常见的有重力、拉力、压力、弯曲力、剪切力等。实践中注意重力与质量的区别。物体含有物质的多少叫质量,质量不随物体形状、状态、空间位置的改变而改变,是物体的基本属性,通常用 m 表示,在国际单位制中质量的单位是千克(kg),例如我们在对突起路标进行抗压荷载试验时,施加的是正向压力,当通过一质量为 10kg 的钢板加压时,应对试验结果进行修正,修正后的结果为:试验机示值(N)+10×9.8(N),这里的 10kg 钢板产生了 98N 的压力加在了突起路标上。

五、应力、应变

材料构件单位面积所承受的力称为应力。

当材料构件在外力作用下不能产生位移时,它的几何形状和尺寸将发生变化,这种形变就称为应变。物体受力产生变形时,体内各点处变形程度一般并不相同,应变就是用以描述一点处变形程度的力学量。

六、材料受力变形

材料受力后发生的变形分为弹性变形和塑性变形。当外力撤销后材料可以恢复原来形状的变形称为弹性变形;当外力撤销后材料不能恢复原来形状的变形称为塑性变形。

七、正向应力与剪应力

同截面垂直的应力称为正应力或法向应力;同截面相切的应力称为剪应力或切应力。

应力会随着外力的增加而增长,对于某一种材料,应力的增长是有限度的,超过这一限度,材料就要破坏。对某种材料来说，应力可能达到的这个限度称为该种材料的极限应力。极限应力值要通过材料的力学试验来测定。

将测定的极限应力作适当降低，规定出材料能安全工作的应力最大值，这就是许用应力。材料要想安全使用，在使用时其内应力应低于它的极限应力；否则，材料就会在使用时发生破坏。

有些材料在工作时，其所受的外力不随时间而变化，这时其内部的应力大小不变，称为静应力；还有一些材料，其所受的外力随时间呈周期性变化，这时内部的应力也随时间呈周期性变化，称为交变应力。

材料在交变应力作用下发生的破坏称为疲劳破坏。通常材料承受的交变应力远小于其静载下的强度极限时，破坏就可能发生。另外，材料会由于截面尺寸改变而引起应力的局部增大，这种现象称为应力集中。对于组织均匀的脆性材料，应力集中将大大降低构件的强度，这在构件的设计时应特别注意。

八、屈服强度

当材料所受应力超过弹性极限后，变形增加较快，此时除了产生弹性变形外，还产生部分塑性变形。当应力达到一个值后，塑性应变急剧增加，曲线出现一个波动的小平台，这种现象称为屈服。这一阶段的最大、最小应力分别称为上屈服点和下屈服点。由于下屈服点的数值较为稳定，因此以它作为材料抗力的指标，称为屈服点或屈服强度。

屈服是指达到一定的变形应力之后，材料开始从弹性状态非均匀地向弹—塑性状态过渡，它标志着宏观塑性变形的开始。通常建筑钢材以屈服强度作为设计应力的依据。有些钢材（如高碳钢）无明显的屈服现象，通常以发生微量的塑性变形（0.2%）时的应力作为该钢材的屈服强度，称为条件屈服强度。

九、拉伸强度

拉伸强度是指材料在拉伸应力下产生最大均匀塑性变形的应力值。

在拉伸试验中，试样直至断裂为止所受的最大拉伸应力即为拉伸强度，其结果以兆帕（MPa）表示。拉伸强度的计算公式如下：

$$\sigma_t = \frac{p}{b \times d} \quad (1\text{-}2\text{-}3)$$

式中：σ_t——拉伸强度（MPa）；
p——最大负荷（N）；
b——试样宽度（mm）；
d——试样厚度（mm）。

注意：计算时采用的面积是断裂处试样的原始截面积，而不是断裂后端口截面积。

十、伸长率

伸长率是指材料在拉伸试验中，试样原始标距的伸长量与原始标距之比的百分数。

在描述材料的伸长率时应注意区分以下几个概念。

1. 断裂总伸长率和断后伸长率

断裂总伸长率 A_t 是指断裂时刻的总伸长与原始标距之比。实际操作中通常借助引伸计直接测量断裂时的标距,这时的标距同时包括了弹性变形部分,即比例延伸部分。

断后伸长率 A 是指断裂残余伸长(断后标距－原始标距)与原始标距之比。实际操作中一般是将试样从试验机上取下,对接在一起后,测量断后标距。这时弹性变形部分已经恢复,比例延伸不包含在断后标距内,断后标距通常小于断裂时标距。

2. 最大力总伸长率和最大非比例伸长率

最大力总伸长率 A_{gt} 是指最大力时对应的总伸长与原始标距之比。最大非比例伸长率 A_g 是指最大力时对应的非比例延伸与原始标距之比。

以上概念可用图 1-2-2 表示。图中,R_m 为试验过程中的最大应力;A_g 为最大力时对应的非比例伸长率;A_{gt} 为最大力时对应的总伸长率;A 为断后伸长率;A_t 为断裂时总伸长率。

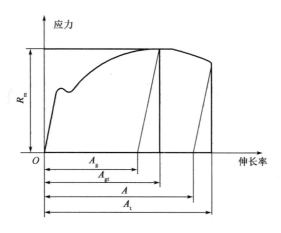

图 1-2-2　材料拉伸试验有关定义

第三节　电　　学

如果说作为交通工程机电检测工程师掌握电子、电工技术是基本要求,那么,交通安全工程师所涉及的检测对象虽然不像机电设施那样与电学密切相关,但所应用的检测工具、仪器设备等都是与电学所分不开的。掌握电压、电流、电阻、功率、直流电、交流电、安全电压等级、绝缘、电源变换等基础知识,对正确开展检测、保障检测人员在工作过程中的人身安全都是不可缺少的。

一、电压

1. 电的起源

从最初人们发现摩擦起电现象,直到 20 世纪初原子结构被发现,电的起源和原理才被比较精确地描述,即:物质是由分子或原子构成,原子是由原子核和核周围高速运转的电子构成;原子核由带正电的质子和不带电的中子构成,质子的电荷量等于电子的电荷量,因此原子呈中性。当摩擦时,外部高速运转的电子转移到别的物体上,失去电子的物体带正电,获得电子的物体带负电。带等量正负电荷的两个物体接触时,正负电荷会相互转移,使物体恢复到不带电的状态,即中和状态。中和发生的过程即是电子转移流动和放电的过程,伴随着放电的是光能、热能、声能释放和传播的现象。

2. 电位的定义

人类最早认识的是摩擦起电,并发现两种物质不需要接触在一起就有"同性相斥、异性相吸"的现象,由此推断两种物质周围存在着一种"场",所以先认识到的是"电场"的概念,电荷同性相斥、异性相吸是由于"场"的作用,"场"有强弱,电位是表征电场特性的物理量。电场力把单位正电荷从某一点移动到无穷远(或大地)时所做的功,就是电场中该点的电位。电位的单位是"伏特",用符号"V"表示。电场中两点之间的电位差称为"电压"。甲、乙两点之间,如果乙点的电位是零,则甲点的电位就是甲、乙两点之间的电压。电压有方向性,电压的正方向是从高电位指向低电位。电压的单位和符号与电位相同。

3. 电路电压的定义

与电场类似,在电路中之所以有电流流动是因为存在电位差,任意两点之间的电位差称为这两点的电压。电压的高低,用单位"伏特"表示,简称"伏",符号为"V"。高电压可以用千伏(kV)表示,低电压可以用毫伏(mV)表示。

4. 电源

电源是提供电压的装置,是电的源泉。人们除了发现摩擦起电外,还发现了不用摩擦运动的两种不同的金属也能发电。1791年伏特作了一系列试验研究后,终于发现两片不同金属不用运动也可以有电产生,并据此发明了电池。伏特电池的发明,使得科学家可以用比较大的持续电流来进行各种电学研究,促使电学研究有了一个巨大的进展。伏特电池是一种方向不变的直流电,后来人们发明的太阳能电池、温差电池等也是直流电,现在我们常用的交流电是通过水利、火力、核能推动的交流发电机产生的。

5. 电动势

电动势是描述电源性质的物理量。电源的电动势是指非静电力把正电荷从负极移到正极所做的功与该电荷电量的比值,称电源的电动势(E)。

$$E = W/q \tag{1-2-4}$$

这里的非静电力是指除静电力外能对电荷流动起作用的力,并非泛指静电力外的一切作用力。非静电力有不同的来源,在化学电池(干电池、蓄电池)中,非静电力是一种与离子的溶解和沉积过程相联系的化学作用;在温差电源中,非静电力是一种与温度差和电子浓度差相联系的扩散作用;在一般发电机中,非静电力起源于磁场对运动电荷的作用,即洛伦兹力。变化磁场产生的有旋电场也是一种非静电力,但因其磁力线呈涡旋状,通常不用作电源,也难以区分内外。

在电源内部,非静电力把正电荷从负极板移到正极板时要对电荷做功,这个做功的物理过程是产生电源电动势的本质。非静电力所做的功,反映了其他形式的能量有多少变成了电能。因此在电源内部,非静电力做功的过程是能量相互转化的过程。

二、电流

电流是指电荷的定向移动。电流的大小称为电流强度(简称电流,符号为I),是指单位时间内通过导线某一截面的电荷量,每秒通过1库仑的电量称为1安培(A)。安培是国际单位制中所有电性的基本单位。除了安培(A),常用的单位有毫安(mA)及微安(μA)。

电流的微观表达式为:

$$I = nesv \tag{1-2-5}$$

式中:n——单位体积内的自由电荷数;

e——电子的电量;

s——导体横截面积;

v——自由电子定向移动的速率。

1. 电流的基本计算式

$$I = C/T(电量/时间) = U/R(电压/电阻) \tag{1-2-6}$$

2. 电流的方向

物理上规定电流的方向是正电子的流动方向或者负电子流动的反方向。

一般情况下,电子指的是负电子。

3. 电流形成的原因

电压是使电路中电荷定向移动形成电流的原因。

4. 电流产生的条件

(1)必须具有能够自由移动的电荷。

(2)导体两端存在电压(要使闭合回路中得到持续电流,必须要有电源)。

5. 电流的单位——安培

电流的单位为安培。其定义是:安培是一恒定电流,若保持在处于真空中相距1m的两条无限长而圆截面可忽略的平行直导线内,则两条导线之间产生的力在每米长度上等于2×10^{-7}N。该定义在1948年第九届国际计量大会上得到批准,1960年第十一届国际计量大会上,安培被正式采用为国际单位制的基本单位之一。

6. 电流的测量

用电流表测量电流,电流表的使用方法及注意事项:

(1)禁止把电流表直接连到电源的两极上。

(2)确认目前使用的电流表的量程,被测电流不要超过电流表的量程。

(3)电流表要串联在电路中。

(4)测量直流时,正负接线柱的接法要正确,电流从正接线柱流入,从负接线柱流出。

(5)确认每个大格和每个小格所代表的电流值。先试触,出现:①指针不偏转;②指针偏转过激;③指针偏转很小;④指针反向偏转等异常时,要先查找原因,再继续测量。

7. 电流的三大效应

(1)热效应。

(2)磁效应。

(3)化学效应。

8. 额定电流

额定电流是指电气设备等在额定输出时的电流。

电气设备标出的电流值称为额定电流。设计时已考虑到其电流线圈允许长期通过的最大电流为额定电流的2倍(近几年生产的电度表电流线圈允许长期通过的最大电流为额定电流的4倍)。

熔断器的熔体都有两个参数:额定电流与熔断电流。所谓额定电流是指长时间通过熔体而不熔断的电流。熔断电流一般是额定电流的2倍。

三、电阻

导体对电流的阻碍作用称为导体的电阻。

电阻器简称电阻(Resistor,通常用 R 表示),是电子电路中使用最多的元件。电阻的主要物理特征是变电能为热能,也可以说它是一个耗能元件,电流经过它就产生热能。电阻在电路中通常起分压、分流的作用,对信号来说,交流与直流信号都可以通过电阻。

电阻都有一定的阻值,它代表这个电阻对电流流动阻挡力的大小。电阻的单位是欧姆,用符号"Ω"表示。

欧姆的定义为:当在一个电阻器的两端加上1V的电压时,如果在这个电阻器中有1A的电流通过,则这个电阻器的阻值为1Ω。

在国际单位制中,电阻的单位是Ω(欧姆),此外还有kΩ(千欧)、MΩ(兆欧)。它们之间的换算关系是:

$$1M\Omega = 1000k\Omega$$
$$1k\Omega = 1000\Omega$$

电阻的阻值标法通常有色环法、数字法。色环法在一般的电阻上比较常见。由于电路中的电阻尺寸一般比较小,很少被标上阻值,即使有,一般也采用数字法,即:101表示10Ω的电阻;102表示100Ω的电阻;103表示1kΩ的电阻;104表示10kΩ的电阻;106表示1MΩ的电阻;107表示10MΩ的电阻。

如果一个电阻上标为22×103,则这个电阻为22kΩ。

四、欧姆定律

在同一电路中,导体中的电流跟导体两端的电压成正比,跟导体的电阻成反比,这就是欧姆定律。

电压 = 电阻 × 电流　　（$U = R \cdot I$）

电流 = 电压 ÷ 电阻　　（$I = U/R$）

电阻 = 电压 ÷ 电流　　（$R = U/I$）

注意：对这个公式的描述"电阻跟导体两端电压成正比，跟电流成反比"是错的。电阻是导体本身的固有特性，只和导体的长度、横截面积、材料和温度有关，而和电压、电流无关。

五、电功率

电功率是衡量用电器消耗电能快慢的物理量，也就是电流在单位时间内所做的功，用 P 表示，它的单位是 W（瓦特，简称瓦），此外还有 kW（千瓦）。它们之间的关系是：

$$1\text{kW} = 1000\text{W}$$

作为表示消耗能量快慢的物理量，一个用电器功率的大小等于它在 1 秒（1s）或 1 小时（1h）内所消耗的电能。如果在 t 这么长的时间内消耗的电能为 W，那么，这个用电器的电功率 P 就是：

$$P = W/t \tag{1-2-7}$$

电功率可以由电压与电流的乘积求得，即：

$$P = UI \tag{1-2-8}$$

每个用电器都有一个正常工作的电压值，叫额定电压。用电器在额定电压下的功率叫作额定功率。

六、直流电

直流电（Direct Current）是大小和方向都不随时间变化的电流，又称恒定电流。其所通过的电路称直流电路，是由直流电源和电阻构成的闭合导电回路。在该电路中，形成恒定的电场。在电源外，正电荷经电阻从高电势处流向低电势处，在电源内，靠电源的非静电力的作用，克服静电力，再从低电势处到达高电势处，如此循环，构成闭合的电流线。所以，在直流电路中，电源的作用是提供不随时间变化的恒定电动势，为在电阻上消耗的焦耳热补充能量。

在比较简单的直流电路中，电源电动势、电阻、电流以及任意两点电压之间的关系可根据欧姆定律及电动势的定义得出。复杂的直流网络可根据基尔霍夫方程组求解，它包括节点电流方程和回路电压方程两部分。前者指出，对于任一节点（3 个或 3 个以上支路的交点），流入和流出节点的各电流的代数和为零，这是恒定条件的要求；后者指出，对于任一闭合回路（网格），各部分电压降的代数和为零，这是静电场环路定理的结果，两者构成了完备的方程组。

测量直流电路中电流、电压、电阻、电源电动势等物理量的仪表称为直流仪表。常用的有电流计、安培计、伏特计、电桥、电势差计等。

直流电源有化学电池、燃料电池、温差电池、太阳能电池、直流发电机等。直流电主要应用于各种电子仪器、电解、电镀、直流电力拖动等方面。

在电力传输上，19 世纪 80 年代以后，由于不便于将直流电低电压升至高电压进行远距离传输，直流输电曾让位于交流输电。20 世纪 60 年代以来，由于采用高电压、大功率变流器将直流电变为交流电，直流输电系统又重新受到重视并获得新的发展。

七、交流电

有了对电的发现与了解,18世纪研究电的科学家们又发现,不同的金属释放电子的能力不同,将能力高(如锌)与能力低(如铜)的两种金属,用适当的溶液及导线相连,则会产生持续性的电流,这种电流便是"直流电流",而类似的装置即为今日常用电池的基本构造。直流电的发明为当时的生活带来许多便利,但以今日的科技水准观之,却有不易大量生产以及持续性不够久的缺点。幸而在19世纪中叶科学家发现了磁场,同时也发现导线在磁场中移动会产生电流,因此发明了便宜又好用的交流电,丰富了人类的生活。

所谓交流电即是随时间而改变方向的电流,因导线在实际磁场中无法永远在同一方向移动下去,而必须做周期性的往返运动,因此其产生的电流也会定期改变方向,就像我们的呼吸一样,吸饱气时必须呼气才能吸下一口气,而我们肺部也就跟着作氧气与二氧化碳的周期性交换动作。

图1-2-3所示是一个简单的交流发电机原理示意图。图中环状线圈借着连接其上的转轴不断旋转,并与南北两磁极连成的磁力线相交而产生交流电。转轴前端的电刷则将线圈所产生的电流引出送到输配电系统,再送到工厂或家中使用。简而言之,我们只要想办法让一组环状导电线圈在磁场中持续转动,原则上就可以得到电流。

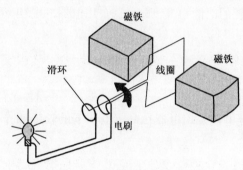

图1-2-3 交流发电机原理示意图

八、安全电压

电压可分为高电压与低电压。高低压的区别是:以火线对地间的电压值为依据,对地电压高于250V的为高压,对地电压小于250V的为低压。

其中,安全电压指不会使人直接死亡或残疾的电压。我国国家标准《特低电压(ELV)限值》(GB/T 3805—2008)规定,对人体安全的电压,干燥情况下交流电不大于33V,直流电不高于70V。

以下是一些常见电压:

电视信号在天线上感应的电压约为0.1mV。

维持人体生物电流的电压约为1mV。

碱性电池标称电压为1.5V。

电子手表用氧化银电池两极间的电压为1.5V。

一节蓄电池的电压为2V。

手持移动电话的电池两极间的电压为3.6V。

汽车蓄电池的电压乘用车为12V,有些大型车辆为24V。

家庭电路的电压为220V。

动力电路电压为380V。

无轨电车电源的电压为 550~600V。

列车上方电网电压为 1500V。

电视机显像管的工作电压在 10kV 以上。

发生闪电的云层间电压可达 10^3 kV。

九、绝缘

电气绝缘有两种作用,一种是对于电子信号来说,为了避免信号的相互干扰而采取的措施;另一种是为了安全目的而将带电装置或元件隔离,避免人员触电或电气短路而采取的措施。这里重点指的是后者,即使用不导电的物质将带电体隔离或包裹起来,以对触电起保护作用的一种安全措施。良好的绝缘对于保证电气设备与线路的安全运行,防止人身触电事故的发生,是最基本的和最可靠的手段。

绝缘通常可分为气体绝缘、液体绝缘和固体绝缘三类。在实际应用中,固体绝缘仍是使用最为广泛,且最为可靠的一种绝缘物质。

在强电作用下,绝缘物质可能被击穿而丧失其绝缘性能。在上述三种绝缘物质中,气体绝缘物质被击穿后,一旦去掉外界因素(强电场)后即可自行恢复其固有的电气绝缘性能;而固体绝缘物质被击穿以后,则不可逆地完全丧失了其电气绝缘性能。因此,电气线路与设备的绝缘选择必须与电压等级相配合,而且须与使用环境及运行条件相适应,以保证绝缘的安全作用。

此外,由于腐蚀性气体、蒸气、潮气、导电性粉尘以及机械操作等原因,均可能使绝缘物质的绝缘性能降低甚至被破坏。而且,日光、风雨等环境因素的长期作用,也可以使绝缘物质老化而逐渐失去其绝缘性能。

十、电源变换器

我们检测工作中常用的便携式检测仪器大都采用直流供电,以适应野外检测的需要,回到室内需要对仪器设备充电。这里有一个将交流变为直流的装置,叫电源适配器;现在还有一些检测设备功率较大,在现场也需要交流供电,通常借助于汽车蓄电池将直流变换为交流,这种变换叫逆变器。无论是充电器还是逆变器,都叫电源变换器,前者是将交流高压变换为直流低压,是一种安全变换;后者则相反,要注意安全。

第四节 电子与电工技术

一、电路与电磁场

1. 术语与参数

(1)线性电阻:电阻是一个物理量,在物理学中表示导体对电流阻碍作用的大小,它的英文名称为 Resistance,通常缩写为 R,它是导体的一种基本性质,与导体的尺寸、材料、温度有关,导体的电阻越大,表示导体对电流的阻碍作用越大。线性电阻是一个理想电路元件,在元件上电压 u 与电流 i 方向为关联关系时,将 u 与 i 的比值称为电阻,即 $R = u/i$;单位为 Ω(欧姆)。电阻的倒数称为电导 G,即 $G = i/u$;单位为 S(西门子)。

(2)线性电容是一个理想电路元件,在电荷 q 移动和电压 u_c 方向一致的条件下,将 q 与 u_c 之比定义为电容 C,即 $C = q/u_c$;单位为 F(法拉)。

(3)线性电感是一个理想电路元件,当磁通 Φ 和电流 $i_L(t)$ 的方向符合右手定则时,将 Φ 与 i_L 之比定义为电感 L,即 $L = \Phi/i_L$;单位为 H(亨利)。

(4)耦合电感是一对具有耦合关系电感的整体。耦合关系是指由一个电感线圈中电流 i_{L1} 所产生的自感磁通 Φ_{11} 的一部分或全部穿过另一个线圈的现象,穿过另一个线圈的磁通 Φ_{12} 称为互感磁通。

(5)理想变压器是由实际变压器经过理想化后的二端口器件,即满足无损、全耦合且自感和互感均无限大的理想耦合电感。它有如下特点:

① 耦合系数 $k = 1$。
② 两线圈的匝数比等于电压比,即 $N_1/N_2 = u_1/u_2$。
③ $i_1/i_2 = -1/n, n = N_1/N_2$。

(6)电流、电压及其参考方向:电流是指电荷的定向移动,电流的大小称为电流强度(简称电流,符号为 I),电流强度是指单位时间内通过导线某一截面的电荷量,每秒通过 1 库仑(C)的电量称为 1 安培(A)。在电路中,任意两点之间的电位差称为这两点的电压,通常用字母 V 代表电压,电压是推动电荷定向移动形成电流的原因,电流之所以能够在导线中流动,也是因为在电流中有着高电势和低电势之间的差别。

电流的实际方向为正电荷移动的方向。电压实际方向为电压降的方向。因为电路的定律都是依据电流、电压的实际方向而确定的,这就需要在分析计算电路之前先假设一个电流、电压实际方向,这个假设的实际方向就被称为电流、电压的参考方向。在设定电流、电压参考方向后,分析计算结果为正值时,参考方向即为实际方向;为负值时,实际方向与参考方向相反。因此,参考方向也称为正方向,在电路理论中所标注的电流、电压方向均为参考方向。

(7)关联方向:因为正电荷在电场力的作用下,总是从高电位移向低电位,即电流的实际方向指向电位降的方向,是与电压的方向相一致的,按照这样的规律同时设定电流和电压的参考方向时,电流和电压的方向关系称为关联方向。

(8)正弦量:正弦量的幅值(振幅、最大值)、频率(角频率)和相位(相角)称为正弦量的三要素。正弦电流、电压表达式分别为:$i = I_m \sin(\omega t + \phi_i)$ 和 $u = U_m \sin(\omega t + \phi_u)$。

(9)有效值:在正弦交流电中根据热等效原理,定义电流和电压的有效值为其瞬时值在一个周期内的均方根值,分别用 I 和 U 表示,即

$$I = \sqrt{\frac{1}{T}\int_0^T i^2 \mathrm{d}t} = \frac{I_m}{\sqrt{2}}, U = \sqrt{\frac{1}{T}\int_0^T u^2 \mathrm{d}t} = \frac{U_m}{\sqrt{2}} \tag{1-2-9}$$

(10)阻抗和导纳:

① 不含独立电源的正弦交流电路端口处的电压相量 $\dot{U}$ 与电流相量 $\dot{I}$,在关联方向下之比为该电路的复阻抗 Z,即

$$Z = \frac{\dot{U}}{\dot{I}} = |Z| \angle \varphi_Z \tag{1-2-10}$$

式中:$|Z|$——电路的阻抗;

φ_Z——阻抗角。

②不含独立电源的正弦交流电路端口处的电流相量 $\dot{I}$ 与电压相量 $\dot{U}$,在关联方向下之比为该电路的复导纳 Y,即

$$Y = \frac{\dot{I}}{\dot{U}} = |Y| \angle \varphi_Y \tag{1-2-11}$$

式中:$|Y|$——复导纳;

φ_Y——导纳角。

③对同一个不含独立电源的正弦电流端口电路,复阻抗 Z 和复导纳 Y 互为倒数;导纳角 φ_Y 为阻抗角 φ_Z 的负值。

(11)有功功率:对一个正弦交流端口电路,它的瞬时功率 p 为端口电压的瞬时值 u 与端口电流的瞬时值 i 的乘积,即:$p = ui$。通常正弦电路有功功率的有效值表述为:端口处的电压有效值 U、电流有效值 I 和阻抗角的余弦值 $\cos\varphi$ 三者的乘积,用 P 表示,单位为 W(瓦),即

$$P = UI\cos\varphi \tag{1-2-12}$$

(12)无功功率:将正弦交流电路端口处的电压有效值 U、电流有效值 I 和阻抗角的正弦值 $\sin\varphi$ 三者的乘积定义为交流电路的无功功率 Q,单位为 Var(无功伏安),即:$Q = UI\sin\varphi$。

(13)视在功率:将正弦交流电路端口处的电压有效值 U、电流有效值 I 的乘积定义为交流电路的视在功率 S,单位为 $V \cdot A$(伏安),即:$S = UI$。

(14)功率因数:为交流电路中阻抗角的余弦值,用 λ 表示,它的物理意义是交流电路中的有功功率与视在功率的比值,即:$\lambda = \cos\varphi = P/S$。有功功率、无功功率和视在功率三者的关系为:$S^2 = P^2 + Q^2$。

(15)三相功率:三相电路的有功功率为各相有功功率之和,即:$P = P_A + P_B + P_C$。三相电路的无功功率为各相无功功率之和,即:$Q = Q_A + Q_B + Q_C$。

(16)非正弦周期电路中的傅里叶级数分解:一个周期为 T 的函数 $f(t)$,若满足狄里克雷收敛条件,即在有限时间间隔中,仅有限个极值点和有限个第一类不连续点,则可展开成收敛的傅里叶级数(傅氏级数)。

$$f(t) = a_0 + (a_1\cos\omega t + b_1\sin\omega t) + (a_2\cos2\omega t + b_2\sin2\omega t) + \cdots + (a_k\cos k\omega t + b_k\sin k\omega t) + \cdots$$
$$= a_0 + \sum_{k=1}^{\infty} [a_k\cos k\omega t + b_k\sin k\omega t]$$

式中:ω——角频率,$\omega = 2\pi/T$;

$a_0、a_1、\cdots、a_k、b_1、\cdots、b_k$——傅氏系数。

(17)谐波:傅里叶级数展开式中,和原非正弦周期函数的角频率 ω 相同的展开项称为基波分量;当 $k = 2$、$k = 3$、$k = 4\cdots$时,分别称为 2 次谐波、3 次谐波、4 次谐波等高次谐波。当 k 为奇数时($k = 1、3、5\cdots$)谐波分量称为奇次谐波;当 k 为偶数时($k = 2、4、6\cdots$)谐波分量称为偶次谐波。

(18)电场强度:若正试验点电荷 q_0 在电场中某点受力为 F,则电场强度为:$E = F/q_0$,式

中,q_0 的单位为库仑(C),F 的单位为牛顿(N),电场强度 E 的单位为伏特/米(V/m)。

(19)电位:电位又称电势,是指单位电荷在静电场中的某一点所具有的电势能。电位是电能的强度因素,它的大小取决于电势零点的选取,其数值只具有相对的意义。通常,选取无穷远处为电势零点,这时,其数值等于电荷从该处经过任意路径移动到无穷远处所做的功(人为假定无穷远处的势能为零)与电荷量的比值。电势常用的符号为 U 或 E,在国际单位制中的单位是伏特(V)。

(20)击穿强度:介质能够承受的最大电场强度。在实际应用中常用 kV/m 表示其单位,超过此值后介质将被击穿,失去介质原有性质。

(21)电容和电容器:

①当空间只需要考虑两个相互绝缘的导体时,两导体分别带有等量而异号的电荷,则电荷的量值 q 与两导体间电压 U 之比,称为两导体间的电容,并以 C 表示,即:$C=q/U$,C 恒取正值,单位是法拉(F)。

②线性电容器的电容值仅与电极的几何形状、大小、中间填充介质以及两电极间相对位置有关,而与其是否带电无关。

(22)恒定电场:由电荷在导电媒质中激发,不随时间变化的电场称为恒定电场。要维持恒定电场存在,必须依赖于恒定电源(恒定电源在电路中常称为直流电源)。

(23)恒定电流:方向和大小都不随时间变化的电场称为恒定电流。

(24)电流密度:体密度为 ρ 的分布电荷,以速度 v 运动时,形成体分布的电流密度 J,其表达式为:$J=\rho v$。电流密度也可表述为:当正电荷垂直通过某微小面积 ΔS 的电流强度为 ΔI 时,ΔI 与 ΔS 之比的极限,即

$$J = \lim_{\Delta S \to 0} \frac{\Delta I}{\Delta S} = \frac{dI}{dS} \tag{1-2-13}$$

(25)电导:电阻的倒数称为电导。电导是表示一个物体或电路,从某一点到另外一点,传输电流能力强弱的一种测量值,与物体的电导率、几何形状和尺寸有关。

(26)接地电阻:电气设备通过引线与埋入地中导体相连接称为接地。一个接地装置的接地电阻主要由接地的导体(接地体)电流流散时,通过土壤形成。对于引线电阻、接地体自身电阻以及接地体与大地之间的接触电阻,由于其值相对较小,除非特殊申明,一般不予考虑。

(27)磁感应强度(B):表示磁场强弱的基本物理量。其定义一般用洛伦兹力公式给出,即:$f=q(v\times B)$,B 的单位为特斯拉(T)。

(28)磁场强度:

$$H = \frac{B}{\mu_0} - M$$

式中:M——磁化强度,单位为安/米(A/m)。

(29)磁化强度:描述媒质磁化状态的物理量,表示媒质中每单位体积内所有分子磁矩的向量和,用 M 表示。即

$$M = \lim_{\Delta V \to 0} \frac{m_i}{\Delta V}$$

式中:m——分子的磁矩($A \cdot m^2$)。

$$m = I \cdot S$$

式中:I——分子的等效电流强度;

S——分子电流包围的面积,S 的方向与电流绕向间服从右手螺旋法则。

(30)磁通:表示某面积上磁感应强度的能量,即:$\phi = \int_s B \cdot dS$。磁通是一个标量,在设定的参考方向下,有正负之分,单位为韦伯(Wb)。

2. 定律与基本原理

(1)基尔霍夫电流定律(KCL):在集总参数电路中,对任何一个节点,在任何时刻流入(流出)该节点的电流的代数和恒等于零。KCL 的向量形式为:$\sum \dot{I} = 0$。

(2)基尔霍夫电压定律(KVL):在集总参数电路中,对任何一个闭合回路,在任何时刻沿该回路循行时,所有支路电压的代数和恒等于零。KVL 的向量形式为:$\sum \dot{U} = 0$。

(3)对称三相电路是指在三相电路中,三相电源对称,三相负载对称,三个线路复阻抗相等的三相电路。对称三相电源是指构成三相电源的三个电压源幅值相等,频率相同,相位互差 120°。其正序表达式为:$u_A = U_{m\sin}\omega t$,$u_B = U_{m\sin}(\omega t - 120°)$,$u_C = U_{m\sin}(\omega t + 120°)$;其负序表达式为:$u_A = U_{m\sin}\omega t$,$u_B = U_{m\sin}(\omega t + 120°)$,$u_C = U_{m\sin}(\omega t - 120°)$。

①在星形连接的三相电源或三相负载中,线电流和相电流为同一电流,线电压是相电压的 $\sqrt{3}$ 倍且线电压超前于相应的相电压 30°。

②在三角形连接的三相电源或三相负载中,线电压和相电压为同一电压,线电流是相电流的 $\sqrt{3}$ 倍且线电流滞后于相应的相电流 30°。

③三个对称的电压或三个对称的电流瞬时值或相量之和恒等于零,即:$u_A + u_B + u_C = 0$,$\dot{U}_A + \dot{U}_B + \dot{U}_C = 0$;$i_A + i_B + i_C = 0$,$\dot{I}_A + \dot{I}_B + \dot{I}_C = 0$。

(4)静电场的电场强度(简称场强)是表示电场强弱的基本物理量,它是一个向量,其大小反映该点场的强弱,其方向表示该点置一正试验点电荷受力的方向。

①静电场是由静止电荷产生的,并且满足无旋场特性,即:$\int_l \boldsymbol{E} \cdot d\boldsymbol{l} = 0$ 或 $\boldsymbol{V} \times \boldsymbol{E} = \boldsymbol{0}$。

②在无限大均匀介质中,点电荷 q 产生的电场强度大小可以表示为:

$$E = \frac{kQ}{r^2}$$

式中:k——与介电系数有关的常数;

Q——点电荷的电量;

r——源点(电荷所在的点)与场点(待计算场强的点)之间的距离。

(5)高斯定律的一般形式为:$\oint_s \boldsymbol{D} \cdot d\boldsymbol{S} = \oint_V \rho dV$。高斯定律是静电场的基本定律之一,该定律将场源即电荷与场量联系在一起。在任意闭合曲面上,电位移向量($\boldsymbol{D}$,又称电通量密度)的面积分恒等于该项闭合曲面内所有自由电荷的代数和。在各向同性线性介质中,存在关系式:

$$\boldsymbol{D} = \varepsilon \boldsymbol{E}$$

式中:ε——介电系数。

(6)恒定磁场中的安培环路定律:$\oint_l H \cdot dl = \sum I$。安培定律说明磁场强度$H$沿任意闭合回路的线积分恒等于该回路所包围的全部自由电流,当I与dl的绕向符合右手螺旋法则时取正值,否则取负值。使用该定理时注意电流I必须是回路,不能是一段电流。

(7)恒定磁场中的磁通连续性定理:$\oint_s B \cdot ds = 0$。磁通连续性定理说明磁力线(又称磁感应线)必定是无头无尾的闭合曲线。

(8)载流导线受到的磁场力,可以通过安培力公式计算,通有电流I的导线段dl(dl的方向系指电流密度的方向),其安培力为:$df = I(dl \times B)$。

二、模拟电子技术

1. 基本术语

(1)半导体中空穴和电子两种载流子共同参与导电。本征半导体中,电子和空穴总是成对出现的,电子—空穴对的数量受温度影响。空穴与电子所带电量相同,极性相反,因此本征半导体整体是中性的。

(2)P型半导体:也称为空穴型半导体。P型半导体即空穴浓度远大于自由电子浓度的杂质半导体。在纯净的硅晶体中掺入三价元素(如硼),使之取代晶格中硅原子的位子,就形成P型半导体。在P型半导体中,空穴为多子,自由电子为少子,主要靠空穴导电。由于N型半导体中正电荷量与负电荷量相等,故N型半导体呈电中性。空穴主要由杂质原子提供,自由电子由热激发形成。掺入的杂质越多,多子(空穴)的浓度就越高,导电性能就越强。

(3)N型半导体:也称为电子型半导体。N型半导体即自由电子浓度远大于空穴浓度的杂质半导体。在纯净的硅晶体中掺入V族元素(如磷、砷、锑等),使之取代晶格中硅原子的位置,就形成了N型半导体。这类杂质提供了带负电的电子载流子,称他们为施主杂质或n型杂质。在N型半导体中,自由电子为多子,空穴为少子,主要靠自由电子导电,由于N型半导体中正电荷量与负电荷量相等,故N型半导体呈电中性。自由电子主要由杂质原子提供,空穴由热激发形成。掺入的杂质越多,多子(自由电子)的浓度就越高,导电性能就越强。

(4)半导体三极管简称晶体管或三极管。因多子和少子都参与导电,又称双极结型晶体管(BJT)。三极管的主要特点是具有电流放大作用,是构成放大电路的核心器件。

(5)放大电路的反馈:将放大电路的输出电压或电流的一部分或全部通过反馈网络回送到放大电路的输入端,与外加信号共同参与控制作用的过程。判断有无反馈就是看从输出回路到输入回路之间有无通路或支路:有,则有反馈;无,则无反馈。

①正反馈:反馈量使净输入信号增强的为正反馈,正反馈使放大倍数增大。适当引入正反馈,可提高放大倍数和输入电阻。使用不当,易造成工作不稳定。

②负反馈:反馈量使净输入信号削弱的为负反馈,负反馈使放大倍数减小。负反馈使放大倍数降低,但能发挥放大电路的性能。

(6)负反馈电路的划分为:电压串联负反馈、电压并联负反馈、电流串联负反馈和电流并联负反馈。

①电压负反馈:能稳定输出电压,降低输出电阻,带负载能力强。

②电流负反馈:能稳定输出电流,提高输出电阻。

③串联负反馈:能提高输入电阻,减少从信号源汲取的电流,信号源内阻越小,反馈作用越明显。

④并联负反馈:能降低输入电阻,信号内阻越大,反馈作用越明显。

(7)差动放大电路的差模:大小相等,极性相反,即 $u_{i1} = -u_{i2}$ 的两个输入信号称为差模信号。

(8)差动放大电路的共模:大小相等,极性相同,即 $u_{i1} = u_{i2}$ 的两个输入信号称为共模信号。

(9)零漂(零点漂移):当放大电路的输入端短路时,输出端仍有不规则缓慢变化的输出电压产生,致使放大电路偏离零点。产生零漂的原因是晶体管参数 UBE、β、ICBO 随温度的变化而产生变化。

(10)滤波器:是一种选频电路,其功能是使有用频率的信号通过,而将其余频率的信号加以抑制或衰减。按信号通过的频率分为:低通滤波器(LPF)、高通滤波器(HPF)、带通滤波器(BPF)、带阻滤波器(BEF)和全通滤波器。当前广泛使用的是由运算放大器和RC滤波网络组成的有源滤波器。

(11)单门限电压比较器:是用来比较输入电压 u_i 与参考电压 U_{REF} 大小的电路。运放器工作在非线性区,其输出电压只有两个值:一个饱和值 U_{OH}(或最大值 $+U_{OM}$),一个为负饱和值 U_{OL}(或负最大值 $-U_{OM}$)。当 u_i 经过 U_{REF} 时,输出电压就从一个饱和值跳到另一个饱和值。

(12)检波器:又称为线性整流电路,可有效地克服二极管的门槛电压和非线性对检波性能的影响。

(13)RC 文氏电桥正弦波振荡电路:是由 RC 串并联选频网络和电压放大电路两部分组成。RC 串并联网络既是选频网络,又是正反馈网络。

2. 基本原理与主要参数

(1)载流子源移:由于浓度差,载流子从高浓度向低浓度方向产生的运动称为载流子扩散运动。在电场力的作用下,载流子沿电场力方向产生的定向运动称为载流子的漂移运动。

(2)用半导体工艺将 P 型和 N 型半导体结合在一起,在其交界面处载流子由于浓度差→产生多子扩散→形成内电场→产生电子漂移,当扩散运动与漂移运动达到平衡时,在交界面处形成一层只有不能移动的离子而没有载流子的区域,称该区域为空间电荷区或耗尽层,即 PN 结,PN 结又称势垒区或阻挡层。

(3)PN 结的单向导电性:

①在 PN 结上没有外加电压时,通过 PN 结的扩散电流和漂移电流达到平衡,通过 PN 结的总电流为零。当有外加电压时,平衡状态被打破。

②PN 结的电路特征表现为正向电阻很小,反向电阻很大,被称为 PN 结单向导电性。

(4)半导体二极管的主要参数:

①最大正向电流 I_F:长期运行时,允许通过的最大正向平均电流。

②最大反向工作电压 U_R:允许承受的最大反向电压,其值约为击穿电压 U_{BR} 的一半。

③反向电流 I_R:外加反向电压尚未击穿时,流过二极管的电流。

④最高工作频率 f_m:主要由极间电容的大小决定。当工作频率高于此值时,二极管的单向

导电性将变差,甚至消失。

(5)稳压管的参数:

①稳定电压 U_Z:即稳压管的击穿电压。

②稳定电流 I_Z:工作电压等于稳定电压时的工作电流。工作电流低于该值时,稳压效果不好。

③耗散功率 P_M:允许的最大功率损耗 $P_M = U_Z I_{ZM}$,其中 I_{ZM} 为最大稳定电流。

④稳定电压的温度系数:管子的工作电流等于稳定电流 I_Z 时,环境温度改变1℃时,稳定电压变化量称为温度系数。

⑤动态电阻 r_Z:在稳压范围内,稳压管两端电压变化量与工作电流变化量的比值。

(6)放大电路组成原则:

①具有放大功能:三极管工作在放大状态,即电源极性设置须使发射结正向偏置,集电结反向偏置。被放大的信号能输入,放大后的信号能取出。

②不失真:设置合适的工作点,使输出与输入呈线性关系。

(7)放大电路的两种工作状态:

①静态:当输入交流信号 $u_i = 0$ 时,放大电路的工作状态称直流工作状态,简称静态。电路中的电压、电流均为不变的直流量。

②动态:当输入交流信号 $u_i \neq 0$ 时,电路处于放大状态,简称动态。电路中的电压、电流均随 u_i 的变化而变化。

(8)静态工作点 Q:

①放大电路处于静态时,三极管极间电压 U_{CE}、U_{BE} 和电流 I_C、I_B 的数值称为静态工作点。U_{BE} 对于硅管为0.7V,锗管为0.3V,一般作为已知值。

②影响静态工作点稳定的主要因素是温度,温度上升使 $I_C \uparrow$;温度下降使 $I_C \downarrow$。严重时可能导致 Q 点进入三极管的饱和区或截止区。

③射极偏置电路能稳定 Q 点。

(9)共射极电路特点:

①输出信号与输入信号相位相反。

②电压、电流、功率放大倍数都较大,输入电阻和输出电阻适中。

③主要用于多级放大器的中间级。

(10)共集极电路(射极输出器、射极跟随器)特点:

①输出信号与输入信号相位相同。

②电压放大倍数接近于1,而小于1。

③输入电阻高,输出电阻低,带负载能力强。

④主要用于输入级、输出级或缓冲级。

(11)共基极电路:

①输出信号与输入信号相位相同。

②电压放大倍数与共射极电路一样,但电流放大倍数小于1。

③输入电阻很低,输出电阻适中。

④主要用于高频和恒流源电路。

(12)放大电路的频率特性:由于放大电路中存在耦合电容、旁路电容和晶体管的极间电容等电抗元件,致使电路的电压放大倍数对于不同频率的正弦信号不再恒定,而是频率的函数。放大电路对不同频率正弦信号的稳态响应称为频率特性,即:$\dot{A} = A_u(f)\angle\varphi(f)$,频率特性包括幅频特性 $A_u(f)$ 和相频特性 $\varphi(f)$ 两部分。

①通常将频率特性分成三部分:低频段、中频段和高频段。

②下限频率 f_L 由耦合电容和旁路电容决定,上限频率 f_H 由管子的极间电容决定。

(13)集成运放的组成与特点:

①集成运放通常由四部分组成:差动输入级、电压放大级、输出级和偏置电路。

②集成运放的特点:是高增益的直接耦合多级放大电路。

(14)多级放大电路的耦合方式及频率响应:

①耦合方式:阻容耦合、直接耦合、变压器耦合。

②频率响应:各级之间静态工作点相互独立,利用变比的不同可以提高放大作用和输出功率。

(15)虚短、虚断和虚地:

①虚短和虚断是线性工作状态下理想集成运放的两个重要特点。

②虚地只有在同相输入端是地电位的条件下才存在。

③反相运算电路是深度电压并联负反馈电路,虚地是反相运算电路的重要特征。

④同相比例运算电路是个深度电压串联负反馈电路,不会存在虚地。

(16)信号发生器产生正弦波自激振荡的条件:

①相位平衡条件:$\varphi_A + \varphi_F = 2n\pi(n=0,1,2\cdots)$,相位平衡条件就是保证正反馈。

②振幅平衡条件:$\dot{A}\dot{F}=1$,即保证维持振荡。在满足相位平衡条件下,$\dot{A}\dot{F}>1$ 是起振条件,$\dot{A}\dot{F}=1$ 是等幅振荡。

(17)石英晶体振荡电路

①串联谐振频率:

$$f_s = \frac{1}{2\pi\sqrt{LC}}$$

②并联谐振频率:

$$f_p = \frac{1}{2\pi\sqrt{L\frac{CC_0}{C+C_0}}} = f_s\sqrt{1+\frac{C}{C_0}}$$

式中:C_0——静态电容;

C——弹性电容,C_0 远大于 C,所以 f_s 与 f_p 很接近。

(18)功率放大器(电路)的特点:

①输出功率尽可能大。

②效率要高。

③尽可能减小非线性失真。

④要考虑散热和过载保护。

三、数字电子技术

1. 术语与参数

(1)数字电路:用来产生、传输、处理不连续变化的信号的电路。数字电路的特点是电路中的半导体器件多数工作在开关状态,即工作在饱和区或截止区,而放大区只是过渡状态。

①按元件结构组成可分为分立元件电路和集成电路两大类。其中集成电路根据集成度又可分为小规模集成电路、中规模集成电路、大规模集成电路和超大规模集成电路。

②按电路所用器件不同分为双极型电路和单极型电路。其中双极型电路有:DTL、TTL、ECL 等;单极型电路有:JFET、NMOS、PMOS、CMOS 等。

③按电路的逻辑功能特点分为组合逻辑电路和时序逻辑电路。

(2)数制:在多位数码中,每一位的构成方法以及从低位向高位进位的规则称为计数进位制,简称数制。常用数制有:十进制数、二进制数、八进制数、十六进制数等。

(3)码制:用一定位数的二进制数来代表某一特定的事物、文字、符号等,称编码。采用不同的编码形式,称为码制。常用码制有:BCD 码(Binary Coded Decimal,包括 8421 码、2421 码和余三码)、格雷码(Gray)、奇偶校验码等。

(4)基本逻辑关系有:与逻辑、或逻辑和非(反)逻辑。实现这些逻辑关系的电路称为:与门、或门和非门。

①与逻辑:输入逻辑变量 A 与 B 同时为"1"时,输出逻辑变量 F 才为"1",否则 F 为"0"。即:$F = A \cdot B$。

②或逻辑:输入逻辑变量 A 与 B 只要有一个为"1"时,输出逻辑变量 F 才为"1",否则 F 为"0"。即:$F = A + B$。

③非(反)逻辑:输入逻辑变量只有一个,当输入逻辑变量 A 为"1"时,输出逻辑变量 F 为"0";当输入逻辑变量 A 为"0"时,输出逻辑变量 F 为"1",两者相反。即:$F = \overline{A}$。

(5)编码器:将二进制码按一定的规律进行编排,使每一组代码具有一定的含义(如代表某一个数或符号),这一过程称为编码。实现编码的电路称为编码器。[如,二—十编码器的功能是将十进制的(0~9)十个数分别编成四位 BCD 码。]

(6)译码器:译码是编码的逆过程,它的逻辑功能是将每一组代码的含义"翻译"出来,即将每一组代码译为一个特定的输出信号,表示它原来所代表的信息。能完成译码功能的逻辑电路称为译码器。

(7)加法器:能够完成两个数码相加逻辑电路称为加法器。如:半加器、全加器、多位加法器等。

(8)数码比较器:能完成两数进行比较的数字逻辑电路称为数码比较器。用来比较的两个数,可以是二进制数,也可以是其他进制。如一位数码比较器、多位数码比较器等。

(9)数据选择器:在数据传输过程中,经常遇到需要把多路信号中的某一路信号挑选出来,能完成这一功能的部件称为数据选择器(或多路开关)。它是一种多路输入、单路输出的逻辑部件,究竟选择哪一路输入信号,则由地址控制端决定。

(10)数据分配器:在数据传输过程中,完成将一路输入数据分配到多路输出端的电路称为数据分配器。它是一种单路输入、多路输出的逻辑部件,究竟从哪一路单路输出,则由地址控制端决定。

(11)半导体存储器:存储电路包括地址译码器、存储矩阵和读/写控制电路。

①根据用户能对存储器进行的操作分为只读存储器(ROM)和随机读写存储器(RAM)两大类。

②从工艺上分为双极型和MOS型两大类。

(12)触发器:

①基本RS触发器:是由两个与非门交叉耦合而成。它有两个输出端Q和$\overline{Q}$,它们互为反变量。两个输入端:$\overline{S}_D$(称为置位端或置1端),$\overline{R}_D$(称为复位端或置0端)。

②同步触发器:该电路由两部分组成,与非门G1、G2组成基本RS触发器;与非门G3、G4组成输入控制电路。

③主从RS触发器:由两个同步触发器组成。

④D触发器:在同步触发器的输入S和R之间接一非门,输入信号只从S端输入,并改称S端为D端,这种触发器又称为D锁存器。

⑤维持阻塞D触发器:是由六个与非门组成的正边沿触发器。维持阻塞D触发器的逻辑功能与同步D触发器相同。

⑥主从JK触发器:在主从RS触发器的基础上增加两条反馈线,利用Q和$\overline{Q}$不能同时为"1"的特点,将它们交叉反馈到输入门G1、G2,从而避免CP=1时,触发器输出状态可能出现否定的现象,这样对输入信号S、R无约束条件,为了与主从RS触发器相区别,将输入$\overline{S}_D$端改用J表示,输入$\overline{R}_D$端改用K表示,故称主从JK触发器。

⑦T触发器:是受控计数型触发器,它是逻辑设计中使用较多的一种触发器,但一般不生产这样的产品,而多由JK触发器和D触发器转换得到。

⑧触发器时钟的触发方式:对于不同电路结构的触发器,可以实现相同的逻辑功能,但其动态特点是不同的,反映到逻辑符号上,时钟的触发方式是不同的。即,逻辑符号的CP脉冲输入端上不带"小三角"的为电平触发,带"小三角"的为脉冲边沿触发,不带"小圈"的为时钟脉冲的高电平或上升沿触发,带"小圈"的为时钟脉冲的低电平或下降沿触发。因此,在画时序图时应注意时钟的触发方式。

⑨CMOS触发器:具有功耗低,集成度高,抗干扰能力强和成本低等优点。这类触发器一般都是主从结构,产品有D和JK两种类型。

(13)时序逻辑电路:是由组合逻辑电路和存储电路两部分组成,任何时刻的输出不仅取决于该时刻的输入,还与电路原来的状态有关,是由时序电路的结构决定的。

(14)计数器:所谓"计数"就是计算时钟脉冲个数。计数器的应用十分广泛,不仅用来计数,也可用作分频、定时等。

①按计数脉冲引入方式分为:同步计数器和异步计数器。

②按计数器中数码的变化规律分为:加法计数器、减法计数器和可逆计数器。

③按计数体制分为:二进制计数器、十进制计数器和任意进制(也称N进制,即除二进制和十进制之外的其他进制)计数器。

(15)寄存器:能够存放二值代码的部件叫寄存器。构成寄存器的核心器件是触发器。

①一个触发器只能存储一位二值代码,所以,n 个寄存器实际上就是受同一时钟脉冲控制的 n 个触发器。

②寄存器分为:数码寄存器和移位寄存器,移位寄存器又分为左移位寄存器、右移位寄存器和双向移位寄存器。

(16)序列信号发生器:产生二进制序列信号的逻辑电路。它的功能是产生一组或多组二进制序列信号。通常可以在寄存器或计数器的基础上构成,前者通常只产生一组序列信号,后者可以产生一组或多组序列信号。

(17)多谐振荡器:是一种自激振荡器,它没有稳定的状态,不需要外加信号,只要接通电源,就能产生矩形脉冲信号。由于矩形波有丰富的谐波分量,故常称之为多谐振荡器。它主要作为信号源的来源,如,环形多谐振荡器、RC 环形振荡器等。

(18)单稳态触发器具有稳态和暂态两个不同的工作状态,在外界触发信号作用下,能从稳态翻转到暂态,维持一段时间后,再自动返回到稳态,暂态维持时间的长短取决于电路的参数,而与外界触发信号的宽度和幅度无关。这种电路被广泛应用于脉冲整形、延时以及定时电路中。

(19)施密特触发器:是脉冲波形变换经常使用的一种电路,输出两个稳态状态。该电路有两个重要特点:一是输出状态依赖于电路输入信号的电平;二是能改善输出波形,使输出电压波形的边沿变得很陡。

(20)采样保持电路:把随时间连续变化的模拟信号变化成对应的离散数字信号,首先要按一定时间间隔取出模拟信号的值,这一过程叫采样。由于 A/D 转换需要一定的时间,在这段时间内所采集的模拟信号应保持不变,完成这种功能的电路称为采样保持电路。

2. 基本原理与主要参数

(1)二极管开关特性:具有单向导电性。若二极管两端加上正向电压且超过死区电压时,二极管导通,且钳位于 $U_D = 0.7\text{V}$(硅管)或 $U_D = 0.2\text{V}$(锗管),此时相当于开关闭合;若二极管两端加上反向电压或正向电压小于死区电压时,二极管截止,相当于开关断开。

(2)三极管开关特性:三极管可工作在截止、放大、饱和三种工作状态。通常在数字电路中,三极管作为开关元件,主要工作在工作饱和状态("开"态)或截止状态("关"态)。

(3)MOS 管开关特性:在 NMOS 增强型场效应管构成的开关电路中:

①当 G 极与 S 极的 U_{GS} 小于 MOS 管的开启电压 U_T 时,MOS 管工作在截止区;D 极与 S 极间 i_{DS} 基本为零,输出电压 $U_{DS} = V_{DD}$,MOS 管处于"关"态。

②当 G 极与 S 极的 U_{GS} 大于 MOS 管的开启电压 U_T 时,MOS 管在工作导通状态;此时漏电电流 $i_D = V_{DD}/(R_D + r_{DS})$,其中 r_{DS} 为 MOS 管导通时的漏源电阻。输出电压 $U_{DS} = r_{DS} \cdot V_{DD}/(R_D + r_{DS})$,若 $r_{DS} > R_D$,则 $U_{DS} = 0$,此时 MOS 管处于"开"态。

(4)MOS 集成电路按照所用的管子类型不同分为三种:

①PMOS 电路,是由 PMOS 管构成的集成电路。其制造工艺简单,但工作速度低。

②NMOS 电路,是由 NMOS 管构成的集成电路。其工作速度高,但制造工艺较为复杂。

③CMOS 电路,是由 PMOS 管和 NMOS 管构成的互补 MOS 集成电路。具有静态功耗低、抗干扰能力强、工作稳定性好,开关速度高等优点。

(5)逻辑代数的基本定理:

①代入定理:在任何逻辑代数等式中,如果等式两边所有出现某一变量的位置都代以一个逻辑函数,则等式仍然成立。

②反演定理:求原函数的反函数的过程称为反演。对于任意一个逻辑函数 Y,若将其中有的"·"换成"+",将"+"换成"·",将"0"换成"1",将"1"换成"0",原变量换成反变量,反变量换成原变量,则得出的结果即为原函数的反函数 Y。

③使用反演定理时注意两个原则:"先括号后乘、加"运算原则;不属于单个变量的反号应保留下来。

(6)一个逻辑函数可以有多种等效的表达式,但其标准形式是唯一的。逻辑函数有两种标准形式,即标准与或式(最小项表达式)和标准或与式(最大项表达式)。

①标准与或式(最小项表达式):在 n 个变量的逻辑函数中,若 m 是由 n 个变量组成的乘积项,在每一个乘积项中,这 n 个变量均以原变量或反变量出现,且仅出现一次,则该乘积项 m 即为最小项。

②标准或与式(最大项表达式):在 n 个变量的逻辑函数中,若 M 是由 n 个变量组成的和项,在每一个和项中,这 n 个变量均以原变量或反变量出现,且仅出现一次,则和项 M 即为最大项。

(7)逻辑函数的化简:

①逻辑函数的公式化简法有:并项法($A + A^- = 1$)、吸收法($A + AB = A$)、消去法($A + A^- B = A + B$)、配项法[$B(A + A^-) = B$]。

②逻辑函数的卡诺图化简法:实质上是将代表逻辑函数的最小项用小方格表示,并将这些小方格按相邻原则排列而成的方块图。首先将逻辑函数转换成最小项之和的形式,然后在卡诺图上与这些最小项对应的填入1,其余位置上填入0(或不填),由此得到表达该函数的卡诺图。由于卡诺顿图具有相邻性,当相邻的两个方格为1时,即可消去两个方格中不同的那个变量。

(8)组合逻辑电路(简称组合电路)的特点:

①它单纯由各类逻辑门组成,逻辑电路中不含存储元件。

②逻辑电路的输入和输出之间没有反馈电路。

由此看出,组合逻辑电路在任何时刻,电路的输出状态仅取决于时刻的输入状态,而与电路前一时刻的状态无关。

(9)可编程逻辑阵列:是由可编程逻辑与阵列和可编程或阵列组成。

(10)数模转换器(D/A 转换器)的主要参数指标有:

①分辨率:是指对输出最小电压的分辨能力。它用输入数码只有最低有效位为1时的输出电压与输入数码全为1时输出满量程电压之比表示,即:分辨率 $= 1/(2^n - 1)$。

②绝对误差(绝对精度):是指当输入数码全为1时,所对应实际输出电压与电路理论值之差。

③转换速度:是指从送入数字信号起,到输出电流或电压达到稳态值所需要的时间。

(11)模数转换器(A/D 转换器):

①逐次逼近式模数转换器:是由比较器、D/A 转换器、数码寄存器和控制逻辑电路等组成。

②双积分型模数转换器:是由积分器、比较器、计数器、控制逻辑电路和时钟信号源等组成。

(12)集成数模和模数转换器(D/A 转换器):集成 D/A 芯片通常是将 T 形(倒 T 形)电阻网络、模拟开关等集成到一块芯片上,它并不包括运算放大器。构成 D/A 转换器时需要外接反馈电阻。常用的 D/A 芯片有 8 位、10 位、12 位、16 位等。

(13)集成模数转换器(A/D 转换器):主要由模拟多路器、D/A 转换器、控制器等组成。

四、电磁兼容

作为电子设备,不可避免地会向周围环境辐射电磁波和被环境中的电磁波所干扰,当辐射出的电磁波使得周围环境中的设备或系统的性能下降时就形成了干扰;同时,释放干扰的设备自身也被其他干扰源所干扰。为了使所有电子设备都能在同一个环境中工作,就要求电子设备向外释放的电磁能量尽量小,而设备本身具备抗干扰的能力越大越好,这就是电磁兼容的出处。下面先介绍《电工术语 电磁兼容》(GB/T 4365—2003)中的几个概念,然后介绍交通机电设施对电磁兼容的要求。

1. 电磁兼容的概念

(1)电磁骚扰

电磁骚扰是指任何可能引起装置、设备或系统性能降低或者对生物或非生物产生不良影响的电磁现象。

注:电磁骚扰可能是电磁噪声、无用信号或传播媒介自身的变化。

(2)电磁干扰

电磁干扰是指电磁骚扰引起的设备、传输通道或系统性能的下降。电磁干扰的英文是 Electromagnetic Interference,英文缩写是 EMI。骚扰是起因,干扰是后果。

(3)电磁兼容性

电磁兼容性是指设备或系统在其电磁环境中能正常工作且不对该环境中任何事物构成不能承受的电磁骚扰的能力。电磁兼容的英文是 Electromagnetic Compatibility,英文缩写是 EMC,不要与 EMI 混淆。

(4)传导骚扰

传导骚扰是指通过一个或多个导体传导能量的电磁骚扰。

注:过去标准称此术语为传导干扰,主要是指电子设备产生的干扰信号通过导电介质或公共电源线互相产生干扰。

(5)辐射骚扰

辐射骚扰是指以电磁波的形式通过空间传播能量的电磁骚扰。

注:过去标准称此术语为辐射干扰,是指电子设备产生的干扰信号通过空间耦合,把干扰信号传给另一个电网络或电子设备。

(6)抗扰度

抗扰度是指装置、设备或系统面临电磁骚扰不降低运行性能的能力。

(7)静电放电

具有不同静电电位的物体相互靠近或直接接触引起的电荷转移叫静电放电。静电放电轻者引起干扰,重者损坏设备。静电放电的英文是 Electrostatic Discharge,缩写是 ESD。

2. 交通机电设施电磁干扰试验要求

随着交通机电设备功能和性能的提高,以及制造企业和管理单位对电磁兼容性的认识的提高,一些交通电子产品标准增加了电磁兼容的要求。最早提出该项要求的交通机电产品是《收费栏杆技术条件 第1部分:电动栏杆》(JT/T 428.1—2000)。在该标准中提出了电快速瞬变脉冲群抗扰度、静电放电抗扰度、辐射电磁场抗扰度三项抗干扰要求。在交通运输行业标准《公路机电系统设备通用技术要求及检测方法》(JT/T 817—2011)中,将这三项电磁兼容要求作为通用要求予以规定,作为其他电子设备共同遵守的条款。

静电放电试验是模拟人体自身所带的静电在接触电子电气设备表面或周围金属物品时的放电。由于这种放电会通过近场的电磁变化引起正在工作的电子电气设备的误动作,或通过器件对静电放电的能量吸收而动作,或通过器件对静电放电的能量吸收而造成设备损坏,通过试验对被试设备建立一个评价抗击静电放电干扰的共同依据。

抗射频电磁场辐射试验是模拟电气和电子设备受到周围空间电磁场干扰时,被试验设备的抗干扰能力,本试验的目的是建立电气、电子设备受到射频电磁场辐射时的性能评定依据。

进行电快速瞬变脉冲群试验的目的是模拟开关动作和雷电感应产生的骚扰对电子设备造成的干扰,这种干扰以传导的方式引起电气和电子设备的误动作或损坏,通过试验对被试设备建立一个评价抗击电快速瞬变脉冲群的共同依据。

第五节 电 气 工 程

一、电力系统基本特征

1. 电力系统运行的特点

(1)电能不能大量存储。电能的生产、输送、分配和消费实际上是同时进行的,任何时刻发电机发出的功率等于用电设备所消耗的功率与输送和分配环节中功率损耗之和。

(2)电力系统的暂态过程非常短促,从一种运行状态到另一种运行状态的过渡极为迅速,以毫秒甚至微秒计。

2. 电力系统运行的基本要求

(1)保证安全可靠供电。对负荷按照不同级别分别采取适当的技术措施来满足它们可靠性的要求。

(2)保证电能的质量(电压、频率、谐波)。

(3)要有良好的经济性(降低电压网损、降低能耗)。

(4)电能生产要符合环境保护标准(限制二氧化碳、二氧化硫等污染物的排放)。

3. 电能质量各项指标

(1) 电压幅值:对于 35kV 及以上电压允许变化范围为额定值的 ±5%,10kV 及以下电压级允许变化范围为 ±7%。

(2) 频率:我国电力系统的额定频率为 50Hz,正常运行时允许的偏移为 ±0.2 ~ ±0.5Hz。

(3) 谐波:为保证电压质量,要求电压为正弦波形,但由于种种原因总会产生一些谐波,会造成电压波形的畸变。为此,对电压正弦波形畸变率也有限制,对于 6 ~ 10kV 供电电压不超过 4%,0.38kV 电压不超过 5%。

4. 电力系统常用接线方式

按可靠性分为无备用和有备用两类:

(1) 无备用接线,是指每一个负荷只能靠一条线路取得电能。优点是设备费用小,缺点是可靠性差。

(2) 有备用接线:是指负荷可以从两条及以上线路取得电能。优点是可靠性高,缺点是设备费用高。

5. 电力系统的平均额定电压

我国电力系统的平均额定电压(额定电压指线电压 U_N) $U_{avN} \approx 1.05 U_N$,并适当取整,具体值为:3.15kV、6.3kV、10.5kV、37kV、115kV、20kV、345kV、525kV。

6. 变压器额定电压

(1) 变压器一次绕组相当于用电设备,其额定电压等于电网的额定电压,但当直接与发电机连接时,就等于发电机的额定电压。

(2) 变压器二次绕组相当于供电设备,再考虑到变压器内部的电压损耗,故当变压器的短路电压小于 7% 或直接与用户连接时,则二次绕组额定电压比电网的高 5%;当变压器的短路电压大于 7% 时,则二次绕组额定电压比电网的高 10%。

(3) 变压器额定变比为主接头额定电压之比,实际变比为实际所接分接头的额定电压之比。

7. 电力网络中性点运行方式

(1) 电力网络中性点是指星形接线的变压器或发电机的中性点。中性点的运行方式或接地方式分为两大类:中性点直接接地;中性点不接地或经消弧线圈接地。

(2) 目前我国采用的接地方式为:

①110kV 及以上电力网络采用中性点直接接地方式。

②35kV 及以下电网采用不接地方式。

③电容电流较大的 35kV 和 10kV 电网采用中性点经消弧线圈(电感线圈)接地方式。

二、电力线路参数指标

1. 电力线路参数

电力线路按功能分为:输电线路、配电线路、联络线路;按结构分为:架空线路和电缆线路等类型。

电力线路的主要参数有四个:电阻、电抗、电导和电纳。

(1)单位长度导线的电阻

导线的电阻决定了线路的功率损耗和电压降落。单位长度导线的电阻的计算公式如下:

$$r = \frac{\rho}{s} \quad (\Omega/km) \tag{1-2-14}$$

式中:ρ——导线的电阻率($\Omega \cdot mm^2/km$);

s——导线载流部分的标称截面积(mm^2)。

(2)电抗

现在电网大部分传送的是交流电,交变的电流产生交变磁场,交变的磁场产生感应电动势,导致电抗的形成。

①相导线线路电抗

$$x = 0.1445 \lg \frac{D_m}{r} + 0.0157 \tag{1-2-15}$$

式中:x——导线单位长度的电抗($\Omega \cdot km$);

r——导线外半径(mm);

D_m——三根导线间的几何平均距离,简称几何均距(mm)。

②分裂导线线路电抗

在高压和超高压电网中,为了防止在高电压作用下导线周围的空气游离而产生电晕,往往采用分裂导线。导线分裂时,每相线路的电抗可用下式计算。

$$x = 0.1445 \lg \frac{D_m}{r_{eq}} + \frac{0.0157}{n} \tag{1-2-16}$$

式中:n——每一相导线分裂的根数;

r_{eq}——分裂导线的等值半径(mm),用下式计算:

$$r_{eq} = \sqrt[n]{r a_m^{n-1}}$$

式中:r——每根导线的实际半径(mm);

a_m——一根分裂导线间的几何均距(mm)。

(3)电导

线路的电导主要由线路的泄漏损耗和电晕损耗引起,与此对应的参数即为线路的电导。线路泄漏引起的有功损耗一般较小,可以忽略不计。因此,线路的电导可以看作是由线路的电晕损耗引起的。当线路实际电压高于电晕临界电压时,与电晕相对应的电导为:

$$g = \frac{\Delta P_s}{U_L^2} \quad (S/km) \tag{1-2-17}$$

式中:ΔP_s——三相线路每公里的电晕损耗功率(MW/km);

U_L——线电压(kV)。

(4)电纳

电纳是由高压输电线路导线之间、导线与地之间的分布电容引起。经过整循环换位的三相架空线路,每相每公里电纳为:

$$b = \frac{7.58}{\lg \frac{D_m}{r}} \times 10^{-6} \tag{1-2-18}$$

$$b = \frac{7.58}{\lg \frac{D_{eq}}{r_{eq}}} \times 10^6 \text{(S/km)} \tag{1-2-19}$$

式中：b——导线单位长度的电纳(S/km)；

r——导线外半径(mm)；

D_m——三根导线间的几何平均距离，简称几何均距(mm)，$D_m = \sqrt[3]{D_{ab}D_{bc}D_{ca}}$。

2. 电压降落、电压损耗和功率损耗

(1) 电压降落

电压降落 $d\dot{U} = \dot{U}_1 - \dot{U}_2$，即两端电压的向量差。

电压降落的纵向分量 $\Delta U = \frac{PR + QX}{U}$；

电压降落的横向分量 $\delta U = \frac{PX - QR}{U}$。

注：功率和电压必须是同端的；且功率用三相的，电压用线电压。

(2) 电压损耗

电压损耗是两端电压的幅值差：$dU = dU_1 - dU_2$

通常由于电压损耗 dU 与电压降落的纵向分量在数值上比较接近，故一般用电压降落的纵向分量近似为电压损耗，即：$dU = \Delta U = \frac{PR + QX}{U}$。

(3) 功率损耗

电力线路和变压器绕组的等值阻抗中流过功率时，要引起功率损耗，即

$$\Delta S_Z = \frac{S^2}{U^2}(R + jX) = \frac{P^2 + Q^2}{U^2}(R + jX) = \Delta P + j\Delta Q \tag{1-2-20}$$

三、变压器参数指标

1. 三相组式变压器的结构形式

三相组式变压器和三相芯式变压器是三相变压器的两种形式。

(1) 由三个独立的单相变压器组成的三相变压器称为三相组式变压器，也叫三相变压器。它的结构特点是各相的磁路系统为独立的，彼此无关联。

(2) 三相芯式变压器的结构特点是三相的磁路连在一起，每相磁通都以另外两相的磁路作为自己的回路。

(3) 三相芯式变压器具有消耗材料少、价格便宜、占地面积小、维护简单等优点，使用广泛。但在大容量的巨型变压器中，为了便于运输及减少备用容量，常常采用三相组式变压器。

2. 变压器的额定值

(1) 额定容量 S_N，单位为 VA 或 kVA。额定容量是变压器的额定视在功率，通常的一次绕

组与二次绕组的额定容量相等,即 $S_N = S_{1N} = S_{2N}$。对三相变压器,S_N 是指三相总容量。

(2)额定电压 U_{1N}/U_{2N},单位为 V 或 kV。U_{1N}、U_{2N} 分别为一次绕组和二次绕组的额定电压。对三相变压器,额定电压是指线电压。

(3)额定电流 I_{1N}/I_{2N},单位为 A。I_{1N}、I_{2N} 分别为一次绕组和二次绕组的额定电流。对三相变压器,额定电流指线电流。

(4)额定频率 f,单位为 Hz。我国规定标准工业频率为 50Hz。

(5)相数,两相或三相。

(6)绕组连接图与连接组标号。

(7)漏阻抗标准值或阻抗电压 u_k。

(8)此外,还有效率、温升、总质量等。

3. 双绕组变压器的参数

(1)电阻

$$R_T = \frac{\Delta P_s U_N^2}{S_N^2} \times 10^3 (\Omega) \tag{1-2-21}$$

式中:ΔP_s——三相短路损耗(kW);

U_N——变压器的额定线电压(kV);

S_N——变压器三相额定容量(kVA)。

(2)电抗

$$X_T = \frac{U_s\%}{100} \times \frac{U_N^2}{S_N} \times 10^3 (\Omega) \tag{1-2-22}$$

式中:$U_s\%$——变压器的短路电压百分值。

(3)电导

$$G_T = \frac{\Delta P_0}{U_N^2} \times 10^{-3} (S) \tag{1-2-23}$$

式中:ΔP_0——变压器的空载损耗(kW)。

(4)电纳

$$B_T = \frac{I_0\%}{100} \times \frac{S_N}{U_N^2} \times 10^{-3} (S) \tag{1-2-24}$$

式中:$I_0\%$——空载电流百分值。

(5)变比 K_T

$$K_T = \frac{U_{1N}(1 + 挡拉 \times 挡距)}{U_{2N}} \tag{1-2-25}$$

4. 电压调整率

电压调整率是变压器的一个重要运行性能指标,标志着变压器输出电压的稳定程度。

计算公式:

$$\Delta U = \beta \left(\frac{I_{1N} R_{k75℃} \cos\varphi_2 + I_{1N} X_k \sin\varphi_2}{U_{1N}} \right) \times 100\% \tag{1-2-26}$$

式中：$\beta = \dfrac{I_1}{I_N}$——负载系数；

$\cos\varphi_2$——负载功率因数。

5. 变压器效率

$$\eta = \dfrac{P_2}{P_1} \times 100\% \qquad (1\text{-}2\text{-}27)$$

式中：P_2——二次绕组输出的有功功率；

P_1——一次绕组输出的有功功率。

$$P_1 = P_2 + P_{Cu} + P_{Fe} \qquad (1\text{-}2\text{-}28)$$

式中：P_{Cu}——变压器的总铜耗；

P_{Fe}——变压器的总铁耗。

6. 三相变压器连接组别

国家规定了五种标准连接组别是：Y/Y0-0,Y/△-11,Y0/△-11,Y0/Y-0 和 Y/Y-0,最常用的是前三种。根据变压器并联运行的要求,连接组别不同是绝对不允许的。

7. 电力变压器的绝缘

电力变压器分为干式和油浸两种。

(1)干式变压用环氧树脂作为干式绝缘材料。由于环氧树脂的绝缘性能好,耐热等级高,目前在35kV以下电压等级的配电系统中广泛应用。

(2)油浸变压器是用变压器油(一种矿物油,比空气具有较高的介电强度)灌满油箱,将铁芯与绕组装配在一起后放入油箱内,使铁芯与绕组全部浸在变压器油中。绕组本身的绝缘一般采用 A 级绝缘材料,出线端经绝缘套管与外界相连。目前35kV 以上电压等级的变压器广泛采用纠结式绕组。

8. 变压器冷却方式和允许温升

(1)干式变压器是用空气作为冷却介质。

(2)油浸变压器是用变压器油作为冷却介质,一般分为油浸自冷式、油浸风冷式和强迫油循环式三种形式。

(3)油浸变压器的 A 组绝缘材料,最高允许温度为 105℃。根据现行标准,周围冷却空气的最高温度定为 40℃。

(4)按照变压器正常使用年限为 20~30 年,则油浸变压器温升限度：绕组(包括自然油循环和强迫油循环)为 65℃,铁芯表面为 75℃,与变压器接触的构件表面(非导电部分)为 80℃,油面为 55℃。

四、过电压与绝缘配合

1. 过电压产生的原因

电力系统中的各种绝缘体在运行过程中除了长期受到工作电压的作用外,还会受到比工作电压高得多的过电压的短时作用。这种有损害的电压升高和电位差升高作用,有来自外部的雷电过电压和由于系统参数发生变化时电磁能产生振荡、积聚而引起的内部过电压两类型。按其产生的原因,可以分为:

(1)雷电过电压

①直击雷过电压;

②感应雷过电压;

③侵入雷电波过电压。

(2)内部过电压

①暂时过电压(包括工频过电压和谐振过电压);

②操作过电压(包括操作电容负荷过电压、操作电感负荷过电压、振荡解列过电压和间歇电弧过电压等)。

2. 过电压绝缘配合

绝缘配合是按照系统中出现的各种电压和保护装置特性来确定设备的绝缘水平,或者根据已有设备的绝缘水平选择适当保护装置,以便把作用于设备上的各种过电压所引起的设备损害和影响连续运行的概率降低到经济和技术均能接受的水平上。目前,我国确定绝缘水平的传统方法是适用于非自恢复绝缘的惯用法(确定性法)。

(1)工频过电压和暂时过电压下的绝缘配合:工频运行电压下电气装置外绝缘的爬电距离应符合相应环境污秽分级条件下的爬电比距要求。在绝缘配合中不考虑谐振过电压,应在设计和运行中避免和消除出现谐振过电压的条件。

(2)操作过电压下的绝缘配合:110kV 及以下电气装置承受暂时过电压及操作过电压的能力,以电气设备的短时(1min)工频耐受电压来表征。当需要用避雷器限制某些操作过电压的场合,则以避雷器的相应保护水平为基础进行绝缘配合。对操作冲击的配合系数一般取≥1.15。

(3)雷电过电压下的绝缘配合:变配电所电气设备、绝缘子串和空气间隙的雷电冲击强度,以避雷器雷电保护水平进行配合。配合时,对非自恢复绝缘采用惯用法,对自恢复绝缘将绝缘强度作为随机变量处理。根据我国情况,对雷电过电压的配合系数取≥1.4,以电气设备额定雷电冲击耐受电压来表征。110kV 及以下电气装置一般由雷电过电压决定其绝缘水平。

3. 用于操作和雷电过电压绝缘配合的波形

(1)操作冲击电压波:至最大值时间 $250\mu s$,波尾 $2500\mu s$。

(2)雷电冲击电压波:波头时间 $1.2\mu s$,波尾 $50\mu s$。

(3)雷电流幅值一般不超过 100kA,我国一般地区雷电流幅值超过 I 的概率 P 为 $\lg P = -I/88$;年雷暴日数在 20 天及以下的地区,分母可取 44。

4. 特殊地区的电气装置外绝缘

高海拔地区(大于1000m)的电气装置外绝缘爬电距离和空气间隙,应按海拔高度进行校正;采取加强绝缘或选用高原型电器。污秽地区配电装置的外绝缘应按规定加强绝缘或采取其他保护措施。

五、防雷与接地

雷电是自然界中一种激烈的放电现象,由此引起的雷电灾害被联合国列为十大自然灾害之一,每年都要给国家财产和人民的生命造成严重的损失和威胁。特别是随着电子及信息时代的到来,这种损失愈加显现出来。现代电子设备广泛使用 CMOS 集成电路芯片,承受过电压的能力较差,一个很小的过电压就可能使存储的信息受到干扰或丢失,严重时还可能将元器件烧毁,系统瘫痪,甚至伤害工作人员。

防雷,是指通过拦截、疏导最后泄放入地的一体化系统方式以防止由直击雷或雷电电磁脉冲对建筑物本身或设备造成损害的防护技术。防雷系统通常由接闪器(避雷针、避雷带、避雷线和避雷网)、引下线、接地装置(包括接地极和接地体)组成。

1. 独立避雷针

(1)少雷区:平均年雷暴日数不超过 15d 的地区。中雷区:平均年雷暴日数超过 15d 但不超过 40d 的地区。多雷区:平均年雷暴日数超过 40d 但不超过 90d 的地区。强雷区:平均年雷暴日数超过 90d[地区一般以 $(10 \times 10) km^2$ 标准网格为统计区域,以听到雷声为统计依据]。

(2)为使设备免受直接雷击,通常采用装设避雷针或避雷线的措施,将雷电吸引到避雷针或避雷线(接闪器)本身,并安全地将雷电流引入大地。

(3)按通过接地极流入地中工频交流电流求得的电阻,称为工频接地电阻;按通过接地极流入地中冲击电流求得的接地电阻,称为冲击接地电阻。

$$R_i = \alpha R \tag{1-2-29}$$

式中:R_i——接地极的冲击接地电阻(Ω);

R——接地极的工频接地电阻(Ω);

α——接地极的冲击系数。

(4)独立避雷针与配电装置带电部分间的空气中距离:

$$S_a \leqslant 0.2R_i + 0.1h \tag{1-2-30}$$

式中:S_a——空气中距离(m);

R_i——避雷针的冲击接地电阻(Ω);

h——避雷针校验点的高度(m)。

(5)独立避雷针接地装置与接地网间的地中距离:

$$S_e \geqslant 0.3R_i \tag{1-2-31}$$

式中:S_e——地中距离(m)。

(6)此外,对避雷针,S_a 不宜小于 5m,S_e 不宜小于 3m。

2. 单支雷针保护

(1)避雷针在地面上的保护半径:

$$r = 1.5hP \tag{1-2-32}$$

式中:r——保护半径(m);

h——避雷针高度(m);

P——高度影响系数,$h<30\mathrm{m}$ 时 $P=1$;$h>30\mathrm{m}$ 时,$P=\dfrac{5.5}{\sqrt{h}}$;$h>120\mathrm{m}$ 时,取 $h=120\mathrm{m}$。

(2)避雷针在被保护物 h_x 水平面上时,保护半径 r_x 按以下方法确定:

①当 $h_x \geq 0.5h$ 时:

$$r_x = (h - h_x)P = h_a P$$

式中:r_x——避雷针在被保护物高度 h_x 水平面上的保护半径(m);

h_x——被保护物的高度(m);

h_a——避雷针的有效高度(m)。

②当 $h_x < 0.5h$ 时:

$$r_x = (1.5h - 2h_x)P$$

3. 阀式避雷器

对于 35~0.4kV 的配电变压器,其高、低压侧均应装设阀式避雷器。

4. 接地

接地是将电气回路中的某一节点通过导体与大地相连,使该节点与大地保持等电位(零电位)。从定义上可以将接地分为人工接地、自然接地;从工作性质上可分为保护接地(如防雷接地、防静电接地、设备接地等)、工作接地(如电力设施的发、送、配电接地等工作接地,还有不需要实际物理连接的电子线路逻辑接地)两大类。

5. 接地电阻

接地电阻越小,散流就越快,被雷击物体高电位保持时间就越短,危险性就越小。常见的四种接地电阻如下:

(1)工作(系统)接地:接地电阻值在 0.5~10Ω 范围内,对于计算机场地的接地电阻要求 ≤4Ω,并且采取共用接地的方法将避雷接地、电器安全接地、交流接地、直流接地统一为一个接地装置。

(2)保护接地:接地电阻值要求在 1~10Ω 范围内。

(3)防雷电接地:接地电阻值一般在 1~30Ω 范围内。

(4)防静电接地:接地电阻值不大于 30Ω。

6. 接触电压和跨步电压

(1)电气设备发生接地故障时,其接地部分与大地零电位之间的电位差称为接地时的对地电压 U_g。

(2)当接地短路电流 I_g 流过接地装置时,大地表面形成分布电位,在该地面上离设备水平距离 0.8m,沿设备垂直距离 1.8m 间的电位差,称为接触电势。人体接触该两点时所承受的电压称为接触电压。

(3)水平距离 0.8m 两点间的电位差,称跨步电压。

(4)未考虑腐蚀时的接地装置热稳定校验:

$$S_g \geq \dfrac{I_g}{c}\sqrt{t_e} \tag{1-2-33}$$

式中：S_g——接地线的最小截面面积(mm^2)；
　　　I_g——流过接地线的短路电流稳定值(A)；
　　　t_e——短路的等效持续时间(s)；
　　　c——接地材料的热稳定系数，根据材料的种类、性能及最高允许温度和短路前接地线的初始温度(一般取40℃)确定。

(5)根据热稳定条件，未考虑腐蚀时，接地装置接地极的截面不宜小于连接至该接地装置的接地线截面的75%。

7. 系统接地形式

(1)系统接地形式的分类是依据电源点的对地关系和负荷侧电气装置外露可导电部分的对地关系。电气装置是指所有的电气设备及其之间相互连接的电路组合。外露可导电部分是指电气设备的金属外壳、布线的金属槽盒、套管与电缆金属外护层、铠装层等。

(2)系统接地的形式有：TN、TT、IT 三种类型，TN 系统按中性线(N 线)与保护线(PE 线)的组合情况还分为 TN-S、TN-C-S 和 TN-C 三种类型。

①TN 系统：系统有一点接地，装置的外露导电部分用保护线与该点连接。其中，TN-S 系统：整个系统的中性线(N 线)与保护线(PE 线)是分开的；TN-C-S 系统：系统中有一部分中性线与保护线是合一的(PEN 线)，其余则是分开的(N 线和 PE 线)；TN-C 系统：整个系统的中性线与保护线是合一的(PEN 线)。

②TT 系统：系统有一个直接接地点，电气装置的外露可导电部分接至电气上与低压系统接地点无关的接地装置上。

③IT 系统：系统的带电部分与大地之间不直接连接(经阻抗接地或不接地)，而电气装置的外露可导电部分则是接地的。

公路系统接地形式通常为 TN 或 TT 系统，其中，TN-S 或 TN-C-S 系统多用于室内电子信息、通信网络等系统的配电线路；TT 系统则常用于野外(外场)设备的配电系统。

8. 金属氧化锌避雷器

金属氧化锌避雷器(MOA)是掺以微量的氧化铋、氧化钴、氧化锰等添加剂后的阀片，具有极优异的非线性特性。在正常工作电压的作用下，其阻值很大(电阻率高达 1010～1011Ω·cm)，通过的漏电流很小(小于1mA)，而在过电压的作用下，阻值会急剧变小。与传统有串联间隙的碳化硅(SiC)避雷器相比，无间隙氧化锌(ZnO)避雷器具有以下优点：

(1)省去了串联的火花间隙，结构大大简化，体积也缩小了很多。
(2)保护特性优越。
(3)无续流，动作负载轻，能重复动作实施保护。
(4)通流容量大，能制成重载避雷器。
(5)耐污性能好。

9. 浪涌保护器(SPD)的放电电流

在 LPZOA 或 LPZOB 区与 LPZ1 区交界处，在从室外引来的线路上安装的 SPD，其标称放电电流 I_n 不宜小于 10/350μs、15kA。在被保护设备处安装的 SPD，其标称放电电流 I_n 不宜小于 8/20μs、3kA。

六、断路器参数指标

1. 断路器的概念

断路器又称高压开关,不仅可以切断或闭合高压电路中的空载电流和负荷电流,而且当系统发生故障时,通过继电保护装置的作用,切断过负荷电流和短路电流,具有完善的灭弧结构和足够的断流能力。断路器有时也简称为"开关"。

2. 高压断路器的种类

高压断路器主要分为多油断路器、少油断路器、六氟化硫(SF_6)断路器、真空断路器、压缩空气断路器等。

3. 全封闭组合电器

SF_6全封闭组合电器(GIS)也称为气体绝缘金属封闭开关设备,是将变电站中除变压器以外的一次设备,包括断路器、隔离开关、接地开关、电流互感器、电压互感器、避雷器、母线、进出线套管或电缆终端,按系统布置进行优化设计并有机地组合成一个整体。凡不属于主回路或辅助回路的且需要接地的所有金属部分都应接地。外壳、构架等的相互电气连接宜采用坚固连接,以保护电气上的连通。在短路情况下,外壳感应电压不应超过24V。

4. 断路器的主要性能与参数

(1)额定电压 U_N:是断路器长期工作的标准电压。此外还规定了超出10%的最高工作电压,单位为kV。

(2)额定电流 I_N:是断路器允许的长期工作电流,单位为A。

(3)额定开断电流 I_{brN}:额定电压下能够开断的最大电路电流,也称额定开断电流,单位为kA。

(4)额定开断容量 S_{brN}:用于表征断路器的开断能力,$S_{brN} = 3 \times U_N I_{brN}$。

(5)额定关合电流 I_{mc}:关合能力与操动机构密切相关,$I_{mc} = 2.55 I_{brN}$。

(6)额定热稳定电流 I_t:一般规定为2s时间内能够承受的电流有效值,单位为kA。

(7)额定动力电流 i_{am}:在额定状态下,断路器所能承受的峰值短路电流,规定 $i_{am} = I_{mc}$。

(8)分闸时间:全开断时间,包括固有分闸时间和燃弧时间。

(9)自动重合闸时间:临时故障→断路器跳闸→延时→断路器合闸,延时为无电流间隔时间(一般为0.3~0.5s)。若采取手动强送电操作,时间间隔一般选择180s。

七、电气主接线技术要求

1. 电气主接线的基本要求

电气主接线的基本要求为:可靠性、灵活性、经济性、可扩展性。

2. 电气主接线的主要形式

电气主接线的主要形式按有无工作母线划分为两类:

(1)有汇流母线接线形式:包括单母线、双母线、3/2 接线、4/3 接线、变压器母线组,以及分段、旁路派生等接线形式。特点是接线清晰,运行方便,易于安装扩建;但配电装置占地面积大,使用断路器等设备较多。一般适用于有较多出线的场合。

(2)无汇流母线接线形式:包括单元接线、桥形接线、角形接线等。特点是使用开关设备少,占地面积小,但运行不灵活,不易扩建。适用于出线少、不再发展的场合。

3. 各电压等级电气主接线限制短路电流的方法

(1)采用适当的主接线形式:采用计算阻抗较大的接线方式,如采用无汇流母线的接线方式等。

(2)采用适当的运行方式:双母线或母线分段接线时,采用分列运行方式;双回线路并联供电时,在负荷允许条件下采用单回路线路运行、另一线路备用的方式;环网接线系统在负荷允许条件下在穿越功率最小处解环运行等。

(3)采用限流电抗器:一般电缆的出线回路需加装出线电抗器,可有效降低线路短路时的短路电流,并能抬高母线短路后残压,防止故障扩大;母线分段处加装母线电抗器,可提高系统计算阻抗,对母线短路及出线短路均有限流作用。

(4)采用低压分裂绕组变压器:当发电机容量较大时,采用低压分裂且变压器组成扩大单元接线,以限制短路电流。

八、电气设备选择与校验

1. 按正常工作方式选择电气设备

(1)选择额定电压:电气设备最高耐压不得低于安装位置的最大可能工作电压。一般电气设备的最高耐压为其额定电压的 1.11~1.15 倍,而系统的电压波动一般在额定的 ±10% 以内,由此只需使电气设备的额定电压 U_N 不低于安装位置的系统额定电压 U_{Ns}。

(2)选择额定电流:电气设备的额定电流不应小于在各种合理运行方式下流过设备的电流;发电机、变压器回路最大可能工作电流为其额定电流的 1.05 倍;变压器有过载可能时,回路最大工作电流按变压器最大过载能力(1.3~2 倍额定负荷能力)选取;母联回路一般取母线上最大一台发电机或变压器的最大工作电流;母线分段回路按照所联母线上最大一台发电机故障时为保障母线负荷所需要的最大穿越功率选取;出线回路除了考虑正常负荷方式外,还要考虑故障时从其余回路转移过来的负荷。

(3)考虑环境条件的影响:当电气设备安装地点的环境条件,如海拔、温度、污秽等超过一般使用条件时,应采取措施进行设备调整。

2. 按短路校验电气设备

(1)短路热稳定校验:短路电流通过电气设备时,各部件温度或发热量不得超过允许值:

$$I_t^2 t \geq Q_k \tag{1-2-34}$$

式中:Q_k——短路电流效应;

I_t、t——设备允许通过的热稳定电流和时间。

(2)短路动稳定校验:设备有承受短路电流机械效应的能力:

$$i_{ch} \geqslant i_{sh} \quad 或 \quad I_{ch} \geqslant I_{sh} \tag{1-2-35}$$

式中:i_{ch}、I_{ch}——设备允许通过的动稳定电流幅值与有效值;

i_{sh}、I_{sh}——短路冲击电流幅值与有效值。

(3)短路计算条件:

①容量和接线:按最大系统设计容量和可能出现最大短路电流的正常接线方式。

②短路种类:一般按三相短路考虑。

③计算短路点:系统中不同短路点位置对同一设备的影响不同,因而需要选择使设备处于最严重情况的短路点进行校验。对于线性网络,一般短路点与设备电气距离越小,对设备影响越大。

(4)短路计算时间:

按照可能造成最严重后果的短路时间来考虑。如,对设备热稳定校验,按主保护拒动、后备保护切除短路的时间考虑(燃弧时间长,发热量大);对于设备开断能力校验,按主保护切除短路的动作时间考虑(短路电流衰减量小)。

3. 共振校验

重要回路的硬导体应进行共振校验。当已知导体材料、形状、布置方式和应避开的自振频率(一般为30~160Hz)时,导体不发生共振的最大绝缘子跨距:

$$L_{max} = \sqrt{\frac{N_f}{f_t}} \sqrt{\frac{EI}{m}} \tag{1-2-36}$$

式中:E——导体材料弹性模量;

I——导体截面惯性矩;

m——导体单位长度质量;

N_f——频率系数;

f_t——导体一阶固有频率。

4. 一般性环境要求

(1)落地式配电箱的底部宜抬高,室内宜高出地面50mm以上,室外应高出地面200mm以上。底座周围应采取封闭措施,并应能防止鼠、蛇等小动物进入箱内。

(2)安装于外场的机箱外壳防护等级(IP代码)一般不得低于IP54。室内标称电压超过交流25V(均方根值)容易被触及的裸带电体必须设置遮护物或外罩,其防护等级不应低于IP2X。

(3)低压配电设备的化学腐蚀环境分为三个类别:0类(轻腐蚀环境)、1类(中等腐蚀环境)、2类(强腐蚀环境)。设备防护类型共有五种:户内防中等腐蚀型(F1)、户内防强腐蚀型(F2)、户外防轻腐蚀型(W)、户外防中等腐蚀型(WF1)、户内防强腐蚀型(WF2)。

(4)我国低压配电设备都能适用于海拔2000m及以下地区,海拔2000m以上的地区应采用高原型设备。

(5)热带地区根据常年空气的干湿程度分为湿热带和干热带。湿热带是指一天内有12h以上气温不低于20℃,湿度不低于80%RH,且这类天气全年累计在两个月以上,该地区的低压配电设施宜采用TH型产品。干热带是指年最高气温在40℃以上且长期处于低湿度状态,该地区的低压配电设施宜采用 TA 型产品。

(6) 地震基本烈度为 7 度及以下地区的电气设备可不采取防震措施。安装在 7 度以上地区的电气设备应能承受地震力分别为:8 度,地面水平加速度 $0.2g$,地面垂直加速度 $0.1g$,9 度,地面水平加速度 $0.4g$,地面垂直加速度 $0.2g$。

(7) 为了减少噪声影响,在距电气设备 2m 处不应大于:
① 连续性噪声水平:85dB;
② 非连续性噪声水平:屋内,90dB;屋外,110dB。

第六节 计算机与信息技术

一、信息技术的概念

1. 信息

虽然信息处处存在,到目前为止对信息一词还没有一个权威、公认的定义。人们从认识论、哲学、数学、通信等不同的角度给信息下了多个定义。

本书从实用的角度采用认识论的定义:信息是认识主体(生物或机器)所感知的或所表述的相应事物的运动状态及其变化方式(包括状态及其变化方式的形式、含义和效用)。

2. 信息技术

虽然对信息没有统一的定义,但对信息技术的描述基本接近,都是围绕信息的获取、存储与处理三个方面描述的,在本书中我们给出的定义是:

信息技术是研究信息如何产生、获取、传输、变换、识别和应用的科学技术。信息技术能够延长或扩展人的信息功能。信息技术可能是机械的,也可能是光学的;可能是电子的,也可能是生物的等不同的载体和形态。

3. 研究目的

人们研究信息技术的目的是为了高效、可靠、安全并且随心所欲地交换和利用各种各样的信息。

4. 公路交通信息技术

公路交通管理系统也是通过计算机硬件和软件、网络和通信技术、远程传输干线网、自动监控设施等综合系统的高度集成,完成对道路及其周边环境信息的采集、处理、交换等各种过程,从而实现公路交通安全与高效运营的目标。

二、计算机系统

计算机系统是由硬件系统和软件系统两部分组成,两部分构成计算机系统的统一体。

1. 硬件系统的组成

计算机的硬件由主机和外部设备(简称外设)组成,主机由 CPU、内存储器、主板(总线系统)构成,外部设备由输入设备(如键盘、鼠标等)、外存储器(如光盘、硬盘、U 盘等)、输出设备(如显示器、打印机等)组成。计算机硬件的组成如图 1-2-4 所示。

微机与传统的计算机没有本质的区别,它也是由运算机、控制器、存储器、输入和输出设备等部件组成。不同之处是微机把运算器和控制器集成在一片芯片上,称之为 CPU。下面以微机为例说明计算机各部分的作用。

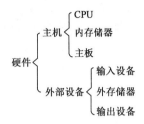

图 1-2-4 计算机硬件的组成

1) CPU

CPU 是计算机的核心部件,它完成计算机的运算和控制功能。运算器又称算术逻辑部件(Arithmetical Logic Unit,ALU),主要功能是完成对数据的算术运算、逻辑运算和逻辑判断等操作。控制器(Control Unit,CU)是整个计算机的指挥中心,根据事先给定的命令,发出各种控制信号,指挥计算机各部分工作。它的工作过程是负责从内存储器中取出指令并对指令进行分析与判断,并根据指令发出控制信号,使计算机的有关设备有条不紊地协调工作,在程序的作用下,保证计算机能自动、连续地工作。CPU 外形如图 1-2-5 所示。

2) 存储器

存储器是计算机存储信息的"仓库"。存储器可分为两大类:内存储器和外存储器。内存储器简称内存,也叫随机存储器(RAM),这种存储器允许按任意指定地址的存储单元进行随机地读出或写入数据。由于数据是通过电信号写入存储器的,因此在计算机断电后,RAM 中的信息就会随之丢失。内存条外形如图 1-2-6 所示,它的特点是存取速度快,可与 CPU 处理速度相匹配,但价格较贵,能存储的信息量较少。外存储器(简称外存)又称辅助存储器,主要用于保存暂时不用但又需长期保留的程序或数据,如软盘、硬盘、光盘等都叫外存储器。

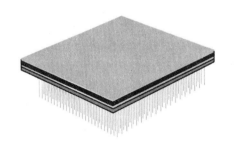

图 1-2-5 CPU 外形图

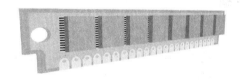

图 1-2-6 内存条外形图

CPU 和内存储器构成计算机主机。外存储器通过专门的输入/输出接口与主机相连。外存与其他的输入输出设备统称外部设备。如硬盘驱动器、软盘驱动器、打印机、键盘都属外部设备。但是需要注意的是,在计算机组成结构上,外存既不是输入设备也不是输出设备,属于存储器的一种。

3) 输入设备

输入设备是将外界的各种信息(如程序、数据、命令等)送入到计算机内部的设备。常用的输入设备有键盘、鼠标、扫描仪、条形码读入器等。

4) 输出设备

输出设备是将计算机处理后的信息以人们能够识别的形式(如文字、图形、数值、声音等)

进行显示和输出的设备。常用的输出设备有显示器、打印机、绘图仪等。

由于输入/输出设备大多是机电装置,有机械传动或物理移位等动作过程,相对而言,输入/输出设备是计算机系统中运转速度最慢的部件。

2. 软件系统的组成

计算机软件由程序和相关的文档组成。程序由一系列的指令按一定的结构组成,文档是软件开发过程中建立的技术资料。程序是软件的主体,一般以文件的方式保存在存储介质中,以便在计算机上使用。现在人们使用的计算机都配备了各式各样的软件,软件的功能越强,使用起来越方便。软件可分为两大类:一类是系统软件,另一类是应用软件。

1)系统软件

系统软件是管理、监控和维护计算机资源的软件,是用来扩大计算机的功能,提高计算机的工作效率,方便用户使用计算机的软件。系统软件是计算机正常运转所不可缺少的,是硬件与应用软件的接口。一般情况下系统软件分为 4 类:操作系统、语言处理系统、数据库管理系统和服务程序。

常用的操作系统有 DOS、WINDOWS、UNIX、OS/2 等;语言处理系统包括机器语言、汇编语言和高级语言,这些语言处理程序除个别常驻在 ROM 中可独立运行外,都必须在操作系统支持下运行;常用的数据库管理系统有 DBase、Visual FoxPro 等;常用的服务程序有编辑程序(Editor)、连接装配程序(Linker)、测试程序(Checking Program)、诊断程序(Diagnostic Program)、调试程序(Debug)等。

2)应用软件

应用软件是为了解决各类实际问题而为计算机编写的专用程序。它分为应用软件与用户程序。

(1)应用软件包

应用软件包是为实现某种特殊功能,而精心设计、开发的结构严密的独立系统,是一套满足同类应用的许多用户所需要的软件。如 Microsoft 公司生产的 Office 2007 应用软件包,包含 Word 2007(字处理)、Excel 2007(电子表格)、PowerPoint 2007(幻灯片)等,是实现办公自动化的很好的应用软件包。

(2)用户程序

用户程序是用户为了解决特定的具体问题而开发的软件。充分利用计算机系统的种种现成的软件,在系统软件和应用软件包的支持下可以更加方便、有效地研制用户专用程序。如各种票务管理系统、事件管理系统和财务管理系统等,都属于用户程序。

系统软件和应用软件之间并不存在明显的界限。随着计算机技术的发展,各种各样的应用软件中有了许多共同的东西,把这些共同的部分抽取出来,形成一个通用软件,它就逐渐成为系统软件或系统软件的一部分。

3)文件

文件是指一组相关信息按一定格式有组织的集合。一般分为程序文件和数据文件两大类。

(1)应用程序文件是计算机可以直接执行的文件,一般简称程序。应用程序文件都是二进制文件,一般不能阅读,必须用专门的工具软件才能看到二进制文件的内容。

(2)数据文件包含程序执行时所用的数据,或者是程序执行的结果。数据文件一般必须和一定的程序文件相联系才能起作用。

三、软件工程简介

无论是系统软件还是应用软件都是技术人员一条条指令或一条条语句编写出来的,在过去,软件功能比较简单,少数几个人就可以完成一个软件的编写任务。随着技术的发展和需求的提高,软件的编写越来越复杂和庞大,编写人员也越来越多,以至形成了一个大的团队,软件主管对软件的功能和目标的掌握也更具不确定性,这就需要像研究课题和做新工程项目一样进行深层次的研究开发,以减少软件的不确定性,获得最大效率,后来发展为软件工程。

1. 计算机软件的基本概念

1)计算机软件

软件是相对硬件而言的,是计算机系统中的程序、数据及其相关文档的总称。可用下面的公式形象表示:

$$软件 = 程序 + 数据 + 文档$$

2)软件文档

软件文档是指与程序开发、维护和使用有关的图文资料,用自然语言或者形式化语言所编写的文字资料和图表,用来描述程序的内容、组成、设计、功能规格、开发情况、测试结果及使用方法。

3)软件产品的特点

(1)软件产品的生产主要是脑力劳动,还未完全摆脱手工开发方式,大部分产品是"定做"的。

(2)软件是一种逻辑产品,它与物质产品有很大的区别,它是脑力劳动的结晶。软件产品是看不见摸不着的,因而具有无形性。它以程序和文档的形式出现,保存在存储介质上,通过计算机的运行才能体现它的功能和作用。

(3)软件产品不会用坏,不存在磨损、消耗问题。

(4)软件产品的生产主要是研制。其成本主要体现在软件的开发、研制和维护上,软件开发研制完成后,通过复制就产生了大量软件产品。

(5)软件费用不断增加,软件成本相当昂贵。软件的研制工作需要投入大量的、复杂的、高强度的脑力劳动,它的成本非常高。从客观上讲,一个计算机系统中由软件完成的工作也远大于硬件。

4)软件的发展

自计算机发明以来,计算机软件的开发经历了程序时代(1946—1956年)、程序系统时代(1957—1968年)、软件工程时代(1968年以后)。

5)软件危机

在20世纪60年代,随着计算机系统和软件系统的日益庞大,出现了软件开发过程无限期延长、维护困难、不能满足用户要求等一系列严重问题,称之为软件危机。软件危机是指在计算机软件的开发和维护过程中所遇到的一系列严重问题。

2. 软件工程的定义

软件工程就是将系统的、规范的、可度量的工程化方法应用于软件开发、运行和维护的全过程及上述方法的研究。通过运用计算机科学、数学、管理学等原理和方法，遵循系统化的思想，运用工程化方法，探索和指导软件开发和维护，以期达到用较少的投资获得高质量的软件的目的。

3. 软件工程的基本原理

1983年B.W.Boehm提出了软件工程的七条基本原理。这七条基本原理是保证软件产品质量和开发效率的最小集合，又是相当完备的。

（1）严格按照计划进行管理。
（2）坚持进行阶段评审。
（3）实行严格的产品控制。
（4）采用现代化的程序设计技术。
（5）结果要能清晰地审查。
（6）开发小组成员的素质要好，数量却不易多。
（7）要承认不断改善软件工程实践的必要性。

4. 软件的生命周期

软件生命周期大体可分为如下三个阶段六个过程：制订计划、需求分析、设计、编码、测试、运行和维护。可用图1-2-7表示。

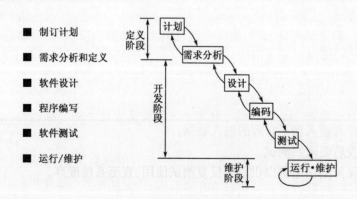

图1-2-7 软件的生命周期示意图

从图1-2-7中可以看出，软件的开发阶段包括需求分析、设计、编码和测试四个过程。软件开发成功之后转入运行维护阶段，这个阶段是不断地循环，直到软件生命周期结束。

软件生命周期是指一个软件从提出开发要求开始直到该软件报废为止的整个时期。通常，软件生存周期包括可行性研究、需求分析、概要设计、详细设计、编码、测试、维护等活动，可以将这些活动以适当的方式分配到不同阶段去完成。

5. 软件测试的概念

1）软件测试的概念

（1）狭义概念

软件测试是指识别软件缺陷的过程,即实际结果与预期结果的不一致。

（2）广义的概念

软件测试是指软件生存周期中所有的检查、评审和确认工作,其中包括了分析、设计阶段,以及完成开发后维护阶段的各类文档、代码的审查和确认。

2）软件测试的重要性

软件测试是保证软件质量的关键步骤,是对软件规格说明、设计和编码的最后复审,其工作量约占总工作量40%以上(对于涉及人身安全的情况,测试相当于其他部分总成本的3~5倍)。

3）软件测试的目的

（1）软件测试的最终目的是确保软件的功能符合用户的需求,把尽可能多的问题在发布或交付前发现并改正。

①确保软件完成了它所承诺或公布的功能。

②确保软件满足性能的要求。

③确保软件是健壮的和适应用户环境的。

（2）为软件的质量评估提供依据。

（3）为软件质量改进和管理提供帮助。

4）软件测试的原则

（1）软件测试要设法使软件发生故障,暴露软件错误,能够发现错误的测试是成功的测试。

（2）穷举测试是不可能的,测试不是无止境的,要考虑到测试目标、人力、资源的限制,权衡量力。

（3）尽量避免测试自己编写的程序。

（4）测试要以软件需求规格说明书为标准。

（5）注意测试中的群集现象。

（6）测试用例应由输入数据和预期的输出结果两部分组成。

（7）兼顾合理的输入和不合理的输入数据。

（8）程序修改后要回归测试。

（9）应长期保留测试用例以供以后反复测试使用,直至系统废弃。

（10）用最少的测试数据,检查出尽可能多的错误。

5）软件测试的分类

（1）按照测试方法分为:黑盒测试、白盒测试、静态测试、动态测试。

（2）按照测试步骤分为:单元测试、集成测试、确认测试和系统测试。

6. 软件测试方法

1）黑盒测试

黑盒测试也称为功能测试,它着眼于程序的外部特征,而不考虑程序的内部逻辑结构。测试者把被测程序看成一个黑盒,不用关心程序的内部结构。黑盒测试是在程序接口处进行测试,它只检查程序功能是否能按照规格说明书的规定正常使用,程序是否能适当地接收输入数据产生正确的输出信息,并且保持外部信息(如数据库或文件)的完整性。

黑盒测试主要采用的技术有:等价分类法、边沿值分析法、错误推测法和因果图等技术。

2)白盒测试

白盒测试也称结构测试或逻辑驱动测试,这一方法是把测试对象看作一个打开的盒子,按照程序内部的结构测试程序。通过测试来检测软件产品内部动作是否按照设计规格说明书的规定正常进行,检验程序中的每条通路是否都能按预定要求正确工作。

白盒测试的测试方法有代码检查法、静态结构分析法、静态质量度量法、逻辑覆盖法、基本路径测试法、领域测试、符号测试、Z 路径覆盖、程序变异。

3)静态测试

静态测试是指不运行被测程序本身,仅通过分析或检查源程序的语法、结构、过程、接口等来检查程序的正确性。对需求规格说明书、软件设计说明书、源程序做结构分析、流程图分析、符号执行来找错。静态测试通过程序静态特性的分析,找出欠缺和可疑之处,例如不匹配的参数、不适当的循环嵌套和分支嵌套、不允许的递归、未使用过的变量、空指针的引用和可疑的计算等。静态测试结果可用于进一步的查错,并为测试用例选取提供指导。

4)动态测试

动态测试是指通过运行被测程序,检查运行结果与预期结果的差异,并分析运行效率和健壮性等性能,这种方法由三部分组成:构造测试实例、执行程序、分析程序的输出结果。

7. 软件测试的步骤

软件的测试贯穿于整个生命周期,所有测试过程都应采用综合测试策略;即应先作静态测试,再作动态测试,并应事先制订测试计划。软件测试的步骤及与各开发阶段的关系见图1-2-8。

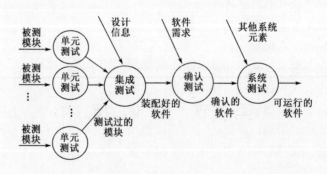

图 1-2-8　软件测试的步骤及与各开发阶段的关系图

1)单元测试

单元测试是指对源程序中每一个程序单元进行测试,检查各个模块是否正确实现规定的功能,从而发现模块在编码中的错误。该阶段涉及编码和详细设计的文档。通常应该先进行"人工走查",再以白盒法为主,辅以黑盒法进行动态测试。使用白盒法时,只需要选择一种覆盖标准,而使用黑盒法时,应该采用多种方法。

2) 集成测试

集成测试是在单元测试的基础上,将所有模块按照设计要求组装成一个完整的系统而进行的测试,在测试阶段完成。检查与设计相关的软件体系结构的有关问题。集成测试的关键是要按照一定的原则,选择组装模块的方案(次序)然后再使用黑盒法进行测试。在测试过程中,如果发现问题较多的模块,再采用白盒法进行回归测试。

3) 确认测试

确认测试用于检查已实现的软件是否满足需求规格说明书中确定了的各种需求。在测试阶段完成,应该以黑盒法为主,但在测试中进行软件配置审查时,主要是静态测试。

4) 系统测试

把已确定的软件与其他系统元素(如硬件、其他支持软件、数据和人工等)结合在一起进行测试。

8. 软件产品的总体评价

一个好的软件应是可维护、可依赖、有效、可用的,各要素的含义见表1-2-2。

软件产品总体质量要求　　　　　表1-2-2

产品特性	含　义
可维护性	软件必须能够不断进化以满足客户的需求变化,这是软件产品最根本的特性,因为工作环境是不断变化的,软件也必然要跟着变化
可依赖性	软件可依赖性还包括一系列特性,包括可靠性、保密性、安全性。可靠的软件在系统失败的情况下,也不会导致人员伤亡和经济损失
有效性	软件不要浪费内存和处理器等系统资源,因而有效性应包括响应时间、处理时间、内存利用率等方面
可用性	软件必须具备可用性。必须是用户不用特殊的努力就能操作。即软件必须具备相似的用户界面和充分的说明文档

第七节　通　信　技　术

一、通信原理

1. 信号

自然界中的信号分为模拟信号和数字信号。

(1) 模拟信号:是指代表消息的信号参量(幅度、频率或相位)随消息连续变化的信号。如代表消息的信号参量是幅度,则模拟信号的幅度应随消息连续变化,但在时间上是可以连续也可以离散的。

信号波形模拟随着信息的变化而变化,模拟信号的特点是幅度连续(连续的含义是在某一取值范围内可以取无限多个数值)。模拟信号,其信号波形在时间上也是连续的,因此它又是连续信号。模拟信号按一定的时间间隔 T 抽样后的抽样信号,由于其波形在时间上是离散的,它又叫离散信号。但此信号的幅度仍然是连续的,所以仍然是模拟信号。电话、传真、电视信号都是模拟信号。

(2)数字信号:是指代表消息的信号参量不仅在时间上是离散的,在幅度取值上也是离散的信号。

数字信号的特点是幅值被限制在有限个数值之内,它不是连续的而是离散的。这种幅度是离散的信号称数字信号。

2. PCM

把模拟信号变换为数字信号的最常用的技术为脉冲编码调制(PCM),其最大特征是把连续的输入信号变换为在时间域和振幅域上都离散的量,然后把它变换为代码进行传输,一般包括三个步骤:抽样、量化和编码。

(1)抽样又称采样,是指用每隔一定时间的信号样值序列来代替原来在时间上连续的信号,也就是在时间上将模拟信号离散化。

(2)量化:把信号变换为取值域(振幅域)上离散值的操作。

(3)编码:量化信号经过模/数变换可以变换成各种各样的编码信号的过程,也是把量化后的样值变换为表示量化电平大小的二进制或多进制代码的操作。编码后的数字信号可以在信道中传输。

3. 数字通信系统的主要性能指标

通信系统的主要性能指标为:有效性和可靠性。其中数字通信系统的有效性通常用传输速率来衡量,传输速率分为信号传输速率和信息传输速率;可靠性通常用差错率衡量,通常用误码率和误比特率表述。

(1)信息传输速率:通常是指每秒所传输的二进制码元数目。信息论中定义信源发生信息量的度量单位是"比特"(bit)。一个二进制码元所含的信息量是一个"比特",所以信息传输速率的单位是比特/秒(bit/s)。

(2)信号传输速率:是指每秒所传输的码元数目,其单位为波特。这里的码元可以是二进制的,也可以是多进制的。信号传输速率 R_{BN} 和信息传输速率 R_b 的关系为 $R_b = R_{BN} \log_2 N$,当码元为二进制时 N 为 2;码元为四进制时 N 为 4……如果符号速率为 600 波特,在二进制时,信息传输速率为 600 比特/秒,在四进制时为 1200 比特/秒。

(3)误码率:是指接收的错误码元在传输码元总数中所占的比例,也是码元被错误接收的概率值。

(4)误比特率:是指接收的错误比特数在传输总比特数中所占的比例,也是传输每比特信息发生错误接收的概率值。

二、通信网络

1. 通信网络的构成

一个完整的通信网络应由终端设备、传输设备(包括线路)、交换设备三大部分组成。

(1)终端设备的主要功能是进行待发送的信息与信道上传送的信号之间的转换,产生和识别系统内的信令或协议。

(2)传输设备的主要功能是有效可靠地传输信号。

(3)交换设备的主要功能是完成信号的交换,交换还可以分为:空分交换、时分交换、电路交换、分组交换等。

(4)通信网络除三大部分"硬件"外,还包括一套"软件",即各种规约,如信令、协议等。

2. 通信网络分类

(1)按信道分类:有线通信网、无线通信网。

(2)按信号分类:模拟信号网、数字信号网、数模混合网。

(3)按通信距离分类:长途通信网、本地通信网、内部通信网。

(4)按信源分类:语音通信网、数据通信网、文字通信网、图像通信网。

3. 网络体系结构

网络体系结构包括:网络的拓扑结构、网络的逻辑功能结构、物理实体网的结构。

4. 光同步数字传输系统

光同步数字传输系统(Synchronous Digital Hierarchy,简称 SDH)的本质是网络或联网。SDH 有四条优点:灵活兼容的映射方式及帧结构;与业务无关的灵活兼容的传送平台;嵌入信号内的管理、维护信息量大,可改进业务质量;开放的网络提供了新的灵活性。

(1)SDH 的标准化与宽带综合业务数字网(B-ISDN)的国际标准化同步;已被选定为运载异步转移模式(ATM)信号的传送网络;STM-1 和 STM-4 的速率(155520kbit/s 和 622080kbit/s)已被选定为 B-ISDN 的用户/网络接口(UNI)的标准速率。

(2)SDH 的标准从三个方面予以规范:
①接口(物理接口、速率及信号格式、同步、网管通信协议)。
②网络总体(信息模型、传输网结构体系、管理网结构体系)。
③网元(线路系统、复用设备、数字交叉连接设备)。

(3)一般的 SDH 传送网分层模型包括:电路层、通道层和传输媒质层。

(4)构成 SDH 网络的基本网络单元(Network Element),简称网元(NE),有四大类:
①同步数字交叉连接设备(SDXC)。
②分/插复用设备(ADM)。
③同步复用设备(MUX)。
④同步再生器(REG)。

(5)SDH 的一个主要特点是它标准化的贯穿全网的运行、管理和维护(OAM)功能,在

SDH 的帧结构中安排开销(Overhead)就是为了实现 OAM 功能。SDH 共有四种开销:再生段开销(RSOH)、复用段开销(MSOH)、高阶通道开销(HPOH)、低价通道开销(LPOH)。

(6)SDH 传送网可以采用四种保护方式:线路系统的复用段保护、复用段保护环、通道保护环、子网连接保护。

(7)SDH 网络通常有两种恢复方式:区段恢复和通道恢复。

(8)在国际电信联盟的电信标准部(ITU-T)有关传输损伤的建议中,采用误码、抖动、漂移、滑动、延时和帧失步来表征和规范数字传输损伤。

5. 通信接入网

通信接入网也称为用户接入网,是由业务节点接口和相关用户网络接口之间一系列传送实体组成的,泛指本地交换机与用户设备之间的网络。根据采用的传输媒介可分为:

(1)有线接入网:包括铜线接入网、光纤接入网、混合光纤/同轴电缆接入网等。

(2)无线接入网:分为固定无线接入网和移动无线接入网。

三、程控数字用户交换系统

程控交换机分为模拟交换机和数字交换机,都是利用电子计算机技术,用预先编好的程序来控制电话的接续工作。程控数字交换机与模拟交换机相比,处理速度快,体积小,容量大,灵活性强,服务功能多,便于改变交换机功能,便于建设智能网,向用户提供更多、更方便的电话服务。因此,它已成为当代电话交换的主要制式。

程控数字交换与数字传输相结合,可以构成综合业务数字网,不仅实现电话交换,还能实现传真、数据、图像通信等的交换。

程控数字交换系统由硬件、软件和电源组成。

1. 硬件

硬件包括话路部分、控制部分和输入输出部分。

(1)话路部分用于收发电话信号、监视电路状态和完成电路连接,主要包括用户电路、中继电路、交换网络、服务电路(包含收号器、发号器、振铃器、回铃音器、连接器等)、扫描器和驱动器等部件。

(2)控制部分用于运行各种程序、处理数据和发出驱动命令,主要包括处理机和主存储器。

(3)输入输出部分用于提供维护和管理所需的人机通信接口,主要包括外存储器、键盘、显示器、打印机等部件。

2. 软件

软件包括程序部分和数据部分。

(1)程序部分包括操作系统程序和应用程序。前者用于任务调度、输入输出控制、障碍检测和恢复处理、障碍诊断、命令执行控制等;后者用于实施各种电话交换事件与状态处理、硬件资源管理、用户服务类别管理、话务量统计、服务观察、软件维护和自动测试等。

(2)数据部分包括系统数据、交换框架数据、局数据、路由数据和用户数据。主要用于表征交换系统特点、本电话站及周围环境特点、各用户的服务类别等。

3. 程控交换机电源

(1)交换机正常运行所需功率可按每门 48V、50mA 估算。
(2)整流器效率可按 0.7 左右估算。
(3)用户交换机为直流供电,宜采用全浮充供电方式。
(4)蓄电池组供电时间一般在 4~8h 之间选取。

四、卫星通信系统

卫星通信系统是指利用人造地球卫星作为中继站转发无线电波,在两个或多个地球站之间进行通信的系统。卫星通信具有通信距离远、通道特性稳定、覆盖面积大、通信频带宽、机动灵活等特点。
(1)按卫星运动方式分为:静止卫星通信系统、低轨道移动卫星通信系统。
(2)按多址方式分为:频分多址卫星通信系统、时分多址卫星通信系统、空分多址卫星通信系统、码分多址卫星通信系统、混合卫星通信系统。
(3)大多数卫星通信系统选择以下工作频段:UHF 波段~S 波段,4.0/2.5GHz;L 波段,1.6/1.5GHz;C 波段,6/4GHz;X 波段,8/7GHz;Ku 波段,14/11GHz,14/12GHz;Ka 波段,30/20GHz。

五、通信接地

1. 电子设备信号电路接地系统的形式

电子设备信号电路接地系统的形式一般可根据接地引线长度和电子设备的工作频率来确定:
(1)单点接地:适用于低频 0~30Hz。信号电路以一点作电位参考点,再将该点连接至接地极系统。
(2)多点接地:适用于高频大于 300Hz,也可低至 30Hz。信号电路采用多条导电通路与接地网或等电位面连接。
①对高频信号电路接地,多点接地是唯一实用的方法。
②为实现有效多点接地,当最高频率时,接地导体长度大于 $\lambda/8$(λ 为波长),需采用等电位接地平面。
③混合式接地:是单点接地线和多点接地线的组合,具体做法为设置一个等电位接地平面,以满足高频信号接地的要求;再以单点接地方式连接至同一接地系统,以满足低频信号接地要求。
④接地形式选用:为防止接地线成为辐射天线,其长度不应超过 0.02λ。接地线小于 0.02λ 时采用单点接地,大于 0.02λ 时采用多点接地。在 300Hz 时其长度约为 20m,在 30Hz 时约为 200m。大于 300Hz 时一般接地线长度将超过 0.02λ,应采用多点接地。
⑤无论采用哪种接地系统,应避免接地线长度 $L=\lambda/4$ 及 $\lambda/4$ 的奇数倍的情况。因为此

时的阻抗为无穷大,相当于一根天线,可接收或辐射干扰信号。

2. 交流配线接地

交流配线不允许与信号接地线紧贴或近距离地平等敷设,应敷在不同支架上,相距不小于30cm,末端回路可置于共同支架上,间距至少为5cm。同时要避免形成过大的环路,以防止产生具有危害性的感应电压和电流。线路交叉时宜成直角。

(1)地干线两点间的等电位联结效果取决于所用导体的阻抗(取决于导线截面和敷设长度等)。在频率50Hz或60Hz时,采用截面积为50mm^2的铜导体是材料成本与阻抗之间的最佳折中方案。

(2)机房内由计算机引至铜排网之间的接地线一般采用0.35mm×100mm或0.5mm×100mm的薄铜排。

第三章

交通工程标准体系

第一节 概 述

一、基本概念

1. 标准

标准是为了在一定的范围内获得最佳秩序,经协商一致并由公认机构批准,共同使用的或重复使用的一种规范性文件。标准宜以科学、技术和经验的综合成果为基础,以促进最佳的共同效益为目的。

"标准化的对象"是指需要标准化的主题,可用"产品、过程和服务"表述,含有材料、元件、设备、系统、接口、协议、程序、功能、方法或活动的意思。对这些对象或对象的某一部分都可以制定标准。

"协商一致"是指普遍同意,可进一步理解为有关重要方面没有坚持反对意见,负责制定标准方按程序对有关各方的观点进行了研究和对争议经过了协商。需特别注意的是,协商一致并不意味着没有争议。

"规范性文件"是指为各种活动或活动的结果提供规则、导则或规定特性的文件。这就是说,标准在存在形态上可以是规则、导则、特性要求等文件。

2. 标准化

标准化是指为了在一定范围内获得最佳秩序,对现实问题或潜在问题制定共同使用和重复使用的条款的活动。这些活动包括编制、发布和实施标准的过程。标准化的主要作用在于为了其预期的目的,改进产品、过程或服务的适用性,防止贸易壁垒,促进技术合作。

标准与标准化的关系是:标准是标准化的结果,标准化是标准的过程。标准的制(修)订是需要经过科学研究或吸收科学研究的成果,具有研究性质。标准化是一个基本固定的过程,一般不带有研究的内容。所以标准可以作为科技成果,标准化不作为科技成果。在理解时还要注意标准化和标准化学科的区别,标准化学科包含了更多的内容。

3. 标准体系

一个国家或行业的标准数量很多,可达上万个。将标准进行分类管理是一种通用做法,按照专业、学科、产业或行业进行科学划分归类,构成了一个个子系统,这些由标准组成的子系统即构成了标准体系,子系统的集合就是标准体系。

据此,我们给标准体系一个定义:一定范围内的标准按其内在联系形成的科学的有机整体,称为标准体系。标准体系是一簇有联系的标准的集合,标准体系具有集合性、目标性、可分解性、相关性和动态性。将标准体系简单理解为标准的集合是片面的。

标准体系一般以树状结构图和体系表的形式表示。

交通工程设施标准体系是国家标准体系的一部分,在2004年形成了第一版,现在正在补充修订,具体内容在下面将有介绍。

二、标准的分类

标准的种类繁多,为了不同的目的,可以从不同的角度以不同的方法对其进行分类。标准的分类方法主要有以下几种。

1. 按标准的性质分类

按标准的性质不同,标准可分为强制性标准和推荐性标准两类。

1)强制性标准

强制性标准是指在一定范围内,国家运用行政的和法律的手段强制实施的标准。对于强制性标准,对保障人身健康和生命财产安全、国家安全、生态环境安全以及满足经济社会管理基本需要的技术要求,应当制定强制性国家标准。违反强制性标准要受到经济的、行政的,乃至法律的制裁。强制性标准具体包括:

(1)药品标准、食品卫生标准、兽药标准。

(2)产品及产品生产、储运和使用中的安全、卫生标准,劳动安全、卫生标准,运输安全标准。

(3)工程建设的质量、安全、卫生标准及国家需要控制的其他工程建设标准。

(4)环境保护的污染物排放标准和环境质量标准。

(5)重要的通用技术术语、符号、代号和制图方法。

(6)通用的试验、检验方法标准。

(7)互换配合标准。

(8)国家需要控制的重要产品质量标准。

2)推荐性标准

推荐性标准是指并不强制厂商和用户采用,而是通过经济手段或市场调节促使他们自愿采用的国家标准、行业标准、地方标准(主要是产品标准和与之相关的其他技术标准)。对于推荐性标准鼓励各方自愿采用,有关各方有选择的自由。但一经选定,则该标准对采用者来说,便成为必须绝对执行的标准了,即"推荐性"转化为"强制性"。例如我国交通行业标准《路面标线涂料》(JT/T 280—2004)已经设计文件指定变为强制性标准,必须执行。

根据WTO的有关规定和国际惯例,标准是自愿性的,而法规或合同是强制性的,标准的内容只有通过法规或合同的引用才能变成强制执行的文件。

2. 按标准化的对象分类

按标准化的对象不同,可将标准分为技术标准、管理标准和工作标准。

1）技术标准

技术标准是指对标准化领域中需要协调统一的技术事项所制定的标准,是从事生产、建设及商品流通的一种共同遵守的技术依据。

2）管理标准

管理标准是指对标准化领域中,需要协调统一的管理事项所制定的标准,是正确处理生产、交换、分配和消费中的相互关系,使管理机构更好地行使计划、组织、指挥、协调、控制等管理职能,有效地组织和发展生产而制定和贯彻的标准,它把标准化原理应用于基础管理,是组织和管理生产经营活动的依据和手段。

管理标准主要是对管理目标、管理项目、管理程序、管理方法和管理组织方面所作的规定。按照管理的不同层次和标准的适用范围,管理标准又可划分为管理基础标准、技术管理标准、生产经营管理标准、经济管理标准和行政管理标准五大类标准。

3）工作标准

工作标准是指对标准化领域中需要协调统一的工作事项所制订的标准。它是对工作范围、构成、程序、要求、效果和检验方法等所作的规定,通常包括工作的范围和目的,工作的组织和构成,工作的程序和措施,工作的监督和质量要求,工作的效果与评价,相关工作的协作关系等。工作标准的对象主要是人。工作标准的主要内容包括:岗位目标、工作程序和工作方法、业务分工与业务联系(信息传递)方式、职责与权限、质量要求与定额、对岗位人员的基本技能要求、检查与考核办法。

3. 按标准的外在形态分类

按标准的外在形态,标准可分为文字图表标准和实物标准。文字图表标准,即用文字或图表对标准化对象作出的统一规定,这是标准的基本形式。实物标准(亦称样标),即标准化对象的某些特性难以用文字准确地描述出来时,可制成实物标准,如颜色的深浅程度。

三、标准的级别

根据《中华人民共和国标准化法》(以下简称《标准化法》)的规定,我国标准分为国家标准、行业标准、地方标准、团体标准和企业标准。

1. 国家标准

《标准化法》规定:对保障人身健康和生命财产安全、国家安全、生态环境安全以及满足经济社会管理基本需要的技术要求,应当制定强制性国家标准,强制性国家标准由国务院批准发布或者授权批准发布;对满足基础通用、与强制性国家标准配套、对各有关行业起引领作用等需要的技术要求,可以制定推荐性国家标准,推荐性国家标准由国务院标准化行政主管部门制定。

国务院标准化行政主管部门和国务院有关行政主管部门、设区的市级以上地方人民政府标准化行政主管部门应当建立标准实施信息反馈和评估机制,根据反馈和评估情况对其制定的标准进行复审。标准的复审周期一般不超过五年。经过复审,对不适应经济社会发展需要和技术进步的应当及时修订或者废止。

国家标准的编号由国家标准代号、标准发布顺序号和发布的年号组成。国家标准的代号由大写的汉语拼音字母构成,强制性标准的代号为"GB",推荐性标准的代号为"GB/T"。标准顺序号用阿拉伯数字,后面加"—",再加发布年号表示,如2000年发布的GB/T 2001—2000 标准。

2. 行业标准

《标准化法》规定:对没有推荐性国家标准、需要在全国某个行业范围内统一的技术要求,可以制定行业标准,行业标准由国务院有关行政主管部门制定,报国务院标准化行政主管部门备案。机械、电子、建筑、化工、冶金、轻工、纺织、交通、能源、农业、林业、水利等行业,都制定有行业标准。

行业标准的编号由行业标准代号、标准顺序号和年号组成。行业标准的代号由国务院标准化机构规定,不同行业的代号各不相同。行业标准专业性较强,是国家标准的补充。随着市场经济的发展,行业管理必将加强,行业标准也将会有所发展。

3. 地方标准

《标准化法》规定:为满足地方自然条件、风俗习惯等特殊技术要求,可以制定地方标准,地方标准由省、自治区、直辖市人民政府标准化行政主管部门制定;设区的市级人民政府标准化行政主管部门根据本行政区域的特殊需要,经所在地省、自治区、直辖市人民政府标准化行政主管部门批准,可以制定本行政区域的地方标准。地方标准由省、自治区、直辖市人民政府标准化行政主管部门报国务院标准化行政主管部门备案,由国务院标准化行政主管部门通报国务院有关行政主管部门。

4. 团体标准

《标准化法》规定:国家鼓励学会、协会、商会、联合会、产业技术联盟等社会团体协调相关市场主体共同制定满足市场和创新需要的团体标准,由本团体成员约定采用或者按照本团体的规定供社会自愿采用。

制定团体标准,应当遵循开放、透明、公平的原则,保证各参与主体获取相关信息,反映各参与主体的共同需求,并应当组织对标准相关事项进行调查分析、试验、论证。国务院标准化行政主管部门会同国务院有关行政主管部门对团体标准的制定进行规范、引导和监督。

5. 企业标准

《标准化法》规定:企业可以根据需要自行制定企业标准,或者与其他企业联合制定企业标准,国家实行团体标准、企业标准自我声明公开和监督制度。企业应当公开其执行的强制性标准、推荐性标准、团体标准或者企业标准的编号和名称;企业执行自行制定的企业标准的,还应当公开产品、服务的功能指标和产品的性能指标。国家鼓励团体标准、企业标准通过标准信息公共服务平台向社会公开。企业应当按照标准组织生产经营活动,其生产的产品、提供的服务应当符合企业公开标准的技术要求。

第二节 产品标准的组成

交通工程检测工程师在检测工作中主要应用两种标准:一是产品标准,二是工程质量检验评定标准。实质上,工程检验评定标准也是以产品标准为基础,所以应重点掌握产品标准。本节主要介绍产品标准的结构内容。

一、标准的结构

在结构上,标准一般由各类要素组成。在2000年以前我们常说,标准由概要要素、技术要素和补充要素组成。在2000年以后,对标准的结构作了进一步精简,按照要素的性质分为规范性要素和资料性要素两类。

1. 规范性要素

规范性要素是指声明符合标准而应遵守的条款,分为一般要素和技术要素。
(1)规范性一般要素
规范性一般要素:描述标准的名称、范围、规范性引用文件以及使用标准而不可缺少的文件清单的内容。
(2)规范性技术要素
规范性技术要素:规定标准技术内容的要素。构成标准的实体,例如名称术语、质量特性要求及试验方法等。

2. 资料性要素

资料性要素是指:标识标准、介绍标准、提供标准的附加信息的内容或条款,分为概述要素和补充要素。
(1)资料性概述要素
资料性概述要素:标识标准,介绍标准内容,说明背景、制定情况以及该标准与其他标准或文件的关系的要素,例如标准的封面格式、目次、前言、引言等。
(2)资料性补充要素
资料性补充要素:提供标准的附加信息,以帮助理解或使用标准的要素,例如标准的附录格式、参考文献和索引等内容。

二、标准的一般内容

前文已经讲到,标准由资料性要素和规范性要素构成。资料性要素一般是格式性的内容,各标准基本相同;规范性要素是体现标准特点的实质性内容,产品标准的规范性要素一般由八章构成。

第一章是标准的范围。
描述标准的主要结构内容、适用范围或条件、不适用范围或条件。
第二章是规范性引用文件。
将标准中引用的标准按照标准序号由小到大排列,先国家标准后行业标准和地方标准,国际标准也可引用,企业标准一般不引用。需要注意的是,规范性引用标准前有一段引导语,这段引导语经常有些小变动。例如2000年后的引导语是"下列文件中的条款通过本标准的引用而成为本标准的条款。凡是注日期的引用文件,其随后所有的修改单(不包括勘误的内容)或修订版均不适用于本标准,然而,鼓励根据本标准达成协议的各方研究是否可使用这些文件的最新版本。凡是不注日期的引用文件,其最新版本适用于本标准。"2009年以后的引导语是"下列文件对于本标准的应用是必不可少的。凡是注日期的引用文件,仅注日期的版本适用于本标准。凡是不注日期的引用文件,其最新版本(包括所有的修改单)适用于本标准。"

第三章一般是名词术语或定义。

对于引起混淆的非公共性术语给予界定、说明或解释,有些术语随着时间的推移已经变为普通名词,就没必要再解释,例如 LED。

第四章一般是产品的分类与命名标识。

对于系列产品分类与命名方法,通过本章规定。产品的命名是指产品的型号规格及标识方法,在国外标准中一般称为订货信息,只要需方提出产品的型号,供方就知道具体是哪一种对应的产品,不需要过多地解释,提高了社会效率。

第五章是标准的技术要求。

该部分是标准的实质性内容。标准的主要工作是确定各项技术要求,这些要求是以科学研究和试验为基础的,有些指标可以直接引用国际标准或先进国家标准,但是应考虑与我国国情的结合。

第六章是试验方法。

一般是对第五章规定的技术要求,提出进行检验、验证的条件、方法及结果判定等内容,以证实产品质量符合标准要求。

第七章是检验规则(分为型式检验、出厂检验)。

型式检验是对产品质量进行的全面考核,一般应对产品标准中规定的所有技术要求进行检验(必要时,还可增加检验项目)。

一般在下列情况之一时,应进行型式检验:

(1)新产品或者产品转厂生产的试制定型鉴定。

(2)正式生产后,如结构、材料、工艺有较大改变,考核对产品性能影响时。

(3)正常生产过程中,定期或积累一定产量后,周期性地进行一次检验,考核产品质量稳定性时。

(4)产品长期停产后,恢复生产时。

(5)出厂检验结果与上次型式检验结果有较大差异时。

(6)国家质量监督机构提出进行型式检验要求时。

型式检验主要适用于产品定型鉴定和评定产品质量是否全面达到标准和设计要求,是生产企业生产能力的证明。一些重要的产品,如机电产品、国家许可的产品,规定型式检验必须由指定的检验机构进行。

出厂检验作为产品质量长期稳定性的一种控制手段,一般选取在生产过程中容易变动的指标进行抽样检验,出厂检验项目少于型式检验,并且方便易行。

第八章一般是产品的标识、包装、运输和储存条件。

产品标识上至少应有产品的名称、型号规格、生产企业名称、地址等内容,在我国没有产品标识的产品按"三无"产品处理,销售单位和使用单位都要受到处罚。根据《中华人民共和国产品质量法》第27条,对销售使用"无品牌、无生产厂商标识、无厂商厂址"的产品按第五章

"罚则"有关条款执行。一般处罚深度是:责令停止生产、销售,没收违法生产、销售的产品,并处违法生产、销售产品(包括已售出和未售出的产品,下同)货值金额等值以上 3 倍以下的罚款;有违法所得的,并处没收违法所得;情节严重的,吊销营业执照;构成犯罪的,依法追究刑事责任。

第三节 交通工程设施(公路)标准体系

一、标准体系的基本结构

交通工程设施(公路)标准体系用于指导交通运输相关部门有计划、有步骤地开展相关标准化工作,体系的基本结构分为五类:

第一类为基础标准,是在本专业领域具有广泛适用范围或一个特定领域的通用条款标准,在一定范围内可直接应用,也可以作为其他标准的依据和基础,具有普遍的指导意义。基础标准主要包括:术语与符号、分类与编码。

第二类为服务标准,是规定服务应满足的要求以确保其适用性的标准。服务类标准主要包括交通数据报表、报告编制、安全管理、公路交通风险评估、气象与预警、公路安全服务水平、应急、公路养护管理系统等。

第三类为技术标准,是对标准化领域中需要协调统一的技术事项所制定的标准。技术事项是指包装、储存、运输以及生产技术、管理技术的要求、交通运输的技术要求,以及通用的试验方法、检测规程等,技术标准主要包含道路基础设施、桥隧设施、交通工程及沿线附属设施几个方面的标准。

第四类为产品标准,依照专业领域和产品不同特点,将所有的产品标准划分为 5 个类别,分别为工程材料及制品、交通工程设施产品、桥隧结构产品、试验检测仪器设备、施工机械产品。各个类别下面又分别根据工程设施的结构和产品的应用特点,细分为不同的子类;

第五类为相关标准,与交通运输工程相关的,其他领域或部门的标准,被直接引用或应用的,都作为相关标准。标准体系用结构图表示如图 1-3-1 所示。

二、常用交通工程标准

到目前为止,已经建立起结构体系较为完整、门类齐全、基本能够适应交通建设和管理需要的交通工程设施(公路)标准体系,颁布实施的标准有 460 余项,交通工程试验检测工程师考试要求所掌握的只是其中的一部分常用标准。

这些标准中,大部分机电标准直接采用了通信、电子、信息、计算机等行业标准而未直接列出。交通工程专用标准引用了大量国家和其他行业的标准,例如仅机电产品环境例行试验的试验方法标准 GB/T 2423 系列就有 50 多项。据统计,要完成交通工程专业所有检测任务,需要的直接相关标准达 600 多项。

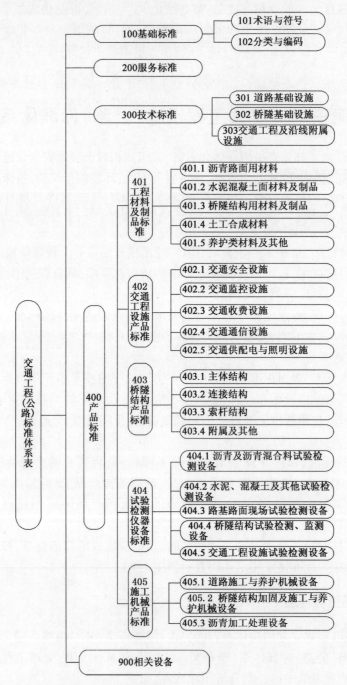

图 1-3-1 交通工程设施(公路)标准体系结构图

三、交通工程设施标准要点分析

如上所述,交通工程设施标准体系如此庞大,如何掌握确实是一件不轻松的工作,我们分析以下这些设施标准,大都有一些共同特点。

1. 交通安全设施

交通安全设施标准可分为两大类,一类是像波形梁钢护栏这样的防护产品,另一类是像交通标志一类的逆反射类警示产品。对于防护类产品,其技术要素一般围绕外观质量、结构尺寸、材料力学性能、耐久性或防腐性能四部分制定;对于警示类产品,其技术要素除了包含上述四项内容外,还包括逆反射系数、色品坐标等光度性能和色度性能要求。

2. 交通机电设施

现代的机电设施大都是光机电一体化设备,其组成相对于交通安全设施较为复杂,对于室外设备除了一般交通安全设施的内容外,还有电气安全、环境例行试验、特殊功能、通信接口等内容。交通机电产品的技术要素一般有外观质量、结构尺寸、元器件及材料要求、外壳防腐性能、电气安全、环境适应性、通信接口及功能要求等六个方面,对于警示设备也有光度和色度性能要求。其中的外壳防腐性能、电气安全、环境适应性、通信接口等要求及试验方法都是通用的,只要掌握了一个产品标准,其他的就基本掌握了。只是要注意,使用的环境不同,选用的温度等级也不同。

第四章

抽 样 基 础

本章以交通行业标准《公路交通安全设施质量检验抽样方法》(JT/T 495—2014)为基础,介绍交通工程检测的抽样技术基础。

第一节 基 本 概 念

一、抽样检验的含义

抽样检验是相对全数检验而言的。全数检验即100%检验,通过全数检验可达到对产品100%合格与否的判定,不存在错判风险;在实际检验中效率极低,对某些项目甚至是不可能的,因为一旦检验完毕,整个产品也就报废,失去了使用价值。

抽样检验是从每批产品中抽取适当数量的部分产品作为样本,对样本中的每一件产品进行检验,通过这样的检验来判别整个批的产品质量是否符合标准要求和能否被接收,是一种科学的统计检验方法,即通过样本的质量特性推断总体的质量状况的检验方法。抽样检验的优点是:量少、效率高、经济可行;缺点是:存在错判风险。

二、抽样检验的两类风险

(1)弃真错误和生产方风险 α

设 p 为被检验批的真实质量水平,可理解为实际不合格率。

设 p_0 为双方约定或标准规定的质量水平,也可理解为约定不合格率。

当 $p \leqslant p_0$ 时,把合格批判为不合格批拒收的错误,称为第一类错误(弃真错误),出现这种错误的概率叫第一错判概率,用 α 表示,此类概率即生产方风险。

(2)存伪错误和使用方风险 β

当 $p \geqslant p_0$ 时,把不合格批判为合格批接收的错误,称为第二类错误(存伪错误),出现这种错误的概率叫第二错判概率,用 β 表示,此类概率又称为使用方风险。

通俗一点说,抽样检验对供方和需方都存在风险。供方的风险来自"弃真错误",即把好的判成坏的而予以拒绝;需方的风险来自"存伪错误",即把坏的判成好的而予以接收。

三、抽样检验的基本要求

实际检验中抽取的样品是否代表了整个检验批的质量水平是抽样检验的关键,这就要求抽样人员在主观上要增强责任心,针对被检批的堆放形态,采用分层、系统、随机的方法,抽取样品,而不能为了简单省事,仅从表层或专抽缺陷产品组成样本。在客观上选择合理的抽样方法和抽样方案(抽样标准),在检验时严格按照产品标准检验判定每个单位样品,按照抽样标准对整个批作出合格与否的判定。

目前国家颁布了 23 个抽样标准,其中有 20 个抽样方案、2 个方法、1 个导则。《公路交通安全设施质量检验抽样方法》(JT/T 495—2014)依据交通产品特点和工程实际情况选择了其中的 4 个标准,并对抽样方案要素作了具体规定,做到简单、易用、可操作。《公路交通安全设施质量检验抽样方法》(JT/T 495—2014)虽然是对交通安全设施制定的抽样方法,但是对于单位产品特征明显的机电产品也是适用的,例如一批信号灯、一批车道控制器、一批紧急电话、一批 IC 卡等。需要注意的是,抽样方法只是完成了检测任务的第一步,将样品从批中抽了出来,如何检验是用不同的产品标准来实现的,所以《公路交通安全设施质量检验抽样方法》(JT/T 495—2014)的方法对机电产品也是有效的。

四、抽样检验的常用名词术语

(1)单位产品(Item),可独立描述和考察的事物。一件产品,一个部件,一箱突起路标,一定体积、重量的产品,一套螺栓,一个服务过程等都可看作单位产品。

其实,此定义在《逐批检查计数抽样程序及抽样表(适用于连续批的检查)》(GB/T 2828—1987)中是"为实施抽样检查的需要而划分的基本单位",其更容易理解,不过旧版本的工作是实物产品,没有涉及服务、过程等广义产品。一项服务有多道作业程序,每项程序也都有要求,这些要求就是质量特性,也存在合格、不合格之分。

(2)批(Lot),汇集在一起的一定数量的某种产品、材料或服务。在实际检测中,"批"这个术语通常用作修饰词,不含具体数量的意义,例如一批产品,一批护栏,一批灯具,一批隔离栅等。

(3)连续批(Continuing Lot),待检批可利用最近已检批所提供的质量信息的连续提交检验批。

(4)批量(Lot Size),符号 N,批中产品的数量。

(5)样本(Sample),取自一个批并且提供有关该批信息的一个或一组产品。

(6)样本量(Sample Size),符号 n,样本中产品的数量。

(7)不合格(Nonconformity),不满足规范的要求。

(8)不合格品(Nonconforming Item),具有一个或一个以上的不合格的产品。

(9)(总体或批)不合格品百分数[Percent Nonconforming(In a Population or Lot)],批中所有不合格品总数除以批量,再乘以100,即:

$$\text{不合格品百分数}(\%) = \frac{\text{批(总体)中不合格品数}}{\text{批量(总体量)}} \times 100 \qquad (1\text{-}4\text{-}1)$$

(10)(总体或批)每百单位产品不合格数[Nonconformities Per 100 Items(In a Population or Lot)],总体或批中的不合格数除以总体量或批量,再乘以100,即

$$每百单位产品不合格数(\%) = \frac{批中所有单位产品不合格总数}{批量} \times 100 \qquad (1\text{-}4\text{-}2)$$

注：一个不合格产品可有多项不合格，因此每百单位产品不合格数可能大于100。

(11) 过程平均(Process Average)，符号 p，一系列初次提交检验批的平均质量(用每百单位产品不合格品数或不合格数表示)。

(12) 接收质量限(Acceptance Quality Limit)，符号 AQL，当一个连续系列批被提交验收抽样时，可允许的最差过程平均质量水平。

(13) 检验(Inspection)，为确定产品或服务的各特性是否合格，测定、检查、试验或度量产品或服务的一种或多种特性，并且与规定要求进行比较的活动。

(14) 计数检验(Inspection by Attributes)，关于规定的一个或一组要求，或者仅将单位产品划分为合格或不合格，或者仅计算单位产品中不合格数的检验。

抽样检验分为计数检验和计量检验两大类，计量检验一般对可测量的质量特性有效，例如拉力、抗压强度、几何尺寸等。但不适用于主观特性，例如色泽鲜艳、无裂痕、无严重锈蚀等。计数检验具有较强的适应性，既适用客观量，也适用主观量，交通工程设施的标准一般都是主客观综合标准，用计数型抽样检验具有更好的操作性。

(15) 合格判定数(接收数)(Acceptance Number)，符号 A_c，作出批合格判断时样本中所允许的最大不合格品数或不合格数。

(16) 不合格判定数(拒收数)(Rejection Number)，符号 R_e，作出批不合格判断时样本中所不允许的最小不合格品数或不合格数。

注：一般来说，对于一次抽样方案，$R_e = A_c + 1$。例如，合格判定数为1，即允许有一个不合格，则不合格判定数为2，即不允许有2个不合格。

(17) 判定数组(Estimating Array)，合格判定数和不合格判定数或者合格判定数系列和不合格判定数系列结合在一起，称为判定数组。

(18) 抽样方案(Sampling Plan)，所使用的样本量和有关批接受准则的组合称为抽样方案。

注：根据批量大小、接收质量限、检验严格程度等因素决定出样本大小和判定数组，有了这两个参数就可以对给定的批进行抽样和判定。

(19) 抽样程序(Sampling Procedure)，使用抽样方案判断批接收与否的过程。

(20) 一次抽样方案(Single Sampling Plan)，由样本大小 n 和判定数组(A_c、R_e)结合在一起组成的抽样方案。

(21) 正常检验(Normal Inspection)，当过程平均优于接受质量限时抽样方案的一种使用方法。此时抽样方案具有为保证生产方以高概率接收而设计的接收准则。

(22) 检验水平(Inspection Level)，符号 IL，提交检验批的批量与样本大小之间的等级对应关系称为检验水平，有时也称监督水平。

(23) 样本大小字码(Code of Sample Size)，根据提交检验批的批量与检验水平确定的样本大小字母代码。

(24) 批合格概率(Probability of Acceptance)，符号 P_a，对一个过程平均质量水平(不合格品百分数或每百单位产品不合格数)已知的批，按给定抽样方案判该批为合格批的可能性大小，称为批合格概率，有时也称批接收概率。

(25)孤立批(Lot in Isolation),脱离已生产或汇集的批系列,不属于当前检验批系列的批。一般来说,在生产线上的连续批,批与批之间的质量水平是可相互参照的,孤立批一般是指批的质量信息缺失,无上下批的质量信息可供参考,供需双方都无可靠的证据说清楚批的质量水平是多少。

(26)极限质量(Limiting Quality),符号LQ,对于孤立批,为进行抽样检验,限制在某一低的接收概率的过程平均质量水平。

注:实际上,极限质量也是一种不合格品率。

(27)监督质量水平(Audit Quality Level),符号D_0(或p_0),监督总体中允许的不合格品数或不合格品率的上限值。当监督总体量较小时用不合格品数表征监督质量水平,用符号D_0表示;当监督总体量较大时用不合格品率表征监督质量水平,用符号p_0表示。

(28)监督检验等级(Audit Inspection Level),监督抽样检验中样本量与检验功效之间的对应关系,称为监督检验等级。

注:监督检验等级代表了监督检验的严格程度,分第一监督检验等级和第二监督检验等级。样本量越大,检验的功效越高。对于涉及人身安全的产品,监督抽样检验时,应选用功效高的监督检验等级。

(29)错判风险(Type I Error Probability),符号α,将实际上符合规定质量要求的监督总体判为不可通过的概率。

(30)特殊样本数(Special Sample Size),指对破坏性或检测时间较长的检验项目而规定的样本大小。

注:特殊样本一般从按抽样方案已经抽出的样本中再次随机抽取。

(31)特殊合格判定数(Special Acceptance Number),符号A_s,特指重要的质量特性和特殊样本规定的质量特性的合格判定数。

(32)试样(A Portion of Sample),指为了满足检验要求,从样品上(中)裁下或取出的样块或部分样品。

第二节 交通工程设施抽样检验技术

一、抽样检验的一般规定

1. 抽样原则

抽样时应遵循科学、经济的原则。抽出的样本质量特性应能代表检验批的质量。通过对样本的检验作出检验批是否可以被接收的结论,使错判和漏判的概率都达到最小。用最少的费用、时间和人力作出科学的判定,具有可操作性。

2. 抽样检验的分类

按照检验目的和检验实施主体将公路交通安全设施抽样检验分为工厂验收检验(简称工厂验收)、工地抽查验收检验(简称工地抽验)、国家或行业组织的监督抽查检验(简称监督抽查)三种。

工厂验收一般由订货方在产品生产地组织实施，工地抽验一般由监理方在产品到达工地后、安装前组织实施，监督抽查由国家或交通建设主管部门组织有资质的质量监督检测机构在产品生产工厂、流通领域、工地安装现场以及安装后的工程上进行。

3. 三种检验的相互关系

工厂验收在供货方检验合格的批中抽样，工地抽验在工厂验收合格的批中抽样，监督抽查可在任何时间、地点对产品进行抽样。

4. 检验中缺陷（不合格）的分类与处置

(1) 公路交通安全设施有缺陷的产品可分为 A、B、C 三类。

A 类：主要质量特性不符合产品技术标准要求。

B 类：外观有较明显缺陷，其他质量特性符合产品技术标准的要求。

C 类：外观有轻微缺陷，其他质量特性符合产品技术标准的要求。

(2) 对于从不合格批中剔出来的有缺陷的产品的处置

对于 A 类缺陷品，应无条件拒收。

对于 B 类缺陷品，经订货方同意后，可以修复的应予以降价、降级使用。

对于 C 类缺陷品，经订货方同意后，可以修复的一般予以接收。

注：产品标准或合同中允许的缺陷不在上述三类缺陷之内。

(3) 不合格批的处置。在工厂验收时出现不合格批，应予拒收。经订货方同意，供货方可以对该不合格批进行 100% 的检验，剔除所有缺陷品后重新组批提交检验。

在工地抽验时出现不合格批，供货方需对不合格批进行 100% 检验，剔除所有缺陷品后方可使用。考虑经济和工期等因素，经业主和监理工程师同意，对剔除的 B 类和 C 类缺陷品应修复后降级使用，对 A 类缺陷品不得使用，并应当场销毁。

在监督抽查中没有通过的批，由监督部门按照国家监督抽查有关规定处置。

5. 抽样标准的选用

(1) 在工厂验收时，采用《计数抽样检验程序 第 1 部分：按接收质量限（AQL）检索的逐批检验抽样计划》（GB/T 2828.1—2012），并规定采用检验水平Ⅱ。

(2) 在工地抽验时，采用《计数抽样检验程序 第 1 部分：按接收质量限（AQL）检索的逐批检验抽样计划》（GB/T 2828.1—2012），并规定采用检验水平Ⅰ。

(3) 在验收检验中，当供货方不能提供批的质量信息时，应作孤立批处理，按《计数抽样检验程序 第 2 部分：按极限质量（LQ）检索的孤立批检验抽样方案》（GB/T 2828.2—2008）的规定执行。

(4) 对路面标线涂料和玻璃珠等散粒料或液体进行检验时，按《色漆、清漆和色漆与清漆用原材料 取样》（GB/T 3186—2006）的规定执行。

(5) 监督抽查时，批量不大于 250 时，用《计数抽样检验程序 第 11 部分：小总体声称质量水平的评定程序》（GB/T 2828.11—2008）；当批量大于 250 时，用《计数抽样检验程序 第 4 部分：声称质量水平的评定程序》（GB/T 2828.4—2008）。

6. 组批原则

通常每个检验批应由同型号、同等级、同种类(尺寸、特性、成分等),且生产工艺、条件和时间基本相同的单位产品组成。批量的大小与施工标段、施工企业及供货单位有关,划分批量应充分考虑上述因素,不同供货单位的产品不能组成同一个批次。

7. 质量特性(检验项目)

质量特性应与产品技术标准一致,行业标准《公路交通安全设施质量检验抽样方法》(JT/T 495—2014)涉及的公路交通安全设施质量特性应不少于附录A规定的项目,使用方可以附加其他技术要求和特殊样本数。对于其他公路交通安全设施和机电产品,使用方或(和)供方可参照相关标准制定检验项目和规定特殊样本数后按该标准进行抽样检验。

二、验收型抽样检验技术

在工程实践工作中,交通工程检测工作者遇到最多的是验收型检验。业主或施工企业订货,交给生产企业组织生产后,是否允许这批货物出厂,需要验收检验;当货物运抵工地后,是否允许这批产品安装,也需要验收检验。因此,验收检验是最常用的一种抽样检验方法。按照交通行业标准,验收型检验使用《计数抽样检验程序 第1部分:按接收质量限(AQL)检索的逐批检验抽样计划》(GB/T 2828.1—2012)或《计数抽样检验程序 第2部分:按极限质量(LQ)检索的孤立批检验抽样方案》(GB/T 2828.2—2008)。

1. 采用《计数抽样检验程序 第1部分:按接收质量限(AQL)检索的逐批检验抽样计划》(GB/T 2828.1—2012)抽样检验程序

1)一般程序

一般程序包括以下方面:①确定单位产品的质量特性;②确定接收质量限;③确定检验水平;④规定检验严格程度;⑤按组批原则组成批并提交;⑥确定抽样方案;⑦抽取样本;⑧检验样本;⑨判断批质量是否合格;⑩批检验后的处置。

2)实施细则

(1)确定接收质量限AQL(指百单位产品的不合格品数)≤4.0。

(2)确定检验水平:工厂验收时采用一般检验水平Ⅱ,工地抽验时采用一般检验水平Ⅰ。

(3)确定抽样方案类型:按一次抽样方案。

(4)规定检验严格程度:依据产品质量情况和批次大小,将严格程度分为正常检验、加严检验、放宽检验三个等级。三个转移规则转换的具体要求如下:

①一般规定:当批次不大于10时采用正常检验;当批次大于10时,可以使用转移规则,根据批检验结果采用放宽检验或加严检验。

②从正常检验转移到放宽检验的条件:正常检验条件下,连续10个批质量都合格接收,从第11个批次开始转入放宽检验。

③从放宽检验转移到正常检验的条件:在放宽检验条件下,出现不合格批被拒收,从下一个批次开始转入正常检验。

④从正常检验转移到加严检验的条件:正常检验条件下,出现连续五个批质量都不合格被

拒收,从下一个批次开始转入加严检验。

⑤从加严检验转移到正常检验的条件:加严检验条件下,连续五个批质量都合格接收,从下一个批次开始转入正常检验。

(5)获得样本数与合格判定数组

特殊样本数和特殊合格判定数按《公路交通安全设施质量检验抽样方法》(JT/T 495—2014)附录A的规定执行,其他检验项目根据批量、检验水平、检验严格程度、接收质量限和其他相关信息,查《计数抽样检验程序 第1部分:按接收质量限(AQL)检索的逐批检验抽样计划》(GB/T 2828.1—2012)的有关表格,得到样本数及合格判定数组。

工程实践中,交通工程产品的批次一般较小,用到转移规则的机会较少,本教材只列出正常检验等级的常用数据如表1-4-1所示。

一次抽样、正常检验时的样本数及判定数组表　　　　表1-4-1

批 量	AQL=4.0,一般检验水平Ⅰ			AQL=4.0,一般检验水平Ⅱ		
	样本量码	样本数	判定数组$[A_c, R_e]$	样本量码	样本数	判定数组$[A_c, R_e]$
2~8	A	2	[0,1]	A	2	[0,1]
9~15	A	2	[0,1]	B	3	[0,1]
16~25	B	3	[0,1]	C	5	[0,1]
26~50	C	5	[0,1]	D	8	[1,2]
51~90	C	5	[0,1]	E	13	[1,2]
91~150	D	8	[1,2]	F	20	[2,3]
151~280	E	13	[1,2]	G	32	[3,4]
281~500	F	20	[2,3]	H	50	[5,6]
501~1200	G	32	[3,4]	J	80	[7,8]
1201~3200	H	50	[5,6]	K	125	[10,11]
3201~10000	J	80	[7,8]	L	200	[14,15]
10001~35000	K	125	[10,11]	M	315	[21,22]
35001~150000	L	200	[14,15]	N	500	[21,22]

(6)抽取样本。用《随机数的产生及其在产品质量抽样检验中的应用程序》(GB/T 10111—2008)规定的方法在待检批中进行简单随机抽样,也可视情况采用其他随机抽样方法。

(7)检验样本。对抽出的样本按《公路交通安全设施质量检验抽样方法》(JT/T 495—2014)附录A规定的检验项目,按相应产品技术标准中的检验方法及样品是否合格的判别准则,逐一检验样本中每一个样品,统计出被检样本中的不合格品数A。

(8)判断受检批是否合格。当检验样本中的不合格品数$A \leq A_c$,并且相关不合格数不大于《公路交通安全设施质量检验抽样方法》(JT/T 495—2014)附录A中特殊合格判定数A_s时,则判该批为合格批;否则,为不合格批。

2. 采用《计数抽样检验程序　第2部分:按极限质量(LQ)检索的孤立批检验抽样方案》(GB/T 2828.2—2008)抽样检验程序

对于孤立批的验收检验按下列程序进行。

1) 一般程序

一般程序包括以下方面:①确定单位产品的质量特性;②确定极限质量水平;③确定检验模式;④按组批原则组成批并提交;⑤确定抽样方案;⑥抽取样本;⑦检验样本;⑧判断批质量是否合格;⑨批检验后的处置。

2) 实施细则

(1) 规定极限质量水平 LQ:工厂验收时,LQ=2;工地抽验时,LQ=3.15。

(2) 确定检验模式:采用模式 A。

(3) 选择抽样方案:一次抽样方案。

(4) 获得样本数 n 和合格判定数 A_c。

当 LQ=2 时,按表1-4-2 规定选取。

孤立批 LQ=2 时的抽样方案表　　　　　表1-4-2

批量 N	样本数 n	合格判定数 A_c
2~50	N	0
51~90	50	0
91~150	80	0
151~280	95	0
281~500	105	0
501~1200	125	0
1201~3200	200	1
3201~10000	200	1
10001~35000	315	3
35001~150000	500	5

注:$n=N$ 表示全部检验。

当 LQ=3.15 时,按表1-4-3 规定取。

孤立批 LQ=3.15 时的抽样方案表　　　　　表1-4-3

批量 N	样本数 n	合格判定数 A_c
2~50	N	0
51~90	44	0
91~150	55	0
151~280	65	0
281~500	80	0
501~1200	125	1
1201~3200	125	1
3201~10000	200	3
10001~35000	315	5
35001~150000	500	20

注:$n=N$ 表示全部检验。

(5)抽取样本。用《随机数的产生及其在产品质量抽样检验中的应用程序》(GB/T 10111—2008)规定的方法在待检批中进行简单随机抽样,也可视情况采用其他随机抽样方法。

(6)检验样本。对抽出的样本按《公路交通安全设施质量检验抽样方法》(JT/T 495—2014)附录 A 规定的检验项目,按相应产品技术标准中的检验方法及样品是否合格的判别准则,逐一检验样本中每一个样品,统计出被检样本中的不合格品数 A。

(7)判断受检批是否合格。当不合格品数 $A \leq A_c$,并且相关不合格数不大于《公路交通安全设施质量检验抽样方法》(JT/T 495—2014)附录 A 中特殊合格判定数 A_s 时,则判该孤立批为合格批;否则,为不合格批。

三、监督型抽样检验技术

监督型抽样检验一般应用于政府主管部门组织实施的监督抽查,例如交通运输部组织的交通产品行业监督抽查,各省交通运输主管部门组织的行政区内的监督抽查等,检测机构一般是监督抽查的执行者,而不是组织者。

根据监督批的大小,监督型抽样检验分为小总体抽样程序和大总体抽样程序,小总体抽样程序适用于批量小于或等于 250 的监督批,大总体抽样程序适用于大于 250 的监督批。

1. 小总体监督抽样程序(监督批小于或等于 250)

1)监督抽查的一般程序

一般程序包括以下几个方面:①确定监督总体;②确定单位产品的质量特性;③确定监督质量水平;④确定监督检验水平;⑤确定抽样方案;⑥抽取样本;⑦检验样本;⑧判断监督总体是否合格;⑨监督检验后的处置。

2)实施细则

(1)确定监督总体

根据监督的需要确定监督总体,监督总体数量不大于 250,当大于 250 时应采用《计数抽样检验程序 第 4 部分:声称质量水平的评定程序》(GB/T 2828.4—2008),不得将监督总体划分为小于 250 的若干批。监督总体中的产品可以是同厂家、同型号、同一生产周期生产的产品,也可是不同厂家、不同生产周期生产的同类产品。

(2)选择监督质量水平 DQL

工厂监督抽查时 DQL = 2,即用监督总体中的不合格品数是否超过了两个的抽样方案。

工地监督抽查时 DQL = 4,即用监督总体中的不合格品数是否超过了四个的抽样方案。

当按上述监督质量水平检索抽样方案,抽出的样本数小于 10 时,标准《公路交通安全设施质量检验抽样方法》(JT/T 495—2014)规定 DQL = 0,即无论是在工厂还是工地监督抽查都采用(n,0)抽样方案。

(3)确定监督检验水平

当样本数小于 10 时,选用第 O 检验水平,即不合格限定数 $L = 0$。

当样本数大于或等于 10 时,选用第 I 检验水平,即不合格限定数 $L = 1$。

(4)获得样本数

特殊样本数和特殊合格判定数按《公路交通安全设施质量检验抽样方法》(JT/T 495—

2014)附录 A 的规定执行,其他性能指标的样本数根据批量大小和监督质量水平 DQL 查表 1-4-4 得出样本数 n。

小监督总体抽样样本数表　　　　　　　　表 1-4-4

批量 N		3~10	15	20	25	30	35	40	45	50	60	70	80
样本数 n	DQL = 2	3	4	5	6	7	8	9	10	11	14	16	18
	DQL = 4	3	3	3	3	3	4	4	5	5	6	7	8
批量 N		90	100	110	120	130	140	150	170	190	210	230	250
样本数 n	D_{QL} = 2	19	21	25	25	30	30	35	35	40	45	50	60
	D_{QL} = 4	9	10	11	12	13	14	15	17	19	20	25	25

(5)抽取样本:用《随机数的产生及其在产品抽样检验中的应用程序》(GB/T 10111—2008)规定的方法在整个监督总体中进行简单随机抽样,也可视情况采用其他随机抽样方法。

(6)检验样本:对《公路交通安全设施质量检验抽样方法》(JT/T 495—2014)附录 A 规定的检验项目,按相关的产品技术标准中规定的检验方法及样品是否合格的判别准则,逐一检验样本中的每一个样品,统计出被检样本中的不合格品数 A。

(7)当不合格品数 A 不大于 L,并且相关不合格数不大于《公路交通安全设施质量检验抽样方法》(JT/T 495—2014)附录 A 中特殊合格判定数 A_s 时,则判该监督总体为监督抽查合格,当 $A > L$ 时则判该监督总体为监督抽查不合格。

2. 大总体监督抽样程序(监督批大于 250)

1)监督抽查的一般程序

一般程序包括以下方面:①确定监督总体;②确定单位产品的质量特性;③确定监督质量水平,即监督批中允许的不合格品数;④确定错判风险;⑤确定抽样方案;⑥抽取样本;⑦检验样本;⑧判断监督总体是否通过;⑨监督检验后的处置。

2)实施细则

(1)确定监督总体

根据监督的需要确定监督总体,一般总体量应大于 250,但对于波形梁等大件产品不大于 1000,对于螺栓、突起路标等小件产品不大于 10000,当超过时,宜将监督总体划分为多个监督批。样本应在监督总体中随机抽取,且总体量与样本量之比大于 10。

(2)选择监督质量水平 DQL

在工厂监督抽查时 DQL = 2.5%;在工地监督抽查时 DQL = 4.0%。

(3)规定错判风险 α

标准取 α 为 0.05。

(4)获得监督抽样方案

监督抽样方案由样本数 n 和不合格限定数 L 组成,用 (n, L) 表示。n 和 L 取值见表 1-4-5。

(5)抽取样本用《随机数的产生及其在产品抽样检验中的应用程序》(GB/T 10111—2008)规定的方法在整个监督总体中进行简单随机抽样,也可视情况采用其他随机抽样方法。

大监督总体抽样方案表　　　　　　　　　表1-4-5

DQL(%)	对于钢护栏板等大件产品		对于螺栓等小件产品	
	2.5	4.0	2.5	4.0
n	32	20	50	32
L	2	2	3	3

(6)检验样本对《公路交通安全设施检验抽样方法》(JT/T 495—2014)附录 A 规定的检验项目,按相关的产品技术标准中规定的检验方法及样品是否合格的判别准则,逐一检验样本中的每一个样品,统计出被检样本中的不合格品数 A。

(7)判断监督总体是否合格:当检验样本中的不合格品数 A 小于或等于不合格判定数 L,并且相关不合格数不大于《公路交通安全设施检验抽样方法》(JT/T 495—2014)附录 A 中特殊合格判定数 A_s 时,则判该监督总体合格;当 $A>L$ 时,则判该监督总体不合格。

第五章

数据处理与通用试验方法

第一节 数据处理基础

一、测量误差

1. 误差的定义

测量结果减去被测量的真值所得的差,称为测量误差,简称误差。测量误差也称测量的绝对误差,用公式可表示为:

$$误差 = 测量结果 - 真值$$
$$= (测量结果 - 总体均值) + (总体均值 - 真值)$$
$$= 随机误差 + 系统误差 \tag{1-5-1}$$

测量结果是由测量所得到的赋予被测量的值,是客观存在的量的试验表现,是对测量所得被测量之值的近似或估计,不仅与量的本身有关,还与测量程序、测量仪器、测量环境以及测量人员等有关。真值是量的定义的完整体现,是与给定的特定量的定义完全一致的值,是通过完美无缺的测量才能获得的。所以真值反映了人们力求接近的理想目标或客观真理,实际上是不能确定的。

2. 误差的分类

测量误差由随机误差和系统误差构成。

(1) 随机误差

在重复性条件下,对同一被测量进行无限次测量所得结果与其平均值之差称为随机误差。随机误差在测量过程中是不可避免的,由一些独立的、微小的、偶然的因素引起,影响量的变化,这种变化在时间上和空间上是不可预知的或随机的,会引起被测量重复观测值的变化,故也称之为"随机效应"。

随机误差的统计规律性,主要包括对称性、有界性和单峰性。对称性是指绝对值相等而符号相反的误差,出现的次数大致相等,也即测得值是以其算术平均值为中心而对称分布的。有界性是指测量值误差的绝对值不会超过一定的界限,也即不会出现绝对值很大的误差。单峰性是指绝对值小的误差比绝对值大的误差数量多,也即测得值以其算术平均值为中心而相对集中地分布。

（2）系统误差

在重复性条件下，对同一被测量进行无限多次测量所得结果的平均值与被测量的真值之差，称为系统误差。由于只能进行有限次的重复测量，真值也只能用约定真值代替，因此可能确定的系统误差也只能是估计值。系统误差大多来源于影响量，对测量结果的影响若已识别并可定量表述，则也称之为"系统效应"。

系统效应的大小若是显著的，可通过估计的修正值或修正因子予以补偿。

二、数据处理

1. 近似数的概念

人们日常生活中接触到的数，分为准确数和近似数。对于任何数，包括无限不循环小数和循环小数，截取一定位数后所得的即是近似数。根据误差公理，测量总是存在误差的，测量结果只能是一个接近于真值的估计值，其数字也是近似数。

任何一个数最末一位数字所对应的单位量值，称为该数的（末）。例如：用分度值为 1mm 的钢卷尺测量某物体的长度，测量结果为 15.6mm，最末一位的量值 0.6mm，即为最末一位数字 6 与其所对应的单位量值 0.1mm 的乘积，故 15.6mm 的（末）为 0.1mm。

在计量学中将绝对误差的绝对值称为模，当近似数的绝对误差的模小于 0.5 倍的该近似数的（末）时，从左边的第一个非零数字算起，直到最末一位数字为止的所有数字，为该近似数的有效数字。如：将无限不循环小数 $\pi = 3.14159\cdots$ 截取到百分位，可得到近似数 3.14，此时引起的绝对误差的模为：

$$|3.14 - 3.14159\cdots| = 0.00159\cdots$$

而近似数 3.14 的（末）为 0.01，$0.5 \times 0.01 = 0.005 > 0.00159$。

根据近似数的定义，3.14 有 3 位有效数字。

2. 近似数的加、减运算

如参与运算的数不超过 10 个，运算时以各数中（末）最后的数为准，其余的数均比它多保留一位，多余位数应舍去。计算结果的（末），应与参与运算的数中（末）最大的数相同。如计算结果需参与下一步运算，可多保留一位有效数字。

如：$18.3 + 1.4546 + 0.876 \approx 18.3 + 1.45 + 0.88 = 20.63 \approx 20.6$。

若参与下一步运算，结果取 20.63。

3. 近似数的乘、除（或乘方、开方）运算

在进行数的乘除运算时，以有效数字位数最少的数为准，其余数的有效数字均比该数多保留一位。运算结果（积或商）的有效数字位数，应与参与运算的有效数字最少的数相同。如计算结果参与下一步运算，则有效数字可多取一位。

如：$1.1 \times 0.3268 \times 0.10300 \Rightarrow 1.1 \times 0.327 \times 0.103 = 0.0370 \approx 0.037$ 若参与下一步运算，结果取 0.0370。

4. 数据修约

为了简化运算，准确表达测量结果，必须对有关数据进行修约。

数据修约是根据保留位数要求,对某一拟修约数多余位数的数字进行取舍,按照一定的规则,选取一个修约间隔整数倍的数值来代替该拟修约数。

修约间隔又称为修约区间或化整间隔,用于确定修约保留位数。修约间隔一般以 $k×10n$($k=1,2,5;n$ 为正、负间隔)的形式表示。同一 k 值的修约间隔简称为"k"间隔。修约间隔一经确定,修约数只能是修约间隔的整数倍。如指定修约间隔为0.1,修约数应为0.1的整数倍;指定修约间隔为 $2×10n$,修约数的末位应为2的整数倍,即0、2、4、6、8;指定修约间隔为 $5×10n$,修约数的末位应为5的整数倍,即0或5。

国家标准《数值修约规则与极限数值的表示和判定》(GB/T 8170—2008)中,对"1"、"2"、"5"间隔的修约方法做了规定,用以下方法也可进行直观判断。

在为修约间隔整数倍的一系列数中,最接近拟修约数者即为该修约数。如对1.150001按0.1修约间隔进行修约时,最接近1.150001的0.1的整数倍的数有1.1和1.2,1.2最接近1.150001,修约数即为1.2;对1.015修约至十分位的0.2个单位时,修约间隔为0.02,最接近1.015的0.02的整数倍的数有1.00和1.02,1.02最接近1.015,修约数即为1.02;同样,对1.2505按"5"间隔修约至十分位时,修约间隔为0.5,修约数在1.0和1.5中选择,应取1.5。

在为修约间隔整数倍的一系列数中,若有连续的两个数同等地接近拟修约数,则取修约间隔偶数倍的数为修约间隔。如对1150按100修约间隔进行修约,有两个连续的为100的整数倍的数 $1.1×10^3$ 和 $1.2×10^3$ 同等接近拟修约数1150,$1.1×10^3$ 为100的奇数倍(11倍),$1.2×10^3$ 为100的偶数倍(12倍),则取 $1.2×10^3$ 为修约数;对1.500按0.2修约间隔进行修约时,有两个连续的为0.2的整数倍的数1.4和1.6,1.4为0.2的奇数倍(7倍),1.6为0.2的偶数倍(8倍),则取1.6为修约数;同样,对1.2505按"5"间隔修约到3位有效数字时,修约间隔为0.05,修约数在1.00和1.05中选择,应取1.00(0.05的20倍)。

修约时应注意:应按照要求一次修约完成,不能连续修约。如对12.251按0.1修约间隔进行修约时,不应12.251→12.25→12.2,而应直接修约为12.3。

三、测量不确定度

1. 测量不确定度的概念

测量不确定度是指表征合理地赋予被测量之值的分散性、与测量结果相联系的参数。

为表征其分散性,以标准差表示的测量不确定度,称标准不确定度 u。当对同一被测量作 n 次测量,表征测量结果分散性的量试为试验标准差 $s(x)$,按式(1-5-2)计算:

$$s(x)=\sqrt{\frac{\sum_{k=1}^{n}(x_k-\bar{x})^2}{n-1}} \quad \text{(贝塞尔公式)} \tag{1-5-2}$$

式中:x_k——第 k 次测量的结果;

$\bar{x}$——n 次测量结果的算术平均值。

通常以独立观测列的算术平均值作为测量结果,测量结果的标准不确定度为:

$$s(\bar{x})=\frac{s(x_k)}{\sqrt{n}}=u(\bar{x}) \tag{1-5-3}$$

当测量结果是由若干个其他量的值求得时,按其他各量的方差和协方差算得的标准不确定度,为合成标准不确定度。

确定测量结果区间的量,合理赋予被测量之值分布的大部分可望含于此区间时,称此为扩展不确定度。为求得扩展不确定度,对合成标准不确定度所乘之数为包含因子 k(一般取 $2\sim3$)。

测量不确定度可能来源于人、机、料、法、环、测、抽、样等方面,具体如下:

(1)被测量的定义不完整或不完善,数学模型的近似和假设。

(2)测量方法不理想。

(3)取样的代表性不够。

(4)环境影响。

(5)读数误差的影响。

(6)仪器设备的分辨率或鉴别力不够。

(7)测量标准或标准物质的不确定度。

(8)引用数据或参数的不确定度。

(9)重复测量时被测量的变化。

2. 随机变量及其分布

在相同条件下重复进行多次试验,所观测到的结果具有很大的不确定性,称为随机试验。生活中典型的随机试验有:抛硬币、掷骰子、打靶。

将随机试验的结果量化,即为随机变量。随机变量分离散型和连续型。随机变量是用来表示随机现象结果的,单个的随机变量无规律可循,大量的随机变量是有规律的,即统计规律。

随机变量的统计规律可利用分布函数或分布密度函数表示。进行测量不确定度评定时常见的几种分布有正态分布、均匀分布、t 分布等。

正态分布函数最为常用,公式为:

$$f(x) = \frac{1}{\sqrt{2\pi}\sigma} e^{-\frac{(x-\mu)^2}{2\sigma^2}} \quad (\sigma>0, -\infty<\mu<+\infty) \tag{1-5-4}$$

以下测量结果可以认为近似服从正态分布:

(1)无限多次独立重复测量的结果。

(2)有限次独立重复测量的算术平均值。

(3)由很多相互独立大小相近的分量合成的量。

标准偏差是分布函数曲线横坐标的某个特定位置(随机变量的某个特征值),反映分布曲线起决定作用部分的宽度,反映随机变量的分散性。标准偏差越小,分布曲线越陡峭,随机变量的分散性越小;标准偏差越大,分布曲线越平缓,随机变量的分散性越大。

①随机变量 x 在 $-s$ 到 s 区间出现的概率:

$$\frac{\int_{-s}^{s} p(x)\mathrm{d}x}{\int_{-\infty}^{+\infty} p(x)\mathrm{d}x} = 68.27\% \tag{1-5-5}$$

②随机变量 x 在 $-2s$ 到 $2s$ 区间出现的概率:

$$\frac{\int_{-2s}^{2s} p(x)\mathrm{d}x}{\int_{-\infty}^{\infty} p(x)\mathrm{d}x} = 95.45\% \tag{1-5-6}$$

③随机变量 x 在 $-3s$ 到 $3s$ 区间出现的概率：

$$\frac{\int_{-3s}^{3s} p(x)\mathrm{d}x}{\int_{-\infty}^{\infty} p(x)\mathrm{d}x} = 99.73\% \tag{1-5-7}$$

3. 测量不确定度的评定方法

测量不确定度评定是将测量结果或测量误差作为随机变量，研究分析其统计规律，并计算其范围的一项活动。

不确定度评定分为标准不确定度的 A 类评定和 B 类评定。

A 类评定是用对观测列进行统计分析的方法来评定标准不确定度。A 类标准不确定度的评定方法有多种，如贝塞尔法、最大极差法、彼得斯法、最人误差法、极差法等，常用贝塞尔法，即使用贝塞尔公式计算试验标准差。

B 类评定是用不同于对观测列进行统计分析的方法来评定标准不确定度，即使用以前的测量数据、有关材料及特点性能的经验、制造说明书、校准/检定等证书提供的数据进行评定。

A 类评定和 B 类评定都是求标准不确定度。A 类评定是通过观测列数据求得标准偏差，继而算出标准不确定度；B 类评定则是先估计被评定的量的变化范围（$\pm a$），再按变量可能的分布情况反算标准偏差（即标准不确定度）。

测量不确定度的评定步骤如下：
（1）产生测量不确定度的原因分析和测量模型化。
（2）标准不确定度分量的逐项评定（A 类评定或 B 类评定）。
（3）计算合成标准不确定度。
（4）计算扩展不确定度。
（5）不确定度报告。

第二节 通用试验方法

在交通安全设施和机电设施检测工作中，有一些试验方法是两个科目的检测人员所共同掌握的，这些方法有低温试验、高温试验、恒温湿热试验、中性盐雾试验、耐候性试验等。这些都属环境试验的内容，环境试验的目的是通过模拟真实的环境条件或再现环境条件的影响，在一定程度上证明样品在特定条件下其性能保持完好或工作正常。

一般环境试验有几个共同点：一是设备要求，即试验采用什么样的设备，一般设备都有设备的产品标准，试验中常说"要采用符合某某标准的设备"；二是严酷等级，即试验的强度，例如在 $-40\,^\circ\!\mathrm{C}$ 条件下，连续试验 48h；三是试验程序或方法，先做什么，后做什么，或者是如何放置试样等，试验过程一般经过：预处理、初始检测、条件试验、恢复、最后检测 5 步。不同的设施对严酷等级(持续时间)是变化的,试验设备和方法步骤是一样的。

一、低温试验

1. 低温对产品的影响

低温对产品产生的影响有脆化、结冰、黏度增大和固化、物理性收缩、机械强度降低等。导致的后果是绝缘损坏,开裂,机械故障,由于收缩、机械强度降低以及润滑性能的减弱增大了运动磨损,密封和密封片失效损坏。

2. 低温试验设备与方法

低温试验使用的设备应符合《低温试验箱技术条件》(GB 10589—2008)或《高、低温试验箱技术条件》(GB 10592—2008)的要求。

低温试验方法一般采用《电工电子产品环境试验　第2部分:试验方法　试验A:低温》(GB/T 2423.1—2008)。该试验用来确定样品在低温环境下使用、运输及储存的能力。

3. 低温试验的种类

国家标准《电工电子产品环境试验　第2部分:试验方法　试验A:低温》(GB/T 2423.1—2008)涉及的低温试验适用于非散热和散热两类试验样品,而且仅限于用来考核或确定电工电子产品在低温环境条件下储存和(或)使用的适应性。交通安全设施产品的低温试验例如反光膜的温度试验可以按非散热样品参照使用。

国家标准《电工电子产品环境试验　第2部分:试验方法　试验A:低温》(GB/T 2423.1—2008)规定的低温试验方法分为以下三类。

(1)非散热试验样品低温试验:试验Ab,温度渐变。

(2)散热试验样品低温试验:试验Ad,温度渐变。

(3)散热试验样品低温试验:试验Ae,温度渐变,在试验过程中样品通电。

试验样品温度达到稳定后,在自由空气条件下(例如低气流速度循环)测量的试验样品表面上最热点的温度超过试验样品周围空气温度5K以上,认为样品是散热的。一般散热试验采用低气流速度循环试验箱,防止试样因试验损坏;非散热试验采用低气流速度循环试验箱,以缩短试验时间。

实际上,2008版的低温试验方法规定的这三种试验方法是近似的,要求基本一致,无实质性差异,大大方便了实际检测工作。

4. 低温试验的严酷等级

在《电工电子产品环境试验　第2部分:试验方法　试验A:低温》(GB/T 2423.1—2008)中规定的低温严酷等级如表1-5-1所示。

低温试验严酷等级　　　　表1-5-1

温度(℃)	持续时间(h)
-65,-55,-50,-40,-33,-25,-20,-10,-5,+5	2,16,72,96

对于在交通行业中使用的机电产品,温度按照产品使用环境选用了-5℃、-20℃、-40℃、-55℃四个等级,持续时间视产品应用情况分为8h和16h。试验种类一般选用渐变试验,即将样品从室温放入试验箱,关闭箱门,开启试验,直到规定的试验温度。

5. 试验注意事项

(1)试验箱空间应足够大,样品周围六个方向距离试验箱内壁不小于200mm。

(2)样品的放置应与实际安装(放)方向一致。

(3)试验箱密封性能要好,能确保在试验过程中不会出现结霜结冰的现象,而且试验过程中试验箱内壁各部分温度和规定试验温度之差不应超过3%。

(4)试验箱内试验开始时温度从室温降到试验温度,以及试验周期结束后温度从试验温度升高到室温的过程中,温度变化速率不大于1℃/min。

(5)试验箱要留出足够多的观察窗和走线孔,保证在试验过程中能够观察样品,并进行功能验证,观察窗上不能结霜结冰。

(6)低温试验需开启压缩机,试验过程中应注意压缩机的声音是否异常。

(7)注意低温,防止冻伤。

二、高温试验

1. 高温对产品的影响

高温对产品产生的影响有热老化(包括氧化、开裂、化学反应)、软化、融化和升华、黏度降低、蒸发、膨胀等。导致的后果是绝缘损坏,机械故障,机械应力增加,由于膨胀丧失润滑性能或运动部件磨损增大。

2. 高温试验设备与方法

高温试验使用的设备应符合国家标准《高温试验箱技术条件》(GB/T 11158—2008)或《高、低温试验箱技术条件》(GB/T 10592—2008)的要求。

高温试验方法一般采用《电工电子产品环境试验 第2部分:试验方法 试验B:高温》(GB/T 2423.2—2008)。

3. 高温试验的种类

国家标准《电工电子产品环境试验 第2部分:试验方法 试验B:高温》(GB/T 2423.2—2008)规定的高温试验方法分为以下四类。

(1)非散热试验样品高温试验:试验Bb,温度渐变。

(2)散热试验样品高温试验:试验Bd,温度渐变,非通电试验。

(3)散热试验样品高温试验:试验Be,温度渐变,通电试验。

4. 高温试验的严酷等级

在《电工电子产品环境试验 第2部分:试验方法 试验B:高温》(GB/T 2423.2—2008)中规定的高温严酷等级如表1-5-2所示。

高温试验严酷等级 表1-5-2

温度(℃)	持续时间(h)
30,35,40,45,50,55,60,65,70,85,100,125,155,175,200,250,315,400,500,630,800,1000	2,16,72,96,168,240,336,1000

对于在交通行业中使用的机电产品,温度按照产品使用环境选用了45℃、50℃、55℃、85℃四个等级,持续时间视产品应用情况分为8h和16h。试验种类一般选用渐变试验,即将样品从室温放入试验箱,关闭箱门,开启试验,直到规定的试验温度。

5. 试验注意事项

(1)试验箱空间应足够大,样品周围六个方向距离试验箱内壁不小于200mm。

(2)样品的放置应与实际安装(放)方向一致。

(3)试验箱密封性能要好,温度均匀,能确保在试验过程中不会出现结雾结水的现象,而且试验过程中试验箱内壁各部分温度和规定试验温度之差不应超过3%。

(4)试验箱内试验温度低于35℃时,相对湿度不应超过50%RH。

(5)试验箱内试验开始时温度从室温升高到试验温度,以及试验周期结束后温度从试验温度降低到室温的过程中,温度变化速率在5min内平均不能超过1℃/min;恢复时间至少1h。

(6)试验箱要留出足够多的观察窗和走线孔,保证在试验过程中能够观察样品,并进行功能验证,观察窗上不能结雾结水。

(7)高温试验注意防止烫伤或空气灼伤。

三、恒温湿热试验

1. 湿度对产品的影响

湿度分为高湿和低湿,高湿即常说的潮湿,低湿是指干燥,高湿和低湿对产品都会产生不利影响,导致产品功能或技能失效。

高湿对产品产生的影响有潮气吸收或吸附、膨胀、机械强度降低、化学反应、腐蚀、电蚀、绝缘体的导电率增加等。导致的后果是绝缘损坏,物理性能降低,机械故障。

低湿对产品产生的影响有干燥、收缩、脆化、动触点摩擦增大、机械强度减低。导致的后果是开裂、机械故障。

相对来说高湿的危害要比低湿大一些,所以,一般产品标准中都规定高温湿热试验,一般采用恒温湿热。

2. 恒温湿热试验设备与方法

恒温湿热试验使用的设备应符合《湿热试验箱技术条件》(GB/T 10586—2006)的要求。

试验方法一般采用《环境试验 第2部分:试验方法 试验Cab:恒定湿热试验》(GB/T 2423.3—2016)。

国家标准《环境试验 第2部分:试验方法 试验Cab:恒定湿热试验》(GB/T 2423.3—2016)适用于非散热和散热两类试验样品,而且仅限于用来考核或确定电工电子产品在湿热环境条件下储存和(或)使用的适应性。交通安全设施产品的恒温湿热试验可以按非散热样品参照使用。

试验时,将无包装、不通电的样品,在"准备使用"状态下,放入试验箱内,样品和试验箱均处于标准大气环境条件下。

3. 恒温湿热试验的严酷等级

国家标准《环境试验 第2部分:试验方法 试验Cab:恒定湿热试验》(GB/T 2423.3—2016)规定了试验的严酷等级,由试验持续时间、温度、相对湿度共同决定。表1-5-3为标准规定的试验的温度和相对湿度的组合选项。

试验的温度、相对湿度表　　　　　表1-5-3

| (30±2)℃ | (93±3)%RH | (40±2)℃ | (93±3)%RH |
| (30±2)℃ | (85±3)%RH | (40±2)℃ | (85±3)%RH |

国家标准《环境试验 第2部分:试验方法 试验Cab:恒定湿热试验》(GB/T 2423.3—2016)推荐的持续时间为:12h、16h、24h和2d、4d、10d、21d或56d。

对于在交通行业中使用的机电产品,按照产品使用环境选用了40℃/93%、40℃/95%、40℃/98%三个等级,持续时间为48h。试验一般选用渐变试验,即将样品从室温放入试验箱,关闭箱门,开启试验,直到规定的严酷等级。

4. 试验注意事项

(1)试验箱空间应足够大,其中散热样品在试验时的试验箱的容积至少为散热样品体积的五倍。样品周围六个方向距离试验箱内壁不小于200mm。

(2)样品的放置应与实际安装(放)方向一致。

(3)试验箱密封性能要好,凝结水应连续排出试验箱外;试验箱内壁和顶部的凝结水不应滴落到试验样品上;而且试验过程中试验箱内壁各部分温度和规定试验温度之差不应超过8%;试验样品应远离喷雾系统。

(4)试验箱内试验开始时温度从室温升高到试验温度,以及试验周期结束后温度从试验温度降低到室温的过程中,温度变化速率不大于1℃/min,达到温度稳定的平均时间不超过5min,而且这一过程中不应产生凝露现象。

(5)试验箱要留出足够多的观察窗和走线孔,保证在试验过程中能够观察样品,并进行功能验证。

四、中性盐雾试验

1. 盐雾试验的基本概念

盐雾腐蚀是一种常见和最有破坏性的大气腐蚀。这里讲的盐雾是指氯化物的大气,它的主要腐蚀成分是海洋中的氯化物盐——氯化钠,它主要来源于海洋和内地盐碱地区。盐雾对金属材料表面的腐蚀是由于含有的氯离子穿透金属表面的氧化层和防护层,与内部金属发生电化学反应引起的。同时,氯离子含有一定的水合能,易被吸附在金属表面的孔隙、裂缝中,排挤并取代氯化层中的氧,把不溶性的氧化物变成可溶性的氯化物,使钝化态表面变成活泼表面,进一步加快了金属产品的腐蚀速度。

盐雾试验是一种利用盐雾试验设备所创造的人工模拟盐雾环境条件来考核产品或金属材料耐腐蚀性能的环境试验方法。

2. 盐雾试验的种类

盐雾试验分为一般盐雾试验和循环盐雾试验(也称交变盐雾试验),一般盐雾试验分为中性盐雾试验、醋酸盐雾试验、铜盐加速醋酸盐雾试验。

(1)中性盐雾试验(NSS 试验)是出现最早、目前应用领域最广的一种加速腐蚀试验方法。它采用5%的氯化钠盐水溶液,溶液 pH 值调在中性范围(6.5~7.2)作为喷雾用的溶液。试验温度均取35℃,要求1h 的盐雾沉降率在 1~2mL/80cm^2。

(2)醋酸盐雾试验(ASS 试验)是在中性盐雾试验的基础上发展起来的。它是在5%氯化钠溶液中加入一些冰醋酸,使溶液的 pH 值降为3.1~3.3,溶液变成酸性,最后形成的盐雾也由中性盐雾变成酸性。它的腐蚀速度要比 NSS 试验快3倍左右。

(3)铜盐加速醋酸盐雾试验(CASS 试验)是国外新近发展起来的一种快速盐雾腐蚀试验,试验温度为50℃,盐溶液中加入少量铜盐—氯化铜,强烈诱发腐蚀。它的腐蚀速度大约是 NSS 试验的8倍。

(4)循环盐雾试验是一种综合盐雾试验,它实际上是中性盐雾试验加恒定湿热试验。它主要用于空腔型的整机产品,通过潮态环境的渗透,使盐雾腐蚀不但在产品表面产生,也在产品内部产生。它是将产品在盐雾和湿热两种环境条件下交替转换,最后考核整机产品的电性能和机械性能有无变化。循环盐雾试验比一般盐雾试验更接近实际腐蚀情况,但是试验设备昂贵,试验周期也长,一般产品标准中都不采用。但是,发展趋势都倾向于循环盐雾试验。

3. 盐雾试验的评价方法

盐雾试验结果的评定方法有:评级判定法、称重判定法、腐蚀物出现判定法、腐蚀数据统计分析法四种。

4. 中性盐雾试验的标准

交通工程设施用中性盐雾试验采用的标准有两个,一个是《人造气氛腐蚀试验 盐雾试验》(GB/T 10125),另一个是《电工电子产品环境试验 第2部分:试验方法 试验 Ka:盐雾》(GB/T 2423.17),前者适用于交通安全设施和防腐涂层的试验,后者适用于电子产品。

5. 中性盐雾试验用设备

中性盐雾试验使用的设备应符合现行《盐雾试验箱技术条件》(GB 10587)的要求。

中性盐雾试验设备一般采用气流式喷雾,所以也叫"气流式盐雾试验箱"。盐雾腐蚀试验箱一般由:内胆、外壳、透明顶盖、加热系统、储液罐、喷雾系统、控制单元等构成,喷雾系统依次由气源、调压阀、油水分滤器、电磁阀、减压阀、饱和器、喷嘴等构成。

6. 中性盐雾试验步骤

1)准备试样

(1)试样的类型、数量、形状和尺寸,应根据被试材料或产品有关标准选择,若无标准,有关各方应协商决定。

(2)试验前试样必须清洗干净,清洗方法取决于试样材料性质,试样表面及其污物清洗不应采用可能侵蚀试样表面的磨料或溶剂。试验前不应洗去试样上有意涂覆的保护性有机膜。

(3)如果试样是从工件上切割下来的,不能损坏切割区附近的覆盖层,除另有规定外必须用适当的覆盖层如油漆、石蜡或胶带等对切割区进行保护。

2)配置溶液

(1)溶液初配

试验用溶液应采用氯化钠溶液,试验所用试剂采用化学纯或化学纯以上的试剂,在温度为 25℃±2℃时电导率不高于 20μS/cm 的蒸馏水或去离子水中溶解的氯化钠,配置成浓度为 50g/L±5g/L。所收集的喷雾液浓度应为 50g/L±5g/L。在 25℃时,配制的溶液密度在 1.029~1.036 范围内。

(2)调整 pH

根据收集的喷雾溶液的 pH 值调整初配溶液到规定的 pH 值(6.5~7.2)。

pH 值的测量可使用酸度计,作为日常检测也可用测量精度为 0.3 的精密 pH 试纸。溶液的 pH 值可用盐酸或氢氧化钠调整。

喷雾时溶液中二氧化碳损失可能导致 pH 值变化,应采取相应措施,例如,将溶液加热到超过 35℃才送入仪器或由新的沸腾水配制溶液,以降低溶液中的二氧化碳含量,可避免 pH 值的变化。

(3)过滤

为避免堵塞喷嘴,溶液在使用之前必须过滤。

3)放置试样

(1)试样放在盐雾箱内且被试面朝上,使盐雾自由沉降在被试表面上,被试表面不能受到盐雾的直接喷射。

(2)试样原则上应放平在盐雾箱中,被试表面与垂直方向呈 15°~25°,并尽可能呈 20°,对于不规则的试样(如整个工件),也应尽可能接近上述规定。

(3)试样可以放置在箱内不同水平面上,但不得接触箱体,也不能相互接触。试样之间的距离应不影响盐雾自由降落在被试表面上,试样上的液滴不得落在其他试样上。对总的试验周期超过 96h 的新检验或试验可允许试样移位。

(4)试样支架采用惰性的非金属材料制成。悬挂试样的材料不能用金属,而应用人造纤维、棉纤维或其他绝缘材料。

4)设置试验条件

(1)盐雾箱内温度为 35℃±2℃,整个盐雾箱内的温度波动应尽可能小。

(2)在盐雾箱内已按计划放置好试样,并确认盐雾收集速度和条件在规定范围内后,才开始进行试验。

(3)盐雾沉降的速度,经 24h 喷雾后,每 80cm^2 面积上为(1~2)mL/h,氯化钠浓度为 (50±5)g/L,pH 值的范围是 6.5~7.2。

(4)用过的喷雾溶液不得再用。

(5)试验期间的温度和压力应稳定在规定范围内。

5) 试验周期及试验观察

(1) 试验周期应根据被试材料或产品的有关标准选择。若无标准,可经有关方面协商决定。推荐的试验周期为 2h、4h、6h、8h、24h、48h、72h、96h、144h、168h、240h、480h、720h、1000h。

(2) 在规定的试验周期内喷雾不得中断,只有当需要短期观察试样时才能打开盐雾箱。

(3) 如果试验终点取决于开始出现腐蚀的时间,应经常检查试样。因此,这些试样不能同要求预定试验周期的试样放在一起进行试验。

(4) 定期目视检查预定试验周期的试样,但是在检查过程中不能破坏被试表面。开箱检查的时间与次数应尽可能少。

6) 试样恢复

试验结束后取出试样,为减少腐蚀产物的脱落,试样在清洗前放在室内自然干燥 0.5~1h,然后用温度不高于 40℃ 的清洁流动水轻轻清洗以除去表面残留的盐酸溶液,接着在距离试样约 300mm 处用气压不超过 200kPa 的空气立即吹干。

7) 试验结果评定

试验结束后,按照产品标准进行评定,一般采用前面说的四种方法。交通工程设施通常用外观评定方法,定量指标一般用力学性能变化率表示。

7. 中性盐雾试验机一般操作步骤

(1) 工作室底部应加入蒸馏水,以不超过箱底部溢水孔橡皮的高度为准,以防箱体老化。

(2) 箱体上部四周的密封槽试验前加入蒸馏水,不宜过满,以关闭箱盖后盐雾不外溢为佳。

(3) 给空气饱和器(不锈钢圆桶)内加入蒸馏水或去离子水,水位高度为液面计玻璃管上部 4/5 位置,加蒸馏水时,应打开饱和器上部的进水阀,当加到规定水位时,必须关闭阀门。长时间的试验后,饱和器的水分会消耗,水位降低至下部 1/5 位置时,应及时补水,防止缺水后,烧坏饱和器内的加热元件。

(4) 用橡胶管把盐雾箱和工作室内喷雾塔底部的进水口连接好,把配制好的盐溶液(按 5% 浓度)放入盐雾箱背后的储液箱内,盐水由于大气压的作用靠平衡自动流入喷雾塔内,盐水不能低于储水箱的下限标记(即出水口)。

(5) 箱体后部的排雾管排出的盐雾对室内设施有影响,允许加长排雾管,使盐雾排出室外,但排雾管不能堵塞,以免影响盐雾的排放。排雾管下方有一排水管,也应把它接到室外。

(6) 气压的调节:根据喷雾量大小,按使用说明书调节进气阀的压力。

(7) 把箱体里面的漏斗架放好,集雾器上的橡胶管分别和相对应的漏斗连接好,这样在试验中,无须打开箱盖,可以从外面集雾器上读出里面的盐雾沉降量。

(8) 设定所需做试验的时间(定时)。

(9) 接通电源,设定好试验温度和饱和器温度的值。

(10) 设定保护温度,超温保护时自动切断总电源,不要随便拔保护器。

(11) 开启试验。

(12) 整个试验结束后,应先关掉空气压缩机,及出气阀开关,待试验机压力表指针回转到"0"的状态,便可关掉面板上的喷雾开关和电源开关。

8. 两个标准的主要区别

两个标准无实质性差别,《电工电子产品环境试验 第2部分:试验方法 试验Ka:盐雾》(GB/T 2423.17—2008)中明确规定试验用溶液的浓度为(5±1)%(质量比),试验用试剂使用高品质的氯化钠,碘化钠的含量不超过0.1%,杂质含量不超过0.3%。另外,试验后恢复时用流动水的温度是35℃,清洗时间规定5min自来水,然后用蒸馏水或去离子水冲洗,甩干或气流吹干。

五、耐候性试验

耐候性试验主要考核产品在太阳辐射条件下的耐久性,耐候性试验有自然暴晒和人工加速试验两类,人工加速试验有氙弧灯、紫外灯、碳弧灯三种,氙弧灯可模拟太阳光所有光谱的辐射,紫外灯只模拟了280~440nm段,碳弧灯虽然与太阳光谱接近但是现在很少使用。

交通工程设施常用的是氙弧灯人工加速老化试验方法。试验方法采用《塑料 实验室光源暴露试验方法 第2部分:氙弧灯》(GB/T 16422.2—2014)。主要试验方法如下:

1. 试样的大小和数量

试样大小一般由试验设备的试验架决定,交通工程产品推荐的试样大小为142mm×65mm。样品数量一般由产品标准规定。当无规定时,取试验总数量为20件,10件作为测试样,10件用作参比样,避光保存。

2. 试验设备

试验设备应符合GB/T 16422.2的要求,光源采用水冷氙弧灯并经日光滤光器进行光过滤。

3. 试验条件

(1)辐照度:波长290~800nm之间的光源辐照度为550W/m²,在平行于灯轴的试样架平面上的试样,其表面上任意两点之间的辐照度差别不应大于10%。

(2)辐照度控制:在光谱波长340nm处光谱辐照度选择(0.51±0.02)W/(m²·nm),《公路沿线设施塑料制品耐候性要求及测试方法》(GB/T 22040—2008)中光谱波长340nm辐照度选择为0.5W/(m²·nm)。

(3)黑板温度设定:(65±3)℃。

(4)喷水周期:试验过程中采用连续照射,周期性喷水,喷水周期为18min/102min(喷水时间/不喷水时间),即每120min,喷水18min。

(5)水质要求:喷淋和氙灯冷却用水为导电电阻大于1MΩ·cm的纯净水。

(6)辐射能量:

累积辐射能量按式(1-5-8)计算:

$$Q = ET \times 10^{-3} \tag{1-5-8}$$

式中:Q——累积辐射能量(kJ/m^2);

E——平均辐射照度(W/m^2);

T——总的照射时间(s)。

有的标准只规定辐射时间,例如600h,1200h,2500h等。

4. 其他规定

其他规定按《塑料 实验室光源暴露试验方法 第2部分：氙弧灯》（GB/T 16422.2—2014）执行。

5. 试验结果的评定

有具体标准规定，交通工程设施一般从外观质量进行评定，例如"人工加速老化试验后，无龟裂、粉化、皱缩等缺陷，颜色无明显失光，经测量后其色品坐标仍在标准规定的范围内"。

在第三章讲到交通安全设施和交通机电设施，在标准上有许多相似之处，例如都有外观质量、几何尺寸、材料性能、耐腐蚀、耐老化、光度、色度等技术要求。因此所用的检测仪器设备和试验方法也基本上是相同的，为了本书的系统性，将两类设施通用之处归并在一起讲述。

第三节 通用仪器设备

在第三章讲到交通安全设施和交通机电设施，在标准上有许多相似之处，例如都有外观质量、几何尺寸、材料性能、耐腐蚀、耐老化、光度、色度等技术要求。因此所用的检测仪器设备和试验方法也基本上是相同的，为了本书的系统性，将两类设施通用之处归并在一起讲述。

一、几何尺寸用仪器

1. 游标卡尺

尺身和游标尺上面都有刻度。以精确到0.1mm的游标卡尺为例，尺身上的最小分度是1mm，游标尺上有10个小的等分刻度，总长9mm，每一分度为0.9mm，比主尺上的最小分度相差0.1mm。量爪并拢时尺身和游标的零刻度线对齐，它们的第一条刻度线相差0.1mm，第二条刻度线相差0.2mm，……第10条刻度线相差1mm，即游标的第10条刻度线恰好与主尺的9mm刻度线对齐。

当量爪间所量物体的线度为0.1mm时，游标尺向右应移动0.1mm。这时它的第一条刻度线恰好与尺身的1mm刻度线对齐。同样，当游标的第五条刻度线跟尺身的5mm刻度线对齐时，说明两量爪之间有0.5mm的宽度，……依此类推。

在测量大于1mm的长度时，整的毫米数要从游标"0"线与尺身相对的刻度线读出。

（1）游标卡尺的使用

用软布将量爪擦干净，使其并拢，查看游标和主尺身的零刻度线是否对齐。如果对齐就可以进行测量；如没有对齐则要记取零误差。游标的零刻度线在尺身零刻度线右侧的叫正零误差，在尺身零刻度线左侧的叫负零误差（这件规定方法与数轴的规定一致，原点以右为正，原点以左为负）。

测量时，右手拿住尺身，大拇指移动游标，左手拿待测外径（或内径）的物体，使待测物位于外测量爪之间，当与量爪紧紧相贴时，即可读数。

（2）游标卡尺的读数

读数时首先以游标零刻度线为准在尺身上读取毫米整数，即以毫米为单位的整数部分。

然后看游标上第几条刻度线与尺身的刻度线对齐,如第6条刻度线与尺身刻度线对齐,则小数部分即为0.6mm(若没有正好对齐的线,则取最接近对齐的线进行读数)。如有零误差,则一律用上述结果减去零误差(零误差为负,相当于加上相同大小的零误差),读数结果为:

$$L = 整数部分 + 小数部分 - 零误差$$

判断游标上哪条刻度线与尺身刻度线对准,可用下述方法:选定相邻的三条线,如左侧的线在尺身对应线之右,右侧的线在尺身对应线之左,中间那条线便可以认为是对准了。

如果需测量几次取平均值,不需每次都减去零误差,只要从最后结果减去零误差即可。

(3)游标卡尺的保管

游标卡尺使用完毕,用棉纱擦拭干净。长期不用时应在其上擦黄油或机油,两量爪合拢并拧紧紧固螺钉,放入卡尺盒内盖好。

游标卡尺有0.1mm、0.05mm和0.02mm三种最小读数值。

(4)注意事项

①游标卡尺是比较精密的测量工具,要轻拿轻放,不得碰撞或跌落地下。使用时不要用来测量粗糙的物体,以免损坏量爪;不用时应置于干燥地方防止锈蚀。

②测量时,应先拧松紧固螺钉,移动游标不能用力过猛。两量爪与待测物的接触不宜过紧。不能使被夹紧的物体在量爪内挪动。

③读数时,视线应与尺面垂直。如需固定读数,可用紧固螺钉将游标固定在尺身上,防止滑动。

④实际测量时,对同一长度应多测几次,取其平均值来消除偶然误差。

2. 钢卷尺

钢卷尺用于测量长度,主要规格有1m、2m、3m、5m、10m、15m、30m、50m等系列,分度值为1mm。

1)主要用法

(1)直接读数法

测量时钢卷尺零刻度对准测量起始点,施以适当拉力(拉尺力以钢卷尺鉴定拉力或尺上标定拉力为准,用弹簧秤衡量),直接读取测量终止点所对应的尺上刻度。

(2)间接读数法

在一些无法直接使用钢卷尺的部位,可以用钢尺或直角尺,使零刻度对准测量点,尺身与测量方向一致;用钢卷尺量取到钢尺或直角尺上某一整刻度的距离,余长用读数法量出。

2)钢卷尺测量中的几点注意事项

精确的钢卷尺出厂时和使用一段时间后都必须经过检定并注明检定时的温度、拉力与尺长。尺上标注的长度为名义长度,其与实际长度的差值称为尺长改正 Δl,尺子受到不同的拉力时会使尺长改变。为避免这项改变,要求使用钢卷尺时按照尺上标注拉力进行。钢卷尺在不同温度下,其尺长也会变化。因此,必须采用以温度 t 为变量的函数来表示尺长,这就是尺长方程式,其一般形式为:

$$l_t = l + \Delta l + \alpha \cdot l(t - t_0) \tag{1-5-9}$$

式中：l_t——钢卷尺在温度 t 时的实际长度；

l——钢卷尺名义长度；

Δl——尺长改正数，即钢卷尺在温度 t_0 时实际长度与名义长度之差；

α——钢卷尺热膨胀系数；

t_0——钢卷尺检定时的温度；

t——钢卷尺使用时的温度。

3）钢卷尺在使用中，产生误差的主要原因

（1）温度变化的误差

一般钢卷尺的热膨胀系数为 $\alpha = 1.25 \times 10^{-5}$，对每米每摄氏度温差变化仅八万分之一，但相同的钢卷尺在温差较大的环境下还是会产生较大的长度变化，影响测量结果。温度变化的误差在尺长方程式中已考虑了。

（2）拉力误差

拉力大小会影响钢尺的长度，在测量时如果不用弹簧秤衡量拉力，会产生误差。钢的弹性模量 $E = 2 \times 10^6 \mathrm{kg/cm}^2$，根据胡克定律，30m 的尺长在 ±5kg 拉力误差时会产生 ±1.8mm 的长度误差。

（3）钢尺不水平的误差

测量水平距离时钢卷尺应尽量保持水平，否则会产生距离增长的误差。对于 30m 的尺长，尺的两端高差达 0.4m 时会产生约 2.6mm 的误差，相对误差为 1/11200。

3. 钢直尺

钢直尺是最简单的长度量具，它的长度有 150mm、300mm、500mm 和 1000mm 四种规格。钢直尺用于测量零件的长度尺寸，它的测量结果不太准确。这是由于钢直尺的刻线间距为 1mm，而刻线本身的宽度就有 0.1~0.2mm，所以测量时读数误差比较大，只能读出毫米数，即它的最小读数值为 1mm，比 1mm 小的数值，只能估计而得。

4. 螺旋千分尺

螺旋千分尺主要用于板厚的精确测量。

螺旋千分尺是依据螺旋放大的原理制成的，即螺杆在螺母中旋转一周，螺杆便沿着旋转轴线方向前进或后退一个螺距的距离。因此，沿轴线方向移动的微小距离，就能用圆周上的读数表示出来。螺旋千分尺的精密螺纹的螺距是 0.5mm，可动刻度有 50 个等分刻度，可动刻度旋转一周，测微螺杆可前进或后退 0.5mm，因此旋转每个小分度，相当于测微螺杆前进或后退 $0.5/50 = 0.01$mm。可见，可动刻度每一小分度表示 0.01mm，所以螺旋千分尺可精确到 0.01mm。由于还能再估读一位，可读到毫米的千分位，故又名千分尺。

5. 超声波测厚仪

超声波测厚仪是根据超声波脉冲反射原理来进行厚度测量的，当探头发射的超声波脉冲通过被测物体到达材料分界面时，脉冲被反射回探头，通过精确测量超声波在材料中传播的时间来确定被测材料的厚度。凡能使超声波以一恒定速度在其内部传播的各种材料均可采用此原理测量。按此原理设计的测厚仪可对各种板材和各种加工零件作精确测量，也可以对生产设备中各种管道和压力容器进行监测,监测它们在使用过程中受腐蚀后的减薄程度,可广泛应用于石油、化工、冶金、造船、航空、航天等领域。

1)超声波测厚仪一般测量方法

(1)在一点处用探头进行两次测厚,在超声波测厚仪两次测量中,探头的分割面要互为90°,取较小值为被测工件厚度值。

(2)30mm 多点测量法:当测量值不稳定时,以一个测定点为中心,在直径约为 30mm 的圆内进行多次测量,取最小值为被测工件厚度值。

(3)精确测量法:在规定的测量点周围增加测量数目,厚度变化用等厚线表示。

(4)连续测量法:用单点测量法沿指定路线连续测量,间隔不大于 5mm。

(5)网格测量法:在指定区域画上网格,按点测厚记录。此方法在高压设备、不锈钢衬里腐蚀监测中广泛使用。

2)影响超声波测厚仪示值的因素

(1)工件表面粗糙度过大,造成探头与接触面耦合效果差,反射回波低,甚至无法接收到回波信号。对于表面锈蚀、耦合效果极差的在役设备、管道等,可通过砂、磨、锉等方法对表面进行处理,降低粗糙度,同时也可以将氧化物及油漆层去掉,露出金属光泽,使探头与被检物通过耦合剂能达到很好的耦合效果。

(2)工件曲率半径太小,尤其是用小径管超声波测厚仪测厚时,因常用探头表面为平面,与曲面接触为点接触或线接触,声强透射率低(耦合不好)。可选用小管径专用探头(6mm),较精确地测量管道等曲面材料。

(3)检测面与底面不平行,声波遇到底面产生散射,探头无法接收到底波信号。

(4)铸件、奥氏体钢因组织不均匀或晶粒粗大,超声波在其中穿过时产生严重的散射衰减,被散射的超声波沿着复杂的路径传播,有可能使回波湮没,造成不显示。超声波测厚仪可选用频率较低的粗晶专用探头(2.5MHz)。

(5)探头接触面有一定磨损。常用测厚探头表面为丙烯树脂,长期使用会使其表面粗糙度增加,导致灵敏度下降,从而造成显示不正确。可选用 500 号砂纸打磨,使其平滑并保证平行度。如仍不稳定,则考虑更换探头。

(6)被测物背面有大量腐蚀坑。由于被测物另一面有锈斑、腐蚀凹坑,造成声波衰减,导致读数无规则变化,在极端情况下甚至无读数。

(7)被测物体(如管道)内有沉积物,当沉积物与工件声阻抗相差不大时,超声波测厚仪显示值为壁厚加沉积物厚度。

(8)当材料内部存在缺陷(如夹杂、夹层等)时,显示值约为公称厚度的 70%,此时可用超声波探伤仪进一步进行缺陷检测。

(9)温度的影响。一般固体材料中的声速随其温度升高而降低,有试验数据表明,热态材料每增加 100℃,声速下降 1%。对于高温在役设备常常碰到这种情况。应选用高温专用探头(300~600℃),切勿使用普通探头。

(10)层叠材料、复合(非均质)材料。要测量未经耦合的层叠材料是不可能的,因超声波无法穿透未经耦合的空间,而且不能在复合(非均质)材料中匀速传播。对于由多层材料包扎制成的设备(像尿素高压设备),测厚时要特别注意,测厚仪的示值仅表示与探头接触的那层材料厚度。

（11）耦合剂的影响。耦合剂是用来排除探头和被测物体之间的空气，使超声波能有效地穿入工件达到检测目的。如果选择种类或使用方法不当，将造成误差或耦合标志闪烁，无法测量，应根据使用情况选择合适的种类。当在光滑材料表面施测时，可以使用低黏度耦合剂；当在粗糙表面、垂直表面及顶表面施测时，应使用黏度高的耦合剂。高温工件应选用高温耦合剂。其次，耦合剂应适量使用，涂抹均匀，一般应将耦合剂涂在被测材料的表面，但当测量温度较高时，耦合剂应涂在探头上。

（12）声速选择错误。测量工件前，根据材料种类预置其声速或根据标准块反测出声速。当用一种材料校正仪器后（常用试块为钢）又去测量另一种材料时，将产生错误的结果。要求在测量前一定要正确识别材料，选择合适声速。

（13）应力的影响。在役设备、管道，大部分有应力存在，固体材料的应力状况对声速有一定的影响，当应力方向与传播方向一致时，若应力为压应力，则应力作用使工件弹性增加，声速加快；反之，若应力为拉应力，则声速减慢。当应力与波的传播方向不一致时，波动过程中质点振动轨迹受应力干扰，波的传播方向产生偏离。根据资料表明，一般应力增加，声速缓慢增加。

（14）金属表面氧化物或油漆覆盖层的影响。金属表面产生的致密氧化物或油漆防腐层，虽与基体材料结合紧密，无明显界面，但声速在两种物质中的传播速度是不同的，从而造成误差，且随覆盖物厚度不同，误差大小也不同。

二、涂层厚度用仪器

涂层厚度是金属构件防腐层的重要指标。常用防腐层有镀锌层、镀铝层、高分子涂层、金属加高分子复合涂层。

1. 磁性测量仪

采用磁感应原理，利用从测头经过非铁磁覆层而流入铁磁基体的磁通的大小，来测定覆层厚度。也可以测定与之对应的磁阻的大小，来表示其覆层厚度。覆层越厚，则磁阻越大，磁通越小。利用磁感应原理的测厚仪，原则上可以有导磁基体上的非导磁覆层厚度。一般要求基材磁导率在500以上。如果覆层材料也有磁性，则要求与基材的磁导率之差足够大（如钢上镀镍）。当软芯上绕着线圈的测头放在被测样本上时，仪器自动输出测试电流或测试信号。早期的产品采用指针式表头，测量感应电动势的大小，仪器将该信号放大后来指示覆层厚度。近年来的电路设计引入稳频、锁相、温度补偿等新技术，利用磁阻来调制测量信号。还采用专利设计的集成电路，引入微机，使测量精度和重现性有了大幅度的提高（几乎达一个数量级）。现代的磁感应测厚仪及磁吸力测厚仪的分辨率达 $0.1\mu m$，允许误差达 1%，量程达 10mm。

磁吸力测厚仪可用来精确测量钢铁表面的油漆层，瓷、搪瓷防护层，塑料、橡胶覆层，包括镍铬在内的各种有色金属电镀层，以及化工石油行业的各种防腐涂层。

2. 电涡流测厚仪

高频交流信号在测头线圈中产生电磁场，测头靠近导体时，就在其中形成涡流。测头离导电基体越近，则涡流越大，反射阻抗也越大。这个反馈作用量表征了测头与导电基体之间距离的大小,也就是导电基体上非导电覆层厚度的大小。由于这类测头专门测量非铁磁金属基材上的覆层厚度,所以通常称之为非磁性测头。非磁性测头采用高频材料做线圈铁芯,例如铂镍合金或其他新材料。与磁感应原理比较,主要区别是测头不同,信号的频率不同,信号的大小、标度关系不同。与磁感应测厚仪一样,电涡流测厚仪也达到了分辨率 $0.1\mu m$、允许误差 1%、量程 $10mm$ 的高水平。

采用电涡流原理的涂层测厚仪,原则上对所有导电体上的非导电体覆层均可测量,如航天航空器表面、车辆、家电、铝合金门窗及其他铝制品表面的漆、塑料涂层及阳极氧化膜。覆层材料有一定的导电性,通过校准同样也可测量,但要求两者的导电率之比至少相差 $3~5$ 倍(如铜上镀铬)。虽然钢铁基体亦为导电体,但这类任务还是采用磁性原理测量较为合适。

三、力学用仪器设备

交通工程设施力学性能测量精度较高,因材料要求不同,控制方式不同,拉伸速度范围很宽,为 $1~500mm/min$。一般要求配置电子万能材料试验机才能完成试验任务。

电子万能试验机一般由驱动单元(电动机等)、传动单元(滚珠丝杠、减速机等)、控制单元(测控软件、硬件等)和测量单元(力值传感器)构成。

选用注意事项如下:

1)量程范围

拉力范围的不同,决定了所使用传感器的不同,也就决定了拉力机的结构,但此项对价格的影响不大(门式除外)。交通工程试验用小力值的拉力约为 $100N$,大力值约为 $1000kN$。

2)试验行程的问题

行程在 $600~1500mm$ 即可。材料伸长率超过 1000% 的,可以选用行程为 $1000mm$ 或 $1200mm$ 的。

3)标准配置问题

智能化的三种基本配置:主机、传感器、微电脑、打印机。如果微电脑功能强,可以直接打印,另外,也可配备普通电脑,可进行复杂的数据分析,如数据编辑、局部放大、可调整报告形式、进行成组式样的统计分析等。传感器配光电感应是其中比较先进的技术,一般可用十万次以上。

4)输出结果

试验结果输出可任意设置为最大力值、伸长率、抗拉强度、定力伸长、定伸长力值、屈服强度、弹性模量、最大试验力八项。这可以说是微电脑操作时,输出的最全面的结果。国外一些厂家的产品,一般可以输出这八项。国内有的厂家可以输出 $5~6$ 项,有的厂家就只能输出最大力值、平均值、最小值三项。

5)可做测量项目

拉力机一般要求一机多用,即在配备不同夹具的基础上,可做拉伸、压缩、弯曲、撕裂、剪切、$180°$ 剥离、$90°$ 剥离试验。

市场上有一些高档拉力机除以上项目外,因其传感器精度高(有的达到三十五万分之一)还可以测试摩擦系数。

6）产品机械装置主要配置

传动：有丝杠传动和齿条传动。前者昂贵，用于高精度、测试重复性高的传动；后者便宜，用于低精度、测试重复性低的传动。

丝杠对精度测量具有决定作用。常用的有滚珠丝杠、梯形丝杠、一般丝杠。其中，滚珠丝杠的精确度最高，但是其性能的发挥要靠电脑伺服系统操作，整套价格也比较昂贵。采用一般丝杠和梯形丝杠就可以达到0.1%～1%的精度。

7）试验速度

一般配置电拉或选用伺服系统，调速范围在1～500mm/min就足够了，这样既不影响精度，价格又在合理范围之内。

8）测量精度

精度包括测力精度、速度精度、变形精度、位移精度。精度值一般指负荷传感器的精度达到±0.5%或1%，即达到0.5级或1级。

四、光学用仪器

1. 逆反射测量仪

工程中常用的是便携式逆反射测量仪，主要有交通标志、突起路标、反光标线逆反射测量仪。仪器的技术要求和校准要分别符合国家标准《逆反射测量仪》（GB/T 26377—2010）和交通计量检定规程《逆反射测量仪》（JJG 059—2004）的要求。

2. 色度测量仪

色度测量仪器分为表面色、逆反射色和光源色。表面色一般用色差计，逆反射色和光源色一般用非接触式色度计。逆反射色还需要有光源在逆反射条件下做照明辅助。由于设施的尺寸范围有限，所以视场角用2°小视场。

五、电工用仪器仪表

交通安全设施和机电工程通用的电工测量设备是万用表。万用表主要用于测量电压、电流、电阻，有的还带有测量电感、电容的功能。此外，测量电力质量的综合型仪器还有电能质量分析仪。

第四节 交通机电设施检测基础

一、机电产品检测

1. 交通机电产品检测的背景

在有高速公路以前，我国的交通机电产品品种很少，常用的只有交通信号灯和车辆检测器。虽然有无线通信产品，但也仅仅是当时邮电产品的一部分，并非交通行业的电子产品。高速公路兴起之后,相继开发了大批专用机电产品。在信息采集设备方面研发了复杂的环形线圈、超声波、微波、视频等车辆检测器;在信息处理方面开发了地图板,引入了大屏幕、无缝隙电视墙;在信息提供方面开发了两可变、三可变、磁翻牌、光纤、LED 点阵可变标志;在收费设施方面开发了电动栏杆、车道控制机、费额显示器、天棚信号灯、车道信号灯、条形码/磁条/IC 等各类型的通行卡及收发卡机;在通信方面有本地控制器(RTU)、有线紧急电话、光纤数字紧急电话、无线公网紧急电话、太阳能视频紧急电话等。此外还广泛引入了工信部的通用电子产品,例如计算机及外围设备、网络产品、程控交换、数据传输、光纤通信等硬件及支撑软件系统。在软件方面,由于各建设单位要求不同、公路交通环境各异,自主开发了各种监控软件和收费管理软件。这些软硬件产品的自主开发和选择引入,有力地推动了公路交通机电专业的发展,形成了一个新型的产业,对提高我国公路交通管理水平起到了积极作用。但是,我们应该看到公路交通机电行业是伴随着我国的改革开放和产业结构调整与转型发展起来的,进入这个行业的机构和人员参差不齐。公司规模方面,小到几个人的公司,大到上万人的集团;人员素质方面,从学历较低的一般人员到拥有博士学位、留学背景的海归。因此,开展有效检测、加强管理迫在眉睫。通过产品检测,宣传标准、政策,帮助企业提高产品质量,创出名牌;通过工程检测,促进生产、施工、监理检测、建设管理等单位加强质量管理,确保工程建设质量。只有合格的产品按照规范的施工工艺,才能做出合格的工程,检测是工程建设质量的最后一道防线,因此,交通机电检测人员任重而道远。

2. 交通机电产品检测特点

交通机电产品是为交通管理服务的,交通管理的多样性和复杂性决定了机电产品的多样性和复杂性,这突出表现在以下几个方面。

(1) 专业杂、种类多

交通机电涉及电子工程、计算机应用、软件工程、有线通信、无线通信、数据通信、光纤通信、自动控制、仪器仪表、机械制造、光学工程、照明工程、供配电、交通工程、道路桥梁工程、隧道工程、安全工程等20 多个专业。如此多的专业知识对交通机电检测人员是一项艰巨的任务,检测人员应针对行业产品特点,有规律地精通一部分、熟悉一部分、了解一部分。

(2) 尺寸跨度大

由于交通机电产品种类多,产品类型和大小各异,小到2~3mm 的发光二极管,大到10~20m 的大型可变标志,大小相差6 个数量级。虽然检测项目相同,但对产品的抽样、状态调节时间、试验环境的稳定时间、检测器具精度、夹持方式等的要求都是不同的。例如都做振动试验,前者需要焊接在一个带夹具的电路板上,很容易安装在试验台上,直接启动就可进入试验状态;而后者则需要专门制作一块模组,用吊车小心翼翼地安装在试验台上,并设定振动程序,慢慢加载到试验规定的严酷程度等级后开始计时、计数。这种特性需要检测机构和检测人员有足够的经验和充足的附件。

(3) 环境范围宽

室外机电产品设置在公路上,要经历风、雪、雨、雾等气候条件的侵蚀,要求其具有比较宽的环境适应温度。一般,我国户外气候按照温度分为七种类型,其绝对极值的划分见表1-5-4,由于日光辐射影响,在考虑高温时还应在表1-5-4 符号后数值上再增加5~10℃,即全国气温

极限范围可达 -65~+55℃。

户外气候类型绝对极值划分表　　　表1-5-4

气候类型	低温(℃)	高温(℃)	气候类型	低温(℃)	高温(℃)
寒冷	-55	40	干热	-30	45
寒湿Ⅰ	-40	40	亚湿热	-15	45
寒温Ⅱ	-45	35	湿热	0	40
暖温	-30	45			

任何电子元器件都有使用温度的要求,在我国一般分为商业级(-5~+55℃)、工业级(-40~85℃)和军品(-55~+125℃),不同级别成本价格相差巨大。为经济起见,生产企业可根据不同的使用场合,选择不同的元器件级别或调温措施。因此,行业通用标准提出了三个级别的使用温度:一是A型,-20~+55℃,一般适用于南方地区;二是B型,-40~+50℃,主要适用于北方部分地区;三是C型,-55~+45℃,主要适用于东北、西北等特别寒冷地区。这些温度是指环境温度,没有考虑太阳辐射和元器件发热形成的温升。

宽范围的检测产品需要配置宽范围的检测设备,对于大型的交通机电产品,做环境例行试验的检测设备比起一般的电子产品大得多,例如高低温箱、振动台、冲击试验机都是定制产品,需要额外增加试验投入。另外在试验过程中还要注意试验的严酷等级是不一样的。

(4)检测仪器多

与检测专业相对应,产品种类多、专业宽,涉及的检测参数和需要的检测设备也就多,对检测人员的试验能力和操作熟练程度要求也更高。

3. 交通机电产品检测的一般步骤

交通机电产品的检测通常属于遍历型检测,即一个产品必须通过所有项目的考验才算合格,不能用多台设备的分部数据拼凑检测报告,这是与有些简单交通安全设施所不同的。另外,交通机电产品整机一般比安全设施贵重得多,检测后送检单位一般要求收回,这是正当要求,一般过争议期后需予归还,一般应加贴"已检样品"的永久标志。所以,除正常的接样程序外,一般遵照"先外后里、先易后难、先静后动、先整后破"的原则进行检测。

先外后里:先检查测量外观质量和外形尺寸,后开箱检测箱内部件安装质量和布线、标志等质量。

先易后难:机电产品检验项目在检测方法和检测时间上有简单和长短之分,先做简单项目,后作复杂项目。例如测量外形尺寸比发光强度要简单,先做外形尺寸测量;再如测量发光强度比耐盐雾试验简单,并且测量时间短,先做发光强度测量;耐盐雾要比耐候性时间短,先做耐盐雾试验,耐候性放在最后。

先静后动:先做静态检查,测量不带电的项目;后通电检查,做带电运行的检验项目。

先整后破:先做非破坏性项目,后作破坏性项目。对于机电产品,一些试验是破坏性的,试验之后产品有可能完全失效。如果先失效了,其他一些项目就不能再进行下去。例如耐电压测试和耐高温测试,一般来说,交通机电产品都能通过55℃高温测试,虽然试验时间比耐电压测试长,但是一旦耐电压测试没有通过,电路被击穿,则这个产品暂时失效,其他项目不能再进行下去。等到修复,一方面需要时间,另外修复后以前做的有些项目还要重复,这样试验效率大大降低。

一个完整的测试过程如图 1-5-1 所示。

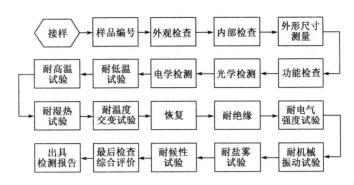

图 1-5-1　交通机电产品一般检测过程示意图

二、机电工程检测

可以说,交通机电工程施工质量检测是对成果的最终鉴定,产品质量好坏,施工质量优劣,只有通过试运行和检测才能得出结论。对检测人员和检测结构都是严峻考验,检测工程师担负着最终质量把关的重任,必须严格依据检验评定标准开展检测工作。交通机电工程质量检测依据《公路工程质量检验评定标准　第二册　机电工程》(JTG F80/2—2004)(以下简称 F80/2),下面重点将各专业通用的内容介绍给读者,其他内容在后续章节中讲述。

1. 分项工程检查频率

检查频率也称抽样频度,在 F80/2 第 1.0.3 中规定"机电工程分项工程检查频率:施工单位为 100%;工程监理单位不少于 30%,当项目测点数少于 3 个时,全部检查。"这里有一个问题需要解释,如果是 6 个,按 30% 抽应该抽取 6×0.3＝1.8 个,取整是 2 个;如果是 3 个则全部检查。这样会出现 6 个查 2 个,3 个查 3 个的情况,这样是不公平的。这里正确的理解应该是在抽样基数 10 个以下时易分两段抽样:4～10 时取抽取 3 个;小于或等于 3 个全部检查。

2. 抽样单位

如同普通的物理量一样,工程项目也有"计量单位",我们称之为抽样单位,抽样单位不同,工程量不同,检测工作量也不同,例如"一条"光缆和"一管孔"光缆数量是不一样的,为了统一机电工程检测的工作量,真实反映工程建设质量,在 F80/2 的条文说明中对抽样单位作了统一说明,见表 1-5-5。

3. 外观鉴定原则

外观鉴定是工程质量检评标准的很重要的一项内容,但往往带有很大的主观性,为了尽量避免人的随意性,一方面要求评价人员具有公正性外,从技术上尽量量化评价指标,并具有可操作性。从 F80/2 整个设计来看,采用了主观评价减分制,不评优良中差,比以前的检评标准是一个很大的进步。基本思路是,评价人员不知道总得分是多少,看到缺陷就扣分,对工程质量起到了严格把关作用。在 F80/2 中进一步细化了扣分标准,使其量化到 0.1 分,更客观公正一些。具体要求如下：

机电工程分项工程及抽样单位划分表　　　　　　　　　表1-5-5

分部工程	分项工程	抽样单位	基本要求	实测项目	外观鉴定
2 监控设施	2.1 车辆检测器	1个控制机箱			
	2.2 气象检测器	1个控制机箱			
	2.3 闭路电视监视系统	外场设备以1个摄像机为单位，室内设备以中心（分中心）为单位			
	2.4 可变标志	1个外场设备			
	2.5 光、电缆线路	以条为单位			
	2.6 监控中心设备安装及软件调测	中心为单位测点			
	2.7 地图板	以完整块为单位测点			
	2.8 大屏幕投影系统	1个完整屏幕为测点			
	2.9 计算机监控软件与网络	中心为单位测点			
3 通信设施	3.1 通信管道与光电缆线路	以条为单位			
	3.2 光纤数字传输系统	站为单位测点			
	3.3 程控数字交换系统	站为单位测点			
	3.4 紧急电话系统	分机为单位测点，控制台的检测项目单列			
	3.5 无线移动通信系统	中心为单位测点			
	3.6 通信电源	站为单位测点			
4 收费设施	4.1 入口车道设备	车道为单位测点			
	4.2 出口车道设备	车道为单位测点			
	4.3 收费站设备及软件	站为单位测点			
	4.4 收费中心设备及软件	中心为单位测点			
	4.5 IC卡及发卡编码系统	套为单位测点			
	4.6 闭路电视监视系统	外场设备以1个摄像机为单位，室内设备以站为单位			
	4.7 内部有线对讲及紧急报警系统	分机、报警器为多测点			
	4.8 站内光、电缆线路	以条为单位			
	4.9 收费系统计算机网络	中心为单位测点			
5 低压配电设施	5.1 中心（站）内低压配电设备	站为单位测点			
	5.2 外场设备电力电缆	以条为单位			
6 照明设施	照明设施	以中心为单位			
7 隧道机电设施	7.1 车辆检测器	同2.1			
	7.2 气象检测器	同2.2			
	7.3 闭路电视监视系统	同2.3			

续上表

分部工程	分项工程	抽样单位	基本要求	实测项目	外观鉴定
7 隧道机电设施	7.4 紧急电话系统	分机为单位测点			
	7.5 环境检测设备	控制箱为一个,探头分记			
	7.6 报警与诱导设施	控制箱为一个,按钮分记			
	7.7 可变标志	同2.4			
	7.8 通风设施	1个风机为一个测点			
	7.9 照明设施	控制箱为1个测点,灯具按个分记			
	7.10 消防设施	系统为1个测点,设备按点分记			
	7.11 本地控制器	以台为1个单位测点			
	7.12 隧道监控中心计算机控制系统	系统为1个点,设备按个分记			
	7.13 隧道监控中心计算机网络	系统为1个点,设备按个分记			
	7.14 低压供配电	以1个配电箱为测点			

(1)外观鉴定条目下的每一款为一个项目。
(2)有轻微缺陷,而无证据时,该项目可扣0.1分。
(3)有轻微缺陷,有证据时,每个证据可扣0.1分,每项目累计的轻微缺陷不超过1分。
(4)有明显缺陷,每个证据可扣0.5分,每项目累计的明显缺陷不超过1.5分,当累计至1.5分以上时为不合格项,要求返工修复此测点。
(5)有严重缺陷,很明显不符合标准要求,此测点不得分,要求返修此测点。

另外需要注意,在一个分项工程有多个测点数时,每个测点的外观鉴定项目的扣分是一个条目一个条目累加的,但测点与测点不累加,选择扣分最大的测点为该分项工程的外观鉴定扣分。

三、交通机电通用检测设备与方法

除了第一篇第四节讲过的高温、低温、湿热、盐雾试验、人工加速老化试验外,还有温度交变试验、循环盐雾试验、机械振动试验、IP等级四项环境例行试验,接地电阻、绝缘电阻、介电强度试验三项电气安全性能,现代交通工程机电设备还增加了电磁兼容性能要求。这些试验和性能对保证机电产品的耐久性和安全性都是关键项目,在此,作为机电通用试验介绍给大家。

1. 环境例行试验的一般要求

如同第一篇第五章一样,机电产品的环境试验也要经过试验准备、试验前检查、试验设备准备、试验条件设定、样品装载、试验、中间检查、恢复、最终检测、设备复原、出具报告等过程。重要的是严酷等级的设定和试验设备的选择与操作。下面在每个试验中详述。

2. 耐温度交变试验

温度交变试验用于评价电子元件、设备和其他产品经受环境温度迅速变化的能力。我国幅员辽阔,各地的气候环境条件差异很大,为了确保公路机电设施在温度变化环境下能正常使用,对室外使用的公路机电产品进行温度交变试验非常有必要。

1)依据的标准

国家标准《电工电子产品基本环境试验 第 2 部分:试验方法 试验 N:温度变化》(GB/T 2423.22)中有三种试验方法:

(1)试验 N_a:规定转换时间的快速温度变化试验。

(2)试验 N_b:规定温度变化速率的温度变化试验。

(3)试验 N_c:两液槽温度快速变化试验。

公路机电产品一般选择试验 N_a,下面以此为主展开介绍。

2)试验设备

试验设备可以采用一个具有快速温度交变能力的专用试验箱,也可以用一个高温箱和一个低温箱的组合,大部分检测机构使用后者。试验设备应符合国家标准《高温试验箱技术条件》(GB 11158—2008)和《低温试验箱技术条件》(GB 10589—2008)的要求。

3)试验设备的组合与安装要求

(1)两箱放置的位置应能使试验样品于规定时间内从一个箱转移到另一个箱,转换方法可以是手动或自动的。

(2)试验箱中放置样品的任一区域内应能保持试验所规定的空气温度。

(3)箱内空气的绝对湿度不应超过 $20g/m^3$。

(4)高温箱箱壁温度不应超过试验规定温度(以绝对温度 K 计)的 3%,低温箱箱壁温度不应超过试验规定温度(以 K 计)的 8%。

(5)试验箱的容积和空气速度应满足在放入试验样品后,箱内空气温度恢复到规定容差范围的时间,不超过试验暴露时间的 10%。

(6)箱内空气应流通,试验样品附近测得的空气速度应不小于 $2m/s$。

4)严酷等级

严酷程度由低温与高温温度值、转换时间和循环数确定,国家标准 GB/T 2423.22 对严酷等级的一般规定是:

(1)有关标准中应规定低温 T_A 和高温 T_B,该温度均应从《电工电子产品环境试验 第 2 部分:试验方法 试验 A:低温》(GB/T 2423.1)和《电工电子产品环境试验 第 2 部分:试验方法 试验 A:高温》(GB/T 2423.2)规定的试验温度中选取。

(2)除非有关标准另有规定,循环数应为 5 次。

(3)除非有关标准另有规定,转换时间 t_2 应为 2~3min。

(4)在低温和高温下的试验时间 t_1 取决于试验样品的热容量,试验时间应为 3h,2h,1h,30min 或 10min,由有关标准规定,若有关标准未规定试验时间时,则为 3h。

(5)低温箱内温度预先调节到要求的低温 T_A,然后把试验样品放入箱内。

(6)低温箱的温度应在 T_A 下保持规定时间 t_1,t_1 值包括放入试验样品后箱内温度恢复到

T_A,此恢复时间不应大于 $0.1t_1$。

(7)转换时间 t_2:试验样品从低温箱中取出并转移到高温箱中,转换时间 t_2 包括从一个箱取出和放入另一个箱的时间,以及在试验室环境温度下停顿的时间。

(8)高温箱的温度应在高温 T_B 下保持要求的时间 t_1, t_1 的要求同低温。

(9)把试验样品按规定的转换时间 t_2 转移到低温箱,进行下一个循环。

可见每一个循环由两个试验时间 t_1 和两个转换时间 t_2 组成(图1-5-2)。

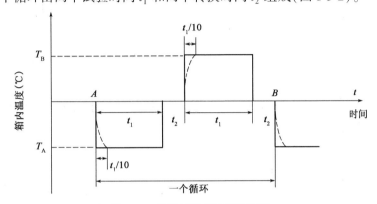

图1-5-2 温度交变试验循环过程图

5)交通机电产品对严酷等级的规定

交通机电产品温度交变试验通常把低温定为 -40℃,高温定为 +70℃,这样可适应于中国的大部分地区。考虑到机电设备的现有技术水平以及使用环境,把试验持续时间定为较为严酷的2h,循环次数定为5次,转换时间定为2min。

6)试验步骤

(1)两箱法

①初始检测:按有关标准的规定,对试验样品进行外观检查及机械和电气安全性能的检测。

②放置样品:将无包装、不通电的试验样品,在"准备使用"状态下,按正常工作位置放入低温箱内。然后打开样品的电源,使其处于正常工作状态。

③设置试验箱参数:按照标准规定的试验温度设置低温箱(-40℃)和高温箱(+70℃)的参数,启动试验箱,待低温箱内的温度达到规定值并稳定后将样品放入,关闭箱门,开始计算试验持续时间。要注意重新到达设定温度(-40℃)时的时间不得大于12min。

④中间检测:低温保持2h后,在2min内将被测样品转移到高温箱,在高温箱保持2h后再转移到低温箱。如此共循环五次,试验过程中产品应启动正常,逻辑正确。

⑤恢复:达到规定的试验持续时间后关闭试验箱电源。在标准大气条件下进行恢复,时间要足以达到温度稳定。

⑥最后检测:按有关标准的规定,对试验样品进行外观检查及机械和电气安全性能的检测。

(2)"一箱法"测试方法

①初始检测:按有关标准的规定,对试验样品进行外观检查及机械和电气安全性能的

检测。

②放置样品：将无包装、不通电的试验样品，在"准备使用"状态下，按正常工作位置放入试验箱内。然后打开样品的电源，使其处于正常工作状态。

③设置试验箱参数：按照标准规定的试验温度、升降温时间、高低温保持时间和循环次数设置试验箱参数，启动试验箱，待试验箱内的温度达到规定值后，将试验样品放入试验箱，关闭箱门，开始计算试验持续时间。

④中间检测：在试验期间，每隔 2h 当高低温进行转换的时候，检测被测样品是否启动正常，逻辑正确。

⑤恢复：达到规定的试验持续时间后关闭试验箱电源。在标准大气条件下进行恢复，时间要足以达到温度稳定。

⑥最后检测：按有关标准的规定，对试验样品进行外观检查及机械和电气安全性能的检测。

(3) 两种测试方法分析比较

"两箱法"是国家标准中规定的测试方法，也是耐温度试验常规测试方法。它对试验箱的性能要求较低，但它要求在试验过程中能在 2min 内把试验样品从一个试验箱转移到另外一个试验箱，所以对检测人员的操作水平和辅助设备的性能要求较高。"一箱法"是近些年出现的一种测试方法，它省去了在试验箱间转移样品的过程，使测试过程简单化。但它要求必须能在规定的 2min 内完成温差达 110℃ 的升降温过程，所以对试验箱的性能提出了很高的要求。

(4) 耐温度交变试验中的常见问题

耐温度交变试验过程中的常见问题有：试验样品在试验过程中会出现内部润滑脂凝结的现象，影响样品的正常工作；试验样品的电源模块在温度交变环境下容易出现工作故障；结构变形或开裂、玻璃蒙面的产品破碎。

7) 试验记录与报告

按规定填写每一步的原始记录。

3. 循环盐雾试验

1) 循环盐雾的腐蚀机理

循环腐蚀试验，使样品在一个重复循环中处于一系列不同环境中，循环腐蚀试验比传统的盐雾试验对材料的侵蚀作用更加接近自然。由于一种材料的使用环境通常涉及潮湿和干燥两种条件，所以用试验室加速试验来模拟自然周期条件是有意义的。最新的研究表明，不改变条件连续地进行盐雾腐蚀反而会延缓腐蚀向深层发展，这可能与形成的腐蚀层致密程度有关。在腐蚀条件不变时，腐蚀层厚到一定程度时就不再增加，但当改变腐蚀条件，例如纯净加湿、淡水浸泡、干燥等会使得腐蚀层变薄或破坏，当再次进入盐雾状态时，腐蚀就继续发生，这就是循环盐雾试验的机理。与传统盐雾试验相比，循环腐蚀试验的相对腐蚀速率、结构和形态都更相似于户外腐蚀。因此，循环试验提高了与户外腐蚀的相关性。

2) 循环盐雾试验标准

目前我国仍然使用国家标准《电工电子产品基本环境试验 第 2 部分：试验方法 试验

Kb:盐雾,交变(氯化钠溶液)》(GB/T 2423.18),该标准只有两个状态:喷雾2h和恒温恒湿存储一定时间。目前,国际上一般有三种状态,即:喷雾、湿热储存、干燥为一个周期。ISO和日本的JIS都是采用有干燥周期的循环盐雾试验,美国的SEA还采用有4状态的循环试验,即增加了模拟海水浸泡功能。2008年颁布实施的《公路沿线设施塑料制品耐候性指标及测试方法》(GB/T 22040—2008)中规定了干燥周期,就是参照ISO标准制定的。

3) 试验设备

"两状态"循环盐雾试验可以使用专用循环盐雾试验箱,也可以使用一台普通盐雾试验箱和一台恒温恒湿试验箱组合。

"三状态"、"四状态"循环盐雾试验需要使用专用循环盐雾试验箱,因为增加了(60±2)℃,(20%~30%)RH条件,一般的恒温箱不能满足。

4) 循环盐雾试验的严酷等级

循环盐雾试验的严酷等级由循环周期和循环数决定。GB/T 2423.18有6个严酷等级,如图1-5-3所示。

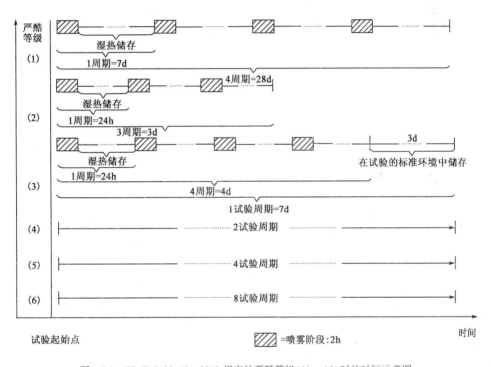

图1-5-3 GB/T 2423.18—2012规定的严酷等级(1)~(6)时的时标示意图

《公路沿线设施塑料制品耐候性指标及测试方法》(GB/T 22040—2008)的严酷等级由试验周期决定,试验周期由试验流程决定,一个典型的试验流程有盐雾、干燥、湿热储存三种状态,状态之间的转化有一个0.5h的时间间隔,详见表1-5-6。

5) 试验步骤

与普通盐雾试验一样,循环盐雾试验也要经过:准备试样、配置盐溶液、设定试验程序、初始检测、预处理、放入试样开始试验、恢复、最后检测等步骤。

GB/T 22040—2008 规定的试验周期及严酷等级表　　　　　　　　表 1-5-6

试验流程		试验条件		试验时间(h)	说　明
		温度(℃)	相对湿度(%RH)		
一个试验周期	盐雾	35±2	—	2	
	过渡段Ⅰ	—	—	≤0.5	
	干燥	60±2	20%~30%	4	
	过渡段Ⅱ	—	—	≤0.5	
	湿热	50±2	≥95%	2	
	过渡段Ⅲ	—	—	≤0.5	此过渡段完成后自动进入下一个周期试验
	第Ⅰ、Ⅱ、Ⅲ过渡段的时间为调节时间,不列入有效试验时间(试验周期),一个完整的试验周期为8h,试验时间按有效试验时间计算				
	严酷等级 A:30 个试验周期,即 240h 试验				
	严酷等级 B:90 个试验周期,即 720h 试验				

试验使用的盐溶液浓度也是(5±1)%,沉降量也是 80cm² 面积上 1~2mL/h。该数值是在每天平均至少 16h 的连续喷雾的基础上使用的。在试验时应引导或阻挡喷嘴,避免喷出的气雾直接喷在试件上。

其他条件依据不同的标准按照图 1-5-3 和表 1-5-6 执行。

4. 机械振动试验

1)概述

(1)振动试验的作用

振动是一种波动,机械振动是物体在平衡点附近反复进行的机械运动。振动试验是力学环境试验中的一种。振动台是用于此类试验的专门的力学环境试验设备。振动试验的目的是确定样品的机械薄弱环节和(或)特性降低情况。用这些资料,结合有关规范用以判定样品是否可以接收。在某些情况下,利用振动试验可用于论证样品的机械结构完好性和(或)研究它的动态特性。还可通过试验的严酷等级来划分元器件的质量等级。

(2)振动的分类

振动可分为随机振动和周期振动。周期振动包括正谐、多谐、方波、锯齿波。周期振动都可分解为一系列简谐振动之和。按是否有外力推动,振动又可分为自由振动和强迫振动。

(3)正弦振动的描述

①频率、角频率。

频率和角频率都是用来描述单位时间内振动次数的。每秒钟振动的次数,称为振动的频率,常用 f 表示。单位是:次数每秒,用 Hz 表示。

假如用机械转子激振器每秒钟的转动弧度数来描述振动,称为振动的角频率,常用 ω 表示,单位是:弧度每秒(rad/s)。

频率和角频率之间有如下的关系:

$$\omega = 2\pi f \tag{1-5-10}$$

②位移、速度、加速度。

位移、速度和加速度都是用来描述振动的幅度的。位移是指振动时物体离开平衡位置的最大距离,常用 A 表示,单位是:米(m)。速度是指振动时物体运动的最大速度,常用 v 表示,单位是:米每秒(m/s)。加速度是指振动时物体运动的最大加速度,常用 a 表示,单位是:米每二次方秒(m/s²)。有时也用重力加速度 g 来表示:$g = 9.8 \text{m/s}^2$。在正弦振动的情况下,且使用国际单位制时,位移、速度、加速度三者之间有如下的关系:

$$v = \omega A = 2\pi f A \tag{1-5-11}$$

$$a = \omega v = \omega^2 A = (2\pi f)^2 A \tag{1-5-12}$$

另外,根据牛顿定律:

$F = m \cdot a$ 就可以计算出振动台的最大负荷 m。

$$m = \frac{F}{a} = \frac{F}{4\pi^2 f^2 A} \tag{1-5-13}$$

式中:m——试验台的总质量(kg);

F——试验台的最大推力(N),一般由生产厂给出;

f——振动频率(Hz),由试验标准确定;

A——位移(m),由试验标准确定,标准中一般以 mm 为单位需要乘以 10^{-3};

π——圆周率,取 3.14。

试验前应严格按照式(1-5-13)校核,试验台上装载的质量 $m_t = m - m_0$,m_0 为试验台自身的质量,由生产厂给出。

(4)振动台的分类

根据工作原理不同,振动台可以分为电动台、机械台、液压台三种。

电磁振动试验台简称"电动台",以输出激振力为主要特点,它的频率范围最宽,一般为 1~3000Hz。最大位移一般为 ±51mm,最大加速度一般可达 100g。配以水平滑台可以作水平振动。配以随机控制仪可以作随机振动。精度指标好。但是它的台面尺寸小,常需另配辅助台面;运行成本及价格比较高。常用于电工、电子元器件等产品的高频、高加速度振动试验。

机械台以最大负载为主要特点,频率范围一般为 5~80Hz。最大位移一般为 ±(3~5)mm。最大加速度一般可达 10g。台面尺寸大,一般不用配水平滑台即可作水平振动,价格低。但它的噪声较大,也不能作随机振动。常用于电工、电子、光学仪器等产品的整机振动试验。

液压台也以输出激振力为主要指标,频率范围一般为 1~200Hz。最大位移一般为 ±(100~200)mm。最大加速度一般可达 10g。配以水平滑台可以作水平振动。配以随机控制仪可以作随机振动。但它的噪声较大,运行成本及价格比较高。常用于汽车等产品的整车振动试验;建筑、水利工程的地震模拟振动试验。

以上三种振动台在失真度、横向振动、均匀度等方面都可达到一定的精度指标,满足相应的标准。

除了以上三种振动台之外,还有一种以电磁铁原理工作的振动台(常称作振动器),它的位移振幅为 ±(1~3)mm。可作为工艺过程中的振动试验。但它在失真度、横向振动、均匀度等方面都不能用作考核试验台。

(5)电磁振动试验台工作原理

电磁振动试验台是三种振动台(电动、机械、液压)中频率范围最宽、性能最好的。它是根据通电导体在磁场中受到安培力作用的工作原理,向处于恒定磁场中的动圈输入交变电流,从而在动圈轴线方向产生交变的激振力,并通过和动圈连成一体的振动台面传递给试件。改变输入电流的频率和幅度,即可调节输出振动的频率和幅度。电动台在规定的频率范围内,能进行指数式定位移—定速度—定加速度往复自动扫频振动,其扫频速率可调。

典型的电磁振动试验台的构成如图1-5-4所示。工作工程简述如下:控制器输出振动信号,经功率放大器放大后推动振动台振动,实际的振动情况经过安装在台面或产品上的加速度计采集回来并通过前置的电荷放大器放大后输出给控制器,控制器根据实际的振动情况与设定值相比较以决定下一步的输出(如实测值大于设定值,则减小输出;反之则增大输出),所有的这些构成了系统的一个循环周期,振动试验就是由很多个这样的周期组成的。

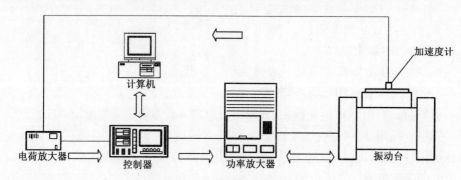

图1-5-4 振动试验系统构成图

2)试验标准

耐正弦机械振动试验的国家标准是《环境试验 第2部分:试验方法 试验Fc:振动(正弦)》(GB/T 2423.10—2019)。

3)试验设备

试验设备符合《环境试验 第2部分:试验方法 试验Fc:振动(正弦)》(GB/T 2423.10—2019)第4章的规定,并且检定合格。

4)严酷等级

振动试验的严酷等级由三个参数共同确定,即频率范围、振动幅值和耐久试验的持续时间(按扫频循环数或时间给出)。

有关规范应规定样品受振动的轴线数和它们的相对位置。如果有关规范不作规定,则样品应在三个互相垂直的轴线上依次经受振动,而且轴向的选择应选最可能暴露故障的方向。

一般交通机电产品规定的严酷等级为:

(1)机房内设备

设备包装在包装箱内,在振动频率2~150Hz的范围内按《环境试验 第2部分:试验方法 试验Fc:振动(正弦)》(GB/T 2423.10—2019)的方法进行扫频试验。在2~9Hz时按位移控制,位移幅值3.5mm(峰值7.0mm,下同);9~150Hz时按加速度控制,加速度为$10m/s^2$。2Hz→9Hz→150Hz→9Hz→2Hz为一个循环,扫频速率为每分钟一个倍频程,在XYZ三个方向各经历20个循环后,开箱检查并给设备通电测试,结构不受影响、零部件无松动,功能正常。

(2)户外设备

设备通电工作时,在振动频率2~150Hz的范围内按《环境试验 第2部分:试验方法 试验 Fc:振动(正弦)》(GB/T 2423.10—2019)的方法进行扫频试验。在2~9Hz时按位移控制,位移幅值3.5mm;9~150Hz时按加速度控制,加速度为10m/s^2。2Hz→9Hz→150Hz→9Hz→2Hz为一个循环,扫频速率为每分钟一个倍频程,在 XYZ 三个方向各经历20个循环后,设备功能正常,结构不受影响、零部件无松动。

(3)车载设备

设备通电工作时,在振动频率2~500Hz的范围内按《环境试验 第2部分:试验方法 试验 Fc:振动(正弦)》(GB/T 2423.10—2019)的方法进行扫频试验。在2~9Hz时按位移控制,位移幅值7.5mm;9~500Hz时按加速度控制,加速度为20m/s^2。2Hz→9 Hz→500Hz→9Hz→2Hz为一个循环,扫频速率为每分钟一个倍频程,共经历20个循环后,设备功能正常,结构不受影响、零部件无松动。

5)操作步骤

在开始操作之前,再次核算一下试件的最大质量是否满足要求。

(1)务必确保振动系统内所有电气设备的地线均连接至专供系统使用的独立地线。

(2)选择夹具,安装试件/产品(使用水平滑台时应在试验前至少20min前打开油泵电源;试验前务必确认滑台四周的润滑油已均匀流出且用手推动时,滑台可顺畅移动;倒台至水平方向,正确联结动圈和滑板,再次检查滑板可顺畅移动并安装试件和夹具)。

(3)对于大型的试件,尽量使用吊车吊装试件,并在装载之前用辅助支撑将试验台面升起,避免装载过程将动圈撞击到试验台缸体上导致损坏。

(4)连接加速度计至电荷放大器,给加速度计提供振动信号(例如使加速度计底部轻轻敲击振动台台面),观察电荷放大器的示值变化,若存在示值,表明加速度计及其连接电缆(测量回路)正常;否则请检查加速度计和连接电缆并重复上面的步骤;安装加速度计。

(5)为系统供电,打开功率放大器。此时冷却风机应该正常运转,系统进入准备状态。

(6)调节振动台动圈至中心位置(水平方向还需调整滑台对中),落下辅助支撑至适当位置。

(7)根据加速度计的电荷灵敏度指标设置/检查电荷放大器的输入灵敏度;选择合适的归一化输出(例如100mV/g),同时设置/检查控制器通道设置参数中的通道灵敏度设置,必须与电荷放大器的归一化输出值一致。

(8)启动振动控制器及其控制软件,按照试验标准/要求设置试验参数(严酷等级)。

(9)调节功放增益至合适的位置(一般情况下,根据总体运动部件的质量和试验要求的加速度值计算所需的推力,该推力与系统额定推力的百分比即最低的功放增益值,一般要增加一些作为余量,如所需推力是系统额定值的20%时,一般设定为30%~50%比较合适)。

(10)用控制软件启动试验;对于大型试件,由于装载不平衡,导致试验撞击到辅助支撑上,发生告警而停机。这时可用控制软件降低试验幅度,例如可将位移衰减6个dB,再行启动,经过几个初始循环后再自动过渡到正常试验等级上。

(11)试验结束后立即将功放的增益关至零;升起辅助支撑。

(12)检测、记录,关闭功放,卸载,结束试验。

6)注意事项

(1)在试验过程中,样品应始终处于通电状态。如果在中间检测时样品的工作状态和性能不符合相关标准要求,应立即终止试验。

(2)样品在振动台上的安装应严格按照《电工电子产品环境试验 第2部分:试验方法 振动、冲击和类似动力学试验样品的安装》(GB/T 2423.43—2008)的规定进行。如果安装不符合要求,可能会使样品在试验中经受的严酷性加大,从而对测试结果产生影响。

(3)样品在振动过程中容易出现内部焊点、螺钉和接线头脱落的现象,因此在试验开始前要仔细检查内部元件情况,有问题要及时地维修更换。

(4)试验过程中要注意试验夹具松动脱落或试件破碎飞出导致的伤害,对于大型试件或易碎试件,试验人员要穿戴必要的防护用具。

5. IP防护试验

IP防护等级有两层含义,一是防止异物进入设备,对设备造成故障,例如树枝或刺钢丝进入压缩机的皮带轮导致电机堵转损坏;二是防止人体的一部分进入设备,对人身造成伤害,例如绞肉机绞伤人的手臂。除此之外还有防止水进入设备的功能。防护能力的大小,在现行的 IEC 60529:2013 对应《外壳防护等级(IP代码)》(GB/T 4208—2017)中有规定。生产企业按这个标准对机电设备进行了防护就是安全的。

1)IP代码的标志

IP代码由IP字母和两位特征数字和一位附加字母、一位补充字母组成,IP的标志如图1-5-5所示。

注:(1)不要求规定特征数字时,由字母"X"代替(如果两个字母都省略则用"XX"表示)。

(2)附加字母和(或)补充字母可省略,不需代替。

(3)当使用一个以上补充字母时,应按字母顺序排列。

(4)当外壳采用不同安装方式提供不同的防护等级时,制造厂应在相应安装方式的说明书上表明该防护等级。

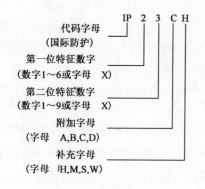

图1-5-5 振动试验系统构成图

2)IP代码的含义

IP代码中各数字的含义见表1-5-7。

IP代码中各数字的含义　　　　　表1-5-7

组成	数字或字母	对设备防护的含义	对人员防护的含义
代码字母	IP	—	—
第一位特征数字	0	防止固体异物进入无防护	防止接近危险部件
	1	≥直径50mm	无防护
	2	≥直径12.5mm	手背
	3	≥直径2.5mm	手指
	4	≥直径1.0mm	工具
	5	防尘	金属线
	6	尘密	金属线

续上表

组　成	数字或字母	对设备防护的含义	对人员防护的含义
第二位 特征数字	 0 1 2 3 4 5 6 7 8 9	防止进水造成有害影响 无防护 垂直滴水 15°滴水 淋水 溅水 喷水 猛烈喷水 短时间浸水 连续浸水 高温/高压喷水	—
附加字母 (可选择)	A B C D	—	防止接近危险部件 手背 手指 工具 金属线
补充字母 (可选择)	H M S W	专门补充的信息 高压设备 做防水试验时试样运行 做防水试验时试样静止 气候条件	—

(1) 第一位特征数字

第一位特征数字所代表的对接近危险部件的防护等级见表1-5-8。表1-5-8中仅由第一位特征数字规定防护等级,简要说明和含义不作为防护等级的规定。

表1-5-8　第一位特征数字所代表的对接近危险部件的防护等级

第一位 特征数字	防　护　等　级		试验条件参见章条
	简要说明	含义	
0	无防护	—	—
1	防止手背接近危险部件	直径50mm球形试具应与危险部件有足够的间隙	12.2
2	防止手指接近危险部件	直径12mm、长80mm的铰接试指应与危险部件有足够的间隙	12.2
3	防止工具接近危险部件	直径2.5mm的试具不得进入壳内	12.2
4	防止金属线接近危险部件	直径1.0mm的试具不得进入壳内	12.2
5	防止金属线接近危险部件	直径1.0mm的试具不得进入壳内	12.2

续上表

第一位特征数字	防护等级 简要说明	防护等级 含义	试验条件参见章条
6	防止金属线接近危险部件	直径1.0mm的试具不得进入壳内	12.2

注：对于第一位特征数字为3、4、5和6的情况，如果试具与壳内危险部件保持足够的间隙，则认为符合要求。足够的间隙由产品标委会根据12.3作规定。由于同时满足表2的规定，所以表1规定"不得进入"。

上表中，试验条件参见章条为GB/T 4208—2017中对应章条，详见该标准。

第一位特征数字所代表的对固体异物（包括灰尘）进入的防护等级见表1-5-9。

第一位特征数字所代表的对固体异物（包括灰尘）进入的防护等级　　　表1-5-9

第一位特征数字	防护等级 简要说明	防护等级 含义	试验条件参见章条
0	无防护	—	—
1	防止直径不小于50mm的固体异物	直径50mm球形物体试具不得完全进入壳内*	13.2
2	防止直径不小于12.5mm的固体异物	直径12.5mm的球形物体试具不得完全进入壳内*	13.2
3	防止直径不小于2.5mm的固体异物	直径2.5mm的物体试具完全不得进入壳内*	13.2
4	防止直径不小于1.0mm的固体异物	直径1.0mm的物体试具完全不得进入壳内*	13.2
5	防尘	不能完全防止尘埃进入，但进入的灰尘量不得影响设备的正常运行，不得影响安全	13.4 13.5
6	尘密	无灰尘进入	13.4和13.6

注：*物体试具的直径部分不得进入外壳的开口。

上表中，试验条件参见章条为GB/T 4208—2017中对应章条，详见该标准。

（2）第二位特征数字

第二位特征数字表示外壳防止由于进水而对设备造成有害影响的防护等级。表1-5-10给出了第二位特征数字所代表的防护等级的简要说明和含义，简要说明和含义不作为防护等级的规定。

第二位特征数字所代表的防护等级　　　表1-5-10

第二位特征数字	防护等级 简要说明	防护等级 含义	试验条件参见章条
0	无防护	—	—
1	防止垂直方向滴水	垂直方向滴水应无有害影响	14.2.1
2	防止当外壳在15°倾斜时垂直方向滴水	当外壳的各垂直面在15°倾斜时，垂直滴水应无有害影响	14.2.2

续上表

第二位特征数字	防护等级 简要说明	防护等级 含义	试验条件参见章条
3	防淋水	当外壳的垂直面在60°范围内淋水时,无有害影响	14.2.3
4	防溅水	向外壳各方向溅水无有害影响	14.2.4
5	防喷水	向外壳各方向喷水无有害影响	14.2.5
6	防强烈喷水	向外壳各个方向强烈喷水无有害影响	14.2.6
7	防短时间浸水影响	浸入规定压力的水中经规定时间后外壳进水量不致达有害程度	14.2.7
8	防持续浸水影响	按生产厂和用户双方同意的条件(应比特征数字为7时严酷)持续潜水后外壳进水量不致达有害程度	14.2.8
9	防高温/高压喷水的影响	向外壳各方向喷射高温/高压水无有害影响	14.2.9

上表中,试验条件参见章条为 GB/T 4208—2017 中对应章条,详见该标准。

(3)附加字母所表示的防止接近危险部件的防护等级

附加字母表示对人接近危险部件的防护等级,见表 1-5-11。附加字母仅用于:

① 接近危险部件的实际防护高于第一位特征数字代表的防护等级。

② 第一位特征数字用"X"代替,仅需表示对接近危险部件的防护等级。

附加字母所表示的对接近危险部件的防护等级　　表 1-5-11

附加字母	防护等级 简要说明	防护等级 含义	试验条件参见章条
A	防止手背接近	直径50mm的球形试具与危险部件应保护足够的间隙	15.2
B	防止手指接近	直径12mm,长80mm的铰接试指与危险部件应保持足够的间隙	15.2
C	防止工具接近	直径2.5mm,长100mm的试具与危险部件应保持足够的间隙	15.2
D	防止金属线接近	直径1.0mm,长100mm的试具与危险部件应保持足够的间隙	15.2

(4)补充字母

在有关产品标准中,可由补充字母表示补充的内容,补充字母放在第二位特征数字或附加字母之后。补充内容的标识字母及含义见表 1-5-12。

补充的内容应与本标准的要求保持一致,产品标准应明确说明进行该试验的补充要求。

补充内容的标识字母及含义　　　　　　　表1-5-12

字　母	含　义
H	高压设备
M	防水试验在设备的可动部件(如旋转电机的转子)运动时进行
S	防水试验在设备的可动部件(如旋转电机的转子)静止时进行
W	提供附加防护或处理以适用于规定的气候条件

3)交通机电产品的机箱防护等级

交通机电产品的大部分机箱防护性能要求是:应满足国家标准 GB/T 4208—2017 中规定的 IP55 或 IP65 两个等级,下面将详细说明这两个等级的规定情况。

(1)第一位特征数字为 5 和 6 的防尘试验

第一位特征数字为 5 和 6 的防尘试验应在防尘箱中进行。密闭试验箱内的粉末循环泵可用能使滑石粉悬浮的其他方法代替。滑石粉应用金属方孔筛滤过。金属丝直径 50μm,筛孔尺寸为 75μm。滑石粉用量为每立方米试验箱容积 2kg,使用次数不得超过 20 次。滑石粉的选用应符合人体健康与安全的各项规定。

其他详见 GB/T 4208—2017。

(2)第二位特征数字为 5 的 6.3mm 喷嘴试验条件如下:

①喷嘴内径:6.3mm。

②水流量:(12.5±0.625)L/min。

③水压:按规定水流量调节。

④主水流的中心部分:离喷嘴 2.5m 处直径约为 40mm 的圆。

⑤外壳表面每平方米喷水时间:约 1min。

⑥试验时间:最少 3min。

⑦喷嘴至外壳表面距离:2.5~3m。

(3)第二位特征数字为 6 的 12.5mm 喷嘴试验条件如下:

①喷嘴内径:12.5mm。

②水流量:(100±5)L/min。

③水压:按规定水流量调节。

④主水流的中心部分:离喷嘴 2.5m 处为直径约 120mm 的圆。

⑤外壳表面每平方米约喷水时间:约 1min。

⑥试验时间:最少 3min。

⑦喷嘴至外壳表面距离:2.5~3m。

(4)接受条件

外壳经规定的试验后,应检查外壳进水情况。如可能,有关产品标准应规定允许的进水量及耐电压试验的细节。

一般说来,如果进水,应不足以影响设备的正常操作或破坏安全性;水不积聚在可能导致沿爬电距离引起漏电起痕的绝缘部件上;水不进入带电部件,或进入不允许在潮湿状态下运行的绕组;水不积聚在电缆头附近或进入电缆。

如外壳有泄水孔,应通过观察证明进水不会积聚,且能排出而不损害设备。

对没有泄水孔的设备,如发生水积聚并危及带电部分时,有关产品标准应规定接受条件。

6. 接地电阻

接地电阻对机电工程来说是一个重要安全参数,防雷接地是防止机电设备遭雷击而采取的保护性措施,目的是把雷电产生的雷击电流通过避雷针引入到大地,从而保证设备正常运行。同时,保护接地也是保护人身安全的一种有效手段,当某种原因引起的相线(如电线绝缘不良,线路老化等)和设备外壳碰触时,设备的外壳就会有危险电压产生,由此生成的故障电流就会流经 PE 线到大地,从而起到保护作用。

接地电阻测量方法有打钎法和钳形表法,目前最有效、可靠的是前者,其测量方法描述如下:

1)测量原理

接地电阻测量原理如图 1-5-6 所示。

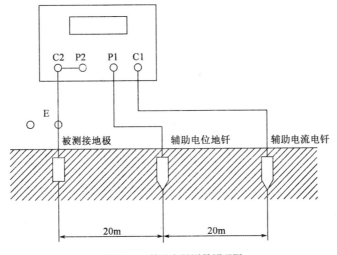

图 1-5-6 接地电阻测量原理图

图中各端子名称如下:C1-电流极;C2-标准电位极;P1-电位极;P2-辅助电位极;E-被测接地极。在测量仪内部通过手摇发电机发出的电流出电流极 C1,经电流地钎注入接地回路,通过电位极 P1 测出接地回路的电压降,就得到接地电阻。

2)注意事项

(1)测量前断开接地极与被测设备的连接。

(2)均匀快速地摇动测量仪的摇把,转速达到 120r/min。

(3)电位极 P1 和电流极 C1 应设置在被测接地极的同一侧并保证大于规定的距离。

(4)地钎尽量打在潮湿的土壤中,必要时在地钎周围浇水。

7. 绝缘电阻

1)概述

公路机电设备的工作电压为 220V、频率为 50Hz,采用基本绝缘的方式。根据《信息技术

设备　安全　第1部分:通用要求》(GB 4943.1—2011)的要求,试验电压定为500V,绝缘电阻要求大于100MΩ。该指标是在标准测试条件下的测量值,工程环境下可能会变差,所以在一些行业标准中有规定不小于2MΩ的。

绝缘电阻的测试一般用测试精度1.0级、500V的手摇式或用电池供电的兆欧表,其原理为兆欧表内部产生500V直流电压,一路施加在内部电感1和被测试电阻上,一路施加在内部电感2和内部电阻上,通过两个电流的比值计算出被测试电阻值。

2)测试方法

(1)将被测设备控制机箱内的空气开关断开,取下防雷模块。

(2)将绝缘电阻测试仪的黑表笔与设备PE端子可靠连接,红表笔连接到空气开关高压输出L端。

(3)将测试仪的输出电压设置到500V挡,打开电源开关,按动测试按钮,待仪器读数稳定后记录测量结果。

(4)松开测试按钮,将红表笔连接到空气开关高压输出N端,再按动测试按钮,待仪器读数稳定后记录测量结果。

(5)测试完毕后关闭仪器电源,并将设备调整到正常工作状态。

3)测试中常见问题

(1)对于目前的公路机电产品来说,如果绝缘电阻试验不合格,可能是采用了标准中禁止使用的吸湿性材料如塑料做绝缘端子。

(2)目前,很多供电线路采用"零地共线"的接线方式,尤其是农网供电的机电设备,在这种情况下测试时会出现测试值为零的情况。这时可去掉被测设备空气开关上的零线后再进行试验。

8.介电强度试验

(1)概述:介电强度在国家标准GB 4943.1—2011中称电气强度,新颁布的交通机电产品标准都改称为电气强度,是考核交流用电设备、电气绝缘强度的另一项指标,在检测中发现,一些绝缘电阻合格的设备,其电气强度不一定合格。电气强度不合格的电子设备存在使人触电的危险,因此发现不合格后,应查找出现问题的原因,采用更换、加强等措施提高电气产品的耐电气强度。

(2)技术要求:交通机电产品的耐电气强度要求是在产品的电源接线端子与机壳之间施加频率50Hz、有效值1500V正弦交流电压,历时1min,应无闪络或击穿现象。

(3)试验设备和方法:标准规定为用1.0级耐电压测试仪在接线端子与机壳之间测量,具体步骤如下:

①将被测设备的防浪涌电容或其他避雷原件暂时拆除,确认电源接线完全与外接供电线路断开。

②检查耐电压测试仪的初始状态:

a.确认升压旋钮已调到最小值。

b.将测试仪的"⏚"端子可靠接入安全地。

c.确认测试仪开关处于断开状态。

d. 将测试仪输出接地端与被测设备的 PE 端子可靠连接。

e. 将测试仪高压测试棒接入交流(AC)高压输出端,并放置在安全位置。

③给耐压测试仪通电,并设置测试条件:

a. 将电压输出类型选为交流。

b. 设置漏电流大小,一般设为 20mA。

c. 设置计时器为 1min。

④测试:

a. 确认高压测试棒放置在安全位置。

b. 启动测试计时按钮。

c. 缓慢调整升压旋钮,使耐压测试仪输出电压达到 1500V。

d. 将测试计时按钮置于停止状态,使得耐压测试仪输出电压变到 0。

e. 将高压棒连接到被测设备的 L 端,启动测试计时按钮。

f. 观测被测设备,无闪络、无击穿为通过。

g. 重复 d、e、f 步骤测试 N 端。

h. 两端子都通过测试,则测试合格,否则不合格。

⑤测试后处理:

a. 将耐压测试仪输出按钮置回到最小值,使得输出变为 0。

b. 断开耐压测试仪电源。

c. 卸下高压输入棒,并放入安全位置。

d. 断开测试仪与被测设备的其他连接。

e. 恢复被测设备所做的改动。

f. 对所做试验进行记录。

9. 电磁兼容

电磁兼容性能试验有多种,国家标准《电磁兼容 试验和测量技术》(GB/T 17626)计划规定 28 个,目前已经颁布了 16 个,例如静电放电抗扰度、辐射电磁场抗扰度、电快速瞬变脉冲群抗扰度、工频磁场抗扰度、浪涌(冲击)抗扰度、电压暂降和短时中断抗扰度等。交通机电产品一般安装在野外,主要考虑的是在外界干扰下是否能够可靠工作,所以交通行业标准《公路机电系统设备通用技术要求及检测方法》(JT/T 817—2011)只规定了三项通用试验要求,试验方法如下。

(1)静电放电抗扰度试验

按照《电磁兼容 试验和测量技术 静电放电抗扰度试验》(GB/T 17626.2)确定试验等级 2,对操作人员正常使用设备时可能接触的点和表面以及用户维修点进行静电放电抗扰度试验。对所确定的放电点采用接触放电,试验电压为 4kV。至少施加 10 次单次放电,放电之间间隔至少 1s。产品的各种动作、功能及运行逻辑应正常。

(2)辐射电磁场抗扰度试验

按照《电磁兼容性 试验和测量技术 射频电磁场辐射抗扰度试验》(GB/T 17626.3)确定试验等级 2,对正常工作的设备进行辐射电磁场抗扰度试验,对正常运行的设备四个侧面分别在发射天线垂直极化和水平极化位置进行试验,发射场强为 3V/m。产品的各种动作、功能及运行逻辑应正常。

(3)电快速瞬变脉冲群抗扰度试验

按照《电磁兼容 试验和测量技术 电快速瞬变脉冲群抗扰度试验》(GB/T 17626.4)确定试验的等级 3,对设备的电源端口、信号和控制端口以及机箱的接地线进行电快速瞬变脉冲群抗扰度试验,将 2kV 试验电压通过耦合/去耦网络施加到供电电源端口和保护接地上,将 1kV 试验电压通过耦合/去耦网络施加到输入输出信号和控制端口上,施加试验电压 5 次,每次持续时间不少于 1min。产品的各种动作、功能及运行逻辑应正常。

第五节 常用防腐处理技术及质量要求

本节介绍金属腐蚀的机理和后果以及防护方法,考生应重点掌握防腐层的质量要求和检测方法。

一、概述

金属材料的腐蚀,是指金属材料和周围介质接触时发生化学或电化学作用而引起的一种破坏现象。对于金属而言,在自然界大多是以金属化合物的形态存在。从热力学的观点来看,除了少数贵金属(如金、铂等)外,各种金属都有转变成离子的趋势。因此,金属元素比它们的化合物具有更高的自由能,必然有自发地转回到热力学上更稳定的自然形态——氧化物的趋势,所以说金属腐蚀是自发的普遍存在的一种现象,是不可避免的。腐蚀给人类带来的损失是巨大的。据有关资料统计,世界上每年因腐蚀而报废的金属材料和设备约相当于生产量的 20% 以上,一些发达国家由于金属腐蚀而造成的经济损失大约占国民经济总产值的 2% ~ 4%。钢铁腐蚀后的影响,除了直接损耗以外,从钢结构受力分析,在受力情况下钢结构被腐蚀后,若腐蚀 1%,其强度下降 10% ~ 15%。若双面腐蚀各达 5%,其结构将报废。随着全球工业的发展,腐蚀的问题日趋严重。因此,世界各国对防腐技术措施非常重视,将金属防腐技术上升到工程的角度进行研究实施,成为表面工程的一个重要领域。通过不断的研究与发展,发明了多种防腐处理工艺,使腐蚀问题得到了明显缓解,但总的来说,金属的腐蚀仍十分严重。

在交通安全设施中,钢铁腐蚀是主要的,而在钢铁腐蚀中,海洋条件、潮湿气氛和工业密集地区的大气腐蚀占重要位置。和很多强介质腐蚀相比,虽然这类弱介质腐蚀的腐蚀强度相对较低,但因其量大面广,致使造成的损失和影响更为突出。仅以高速公路波形梁钢护栏为例,一公里高速公路约使用 80t 的钢材,7 万 km 使用 560 万 t,如不进行防腐处理,一年腐蚀约 60 万 t,直接损失 30 亿元,5 年后,腐蚀后的钢护栏不仅外观难看,还将失去防护功能。可见防腐处理对公路交通安全设施是非常重要的。

二、常用防腐处理技术

金属材料的防腐蚀方法很多,主要有改善金属的本质,把被保护金属与腐蚀介质隔开,或对金属进行表面处理,改善腐蚀环境以及电化学保护等。

1. 改善金属的本质

根据不同的用途选择不同的材料组成耐蚀合金,或在金属中添加合金元素,提高其耐蚀性,可以防止或减缓金属的腐蚀。例如,在钢中加入镍制成不锈钢可以增强防腐蚀能力。

2. 形成保护层

在金属表面覆盖各种保护层,把被保护金属与腐蚀性介质隔开,是防止金属腐蚀的有效方法。工业上普遍使用的保护层有非金属保护层和金属保护层两大类,通常采用以下方法形成保护层:

(1) 金属的磷化处理:钢铁制品去油、除锈后,放入特定组成的磷酸盐溶液中浸泡,即可在金属表面形成一层不溶于水的磷酸盐薄膜,这种过程叫作磷化处理。磷化膜呈暗灰色至黑灰色,厚度一般为 $5 \sim 20 \mu m$,在大气中有较好的耐蚀性。膜是微孔结构,对油漆等的吸附能力强,如用作油漆底层,耐腐蚀性可进一步提高。

(2) 金属的氧化处理:将钢铁制品加到 $NaOH$ 和 $NaNO_2$ 的混合溶液中,加热处理,其表面即可形成一层厚度为 $0.5 \sim 1.5 \mu m$ 的蓝色氧化膜(主要成分为 Fe_3O_4),以达到钢铁防腐蚀的目的,此过程称为发蓝处理,简称发蓝。这种氧化膜具有较大的弹性和润滑性,不影响零件的精度。故精密仪器和光学仪器的部件,如弹簧钢、薄钢片、细钢丝等常用发蓝处理。

(3) 非金属涂层:一般用液体、固体或多组份涂料(如聚乙烯、聚氯乙烯、聚氨酯材料等)涂覆在金属表面,形成的金属材料覆盖层致密光洁、色泽艳丽,兼具防腐蚀与装饰的双重功能。搪瓷是含 SiO_2 量较高的玻璃瓷釉,有极好的耐腐蚀性能,因此作为耐腐蚀非金属涂层,广泛用于石油化工、医药、仪器等工业部门和日常生活用品中。

(4) 金属保护层:这是以一种金属镀在被保护的另一种金属制品表面上所形成的保护镀层,前一种金属称为镀层金属。金属镀层的形成,除电镀、化学镀外,还有热浸镀、热喷镀、渗镀、真空镀等方法。热浸镀是将金属制件浸入熔融的金属中以获得金属涂层的方法,作为浸涂层的金属通常是采用低熔点金属,如锌、锡、铅和铝等。热镀锌主要用于钢管、钢板、钢带和钢丝,应用最广;热镀锡主要用于薄钢板和食品加工等的储存容器;热镀铅主要用于化工防蚀和包覆电缆;热镀铝则主要用于钢铁零件的抗高温氧化等。

3. 改善环境

改善环境对减少和防止金属腐蚀有重要作用。例如,减少腐蚀介质的浓度,除去介质中的氧,控制环境温度、湿度等都可以减少和防止金属腐蚀。也可以采用在腐蚀介质中添加能降低腐蚀速率的物质(缓蚀剂)来减少和防止金属腐蚀。

4. 电化学保护法

电化学保护法是根据电化学原理在金属设备上采取措施,使之成为腐蚀电池中的阴极,从而防止或减轻金属腐蚀的方法,主要有以下两种。

(1) 牺牲阳极保护法:该方法是用电极电势比被保护金属更低的金属或合金做阳极,固定在被保护金属上,形成腐蚀电极,被保护金属作为阴极而得到保护。牺牲阳极一般常用的材料有铝、锌及其合金。此法常用于保护海船外壳、海水中的各种金属设备、构件和防止巨型设备

(如储油罐)以及石油管路的腐蚀。

（2）外加电流法：将被保护金属与另一附加电极作为电池的两个极,使被保护的金属作为阴极,在外加直流电的作用下使阴极得到保护。此法主要用于防止土壤、海水及河水中金属设备的腐蚀。在公路交通安全设施中应用最多的是金属和非金属涂层保护法,常用工艺有热浸镀锌、热浸镀铝、聚酯静电喷涂、硫化床浸塑,近几年金属和非金属复合涂层也以优越的防腐性能和良好的装饰性能得到广泛应用。

三、公路交通安全设施防腐层质量要求

公路交通安全设施金属防腐处理主要使用的工艺是在金属构件表面涂覆一层保护层,在工程中通常叫防腐层。只有符合要求的防腐层才能起到保护作用,早在2000年就颁布实施的国家标准《高速路交通工程钢构件防腐技术条件》(GB/T 18226—2000)。该标准已更新为《公路交通工程钢构件防腐技术条件》(GB/T 18226—2015),与老版本相比做了较大变动,原则上适用于所有公路交通工程各种钢构件的防腐。

第六节　公路交通工程钢构件的防腐技术要求

本节主要介绍国家标准《公路交通工程钢构件防腐技术条件》(GB/T 18226—2015)相关内容。

一、概述

如前所述,腐蚀是金属钢构件失效的主要致因和形式,由此而产生的经济损失十分惊人。因而采取各种措施减少和延缓腐蚀,提高钢构件的安全可靠性、美观性及延长使用寿命显得日益重要。我国经过几十年的发展,在防腐处理技术领域取得了显著成绩,如热浸镀锌、热浸镀铝等工艺已非常普及,但随着时代的进步,"绿色、环保"的理念逐渐被人们所认知,国外先进国家已认识到不成规模的开放式热浸镀是一种高能耗、高污染的工业,从20世纪80年代初就淘汰了这种作坊式工艺,转而开发"环保节能"的新工艺,在生产上发挥规模效应,实现了既质量稳定可靠,又绿色环保的目标。近几年,我国产业界也取得了实用化的成果,例如环氧锌基聚酯粉末复合涂层,采用喷丸工艺作前处理,避免了酸碱污染,采用静电喷涂工艺降低了熔融锌锭、铝锭所需的高温和热损失,采用自动化生产线提高了产品质量和功效,减少了碳排放,对建设资源节约、环境友好型交通事业具有十分重要的经济效益和社会效益。本标准的目的在于积极引导,逐步淘汰落后及污染严重的防腐处理技术生产工艺。使用者应结合使用环境、车辆构成、工程建设规模和投资,合理选用防腐形式。

二、防腐形式分类

本标准按防腐工艺,共分为十七种防腐类型。
1）热浸镀锌涂层

采用热镀的方法,将被镀金属钢构件浸入熔融的金属锌液中,使得钢铁基体与熔融锌液之

间发生溶解、化学反应和扩散而形成的涂层。

2）热浸镀铝涂层

采用热镀的方法,将被镀金属钢构件浸入熔融的金属铝液中,使得钢铁基体与熔融铝液之间发生溶解、化学反应和扩散而形成的涂层。

3）热浸镀锌铝合金涂层

采用热镀的方法,将被镀金属钢构件浸入熔融的金属锌—（5%）铝稀土合金液中,使得钢铁基体与熔融合金液之间发生溶解、化学反应和扩散而形成的涂层。

4）热浸镀铝锌合金涂层

采用热镀的方法,将被镀金属钢构件浸入熔融的(55%)金属铝—锌合金液中,使得钢铁基体与熔融合金液之间发生溶解、化学反应和扩散而形成的涂层。

5）静电喷涂聚酯涂层

静电喷涂是利用高压静电电场使带负电的纯聚酯粉末微粒沿着电场相反的方向定向运动,并将粉末微粒吸附在工件表面形成粉状的涂层,粉状涂层经过高温烘烤流平固化,变成涂膜稳定的一种涂层。

6）流化床浸塑涂层

采用流化床工艺将预热的金属构件浸入沸腾的热塑性粉末涂料中,在构件表面上形成粉状的涂层,粉状涂层经过高温烘烤流平、冷却固化,变成涂膜稳定的一种涂层。

7）热浸镀锌聚酯复合涂层

利用静电喷涂工艺在热镀锌构件上再喷上一层聚酯涂层,对金属钢构件来说有内层的热镀锌涂层和外层的聚酯涂层而形成的双涂层。

8）热浸镀锌浸塑复合涂层

利用流化床工艺在热镀锌构件上再覆盖上一层热塑性粉末涂层,对金属钢构件来说有内层的热镀锌涂层和外层的塑料涂层而形成的双涂层。

9）热浸镀铝聚酯复合涂层

利用静电喷涂工艺在热镀铝构件上再喷上一层聚酯涂层,对金属钢构件来说有内层的热镀铝涂层和外层的聚酯涂层而形成的双涂层。

10）热浸镀铝浸塑复合涂层

利用流化床工艺在热镀铝构件上再覆盖上一层热塑性粉末涂层,对金属钢构件来说有内层的热镀铝涂层和外层的塑料涂层而形成的双涂层。

11）热浸镀锌铝合金聚酯复合涂层

利用静电喷涂工艺在热镀锌(5%)铝稀土合金钢构件上再喷上一层聚酯涂层,对金属钢构件来说有内层的热镀锌铝稀土合金涂层和外层的聚酯涂层而形成的双涂层。

12）热浸镀锌铝合金浸塑复合涂层

利用流化床工艺在热镀锌(5%)铝稀土合金钢构件上再覆盖上一层热塑性粉末涂层,对金属钢构件来说有内层的热镀锌铝稀土合金涂层和外层的塑料涂层而形成的双涂层。

13）热浸镀铝锌合金聚酯复合涂层

利用静电喷涂工艺在热镀(55%)铝—锌合金钢构件上再喷上一层聚酯涂层,对金属钢构件来说有内层的热镀铝锌合金涂层和外层的聚酯涂层而形成的双涂层。

14) 热浸镀铝锌合金浸塑复合涂层

利用流化床工艺在热镀（55%）铝—锌合金钢构件上再覆盖上一层热塑性粉末涂层,对金属钢构件来说有内层的热镀铝锌合金涂层和外层的塑料涂层而形成的双涂层。

15) 环氧锌基聚酯复合涂层

在抛丸(或喷丸)处理形成的清洁金属表面上,经粉末涂料静电涂装形成底层为环氧锌基粉末涂层、面层为纯聚酯涂层的熔结涂层体系。

16) 锌铬涂层（达克罗）

将水基锌铬涂料浸涂、刷涂或者喷涂于钢铁零件或构件表面,经烘烤形成的以鳞片状锌和锌的铬酸盐为主要成分的无机防腐蚀涂层。

17) 粉末镀锌涂层

通过机械设备,在化学物质和冲击介质作用下,将锌粉镀到钢构件表面,形成的光滑、均匀并具有一定厚度的涂层。

上述十七种类型,基本涂层有四种金属涂层:热浸镀锌、热浸镀铝、热浸镀锌铝合金、热浸镀铝锌合金;两种非金属涂层:流化床浸塑、聚酯静电喷涂,共六种。金属涂层和非金属涂层可以组合成复合涂层,则形成八种复合涂层。这样就有十四种涂层,加上锌铬涂层、粉镀锌涂层、环氧锌基聚酯复合涂层三种其他涂层,就有十七种涂层。

三、技术要求

1. 金属涂层

金属涂层有四种,要求的项目基本是一样的,主要有涂层用材质、涂层外观、涂层厚度或附着量、均匀性、附着性、抗弯曲性能、耐盐雾腐蚀性能。

2. 非金属涂层

非金属涂层有两种,两种涂层都要求的有涂层用材质、涂层外观、涂层厚度、均匀性、附着性、抗弯曲性能、耐冲击性能、耐磨性能、耐化学溶剂、耐湿热性能、耐盐雾腐蚀性能、耐候性能共十二项,对于流化床浸塑涂层还要增加耐低温脆化性能,共十三项。

3. 复合涂层

复合涂层由金属内涂层和非金属外涂层组成,其要求也是两种涂层都要满足,区别主要是厚度不同,镀铝和镀锌相比复合涂层增加了耐循环盐雾性能。复合涂层的要求有内外涂层厚度、外观、内涂层性能(材质、内均匀性、附着性、抗弯曲性能、耐盐雾腐蚀)、外涂层性能(涂层用材质、涂层外观、涂层厚度、均匀性、附着性、抗弯曲性能、耐冲击性能、耐磨性能、耐化学溶剂、耐湿热性能、耐盐雾腐蚀性能、耐候性能等十二项,对于流化床浸塑涂层还要增加耐低温脆化性能共十三项)复合涂层性能综合指标耐温度交变性能、热浸镀铝复合涂层增加耐循环盐雾性能。

4. 环氧锌基聚酯复合涂层

环氧锌基聚酯复合涂层的内涂层是由掺加了一定比例片状锌粉的环氧树脂组成,外涂层为工程级纯聚酯高分子材料,其技术要求也包含了两种涂层的项目。内涂层有:外观、厚度(均匀性)、附着性、抗弯曲性能、耐冲击性能、耐盐雾腐蚀性能、耐湿热性能七项。复合涂层有:外观、厚度(均匀性)、附着性、耐湿附着性、抗弯曲性能、耐磨性能、耐冲击性能、耐化学溶剂、抗阴极剥离性能、耐循环盐雾性能、耐湿热性能、耐低温性能、耐候性能共十三项。

5. 锌铬涂层

锌铬涂层由于含有重金属铬,生产或使用过程中容易导致环境污染,不宜大量使用,标准中只规定了用于螺栓等小件防腐。其技术要求主要有:外观、涂层厚度、附着强度、耐盐雾腐蚀性能、耐水性能、耐湿热性能六项。

6. 粉末镀锌涂层

用于螺栓、螺母等紧固件的粉末镀锌涂层,其性能要求与热浸镀锌相同。

四、试验方法

1. 一般规定

一般情况下,试样制备和试样数量在具体产品标准中详细规定。试样尺寸符合相关标准要求的条件下,用于性能试验的试样在成型产品上截取。比对试验所需样品应尽可能在相邻位置截取,并做好标记,以保证试验结果前后的可比性。在试样尺寸不符合相关标准的要求时,应依据标准要求选用与产品相同原材料及工艺制备所需试验样品。

2. 材料要求

(1)防腐涂层用材料主要核查原材料的材质证明单是否齐全有效,必要时可对原材料的主要性能指标(如化学成分)进行检验。

(2)锌铝或铝锌合金涂层的化学成分分析:

《钢表面锌基和(或)铝基镀层 单位面积镀层质量和化学成分测定 重量法、电感耦合等离子体原子发射光谱法和火焰原子吸收光谱法》(GB/T 24514—2009)比较复杂,当发生争议时一般委托专业化学分析试验室执行。大致原理是用已知元素含量的标准溶液或标准物质的谱线强度与待测物质的谱线强度相比较得到待测物质中元素的含量。

3. 外观质量

一般在正常光线下,直接目测或借助放大镜、几何量具观察。

4. 涂层厚度

1)钢构件基体上的单涂层厚度、复合涂层总厚度

钢构件基体上的单一涂层及复合总涂层厚度用磁性测厚仪按《磁性基体上非磁性覆盖层 覆盖层厚度测量 磁性法》(GB/T 4956—2003)的规定进行,一般测点数不少于5个点,以测量值的算术平均值表示测试结果,若测试值中10%以上的值超出技术要求范围,即使算术平均值符合技术要求,但该结果仍为不符合本标准的技术要求。

2) 复合涂层厚度

(1) 显微镜法

显微镜法属于较复杂的测量方法,主要原理是将图层断面放大后用测量显微镜测量出断面的构造和厚度,比磁性测厚仪精确得多。一般经过切样、制样、镶嵌、研磨、断面化学处理、放大测量分析等步骤。对于环氧锌基聚酯复合涂层因内涂层含有锌粉,为了观测锌粉的分布和减少测量误差,规定按照《金属和氧化物覆盖层 厚度测量 显微镜法》(GB/T 6462—2005) 执行即金相显微镜法。

(2) 脱层法

对于其他复合涂层内外层厚度按照以下步骤进行测量:

①准备试验器具:磁性测厚仪、手术刀、划格器、竹片或硬塑料片、放大镜、记号笔、脱塑剂、无水酒精、清洁抹布。

②测量涂层总厚度:用记号笔在被测试样上做好标记,用磁性测厚仪测量标记处的总厚度三次,取三次的算术平均值为该点的涂层总厚度,记为 T。

③脱塑:先用加热或机械法除去热塑性外涂层,或用脱塑剂除去热固性外涂层后,再用竹片或硬塑料片、无水酒精、清洁抹布对裸露出的内涂层作适当清洁。

④测量内涂层厚度:用磁性测厚仪按《磁性基体上非磁性覆盖层 覆盖层厚度测量 磁性法》(GB/T 4956—2003) 的规定测量裸露出的内涂层厚度三次,取三次的算术平均值为该点的内涂层厚度,记为 T_1。

⑤计算外涂层厚度(单面) T_2:$T_2 = T - T_1$。

(3) 换算法

对于金属涂层厚度可按以下方法换算为厚度:

①热浸镀锌涂层,涂层密度取 $7.14g/cm^3$,涂层厚度 $T =$ 单位面积附着量 $M/7.14(\mu m)$。

②热浸镀铝涂层,涂层密度取 $2.70g/cm^3$,涂层厚度 $T =$ 单位面积附着量 $M/2.70(\mu m)$。

③热浸镀锌铝合金涂层,涂层平均密度取 $6.60g/cm^3$,涂层厚度 $T =$ 单位面积附着量 $M/6.60(\mu m)$。

④热浸镀铝锌合金涂层,涂层平均密度取 $3.75g/cm^3$,涂层厚度 $T =$ 单位面积附着量 $M/3.75(\mu m)$。

5. 金属涂层附着量

1) 热镀锌、锌铝合金及铝锌合金金属涂层附着量试验方法

(1) 试样的准备。

①对于钢丝构件,截取三根,每根长度 $300 \sim 600mm$。

②对于钢管构件,在两端及中部各截取 $30 \sim 60mm$(视规格大小确定)长的管段作为试样。

③对于板状构件,截取三块,每块试样的测试面积不小于 $10000mm^2$,试样表面不应有粗糙面和锌瘤存在。

④附着量采用三点法计算。三根(块)试样附着量的平均值为该试样的平均附着量。

⑤试样用四氯化碳、苯或三氯化烯等有机溶剂清除表面油污,然后以乙醇淋洗,清水冲净,净布擦干,充分干燥后称量,钢管和钢板试样精确到 $0.01g$。钢丝试样精确到 $0.001g$。

(2)试验溶液的配制。将3.5g六次甲基四胺($C_6H_{12}N_4$)溶于500mL的浓盐酸($\rho=1.19$g/mL)中,用蒸馏水稀释至1000mL。

(3)试验方法。试验溶液的数量,按试样表面每平方厘米不少于10mL准备。将称量后的试样放入试验溶液中(保持试验溶液温度不高于38℃),直至镀锌(锌铝合金)层完全溶解,氢气泡显著减少为止。将试样取出,以清水冲洗,同时用硬毛刷除去表面的附着物,用棉花或净布擦干,然后浸入乙醇中,取出后迅速干燥,以同一精确度重新称量。

对于钢丝试样,测量去掉锌层后的直径,两个相互垂直的部位各测一次,取其平均值。对于钢管试样,测量去掉锌层后的三个壁厚,取平均值。对于钢板试样,测量去掉锌层后的三个板厚,取平均值。

(4)附着量计算。

镀锌(锌铝合金)钢丝试样附着量按式(1-5-14)计算:

$$A = \frac{G_1 - G_2}{G_2} d \times 1960 \tag{1-5-14}$$

式中:A——钢丝单位表面积上的镀锌(锌铝合金)层附着量(g/m^2);

G_1——试验前试样质量(g);

G_2——试验后试样质量(g);

d——钢丝试样剥离锌层后的直径(mm)。

镀锌钢管、钢板试样附着量按式(1-5-15)计算:

$$A = \frac{G_1 - G_2}{G_2} t \times 3920 \tag{1-5-15}$$

式中:A——钢管、钢板单位表面积上的镀锌层附着量(g/m^2);

G_1——试验前试样质量(g);

G_2——试验后试样质量(g);

t——钢管试样剥离锌层后的壁厚,钢板试样剥离锌层后的板厚(mm)。

2)热镀铝涂层的附着量

(1)试样的准备

①试样。

钢丝:每根试样长度300~600mm。

钢管:每根试样长度30~60mm。

钢板:试样的面积不小于4000mm^2。

对于不规则的样品,用一定直径的钢丝或一定厚度的钢板与被测样品在同一工艺条件下镀铝,钢丝、钢管长度或钢板面积满足上述要求。

②用纯净的溶剂如苯、石油苯、三氯乙烯或四氯化碳洗净表面。再用乙醇淋洗,清水洗净,然后充分干燥。

(2)试验溶液的配制

将化学纯氢氧化钠120g溶于水中,配制成1000ml的氢氧化钠溶液。溶液温度为60~90℃。

(3)试验操作方法

①用天平称量清洗并干燥后的试样的质量,精确至0.01g。

②将称量后的试样浸入试验溶液中,每次浸入一个试样,液面须高于试样。网片试样比容器长时,可将试样做适当弯曲或卷起来。试样不允许与试验容器壁接触。

③当试样于溶液中,氢的发生变得很少,镀铝层已消失时,取出试样。在清水中冲洗并用棉花或净布擦干。待干燥后再在天平上称质量,精确到0.01g。

④如果试样干燥后发热,将其重又浸入测试溶液中,溶解残留于金属层上的铝,重复上述操作,直至不再引起发热。

注1:连续的气体发生减弱后,试样留在氢氧化钠溶液中的时间不应超过10 min。

注2:如果需要较长的时间来除去铝层,则需更新氢氧化钠溶液。

⑤对于钢丝试样,测量去掉铝层后的直径,两个相互垂直的部位各测一次,取其平均值。对于钢管试样,测三个壁厚,取平均值。对于钢板试样,测三个板厚,取平均值。

(4)试验结果的计算

①镀铝钢丝试样附着量按式(1-5-16)计算:

$$m_A = \frac{m_1 - m_2}{m_2} d \times 1960 \tag{1-5-16}$$

式中:m_A——钢丝单位表面上的铝层质量(g/m²);

m_1——试样剥离铝层前的质量(g);

m_2——试样剥离铝层后的质量(g);

d——试样剥离铝层后的直径(mm)。

②镀铝钢管、钢板试样附着量按式(1-5-17)计算:

$$m_A = \frac{m_1 - m_2}{m_2} t \times 3920 \tag{1-5-17}$$

式中:m_A——镀铝层的质量(g/m²);

m_1——试样剥离铝层前的质量(g);

m_2——试样剥离铝层后的质量(g);

t——钢管剥离铝层后的壁厚,或钢板剥离铝层后的板厚(mm)。

6. 涂层均匀性

1)金属涂层的均匀性

依据构件形状和成型工艺在构件每一面的上中下、左中右各取一点,单面九个点,双面共18个点,用磁性测厚仪测得各点的厚度,得到一个测量列,分别求出测量列的平均值、最小值和最大值,按式(1-5-18)计算涂层的不均匀度。

$$P_u = \max\left\{\frac{|T_{\min} - T_a|}{T_a}, \frac{|T_{\max} - T_a|}{T_a}\right\} \times 100 \tag{1-5-18}$$

式中:P_u——涂层不均匀度(%),取最大不均匀度为测量结果;

$T_{\min}$——测量列的最小值(μm);

T_{max}——测量列的最大值(μm);

T_a——测量列的平均值(μm)。

2)非金属涂层的均匀性

依据构件形状和成型工艺在构件每一面的上中下、左中右各取一点,单面九个点,双面共18个点,用磁性测厚仪测得各点的厚度,取最大厚度与最小厚度差为测量结果。

3)铝层有孔度试验方法

(1)试样的准备

①试样。

钢丝:每根试样长度不小于150mm。

钢管:每根试样长度不小于150mm。

钢板:每块试样任意一边长度不小于150mm。

对于不规则的样品,用一定直径的钢丝或一定厚度的钢板与被测样品在同一工艺条件下镀铝,钢丝、钢管或钢板的长度满足上述要求。

②试验前试样应先用乙醇、汽油、乙醚或石油醚等擦洗(必要时再用氯化镁糊剂轻擦),除去所粘脏物及油脂,再用净水冲洗并用脱脂棉花或净布擦干。试样的截断部分应覆盖石蜡或涂漆。

(2)试验溶液

试验溶液为自来水。

(3)试验用容器

试验用容器采用聚乙烯容器或其他不产生铁锈的容器。

(4)试验步骤

将清洁的试样缓慢地插入自来水中,放置24h或更长时间,静置期间不能搅动溶液,也不能注入新的自来水或倒出自来水。放置规定时间后,观察其表面产生的红褐色的氢氧化铁沉积物的情况。

试样截断处周围10mm以内产生的沉积物不计。

7. 涂层附着性

1)金属涂层对钢基体的附着性

(1)试样准备

①对钢丝试样取三根,每根试样长度不小于表1-5-13中规定,试验前可对试样进行矫直,当用手不能矫直时,可将试样置于木材、塑料或铜的垫板上,以木锤或橡胶锤轻轻打直,矫直后试样表面不得有损伤。

②对于板材、管材及连接件,同时镀三块。

芯棒直径及缠绕圈数 表1-5-13

钢丝直径(mm)	试样最小长度(mm)	芯棒直径为钢丝直径倍数	缠绕圈数,不小于
2.0	350	5	6
>2.0~3.0	600	7	6
>3.0~4.0	800	7	6

注:芯棒直径不允许有正偏差。

(2)试验装置

①缠绕试验装置。

a.缠绕试验装置如图1-5-7所示。

b.试验机应符合缠绕松懈试验的技术要求。

c.试验机应能保证试样围绕芯棒沿螺旋方向缠成紧密的螺旋圈。

d.缠绕芯棒直径(自身缠绕除外)应符合表1-5-12的规定,但允许偏差不允许有正偏差值,芯棒应具有足够的硬度,其表面粗糙度Ra应不大于6.3μm。

e.试验机应有对试样自由端施加张力的装置。

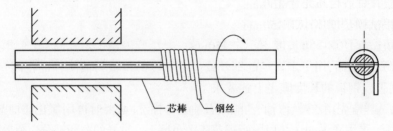

图1-5-7 缠绕试验装置

②锤击试验装置。

参照《钢构件镀锌层附着性能测定仪》(JT/T 684—2007)使用镀锌层附着性能测定仪进行锤击试验,镀锌层附着性能测定仪应稳固在木制台上,试验面应保持与锤底座同样高度并与其处于同一水平面上。

(3)试验步骤

①缠绕试验。

a.将试样沿螺旋方向以紧密的螺旋圈缠绕在直径为D的芯棒上。

b.一般情况下,试验应在10~35℃室温下进行,如有特殊要求,试验温度应为23℃±5℃。

c.缠绕、松懈的速度应均匀一致,缠绕速度为5~10r/min,必要时可减慢试验速度,以防止温度升高而影响试验结果。

d.为确保缠绕紧密,缠绕时应在试样自由端施加不大于线材公称抗拉强度相应试验力的5%。

②锤击试验。

试件应水平放置,锤头面向台架中心,锤柄与底座平面垂直后自由落下,以4mm的间隔平行打击5点,检查锌(锌铝合金)层表面状态。打击点应离端部10mm以外,同一点不得打击两次。

(4)试验结果的判定

①缠绕试验后,镀锌(铝)层不开裂或起层到用裸手指能够擦掉的程度。

②锤击试验后,镀锌层不剥离,不凸起。

2)非金属涂层的附着性

(1)浸塑涂层采用剥离试验法

用锋利的刀片在浸塑层上划出两条平行的长度为5cm的切口,切入深度应达到涂层附着基底的表面,板状或柱状试样两条切口间距为 3mm,丝状试样的两条切口位于沿丝的轴向的 180°对称面。在切口的一端垂直于原切口作一竖直切口,用尖锐的器具将竖直切口挑起少许,用手指捏紧端头尽量将涂层扯起。以扯起涂层状态将涂层附着性能区分为 0 至 4 级如下:

①0 级:不能扯起或扯起点断裂。

②1 级:小于 1cm 长的涂层能被扯起。

③2 级:非常仔细的情况下可将涂层扯起 1~2cm。

④3 级:有一定程度附着,但比较容易可将涂层扯起 1~2cm。

⑤4 级:切开后可轻易完全剥离。

(2)聚酯涂层采用划格试验法

当涂层厚度小于 0.125mm 时,按《色漆和清漆 漆膜的划格试验》(GB/T 9286—1998)规定的方法进行试验,用专用工具将试样切割成间距为 2mm 的网状方格。当涂层厚度不小于 0.125mm 时,在试样上划两条长 40mm 的线,两条线相交于中部成 30°~40°的锐角。所划线要直且划透涂层。如未穿透涂层,则换一处重新进行,不应在原划痕上继续刻划。试验后,观察刻痕边缘涂层脱落情况。

(3)环氧锌基聚酯复合涂层的附着性

按《色漆和清漆 拉开法附着力试验》(GB/T 5210—2006)规定的拉开法执行,见图 1-5-8。主要原理是用黏结强度比涂层结合强度大的黏结剂将涂层和拉拔器黏结在一起,拉拔器的直径规定为 20mm,将黏结稳固的试样的拉拔器放置在试验机上,以不大于 1MPa/s 匀速进行拉伸,记录试样破坏时的最大拉力 $F(N)$,按 $\sigma = F/314$MPa 计算附着性。

(4)环氧锌基聚酯复合涂层湿状态附着性

取 3 个试样,在沸腾的蒸馏水中煮 10h 后,在 23℃±2℃条件下恢复 2h,按《色漆和清漆 拉开法附着力试验》(GB/T 5210—2006)规定的拉开法执行,取三个试验的平均值为试验结果。

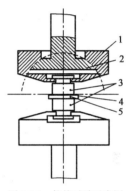

图 1-5-8 拉拔试验示意图
1-支柱;2-球节;3-试柱;
4-涂层;5-底材

(5)环氧锌基聚酯复合涂层的阴极剥离试验

①试验设备。

本试验配备以下器具:

a. 可调直流稳压电源。

b. 铂电极。

c. 内径 75mm±3mm 的塑料圆筒。

d. 甘汞参比电极。

e. 多用小刀。

f. 盛有石英砂的钢制浅盘加热板或烘箱,温度可控制在 3℃ 范围内。

②试验溶剂及试件。

a. 3% NaCl 的蒸馏水溶液。

b. 涂敷试件应约为 4mm×100mm×100mm 的热轧钢板三块。

③试验步骤。

a. 在试件的中心钻一直径 3.0mm 或 3.2mm 的盲孔,盲孔透过涂层露出钢基材。

b. 将塑料圆筒中心对准盲孔放在试件上,并用密封胶粘好构成试验槽,使之不漏水。

c. 向筒内注入 300mL 的 3% NaCl 的蒸馏水溶液,并在筒上做出液位标记,将电极插入溶液中与直流电源的正极相连,再将制备出盲孔的试件与直流电源的负极相连。

d. 在 23℃ ±2℃ 的试验条件下,施加电压于试件和铂电极,用甘汞电极将蒸馏水溶液电位调整在 -3.5V。试验过程中按需添加蒸馏水以保持液位不变。

e. 试验结束后,拆除试验槽,取下试件,在 1h 内对涂层表面进行评价。

f. 以盲孔为中心,用多用小刀划出放射线(图 1-5-9),这些线应划透涂层达到基材,延伸距离至少 20mm。

g. 用小刀从盲孔开始撬剥涂层,检查涂层的抗剥离性能。

h. 从盲孔中心开始,测量各个撬剥距离,并求出平均值,即为试件抗阴极剥离试验剥离距离。

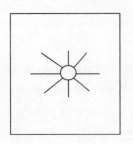

图 1-5-9　试件上划透涂层的放射线

i. 三块试件中,至少两块符合检验指标要求判定为合格。

8. 涂层抗弯曲性能

1) 浸塑涂层抗弯曲性能

取 300mm 长的试样,在 15s 内以均一速度绕芯棒弯曲 180°,芯棒直径为试样基体直径或厚度的 4 倍。

2) 金属涂层抗弯曲性能

取 300mm 长的试样,在 15s 内以均一速度绕芯棒弯曲 180°,芯棒直径为试样基体直径或厚度的 1 倍。

9. 非金属涂层耐磨性试验

在加载重为 1kg 的条件下,按《色漆和清漆　耐磨性的测定　旋转橡胶砂轮法》(GB/T 1768—2006)的方法执行。

10. 非金属涂层耐冲击试验

试验温度为 (24 ±2)℃,试样受的冲击能量是 9J 条件下,按《漆膜耐冲击测定法》(GB/T 1732—1993)的试验方法执行。

11. 非金属涂层耐化学溶剂腐蚀试验

按照《塑料　耐液体化学试剂性能的测定》(GB/T 11547—2008)的方法进行,浸泡温度为 (23 ±2)℃,试验试剂依据涂层使用环境及具体需求的不同分别选用或全部选用以下类型:

对于聚酯涂层用 30% 的 H_2SO_4 溶液浸泡 720h,10% 的 NaCl 溶液浸泡 720h,1% 的 NaOH 溶液浸泡 240h。

对于浸塑涂层用 30% 的 H_2SO_4 溶液、10% 的 NaCl 溶液、40% 的 NaOH 溶液分别浸泡 720h。

注:H_2SO_4、NaOH 和 NaCl 溶液浓度均为质量百分比浓度。

12. 非金属涂层耐中性盐雾腐蚀试验

1）丝状试样

取 300mm 的钢丝试样三节，用锋利刀片刮掉钢丝一侧的涂层，划痕深至钢丝基体。划痕面朝上，置于盐雾试验箱中，参照第五章中性盐雾试验方法规定执行。

2）板状试样

取 300mm 的立柱试样三节。用 18 号缝纫机针，将涂层划成长 120mm 的交叉对角线，划痕深至钢铁基体，对角线不贯穿对角，对角线端点与对角成等距离。划痕面朝上，置于盐雾试验箱中，参照第五章中性盐雾试验方法规定执行。

13. 金属涂层耐中性盐雾腐蚀试验

参见第五章中性盐雾试验方法。

14. 耐循环盐雾腐蚀试验

按《公路沿线设施塑料制品耐候性要求及测试方法》（GB/T 22040—2008）规定执行，参见第五章循环盐雾试验方法。

15. 耐湿热试验

取三片试样，每片大小为 70mm×150mm。用 18 号缝纫机针，将涂层划成长 120mm 的交叉对角线，划痕深至钢铁基体，对角线不贯穿对角，对角线端点与对角成等距离。划痕面朝上，置于恒温恒湿箱中，按《漆膜耐湿热测定法》（GB/T 1740—2007）的方法执行，参见第五章恒定湿热试验方法。

16. 耐低温脆化试验

采用低温脆化温度试验箱，温度控制在 −60℃±5℃，用 A 型试验箱按《漆膜耐湿热测定法》（GB/T 1740—2007）规定执行。主要步骤有用低温脆化温度试验箱配套的制样器制成条状试样，将试样夹持在试样夹上，放入低温脆化箱中，在规定温度下冲击，观察试样断裂情况，当破损率不大于 50% 时为合格，试验过程中注意低温冻伤防护。A 型试验箱的试样夹持器如图 1-5-10 所示。

图 1-5-10 A 型试验箱的试样夹持器

17. 耐低温性能试验

按《电工电子产品环境试验 第 2 部分：试验方法 试验：低温》（GB/T 2423.1—2008）规定执行，参见第五章低温性能试验方法。

18. 耐温度交变试验

温度交变试验按《环境试验 第2部分:试验方法 试验N:温度变化》(GB/T 2423.22—2010)的规定进行。试验箱可用温度交变试验箱进行,也可用一台高温试验箱和一台低温试验箱组合进行。试样在低温-40℃的试验箱内保持3h后,在2min内转移到高温+70℃的试验箱保持3h,在2min内再转移到低温试验箱为一个完整的试验周期。

19. 耐候性试验

涂层的耐候性第五章有关耐氙弧灯人工加速老化试验规定执行。

20. 锌铬涂层(达克罗)试验方法

1)外观

在自然散射光下,用肉眼进行观察。

2)涂敷量试验

(1)融解称量法

称取质量大于50g试样,采用精度为1mg的天平称得原始质量W_1(mg),将试样置入70~80℃的20% NaOH水溶液中浸泡10min,使锌铬涂层全部融解,取出试样,充分水洗后立即烘干,再称取涂层融解后试样的质量W_2(mg),量取并计算出工件的表面积S(mm²),按下式计算出涂层的涂敷量:

$$涂敷量 = \frac{W_1 - W_2}{S} \quad (\text{mg/mm}^2)$$

(2)金相显微镜法

参见复合涂层。

3)附着强度试验

采用胶带试验方法检测锌铬层与基本的附着强度,胶带试验按GB/T 5270的要求进行。

4)盐雾试验

参见第五章中性盐雾试验方法。

5)耐水试验

将试样浸入(40±1)℃的去离子水中,连续浸泡240h。将试样取出后在室温干燥,再进行附着强度试验,涂层不得剥落和露底,但是允许胶带变色和黏着锌、铝粉粒。附着强度试验应在试样从去离子水中取出后的2h内进行。

6)湿热试验

湿热试验在湿热试验箱中进行,湿热试验箱应能控制温度和湿度,将湿热试验箱温度设为(40±2)℃,相对湿度为95%±3%,将样品垂直悬挂于湿热试验箱中,样品不应相互接触。当湿热试验箱达到设定的湿度和温度时,开始计算试验时间,连续试验48h检查一次,检查样品是否出现红锈,两次检查后,每隔72h检查一次,每次检查后,样品应变换位置。240h检查最后一次,不出现红锈为合格。

第七节　交通安全设施检验程序与工程评定标准概述

作为交通工程检测工程技术人员,除了掌握试验室内产品检测技术外,还应对安装施工后的工程质量做出准确的判定,本节主要介绍交通行业标准《公路工程质量检验评定标准　第一册　土建工程》(JTG F80/1—2017)(在本节中简称"本标准")中第一、二、三章的内容,考生应重点掌握评定方法。具体到每项分项工程,将在本教材后续章节中讲述。

一、公路交通安全设施质量检测一般流程

公路交通安全设施质量检测分为试验室检测和工程现场检测,试验室检测一般为送样检测,工程现场检测一般为抽样检测。抽样是检测的第一步,抽样应依据《公路交通安全设施质量检验抽样方法》(JT/T 495—2014)进行。接下来,依次为样品试验状态调节、制样、试样状态调节(视标准要求可删减)、检测仪器设备准备、检测、原始数据记录、数据处理、恢复仪器设备安全状态、编制检测报告。下面以工程现场对 DB2 类热浸镀锌波型梁钢护栏板镀锌层厚度的检测步骤为例进行说明。

(1)抽样:依据 JT/T 495—2014 对波形梁钢护栏板产品批进行抽样,并为样品编号。

(2)准备好测量原始记录表,记录样品编号、生产施工单位、必要的天气状况、检测位置桩号等信息。

(3)打开检测仪器并预热:打开磁性测厚仪开关,至显示稳定。

(4)检测仪器调零及自校准:用给定的校准片,按规定程序对测厚仪调零、校准。

(5)在原始记录表上记录测量前仪器状态:测厚仪状态。

(6)选择测量点 1:在被测护栏板样品两端和中间选定 3 个截面,在截面的波峰、波谷及板侧平面部位各测三个数据,共 9 个数据记录在原始记录表中。测量时,应避开镀层表面的滴溜、锌渣等凸起缺陷处。

(7)选择测量点 2:在同一样品的另一面,重复步骤(6)获得另外 9 个数据。

(8)数据处理,获得处理结果:取这 18 个数据的算术平均值作为测量结果。

(9)在原始记录表上签字和填写必要的时间等信息。

(10)测量的仪器再校核:选定一个与被测镀锌层厚度接近的校准片校验磁性测厚仪,校验结果应在仪器的重复性误差之内。

(11)关闭测量仪器(收起测厚仪),整理数据,编制检测报告。

二、工程质量评定基本概念

1. 检验

对被检查的项目的特征和性能进行检查、检测、试验等,并将结果与标准规定的要求进行比较,以判定其是否合格所进行的活动。

2. 评定

对分项工程、分部工程、单位工程和合同段的质量进行检验,并确定其质量等级的活动。

3. 关键项目

分项工程中对结构安全、耐久性和主要使用功能起决定性作用的检查项目。

4. 一般项目

分项工程中除关键项目以外的检查项目。

5. 外观质量

通过观察和必要的量测所反映的工程外在质量及功能状态。

三、评定总则

为了加强公路工程质量管理,规范公路工程施工质量的检验评定,统一工程质量检验标准和评定标准,保证工程质量,制定本标准。

本标准适用于各等级公路新建与改扩建工程施工质量的检验评定。

本标准是公路工程施工质量的最低限值标准,公路工程施工质量检验评定应以本标准为准。

对特殊地区或采用新材料、新结构、新技术的工程,当本标准中缺乏适宜的质量检验标准时,可参照相关技术标准或根据实际情况制定相应的质量检验标准,并报主管部门批准。

公路工程质量检验评定除应符合本标准的规定外,尚应符合国家和行业现行有关标准的规定。

四、基本规定

1. 一般规定

公路工程质量检验评定应按分项工程、分部工程、单位工程逐级进行,并应符合下列规定:

(1)在合同段中,具有独立施工条件和结构功能的工程为单位工程。

(2)在单位工程中,按路段长度、结构部位及施工特点等划分的工程为分部工程。

(3)在分部工程中,根据施工工序、工艺或材料等划分的工程为分项工程。

单位工程、分部工程和分项工程应在施工准备阶段按表1-5-14和表1-5-15进行划分。

一般建设项目的工程划分   表1-5-14

单 位 工 程	分 部 工 程	分 项 工 程
路基工程 (每10km或每标段)	路基土石方工程(1~3km路段)①	土方路基,填石路基,软土地基处治,土工合成材料处治层等
	排水工程(1~3km路段)①	管节预制,混凝土排水管施工,检查(雨水)井砌筑,土沟、浆砌水沟、盲沟、跌水、急流槽、水簸箕、排水泵站沉井、沉淀池等

续上表

单位工程	分部工程	分项工程
路基工程 (每10km或每标段)	小桥及符合小桥标准的通道,人行天桥,渡槽(每座)	钢筋加工及安装,砌体,混凝土扩大基础,钻孔灌注桩,混凝土墩、台,墩、台身安装,台背填土,就地浇筑梁、板,预制安装梁、板,就地浇筑拱圈,混凝土桥面板桥面防水层,支座垫石和挡块,支座安装,伸缩装置安装,栏杆安装,混凝土护栏,桥头搭板,砌体坡面护坡,混凝土构件表面防护,桥梁总体等
	涵洞、通道(1~3km路段)①	钢筋加工及安装,涵台,管节预制,管座及涵管安装,波形钢管涵安装,盖板预制,盖板安装,箱涵浇筑,拱涵浇(砌)筑,倒虹吸竖井,集水井砌筑,一字墙和八字墙,涵洞填土,顶进施工的涵洞,砌体坡面防护,涵洞总体等
	防护支挡工程(1~3km路段)①	砌体挡土墙,墙背填土,边坡锚固防护,土钉支护,砌体坡面防护,石笼防护,导流工程等
	大型挡土墙、组合挡土墙(每处)	钢筋加工及安装,砌体挡土墙,悬臂式挡土墙,扶壁式挡土墙,锚杆、锚定板和加筋土挡土墙,墙背填土等
路面工程 (每10km或每标段)	路面工程(1~3km路段)①	垫层,底基层,基层,面层,路缘石,路肩等
桥梁工程② (每座或每合同段)	基础及下部构造(1~3墩台)③	钢筋加工及安装,预应力筋加工和张拉,预应力管道压浆,混凝土扩大基础,钻孔灌注桩,挖孔桩,沉入桩,灌注桩桩底压浆,地下连续墙,沉井,沉井、钢围堰的混凝土封底,承台等大体积混凝土结构,砌体,混凝土墩、台,墩台身安装,支座垫石和挡块,拱桥组合桥台,台背填土等
	上部构造预制和安装(1~3跨)③	钢筋加工及安装,预应力筋加工和张拉,预应力管道压浆,预制安装梁、板,悬臂施工梁,顶推施工梁,转体施工梁,拱圈节段预制,拱的安装,转体施工拱,中下承式拱吊杆和柔性系杆,刚性系杆,钢梁制作,钢梁安装,钢梁防护等
	上部构造现场浇筑(1~3跨)③	钢筋加工及安装,预应力筋加工和张拉,预应力管道压浆,就地浇筑梁、板,悬臂施工梁,就地浇筑拱圈,劲性骨架混凝土拱,钢管混凝土拱,中下承式拱吊杆和柔性系杆,刚性系杆等
	桥面系、附属工程及桥梁总体	钢筋加工及安装,混凝土桥面板桥面防水层,钢桥面上防水黏结层,混凝土桥面桥面铺装,钢桥面板上沥青混凝土铺装,支座安装,伸缩装置安装,人行道铺设,栏杆安装,混凝土护栏,钢桥上钢护栏安装,桥头搭板,混凝土小型构件预制,砌体坡面护坡,混凝土构件表面防护,桥梁总体等
	防护工程	砌体坡面护坡,护岸④,导流工程等
	引道工程	见路基工程、路面工程的分项工程

续上表

单位工程	分部工程	分项工程
隧道工程⑤ (每座或每合同段)	总体及装饰装修(每座或每合同段)	隧道总体,装饰装修工程
	洞口工程(每个洞口)	洞口边仰坡防护,洞门和翼墙的浇(砌)筑,截水沟,洞口排水沟,明洞浇筑,明洞防水层,明洞回填
	洞身开挖(100延米)	洞身开挖
	洞身衬砌(100延米)	喷射混凝土,锚杆,钢筋网,钢架,仰供,仰拱回填,衬砌钢筋,混凝土衬砌,超前锚杆,超前小导管,管棚
	防排水(100延米)	防水层,止水带,排水
	路面(1~3km路段)①	基层,面层
	辅助通道⑥(100延米)	洞身开挖,喷射混凝土,锚杆,钢筋网,钢架,仰供,仰拱回填,衬砌钢筋,混凝土衬砌,超前锚杆,超前小导管,管棚,防水层,止水带,排水
绿化工程 (每合同段)	分隔带绿地、边坡绿地、护坡道绿地、碎落台绿地、平台绿地(每2km路段)互通式立体交叉区与环岛绿地、管理养护设施区绿地、服务设施区绿地、取、弃土场绿地(每处)	绿地整理,树木栽植,草坪,草本地被及花卉种植,喷播绿化
声屏障工程(每合同段)	声屏障工程(每处)	砌块体声屏障,金属结构声屏障,复合结构声屏障
交通安全设施 (每20km或每标段)	标志、标线、突起路标、轮廓标 (5~10km路段)①	标志,标线,突起路标,轮廓标
	护栏(5~10km路段)①	波形梁护栏,缆索护栏,混凝土护栏,中央分隔带开口护栏
	防眩设施、隔离栅、防落物网 (5~10km路段)①	防眩板,防眩网,隔离栅,防落物网等
	里程碑和百米桩(5km路段)	里程碑,百米桩
	避险车道(每处)	避险车道
交通机电工程	其分部、分项工程划分见《公路工程质量检验评定标准 第二册 机电工程》(JTG F80/2—2004)	
附属设施	管理中心、服务区、房屋建筑、收费站、养护工区等设施	按其专业工程质量检验评定标准评定

注:①按路段长度划分的分部工程,高速公路、一级公路宜取低值,二级及二级以下公路可取高值。
②幅桥梁按照单幅划分,特大斜拉桥和悬索桥按照表1-5-15进行划分,其他斜拉桥和悬索桥可作为一个单位工程参照表1-5-15进行划分。
③按单孔跨径确定的特大桥取1,其余根据规模取2或3。
④护岸可参照挡土墙进行划分。
⑤双洞隧道每单洞作为一个单位工程。
⑥辅助通道包括竖井、斜井、平行导坑、横通道、风道、地下风机房等。

特大斜拉桥、特大悬索桥工程划分　　　　　表 1-5-15

单位工程	分部工程	分项工程
塔及辅助、过渡墩(每个)	塔基础	钢筋加工及安装,混凝土扩大基础,钻孔灌注桩,灌注桩桩底压浆,沉井,沉井、钢围堰的混凝土封底等
	塔承台	钢筋加工及安装,双壁钢围堰,沉井,钢围堰的混凝土封底,承台等大体积混凝土结构等
	索塔	钢筋加工及安装,预应力筋加工和张拉,预应力管道压浆,混凝土索塔,索塔钢锚箱节段制作,索塔钢锚箱节段安装,支座垫石和挡块等
	辅助墩	钢筋加工及安装,预应力筋加工和张拉,预应力管道压浆,钻孔灌注桩,灌注桩桩底压浆,承台等大体积混凝土结构,沉井、钢围堰的混凝土封底,混凝土墩、台,墩台身安装,支座垫石和挡块等
	过渡墩	
锚碇(每个)	锚碇基础	钢筋加工及安装,混凝土扩大基础,钻孔灌注桩,灌注桩桩底压浆,地下连续墙,沉井,沉井、钢围堰的混凝土封底等
	锚体	钢筋加工及安装,锚碇锚固体系制作,锚碇锚固体系安装,锚碇混凝土块体,预应力锚索的张拉与压浆,隧道锚的洞身开挖,隧道锚的混凝土锚塞体等
上部钢结构制作与防护	主缆	索股和锚头的制作与防护,主缆防护
	索鞍	索鞍制作,索鞍防护
	索夹	索夹制作,索夹防护
	吊索	吊索和锚头制作与防护
	加劲梁	钢梁制作,钢梁防护,自锚式悬索桥主缆索股的锚固系统制作等
上部结构浇筑与安装	加劲梁浇筑	混凝土斜拉桥主墩上梁段的浇筑,混凝土斜拉桥梁的悬臂施工,组合梁斜拉桥的混凝土板等
	安装	索鞍安装,主缆架设,索夹和吊索安装,悬索桥钢加劲梁安装,自锚式悬索桥主缆索股的锚固系统安装,自锚式悬索桥吊索张拉和体系转换,钢斜拉桥钢箱梁段的拼装,组合梁斜拉桥工字梁段的悬臂拼装,混凝土斜拉桥梁的悬臂施工等
桥面系、附属工程及桥梁总体	桥面系	钢筋加工及安装,混凝土桥面板桥面防水层或钢桥面板上防水黏结层,混凝土桥面板桥面铺装或钢桥面板上沥青混凝土铺装
	附属工程及桥梁总体	支座安装,伸缩装置安装,人行道铺设,栏杆安装,混凝土护栏,钢桥上钢护栏安装,混凝土构件表面防护,桥头搭板,桥梁总体等

公路工程质量检验评定应符合下列规定:

(1)分项工程完工后,应根据本标准进行检验,对工程质量进行评定。隐蔽工程在隐蔽前应检查合格。

(2)分部工程、单位工程完工后,应汇总评定所属分项工程、分部工程质量资料,检查外观质量,对工程质量进行评定。

2. 工程质量检验

分项工程应按基本要求、实测项目、外观质量和质量保证资料等检验项目分别检查。分项工程质量应在所使用的原材料、半成品、成品及施工控制要点等符合基本要求的规定,无外观质量限制缺陷且质量保证资料真实齐全时,方可进行检验评定。

基本要求检查应符合下列规定:

(1)分项工程应对所列基本要求逐项检查,经检查不符合规定时,不得进行工程质量的检验评定。

(2)分项工程所用的各种原材料的品种、规格、质量及混合料配合比和半成品、成品应符合有关技术标准规定并满足设计要求。

实测项目检验应符合下列规定:

(1)对检查项目按规定的检查方法和频率进行随机抽样检验并计算合格率。

(2)本标准规定的检查方法为标准方法,采用其他高效检测方法应经比对确认。

(3)本标准中以路段长度规定的检查频率为双车道路段的最低检查频率,对多车道应按车道数与双车道之比相应增加检查数量。

(4)应按式(1-5-19)计算检查项目合格率:

$$检查项目合格率(\%) = \frac{合格的点(组)数}{该检查项目的全部检查点(组)数} \times 100 \qquad (1\text{-}5\text{-}19)$$

检查项目合格判定应符合下列规定:

(1)关键项目的合格率应不低于95%,否则该检查项目为不合格。

(2)一般项目的合格率应不低于80%,否则该检查项目为不合格。

(3)有规定极值的检查项目,任一单个检测值不应突破规定极值,否则该检查项目为不合格。

(4)采用本标准附录B至附录S所列方法进行检验评定的检查项目,不满足要求时,该检查项目为不合格。

外观质量应进行全面检查,并满足规定要求,否则该检验项目为不合格。工程应有真实、准确、齐全、完整的施工原始记录、试验检测数据、质量检验结果等质量保证资料。质量保证资料应包括下列内容:

(1)所用原材料、半成品和成品质量检验结果。

(2)材料配合比、拌和加工控制检验和试验数据。

(3)地基处理、隐蔽工程施工记录和桥梁、隧道施工监控资料。

(4)质量控制指标的试验记录和质量检验汇总图表。

(5)施工过程中遇到的非正常情况记录及其对工程质量影响分析评价资料。

(6)施工过程中如发生质量事故,经处理补救后达到设计要求的认可证明文件等。

检验项目评为不合格的,应进行整修或返工处理直至合格。

3. 工程质量评定

工程质量等级应分为合格与不合格。分项工程、分部工程、单位工程质量评定应有符合本标准附录K规定的质量检验评定表。

分项工程质量评定合格应符合下列规定:

(1)检验记录应完整。

(2)实测项目应合格。

(3)外观质量应满足要求。

分部工程质量评定合格应符合下列规定：

(1)评定资料应完整。

(2)所含分项工程及实测项目应合格。

(3)外观质量应满足要求。

单位工程质量评定合格应符合下列规定：

(1)评定资料应完整。

(2)所含分部工程应合格。

(3)外观质量应满足要求。

评定为不合格的分项工程、分部工程,经返工、加固、补强或调测,满足设计要求后,可重新进行检验评定。所含单位工程合格,该合同段评定为合格;所含合同段合格,该建设项目评定为合格。

第二篇

交通安全设施

第一章

道路交通标志

第一节 概 述

一、道路交通标志的功能与作用

道路交通标志是以颜色、形状、字符、图形等向道路使用者传递信息,用于管理交通的设施。结合道路及交通情况设置交通标志,向道路使用者提供准确及时的信息和引导,使之可以顺利快捷地抵达目的地,促进交通畅通和行车安全。

世界各国的道路交通标志,大致可以分为美国和欧洲两种模式。美国模式长期以来以文字表达为主;与美国相比,欧洲地区国家众多,语言文字复杂,而且相互交往联系密切,针对这种情况逐步发展起来的交通标志以图形符号为主题,辅以色彩和形状统一,形象而直观。我国的交通标志属于欧洲模式,即通过颜色、形状和图形符号这三要素,交通标志向交通参与者传递信息、引导交通。

1. 颜色

我国的交通标志有红色、黄色、荧光黄色、蓝色、绿色、棕色、黑色、白色、橙色、荧光橙色、荧光黄绿色共十一种颜色。其中红色表示禁止、停止、危险;黄色和荧光黄色表示警告;蓝色表示指令、遵循;绿色表示地名、路线、方向等的行车信息;棕色表示旅游区及景点项目的指示;黑色用于标志的文字、图形符号和部分标志的边框;白色用于标志的底色、文字和图形符号以及部分标志的边框;橙色和荧光橙色用于道路作业区的警告、指路标志;荧光黄绿色表示警告,用于注意行人、注意儿童的警告标志。

2. 形状

根据《道路交通标志和标线 第2部分:道路交通标志》(GB 5768.2—2009)的规定,正等边三角形用于警告标志;圆形用于禁令和指示标志;倒等边三角形用于"减速让行"禁令标志;八角形用于"停车让行"禁令标志;叉形用于"铁路平交道口叉形符号"警告标志;方形用于指路标志,部分警告、禁令和指示标志,旅游区标志,辅助标志,告示标志等。

3. 图形符号

图形符号是文字、符号和图案的简称,用图形符号表征信息的优点是不受语言、文字的限制,只要设计的图案形象、直观,不同国家、不同民族、不同语言文字的驾驶人员均可理解、认读。

二、道路交通标志的分类

基于不同特点和关注角度,道路交通标志有不同的分类方法。

交通标志按作用分类,分为主标志和辅助标志两大类。主标志分为警告车辆、行人注意道路交通的警告标志;禁止或限制车辆、行人交通行为的禁令标志;指示车辆、行人应遵循的指示标志;传递道路方向、地点、距离信息的指路标志;提供旅游景点方向、距离的旅游区标志;告知道路作业区通行的道路作业区标志;告知路外设施、安全行驶信息以及其他信息的告示标志共七类标志。辅助标志是附设在主标志下,对其进行辅助说明的标志。

交通标志按显示位置分类,分为路侧和车行道上方两种,对应的支撑结构形式为柱式(分为单柱式和多柱式)、路侧附着式、悬臂式(分为单悬臂式和双悬臂式)、门架式、车行道上方附着式。

交通标志按光学特性分类,分为逆反射式、照明式和发光式三种,其中照明式又分为内部照明式和外部照明式。

交通标志按版面内容显示方式分类,分为静态标志和可变信息标志。

交通标志按设置的时效分类,分为永久性标志和临时性标志。

交通标志按传递信息的强制性程度分类,分为必须遵守标志和非必须遵守标志。禁令标志和指示标志为道路使用者必须遵守标志;其他标志仅提供信息,如指路标志、旅游区标志;禁令、指示标志套用于无边框的白色底板上,为必须遵守标志;禁令、指示标志套用于指路标志上,仅表示提供相关禁止、限制和遵行信息,只能作为补充说明或预告方式,并应在必要位置设置相应的禁令、指示标志。

三、道路交通标志的设置原则

道路交通标志的设置应综合考虑、合理布局,防止出现信息不足或过载的现象。信息应连续,重要的信息宜重复显示。一般情况下交通标志应设置在道路行进方向右侧或车行道上方,也可根据具体情况设置在左侧,或左右两侧同时设置。

为保证视认性,同一地点需要设置两个以上标志时,可安装在一个支撑结构(支撑)上,但最多不应超过四个。分开设置的标志,应先满足禁令、指示和警告标志的设置空间。

原则上要避免不同种类的标志并设。解除限制速度标志、解除禁止超车标志、优先道路标志、会车先行标志、会车让行标志、停车让行标志、减速让行标志应单独设置。如条件受限制无法单独设置时,一个支撑结构(支撑)上最多不应超过两种标志。标志板在一个支撑结构(支撑)上并设时,应按禁令、指示、警告的顺序,先上后下,先左后右地排列。警告标志不宜多设。同一地点需要设置两个以上警告标志时,原则上只设置其中最需要的一个。

第二节 技 术 要 求

常规的道路交通标志产品包括标志板和支撑件两部分,其中标志板是由标志底板、板面以及滑槽、铆钉等构成的组件,支撑件是支撑和连接紧固标志板的构件,包括立柱、横梁、法兰盘、抱箍和紧固件等。道路交通标志产品质量技术要求包括上述两方面的内容,主要质量评定标准为国家标准《道路交通标志板和支撑件》(GB/T 23827—2009),具体包括结构尺寸、外观质量、钢构件防腐层质量、材料力学性能、标志板面色度性能、反光型标志板面光度性能、标志板抗冲击性能、耐盐雾腐蚀性能、标志板耐高低温性能、标志板耐候性能、标志板面与标志底板的附着性能、标志板面油墨与反光膜的附着性能十二项要求。近年来,LED 主动发光道路交通标志开始在道路上应用,2015 年颁布实施了国家标准《LED 主动发光道路交通标志》(GB/T 31446—2015),本节对相关分类及组成、检验项目等内容进行介绍。

一、结构尺寸

道路交通标志的标志板及支撑件的形状、尺寸应符合《道路交通标志和标线 第 2 部分:道路交通标志》(GB 5768.2—2009)的要求或设计要求。其中标志板的外形尺寸允许偏差为 ±5mm,若外形尺寸大于 1.2m 时,允许偏差为其外形尺寸的 ±0.5%。

根据标志板面是否具备逆反射性能,标志板分为反光型和非反光型。反光型标志板面应粘贴符合《道路交通反光膜》(GB/T 18833—2012)要求的反光膜以及耐久性与反光膜相匹配的黑膜为面膜,也可在反光膜上印刷油墨形成板面信息;非反光型标志板面应采用各类户外耐候型涂料涂敷制作。

标志底板可采用铝合金板、铝合金型材、钢板、合成树脂类板材等制作。标志立柱一般为钢管、型钢或八角形钢柱,也可根据需要采用铝合金型材、钢筋混凝土柱或木柱。采用铝合金板制作标志底板时,厚度不宜小于 1.5mm,大型标志板的厚度应根据设计要求制定,在规定的宽度内,厚度允许偏差应按《一般工业用铝及铝合金板、带材 第 3 部分:尺寸偏差》(GB/T 3880.3—2012)中表 2-1-1 规定的范围内;采用挤压成形的铝合金型材制作标志底板时,型材宽度一般不小于 30cm;使用薄钢板制作标志底板时,其厚度不宜小于 1.0mm,允许偏差应执行《冷轧钢板和钢带的尺寸、外形、重量及允许偏差》(GB/T 708—2006);采用合成树脂类板材制作标志底板时,其厚度不宜小于 3.0mm,允许偏差应符合相关标准规定;无缝钢管标志立柱的外径、厚度、弯曲度应符合《结构用无缝钢管》(GB/T 8162—2008)的要求;直缝电焊钢管标志立柱的外径、厚度、椭圆度应符合《直缝电焊钢管》(GB/T 13793—2016)的要求。

铝合金标志底板厚度允许偏差(单位:mm) 表 2-1-1

厚度 (H)	规定的宽度 W		
	W≤1000	1000＜W≤1600	1600＜W≤2500
1.2＜H≤2.0	±0.10	±0.13	±0.15
2.0＜H≤2.5	±0.13	±0.15	±0.16
2.5＜H≤3.0	±0.15	±0.17	±0.18

标志底板尽可能使用最大尺寸制作,减少接缝,边缘宜进行卷边加固,卷边形式如图 2-1-1 所示。对标志底板的边缘和尖角应适当倒棱,使之呈圆滑状。

可选用型铝、型钢等滑槽对标志底板进行加固,加固方式和滑槽尺寸应符合设计要求。标志底板与滑槽的加固连接可采用铆接、焊接或其他工艺方法。使用铝合金板制作标志底板时,应使用沉头铆钉连接,铆接间距应均匀一致,一般宜为 150mm±50mm,且滑槽端部应加强铆接以分散应力，铆钉形状应符合《沉头铆钉》(GB 869—1986)的要求，直径不宜小于4mm，并与标志底板及滑槽相匹配；标志底板与滑槽的焊接工艺质量应稳定可靠，无漏焊、虚焊等现象，焊接强度应均匀，焊接强度值不低于同类材料采用铆钉连接时的强度要求；其他工艺连接方法应经证实安全可行，并提供相应的检测报告方可使用。

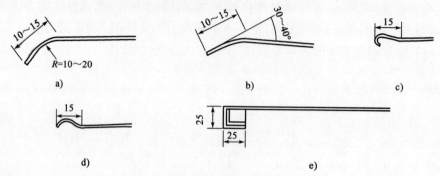

图 2-1-1　标志板卷边形式(尺寸单位：mm)

标志立柱为钢构件时，顶部应加盖柱帽，柱帽结构尺寸应符合设计要求。标志板与立柱的连接可采用抱箍夹紧式或钢带捆扎式，其结构尺寸应符合材料和设计要求。

二、外观质量

标志板的字符、图形等应符合《道路交通标志和标线　第2部分：道路交通标志》(GB 5768.2—2009)的规定。在同一块标志板上，标志底板和标志板面所采用的各种材料应具有相容性，不应因电化学作用、不同的热膨胀系数或其他化学反应等造成标志板的锈蚀或其他损坏。

标志板应平整，表面无明显凹痕或变形，板面不平度不应大于7mm/m。标志板面不应存在的缺陷包括裂纹、起皱、边缘剥离、颜色不均匀、逆反射性能不均匀和明显的气泡、划痕以及各种损伤。支撑件应表面光洁，颜色均匀一致，不应有破损、变形、锈蚀、漏镀及各种焊缝缺陷。

反光型标志板的面膜应尽可能减少拼接，当标志板的长度(或宽度)、直径小于面膜产品最大宽度时，不应有拼接缝；当粘贴面膜无法避免接缝时，应使用面膜产品的最大宽度进行拼接；接缝以搭接为主，且应为上搭下，重叠部分不应小于5mm；当需要丝网印刷时，可采用平接，其间隙不应超过1mm；距标志板边缘5cm之内，不得有贯通的拼接缝。

三、钢构件防腐层质量

对于钢构件制作的支撑件，其防腐层质量应符合《公路交通工程钢构件防腐技术条件》(GB/T 18226—2015)的要求，其中采用单一热浸镀锌处理时，标志底板、滑槽、立柱、横梁、法兰盘等大型构件，其镀锌量不低于600g/m^2；抱箍、紧固件等小型构件，其镀锌量不低于350g/m^2。

四、材料力学性能

制作标志底板的铝合金板材的力学性能应满足《一般工业用铝及铝合金板、带材　第2

部分:力学性能》(GB/T 3880.2—2012)的规定。用于技术等级较高的道路时,标志底板宜采用牌号为 3003 的铝合金板材;大型标志板或用于沿海及多风地区的标志板,宜采用牌号为 3004 或 3104 的铝合金板材。

制作标志底板及滑槽的挤压成形铝合金型材,应满足《一般工业用铝及铝合金挤压型材》(GB/T 6892—2015)的规定,同时应具有轻质、高强、耐蚀、耐磨、刚度大等特点,经拼装后能满足大型标志板的性能要求。宜采用综合性能等于或优于牌号 2024 的铝合金型材。

标志底板采用碳素结构钢冷轧薄钢板、连续热镀锌钢板时,应满足《碳素结构钢冷轧薄钢板及钢带》(GB/T 11253—2007)、《连续热镀锌钢板及钢带》(GB/T 2518—2008)等有关标准的规定。合成树脂类板材用于标志底板时,其力学性能应符合相关标准要求。立柱、横梁、法兰盘、抱箍、紧固件等支撑件的力学性能,应符合《结构用无缝钢管》(GB/T 8162—2008)、《直缝电焊钢管》(GB/T 13793—2016)、《碳素结构钢》(GB/T 700—2006)及有关设计要求。

五、标志板面色度性能

非反光型标志板面的普通材料色应符合《安全色》(GB 2893—2008)的要求,色品坐标和亮度因数应在表 2-1-2 和图 2-1-2 规定的范围内。反光型标志板面的逆反射材料色(包括丝网印刷后),应符合《道路交通反光膜》(GB/T 18833—2012)中表面色或逆反射色的要求,详见第三章。

标志板面的普通材料色见表 2-1-2。

标志板面的普通材料色　　　　表 2-1-2

颜色	色品坐 标光源为标准照明体 D_{65},观测条件为 45°/0°								亮度因数
	1		2		3		4		
	x	y	x	y	x	y	x	y	
白	0.350	0.360	0.300	0.310	0.290	0.320	0.340	0.370	≥0.75
黄	0.519	0.480	0.468	0.442	0.427	0.483	0.465	0.534	≥0.45
红	0.690	0.310	0.595	0.315	0.569	0.341	0.655	0.345	≥0.07
绿	0.230	0.754	0.291	0.438	0.248	0.409	0.007	0.703	≥0.12
蓝	0.078	0.171	0.150	0.220	0.210	0.160	0.137	0.038	≥0.05
黑	0.385	0.355	0.300	0.270	0.260	0.310	0.345	0.395	≤0.03

六、反光型标志板面光度性能

目前高等级公路和主要城市道路使用的标志多为反光型标志,其标志板面采用反光膜材料制作,标志板面光度性能取决于所使用的反光膜光度性能。反光膜的光度性能以逆反射系数来表示,一般情况下逆反射系数越高,表示光度性能越好,标志的发现距离越短;但过高的逆反射系数造成字体的渗光和视认的眩目,反而对交通安全造成负面影响。

《道路交通标志板和支撑件》(GB/T 23827—2009)规定,标志板面为反光膜时,其板面逆反射系数值不应低于《道路交通反光膜》(GB/T 18833—2012)中的相应规定,详见本篇第三章。

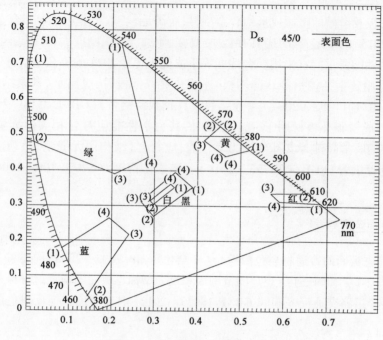

图 2-1-2 普通材料色各种颜色范围图

七、标志板抗冲击性能

标志板在生产、储存、运输、安装和使用过程中可能会受到冲击力的作用。若标志板的抗冲击性能差,则容易发生损坏。为此,《道路交通标志板和支撑件》(GB/T 23827—2009)中规定,抗冲击试验后,标志板在冲击点以外,不应出现裂缝、层间脱落或其他损坏。

八、耐盐雾腐蚀性能

交通标志所使用的材料受到大气环境中盐分的腐蚀,会导致材料性能发生减退,特别是在沿海地区,若发生此类腐蚀,将使标志外形损坏,严重时造成标志失效。为此,交通标志具有适宜的耐盐分腐蚀性能非常重要,此类性能一般通过耐盐雾腐蚀性能检验来考察。耐盐雾腐蚀试验后,标志板及支撑构件不应有变色或被侵蚀等破坏痕迹。

九、标志板耐高低温性能

标志板应具有适宜的耐高低温性能,这样可以使标志板在使用过程中不会由于温度的变化发生标志底板和板面材料破坏或失效。为此,在进行耐高低温试验后,标志板不应出现裂缝、软化、剥落、皱纹、起泡、翘曲或外观不均匀等痕迹。

十、标志板耐候性能

连续自然暴露或人工加速老化试验后,标志板应无裂缝、刻痕、凹陷、气泡、侵蚀、剥离、粉化、变形等破坏,任何一边不应出现超过0.8mm的收缩,也不应出现反光膜从标志底板边缘翘曲或脱离的现象;标志板各种颜色的色品坐标及亮度因数应保持在表2-2-2规定的范围内或满足《道路交通反光膜》(GB/T 18833—2012)的规定;标志板面为反光膜时,在观测角为0.2°、入射角为-4°的条件下,其逆反射系数值应符合《道路交通反光膜》(GB/T 18833—2012)的要求。

十一、标志板面与标志底板的附着性能

此项性能主要考察标志板面材料与标志底板之间结合的牢固程度。原《公路交通标志板》(JT/T 279—2004)中只对反光膜对标志底板的附着性能进行了规定,《道路交通标志板和支撑件》(GB/T 23827—2009)则对反光型标志中普遍使用的黑膜的附着性能也提出了要求,规定反光膜及黑膜在5min后的剥离长度不应大于20mm。另外,该标准规定涂料对标志底板的附着性能应达到《漆膜附着力测定法》(GB 1720—1979)中三级以上的要求。

十二、标志板面油墨与反光膜的附着性能

当标志板面采用丝网印刷的方式时,不同颜色的油墨与反光膜结合的紧密程度对于标志板面的耐久性非常重要,这一指标可以通过附着牢度检验来进行考察。标志板面上油墨与反光膜的附着牢度应大于或等于95%。

十三、LED 主动发光道路交通标志

《LED 主动发光道路交通标志》(GB/T 31446—2015)规定了LED 主动发光道路交通标志(简称"发光标志")产品的分类及组成、技术要求、试验方法、检验规则及标识、包装、运输与储存。该标准适用于采用电网或太阳能供电的LED 主动发光道路交通标志,其他发光标志可参照使用。

有关LED 主动发光道路交通标志的分类,按供电形式分为电网供电型、太阳能供电型发光标志。按结构形式分为单一式发光标志和组合式发光标志两种。按环境温度适用等级分为A 型、B 型、C 型三种,其中A 级:-20~+55℃;B 级:-40~+50℃;C 级:-55~+45℃。

单一式发光标志由底板、主动发光单元、壳体、驱动控制电路等组成。组合式发光标志由底板、主动发光单元、壳体、逆反射材料、驱动控制电路等组成。太阳能供电的标志还应包括太阳电池组件、蓄电池组、充放电控制电路等。

LED 主动发光道路交通标志的检验项目包括:材料要求、基本要求、外观质量、色度性能、调光功能、视认性能、绝缘电阻、电气强度、安全接地、电源适应性、电气指标要求、结构稳定性、耐低温性能、耐高温性能、耐湿热性能、耐机械振动性能、耐盐雾腐蚀性能、耐候性能、防护等级、可靠性。型式检验和出厂检验的具体检验项目参见《LED 主动发光道路交通标志》(GB/T 31446—2015)。

第三节 生产及施工工艺

一、道路交通标志的生产工艺

道路交通标志的生产主要包括标志底板的加工、标志板面的制作、钢构件的加工等工艺。

标志底板应根据设计文件尺寸在工厂进行加工成形,并根据设计文件的要求进行剪裁、切割、加固、拼接、冲孔、卷边以及其他的加工工序。其中当标志底板用的材料为铝合金板时,除大型指路标志外,标志板应由单块铝合金板加工制成;大型指路标志可以分割拼装,一般根据板面大小、运输远近来决定,最多可以分割成四块。挤压成形的铝合金型材应根据标志尺寸拼装,板面应保持平整。加工完成后,标志底板应进行脱脂、清洗、干燥等工序,同时应检查铝合金板表面是否残留有污迹。不干净的铝板需重洗,清洗处理完成后直到粘贴反光膜前,不得用手直接触摸该铝合金板,亦不应再与油脂或其他污物接触。另外对于制作标志底板的材料,应根据道路等级、所在位置的气象条件、腐蚀程度、经济条件等因素综合确定。

标志板面采用反光膜材料时,应在干净、无尘土、温度不低于18℃、相对湿度在20%~50%的车间进行粘贴;板面的形状、颜色、文字、箭头、编号、图形及边框应严格按照《道路交通标志和标线 第2部分:道路交通标志》(GB 5768.2—2009)和设计文件的规定执行;标志反光膜的逆反射性能应符合设计要求;反光文字符号应采用电脑刻绘机来完成;标志底膜应在专用的真空热敏(热敏胶)压贴机或连续电动滚压(压敏胶)贴膜机上完成贴膜;文字符号一般采用(手工贴膜)转移膜法粘贴;反光膜应尽量减少拼接,当不能避免接缝时,应使用反光膜产品的最大宽度进行拼接,接缝以搭接为主,当需要滚筒粘贴或丝网印刷时,可以平接,其间隙不应超过1mm;当批量生产版面和规格相同的标志时,可采用丝网印刷的方法。采用其他标志面材料时,其制作应符合设计文件的规定。

钢构件加工时,所有构件的钻孔、冲孔、焊接均应按《公路桥涵施工技术规范》(JTG/T F50—2011)和设计文件的要求在防腐处理之前完成。

二、道路交通标志的施工工艺

1. 标志定位与基础设置

所有交通标志均应按设计文件的要求确定设置位置,标志的桩号不能随意更改。如果在规定位置设置有困难时,在不影响标志视认性的情况下,位置可以做适当调整。标志设置位置应满足如下要求:

(1)警告标志前置距离一般根据道路的设计速度选取。也可考虑所处路段的最高限制速度或运行速度等进行适当的调整。

(2)禁令、指示标志应设置在禁止、限制或遵循路段开始的位置。部分禁令、指示标志开始路段的路口前适当位置应设置相应的指路标志提示,使被限制车辆能够提前绕道行驶。

(3)指路标志设置位置应符合每一具体标志的规定。

同时,标志基础的地基承载力应符合设计文件的规定。设计文件中未规定时,地基承载力不得小于150kPa。基础的施工应符合《公路桥涵施工技术规范》(JTG/T F50—2011)的规定,浇筑混凝土时,应注意正确设置地脚螺栓和底座法兰盘。

2. 标志安装

安装标志时,立柱必须在基础混凝土强度达到设计强度的80%以上时才能安装。连接方法应采用设计文件提供的方法。对悬臂、门架式标志在吊装横梁时,应使预拱度达到设计文件的要求。考虑到风力的影响,地脚螺栓等连接件应根据设计文件的要求设置双螺母。除另有规定外,标志安装应使其板面垂直于行车方向,视实际情况调整其水平或俯仰角度,并应遵循以下原则:

(1)路侧式标志应尽量减少标志板面对驾驶员的眩光。

(2)标志安装角度宜根据设置地点道路的平、竖曲线线形进行调整。

(3)路侧标志应尽可能与道路中线垂直或成一定角度。其中,禁令和指示标志夹角为0°~45°,如图2-1-3a)所示;指路和警告标志夹角为0°~10°,如图2-1-3b)所示。

(4)门架、悬臂、车行道上方附着式标志的板面应垂直于道路行车方向,并且板面宜倾斜0°~15°,如图2-1-3c)所示。

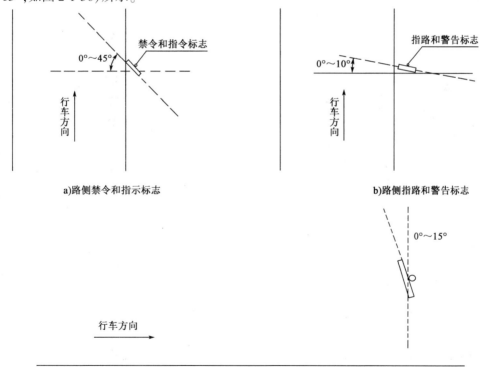

图2-1-3 标志安装角度示意图

三、道路交通标志产品的标识、包装、运输和储存要求

道路交通标志产品应在适当位置，清晰、耐久地做出包括生产厂商的名称、商标或其他有关信息、应用的标准号、标志的类别、生产日期及批号等的标志（标识）。同时对于每批标志产品，厂方应提供使用说明，内容包括标志的装配和安装说明、标志的使用和维修说明、标志使用地点限制的说明等。

交通标志产品的包装、运输和储存的要求包括标志在装箱前应逐件包装，或形状尺寸相同的标志板每两块一起包装，标志板面应有软衬垫材料加以保护，以免搬运中受到磕碰出现刻痕或其他损伤；标志装箱时，应随箱附有产品使用说明书及产品质量等级检验合格证，包括各种材质、牌号、状态及反光膜等级等内容；标志应存放在室内干燥通风的地方，储存期不宜超过一年。

第四节 检 测 方 法

一、道路交通标志产品的检验方法

道路交通标志产品的检验方法主要依据标准为《道路交通标志板和支撑件》（GB/T 23827—2009）。

1. 测试准备

测试准备包括试样的制备和测试环境条件的保证两方面的内容。

试样的制备有两种方式，一是可以通过随机抽取标志生产厂商制作的标志板及支撑件，或从其中截取相应尺寸作为试样；二是随机抽取生产厂商使用的原材料，将反光膜及黑膜粘贴到标志底板上，制成标志板试样。

为了保证测试环境条件，要求试样测试前，应在温度23℃±2℃、相对湿度50%±10%的环境中放置24h，然后进行各种测试工作，同时，一般的测试工作宜在温度23℃±2℃、相对湿度50%±10%的环境中进行。

2. 结构尺寸

结构组成采用目测的方式，外形尺寸、铆接间距、板厚、外径、壁厚等采用精度和量程满足要求的直尺、卷尺、板厚千分尺等工具测量。

3. 外观质量

外观质量包括缺陷检查、板面不平度测量、板面拼接缝检查三部分内容。

对于逆反射性能不均匀缺陷的检查，是在夜间黑暗空旷的环境中，距离标志板面10m处，以汽车前照灯远光为光源，垂直照射标志板面的条件下进行的。如果在此条件下，通过目测能辨别出标志板面同种材料、同一颜色、不同区域的逆反射性能有明显差异，则认为存在逆反射性能不均匀缺陷。而其余缺陷是在白天环境中通过目测或用四倍放大镜来进行检查。

板面不平度是将标志板面朝上自由放置于一平台上，将1m的直尺放置于标志板面上，用钢板尺等量具测量板面任意处与直尺之间的最大间隙。

板面拼接缝是在白天环境中,面对标志板面,目测并用直尺测量检查。

4. 钢构件防腐层质量

钢构件防腐层质量参照《公路交通工程钢构件防腐技术条件》(GB/T 18226—2015)规定的方法来进行测试。使用的设备主要包括磁性测厚仪、电涡流测厚仪等。

磁性测厚仪用于磁性基体以上涂层厚度的测量。对于镀锌构件,由于存在锌铁合金层,该设备存在一定的测量误差,当需要对镀锌层厚度进行仲裁检验时,不能采用该方法,而应采用六次甲基四胺法。

电涡流测厚仪用于测量非磁性金属基体上的涂层厚度。超声波测厚仪用来测试标志构件的总厚度,使用该设备时应注意根据不同的材质进行声速设置,同时在仪器测头和被测构件间加入适量的耦合剂,以免产生测量误差。

5. 材料力学性能

金属材料按《金属材料 拉伸试验 第1部分:室温试验方法》(GB/T 228.1—2010)、塑料按《塑料 拉伸性能的测定 第1部分:总则》(GB/T 1040.1—2006)、玻璃钢材料按《纤维增强塑料性能试验方法总则》(GB/T 1446—2005)、焊接接头强度按《焊接接头拉伸试验方法》(GB/T 2651—2008)、铆钉强度按《铝及铝合金铆钉线与铆钉剪切试验方法及铆钉线铆接试验方法》(GB/T 3250—2007)的要求进行测试。其余材料按有关标准的要求测试。

其中对于金属材料,材料性能测试所测试的量值主要有屈服强度、伸长率、抗拉强度等。屈服强度是当金属材料呈现屈服现象时,在试验期间达到塑性变形发生而力不增加的应力点,应区分上屈服强度和下屈服强度,见图2-1-4。上屈服强度是试样发生屈服而力首次下降前的最高应力,而下屈服强度是在屈服瞬间,不计初始瞬时效应时的最低应力。

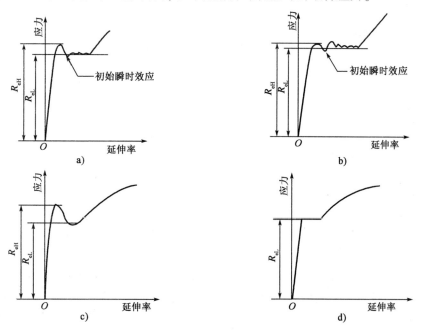

图 2-1-4　不同类型曲线的上屈服强度(R_{eH})和下屈服强度(R_{eL})

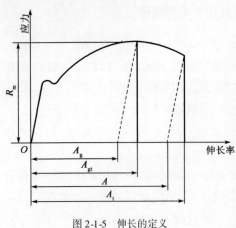

图 2-1-5 伸长的定义

伸长率分为断后伸长率(A)、断裂总伸长率(A_t)、最大力伸长率三类,断后伸长率是指断后标距的残余伸长与原始标距之比的百分率;而断裂总伸长率是断裂时刻原始标距的总伸长(弹性伸长加塑性伸长)与原始标距之比的百分率;最大力伸长率是最大力(相应的应力为抗拉强度 R_m)时原始标距的伸长与原始标距之比的百分率,应区分最大力总伸长率(A_{gt})和最大力非比例伸长率(A_g),如图 2-1-5 所示。

金属材料力学性能测试结果应按相关产品标准的要求进行修约,如未规定具体要求,应按如下要求进行修约。

强度性能值修约至 1MPa;屈服点延伸率修约至 0.1%;其他延伸率和断后伸长率修约至 0.5%;断面收缩率修约至 1%。

对于玻璃钢材料,测试拉伸强度、压缩强度、弯曲强度、冲击强度四项材料力学性能指标,并依次分别按《纤维增强塑料拉伸试验方法》(GB/T 1447—2005)、《纤维增强塑料压缩试验方法》(GB/T 1448—2005)、《纤维增强塑料弯曲试验方法》(GB/T 1449—2005)、《纤维增强塑料简支梁式冲击韧性试验方法》(GB/T 1451—2005)的规定实施。

6. 标志板面色度性能

测试标志板面色度性能时,需制取 150mm×150mm 的单色标志板面试样,或直接在需进行测试的标志板面上,按《道路交通反光膜》(GB/T 18833—2012)的方法使用色彩色差计进行测试,获取色品坐标和亮度因数值。

7. 反光型标志板面光度性能

制取 150mm×150mm 的单色标志板面试样,或直接在需进行测试的标志板面上,按照《道路交通反光膜》(GB/T 18833—2012)的方法进行测试,读取逆反射系数值。

8. 标志板抗冲击性能

将 150mm×150mm 的试样标志板面朝上,或直接在需进行测试的标志板面上,按照《道路交通反光膜》(GB/T 18833—2012)的方法进行测试。

9. 耐盐雾腐蚀性能

按照《人造气氛腐蚀试验 盐雾试验》(GB/T 10125—2012),把化学纯的氯化钠溶于蒸馏水,配制成质量比 5%±0.1% 的盐溶液,使该盐溶液在盐雾箱内连续雾化,箱内温度保持 35℃±2℃。

将 150mm×150mm 的试样放入盐雾箱内,其受试面与垂直方向成 30°角,相邻两样板保持一定的间隙,行间距不少于 75mm。试样在盐雾箱内连续暴露 120h 后取出,用流动水轻轻洗掉试样表面的盐沉积物,再用蒸馏水漂洗,然后置于标准环境条件下恢复 2h,对试样进行全面检查。

10. 标志板耐高低温性能

试验时,将150mm×150mm的试样放入试验箱内,开动冷源,使箱内温度逐渐降至 -40℃±3℃,并在该温度下保持72h。之后关闭电源,使试验箱自然升至室温,在约12h后,再将试验箱升温至70℃±3℃,并在该温度下保持24h,最后关闭电源,使试验箱自然冷却至室温,取出试样,在标准测试条件下放置2h,检查其表面的变化。

11. 标志板耐候性能

标志板耐候性能试验分为自然暴露试验和人工加速老化试验两种类型。

自然暴露试验是按照《塑料 自然日光气候老化、玻璃过滤后日光气候老化和菲涅耳镜加速日光气候老化的暴露试验方法》(GB/T 3681—2011)的规定,试样尺寸取150mm×250mm,面朝正南方,与水平面呈当地的纬度角或45°±1°进行曝晒。试验开始之后,每一个月作一次表面检查;半年后,每三个月检查一次。反光膜达到《道路交通反光膜》(GB/T 18833—2012)规定的曝晒期限,合成树脂类板材的标志底板曝晒两年后,作最终检查,并进行有关性能测试。

人工加速老化试验是按照《塑料 实验室光源暴露试验方法 第2部分:氙弧灯》(GB/T 16422.2—2014)的规定,试样的尺寸取65mm×142mm。反光膜达到《道路交通反光膜》(GB/T 18833—2012)规定的试验时间,合成树脂类板材经过1200h试验后,用清水彻底冲洗,用软布擦干后进行各种检查及有关性能测试。

12. 标志板面与标志底板的附着性能

该项试验包括反光膜及黑膜与标志底板的附着性能测试和涂料对标志底板的附着性能测试两项内容。前者是裁取200mm×25mm的反光膜及黑膜,将反光膜及黑膜粘贴到标志底板上制成附着性能试样,标志底板尺寸为200mm×50mm,按照《道路交通反光膜》(GB/T 18833—2012)的方法进行测试;后者是由涂料涂敷到标志底板上制成试样,按《漆膜附着力测定法》(GB 1720—1979)的方法进行测试。

13. 标志板面油墨与反光膜的附着性能

该项试验是用丝网印刷的方法,将不同颜色的油墨分别印刷在面积不小于200mm×300mm的标志板面反光膜上,按《液体油墨附着牢度检验方法》(GB/T 13217.7—2009)中规定的方法进行测试。

二、道路交通标志产品的检验规则

道路交通标志产品检验规则包括出厂检验、型式检验、抽样方法、判定规则四部分内容。

1. 出厂检验

产品出厂前,应随机抽样,对结构尺寸、外观质量、标志板面色度性能、反光型标志板面光度性能、标志板抗冲击性能各项性能进行自检,合格者附合格证才可出厂。

2. 型式检验

当出现老产品转厂生产、停产一年或一年以上的产品再生产、正常生产的产品经历两年生产、合同规定、国家授权的质量监督部门提出质量抽查以及产品结构、材料、工艺有较大改变任意一种情况时,应按《道路交通标志板和支撑件》(GB/T 23827—2009)的要求,对产品全项性能进行型式检验。

3. 抽样方法

对每批产品进行随机抽样或依据《公路交通安全设施质量检验抽样方法》(JT/T 495—2014)进行抽样检测。《道路交通标志板和支撑件》(GB/T 23827—2009)要求的各项试验,宜抽样三个或以上。

4. 判定规则

交通标志产品的各项试验,其检测频率及结果判定应符合的规定包括三方面的内容:
(1)每项试验至少检测三个数据(宜在不同试样上进行),取其平均值为检测结果。
(2)检测数据全部符合标准要求,则判定该批产品合格。
(3)检测数据有一项不符合标准要求,抽取双倍数量的产品对该项指标进行复检,若复检合格,则判定该批产品合格;若复检不合格,则判定该批产品不合格。

第二章

道路交通标志反光材料

第一节 概 述

道路交通标志反光材料使用的是逆反射材料,应用最广的是反光膜。中国在交通标志中使用反光膜,始于 20 世纪 80 年代中后期。先从新修建的高速公路开始,随后各大城市的交通标志也陆续使用。

反光膜的首要作用,就是改善交通标志的表面性能,使之能适应不同气候条件的交通需要,提高道路安全运行条件。由于不同种类的反光膜的反光性能存在差异,选择反光膜应综合考虑:①标志背景环境影响大、行驶速度快、交通量大的道路宜选用逆反射性能好的材料;②警告、禁令、指示标志等图形标志宜选用逆反射性能好的材料;③曲线路段及平面交叉,宜选用大观测角度下仍具有良好逆反射性能的材料;④门架标志、悬臂标志和车行道上方附着式标志宜选用逆反射性能好的材料;⑤四级及以下公路、交通量很小的其他道路可选用工程级逆反射材料;⑥指路标志字膜的逆反射性能宜高于底膜的逆反射性能,一般情况下,字膜和底膜材料的使用年限宜一致。

一、反光膜的作用原理

粘贴有反光膜的道路交通标志在夜间具有的可视性,是通过反光膜的逆反射性能来实现的。逆反射又称为回归反射,它与常见的漫反射和镜面反射有很大不同。

漫反射是一种最常见的反射形式,发生在光线入射到任何粗糙表面上,比如在路面、车辆上所引起的反射。反射光线向各个方向反射,只有很少一部分光线可以被反射回光源方向。

镜面反射是在光线入射到一个非常光滑或有光泽的表面上时发生的。光线在物体表面反射角和入射角相同,但反射光线与入射光线位于反射面法线两侧。这种镜面反射现象可能会在某些漫反射物体上发生,比如被雨水或冰层覆盖的路面。

而逆反射是指光线沿着与入射光方向的邻近方向反射,当照射角在很大范围内变动时仍能保持这一特性。逆反射按其反射单元结构可分为两大类。

一类是玻璃珠型逆反射。当一束入射光水平入射玻璃珠制成的逆反射材料后,经过系列折射与反射得到一束与入射光平行的反射光,而由于所用玻璃珠粒径很小,所以反射光束的光轴和入射光束的光轴几乎重合,也就是反射光线向光源方向返回,如图 2-2-1 所示。

另一类是微棱镜型逆反射。入射光投射到透明的立方体或三棱体上,每一个棱镜逆反射单元具有三个相互垂直的反射面,入射光线经由三个反射表面折射和反射后,出射光按入射光方向平行地返回,如图 2-2-2 所示。

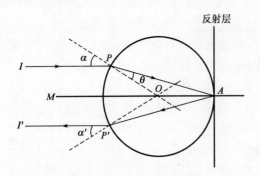

图 2-2-1 玻璃珠型逆反射光路图

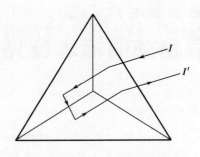

图 2-2-2 棱镜型逆反射光路图

二、反光膜的结构与分类

反光膜按其不同的逆反射原理,可分为玻璃珠型和微棱镜型两类。按不同的结构,反光膜可分为透镜埋入型、密封胶囊型和微棱镜型三类,如图 2-2-3 ~ 图 2-2-5 所示。

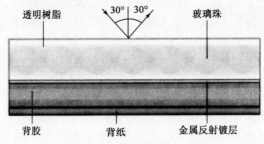

图 2-2-3 透镜埋入型反光膜结构示意图

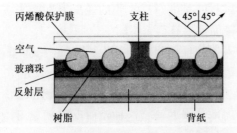

图 2-2-4 密封胶囊型反光膜的结构示意图

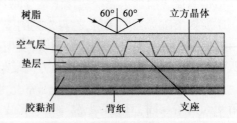

图 2-2-5 微棱镜型反光膜结构示意图

反光膜一般都是由表层(保护膜)、反射层(功能层)、基层(承载层)、胶黏层和底层(保护层)等多层不同的物质组成的膜结构物体。反光膜的表层一般选用透光性良好的树脂薄膜;反射层则根据不同类型的反光膜,其组成也各不相同,有微小玻璃珠、微棱镜或金属反光镀层等;基层多为树脂有机化合物制成的薄膜;胶黏层一般是环氧树脂胶;底层是厚纸做的保护层。

透镜埋入型是将玻璃珠直接埋入透明树脂里。由于玻璃珠的大小并不完全一致,玻璃珠和背后的反光层的距离也不是一致的,在光线穿过玻璃珠时,并不能保证该玻璃珠的焦点正好落在背后的反光层上,这时反射光线就不能再次通过玻璃珠回到光源,因此该类型的逆反射亮度不高。

密封胶囊型的反光层是直接涂在玻璃珠上的。该类型的特点是当光线从反光膜的空气层入射进入玻璃珠后,几乎所有从玻璃珠折射到外壁的光线都可以返回到玻璃珠。这类产品除了比透镜埋入型产品有更高的反光亮度外,由于在玻璃珠前面存在一层空气层,该空气层解决了膜结构内和膜结构外的温差问题,减少了露水凝结导致的视认难题。

微棱镜型反光膜与玻璃珠型反光膜的技术区别在于,微棱镜技术没有光线的折射,也没有金属反射层,所有光线都从微棱镜的三个面反射出去,这些光线反射都发生在微棱镜和空气的界面中,因此在微棱镜结构中,其棱镜上面和下面都有一个空气层。

反光膜按其光度性能、结构和用途,可分为以下七种类型:

(1) Ⅰ类——通常为透镜埋入式玻璃珠型结构,称工程级反光膜,使用寿命一般为七年,可用于永久性交通标志和作业区设施。

(2) Ⅱ类——通常为透镜埋入式玻璃珠型结构,称超工程级反光膜,使用寿命一般为十年,可用于永久性交通标志和作业区设施。

(3) Ⅲ类——通常为密封胶囊式玻璃珠型结构,称高强级反光膜,使用寿命一般为十年,可用于永久性交通标志和作业区设施。

(4) Ⅳ类——通常为微棱镜型结构,称超强级反光膜,使用寿命一般为十年,可用于永久性交通标志、作业区设施和轮廓标。

(5) Ⅴ类——通常为微棱镜型结构,称大角度反光膜,使用寿命一般为十年,可用于永久性交通标志、作业区设施和轮廓标。

(6) Ⅵ类——通常为微棱镜型结构,有金属镀层,使用寿命一般为三年,可用于轮廓标和交通柱,无金属镀层时也可用于作业区设施和字符较少的交通标志。

(7) Ⅶ类——通常为微棱镜型结构,柔性材质,使用寿命一般为三年,可用于临时性交通标志和作业区设施。

其中,上述各类反光膜结构为通常使用的典型结构,不排除会有其他结构存在。如棱镜型工程级反光膜为Ⅰ类反光膜。各类反光膜使用寿命为制造商一般承诺的期限,实际使用寿命与其材质和用途有关。如荧光反光膜以及用于临时性交通标志和作业区设施的反光膜,使用寿命一般为三年。

三、反光膜的术语及定义

规范反光膜测试中涉及的逆反射术语和定义,是反光膜逆反射性能测试的前提,本节介绍常用的逆反射术语。

1. 逆反射

逆反射是指反射光从接近入射光的反方向返回的一种反射。当入射光方向在较大范围内变化时,仍能保持这种性质。

2. 反光膜

反光膜是一种已制成薄膜可直接应用的逆反射材料。

3. 逆反射体

逆反射体是指具有逆反射性能的反光面或器件。

4. 逆反射体轴

逆反射体轴是指从逆反射体中心发出的一条特定的射线(图2-2-6)。

注：逆反射体轴通常选择照明方向的中心线。当逆反射体为轴对称时，逆反射体轴通常与逆反射体的对称轴一致。

5. 基准轴

基准轴是指从逆反射体中心发出，垂直于逆反射体轴的一条射线(图2-2-7)。

注：基准轴与逆反射体中心、逆反射体轴给出逆反射体的位置。

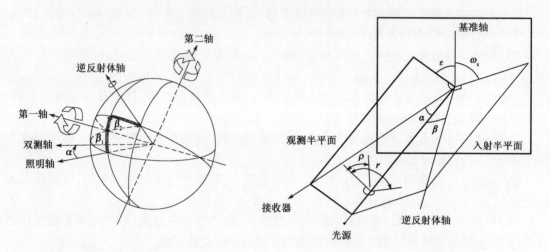

图2-2-6　测量逆反射体的角度计系统

图2-2-7　α、β、ε、ω_s、ρ、γ之间的相互关系

注：ε和ρ在图中是逆时针方向的，应为负值。

6. 照明轴

照明轴是指从逆反射体中心发出，通过光源点的射线(图2-3-6)。

7. 观测轴

观测轴是指从逆反射体中心发出，通过观测点的射线(图2-3-6)。

8. 基准标记

基准标记是指逆反射体上从逆反射体轴发出，表示基准轴指向的标记。

9. 入射角 β

入射角是指照明轴与逆反射体轴之间的夹角。

注：入射角通常不大于90°，但考虑完整性将其规定为 $-180°\leq\beta\leq180°$。在角度计系统中 β 被分解为 β_1 和 β_2 两个分量。

10. 观测角 α

观测角是指照明轴与观测轴之间的夹角。

注：观测角不为负值，通常小于2°。

11. 旋转角 ε

旋转角是指从逆反射体轴上的观察点逆时针测量,在垂直于逆反射体轴的平面上,从观测半平面到基准轴的夹角。

注1：$-180°<\varepsilon\leqslant180°$。

注2：试样围绕逆反射体轴转动时,当光源和接收器在空间相对固定,方位角 ω_s 和旋转角 ε 的变化是相等的。

12. 发光强度系数 R_I

发光强度系数是指逆反射体在观测方向的发光强度 I 与逆反射体垂直于入射光方向的平面上的光照度 $E_\perp$ 之比,以坎德拉每勒克斯表示（$cd \cdot lx^{-1}$）。$R_I = I/E_\perp$。

注1：I 通常由观测体位置的光照度和其距离的平方之乘积来确定（$I = E_r d^2$）。

注2：R_I 通常还写作 CIL 或 SI（特殊强度）。

13. 逆反射系数 R_A

逆反射系数是指发光强度系数与逆反射体的表面积之比,以坎德拉每勒克斯每平方米表示（$cd \cdot lx^{-1} \cdot m^{-2}$）。

$$R_A = \frac{R_I}{A} \tag{2-2-1}$$

14. 旋转均匀性

旋转均匀性是指当逆反射体绕逆反射体轴旋转,光源、接收器、逆反射体中心和逆反射体轴保持相对固定的空间关系时,R_A、R_I 基本保持不变。

注1：当逆反射体围绕它的轴旋转,而观测角、入射角（包括分量 β_1 和 β_2）和显示角（γ）保持不变时,方位角 ω_s 和旋转角 ε 都有 360° 的变化。

注2：旋转均匀性的程度可以用数字表示。

15. 荧光

荧光是指一种材料特性,白天吸收可见光或紫外光中的短波,以长波再辐射,产生窄发射波段的可见光。

16. 夜间色（逆反射色）

夜间光是指在夜间条件下,即采用标准 A 光源照射时,从接近入射光方向所观测到的逆反射材料的颜色。

第二节 技 术 要 求

反光膜的技术要求包括一般要求、外观质量、光度性能、色度性能、抗冲击性能、耐弯曲性能、附着性能、收缩性能、防黏纸可剥离性能、抗拉荷载、耐溶剂性能、耐盐雾腐蚀性能、耐高低温性能、耐候性能十四项要求,主要质量评定标准为国家标准《道路交通反光膜》（GB/T

18833—2012)。

一、一般要求

反光膜通常应以成卷的形式供货。反光膜应均匀、平整、紧密地缠绕在一刚性的圆芯上，不应有变形、缺损、边缘不齐或夹杂无关材料等缺陷。

每卷反光膜长度一般不应少于45.72m。整卷反光膜宽度方向不能拼接，长度方向的接头不应超过三处，并在成卷膜的边缘应可看到拼接处。每拼接一处应留出0.5m反光膜的富余量。每段反光膜的连续长度不应小于10m。

反光膜应具有颜色的可印刷性能，常温环境下采用与反光膜相匹配的油墨及印刷方式，可对反光膜进行各种颜色的印刷。

除白色以外的其他各种颜色的反光膜，也可通过将彩色透明面膜(称"电刻膜")贴覆在白色反光膜上的方式形成。

二、外观质量

反光膜应有平滑、洁净的外表面，不应有明显的划痕、条纹、气泡、颜色及逆反射不均匀等缺陷，其防黏纸不应有气泡、皱折、污点或杂物等缺陷。

三、光度性能

反光膜的光度性能以逆反射系数表述，各类反光膜(包括丝网印刷和贴覆电刻膜后的反光膜，以下同)，其逆反射系数 R_A 值不应低于表2-2-1～表2-2-7给出的相应类别的规定。

反光膜如不具备旋转均匀性，即在不同旋转角条件下的光度性能存在差异时，制造商应沿其逆反射系数值较大方向做出基准标记。

Ⅰ 类 反 光 膜　　　　　　　表2-2-1

观测角	入射角	最小逆反射系数 $R_A(\mathrm{cd} \cdot \mathrm{lx}^{-1} \cdot \mathrm{m}^{-2})$							
		白色	黄色	橙色	红色	绿色	蓝色	棕色	灰色
0.2°	-4°	70	50	25	14	9.0	4.0	1.0	42
	15°	50	35	16	11	7.0	3.0	0.6	30
	30°	30	22	7.0	6.0	3.5	1.7	0.3	18
0.5°	-4°	30	25	13	7.5	4.5	2.0	0.3	18
	15°	23	19	8.5	5.3	3.4	1.4	0.2	14
	30°	15	13	4.0	3.0	2.2	0.8	0.2	9.0
1°	-4°	5.0	3.0	1.8	2.0	1.0	0.6	0.2	3.0
	15°	3.0	2.0	1.1	1.0	0.8	0.3	0.2	2.1
	30°	2.0	1.5	0.7	0.6	0.4	0.2	0.1	1.2

Ⅱ 类 反 光 膜　　　　　　　　　　　　　　　　　　　　　　表 2-2-2

观测角	入射角	最小逆反射系数 R_A（cd·lx^{-1}·m^{-2}）						
		白色	黄色	橙色	红色	绿色	蓝色	棕色
0.2°	-4°	140	100	60	30	30	10	5.0
	15°	110	80	41	22	22	8.0	3.5
	30°	60	36	22	12	12	4.0	2.0
0.5°	-4°	50	33	20	10	9.0	3.0	2.0
	15°	39	27	16	8.0	7.5	2.5	1.5
	30°	28	20	12	6.0	6.0	2.0	1.0
1°	-4°	11	6.0	3.9	2.5	2.5	0.8	0.6
	15°	9.0	4.0	3.2	1.6	1.6	0.6	0.4
	30°	5.0	2.0	1.8	0.8	0.8	0.3	0.2

Ⅲ 类 反 光 膜　　　　　　　　　　　　　　　　　　　　　　表 2-2-3

观测角	入射角	最小逆反射系数 R_A（cd·lx^{-1}·m^{-2}）										
		白色	黄色	橙色	红色	绿色	蓝色	棕色	灰色	荧光黄绿	荧光黄	荧光橙
0.2°	-4°	250	175	100	50	45	20	12	125	200	150	75
	15°	210	145	84	42	35	16	10	100	170	125	65
	30°	175	120	70	35	25	11	8.5	75	140	105	50
0.5°	-4°	95	66	38	19	15	7.5	5.0	48	75	55	30
	15°	90	62	36	18	13	6.3	4.3	40	70	55	25
	30°	70	50	28	14	10	5.0	3.5	32	55	40	20
1°	-4°	10	7.0	4.0	3.0	3.0	1.0	0.8	5.0	8.0	6.0	3.0
	15°	10	7.0	4.5	2.0	2.0	0.7	0.6	4.8	8.0	6.0	3.0
	30°	9.0	6.0	3.0	1.0	1.0	0.4	0.3	4.5	7.0	5.0	2.0

Ⅳ 类 反 光 膜　　　　　　　　　　　　　　　　　　　　　　表 2-2-4

观测角	入射角	最小逆反射系数 R_A（cd·lx^{-1}·m^{-2}）									
		白色	黄色	橙色	红色	绿色	蓝色	棕色	荧光黄绿	荧光黄	荧光橙
0.2°	-4°	360	270	145	65	50	30	18	290	220	105
	15°	265	202	106	48	38	22	13	212	160	78
	30°	170	135	68	30	25	14	8.5	135	100	50
0.5°	-4°	150	110	60	27	21	13	7.5	120	90	45
	15°	111	82	44	20	16	9.5	5.5	88	65	34
	30°	72	54	28	13	10	6.0	3.5	55	40	22
1°	-4°	35	26	12	5.2	4.0	2.0	1.0	28	22	11
	15°	28	20	9.4	4.1	3.0	1.5	0.8	22	17	8.5
	30°	20	15	6.8	3.0	2.0	1.0	0.6	16	12	6.0

V 类 反 光 膜　　　　　　　　　　　　　　　　表 2-2-5

观测角	入射角	最小逆反射系数 R_A (cd·lx^{-1}·m^{-2})									
		白色	黄色	橙色	红色	绿色	蓝色	棕色	荧光黄绿	荧光黄	荧光橙
0.2°	-4°	580	435	200	87	58	26	17	460	350	175
	15°	348	261	120	52	35	16	10	276	210	105
	30°	220	165	77	33	22	10	7.0	180	130	66
0.5°	-4°	420	315	150	63	42	19	13	340	250	125
	15°	252	189	90	38	25	11	7.8	204	150	75
	30°	150	110	53	23	15	7.0	5.0	120	90	45
1°	-4°	120	90	42	18	12	5.0	4.0	96	72	36
	15°	72	54	25	11	7.2	3.0	2.4	58	43	22
	30°	45	34	16	7.0	5.0	2.0	1.0	36	27	14

VI 类 反 光 膜　　　　　　　　　　　　　　　　表 2-2-6

观测角	入射角	最小逆反射系数 R_A (cd·lx^{-1}·m^{-2})					
		白色	黄色	橙色	红色	绿色	蓝色
0.2°	-4°	700	470	280	120	120	56
	15°	550	370	220	96	96	44
	30°	400	270	160	72	72	32
0.5°	-4°	160	110	64	28	28	13
	15°	118	81	47	21	21	10
	30°	75	51	30	13	13	6.0

VII 类 反 光 膜　　　　　　　　　　　　　　　　表 2-2-7

观测角	入射角	最小逆反射系数 R_A (cd·lx^{-1}·m^{-2})								
		白色	黄色	橙色	红色	绿色	蓝色	荧光黄绿	荧光黄	荧光橙
0.2°	-4°	500	350	125	70	60	45	400	300	200
	15°	350	245	88	49	42	32	280	210	140
	30°	200	140	50	28	24	18	160	120	80
0.5°	-4°	225	160	56	32	27	20	180	135	90
	15°	155	110	38	22	19	14	124	93	62
	30°	85	60	21	12	10	7.7	68	51	34

四、色度性能

反光膜在白天表现的各种颜色,即昼间色或表面色,其色品坐标和亮度因数应在表 2-2-8 规定的范围内,色品图见图 2-2-8。

反光膜在夜间表现的各种颜色,即夜间色或逆反射色,其色品坐标应在表 2-2-9 规定的范围内,色品图见图 2-2-9。

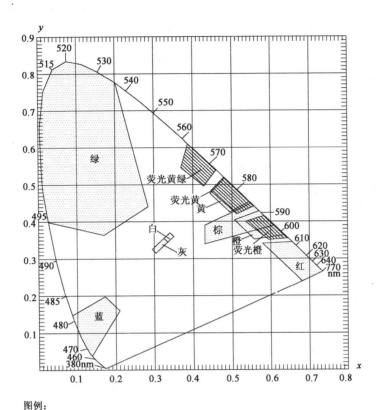

图例：
▨ 白、黄、橙、红、绿、蓝、棕、灰的色品坐标填充区域
▧ 荧光黄绿、荧光黄、荧光橙的色品坐标填充区域

图 2-2-8　反光膜各种颜色色品图（昼间色）

反光膜颜色（昼间色）　　　　　　　　　　　　　　　　　　　　　　表 2-2-8

颜色	色品坐标								亮度因数	
	1		2		3		4		无金属镀层	有金属镀层
	x	y	x	y	x	y	x	y		
白	0.350	0.360	0.305	0.315	0.295	0.325	0.340	0.370	≥0.27	≥0.15
黄	0.545	0.454	0.494	0.426	0.444	0.476	0.481	0.518	0.15~0.45	0.12~0.30
橙	0.558	0.352	0.636	0.364	0.570	0.429	0.506	0.404	0.10~0.30	0.07~0.25
红	0.735	0.265	0.681	0.239	0.579	0.341	0.655	0.345	0.02~0.15	0.02~0.11
绿	0.201	0.776	0.285	0.441	0.170	0.364	0.026	0.399	0.03~0.12	0.02~0.11
蓝	0.049	0.125	0.172	0.198	0.210	0.160	0.137	0.038	0.01~0.10	0.01~0.10
棕	0.430	0.340	0.610	0.390	0.550	0.450	0.430	0.390	0.01~0.09	0.01~0.09
灰	0.305	0.315	0.335	0.345	0.325	0.355	0.295	0.325	0.12~0.18	—
荧光黄绿	0.387	0.610	0.369	0.546	0.428	0.496	0.460	0.540	≥0.60	—
荧光黄	0.479	0.520	0.446	0.483	0.512	0.421	0.557	0.442	≥0.40	—
荧光橙	0.583	0.416	0.535	0.400	0.595	0.351	0.645	0.355	≥0.20	—

反光膜颜色(夜间色) 表2-2-9

颜 色	色品坐标							
	1		2		3		4	
	x	y	x	y	x	y	x	y
黄	0.513	0.487	0.500	0.470	0.545	0.425	0.572	0.425
橙	0.595	0.405	0.565	0.405	0.613	0.355	0.643	0.355
红	0.650	0.348	0.620	0.348	0.712	0.255	0.735	0.265
绿	0.007	0.570	0.200	0.500	0.322	0.590	0.193	0.782
蓝	0.033	0.370	0.180	0.370	0.230	0.240	0.091	0.133
棕	0.595	0.405	0.540	0.405	0.570	0.365	0.643	0.355
荧光黄绿	0.480	0.520	0.473	0.490	0.523	0.440	0.550	0.449
荧光黄	0.554	0.445	0.526	0.437	0.569	0.394	0.610	0.390
荧光橙	0.625	0.375	0.589	0.376	0.636	0.330	0.669	0.331

注:对白色和灰色的夜间色不作要求。

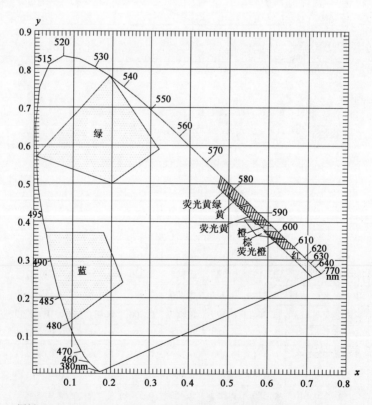

图例:
▨ 黄、橙、红、绿、蓝、棕的色品坐标填充区域
▨ 荧光黄绿、荧光黄、荧光橙的色品坐标填充区域

图2-2-9 反光膜各种颜色色品图(夜间色)

五、抗冲击性能

反光膜应具备抗冲击性能,抗冲击性能试验后,在受到冲击的表面以外,不应出现裂缝、层间脱离或其他损坏。

六、耐弯曲性能

反光膜应能承受适度弯曲,耐弯曲性能试验后,表面不应出现裂缝、剥落或层间分离等损坏。

七、附着性能

反光膜背胶应有足够的附着力,且各结构层间结合牢固,附着性能试验后,在5min后的剥离长度不应大于20mm。

八、收缩性能

收缩性能试验后,反光膜不应出现明显收缩,任何一边的尺寸在10min内,其收缩不应超过0.8mm;在24h内,其收缩不应超过3.2mm。

九、防黏纸可剥离性能

防黏纸可剥离性能试验后,反光膜无须用水或其他溶剂浸湿,防黏纸即可方便地手工剥下,且无破损、撕裂或从反光膜上带下黏合剂等损坏出现。

十、抗拉荷载

抗拉荷载试验后,Ⅰ类和Ⅱ类反光膜的抗拉荷载值不应小于24N。

十一、耐溶剂性能

经汽油和乙醇浸泡后,反光膜表面不应出现软化、皱纹、渗漏、起泡、开裂或被溶解等损坏。

十二、耐盐雾腐蚀性能

盐雾试验后,反光膜表面不应有变色、渗漏、起泡或被侵蚀等损坏。

十三、耐高低温性能

高低温试验后,反光膜表面不应出现裂缝、软化、剥落、皱纹、起泡、翘曲或外观不均匀等损坏。

十四、耐候性能

自然暴露或人工加速老化试验后,反光膜应无明显的裂缝、皱折、刻痕、凹陷、气泡、侵蚀、剥离、粉化或变形等损坏;从任何一边均不应出现超过 0.8mm 的收缩,也不应出现反光膜从底板边缘翘曲或脱离的痕迹;在观测角为 0.2°、入射角为 -4°、15°和 30°时,各类反光膜的逆反射系数 R_A 值不应低于表 2-2-10 中的数值;反光膜各种颜色的色品坐标及亮度因数应保持在表 2-2-8 或表 2-2-9 规定的范围内。

耐候性能试验后光度性能要求　　　　表 2-2-10

反光膜级别	最小逆反射系数 R_A	反光膜级别	最小逆反射系数 R_A
Ⅰ类	表 2-2-1 的 50%	Ⅴ类	表 2-2-5 的 80%
Ⅱ类	表 2-2-2 的 65%	Ⅵ类	表 2-2-6 的 50%
Ⅲ类	表 2-2-3 的 80%	Ⅶ类	表 2-2-7 的 50%
Ⅳ类	表 2-2-4 的 80%		

第三节　生产工艺

一、反光膜的生产工艺

我国对于玻璃珠型逆反射类的反光膜在国内已形成一个比较完整的产业链,但对于微棱镜型反光膜,目前世界上只有3M、艾利等几个反光材料制造商掌握着相关核心技术,我国对这类反光膜刚进入研发阶段,还不具备掌握核心技术的能力。

对于玻璃珠型逆反射类的反光膜,其主要制备工序包括植珠、涂覆黏合层、真空镀膜、涂压敏胶、复合防黏纸等。

1. 植珠

植珠是指采用涂有透明不干胶的透明塑料薄膜作为反光膜表面层,将玻璃微珠直接撒布在上面。这一工序的关键问题主要有:

(1)玻璃微珠的选择。作为回归式反光膜核心的玻璃微珠,要求折射率高,同时要求圆度好、清晰、透明、颗粒均匀,只有这样才能保证好的反光性能。

(2)反光膜的表面层材料的选择。表面高分子材料的选择很重要,它决定反光膜的主要理化性能,一般要求耐光老化、耐磨、耐腐蚀,此外还需要一定的柔韧性,同时在表面层材料中溶入不同的染料便可以得到不同的反光颜色。

(3)玻璃微珠在反射层表面上所处的位置,包括埋植深浅、分布排列等,将直接影响到反光膜的性能。

2. 涂覆黏合层

将铝膜直接镀在玻璃微珠上,反光效果较差,玻璃微珠和反光层之间应有一层黏合层,该层材料要求透光率高、耐候性好、有韧性。该道工序的关键在于黏合层材料的选择及厚度的选择控制。

3. 真空镀膜

相对来说,真空镀膜工艺已很成熟,要求能在大面积上连续均匀镀膜。

4. 涂压敏胶、复合防黏纸

压敏胶的特点是胶体分子包在受到压力时破裂,使胶体分子与接触物紧密黏牢而不易剥落。

二、反光膜产品的标识、包装、运输和储存要求

1. 标识

在反光膜的正面或防黏纸的背面,应有清晰、耐久的制造厂商的名称、商标或其他代表性的符号标记。如撕去防黏纸后不易辨认,则应在反光膜的正面进行适当标识,也可增加反光膜的类别、批号等产品标识。在每卷反光膜包装盒外,应有中文说明,标明盒内所装反光膜的种类、数量、颜色、生产日期、批号等情况。

2. 包装

成卷包装的反光膜,每卷应采用符合环保要求的材料包装后,再通过支架悬空放置于纸盒内。对于每卷反光膜产品,厂方应提供使用说明书、产品检验合格报告或证书等证明材料。

3. 运输及储存

纸盒应有足够的强度和刚度,能保护反光膜在运输、储存中免受损伤。反光膜应储存在通风、干燥的室温条件下,储存期不宜超过一年。

第四节 检 测 方 法

一、反光膜产品的检验方法

反光膜产品的检验方法主要依据《道路交通反光膜》(GB/T 18833—2012),具体如下。

1. 试样

按以下方法抽取和准备试样:
(1)随机抽取整卷反光膜试样。
(2)从整卷反光膜试样中,随机沿幅宽裁取1m反光膜,沿对角线从其左、中、右位置分别裁取反光膜试样,并按生产厂商提示在背面做出基准标记。
(3)按本标准规定的方法制备试样。

2. 测试条件

试样测试前,应按《塑料试样状态调节和试验的标准环境》(GB/T 2918—1998)的规定,

在温度为23℃±2℃,相对湿度为50%±10%的环境中放置24h以上,然后进行各项测试工作。测试工作宜在温度23℃±2℃,相对湿度50%±10%的环境中进行。

3. 外观质量

在光照度不少于150lx的环境中,将反光膜自由平放在一平台上,在1m的距离内,面对反光膜或防黏纸进行目测检查。

4. 光度性能

裁取150mm×150mm的单色反光膜试样,按《逆反射光度性能测试方法》(JT/T 690—2007)规定的比率法、替代法或直接发光强度法,测试反光膜的逆反射系数。仲裁试验时,反光膜的逆反射系数按《逆反射系数测试方法 共平面几何法》(JT/T 689—2007)规定的方法进行测试。一般情况下,测试时的旋转角ε取0°或90°。也可按生产厂商或委托方的要求,选取不同的旋转角进行测试。

5. 色度性能

裁取150mm×150mm的单色反光膜试样,采用《标准照明体和几何条件》(GB/T 3978—2008)规定的CIE标准照明体D_{65}光源,测量的几何条件取45°a:0°,分别按《物体色的测量方法》(GB/T 3979—2008)和《荧光反光膜和反光标记材料昼间色度性能测试方法》(JT/T 693—2007)规定的方法,测得各种反光膜昼间色的色品坐标和亮度因数。裁取150mm×150mm的单色反光膜的试样,采用《标准照明体和几何条件》(GB/T 3978—2008)规定的CIE标准照明体A光源,入射角0°、观测角0.2°的照明观测条件,按《夜间条件下逆反射体色度性能测试方法》(JT/T 692—2007)规定的方法,测得各种反光膜夜间色的色品坐标。

6. 抗冲击性能

裁取150mm×150mm反光膜试样,将反光面朝上,水平放置在符合《反光膜耐冲击性能测定仪》(JT/T 686—2007)要求的仪器钢板上。在试样上方250mm处,用一个质量为450.0g±4.5g的实心钢球自由落下,冲击试样中心部位,然后检查被冲击表面的变化。

7. 耐弯曲性能

裁取230mm×70mm的反光膜试样,使用符合《反光膜耐弯曲性能测定器》(JT/T 762—2009)要求的测试仪器,在1s内,将试样防黏纸朝里,沿长度方向绕直径3.20mm±0.05mm的圆棒进行对折弯曲。如需要,可在试样黏结剂表面撒上适量的滑石粉进行测试。然后放开试样,检查其表面的变化。

8. 附着性能

裁取25mm×200mm的反光膜试样,从一端去除100mm长的防黏纸露出背胶,按生产厂商的使用说明,将其粘贴在50mm×200mm、1.0~2.0mm厚并经适当打磨清洗过的铝合金板上,其余100mm余留,制成附着性能试样,尺寸如图2-2-10所示。

将试样反光膜朝下,平放在符合《反光膜附着性能测试仪》(JT/T 685—2007)要求的仪器上,如图2-2-11所示。反光膜的余留端上悬挂800g±4g的重锤,与试样板面成90°下垂。5min后,测出反光膜被剥离的长度L。

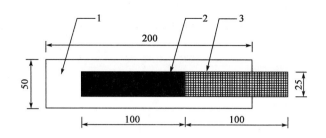

图 2-2-10 附着性能试样(尺寸单位:mm)
1-铝合金底板;2-反光膜粘贴部分;3-反光膜余留部分

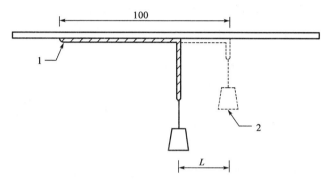

图 2-2-11 附着性能试验(尺寸单位:mm)
1-反光膜试样;2-重锤

9. 收缩性能

裁取 230mm×230mm 的反光膜试样,去除防黏纸,将试样黏结面朝上,水平放置在一平台表面。在防黏纸去除后 10min 和 24h 时,分别测出反光膜试样的尺寸变化。

10. 防黏纸可剥离性能

裁取 25mm×150mm 的反光膜试样,在其上放置符合《反光膜防黏纸可剥离性能测试仪》(JT/T 687—2007)要求的 6600g±33g 重物,使反光膜受到 17.2kPa 的压力,然后置于 70℃±2℃ 的空间里放置 4h。取出反光膜,在标准测试条件下使之冷却到室温。用手剥去防黏纸,并进行检查。

11. 抗拉荷载

裁取 25mm×150mm 的反光膜试样,撕去中间 100mm 的防黏纸,装入精度为 0.5 级的万能材料试验机夹紧装置中,在试样宽度上负荷应均匀分布。开启试验机,以 300mm/min 的速度拉伸,分别记录断裂时的抗拉荷载值。

12. 耐溶剂性能

裁取 25mm×150mm 的反光膜试样,按生产厂商的使用说明,粘贴在 1.0~2.0mm 厚的铝合金板上,制成耐溶剂性能试样。将试样分别浸没在表 2-2-11 所示的溶剂中,到规定的时间后取出,室温下在通风橱内干燥,检查其表面变化。

溶剂试验 表 2-2-11

溶　剂	浸渍时间(min)	备　注
汽油	10	标准车用汽油
乙醇	1	—

13. 耐盐雾腐蚀性能

按《人造气氛腐蚀试验　盐雾试验》(GB/T 10125—2012),把化学纯的氯化钠溶于蒸馏水,配制成 5.0% ±0.1%(质量比)的盐溶液(pH 值在 6.5～7.2 之间),使该盐溶液在盐雾试验箱内连续雾化,箱内温度保持 35℃ ±2℃。裁取 150mm×150mm 的反光膜试样,按生产厂商的使用说明,粘贴在 1.0～2.0mm 厚的铝合金板上,制成盐雾腐蚀试样。将试样放入试验箱内,其受试面与垂直方向成 30°角,相邻两样板保持一定的间隙,行间距不少于 75mm,试样在盐雾空间连续暴露 120h。试验结束后,用清水洗掉试样表面的盐沉积物,然后置于标准环境条件下恢复 2h,进行全面检查。

14. 耐高低温性能

耐高低温性能考核的是反光膜在温度冲击条件下的质量特性,应先做低温后做高温,具体要求是:裁取 150mm×150mm 的反光膜试样,按生产厂商的使用说明,粘贴在 1.0～2.0mm 厚的铝合金板上,制成高低温试样。将试样放入试验箱内,开动冷源,将箱内温度逐渐降至 -40℃ ±3℃,使试样在该温度下保持 72h,关闭电源,使试验箱自然升至室温后,再将试验箱升温至 70℃ ±3℃,并在该温度下保持 24h,最后关闭电源,使试验箱自然冷却至室温,取出试样,在标准测试条件下放置 2h 后,检查其表面的变化。

15. 耐候性能

(1)试验时间

反光膜各类别的自然暴露试验和人工加速老化试验时间见表 2-2-12。

耐候性能试验时间 表 2-2-12

反光膜级别	自然暴露试验(月)	人工加速老化试验(h)
Ⅰ类	24	1200
Ⅱ类	36	1800
Ⅲ类	36	1800
Ⅳ类	36	1800
Ⅴ类	36	1800
Ⅵ类	12	600
Ⅶ类	12	600

注:各类反光膜仅用于临时性交通标志和作业设施时,自然暴露试验时间一般为 12 个月,人工加速老化试验时间一般为 600h。

(2)自然暴露试验

按《塑料　自然日光气候老化、玻璃过滤后日光气候老化和菲涅耳镜加速日光气候老化的暴露试验方法》(GB/T 3681—2011),将尺寸不小于 150mm×250mm 的试样安装在至少高于地面 0.8m 的曝晒架面上,试样面朝正南方,与水平面呈当地的纬度角或 45°±1°。试样表面不应被其他物体遮挡阳光,不得积水。暴露地点的选择尽可能近似实际使用环境或代表某一气候类型最严酷的地方。试样开始曝晒后,每一个月做一次表面检查,半年后,每三个月检查一次,直至达到规定的曝晒期限,进行最终检查,并进行有关性能测试。以自然暴露试验为仲裁试验。

(3) 人工加速老化试验

按《塑料 实验室光源暴露试验方法 第 2 部分:氙弧灯》(GB/T 16422.2—2014),老化试验箱采用氙弧灯作为光源,箱内黑板温度选择 65℃±3℃,相对湿度选择 50%±5%。试样的尺寸可根据试验箱的要求来选定,一般为 65mm×142mm。

老化试验箱在光谱波长 290~800nm 之间的辐照度为 550W/m^2,在光谱波长 290~2450nm 之间的总辐照度不超过 1000W/m^2±100W/m^2,试样表面任意两点之间的辐照度差别不应大于 10%。试验过程采用连续光照,周期性喷水,喷水周期为 120min,其中 18min 喷水、102min 不喷水。经过规定时间老化试验后的试样,用清水彻底冲洗,用软布擦干后进行各种检查及有关性能测试。

二、反光膜产品检验规则

对反光膜质量的检验分出厂检验和型式检验两部分。

1. 出厂检验

每批反光膜产品出厂前,应随机抽取样品,对外观质量、光度性能、色度性能、抗冲击性能、耐弯曲性能、附着性能、收缩性能、防黏纸可剥离性能、耐溶剂性能进行自检,以保证出厂产品质量符合本标准的要求。每批产品的数量不得超过 3000m^2。

2. 型式检验

反光膜生产厂在发生以下情况之一时,应进行型式检验:①新产品投入批量生产前;②老产品转厂生产时;③停产一年或一年以上的产品再生产时;④正常生产的产品每经历一年生产时;⑤产品的设计、工艺或材料的改变影响产品性能时;⑥需方或质量监督检验部门提出要求时。型式检验应随机抽取样品,进行全部性能试验(耐候性能试验可每四年进行一次)。

3. 判定规则

每项性能试验,至少取样三个,在试样测试结果全部合格的基础上,以三个(或三个以上)试样测试结果的算术平均值为试验结果。若某一试样的测试结果不符合标准要求,则应从同一批产品中再抽取双倍数量的试样进行该不合格项目的复测,若复测结果全部合格,则整批产品合格;若复测结果(包括该项试验所要求的任一指标)有不合格项,则整批产品为不合格产品。

第三章

道路交通标线

第一节 概述

一、道路交通标线的起源和发展

道路交通标线诞生于1924年,美国加利福尼亚州在99号国家公路上进行了分道线试验,结果行车秩序井然,交通事故锐减。其后,美国各州普遍采用公路分道线办法,世界各国也相继推广此法,并将其纳入交通立法之中。随着道路的拓宽,交通管理部门不仅在道路中央施划标线,隔离对向交通,也在同向施划道路交通标线对同向交通加以隔离,从而保障同方向行驶车辆安全,这对道路交通标线的作用和功能进行了细化和丰富;随后,标线由最初的单实线逐渐补充了虚线和双实线,标线颜色也从单纯白色变为现在的白、黄、红、橙和蓝等颜色。

我国的道路交通标线研究始于20世纪50年代,当时设置的道路交通标线非常简单,仅有路面中心线、人行横道线等几种简单的标线,我国对道路交通标线进行规范始于1955年公安部发布的《城市交通规则》,1972年交通部、公安部联合发布了《交通规则》。随着交通运输和交通管理技术的发展,20世纪80年代初交通部制定了《公路标志及路面标线》标准,各大城市也分别制定了道路交通管理暂行规则,其中包括道路交通标线图例,直到1986年由交通部公路科学研究院等单位编制完成了第一部全国统一的《道路交通标志和标线》(GB 5768—1986),其后分别在1999年和2009年对其进行了修订。到目前为止,基本建立了与世界发达国家水平相接近的交通标线系统,在2009年版的《道路交通标志和标线》标准中,充分考虑了我国道路交通及道路交通标线设置的特点,借鉴了国外的先进技术和经验,结合了道路交通标线材料、工艺和结构类型的最新发展,在此基础上,以道路交通标线的设计、管理及道路使用者为主要对象,对道路交通标线的形状、尺寸、图形符号、材料、结构及设计等作了一系列的规定。

在质量控制方面,交通部于1995年颁布了《路面标线涂料》行业标准,对标线的原材料进行了规范。1996年颁发实施的国家标准《道路交通标线质量要求和检测方法》(GB/T 16311—1996),对近十年来兴建的高速公路的施工质量控制起到了积极的促进作用,效果显著。

近年来,高速公路建设和城市道路建设的快速推进,交通标线及其原材料也得到迅速发展,标线的类型除原有的常温溶剂型、加热溶剂型、热熔型及热熔反光型外,还开发了环保的水性涂料标线和双组份涂料标线,具有振动功能的突起结构型振动反光标线。此外,交通管理部门为减少因路面打滑而造成的交通事故,对标线的抗滑性能也提出了要求。彩色防滑路面标线、全天候雨夜标线、视错觉标线等相继获得应用,提高了交通安全管理水平。新技术新材料的应用进一步推进了标准的发展,2004 年完成了《路面标线涂料》(JT/T 280—1995)的修订版,2009 年完成了国家标准《道路交通标线质量要求和检测方法》(GB/T 16311—2009),并于 2010 年 4 月 1 日起开始实施。

二、道路交通标线的作用和功能

道路交通标线是一种方便、简单、实用、经济的道路交通安全设施,人们亲切地称其为道路交通安全的生命线。它是由施划或安装于道路上的各种线条、箭头、文字、图案及立面标记、实体标记、突起路标等所构成的交通设施,它的作用是向道路使用者传递有关道路交通的规则、警告、指引等信息,可以与标志配合使用,也可以单独使用。具体地讲,道路交通标线主要具有以下 4 个方面的作用和功能。

1. 分离交通

通过在道路上施划的道路交通标线,可实现车辆与行人分离,机动车与非机动车分离,不同种类车辆的分离,不同行驶方向车辆的分离,不同行驶速度车辆的分离,从而保证车辆、行人各行其道,提高道路通行能力和减少交通事故。

2. 渠化平交路口交通

在平交路口施划的道路交通标线,可渠化平交路口交通,充分利用空间和时间,引导车辆和行人各行其道,减少交通阻塞,保障交通畅通。

3. 指示和预告前方路况

交通标线可以将前方路况的特点与信息及时指示和预告给交通参与者,当道路交通标线与道路交通标志或交通信号配合使用时,不仅可以提高交通参与者的注意力,而且可以起到指引方向的作用,保障交通安全。

4. 执法和守法依据

道路交通标线使交通参与者的交通行为规范化,它不仅是交通参与者的守法依据,而且也是管理部门对交通违章、违法行为和交通事故进行处理的法律依据。

三、道路交通标线材料

国外道路交通标线材料最早使用可以追溯到 20 世纪 20 年代,距今已有 80 多年的历史,而我国道路交通标线材料于 20 世纪 80 年代中后期才真正形成产业。伴随着我国公路建设的大发展,近十几年来道路交通标线材料研究和生产发展迅速。标线产品种类已在最初的路面标线涂料基础上,开发了如突起型、道路预成形标线带和彩色路面防滑涂料等新品种,这些新品种的开发不仅更大地发挥了道路交通标线的作用和功能,而且也更加符合资源节约和环境友好的发展方向。

这里先对道路预成形标线带产品做一简要介绍。

道路预成形标线带产品属于一种特种标线材料,在工厂制作成形,施工时直接粘贴在路面上。由于标线带表面涂布有玻璃珠,故可反光。道路预成形标线带可分为长效标线带和临时标线带两大类。

长效标线带是指铺设在每车道平均日交通总量不大于15000pcu/d的路面上,使用寿命达到12个月以上的标线带。长效标线带分为两种类型。Ⅰ型长效标线带是指标线带无预涂胶,使用时涂敷液态黏合剂。Ⅱ型长效标线带是指标线带预涂压敏胶,使用时预备或不预备黏结剂或底胶。长效标线带根据其初始逆反射亮度系数的大小分为Ⅰ级反光和Ⅱ级反光。白色Ⅰ级反光长效标线带初始逆反射亮度系数应大于500mcd·lx^{-1}·m^{-2},黄色Ⅰ级反光长效标线带初始逆反射亮度系数应大于300mcd·lx^{-1}·m^{-2}。白色Ⅱ级反光长效标线带初始逆反射亮度系数应大于250mcd·lx^{-1}·m^{-2},黄色Ⅱ级反光长效标线带初始逆反射亮度系数应大于175mcd·lx^{-1}·m^{-2}。长效标线带的抗滑性能分为A级、B级。A级抗滑值至少为45BPN,B级抗滑值至少为55BPN。

临时标线带是指铺设在每车道平均日交通总量不大于15000pcu/d的路面上,使用寿命达到3个月以上的标线带。临时标线带分为两种类型。Ⅰ型(可清除)标线带材料使用期限超过预计的有限寿命之后,可以用人工或使用机械手段,在4℃以上环境下从沥青或水泥混凝土路面整块或以大于60cm的碎片除去,不允许使用加热、溶解、击碎或炸开等破坏性手段对路面留下痕迹。Ⅱ型(不可清除)标线带材料不必具备可清除的特性。

行业标准《道路预成形标线带》(JT/T 493—2003)中对标线带的色度性能进行了规定,颜色包括白色和黄色两种颜色,新制定的《道路预成形标线带》(GB/T 24717—2009)增加了红色、橙色和蓝色三种颜色规定,共五种。

四、道路交通标线的分类和施划原则

1. 道路交通标线的分类

(1)道路交通标线按功能可分为以下三类:
①指示标线:指示车行道、行车方向、路面边缘、人行道、停车位、停靠站及减速丘等的标线;
②禁止标线:告示道路交通的遵行、禁止、限制等特殊规定的标线;
③警告标线:促使道路使用者了解道路上的特殊情况,提高警觉准备应变防范措施的标线。

(2)道路交通标线按设置方式可分为以下三类:
①纵向标线:沿道路行车方向设置的标线;
②横向标线:与道路行车方向交叉设置的标线;
③其他标线:字符标记或其他形式标线。

(3)道路交通标线按形态可分为以下四类:
①线条:施划于路面、缘石或立面上的实线或虚线;
②字符:施划于路面上的文字、数字及各种图形、符号;

③突起路标:安装于路面上用于标示车道分界、边缘、分合流、弯道、危险路段、路宽变化、路面障碍物位置等的反光体或不反光体;

④轮廓标:安装于道路两侧,用以指示道路边界轮廓、道路的前进方向的反光柱(或反光片)。

(4)道路交通标线按标线材料可分为五类:

①溶剂型涂料标线;

②热熔型涂料标线;

③水性涂料标线;

④双组份涂料标线;

⑤预成形标线带标线。

(5)道路交通标线按标线用途可分为六类:

①非反光标线;

②反光标线;

③突起振动标线;

④防滑标线;

⑤雨夜标线;

⑥其他标线。

2. 道路交通标线的施划原则

(1)道路交通标线的颜色

《道路交通标志和标线》(GB 5768—2009)明确规定:道路交通标线的颜色为白色、黄色、蓝色或橙色,路面图形标记中可出现红色或黑色的图案或文字。道路交通标线颜色的色度性能应符合《道路交通标线质量要求和检测方法》(GB/T 16311—2009)的规定。

白色道路交通标线具有色彩醒目和视认性好的特点,因而在国内外各级公路上被普遍使用。此外,黄色、蓝色或橙色交通标线也出现在国内外各级公路上,它们改变了以往白色标线的色彩单一性缺点,可以减少驾驶员长时间驾驶产生的视觉疲劳,对交通安全十分有利。黄色标线主要用于分隔道路上对向行驶的交通流。橙色标线主要用于道路施工作业区。蓝色标线作为非机动车专用道标线;施划为停车位标线时,指示免费停车位。

(2)道路交通标线虚线的长度

道路交通标线虚线的实线段和间隔的长度与车辆行驶速度直接相关。实线段间距过近,会造成闪现率过高而使虚线出现连续感,对驾驶员产生过分刺激;但闪现率太低,使驾驶员在行驶过程中获得的信息太少,起不到标线的警示作用。闪现率在2.8~3.0次/s之间时效果最好。

我国《道路交通标志和标线》(GB 5768—2009)中对道路交通标线虚线的线长进行了规定:实线段和间隔的长度分别为:2m 和 2m、2m 和 4m、4m 和 4m、4m 和 6m、6m 和 9m。

(3)道路交通标线的宽度

驾驶员的行车视觉对纵向和横向标线的宽度有着不同的要求。国内外对纵向标线的研究表明:其宽度对驾驶员心理、生理指标没有影响。我国《道路交通标志和标线》(GB 5768—

2009)中规定纵向标线的线宽一般取10cm、15cm、20cm和25cm,最小值和最大值分别为8cm和30cm。

横向标线宽度应比纵向交通标线宽,因为驾驶员在行车中发现横向标线往往是由远到近,尤其在横向标线比较远的时候视角范围很小,加上远小近大的原理,加宽横向标线是很有必要的。我国《道路交通标志和标线》(GB 5768—2009)中规定横向标线的线宽一般取20cm、30cm、40cm或45cm。

(4)道路交通标线的厚度

道路交通标线因其设计使用寿命不同、标线材料种类不同和应用场合不同,其厚度也有较大区别。《道路交通标线质量要求和检测方法》(GB/T 16311—2009)指出:溶剂型涂料标线和水性涂料标线的湿膜厚度为0.3~0.8mm;热熔反光型和热熔普通型涂料标线的干膜厚度为0.7~2.5mm,热熔突起振动标线的突起部分高度为3~7mm、基线厚度为1~2mm;双组份涂料标线的干膜厚度为0.4~2.5mm;预成形标线带标线的干膜厚度为0.3~2.5mm。

(5)道路交通标线的反光性

《道路交通标志和标线》(GB 5768—2009)明确规定:各等级公路和城市快速路、主干路应设置反光道路交通标线。反光道路交通标线是通过其标线材料中预混逆反射材料(如玻璃珠)或标线施工时在标线表面撒布逆反射材料而实现的。《道路交通标线质量要求和检测方法》(GB/T 16311—2009)规定:对于正常使用期间的反光标线,白色反光标线的逆反射亮度系数不应低于$80 mcd \cdot lx^{-1} \cdot m^{-2}$,黄色反光标线的逆反射亮度系数不应低于$50 mcd \cdot lx^{-1} \cdot m^{-2}$;对于新施划的反光标线,白色反光标线的逆反射亮度系数不应低于$150 mcd \cdot lx^{-1} \cdot m^{-2}$,黄色反光标线的逆反射亮度系数不应低于$100 mcd \cdot lx^{-1} \cdot m^{-2}$。

(6)道路交通标线的抗滑性

《道路交通标志和标线》(GB 5768—2009)明确规定:设置于路面的道路交通标线应使用抗滑材料,标线表面的抗滑性能一般应不低于所在路段路面的抗滑性能。《道路交通标线质量要求和检测方法》(GB/T 16311—2009)规定:防滑标线的抗滑值应不小于45BPN。

第二节 技术要求

一、道路交通标线相关标准

目前,对于道路交通标线相关技术要求、质量要求和评定标准的依据主要包括以下三个标准:《道路交通标志和标线》(GB 5768—2009)、《道路交通标线质量要求和检测方法》(GB/T 16311—2009)和《公路工程质量检验评定标准 第一册 土建工程》(JTG F80/1—2017)。由于三个标准的编制年代和编制目的不同,其相关技术要求、质量要求和评定标准也有所区别。因此,充分理解三项标准间的区别将有利于合理使用各标准及控制道路交通标线质量。

二、术语和定义

1. 逆反射

反射光从接近入射光的反方向返回的一种反射。当入射光方向在较大范围内变化时,仍能保持这种性质。

2. 逆反射材料

在暴露的表面或接近表面有一薄层连续的微小逆反射元的材料(如反光膜,含玻璃珠的涂料、路面标线或标线带)。

3. 逆反射色

逆反射材料或逆反射体在夜间条件下,即采用标准 A 光源照射时,从接近入射光方向所观测到的逆反射光的颜色。

4. 光亮度因数

非自发辐射的媒质面元在给定方向上的光亮度与相同照明条件下理想漫反射(或透射)体的光亮度之比,它的符号是 β_V。遇到光致发光媒质时,该光亮度因数是反射光亮度因数 β_S 和发光光亮度因数 β_L 这两部分之和,即 $\beta_V = \beta_S + \beta_L$。

5. 逆反射亮度系数

观测方向的(光)亮度与垂直于入射光方向的平面上的法向照度之比,以坎德拉每平方米每勒克斯表示 $[(cd \cdot m^{-2}) \cdot lx^{-1}]$。

6. 抗滑值

用摆式摩擦系数仪测定的表面抗滑能力,单位是英式抗滑摆值 British Pendulum(tester) Number,简称 BPN。

三、道路交通标线的质量要求和评定标准

《道路交通标线质量要求和检测方法》(GB/T 16311—2005)中提出了包括基本要求、标线形状位置允许偏差、标线涂层厚度、标线涂层的色度性能、反光标线要求和标线抗滑性能六项道路交通标线的质量要求。2009 年对 2005 版的国家标准进行了修订,新标准《道路交通标线质量要求和检测方法》(GB/T 16311—2009)于 2010 年 4 月 1 日起实施,该标准制定了包括基本要求、外观质量、外形尺寸、标线厚度、色度性能、光度性能和抗滑性能七项质量要求。2009 年新版的与 2005 年版在名称术语上最大的不同是将原来的"逆反射系数"用"逆反射亮度系数"代替,单位也由"$mcd \cdot lx^{-1} \cdot m^{-2}$"改为"$mcd \cdot m^{-2} \cdot lx^{-1}$",下文以 GB/T 16311—2005 中质量要求为基础,并对比 GB/T 16311—2009 和 JTG F80/1—2017 进行具体内容说明。

1. 基本要求和外观质量要求

1) GB/T 16311—2005

GB/T 16311—2005 中规定了以下四个方面的内容:

(1)标线设计应符合《道路交通标志和标线》(GB 5768—1999)的规定。

(2)使用的标线材料应符合有关国家标准或行业标准的要求,并应具有与路面附着力强、干燥迅速以及良好的耐磨性、耐候性、不黏污性、抗滑性等特性。

(3)标线应具有良好的视认性,宽度一致、边缘整齐、线形规则、线条流畅。

(4)新划制的标线涂层厚度应均匀,无起泡、皱纹、斑点、开裂、发黏、脱落、泛花等现象。标线内的有缺陷面积应小于3%。

2)GB/T 16311—2009

GB/T 16311—2009中对上述内容细化为基本要求和外观质量两项要求,修订后的规定如下:

(1)基本要求

①标线设计应符合《道路交通标志和标线》(GB 5768—2009)的规定。

②使用的标线材料应符合《道路预成形标线带》(GB/T 24717—2009)、《路面标线涂料》(JT/T 280—2004)、《路面防滑涂料》(JT/T 712—2008)等相关标准的要求。

(2)外观质量要求

①标线应具有良好的视认性,颜色均匀、边缘整齐、线型规则、线条流畅。

②标线涂层厚度应均匀,无明显起泡、皱纹、斑点、开裂、发黏、脱落、泛花等缺陷。

③反光标线的面撒玻璃珠应均匀,其性能和粒径分布符合《路面标线用玻璃珠》(GB/T 24722—2009)的要求。

3)JTG F80/1—2017

JTG F80/1—2017中规定的基本要求和外观质量评判标准如下:

(1)基本要求

①交通标线施划前路面应清洁、干燥、无起灰。

②交通标线用涂料产品应符合现行《路面标线涂料》(JT/T 280)及《路面标线用玻璃珠》(GB/T 24722)的规定;防滑涂料产品应符合现行《路面防滑涂料》(JT/T 712)的规定。

③交通标线的颜色、形状和位置应符合现行《道路交通标志和标线》(GB 5768)的规定并满足设计要求。

④反光标线玻璃珠应撒布均匀,施划后标线无起泡、剥落现象。

(2)外观质量

标交通标线线形不得出现设计要求以外的弯折。

2. 标线形状位置允许偏差

(1)GB/T 16311—2005

GB/T 16311—2005中规定了以下四个方面的内容:

①标线的位置与设计位置横向允许偏差为±30mm。复划标线时,新标线与原旧标线应基本重合,位置偏差范围为±5mm。

②纵向标线和横向标线的长度、宽度和间断线的纵向间距偏差应符合表2-3-1的规定。

③其他标线的尺寸允许偏差不大于5%。其他标线设置角度的允许偏差为±3°。

④标线的端线与边线应垂直,其允许偏差为±5°。

标线尺寸允许偏差表(单位:mm)　　　　　　　　　　　　　　　　　表 2-3-1

项　目	尺　寸	允　许　误　差
长度	6000	0~30
	5000	0~25
	4000	0~20
	3000	0~15
	2000	0~10
	1000	0~10
宽度	450	0~10
	400	0~10
	300	0~10
	200	0~8
	150	0~8
	100	0~8
间断线的纵向间距	9000	±30
	6000	±20
	4000	±20
	3000	±15
	2000	±15
	1000	±10

(2) GB/T 16311—2009

GB/T 16311—2009 中对标线尺寸的允许误差进行了调整,修订后的规定如下:

①标线实际位置与设计位置的横向允许误差为 ±30mm。

②标线的宽度允许误差为 0~5mm。

③线长度以及间断线纵向间距的允许误差见表 2-3-2。

④其他标线尺寸的允许误差不超过 ±5%。

⑤标线设置角度的允许误差为 ±3°。

标线尺寸允许偏差表(单位:mm)　　　　　　　　　　　　　　　　　表 2-3-2

项　目	尺　寸	允　许　误　差
长度	6000	±30
	5000	±25
	4000	±20
	3000	±15
	2000	±10
	1000	±10

续上表

项目	尺寸	允许误差
间断线的纵向间距	9000	±45
	6000	±30
	4000	±20
	3000	±15
	2000	±10
	1000	±10

(3) JTG F80/1—2017

JTG F80/1—217 中规定的相关实测检查项目如表 2-3-3 所示。

标线尺寸允许偏差表(单位:mm)　　表 2-3-3

检查项目		规定值或允许偏差
标线线段长度	6000	±30
	4000	±20
	3000	±15
	2000	±10
	1000	±10
标线纵向间距	9000	±45
	6000	±30
	4000	±20
	3000	±15
标线横向偏位		≤30
标线宽度		+5,0

3. 标线涂层厚度

(1) GB/T 16311—2005

GB/T 16311—2005 中规定了以下两方面内容:

①一般标线的厚度范围见表 2-3-4。

标线的厚度范围表(单位:mm)　　表 2-3-4

序号	标线种类	标线厚度范围	备注
1	溶剂型涂料标线	0.3~0.8	湿膜
2	热熔型涂料标线	0.7~2.5	干膜
3	水性涂料标线	0.3~0.8	湿膜
4	双组份涂料标线	0.4~2.5	干膜
5	预成型标线带标线	0.3~2.5	干膜

②突起结构型振动反光标线涂层突起部分的高度为 3~7mm,若有基线,基线的厚度为 1~2mm。

(2) GB/T 16311—2009

GB/T 16311—2009 中将上述内容中"标线涂层厚度"项目名称修订为"标线厚度",将"突起结构型振动反光标线涂层突起部分的高度"修订为"突起振动标线的突起部分高度",其他内容未更改。

(3) JTG F80/1—2017

JTG F80/1—2017 中规定的相关实测检查项目如表 2-3-5 所示。

标线的厚度允许偏差表(单位:mm)　　　　表 2-3-5

检查项目		规定值或允许偏差
标线厚度(干膜)	溶剂型	不小于设计值
	热熔型	+0.50,−0.10
	水性	不小于设计值
	双组份	不小于设计值
	预成型标线带	不小于设计值
突起型	突起高度	不小于设计值
	基线厚度	不小于设计值

4. 标线涂层的色度性能

(1) GB/T 16311—2005

GB/T 16311—2005 中规定了以下两个方面的内容:

①标线涂层颜色为白色或黄色,色度性能应符合《安全色》(GB 2893—2001)的规定,其色品坐标和亮度因数应在图 2-3-1 和表 2-3-6 规定的范围内。其中白颜色的表面色与逆反射材料色处于同一范围内,在图 2-3-1 里实线与虚线重合。

标线的颜色范围表(标准照明体 D_{65},照明观测条件 45°/0°,视场角 2°)　　表 2-3-6

颜色		色品坐标							亮度因数
		x	y	x	y	x	y	x	y	
普通材料色	白	0.350	0.360	0.300	0.310	0.290	0.320	0.340	0.370	≥0.75
	黄	0.519	0.480	0.468	0.442	0.427	0.483	0.465	0.534	≥0.45
逆反射材料色	白	0.350	0.360	0.300	0.310	0.290	0.320	0.340	0.370	≥0.35
	黄	0.545	0.454	0.487	0.423	0.427	0.483	0.465	0.534	≥0.27

②标线在规定的使用期限内,不应出现明显的变色。

(2) GB/T 16311—2009

GB/T 16311—2009 中将上述内容中标线颜色新增红色、橙色和蓝色,白色和黄色色品坐标有所调整,修订后的规定如下:

①标线的颜色包括白色、黄色、橙色、红色和蓝色。在规定的使用期限内,标线不应出现明显的变色。

②标线各种颜色的表面色,其色品坐标和亮度因数宜在表 2-3-7 和图 2-3-2 规定的范围内。

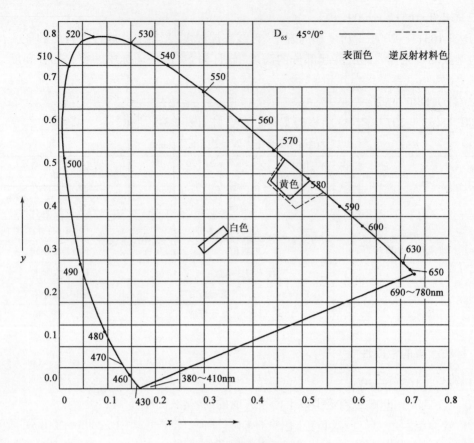

图 2-3-1　标线颜色范围图

标线表面色表　　　　　　　　　　　　　　　表 2-3-7

颜色	色品坐标（标准照明体 D_{65}，照明观测条件 45°/0°，视场角 2°）								亮度因数
	x	y	x	y	x	y	x	y	
白	0.355	0.355	0.305	0.305	0.285	0.325	0.335	0.375	≥0.35
黄	0.560	0.440	0.490	0.510	0.420	0.440	0.460	0.400	≥0.27
橙	0.610	0.390	0.535	0.375	0.506	0.404	0.570	0.429	≥0.14
红	0.480	0.300	0.690	0.315	0.620	0.380	0.480	0.360	≥0.07
蓝	0.105	0.100	0.220	0.180	0.200	0.260	0.060	0.220	≥0.05

③反光标线各种颜色的逆反射色，其色品坐标宜在表 2-3-8 和图 2-3-3 规定的范围内。

反光标线逆反射色表　　　　　　　　　　　　表 2-3-8

颜色		色品坐标（标准 A 光源）							
		x	y	x	y	x	y	x	y
反光标线	白	0.480	0.410	0.430	0.380	0.405	0.405	0.455	0.435
	黄	0.575	0.425	0.508	0.415	0.473	0.453	0.510	0.490

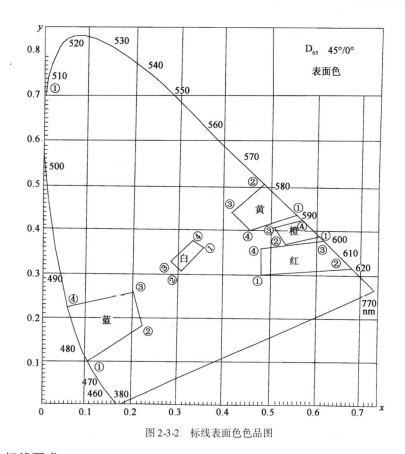

图 2-3-2　标线表面色色品图

5. 反光标线要求

（1）GB/T 16311—2005

GB/T 16311—2005 中规定了以下三个方面的内容：

①撒布在标线涂层上的玻璃珠其质量和粒径分布应符合《路面标线用玻璃珠》（JT/T 446—2001）要求。

②撒布在标线涂层上的玻璃珠应分布均匀，其撒布量为 0.3~0.4kg/m²。

③白色反光标线的初始逆反射系数应不小于 $150 \text{mcd} \cdot \text{lx}^{-1} \cdot \text{m}^{-2}$；黄色反光标线的初始逆反射系数应不小于 $100 \text{mcd} \cdot \text{lx}^{-1} \cdot \text{m}^{-2}$。

（2）GB/T 16311—2009

GB/T 16311—2009 中将 GB/T 16311—2005 中的标线光度性能的表述由"逆反射系数"改为"逆反射亮度系数"，区分反光标线在初始状态和正常使用期间的逆反射亮度系数值，增加雨夜标线在湿状态下的逆反射性能要求，修订后的规定如下：

①正常使用期间，反光标线的逆反射亮度系数应满足夜间视认要求。一般情况下，白色反光标线的逆反射亮度系数不应低于 $80 \text{mcd} \cdot \text{m}^{-2} \cdot \text{lx}^{-1}$，黄色反光标线的逆反射亮度系数不应低于 $50 \text{mcd} \cdot \text{m}^{-2} \cdot \text{lx}^{-1}$。

②新划标线的初始逆反射亮度系数应符合《新划路面标线初始逆反射亮度系数及测试方法》（GB/T 21383—2008）的规定，白色反光标线的逆反射亮度系数不应低于 $150 \text{mcd} \cdot \text{m}^{-2} \cdot \text{lx}^{-1}$，黄色

反光标线的逆反射亮度系数不应低于 $100\text{mcd} \cdot \text{m}^{-2} \cdot \text{lx}^{-1}$。

③雨夜标线应具备湿状态下的逆反射性能,在雨夜具有良好的视认效果。

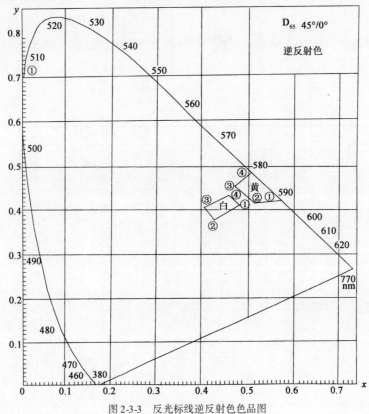

图 2-3-3　反光标线逆反射色色品图

(3) JTG F80/1—2017

JTG F80/1—2017 中规定的相关实测检查项目见表 2-3-9。

逆反射亮度系数要求(单位:$\text{mcd} \cdot \text{m}^{-2} \cdot \text{lx}^{-1}$)　　　　　表 2-3-9

检查项目			规定值或允许偏差
逆反射亮度系数	非雨夜反光标线	Ⅰ级 白色	≥150
		黄色	≥100
		Ⅱ级 白色	≥250
		黄色	≥125
		Ⅲ级 白色	≥350
		黄色	≥150
		Ⅳ级 白色	≥450
		黄色	≥175
	雨夜反光标线	干燥 白色	≥350
		黄色	≥200
		潮湿 白色	≥175

续上表

检查项目			规定值或允许偏差
逆反射亮度系数	雨夜反光标线	潮湿	黄色 ≥100
		连续降雨	白色 ≥75
			黄色 ≥75
	立面反光标记	干燥	白色 ≥400
			黄色 ≥350
		潮湿	白色 ≥200
			黄色 ≥175
		连续降雨	白色 ≥100
			黄色 ≥100

6. 标线抗滑性能

（1）GB/T 16311—2005

GB/T 16311—2005中规定：标线应具有抗滑性能，标线抗滑摆值应不小于45BPN。

（2）GB/T 16311—2009

GB/T 16311—2009中将GB/T 16311—2005中的规定内容明确为防滑标线的抗滑值应不小于45BPN。

（3）JTG F80/1—2017

JTG F80/1—2017中规定：抗滑标线抗滑值应不小于45BPN，彩色防滑标线抗滑值应满足设计要求。

第三节 道路交通标线的施工工艺

一、道路交通标线施工的特点

道路交通标线施工就是由专业施工人员通过专业施工设备将不同种类的道路标线材料，按照相关标准规定施划或安装于路面上。目前路面标线涂料是我国公路上使用量最大和使用最广泛的道路交通标线材料，因此，本节将对路面标线涂料的施工工艺进行详细介绍，以下道路交通标线材料的施工工艺内容特指为路面标线涂料的施工工艺。

路面标线涂料的施工不同于其他建筑涂料或工业涂料的施工，其施工具有以下特点：施工工艺的连续性、时间性和流动性，要求各施工工序配合紧密衔接；施工作业区的特殊性和危险性，在已通车路段施工受半封闭交通影响较大，施工通常易引起交通堵塞和诱发交通事故，城市道路交通标线施工在夜间进行，施工人员安全存在危险，在新建道路上施工需与业主、监理单位和其他配合单位进行协调工作，施工受车辆通行限制；施工环境复杂多变，施工受季节、气象条件、地域、路面状况等客观条件影响较大。

二、道路交通标线施工的准备工作

1. 施工人员岗位培训工作

施工前对施工人员进行岗位培训工作的主要内容如下：
(1)施工安全管理和注意事项；
(2)路面标线涂料的产品类型和施工特点；
(3)施工图、施工工序中的施工要点和注意事项；
(4)专用施工设备操作方法和要领；
(5)相关技术标准规定和质量控制要点。

2. 施工现场考察和施工时间选择工作

施工前对施工现场考察工作的主要内容如下：
(1)施工时的气象条件；
(2)施工路面状况和交通流特点；
(3)业主的施工要求；
(4)与监理单位和其他配合单位的协调工作；
(5)在已通车路段施工时，应避开交通高峰时段；
(6)结合施工现场气象条件，尽量选择在路面干燥和气温10℃以上的白天进行施工。

3. 施工安全管理工作

道路交通标线施工通常在开放交通情况下进行，城市道路施工受条件限制经常在夜间进行。不同种类标线材料施工时存在着高温作业、特种设备操作、易燃易爆、有机溶剂中毒和行驶车辆伤害等危险和有害因素，因此，施工安全管理工作至关重要。施工安全管理工作应注意以下事项：
(1)施工进场时，根据施工现场的路面状况和交通流特点，在作业区适当位置设置安全锥、警告标志、旗帜、警示灯等安全管理工具，对行驶车辆、行人进行安全警示；
(2)施工作业区应配备专职安全管理员，进行临时指挥和疏导交通，避免事故发生；
(3)施工作业时，施工人员应穿戴醒目的反光衣帽；
(4)已通车路段施工时，一般情况下行车道单向通车，另一方向封闭施工，必要时双向行车道进行全封闭施工，在确保施工人员安全的前提下，尽量方便车辆行人通行。

三、路面标线涂料的施工工艺

1. 热熔型路面标线涂料的施工工艺

热熔型路面标线涂料常温下为固体粉末状。由于其涂料成分中主要成膜物为热塑性树脂，所以加热到一定温度时会熔化为液体，施划于路面时由于物理冷却固化，一般3min内即可通车。热熔标线的厚度因其标线类型不同而不同，热熔反光型和热熔普通型标线的干膜厚度为0.7~2.5mm，热熔突起振动标线的突起部分高度为3~7mm、基线厚度为1~2mm，每平方米标线的涂料用量在 2~5kg。由于热熔标线具有线形美观、经久耐用等优点，据不完全统计，我国热熔型标线的用量占标线总量的 90% 以上。热熔型路面标线涂料的施工工艺内容如下：

（1）熔料

熔料工序是热熔型路面标线涂料施工的重要环节之一。热熔型路面标线涂料熔料过程一般在热熔釜中采用燃气方式进行，熔料温度一般在 200℃ 以上，熔融状态涂料的流动度直接关系到涂料的施工性能，因此，熔料工序中最重要的是控制好熔融状态涂料的流动度，实际操作中主要依靠控制熔料温度和操作人员的经验来完成。

（2）路面清扫和干燥

施划基准线前应对施划标线区域路面的灰尘、泥沙、残土、石子和落叶等路面杂质进行清扫，必要时还需要利用烘干设备清除路面的水分。

（3）施划基准线和放样

施划基准线应首先确定基准点，应按照施工图中路面中心线与标线的距离确定基准点。一般在直线路段间距 10~20m 确定一个基准点，曲线路段间距 10m 内确定一个基准点。所需基准点发出后，用线绳连接基准点放出基准线。进行大规模道路交通标线施工时，基准线将通过车载放线设备完成。

放样时应按照施工图中的图形和位置，使用粉笔、油漆和测量工具等在路面上作好标记，放样后应核准基准线位置与施工图中的位置是否一致。

（4）路面二次清扫和干燥

大规模施工时，施划基准线和放样与标线施工时间间隔较长，需进行路面二次清扫和干燥，为涂刷下涂剂和标线施工做准备。

（5）涂刷下涂剂

为提高路面与道路交通标线的附着力，通常在路面待施划标线区域涂刷下涂剂。应根据沥青混凝土路面和水泥混凝土路面的不同选择不同类型的下涂剂，涂刷方式可采用刷涂、滚涂或喷涂。

（6）标线施划

标线施划是道路交通标线施工工艺中最重要的工序。按施工方式可分为热熔刮涂、热熔喷涂和热熔振荡三种施工方式，前两种施工方式主要用于热熔反光型和热熔普通型路面标线涂料的施工，后一种施工方式主要用于热熔突起型路面标线涂料的施工。

热熔刮涂施工设备按其动力方式可分为手推式、自行式和车载式三种。自行式施工设备是在手推式施工设备基础上，通过添加动力系统为施工机械提供运行动力、减少施工人力劳动强度的施工设备。热熔喷涂施工设备按其动力方式包括手推式、自行式和车载式三种；按其喷涂方式可分为低压有气喷涂型、离心喷涂型和螺旋喷涂型三种。热熔振荡施工设备一般为自行式。采用上述设备进行标线施划时，应控制好以下施工步骤和环节：

①检查施工设备，确保设备处于完好状态。

②标线施划前确认下涂剂处于实干状态，否则由于下涂剂中的溶剂挥发，施划的标线易产生气泡和着火。

③施工时，对熔融状态的涂料应充分搅拌均匀，防止沉淀分层，影响施工质量。

④撒布在标线涂层上的玻璃珠应分布均匀,其撒布量为 $0.3 \sim 0.4 kg/m^2$。

⑤新路面施划道路交通标线施工时间尽量延后,控制在路面状态稳定之后,以避免标线脱落或污染。

⑥普通标线施工后,再进行文字、箭头等特殊标线施工。

⑦大规模施划标线结束后,应对不符合要求的标线进行修整处理,达到相关标准和技术要求。

⑧施工后应及时对施工机械、工具等整理,清除散落的玻璃珠等路面残留物,防止引发事故。

2. 溶剂型路面标线涂料的施工工艺

溶剂型路面标线涂料具有施工速度快、施工设备相对简单、施工费用低的特点,在我国低等级公路和城市道路的标线施工中占有一定的市场份额。标线施工量较小时一般采用刷涂方式施工,标线施工量较大时一般采用喷涂方式施工。溶剂型标线干膜厚度一般为 $0.3 \sim 0.4mm$,每平方米标线的涂料用量为 $0.4 \sim 0.6kg$。溶剂型标线有普通型和反光型之分,但由于这类标线厚度薄、对玻璃珠的黏结效果差,在实际使用中较少采用溶剂反光标线。溶剂型标线施工设备按其动力方式分为手推式、自行式和车载式三种;按其喷涂方式可分为低压有气喷涂型和高压无气喷涂两种。溶剂型路面标线涂料的施工条件和注意事项如下:

(1)施划前应清扫路面的灰尘、泥沙、残土、石子和落叶等杂质。

(2)路面处于潮湿状态时严禁施工,雨后路面要在充分干燥后方可施工,必要时还需要利用烘干设备清除路面的水分,检查施工设备。

(3)施工时气温应不低于5℃。

(4)涂料开罐后应充分搅拌均匀方可使用。

(5)涂料黏度过高时应选用生产厂家配套或制定的稀释剂稀释。

(6)不同厂家和不同品种的涂料应避免混用。

(7)溶剂型路面标线涂料为易燃品,施工和储存过程中严格遵守安全使用规则。

(8)在施工过程中,有大量溶剂挥发,长期使用将危害施工人员身体健康,应采取相应的劳动防护措施。

3. 双组份路面标线涂料的施工工艺

双组份路面标线涂料由 A 组分和 B 组分两部分组成。施工时 A、B 组分按一定配比混合后常温施划于路面,在路面上 A、B 组分发生化学反应交联固化形成标线,双组份涂料标线的干膜厚度为 $0.4 \sim 2.5mm$。双组份涂料标线按其施工方式划分,主要包括喷涂型、刮涂型、结构型和振荡型四种。喷涂型标线的干膜厚度为 $0.3 \sim 0.8mm$,刮涂型标线的干膜厚度为 $1.5 \sim 2.5mm$。通常情况下双组份道路交通标线施工时均面撒玻璃珠,为反光标线。

双组份路面标线涂料的施工条件和注意事项如下:

(1)施划前应清扫路面的灰尘、泥沙、残土、石子和落叶等杂质。

(2)在水泥混凝土路面施划前应采用机械打磨机、钢刷等工具设备清理干净其表面碱性层,或道路通车1个月后再施划标线。

(3)施工时路面温度一般在 $10 \sim 35℃$ 之间。

(4) A、B组分在设备管道中各行其道,不能混用,只在喷嘴内或喷嘴外按配比混合。
(5) 双组份涂料固化时间与标线厚度无关,而与 A、B 组分配比和施工环境温度相关。
(6) 双组份涂料应避免接触明火。
(7) 面撒玻璃珠应选用经硅烷偶联剂处理的镀膜玻璃珠。
(8) 施划完成后应及时按设备生产厂家提供的方法对施工设备进行清洗。

4. 水性路面标线涂料的施工工艺

目前国际上涂料工业的总体趋势向着水性化、无溶剂化、高固体分和紫外光固化方向发展。热熔型涂料存在着大量耗能和重涂施工难度大、需要除掉旧线才能施工等不足。而溶剂型涂料其含有 30%~40%以上的有机溶剂,涂料成膜后,有机溶剂全部挥发至大气中,存在严重污染环境的问题。因此,水性路面标线涂料作为环保节能型产品越来越受到广泛关注。水性路面标线涂料是一种高固体分常温涂料。其施工设备与溶剂型标线施工设备相同。水性普通型路面标线涂料的施工方式采用低压有气喷涂和高压无气喷均可,水性反光型路面标线涂料因其含有玻璃珠只能采用低压有气喷涂方式施工。水性路面标线涂料的施工条件和注意事项如下:

(1) 施划前应清扫路面的灰尘、泥沙、残土、石子和落叶等杂质,必要时涂刷水性路面标线涂料配套下涂剂。
(2) 气温低于 10℃、相对湿度大于 80%的气象条件时严禁施工。
(3) 路面处于潮湿状态或施工后 2h 内天气预报有雨时严禁施工。
(4) 涂料施工时一般不允许加水稀释,否则影响涂料干燥速度和成膜性。
(5) 施工时,涂料不能长时间高速搅拌,否则易造成涂料黏度下降和标线产生气泡现象。
(6) 不同厂家和不同品种的涂料应避免混用。
(7) 间断施工时,应及时卸下喷嘴浸入浓度 50%的氨水中,防止喷嘴堵塞。
(8) 施划有误的水性标线应在其干燥前用大量清水冲洗除去,施工完成后应及时用清水洗净施工设备和工具,干燥后很难清除。

第四节 检 测 方 法

一、道路交通标线检测的抽样方法

1. GB/T 16311—2005

GB/T 16311—2005 中对公路和城市道路交通标线检测的抽样方法进行了如下规定:

(1) 公路。以每 10km 为一个检测单位,从每个检测单位中任选 3 个 100m 为检测段,再从每个 100m 中随机连续检测 5 个点。
(2) 城市道路。以每 1500m^2 标线面积为一个检测单位,从每个检测单位中任选 3 个 15m^2 标线面积作为检测段,再从每个 15m^2 标线中随机连续检测 5 个点。

2. GB/T 16311—2009

GB/T 16311—2009 中对 GB/T 16311—2005 中的抽样方法进行了细化,修订后的规定如下:

(1)纵向实线或间断线。测量范围小于或等于 10km 时,以整个测量范围为一个检测单位,在标线的起点、终点及中间位置,选取 3 个 100m 为核查区域,再从每个核查区域中随机连续选取 10 个测试点;测量范围大于 10km 时,取每 10km 为一个检测单位,分别选取核查区域和测试点。

(2)图形、字符或人行横道线。以每 1500m² 标线面积为一个检测单位,从每个检测单位中选取三个有代表性的图形、字符或人行横道线为核查区域,再从每个核查区域中随机选取 5 个测试点。

(3)新划路面标线初始逆反射亮度系数的取样,应执行《新划路面标线初始逆反射亮度系数及测试方法》(GB/T 21383—2008)。

3. JTG F80/1—2017

《公路工程质量检验评定标准 第一册 土建工程》(JTG F80/1—2017)中规定的路面标线实测项目的抽样频率见表 2-3-10。

路面标线实测项目的抽样频率　　　　表 2-3-10

序　号	检查项目	检查频率
1	标线线段长度	每 1km 测 3 处,每处测 3 个线段
2	标线宽度	每 1km 测 3 处,每处测 3 点
3	标线厚度(干膜)	每 1km 测 3 处,每处测 6 点
4	标线横向偏位	每 1km 测 3 处,每处测 3 点
5	标线纵向间距	每 1km 测 3 处,每处测 3 个线段
6	逆反射亮度系数	每 1km 测 3 处,每处测 9 点
7	抗滑值	每 1km 测 3 处

二、道路交通标线的检测设备

道路交通标线质量检测项目及所用仪器设备如表 2-3-11 所示。

道路交通标线质量检测项目及所用仪器设备表　　　　表 2-3-11

检测项目	所用仪器设备	测量参数
标线尺寸、形状与位置	钢卷尺、量角器	长度、角度
湿膜涂层厚度	湿膜厚度梳规	厚度
干膜涂层厚度	涂层测厚仪、标线厚度测量块、塞规	厚度
色度性能	色彩色差计	亮度因数、色品坐标
面撒玻璃珠分布	放大镜	—
光度性能	逆反射标线测量仪	逆反射亮度系数
抗滑性能	摆式仪	抗滑值 BPN

三、道路交通标线的检测方法

目前,对于道路交通标线相关检测方法据主要依以下两个标准:《道路交通标线质量要求和检测方法》(GB/T 16311—2009)和《公路工程质量检验评定标准》(JTG F80/1—2004)。两个标准的检测方法基本相同,综述如下。

1. 外观质量

目测标线的外观。

2. 外形尺寸

用分度值不大于0.5mm的钢卷尺测量抽样检测点上的标线所在位置、标线宽度及间断线的实线段长度、纵向间距以及其他标线的尺寸。

用测量精度为±0.5°的量角器测量标线的角度,取其算术平均值。

3. 标线厚度

(1)湿膜厚度

在标线施工时,把一块厚度0.3mm以上、面积为300mm×500mm光亮平整的金属片或厚度2mm以上、面积为300mm×500mm玻璃片放置在路面将要划制标线的始端或终端处,待划线机划过后,立即将符合《道路交通标线涂层湿膜厚度梳规》(JT/T 675—2007)规定的湿膜厚度梳规垂直插入涂在金属片或玻璃片上的标线湿膜中,稳定地保持3s,然后垂直提出,观察涂料覆盖湿膜厚度梳规齿格的位置,读出相应数值。在每片涂层的四角距涂层边缘20mm处读出四个数(图2-3-4),取其算术平均值。

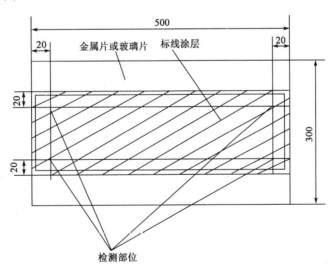

图2-3-4 标线厚度检测部位图(尺寸单位:mm)

(2)干膜厚度

标线施工时,先准备好厚度0.3mm以上,面积为300mm×500mm且光亮平整的金属片,预先测量其厚度,然后将金属片放置在将要划制标线的始端或终端处,待划线机划过后,把已覆盖有标线涂料的金属片取出,过 5~10min 后,用分度值不大于 0.01mm 的游标卡尺测量金属片上四角距涂层边缘 20mm 处四点的厚度(图 2-3-4),减去已测量的金属片厚度即为图层厚度,取其算术平均值。

(3)已成形标线的厚度

已成形标线的厚度可按图 2-3-5 所示的方法进行测量,也可使用符合要求的数显卡尺或涂层测厚仪进行测量。

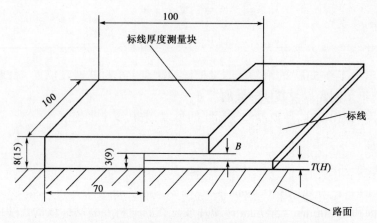

图 2-3-5 已成形标线厚度测量示意图(尺寸单位:mm)

将标线厚度测量块紧靠在标线侧边,用塞尺测量标线厚度测量块槽口与标线之间的间隙 B,则标线的厚度 $T = (3 - B)$ mm。

测量突起振动标线的突起高度时,按图 2-3-5 中括号内的数据。测量块的厚度为 15mm,测量块的槽口深度为 9mm,标线突起高度 $H = (9 - B)$ mm。

4. 色度性能

(1)标线的表面色,采用标准照明体 D_{65}、45°/0°照明观测条件的测色仪,测取每个抽样检测点的色品坐标和亮度因数,求算术平均值。

(2)反光标线的逆反射色,采用观测角 1.05°、入射角 88.76°的照明观测条件,按《夜间条件下逆反射体色度性能测试方法》(JT/T 692—2007)规定的方法进行测试。

5. 光度性能

用标线逆反射测试仪测量。水平测试时,按行车方向将测试仪放置在抽样检测点的标线上,测取每个点上的逆反射亮度系数。

6. 抗滑值 BPN

按《道路预成形标线带》(GB/T 24717—2009)规定的方法测试如下。

(1)仪器

①摆式仪

带有滑块的摆锤重 1500g ± 30g。振荡中心到摆锤重心的距离为 411mm ± 5mm,仪器可上下调节,以保证测试时滑块在平整表面的碰撞路径为 125mm ± 1.6mm。

②滑块

滑块由铝质支撑盘和固定在其上的橡胶条组成,橡胶条尺寸为6mm×25mm×76mm,橡胶为天然橡胶或人工合成橡胶;新滑块使用前应使用60号砂纸在干燥状态摆动10次,摆动前应做测试校准;滑块边缘的撞击磨损水平方向不应超过3.2mm,垂直方向不应超过1.6mm。

③附件

接触路径度量工具由一薄板尺组成,根据测试需要测量路径长度在124～127mm之间;准备盛水容器、表面温度计、刷子等器具备用。

(2)测试样品

①测试表面应清洁、无松散颗粒并固定牢固,受摆锤冲击时不致移动。

②测试面积至少为90mm×150mm。

(3)仪器准备

①水平调整

仔细调整调平旋钮,直到水准仪的气泡位于中心。

②零点调整

松开锁定旋钮,升高摆锤装置,拧动测试仪器中心部位的一对移动旋钮,使滑块离开测试表面摆动,拧紧锁定旋钮,将摆锤置于自由状态,逆时针旋转拖动指针直到指针靠近摆锤臂调节旋钮,释放摆锤并记录指针读值。如果读值非零,松开锁定环,轻轻旋转支撑轴上的摩擦环然后再锁定。重复试验并调整摩擦环直到摆锤摆动指针值为零。

③滑动长度调整

摆锤悬空,将调整架放在提升手柄的旋钮之下。放低摆锤使滑块边缘正好接触测试表面。锁紧摆锤头,提升手柄,移去调整架。用提升手柄升高滑块,将摆锤移动到稍低于滑块,使摆锤缓慢移动直到滑块边缘接触测试表面。将标尺与摆动方向平行放在滑块边,以调整碰撞路径的滑动长度。用提升手柄升高滑块,将摆锤移开,然后缓慢降低直到滑块边缘再次接触表面。如果滑动长度测试不在124～127mm之间,通过调整调平旋钮升降仪器,再次测量橡胶滑块边缘从轨迹一边到另一边的长度。如有必要,重新调整仪器使其水平。将摆锤放置到自然状态,逆时针旋转拖动指针,直到指针靠在摆锤调整旋钮上。

(4)测试步骤

①用水将测试表面整个浇一遍,进行一次摆动,但不记录数据。应当注意的是,摆锤摆动返回早期应一直抓住摆锤,用手柄升高滑块以阻止滑块和测试表面的碰撞。每次摆动之前指针应返回直到靠住调节旋钮。

②立刻再进行四次摆动,记录测试结果。每次测试重新浇湿测试面,并检查滑动长度。应当注意的是,滑动期间保持滑块与测试表面平行;带有表面花纹的标线带,其抗滑值的测试结果离散较大。该类标线带应在平行于车流方向和与车流成45°的方向分别测试抗滑值,然后取其平均值。

7. 面撒玻璃珠分布

用5倍放大镜观察反光标线面撒玻璃珠是否分布均匀,有无结团、成块现象,与标线涂层的黏结情况是否良好。

第四章

路面标线涂料

第一节 概 述

一、路面标线涂料的分类和特点

目前,每年路面标线涂料的需求量在 30 万 t 左右,产品种类已在最初的溶剂型、加热溶剂型和热熔型路面标线涂料基础上,开发了诸如水性路面标线涂料、双组份路面标线涂料等新品种,这些新品种更加符合资源节约和环境友好的发展方向。

目前路面标线涂料的分类方法加多,大体上包括以下三种分类方法。

1. 按涂料的自身属性划分

按涂料自身属性划分,路面标线涂料可分为:溶剂型路面标线涂料、热熔型路面标线涂料、水性路面标线涂料、双组份路面标线涂料四种。《路面标线涂料》(JT/T 280—2004)即按此方法分类,如表2-4-1 所示。

路面标线涂料的分类表　　　　　　　表 2-4-1

型 号	规 格	玻璃珠含量和使用方法	状 态
溶剂型	普通型	涂料中不含玻璃珠,施工时也不撒布玻璃珠	液态
	反光型	涂料中不含玻璃珠,施工时涂布涂层后立即将玻璃珠撒布在其表面	
热熔型	普通型	涂料中不含玻璃珠,施工时也不撒布玻璃珠	固态
	反光型	涂料中含 18%～25% 的玻璃珠,施工时涂布涂层后立即将玻璃珠撒布在其表面	
	突起型	涂料中含 18%～25% 的玻璃珠,施工时涂布涂层后立即将玻璃珠撒布在其表面	
双组份	普通型	涂料中不含玻璃珠,施工时也不撒布玻璃珠	液态
	反光型	涂料中不含(或含 18%～25%)玻璃珠,施工时涂布涂层后立即将玻璃珠撒布在其表面	
	突起型	涂料中含 18%～25% 的玻璃珠,施工时涂布涂层后立即将玻璃珠撒布在其表面	
水性	普通型	涂料中不含玻璃珠,施工时也不撒布玻璃珠	液态
	反光型	涂料中不含(或含 18%～25%)玻璃珠,施工时涂布涂层后立即将玻璃珠撒布在其表面	

(1) 溶剂型路面标线涂料

溶剂型路面标线涂料是以有机溶剂为分散介质,按施工温度划分又可分为常温型和加热型两种类型。

常温溶剂型路面标线涂料出现于20世纪30年代,是一种传统的液态标线涂料,含有大量的易挥发溶剂,严重污染环境,使用效果一般,其固体含量多在60%~70%之间,常温条件下采用喷涂方式施工,不黏胎,干燥时间小于15min,形成的涂膜较薄,干膜厚度一般在0.3~0.4mm之间。其主要成膜物质为丙烯酸树脂、醇酸树脂和氯化橡胶等,我国和欧洲普遍采用丙烯酸树脂制备该涂料,美国则多采用醇酸树脂。

加热溶剂型路面标线涂料是对传统的常温溶剂型路面标线涂料的改进,改进的目的在于提高固体含量,以便能形成较厚的涂膜。加热溶剂型路面标线涂料的涂膜固体含量高到85%以上,施工温度在50~80℃之间,由于加热使得涂料的黏度变小、易于喷涂和干燥时间变短,因此,其干膜厚度可达到0.4~0.8mm。由于加热溶剂型路面标线涂料所需施工设备复杂和昂贵等原因,未在我国大量推广使用,在欧美等国使用较多。

(2) 热熔型路面标线涂料

20世纪50年代,在美国和欧洲相继出现了热熔型路面标线涂料,热熔型路面标线涂料以其干燥快、成膜厚、具有夜间反光、耐磨性好、耐候性好、使用寿命强等优点,得到广泛使用。

热熔型路面标线涂料常温下呈固体粉末状态,施工时加热至180~220℃,使其熔融后涂敷于路面,3min内冷却凝固成固体附着于路面。热熔型路面标线涂料是以热塑性树脂为主要成膜物质,故也称为热塑涂料(ThermoplasticMarkingMaterials)。目前,通常使用的热塑性树脂有松香树脂、C5石油树脂和C9石油树脂等。

按使用功能划分,热熔型路面标线涂料包括普通型、反光型和突起型三种。按施工方式划分,包括刮涂型、喷涂型和振荡型三种。

刮涂是热熔型路面标线涂料最常见的施工方式,其施工工艺相对成熟、施工设备相对简单。干膜厚度一般控制在0.7~2.5mm之间。

喷涂是对热熔刮涂方式进行改进的一种施工方式,充分利用了高温熔融状态下热熔型涂料黏度变小,易于喷涂的特性,其施工设备相对复杂。干膜厚度一般控制在0.7~1.2mm之间。

振荡型路面标线使用热熔突起型路面标线涂料,较之热熔反光型路面标线涂料,其配方组成不同,该涂料在熔融状态下具有更好的触变性能,当采用挤出式专用设备施工时,可以在标线表面上形成规则的凸凹形状,具有振动和雨夜反光功能。

(3) 双组份路面标线涂料

双组份路面标线涂料是一种化学反应型路面标线涂料。由主剂(A组分)和固化剂(B组分)组成,主剂的成膜物质包括环氧树脂、聚氨酯树脂和MMA(PMMA)型树脂等几种类型,主剂常温下为液态,通过树脂与相配套的固化剂组成双组份涂料。施工时主剂与固化剂按一定比例混合均匀后涂敷于路面,要求混合后的涂料在一定时间内用完,否则固化后无法使用并导致设备堵塞,难于清理。双组份路面标线涂料与其他道路交通标线材料的最本质区别在于其为化学反应固化,而非物理固化。目前,我国和欧洲普遍采用MMA(PMMA)型树脂制备该涂料,美国则多采用环氧树脂。

双组份路面标线涂料主要采用喷涂和刮涂两种施工方式,不黏胎干燥时间小于35min,干膜厚度一般控制在0.4~2.5mm之间。

(4) 水性路面标线涂料

水性路面标线涂料是指以水为溶剂,乳液为主要成膜物质,并配之以颜料、填料和助剂等组成。水性路面标线涂料是一种新型的环保涂料,该涂料具有固体含量高、VOC含量低、对玻璃珠有很好的附着力、反光效果好、涂膜耐磨和抗滑性能好、重涂简单、施工效率高等优点。与水性路面标线涂料相比较,热熔型涂料存在着大量耗能和重涂施工难度大、需要除掉旧线才能施工等不足,而溶剂型涂料存在严重污染环境的问题。有报道显示:美国、瑞典、芬兰、荷兰、德国、西班牙和澳大利亚等发达国家已普遍采用水性路面标线涂料和无溶剂常温双组份标线涂料施划道路标线。目前,水性路面标线涂料的施工成本介于溶剂型涂料和热熔型涂料之间,具有很好的发展前景。

水性路面标线涂料主要采用喷涂方式施工,不黏胎干燥时间小于15min,干膜厚度一般控制在0.2~0.5mm之间。

2. 按涂料的存在形态划分

按涂料的存在形态划分,路面标线涂料可分为固态涂料和液态涂料两大类。

固态材料主要指热熔型路面标线涂料,液态材料包括溶剂型路面标线涂料、水性路面标线涂料和双组份路面标线涂料。

3. 按涂料的使用功能划分

按涂料的使用功能划分,路面标线涂料可分为普通型路面标线涂料、反光型路面标线涂料和突起型路面标线涂料。

普通型路面标线涂料中不含玻璃珠,施工时也不撒布玻璃珠。反光型路面标线涂料中预混或不含玻璃珠,但施工时涂布涂层后立即撒布玻璃珠。

突起型路面标线涂料是在普通热熔型的基础上发展而来,可用作减速、振动、警示、雨线等用途,形式有排骨式、圆点式、雨槽式。目前在高速公路上的减速线、边线,已得到广泛应用。

二、路面标线涂料的作用和一般要求

路面标线涂料作为使用最普遍的道路交通标线材料之一,通过一定的施工方式施划于路面形成标线,起到分隔车道、警示驾驶员的作用,从而达到减少交通事故的目的。

路面标线涂料性能的好坏不仅影响道路养护、维护成本,也直接影响交通安全。因此,路面标线涂料施工形成道路交通标线后通常应满足以下几方面的性能要求。

1. 标志效果鲜明

路面标线涂料经过施工形成交通标线后,在其使用寿命周期内应保持标志效果鲜明、醒目,这样可以帮助驾驶员自然、平稳行车,对驾驶员和行人起到良好的警示作用。如路面标线涂料形成标线后应具有足够的白度(或黄色度),不易褪、变色,耐沾污性好,易于辨认。

2. 附着力强

路面标线涂料施工后应与路面具有较强的附着力,不脱落,从而保证道路交通标线的完整和清晰,达到良好的视认效果。

3. 耐久性好

耐久性是指涂料持久抵抗气候变化、化学侵蚀、表面磨损、环境污染等破坏过程的能力。道路交通标线长期暴露于户外,风吹日晒、行车磨损将引起标线失效,标线频繁养护、维护施工通常会引起交通拥挤、甚至堵塞。因此,耐久性好的路面标线涂料会有较长的使用寿命,以减少养护、维护施工次数。标线材料种类、环境条件、车流量等对道路交通标线的使用寿命均有影响。目前实际应用的路面标线涂料的使用寿命从几个月到几年不等。道路交通标线耐久性研究目前正在引起人们的广泛关注。

4. 反光效果优异

道路交通标线不仅要求白天清晰、鲜明和醒目,也要求夜间反光效果优异。反光型道路交通标线的使用是夜间行车安全的有效保障因素之一,同时也可以大大提高夜间的行车效率。各国对道路交通标线的反光性能都作了相应的规定,我国的《道路交通标线质量要求和检测方法》(GB/T 16311—2009)中规定白色反光标线的初始逆反射系数应不小于 150mcd · m^{-2} · lx^{-1};黄色反光标线的初始逆反射亮度系数应不小于100mcd · m^{-2} · lx^{-1}。在欧洲,当白色反光标线的初始逆反射亮度系数小于100mcd · m^{-2} · lx^{-1}时,标线便视为失效,要求重新施划。我国此方面的养护标准也正在制定之中。

5. 施工干燥时间短

这是由道路交通的不间断性所决定的,道路交通标线施工时间越迅速,造成交通堵塞的影响越小。根据道路路面标线涂料种类的不同,其不粘胎干燥时间一般在 3~35min 之间。

6. 具备防滑性能

道路交通标线作为路面的组成部分,应该具备一定的防滑性能,我国的《道路交通标线质量要求和检测方法》(GB/T 16311—2009)中规定防滑标线的抗滑摆值应不小于45BPN。

第二节 技 术 要 求

一、路面标线涂料相关标准

目前,对于路面标线涂料相关技术要求、质量要求和评定标准的依据主要包括《路面标线涂料》(JT/T 280—2004)和《路面标线用玻璃珠》(GB/T 24722—2009)两项标准。

二、术语与定义

1. 遮盖力

路面标线涂料所涂覆物体表面不再能透过涂膜而显露出来的能力。

2. 遮盖率

路面标线涂料在相同条件下,分别涂覆于亮度因数不超过5%黑色底板上和亮度因数不低于80%白色底板上的遮盖力之比。遮盖力用亮度因数来描述,遮盖力与亮度因数成正比。

3. 固体含量

涂料在一定温度下加热焙烘后剩余物质量与试验质量的比值,以百分数表示。

4. 面撒玻璃珠

涂料在路面划出标线后,播撒在未干的标线涂料表面的玻璃珠。

5. 预混玻璃珠

在路面标线涂料划线以前,均匀混合在该涂料中的玻璃珠。

6. 镀膜玻璃珠

为改善玻璃珠的性能,在其表面覆盖有特定涂层的玻璃珠。

7. 贝克线

在两种不同光程的介质边界上成像的一条明亮线(此现象通常用来识别两种介质折射率的相对差异)。

三、路面标线涂料相关技术要求

《路面标线涂料》(JT/T 280—2004)中制定了涂料性能、玻璃珠性能、色度性能、反光型路面标线涂料光度性能四方面技术要求。

1. 涂料性能

按溶剂型、热熔型、双组份和水性四种涂料类型的不同,分别规定的其涂料性能要求如下:
(1)溶剂型路面标线涂料性能要求

溶剂型路面标线涂料性能要求如表 2-4-2 所示。

溶剂型路面标线涂料性能要求表　　　　　　　　表 2-4-2

项　目	溶剂型	
	普通型	反光型
容器中状态	应无结块、结皮现象,易于搅匀	
黏度	≥100(涂4杯,s)	80~120(KU值)
密度(g/cm³)	≥1.2	≥1.3
施工性能	空气或无空气喷涂(或刮涂)施工性能良好	
加热稳定性	—	应无结块、结皮现象,易于搅匀,KU值不小于140
涂膜外观	干燥后,应无发皱、泛花、起泡、开裂、黏胎等现象,涂膜颜色和外观应与标准板差异不大	

续上表

项　目		溶　剂　型	
		普通型	反光型
不黏胎干燥时间(min)		≤15	≤10
遮盖率(%)	白色	≥95	
	黄色	≥80	
色度性能(45°/0°)	白色	涂料的色品坐标和亮度因数应符合标准规定的范围	
	黄色		
耐磨性(mg)(200转/1000g后减重)		≤40(JM-100橡胶砂轮)	
耐水性		在水中浸24h应无异常现象	
耐碱性		在氢氧化钙饱和溶液中浸24h应无异常	
附着性(划圈法)		≤4级	
柔韧性(mm)		5	
固体含量(%)		≥60	≥65

(2)热熔型路面标线涂料性能要求

热熔型路面标线涂料性能要求如表2-4-3所示。

热熔型路面标线涂料性能要求表　　　　表2-4-3

项　目		热　熔　型		
		普通型	反光型	突起型
密度(g/cm³)		1.8~2.3		
软化点(℃)		90~125		≥100
涂膜外观		干燥后,应无皱纹、斑点、起泡、裂纹、脱落、黏胎现象,涂膜的颜色和外观应与标准板差别不大		
不黏胎干燥时间(min)		≤3		
色度性能(45°/0°)	白色	涂料的色品坐标和亮度因数应符合标准规定的范围		
	黄色			
抗压强度(MPa)		≥12		23℃±1℃时,≥1250℃±2℃时,≥2(压下试块高度的20%)
耐磨性(mg)(200转/1000g后减重)		≤80(JM-100橡胶砂轮)		—
耐水性		在水中浸24h应无异常现象		
耐碱性		在氢氧化钙饱和溶液中浸24h无异常现象		
玻璃珠含量(%)		—	18~25	
流动度(s)		35±10		—
涂层低温抗裂性		-10℃保持4h,室温放置4h为一个循环,连续做三个循环后应无裂纹		
加热稳定性		200~220℃在搅拌状态下保持4h,应无明显泛黄、焦化、结块等现象		
人工加速耐候性		经人工加速耐候性试验后,试板涂层不产生龟裂、剥落;允许轻微粉化和变色,但色品坐标应符合标准规定的范围,亮度因数变化范围应不大于原样板亮度因数的20%		

(3) 双组份路面标线涂料性能要求

双组份路面标线涂料性能要求如表2-4-4所示。

双组份路面标线涂料性能要求表　　　　　表2-4-4

项　目		双　组　分		
		普通型	反光型	突起型
容器中状态		应无结块、结皮现象,易于搅匀		
密度(g/cm³)		1.5~2.0		
施工性能		按生产厂的要求,将A、B组分按一定比例混合搅拌均匀后,喷涂、刮涂施工性能良好		
涂膜外观		涂膜固化后应无皱纹、斑点、起泡、裂纹、脱落、粘贴等现象,涂膜颜色与外观应与样板差别不大		
不黏胎干燥时间(min)		≤35		
色度性能(45°/0°)	白色	涂料的色品坐标和亮度因数应符合标准规定的范围		
	黄色			
耐磨性(mg)(200转/1000g后减重)		≤40(JM-100橡胶砂轮)		
耐水性		在水中浸24h应无异常现象		
耐碱性		在氢氧化钙饱和溶液中浸24h应无异常		
附着性(划圈法)		≤4级(不含玻璃珠)	—	—
柔韧性(mm)		5(不含玻璃珠)	—	—
玻璃珠含量(%)		—	18~25	18~25
人工加速耐候性		经人工加速耐候性试验后,试板涂层不允许产生龟裂、剥落;允许轻微粉化和变色,但色品坐标应符合标准规定的范围,亮度因数变化范围应不大于原样板亮度因数的20%		

(4) 水性路面标线涂料性能要求

水性路面标线涂料性能要求如表2-4-5所示。

水性路面标线涂料性能要求表　　　　　表2-4-5

项　目		水　性	
		普通型	反光型
容器中状态		应无结块、结皮现象,易于搅匀	
黏度		≥70(KU值)	80~120(KU值)
密度(g/cm³)		≥1.4	≥1.6
施工性能		空气或无气喷涂(或刮涂)施工性能良好	
漆膜外观		应无发皱、泛花、起泡、开裂、粘贴等现象,涂膜颜色和外观应与样板差异不大	
不黏胎干燥时间(min)		≤15	≤10
遮盖率(%)	白色	≥95	
	黄色	≥80	

续上表

项 目		水 性	
		普通型	反光型
色度性能(45°/0°)	白色	涂料的色品坐标和亮度因数应符合标准规定的范围	
	黄色		
耐磨性(mg)(200转/1000g后减重)		≤40(JM-100橡胶砂轮)	
耐水性		在水中浸24h应无异常现象	
耐碱性		在氢氧化钙饱和溶液中浸24h应无异常	
冻融稳定性		在-5℃±2℃条件下放置18h后,立即置23℃±2℃条件下放置6h为一个周期,3个周期后,应无结块、结皮现象,易于搅匀	
早期耐水性		在温度为23℃±2℃、湿度为(90±3)%的条件下,实干时间≤120min	
附着性(划圈法)		≤5级	—
固体含量(%)		≥70	≥75

2. 玻璃珠性能

(1)玻璃珠产品的分类和用途

按《路面标线用玻璃珠》(GB/T 24722—2009)中的规定如下:

①根据玻璃珠与路面标线涂料的结合方式不同,玻璃珠可分为面撒玻璃珠和预混玻璃珠两种。

②根据玻璃珠的折射率不同,将玻璃珠可分为低折射率玻璃珠、中折射率玻璃珠、高折射率玻璃珠三种,其折射率(R_I)依次分别为$1.50 \leq R_I < 1.70$、$1.70 \leq R_I < 1.90$、$R_I \geq 1.90$。

③根据玻璃珠表面处理与否,将玻璃珠可分为镀膜玻璃珠和普通玻璃珠。

④路面标线用玻璃珠根据粒径分布不同,可分为1号、2号、3号三个型号,其粒径分布见表2-4-6,并规定了产品用途,1号玻璃珠宜用作热熔型、双组份、水性路面标线涂料的面撒玻璃珠;2号玻璃珠宜用作热熔型、双组份、水性路面标线涂料的预混玻璃珠;3号玻璃珠宜用作溶剂型路面标线涂料的面撒玻璃珠。

玻璃珠的粒径分布表   表2-4-6

型 号	玻璃珠粒径$S(\mu m)$	玻璃珠质量百分比(%)
1号	$S > 850$	0
	$600 < S \leq 850$	15~30
	$300 < S \leq 600$	30~75
	$106 < S \leq 300$	10~40
	$S \leq 106$	0~5
2号	$S > 600$	0
	$300 < S \leq 600$	50~90
	$150 < S \leq 300$	5~50
	$S \leq 150$	0~5
3号	$S > 212$	0
	$S \leq 90$	0~4

(2)玻璃珠技术要求

《路面标线用玻璃珠》(GB/T 24722—2009)中规定了外观要求、粒径分布、成圆率、密度、折射率、耐水性、磁性颗粒含量和防水涂层要求八方面技术要求。

①外观要求

玻璃珠应为无色松散球状,清洁无明显杂物。在显微镜或投影仪下,玻璃珠应为无色透明的球体,光洁圆整,玻璃珠内无明显气泡或杂质。

②粒径分布

玻璃珠粒径分布应符合表2-5-6的规定。

③成圆率

有缺陷的玻璃珠如椭圆形珠、不圆的颗粒、失透的珠、熔融黏连的珠、有气泡的玻璃珠和杂质等的质量应小于玻璃珠总质量的20%,即玻璃珠成圆率不小于80%,其中粒径在850～600μm范围内玻璃珠的成圆率不应小于70%。

④密度

玻璃珠的密度应在2.4～4.3g/cm^{3}的范围内。

⑤折射率

玻璃珠的折射率应符合前述低折射率玻璃珠、中折射率玻璃珠、高折射率玻璃珠的规定。

⑥耐水性

在沸腾的水浴中加热后,玻璃珠表面不应呈现发雾现象;对1号和2号玻璃珠,中和所用0.01mol/L盐酸应在10mL以下;对3号玻璃珠,中和所用0.01mol/L盐酸应在15mL以下。

⑦磁性颗粒含量

玻璃珠中磁性颗粒的含量不得大于0.1%。

⑧防水涂层要求

所有玻璃珠应通过漏斗而无停滞现象。

第三节　路面标线涂料的成分构成和生产工艺

一、路面标线涂料的原材料成分

路面标线涂料是道路交通标线施划过程中使用量最大的材料,尽管其产品种类包括热熔型、溶剂型、水性和双组份四大类,但其原材料构成均主要包括:成膜物、颜料、填料、助剂以及分散介质等成分;反光型路面标线涂料的成分还包括一定比例的预混或面撒玻璃珠成分。

1. 成膜物

成膜物也称为树脂。它将涂料中各组分黏结在一起形成整体均一的涂层或涂膜,同时要求其对底材或底涂层发挥润湿、渗透和相互作用而产生必要的附着力。因此成膜物是涂料的最基本,也是最重要的成分。

就路面标线涂料而言,其主要成膜物质种类包括:石油树脂、松香树脂、醇酸树脂、改性醇酸树脂、环氧树脂、丙烯酸树脂、聚氨酯树脂、聚酯树脂和酯胶树脂等。热熔型路面标线涂料经常使用的成膜物——石油树脂颗粒的实物照片如图 2-4-1 所示。

图 2-4-1　石油树脂颗粒照片图

2. 颜料

颜料是一种有色的细颗粒粉状物质，一般不溶于水、油、溶剂和树脂等介质中，但能分散在这些介质中。颜料赋予涂层色彩、遮盖力、着色力，增加机械强度，具有耐介质、耐光、耐候和耐热等性能，常用于配制涂料、油墨以及着色塑料和橡胶，因此又可称是着色剂、着色颜料。颜料从化学组成来分，可分为无机颜料和有机颜料两大类，有机颜料的着色力、鲜艳度及装饰效果优于无机颜料，但其耐候、耐热和耐光性等不如无机颜料。路面标线涂料所涉及的主要有白色、黄色、橙色、蓝色和红色颜料，各种颜料性能特点简要介绍如下。

（1）钛白粉

钛白粉化学式 TiO_2，又称二氧化钛。它是白色颜料中性能最好的颜料，白度高，具有高着色力和遮盖力，耐热、不溶于水和弱酸、微溶于碱，对大气中的氧、硫化氢、氨等稳定。实际应用的钛白粉主要有锐钛型和金红石型两种类型。金红石型钛白粉的遮盖力比锐钛型的高约 30%。此外，钛白粉的粒子大小也直接影响其遮盖力。

（2）立德粉

立德粉的化学式为 $ZnS \cdot BaSO_4$，又名锌钡白，立德粉为其商品名。由硫化钡与硫酸锌起复分解经煅烧制得。立德粉是硫化锌与硫酸钡的混合白色颜料，遮盖力比锌白强，但次于钛白。与硫化氢和碱溶液不起作用，遇酸溶液分解而产生硫化氢气体。日光长久曝晒变色，但放在暗处仍能恢复原色。立德粉多用于室内用涂料，在路面标线涂料中常与钛白粉一起使用。

（3）氧化锌

氧化锌又称锌白，化学式为 ZnO，白色六角晶体或粉末，是一种两性氧化物，溶于酸、碱、氯化铵和氨水，不溶于水、乙醇、苯、200 号溶剂，其遮盖力和着色力均低于立德粉和钛白粉，但具有耐光、耐热、耐候和不粉化的优点。常用于涂料、橡胶、陶瓷、医药、印染、磁性材料、电子、造纸等领域，适用于室外用涂料，用量大时，会引起涂料储存不稳定和涂刷困难；不能用于氯化橡胶作为成膜物的路面标线涂料。纳米氧化锌与其他纳米材料配合用于水性涂料中，可使涂层具有屏蔽紫外线、吸收红外线及抗菌防霉的作用，同时还具有增稠作用，以利于颜料分散的稳定性,不会出现浮色现象,广泛用作水性涂料涂敷于道路和建筑物上。

(4) 铬黄

铬黄是一种主要成分为铬酸铅的黄色颜料,色泽鲜艳、着色力高、遮盖力好,不溶于水和油,易溶于无机酸和强碱溶液,广泛用于涂料、油墨、漆布、塑料和文教用品等工业。铬黄按组成成分和颜色深浅划分,可分为柠檬黄、淡铬黄、中铬黄、深铬黄和桔铬黄等五种。其化学通式可表示为 $P_bCrO_4 \cdot xP_bSO_4$,柠檬黄、淡铬黄为 P_bCrO_4 和 P_bSO_4 的混合晶体,中铬黄即 P_bCrO_4,深铬黄和桔铬黄为碱式 P_bCrO_4。

铬黄是黄色颜料中遮盖力和着色力较好的品种,在空气中不粉化,缺点是耐光性较差,受光和硫化物作用时颜色变暗,而且有毒性,不能与立德粉及群青共用。

(5) 镉黄

镉黄化学式为 C_dS,纯镉黄的化学组成为硫化镉或硫化镉与硫化锌的固溶体。镉黄的颜色鲜艳而饱满(饱满度可达80%~90%),其色谱范围可从淡黄,经正黄直至红光黄。工业生产的镉黄有浅黄(樱草黄),亮黄(柠檬黄),正黄(中黄),深黄(金黄)和橘黄等几种。镉黄几乎适用于所有树脂的着色,近年来在热熔型路面标线涂料中得到了较好的应用。

(6) 锶铬黄

锶铬黄化学式为 $SrCrO_4$,由硝酸锶与铬酸钠溶液反应生成沉淀而制得。色泽艳丽,耐光、耐热性好,能耐400°高温。但遮盖力和着色力均较低,微溶于水,溶于无机酸,遇碱分解。主要用于配制轻金属的防护底漆,也可用于塑料着色,价格较贵。由于其耐光、耐热性好也常用于热熔型路面标线涂料。

(7) 氧化铁黄

氧化铁黄化学式为 $Fe_2O_3 \cdot xH_2O$,采用硫酸亚铁氧化法和芳香硝基物氧化法制得的柠檬黄至褐色粉末。粉粒细腻,是晶体的氧化铁水合物。不溶于水、醇,溶于酸。颜色从柠檬黄到橙黄都有。着色力几乎与铅铬黄相等。耐光、耐大气影响、耐污浊气体以及耐碱性都非常强。耐酸性较差特别是能被浓热的强酸溶解。加热时脱水变色,逐渐形成氧化铁红。氧化铁黄广泛用于油漆,建筑涂料,油彩,水彩,橡胶制品,人造大理石等的着色。

(8) 钼镉红

钼镉红是一种含钼酸铅和铬酸铅,硫酸铅的无机颜料,有橘红色至红色的各类品种。它的颜色鲜明,着色力高于橘铬黄,遮盖力及各种主要耐性指标均优良。钼镉红的颗粒直径为0.1~1.0μm,遮盖力强,耐水性和耐溶剂性优良,但耐酸、耐碱性一般。钼镉红是无机红色颜料。广泛的应用于塑料,涂料,油墨等着色,但钼镉红在实际应用中反应有类似铅镉黄的种种缺点,如晶型易变化,使色泽要改变,耐光性和耐候性也不十分理想,目前经过改进的制品,其耐光、耐候性等指标均已大有提高。

(9) 镉红

镉红为红色粉末,学名硒硫化镉,为硫化镉与硒化镉的固溶体。颜色饱满而鲜明,色光随硒化镉含量而定,硒化镉含量越高,颜色的红色色光越强。有橙红色、纯红色、暗红色。镉红几乎适用于所有树脂和塑料。

(10) 钴蓝

钴蓝的主要成分为铝酸钴。将氧化钴、磷酸钴等与氢氧化铝或氧化铝混合煅烧而制得。

蓝为浅蓝色或深蓝色粉末,平均粒径为 $0.2\sim1\mu m$。它具有优良的耐热性、耐光性和耐化学品性,耐酸、耐碱、耐油性好,具有良好的分散性能,无毒。钴蓝的着色力较低,价格较高。

(11) 群青

群青的化学式为 $Na_6Al_4Si_6S_4O_{20}$,也称云青、洋蓝。它是硅酸铝的含硫复合物,为无毒无机颜料,蓝色粉末,色调艳丽清新,非其他蓝色颜料能比拟。不溶于水,具有消除及降低白色涂料或其他白色材料中含有的黄色色光的效能。但着色力和遮盖力较低,抗腐蚀性较差。耐碱、耐高温,在大气中对日晒及风雨极其稳定,有较好的亲水性,但不耐酸,遇酸分解变色。群青是无机蓝色颜料,可用于涂料工业制造色漆,使白度更加鲜明,也可用于塑料、橡胶、造纸等行业。

3. 填料

填料也称体质颜料,大部分是天然产品和工业上的副产品,其价格相对便宜。在路面标线涂料中填料占较大重量比,如热熔型路面标线涂料中填料占涂料总重量的50%~60%,溶剂型路面标线涂料中填料占涂料总重量的30%~40%。体质颜料和前述的着色颜料不同,在颜色、着色力、遮盖力等方面和着色颜料不能相比,但在涂料中应用可以改善涂料的某些性能或消除涂料的某些弊病,并可以降低涂料成本。

习惯上,体质颜料称作填料。但实际上不是所有体质填料都等同于填料,因为体质填料除增加涂料体系的PVC(颜料体积浓度)值外,还可改善涂料的施工性能,提高颜料的悬浮性和防止流挂的性能,又能提高涂膜的耐水性、耐磨性和耐温性等。因此,在涂料中应用填料已从单纯降低涂料成本的目的转向其他功能,这也是涂料科研工作的发展趋势和方向,应开发出性能优异、价格低廉的新型填料,满足涂料行业的高速发展的需要。常用的填料有重质碳酸钙、轻质碳酸钙、硫酸钡、滑石粉、石英粉、硅灰石、高岭土等。

4. 助剂

涂料的基本组成包括:成膜物、颜料、填料、助剂和分散介质(溶剂)。其中,助剂作为涂料的辅助材料,用量极少,但对涂料的性能有极大的影响,不同种类的助剂分别在涂料生产、储存、施工和成膜等不同阶段发挥作用,现已成为涂料不可缺少的组成部分。对各种典型的涂料助剂有:①防沉剂;②润湿剂;③分散剂;④消泡剂;⑤催干剂;⑥流平剂;⑦增塑剂;⑧杀菌防腐剂;⑨紫外线吸收剂;⑩防结皮剂。

5. 分散介质

分散介质是能够稀释或溶解成膜树脂,改善涂料体系和涂膜性能的挥发性液体。分散介质的作用是确保涂料体系的稳定性、流变性,同时在施工和成膜过程中起着重要作用。

6. 玻璃珠

反光型道路交通标线的反光性能是通过反光介质对光线的逆反射来实现的。反光型道路交通标线材料最常用的反光介质即玻璃珠,路面标线涂料用玻璃珠根据不同的使用情况,可分为面撒玻璃珠和预混玻璃珠两种。面撒玻璃珠是指涂料在路面画出标线后,播撒在未干的标线涂料表面的玻璃珠;预混玻璃珠是指在路面标线涂料划线以前,均匀混合在该涂料中的玻璃珠。玻璃珠应使用钠钙硅酸盐玻璃制造,不应夹杂含铅或含其他重金属元素的特种玻璃。

玻璃珠在标线或涂料中的应用目的在于为标线提供反光或持续反光效果,这就要求玻璃珠本身要具有透明度好、成圆率高、折射率高的特性。此外,玻璃珠的施工方式、撒布量、嵌入标线表面程度、不同粒径玻璃珠的粒径级配、玻璃珠表面处理方式等也对其反光效果有很大影响。

二、路面标线涂料的成膜机理

路面标线涂料施划于道路表面形成交通标线,也即由固态粉末涂料或液态水性、溶剂涂料通过物理或化学交联转变成固态涂膜的过程,称之为成膜过程。

不同品种的路面标线涂料的成膜过程不同,其成膜机理也不尽相同。现简要介绍如下:

热熔型路面标线涂料常温下呈固体粉末状态,施工时加热至180~220℃,才能使成膜树脂颗粒熔合,树脂分子间相互交错缠绕进而冷却形成连续完整的涂膜。热熔型路面标线涂料的成膜过程是一种物理变化,并没有发生化学交联。热熔型路面标线涂料涂膜性能的质量好坏取决于涂料中成膜树脂的种类和含量、施工方式、熔融温度、涂料配方是否合理、施工环境条件等。

溶剂型路面标线涂料的成膜过程是通过涂料中的溶剂挥发来实现的。溶剂型路面标线涂料的成膜物主要有丙烯酸树脂、醇酸树脂、酯胶树脂、氯化橡胶等,该类涂料的树脂完全溶解在溶剂中形成溶液,高分子树脂分子在溶液中几乎完全伸展,在涂装过程中,随着溶剂的挥发,聚合物浓度不断增大,高分子链间交错缠绕加大,通过分子间的相互作用,最终形成连续完整、致密的涂膜。

水性路面标线涂料的成膜过程与溶剂型路面标线涂料的成膜过程相似,是通过是涂料中的溶剂(水)挥发来实现的。但其成膜机理却完全不同,水性路面标线涂料的成膜物乳液粒子在分散介质水挥发后相互接近、挤压变形等过程聚集起来,最终由乳液颗粒状态的聚集体转变成分子状态的凝聚物而形成连续平整的涂膜。热熔型路面标线涂料、溶剂型路面标线涂料和水性路面标线涂料的成膜过程发生的都是物理变化,也称非转变型成膜过程。

双组份路面标线涂料的成膜过程是一种化学变化过程,也称转变型成膜过程。其成膜机理是成膜物——分子量较低的树脂与固化剂发生化学反应,通过缩合、加聚等方式交联成网状大分子结构。

三、路面标线涂料的成分构成和生产工艺

1. 热熔型路面标线涂料的成分构成和生产工艺

热熔反光型和热熔突起型路面标线涂料的原料成分和构成比例如图2-4-2所示;热熔普通型路面标线涂料中不含玻璃珠,图2-4-2中18%~25%的玻璃珠可由填料替代。

上述三种反光型、普通型、突起型热熔涂料,在原材料选择和成分构成有所不同,但在生产工艺上基本相同,其生产工艺如图2-4-3所示。

热熔型路面标线涂料的生产工艺主要包括以上生产工序,其中原材料和成品检验工序是生产厂家控制其产品质量的必要手段,应引起足够重视。

热熔型路面标线涂料作为一种固体粉末涂料,尽管仅是一种原材料按比例经过简单机械设备混合均匀后的固体混合物,但其产品配方和原材料投料顺序会很大程度上决定其产品品

质。热熔型路面标线涂料的生产设备主要是干粉混合机,分为立式和卧式两种设备形式,设备由送料装置、搅拌器、助剂喷淋装置、物料进出口、机体外壳、接料斗等构件组成。

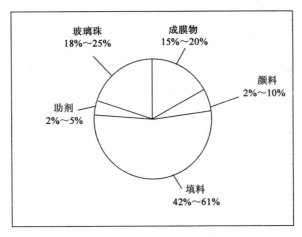

图2-4-2 热熔反光型和热熔突起型路面标线涂料的成分构成图

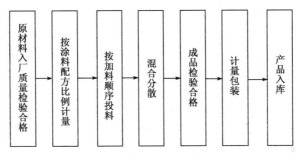

图2-4-3 热熔型路面标线涂料生产工艺图

2. 溶剂型路面标线涂料的成分构成和生产工艺

溶剂普通型和反光型路面标线涂料的原料成分构成比例如图2-4-4所示。溶剂反光型路面标线涂料中一般不内混玻璃珠,通过涂料施工时面撒玻璃珠实现反光效果。

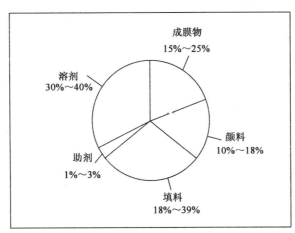

图2-4-4 溶剂型路面标线涂料的成分构成图

溶剂型路面标线涂料的生产工艺如图 2-4-5 所示。

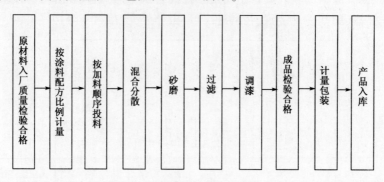

图 2-4-5　溶剂型路面标线涂料生产工艺图

溶剂型路面标线涂料的生产工艺主要包括以上生产工序。溶剂型路面标线涂料作为一种液态涂料,成膜物质多为丙烯酸树脂,分散介质为有机溶剂,一般由 10～20 种原料成分构成。较之热熔型产品,其原材料成分种类和生产工艺相对复杂。混合分散生产工序是将液态树脂类成膜物、颜料、填料、溶剂等通过高速分散机搅拌混合、分散均匀的过程。砂磨生产工序是涂料溶液中的颜、填料进一步磨细和混合分散均匀的过程,通常使用的设备有立式砂磨机、卧式砂磨机和三辊研磨机等。过滤工序是为了保证涂料细度达到规定的要求,对涂料中粗颗粒进行过滤分离的过程,一般采用在砂磨机出口外挂一定目数滤网的方法实现。调漆生产工序将进行调色和黏度等涂料性能的调节,通过高速分散机来实现。

溶剂路面标线涂料的生产过程中挥发性溶剂有易燃性,生产车间电机、开关等电气设备应安装防爆装置,同时,应对操作人员进行防火安全培训工作。此外,长期使用溶剂将危害操作人员身体健康,应采取相应的劳动防护措施。

3. 水性和双组份路面标线涂料的成分构成和生产工艺

水性路面标线涂料的原料成分构成比例如图 2-4-6 所示。

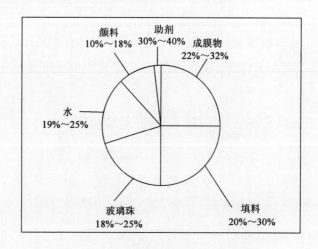

图 2-4-6　水性路面标线涂料的成分构成图

水性路面标线涂料的生产工艺如图 2-4-7 所示。

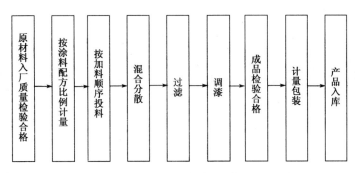

图 2-4-7　水性路面标线涂料生产工艺图

水性路面标线涂料也是一种液态涂料,成膜物质多为乳液,分散介质为水,一般由 10~20 种原料成分构成。水性路面标线涂料的生产设备主要是高速分散机,其生产工艺流程与溶剂型相似,一般不进行砂磨工序。在进行投料工序操作时,与溶剂型涂料有较大区别,主要是防止乳液破乳。

双组份路面标线涂料的成分构成与其选择的树脂类型和固化体系有很大关系,一般国内外通常使用的树脂包括丙烯酸、聚氨酯和环氧树脂三大类,采用每种树脂制备主剂(A 组分)的各成分构成比例均有区别,但其主剂生产工艺基本相同,与溶剂型和水性涂料相似。同时,由于树脂类型不同,配套固化剂(B 组分)的类型和配比有较大区别。主剂为液态,固化剂有液态和固态两种。由于篇幅所限,不做详细阐述。

四、路面标线涂料产品的标志、包装、运输和储存要求

路面标线涂料产品的标志应按《涂料产品的包装标志》(GB/T 9750—1998)进行。

路面标线涂料产品包装要求是:溶剂型、双组份、水性涂料产品应储存在清洁、干燥、施工方便的带盖大开口的塑料或金属容器中;热熔型涂料产品应储存在内衬密封、塑料袋外加编织袋的双层包装袋中,袋口封闭要严密。

产品在运输中应防止雨淋、日光暴晒,并符合运输部门的有关规定。产品储存时,应保持通风、干燥、防止日光直接照射,并应隔绝火源,夏季温度过高时应设法降温,水性涂料产品存放时温度不得低于 0℃;产品应标明储存期,超过储存期按本标准规定项目进行检验,如结果符合要求仍可使用。

五、路面标线用玻璃珠产品的标识、包装、运输和储存要求

路面标线用玻璃珠产品包装袋外应有清晰、耐久的标志,其内容包括:产品名称和类别,包装袋内玻璃珠的净重,生产厂家的名称或注册商标,生产年、月或批号;每袋玻璃珠包装中,应有产品质量检验合格证;每批玻璃珠产品,厂方应提供使用说明。

路面标线用玻璃珠产品包装时,应使用双层口袋包装,内袋为聚乙烯薄膜(厚度不小于 0.5mm),热压封口;外袋为塑料编织袋,以防散漏和受潮。每袋净重 25kg±0.2kg。每袋包装中,应有产品质量检验合格证。

产品在运输中应防止雨淋和碰撞硬物,以免玻璃珠受潮或包装袋破损。路面标线用玻璃

珠应储存在干燥通风的仓库内。按类堆码,严禁与强酸、强碱等对玻璃有腐蚀作用的物品混放。

第四节 检测方法

一、路面标线涂料的检测设备

路面标线涂料检测项目及所用仪器设备如表 2-4-7 所示。

路面标线涂料检测项目及所用仪器设备表　　　表 2-4-7

检测项目	所用仪器设备	测量参数
容器中状态	调刀	—
黏度	涂—4 杯、斯托默黏度计	黏度
密度	金属比重瓶、天平、游标卡尺	密度、质量、长度
施工性能和涂膜外观	湿膜涂布器	—
热稳定性	电热鼓风干燥箱、斯托默黏度计	温度、黏度
不黏胎干燥时间	不黏胎时间测定仪、电子秒表	时间
遮盖率	色彩色差计	亮度因数、色品坐标
色度性能	色彩色差计	亮度因数、色品坐标
耐磨性	漆膜磨耗仪	质量
耐水性	量杯、烧杯、电子秒表	时间
耐碱性	量杯、烧杯、电子秒表	时间
附着性	漆膜附着力测定器	—
柔韧性	漆膜柔韧性测定仪	—
固体含量	天平、电热鼓风干燥箱	质量、温度
冻融稳定性	高低温湿热试验箱、秒表	温度、时间
早期耐水性	高低温湿热试验箱、秒表	温度、湿度、时间
软化点	软化点测定仪、温度计	温度
热熔状态	电炉	温度
抗压强度	万能材料试验机	力、长度
玻璃珠含量	天平、电热鼓风干燥箱、恒温水浴箱	质量、温度
流动度	流动度测定杯	温度、时间
涂层低温抗裂性	高低温湿热试验箱、秒表	温度、时间
涂层耐候性	人工加速老化试验箱	辐照度、温度

二、路面标线涂料检测方法

1. 试样状态调节和试验的温湿度

按《涂料试样状态调节和试验的温湿度》(GB/T 9278—2008)中的标准环境条件规定,路面标线涂料的试样状态调节和试验的温湿度为温度23℃±2℃,相对湿度50%±5%。

2. 取样

按《色漆、清漆和色漆与清漆用原材料 取样》(GB/T 3186—2006)中的规定进行取样,液态样品混合均匀后取样,为减少溶剂挥发或产生交联反应,操作应尽快进行;固态样品混合均匀后按四分法取样。取两份试样,一份密封储存备查,另一份用于试验。

3. 溶剂型、双组份、水性路面标线涂料试验方法

(1)容器中状态

按《色漆、清漆和色漆与清漆用原材料 取样》(GB/T 3186—2006)用调刀检查有无结皮、结块,是否易于搅匀。

(2)黏度

按《涂料黏度的测定 斯托默黏度计法》(GB/T 9269—2009)进行。其中溶剂普通型路面标线涂料的黏度按《涂料黏度测定法》(GB/T 1723—1993)涂—4黏度计法进行。

(3)密度

按《色漆和清漆 密度的测定 比重瓶法》(GB/T 6750—2007)使用金属比重瓶(质量/体积杯)进行测定。

(4)施工性能与涂膜制备

按《色漆、清漆和色漆与清漆用原材料 取样》(GB/T 3186—2006)取样后,按《漆膜一般制备方法》(GB/T 1727—1992)制备涂膜,可分别用喷涂、刮涂等方法在水泥石棉板上进行涂布,考查其施工性能。

(5)热稳定性

按《涂料黏度的测定 斯托默黏度计法》(GB/T 9269—2009)测定样品的黏度。取400mL已测黏度的样品放在加盖的小铁桶内,然后将铁桶放置在烘箱内升温至60℃,在60℃±2℃条件下恒温3h,然后取出,放置冷却至25℃,并按《涂料黏度的测定 斯托默黏度计法》(GB/T 9269—2009)重新测其黏度。

(6)涂膜外观

用300μm的漆膜涂布器将试料涂布于水泥石棉板上,制成约50mm×100mm的涂膜,然后放置24h,在自然光下观察涂膜是否有皱纹、泛花、起泡、开裂现象,用手指试验有无黏着性。并与同样处理的标准样板比较,涂膜的颜色和外观差异不大。

(7)不黏胎干燥时间

不黏胎时间测定仪见图2-4-8。轮子外边装有合成橡胶的平滑轮胎,轮的中心有轴,其两端为手柄,仪器总质量为15.8kg±0.2kg,该轮为两侧均质。

用300μm的涂膜涂布器将试料涂布于水泥石棉板(200mm×150mm×5mm)上,涂成与水泥石棉板的短边平行,在长边中心处成一条80mm宽的带状涂膜,见图2-4-9。涂后,立刻按下秒表,普通型10min时开始测试,反光型5min时开始测试;

把测定仪自试板的短边一端中心处向另一端滚动1s,立刻用肉眼观察测定仪的轮胎有无黏试料,若有黏试料,立刻用丙酮或甲乙酮湿润过的棉布擦净轮胎,此后每30s重复一次试验,直至轮胎不黏试料时,停止秒表记时,该时间即为该试样的"不黏胎时间"。滚动仪器时,应两手轻轻持柄,避免仪器自重以外的任何力加于涂膜上。滚动方向如图2-4-9所示。

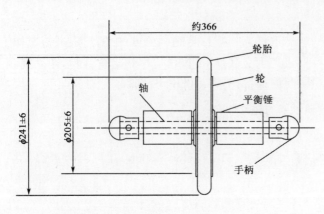

图2-4-8　不黏胎时间测定仪图(尺寸单位:mm)　　　图2-4-9　测定仪滚动方向图(尺寸单位:mm)

(8)遮盖率

将原样品用300μm的漆膜涂布器涂布在遮盖率测试纸上,沿长边方向在中央涂约80mm×200mm的涂膜,并使涂面与遮盖率测试纸的白面和黑面呈直角相交,相交处在遮盖率测试纸的中间,涂面向上放置24h,然后在涂面上任意取三点用D_{65}光源45°/0°色度计测定遮盖率测试纸白面上和黑面上涂膜的亮度因数,取其平均值。按式(2-4-1)计算其遮盖率:

$$X = \frac{B}{C} \tag{2-4-1}$$

式中:X——遮盖率(反射对比率);

B——黑面上涂膜亮度因数平均值;

C——白面上涂膜亮度因数平均值。

(9)色度性能

用300μm的涂膜涂布器将试料涂布于水泥石棉板(200mm×150mm×5mm)上,涂成与水泥石棉板的短边平行,在长边中心处成一条80mm宽的带状涂膜,见图2-4-9。涂面向上放置24h后,在涂面上任取三点,用D_{65}光源45°/0°色度计测定其色品坐标和亮度因数。

(10)耐磨性

按《色漆和清漆　耐磨性的测定　旋转橡胶砂轮法》(GB/T 1768—2006)进行。以直径100mm、厚3mm、中心开有9mm孔径的玻璃板为底板,将涂料刷涂或喷涂于清洁干燥的底板上,涂布的第一道漆膜干燥2h后,刷涂或喷涂第二道涂膜,最后一道涂膜涂布后,干燥24h进行耐磨性能测试。使用漆膜耐磨仪,载重1000g,橡胶砂轮转数达到200转后,测试试板的磨损量。

(11) 耐水性

用 300μm 的漆膜涂布器将试料涂布于水泥石棉板上,制成约 50mm×100mm 的涂膜,然后放置 24h。试板用不封边的水泥石棉板,试验按《漆膜耐水性测定法》(GB/T 1733—1993)进行。在玻璃水槽中加入蒸馏水或去离子水,在 23℃±2℃ 条件下,将试板面积的 2/3 浸泡于温度 23℃±2℃ 的水中 24h 后,观察其有无异常现象。

(12) 耐碱性

用 300μm 的漆膜涂布器将试料涂布于水泥石棉板上,制成约 50mm×100mm 的涂膜,然后放置 24h。试板用不封边的水泥石棉板,试验按《建筑涂料 涂层耐碱性的测定》(GB/T 9265—2009)进行。在 23℃±2℃ 条件下,将试板面积的 2/3 浸泡于的氢氧化钙饱和溶液中 24h 后,观察其有无异常现象。氢氧化钙饱和溶液的配制方法是在 23℃±2℃ 条件下,以 100mL 蒸馏水中加入 0.12g 氢氧化钙的比例配制碱溶液并进行充分搅拌,该溶液的 pH 值应达到 12~13。

(13) 附着性

按《漆膜附着力测定法》(GB 1720—1979)进行。在漆膜附着力测定仪上进行圆滚线划痕,按圆滚线划痕范围内的漆膜完整程度评定,以级表示。

(14) 柔韧性

按《漆膜柔韧性测定法》(GB/T 1731—1993)进行。使用柔韧性测定器测定漆膜的柔韧性,首先在马口铁板上制备漆膜得到试板,然后将试板在不同直径的轴棒上弯曲,以不引起涂膜破坏的最小轴棒直径表示漆膜的柔韧性。

(15) 固体含量

按《色漆、清漆和塑料 不挥发物含量的测定》(GB/T 1725—2007)进行。取 2~5g 试样,置于已称重的培养皿中,使试样均匀地流布于容器的底部,按 GB/T 1725—2007 中规定的各种漆类焙烘温度,将盛有试样的表面皿放入已调节到规定温度的鼓风恒温烘箱内,焙烘一段时间后,取出放入干燥器中冷却至室温后,称重,然后再放入烘箱内焙烘 30min,取出放入干燥器中冷却至室温后,称重,至前后两次称重的质量差不大于 0.01g 为止,然后计算试样固体含量。

(16) 冻融稳定性

分别取 400mL 样品放在三个加盖的小铁桶内,在 -5℃±2℃ 条件下放置 18h 后,立即置于 23℃±2℃ 条件下放置 6h 为一个周期;经连续三个周期后,取出试样经搅匀后应无分层、无结块,施工性能良好。

(17) 早期耐水性

用 300μm 的漆膜涂布器将试料涂布于水泥石棉板上,制成约 50mm×100mm 的涂膜;将制好的试板立即置于温度 23℃±2℃、湿度 90%±3%RH 的试验箱内,每隔 5min 用拇指触摸表面,然后将拇指旋转 90°,记下膜表面不被拇指破坏所需的时间即为实干时间。

4. 热熔型路面标线涂料试验方法

(1) 热熔状态

除应遵照每个试验的特定要求外,在熔融试样时,应将一定量的试样放在金属容器内,在搅拌状态下熔融,使上下完全均匀一致,且无气泡。

(2)密度

将熔融试样注在制样器1(图2-4-10)的模腔(约20mm×20mm×20mm)中,冷却至室温。用稍加热的刮刀削掉端头表面的突出部分,用100号砂纸将各面磨平。放置24h后用游标卡尺测量(精确至0.1mm),供作试块。将3块试块称量准确至0.05g,按式(2-4-2)求出密度:

$$D = \frac{W}{V} \tag{2-4-2}$$

式中:D——密度(g/cm^3);

W——试块质量(g);

V——体积(cm^3)。

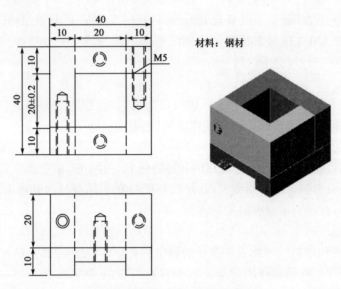

图2-4-10 制样器1图(尺寸单位:mm)

取其平均值为试样密度,如其中任意两块 D 值相对误差大于0.1,则应重做。

(3)软化点

按《色漆和清漆用漆基 软化点的测定 第1部分:环球法》(GB/T 9284.1—2015)进行测定。采用浇注法制备试样,取样40g放入清洁容器内,立刻用电炉将容器内的样品加热至200℃左右熔化,避免局部过热,注意不带入气泡,因为样品不应被加热到超过易于浇注所需要的温度。在操作中从升温到浇注不得超过15min;预热承受环,至接近浇注样品的温度,然后马上浇注,浇注时环应放在铜板、铝板或白瓷砖上,浇注样品至环内,使其冷却时仍过量,冷却至少30min后,用稍加热的刮刀或马口铁板清除多余样品,如果试验重复进行时,应使用干净容器和新制样品。采用甘油浴加热,油浴起始温度最大为27℃,当试样在钢球重力作用下从承受环中下落25.4mm时的温度成为软化点。

(4)涂膜外观

将热熔涂料刮板器放在水泥石棉板(约300mm×150mm×1.6mm)的中心部位;立即将准备好的试料倒入热熔涂料刮板器中;平移刮板器刮成厚约1.5~2.0mm的与短边平行的涂层,试板放置1h后,在自然光下目测应无皱纹、斑点、起泡、裂纹、剥离。同时与用同样方法制备的标准涂膜相比,其颜色及手感黏附性应与标准版差异不大。

(5)不黏胎干燥时间

将热熔涂料刮板器放在水泥石棉板(约300mm×150mm×1.6mm)的中心部位;立即将准备好的试料倒入热熔涂料刮板器中;平移刮板器刮成厚约1.5~2.0mm的与短边平行的涂层,涂后,立刻按下秒表,3min时开始测试,把测定仪自试板的短边一端中心处向另一端滚动1s,立刻用肉眼观察测定仪的轮胎有无黏试料,若有黏试料,立刻用丙酮或甲乙酮湿润过的棉布擦净轮胎,此后每30s重复一次试验,直至轮胎不黏试料时,停止秒表记时,该时间即为该试样的"不黏胎时间"。滚动仪器时,应两手轻轻持柄,避免仪器自重以外的任何力加于涂膜上。滚动方向如图2-4-9所示。

(6)色度性能

将熔融试样注入制样器2(图2-4-11)中,使其流平,冷却至室温,取出供作试片(约60mm×60mm×5mm)。涂面向上放置24h后,在涂面上任取三点,用D_{65}光源45°/0°色度计测定其色品坐标和亮度因数。

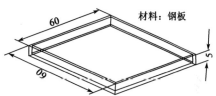

图2-4-11 制样器2图(尺寸单位:mm)

(7)抗压强度

将熔融试样注在制样器1(图2-4-10)的模腔(约20mm×20mm×20mm)中,冷却至室温。用稍加热的刮刀削掉端头表面的突出部分,用100号砂纸将各面磨平。放置24h后用游标卡尺测量(精确至0.1mm),供作试块。制备试块三个,在标准试验条件下放置24h后,分别放在压力试验机球形支座的基板上,调整试块位置及球形支座,使试块与压片的中心线在同一垂线上,并使试块面与加压面保持平行;启动压力机,以30mm/min的速度加载,直至试块破裂(或压下试块高度20%时)为止。

按式(2-4-3)计算抗压强度:

$$R_t = \frac{P}{A} \qquad (2-4-3)$$

式中:R_t——抗压强度(MPa);

P——破裂时的荷载(或压下试块高度20%时)(N);

A——加压前断面面积(mm^2)。

试验后取其平均值。

突起型热熔路面标线涂料在50℃±2℃时的抗压强度试验,将试块在50℃±2℃烘箱内恒温4h后,立即分别从烘箱内取出按前述方法测试抗压强度。

(8)耐磨性

首先在制样器3(图2-4-12)的模腔涂上一薄层甘油,待干后,将熔融试样注入内腔,使其流平(如不能流平,可将试模先预热),并趁热软时在中心处开一直径约为7mm的试孔。

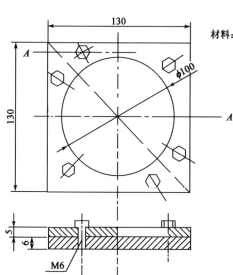

图2-4-12 制样器3图(尺寸单位:mm)

同一试样应制成三块试板,将试板放置在玻璃板上,在标准试验条件下放置24h后,按《色漆和清漆　耐磨性的测定　旋转橡胶砂轮法》(GB/T 1768—2006)进行。使用漆膜耐磨仪,载重1000g,橡胶砂轮转数达到200转后,测试试板的磨损量。

(9)耐水性

将熔融试样注入制样器2(图2-4-11)中,使其流平,冷却至室温,取出供作试片(约60mm×60mm×5mm),然后放置24h。试验按《漆膜耐水性测定法》(GB/T 1733—1993)进行。在玻璃水槽中加入蒸馏水或去离子水,在23℃±2℃条件下,将试板面积的2/3浸泡于温度23℃±2℃的水中24h后,观察其有无异常现象。

(10)耐碱性

将熔融试样注入制样器2(图2-4-11)中,使其流平,冷却至室温,取出供作试片(约60mm×60mm×5mm),然后放置24h。试验按《建筑涂料　涂层耐碱性的测定》(GB/T 9265—2009)进行。在23℃±2℃条件下,将试板面积的2/3浸泡于氢氧化钙饱和溶液中24h后,观察其有无异常现象。氢氧化钙饱和溶液的配制方法是在23℃±2℃条件下,以100mL蒸馏水中加入0.12g氢氧化钙的比例配制碱溶液并进行充分搅拌,该溶液的pH值应达到12~13。

(11)玻璃珠含量

精确称取约30g(精确至0.01g)的试样放在三角烧瓶中;加入醋酸乙酯与二甲苯,比例为1∶1的混合溶剂约150mL,在不断搅拌下溶解树脂等成分,玻璃珠沉淀后,将悬浮液流出;再加入500mL上述混合溶剂,使其溶解,并使其流出,此操作反复进行三次后,加入50mL丙酮清洗后流出悬浮液;将三角烧瓶置于沸腾水浴中,加热至几乎不再残留有剩余溶剂,冷却至室温;加入约100mL的稀硫酸或稀硫酸和稀盐酸(1∶1)的混合液,用表面皿作盖在沸腾水浴中加热约30min,冷却至室温后使悬浮液流出;然后加入300mL水搅拌,玻璃珠沉淀后,使液体流出,再用水反复清洗5~6次;最后加入95%的乙醇50mL清洗,使洗液流出;将三角烧瓶置于沸腾的水浴中,加热至几乎不再残留有乙醇为止,将其移至已知重量的表面皿中,如烧瓶中有残留玻璃珠,可用少量水清洗倒入表面皿中,并使水流出;将表面皿放置在保持105~110℃的烘箱中加热1h,取出表面皿放在干燥器中冷却至室温后称重(精确至0.01g);同时做三个平行试验。

按式(2-4-4)求出玻璃珠含量:

$$A = \frac{B}{S} \times 100 \tag{2-4-4}$$

式中:A——玻璃珠含量(%);

B——玻璃珠质量(g);

S——试样质量(g)。

试验后取其平均值。如原试样中有石英砂,应在称重前经玻璃珠选形器除去石英砂。

(12)流动度

试验步骤如下:先将流动度测定杯(图2-4-13)加热至200℃左右,并保持1h;将热熔涂料加入热熔杯中,放置加热炉上在搅拌状态下加热至180~200℃进行熔融,直至涂料熔融为呈施工状态,并使其上下完全均匀一致,且无气泡;将熔融后的涂料,立即倒满预热后的流动度测定杯中,打开流出口并同时按动秒表记时;待料流完时立即记下流完的时间;重复三次试验,取其流完的时间的平均值即为流动度。

(13)涂层低温抗裂性

试验步骤如下:将热熔涂料刮板器放在水泥石棉板(约300mm×150mm×1.6mm)的中心部位;立即将准备好的试料倒入热熔涂料刮板器中;平移刮板器刮成厚1.5~2.0mm的与短边平行的涂层,试板放置1h后,用五倍放大镜观其是否有裂纹,如有裂纹应重新制板;将制备好的试板平放于温度为-10℃±2℃低温箱内并保持4h,取出后在室温下放置4h为一个循环,连续做三个循环;取出后用五倍放大镜观其应无裂纹。

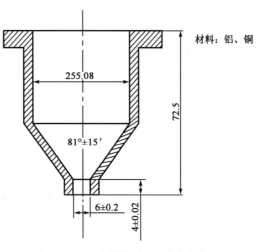

图2-4-13 流动度测定杯图(尺寸单位:mm)

(14)加热稳定性

将热熔涂料加入热熔杯中,放置加热炉上在搅拌状态下加热至200~220℃,并在搅拌状态下保持4h;观其是否有明显泛黄、焦化、结块等现象。

(15)人工加速耐候性试验

用300μm的漆膜涂布器将试料涂布于水泥石棉板上,制成约50mm×100mm的双组份涂料涂膜;将热熔涂料刮板器放在水泥石棉板(约300mm×150mm×1.6mm)的中心部位;立即将准备好的试料倒入热熔涂料刮板器中;平移刮板器刮成厚约1.5~2.0mm的与短边平行的热熔涂料涂层。样品数量为每组三块。耐候性试验前,在涂面上任取三点,用D_{65}光源45°/0°色度计测定其色品坐标和亮度因数。

试验设备应满足《塑料实验室光源暴露试验方法 第1部分:总则》(GB/T 16422.1—2006)的要求;试验时样品架辐射照度为1077W/m^2±50W/m^2,氙灯在300~340nm的光谱辐照度为0.40~0.35W/m^2;试验箱内黑板温度为63℃±3℃,相对湿度为(50±5)%RH;氙灯连续照射,无暗周期且每隔102min±0.5min喷水18min±0.5min;试验时间为600h,试验的总辐射能量约为2.3×10^6kJ/m^2;测定耐候性试验后样品的色品坐标和亮度因数。

三、路面标线用玻璃珠检测方法

路面标线用玻璃珠检测项目及所用仪器设备如表2-4-8所示。

路面标线用玻璃珠检测项目及所用仪器设备表　　　表2-4-8

检 测 项 目	所用仪器设备	测 量 参 数
试样制备	二份分割器	—
玻璃珠外观	显微镜或投影仪	—
粒径分布	标准试验筛、振动机、天平	质量
成圆率	玻璃珠选形器、天平	质量

续上表

检 测 项 目	所用仪器设备	测 量 参 数
密度	电热鼓风干燥箱、天平、量筒	密度、质量、体积
折射率	显微镜	—
耐水性	锥形瓶、恒温水浴箱、酸式滴定管	—
防水涂层要求	电子秒表、布袋、盛水容器	时间
磁性颗粒含量	天平、磁性颗粒分选架	质量

四、路面标线用玻璃珠检测方法

1. 试样的制备

随机抽取有代表性的整袋玻璃珠产品。将该袋玻璃珠倒入一容器中,然后再从这个容器倒入另一个容器,如此重复三次,以保证整袋玻璃珠在分选前能混合均匀。混合均匀的玻璃珠倒入二份分割器(图 2-4-14)中重复分割,最后得到约 1000g 玻璃珠,作为试样。

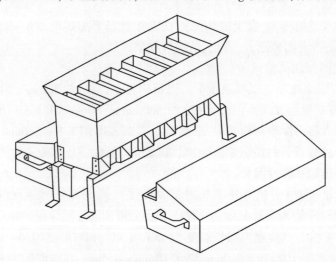

图 2-4-14 二份分割器结构示意图

2. 试验条件

试验工作应在温度 23℃ ±2℃,相对湿度 50% ±5% 的环境中进行。

3. 外观检查

目测玻璃珠在容器中的状态,同时把少许玻璃珠样品放在载玻片上,用放大倍数不小于 10 倍的显微镜或投影仪进行观察检查。

4. 粒径分布

将若干玻璃珠试样在 105 ~ 110℃ 的温度下干燥 1h。在干燥器中冷却至室温后,称取约 200g 样品,精确到 0.1g,倒入一组标准试验筛中。该组筛网的孔径应依次为 850μm、600μm、

300μm、212μm、150μm、106μm、90μm,标准试验筛的质量应符合《试验筛 技术要求和检验 第1部分:金属丝编织网试验筛》(GB/T 6003.1—2012)的有关规定。盖上试验筛网盖,开动振筛机,振筛机的摇动次数为290次/min,拍击次数156次/min,振动5min,然后将试验筛从振筛机上取下,分别称出各筛网上的样品质量及托盘上留存的样品质量,精确到0.1g。若网眼被玻璃珠堵住,可用刷子从下面将其刷出,作为该筛网上筛余的样品。如果筛后玻璃珠总质量少于最初所取样品的98%,需要重新取样测试。

根据式(2-4-5),分别计算出各筛网筛余样品的质量百分比,精确到小数点后1位。

$$G = \frac{m}{M} \times 100 \tag{2-4-5}$$

式中:G——各试验筛网或托盘上筛余样品的质量百分比(%);

M——样品的总质量(g);

m——试验筛网或托盘上筛余样品的质量(g)。

根据各标准试验筛网和托盘上筛余样品的质量百分比,对照表2-4-6的规定,检查玻璃珠的粒径分布。

5. 成圆率

(1)使用满足《玻璃珠选形器》(JT/T 674—2007)要求的玻璃珠选形器进行成圆率试验。

(2)用蘸有少许工业酒精的脱脂棉球,清洁玻璃珠选形器(图2-4-15)的玻璃平板及玻璃珠收集器。

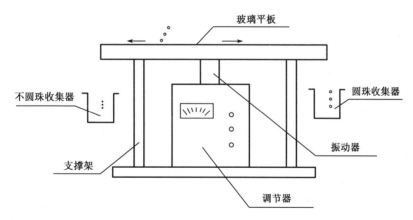

图2-4-15 玻璃珠选型器示意图

(3)从玻璃珠试样中称取约20g样品,精确到0.1g。

(4)开启玻璃珠选形器的电源开关,调节玻璃平板的斜度和振动器的振幅,使玻璃板上有缺陷的玻璃珠慢慢向上移动,而真正圆的玻璃珠向下滚动。

(5)用小勺慢慢往选形器玻璃平板上喂料,应使玻璃珠不在玻璃平板上堆积或大量滑落。所有圆珠将滚落到圆珠收集器中,而有缺陷的玻璃珠慢慢进入不圆珠收集器内,直至玻璃珠样品全部分离完毕。

(6)把收集到的圆玻璃珠和有缺陷的玻璃珠分别再通过玻璃珠选形器进行分离。直至所有的圆玻璃珠通过选形器后,没有带缺陷的玻璃珠分离出来;而所有有缺陷玻璃珠通过选形器后,没有圆玻璃珠分离出来。

(7)分别称出分离得到的所有圆玻璃珠的总质量 $N(g)$ 和有缺陷玻璃珠的总质量 $C(g)$,精确到 0.1g。

(8)玻璃珠的成圆率 P 用式(2-4-6)计算:

$$P = \frac{N}{N + C} \tag{2-4-6}$$

式中:P——成圆率(%);

　　N——圆玻璃珠的总质量(g);

　　C——有缺陷的玻璃珠的总质量(g)。

(9)按前述规定的方法,筛得一定量粒径为 850～600μm 范围的玻璃珠。称取约 20g 样品,精确到 0.1g。按前述方法测得该粒径范围玻璃珠的成圆率。

6. 密度

(1)把若干玻璃珠用蒸馏水或去离子水清洗干净,然后置于 110℃±5℃ 的烘箱内干燥 1h,取出冷却至室温(本测试工作应在 23℃±2℃ 的环境中进行)。称取约 100g 玻璃珠样品的质量 W_1,精确到 1g,待测密度。

(2)把化学纯的二甲苯倒入 100mL 量筒内,至刻度 100mL 处。称其质量 W_2,精确到 1g,然后把二甲苯从量筒内倒出来。

(3)把待测密度的、质量为 W_1 的玻璃珠样品倒入量筒内,加入二甲苯至 100mL 刻度,称其质量 W_3,精确到 1g。

(4)按式(2-4-7)计算出玻璃珠密度,精确到小数点后两位。

$$D = \frac{W_1 \cdot d}{W_1 + W_2 - W_3} \tag{2-4-7}$$

式中:D——玻璃珠的密度(g/cm³);

　　W_1——玻璃珠样品的质量(g);

　　W_2——装有 100mL 二甲苯后,量筒的质量(g);

　　W_3——加入玻璃珠样品和二甲苯至刻度 100mL 后,量筒的质量(g);

　　d——在该室温下二甲苯密度(g/cm³)。

7. 折射率

(1)把少许玻璃珠放在研钵里粉碎,然后置于载玻片上。往载玻片上滴 1～2 滴折射率与玻璃珠折射率相同或相近的浸油,使浸油完全浸没玻璃粉。

(2)把载玻片置于放大倍数为 100 倍的显微镜的载物台上,使用钠光灯作光源供给透过光线。调整显微镜的照明灯光,从下方以暗淡光线照射玻璃粉覆盖区域,将显微镜聚焦在玻璃粉上。

(3)缓慢提升显微镜镜筒,观察每颗玻璃粉周围贝克线的移动,若贝克线向玻璃粉中心方向移动,则玻璃的折射率大于浸油的折射率;若贝克线向浸油方向移动,则玻璃的折射率小于浸油的折射率。当提升或下降显微镜镜筒时,玻璃粉的轮廓呈模糊状态;当完全聚焦时,玻璃粉几乎不可见,此时玻璃的折射率与浸油的折射率相等。

8. 耐水性

称取 10.0g 玻璃珠,倒入 250mL 的锥形瓶中,然后往瓶内注入 100mL 的蒸馏水。把锥形瓶置于沸腾的水浴中加热 1h。从锥形瓶中直接观察玻璃珠表面的状态。等瓶中的水冷却至室温,用酚酞作指示剂,接着用 0.01mol/L 的盐酸溶液滴定至中性。算出所用盐酸溶液的用量(mL)。

9. 磁性颗粒含量

(1)从玻璃珠试样中称取约 200g 样品 m_1,精确到 0.01g。

(2)把载玻片置于放大倍数为 100 倍的显微镜的载物台上,使用钠光灯作光源供给透过光线。调整显微镜的照明灯光,从下方以暗淡光线照射玻璃粉覆盖区域,将显微镜聚焦在玻璃粉上。

(3)把永久磁铁安装在一框架上,如图 2-4-16 所示。在磁铁上放一块玻璃珠,组成一个磁性颗粒分选架。

(4)重复上述步骤,使玻璃珠反复通过磁性区。直至通过三次或在纸上已见不到磁性颗粒为止。称取收集到的全部磁性颗粒的质量 m_2,精确至 0.01g。

(5)玻璃珠中磁性颗粒的含量 C,用式(2-4-8)计算(结果计算至小数后两位)。

$$C = \frac{m_1}{m_2} \times 100 \quad (2\text{-}4\text{-}8)$$

式中:C——磁性颗粒含量(%);

m_1——玻璃珠样品的质量(g);

m_2——收集到的全部磁性颗粒的质量(g)。

10. 防水涂层要求

《路面标线用玻璃珠》(GB/T 24722—2009)中增加了"防水涂层要求"的检测方法,具体内容如下:

(1)从玻璃珠试样中称取约 400g 样品,将其倒入支数为 48×48、尺寸约为 450mm×250mm 的棉布袋中。将布袋浸入含有至少 4L 干净水的容器中,保持 30s 或者直到布袋完全浸没,以两者中时间长者为准。

(2)将布袋从水中取出,扭紧布袋上部将水挤出。保持布袋上部扭紧,将其悬挂,在室温保持 2h,使布袋滴干。

(3)保持时间到达 2h 后,立即松开并振动布袋,使玻璃珠与布袋松散开来。

(4)将玻璃珠倒入干净的干燥漏斗(总长 120mm,顶端内径 150mm,细管内径 6.25mm)中,观

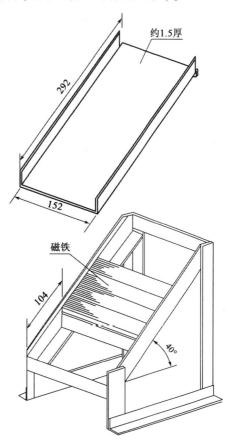

图 2-4-16 磁性颗粒分选架示意图

察玻璃珠流动状况(刚倒入玻璃珠时,如果玻璃珠阻塞了漏斗,轻敲漏斗细管引导玻璃珠开始流动)。

五、路面标线涂料产品检验规则

路面标线涂料产品检验规则包括出厂检验和型式检验两部分内容。

产品出厂前需经生产厂质检部门,按《路面标线涂料》(JT/T 280—2004)要求对除人工加速耐候性试验外的全部检验项目进行检测,合格者须附合格标志后方能出厂。

正常生产时12个月或累计生产100t时,应进行一次型式检验;产品停产达六个月后恢复生产时,出厂检验结果与上次型式检验结果有较大差异时,国家(或部)授权的质量监督机构提出进行型式检验要求时以及产品结构、材料、工艺有较大改变时,应按JT/T 280—2004的要求,对产品全项性能进行型式检验。

对每批产品进行随机抽样或依据《公路交通安全设施质量检验抽样及判定》(JT/T 495—2004)进行抽样检测。JT/T 280—2004要求的各项试验,宜抽样三个或以上。

路面标线涂料产品的各项试验,其检测频率及结果判定应符合的规定包括三方面的内容,即每项试验至少检测三个数据(宜在不同试样上进行),取其平均值为检测结果;检测数据全部符合标准要求,则判定该批产品合格;检测数据有一项不符合标准要求,抽取双倍数量的产品对该项指标进行复检,若复检合格,则判定该批产品合格,若复检不合格,则判定该批产品不合格。

六、路面标线用玻璃珠产品检验规则

按《路面标线用玻璃珠》(GB/T 24722—2009)的规定,对玻璃珠质量的检验分出厂检验和型式检验两种种形式。

每家玻璃珠生产厂在产品出厂前,应对外观要求、玻璃珠的粒径分布、成圆率以及供需双方合同规定的其他项目进行自检,以保证出厂产品质量符合标准的要求。

型式检验为每两年进行一次,新设计试制的产品,出厂检验结果与上次型式检验有较大差异时,国家质量监督机构提出型式检验时以及正式生产过程中原材料、工艺有较大改变可能影响产品性能时也应进行型式检验。

含防水涂层的玻璃珠产品型式检验项目为全部项目,不含防水涂层的玻璃珠产品型式检验项目不含防水涂层要求检测项目。

型式检验时,如有任何一项指标不符合标准要求时,则需在同批产品中重新抽取双倍试样,对该项目进行复验,复验结果仍然不合格时,则判定该型式检验为不合格,反之判定为合格。

第五章

公路安全护栏

第一节 概　　述

一、公路安全护栏的功能

公路安全护栏是一种纵向吸能结构,通过自体变形或车辆爬高来吸收碰撞能量,从而改变车辆行驶方向,阻止车辆越出路外或进入对向车道,最大限度地减少对乘员的伤害。

公路安全护栏应实现以下功能:
(1)阻止车辆越出路外或穿越中央分隔带闯入对向车道;
(2)防止车辆从护栏板下钻出或将护栏板冲断;
(3)护栏应能使车辆回复到正常行驶方向;
(4)发生碰撞时,对乘客的损伤程度最小;
(5)能诱导驾驶员的视线。

要实现上述功能,则需要护栏既要有相当高的力学强度和刚度来抵挡车辆的冲撞力,又要使其刚度不要太大,以免使乘客受到严重的伤害。

二、公路安全护栏的分类

公路安全护栏按其在公路中的纵向位置设置,可分为设置于路基上的路基护栏和设置于桥梁上的桥梁护栏;按其在公路中的横向位置,可分为路侧护栏和中央分隔带护栏;根据碰撞后的变形程度,可分为刚性护栏、半刚性护栏和柔性护栏。

其中,桥梁护栏包括纵向有效构件和纵向非有效构件两部分。纵向有效构件是桥梁护栏中能有效地阻挡失控车辆越出桥外的纵向受力构件。根据其承受碰撞载荷的大小,可分为主要纵向有效构件(如主要横梁)和次要纵向有效构件(如次要横梁)。纵向非有效构件是桥梁护栏中不考虑承受车辆碰撞载荷的纵向非受力构件。

路侧护栏是设置于公路路侧建筑限界以内的护栏,以防止失控车辆越出路外或碰撞路侧构造物和其他设施。中央分隔带护栏是设置于公路中央分隔带内的护栏,以防止失控车辆穿越中央分隔带闯入对向车道,并保护中央分隔带内的构造物。

刚性护栏是一种基本不变形的护栏结构。混凝土护栏是其主要代表形式,由一定形状的混凝土块相互连接而组成墙式结构,通过失控车辆碰撞后爬高并转向来吸收碰撞能量。

半刚性护栏是一种连续的梁柱式护栏结构,具有一定的强度和刚度。波形梁护栏是其主要代表形式,由相互拼接的波纹状钢板和立柱构成连续梁柱结构,利用土基、立柱、波纹状钢板的变形来吸收碰撞能量,并迫使失控车辆改变方向。

柔性护栏是一种具有较大缓冲能力的韧性护栏结构。缆索护栏是其主要代表形式,由数根施加初拉力的缆索固定于端柱上而组成钢缆结构,主要依靠缆索的拉应力来抵抗车辆的碰撞荷载、吸收碰撞能量。缆索护栏主要包括端部结构、中间端部结构、中间立柱、托架、索端锚具等构件。端部结构是缆索护栏的起终点锚固装置,由三角形支架、底板和混凝土基础组成;中间端部结构是连续设置缆索护栏超过一定长度时所设置的中间延长锚固装置;中间立柱是设置于端部或中间端部之间用于固定缆索的立柱;托架是安装于立柱上支撑并固定缆索的装置;索端锚具是固定于端部或中间端部用来锚碇缆索的装置。

三、公路安全护栏的防护等级

护栏标准段、护栏过渡段和中央分隔带开口护栏的防护等级按设计防护能量划分为八级,见表2-5-1。

护栏标准段、护栏过渡段和中央分隔带开口护栏的防护等级　　　　表2-5-1

防护等级	一	二	三	四	五	六	七	八
代码	C	B	A	SB	SA	SS	HB	HA
设计防护能量(kJ)	40	70	160	280	400	520	640	760

护栏端头和防撞垫的防护等级按设计防护速度划分为三级,见表2-5-2。

栏端头和防撞垫的防护等级　　　　表2-5-2

防护等级	一	二	三
代码	TB	TA	TS
设计防护速度(km/h)	60	80	100

第二节　技　术　要　求

一、波形梁钢护栏

波形梁钢护栏是目前用量最大的安全护栏形式,包括两波形梁钢护栏和三波形梁钢护栏,对应的产品标准分别是《波形梁钢护栏　第1部分:两波形梁钢护栏》(GB/T 31439.1—2015)和《波形梁钢护栏　第2部分:三波形梁钢护栏》(GB/T 31439.2—2015)。与原交通行业标准《公路波形梁钢护栏》(JT/T 280—2007)和《公路三波形梁钢护栏》(JT/T 457—2007)相比,做了较大变化,在制定国家标准时考虑了以下基本原则:

(1)尽量与现有国家或行业标准相一致;
(2)尽量与《公路交通安全设施设计细则》相一致;
(3)尽量考虑了减少收货方(国家或业主方)的风险;
(4)技术先进性与可操作性兼顾原则。

与行标相比主要区别有:
(1)标准名称不同,"公路波形梁钢护栏"变为"波形梁钢护栏",适用范围更宽;
(2)丰富了产品构成:两波形护栏增加了横隔梁、立柱加强板,三波形增加了横隔梁和加强横梁;
(3)修改了波形梁板的技术要求:增加中部连接螺孔、规定了基板最小厚度、细化了厚度检测方法、规定了不合格点的复检方法;
(4)两波形梁护栏取消了折线形护栏板和地锚式端头;
(5)增加了拼接螺栓规格、细化了检测方法、统一了夹具形式;
(6)防腐与 GB/T 18226 标准一致,充分体现环保性;
(7)与防腐涂层相对应,板和立柱的类型更多,名称更规范,按防腐形式可有 15 种;
(8)明确了立柱内涂层与外涂层有相同的技术要求;
(9)细化了检验规则:型式检验、出厂检验、批量验收检验更具体。

下面对两标准作较详细介绍。

1. 两波形梁钢护栏

1)构成

护栏由波形梁板、立柱、端头、拼接螺栓、连接螺栓、防阻块、托架、横隔梁、立柱加强板等 9 个构件组成。

2)板的分类
(1)按截面形状分为等截面和变截面护栏;
(2)按厚度分为 3mm 厚护栏和 4mm 厚护栏;
(3)按防腐层形式分为单涂层护栏和复合涂层护栏;
(4)按设置位置分为路侧护栏和中央分隔带护栏。

3)产品命名

护栏的名称由"防腐层分类名称"加"两波形梁钢护栏"组成,防腐层分类名称应符合 GB/T 18226 的规定,综合之后有 15 种名称:
(1)热浸镀锌涂层两波形梁钢护栏;
(2)热浸镀铝涂层两波形梁钢护栏;
(3)热浸镀锌铝合金涂层两波形梁钢护栏;
(4)热浸镀铝锌合金涂层波形梁钢护栏;
(5)热浸镀锌聚酯复合涂层两波形梁钢护栏;
(6)热浸镀锌浸塑复合涂层两波形梁钢护栏;
(7)热浸镀铝聚酯复合涂层两波形梁钢护栏;
(8)热浸镀铝浸塑复合涂层两波形梁钢护栏;

(9)热浸镀锌铝合金聚酯复合涂层两波形梁钢护栏;

(10)热浸镀锌铝合金浸塑复合涂层两波形梁钢护栏;

(11)热浸镀铝锌合金聚酯复合涂层两波形梁钢护栏;

(12)热浸镀铝锌合金浸塑复合涂层两波形梁钢护栏;

(13)环氧锌基聚酯复合涂层两波形梁钢护栏;

(14)达克罗涂层拼接(连接)螺栓;

(15)粉镀锌涂层拼接(连接)螺栓。

4)产品型号规格

为了便于订货或使用方便,每个构件的不同规格都规定了唯一的型号,只要说出型号,产品的规格就确定了,例如4mm的BB04板就是2820×310×85×4的调节板。产品的型号规格按构件列表归纳如表2-5-3~表2-5-9所示。

(1)护栏板

护栏板型号规格(单位:mm)　　　　　表2-5-3

波形形状	截面状况	型 号	规格(板长×板宽×波高×板厚)	用途
圆弧形	等截面	DB01	4320×310×85×3(4)	标准板
		DB02	3820×310×85×3(4)	调节板
		DB03	3320×310×85×3(4)	调节板
		DB04	2820×310×85×3(4)	调节板
		DB05	2320×310×85×3(4)	调节板
	变截面	BB01	4320×310×85×3(4)	标准板
		BB02	3820×310×85×3(4)	调节板
		BB03	3320×310×85×3(4)	调节板
		BB04	2820×310×85×3(4)	调节板
		BB05	2320×310×85×3(4)	调节板

注:1.等截面板的各个部位横断面尺寸相同;变截面板是等截面板的一端再进行压弯,板和板拼接时变截面一端在后面,拼接处迎交通面平整,更有利于整体美观和安全。

2.标准板是指安装中使用的标准长度的板;调节板是指安装中以分配方法处理间距零头的板。

(2)立柱

立柱型号规格(单位:mm)　　　　　表2-5-4

品 名	型 号	规 格
钢管立柱	G-T	$\phi 114\times 4.5$
	G-F	$\phi 140\times 4.5$
立柱加强板		310×200×10

(3)防阻块

防阻块型号规格(单位:mm)　　　　　　　　　　表2-5-5

品　名	型　号	规　格	备　注
防阻块	F	178×200×4.5	与φ140钢管立柱配合使用

(4)托架

托架型号规格(单位:mm)　　　　　　　　　　表2-5-6

品　名	型　号	规　格	备　注
托架	T	300×70×4.5 $R=57$	与φ114钢管立柱配合使用

(5)端头

端头型号规格(单位:mm)　　　　　　　　　　表2-5-7

品　名	型　号	规　格
端头	D-Ⅰ	R-160
	D-Ⅱ	R-250
	D-Ⅲ	R-350

注:各种端头的半径R,可根据公路几何线形作适当调整。

(6)拼接螺栓

拼接螺栓型号规格(单位:mm)　　　　　　　　　　表2-5-8

品　名	型　号	规　格	用　途
拼接螺栓	JⅠ-1	M16×35	用于壁厚3.0波形梁板的拼接
	JⅠ-2	M16×38	用于壁厚4.0波形梁板的拼接
	JⅠ-3	M16×45	用于使用防盗螺栓进行波形梁板的拼接
螺母	JⅠ-4	M16	用于波形梁板的拼接
垫圈	JⅠ-5	φ35×4	

(7)连接螺栓

连接螺栓型号规格(单位:mm)　　　　　　　　　　表2-5-9

品　名	型　号	规　格	用　途
连接螺栓	JⅡ-1	M16×45	用于波形梁板与防阻块的连接
	JⅡ-2	M16×170	用于防阻块与φ140钢管立柱的连接
	JⅡ-3	M16×140	用于托架与φ114钢管立柱的连接
螺母	JⅡ-4	M16	与连接螺栓配套使用
垫圈	JⅡ-5	φ35×4	
横梁垫片	JⅡ-6	76×44×4	遮挡波形梁板的连接螺孔

(8)横隔梁

横隔梁是新增的构件其结构尺寸如图2-5-1所示,实物图如图2-5-2所示,型号规格如

表 2-5-10 所示。

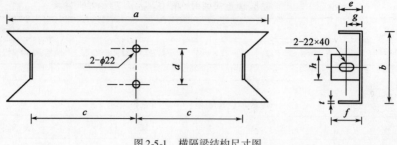

图 2-5-1 横隔梁结构尺寸图

图 2-5-2 横隔梁实物图

横隔梁型号规格(单位:mm)　　　　　　　　　　　　　表 2-5-10

品　名	型　号	规　格	备　注
横隔梁	H-I	730×200×50×4.5	用于中央分隔带组合型波形梁钢护栏
	H-II	980×200×50×4.5	

5)技术要求

两波形梁钢护栏是标准的交通安全产品,如前所述,其通用要求包括外观质量、外形尺寸及允差偏差、材料要求(含力学性能和化学成分)、加工成型要求、防腐层质量等五项。

(1)外观质量

①波形梁钢护栏外观质量分黑色构件和防腐处理后成品两部分。冷弯黑色构件表面应无裂纹、气泡、折叠、夹杂和端面分层等缺陷,但允许有不大于公称厚度10%的轻微凹坑、凸起、压痕、擦伤。表面缺陷可用修磨方法清理,其整形深度不大于公称厚度的10%;成品后的产品外观应符合GB/T 18226的要求。

②波形梁板构件应无明显扭转、变形,纵横切断面及螺孔边缘应做倒角处理,过渡圆滑,无卷沿、飞边和毛刺。

(2)外形尺寸与允许偏差

①护栏板防腐处理前横截面公称尺寸及允许偏差应符合表2-5-11的规定。其中板的展开宽度尺寸应满足481mm±1mm;3.0mm厚或4.0mm厚波形梁板,防腐处理后成型护栏板基板的实测最小厚度应分别不小于2.95mm或3.95mm,平均厚度应分别不小于3.0mm和

4.0mm,θ 应不大于10°。

护栏板防腐处理前截面处理前横截面公称尺寸及允许偏差　　　　表2-5-11

类别	参数												剖面
	B (mm)	H (mm)	t (mm)	h_1 (mm)	h_2 (mm)	h_3 (mm)	E (mm)	r_1 (mm)	r_2 (mm)	r_3 (mm)	α (°)	β (°)	θ (°)	
DB类	310^{+5}_{0}	85^{+3}_{0}	$3^{+0.18}_{0}$ / $4^{+0.22}_{0}$	83^{+2}_{-2}	42	—	14	24	24	10	55	55	10	Ⅲ-Ⅲ
DB类	310^{+5}_{0}	85^{+3}_{0}	$3^{+0.18}_{0}$ / $4^{+0.22}_{0}$	83^{+2}_{-2}	39	—	14	24	24	10	55	55	10	Ⅳ-Ⅳ
BB类	310^{+5}_{0}	85^{+3}_{0}	$3^{+0.18}_{0}$ / $4^{+0.22}_{0}$	83^{+2}_{-2}	39	—	14	24	24	10	55	55	10	Ⅰ-Ⅰ
BB类	305.4 / 302.1	85	$3^{+0.18}_{0}$ / $4^{+0.22}_{0}$	83	37.7 / 37.3	—	14	21 / 20	27 / 28	7 / 6	55	55	10	Ⅱ-Ⅱ

②端头厚度允差要求与护栏板一致,即不允许负公差。

③立柱、防阻块、托架、横隔梁偏差只限制下偏差,不限制上偏差。

④护栏构件螺孔尺寸的要求:小于或等于20mm的为(-0,+1)mm,大于20mm的为(-0.5,+1)mm。

⑤外形要求各构件成形后的外形要求如下:

a. 波形梁板:波形梁板完整,不得焊接加长。

b. 立柱:立柱应无明显的扭转,应无焊接加长,端部毛刺应清除。

c. 防阻块:防阻块应无明显的扭转;端面切口应平直,毛刺应清除;防阻块焊缝应光滑平整,焊缝位置应位于任一无螺孔的平面上。

d. 托架:托架的外形应无明显的扭转;端面的切口应平直,毛刺应清除。

e. 横隔梁:横隔梁外形应无明显的扭转;端面切口应平直,毛刺应清除。

f. 端头:端头外形应无明显的扭转;切口应垂直,其垂直度公差应不超过30′,端部毛刺应清除;曲线部分应圆滑平顺。

(3)材料要求

①波形梁板、立柱、端头、防阻块、托架、横隔梁、加强板等所用基底金属材质应为碳素结构钢,其力学性能及化学成分指标应不低于GB/T 700规定的Q235牌号钢的要求。主要力学性能考核指标为下屈服强度不小于235MPa、抗拉强度不小于375MPa、断后伸长率不小于26%。

②连接螺栓、螺母、垫圈、横梁垫片等所用基底金属材质为碳素结构钢,其力学性能的主要考核指标为抗拉强度R_m,R_m不小于375MPa。

③拼接螺栓应为高强度拼接螺栓,其螺栓、螺母、垫圈应选用优质碳素结构钢或合金结构钢制造,其化学成分及力学性能应符合GB/T 699或GB/T 3077的规定。

④高强度拼接螺栓连接副螺杆公称直径为16mm,拼接螺栓连接副整体抗拉荷载不小于133kN。

(4)加工成型要求

①波形梁板宜采用连续辊压成型。

②对于变截面波形梁板采用液压冷弯成型或模压成型时,每块波形梁板应一次压制完成,不应分段压制。采用连续辊压成形的等截面波形梁板加工成变截面板时,应采用液压冷弯成形。

③波形梁板上的螺栓孔应定位准确,每一端部的所有拼接螺孔应一次冲孔完成。

④钢护栏端头应采用模压成形。

⑤安装于曲线半径小于70m路段的钢护栏,其波形梁板应根据曲线半径的大小加工成相应的弧线形。

(5)防腐层质量

①护栏的所有构件均应进行防腐处理,其防腐层要求应符合GB/T 18226规定。

②对于圆管立柱产品,其内壁防腐质量要求应不低于外壁防腐质量要求。

③采用热浸镀锌、热浸镀锌铝合金、热浸镀铝锌合金方法进行防腐处理时,镀层的均匀度应满足:平均厚度与最小厚度之差应不大于平均厚度的25%;最大厚度与平均厚度之差应不大于平均厚度的40%;其他要求应符合GB/T 18226的规定。

(6)标志、包装、运输与储存要求

护栏的包装、标志和储运涉及护栏产品的质量,特别是一些非金属涂层,更应特别重视,否则,出厂时合格的产品,到了工地后的涂层已经破损成为不合格品了。因此,标准做了较为详细的规定,这部分也是技术要求的一部分。标准要求如下:

①每片波形梁板均应在其两端分别标明生产厂名(或厂标)、生产年月等标志,其位置在距端部400mm的波形梁板横截面正中处。并在波形梁板中部以钢印、刻蚀或其他难以抹除的方式标明生产厂名。

②波形梁板、立柱等构件的包装和标志应符合GB/T 6725的规定。护栏不得散装交货,且应保证在吊装、运输、堆放过程中不应使产品变形、损坏(伤)。

③拼接螺栓连接副的包装和标志应参照GB/T 1231规定执行。其他紧固件的包装和标志参照相关标准的规定执行。

④批量生产的护栏产品应码放整齐、高度适当,便于检验抽样,见图2-5-3和图2-5-4。

图2-5-3　正确的码放

图2-5-4　不正确的码放

⑤护栏产品在运输过程中应适当包装并固定牢靠,防止因颠簸碰撞损坏涂层或使构件变形。

⑥护栏产品应采用吊装方式装卸,禁止直接从运输工具上推下。
⑦护栏产品应储存于通风、干燥、无酸碱及腐蚀性气体的空间内。

2. 三波形梁钢护栏

三波形梁护栏产品的现行标准是《波形梁钢护栏 第2部分:三波形梁钢护栏》(GB/T 31439.2—2015),其内容与两波形梁钢护栏基本一致,这里仅叙述不同部分。

1) 构成

三波形梁钢护栏由三波形梁板、三波形梁背板、过渡板、立柱、防阻块、横隔梁、端头、拼接螺栓、连接螺栓、加强横梁等构件组成。

2) 板的分类

(1) 按厚度分为3mm厚护栏和4mm厚护栏;

(2) 按防腐层形式分为单涂层护栏和复合涂层护栏;

(3) 按设置位置分为路测护栏和中央分隔带护栏。

3) 立柱的分类

标准中没有对立柱进行分类,实际上立柱分为钢(圆)管立柱、方管立柱、H型钢立柱三种。

4) 产品命名

护栏的名称由"防腐层分类名称"加"三波形梁钢护栏"组成,防腐层分类名称应符合GB/T 18226的规定,综合之后有15种名称,参见两波形梁钢护栏。

5) 产品型号规格

三波形梁钢护栏产品的型号规格按构件列表归纳如下:

(1) 三波形梁板

三波形梁板采用750mm宽的薄钢板连续辊压成型,其尺寸规格应符合表2-5-12的规定。

三波形梁板尺寸规格(单位:mm)   表2-5-12

构件名称	型号	规格 (板长×板宽×波高×板厚)	用途
三波形梁板	RTB01-1	4320×506×85×3(4)	方管立柱用板
	RTB01-2	4320×506×85×3(4)	钢管立柱或H型钢立柱用板
	RTB02-1	3320×506×85×3(4)	方管立柱用板
	RTB02-2	3320×506×85×3(4)	钢管立柱或H型钢立柱用板
	RTB03-1	2320×506×85×3(4)	方管立柱用板
	RTB03-2	2320×506×85×3(4)	钢管立柱或H型钢立柱用板

(2) 三波形梁背板

三波形梁背板用于三波形梁钢护栏板的中部与立柱连接处,起加强作用,其断面同三波形梁板,其尺寸规格应符合表2-5-13的规定。

三波形梁背板尺寸规格(单位:mm)　　　　　　　　　表 2-5-13

品　名	型　号	规格 (板长×板宽×波高×板厚×螺孔数)	用　途
三波形梁背板	RTSB01	320×506×85×3(4)×2	方管立柱用板
	RTSB02	320×506×85×3(4)×4	钢管立柱或 H 型钢立柱用板

(3)过渡板

过渡板用于三波形梁护栏与两波形梁护栏之间连接过渡,其尺寸规格应符合表 2-5-14 的规定。

过渡板尺寸规格(单位:mm)　　　　　　　　　　表 2-5-14

品　名	型　号	规　格	用　途
过渡板	TR01	4000×130×130×6	用于两波形梁板与钢管立柱、方管立柱的三波形梁板过渡
	TR02	2000×150×100	用于两波形梁板与 H 型钢立柱的三波形梁板过渡

(4)立柱

立柱分为钢管立柱、方管立柱和 H 型钢立柱三种,其尺寸规格应符合表 2-5-15 的规定。

立柱尺寸规格(单位:mm)　　　　　　　　　　　表 2-5-15

品　名	型　号	规　格
立柱	PSP	φ140×4.5(钢管截面外径×壁厚)
	PST	130×130×6(方管截面外边长×外边长×壁厚)
	PHS	150×100(H 型钢截面高×宽)

(5)防阻块

三波形梁钢护栏的防阻块按照与不同了立柱分为六种,圆管一种;方管有三种,其中 BFⅠ与 BFⅡ的主要区别是前者可将立柱封闭,后者立柱开放可以再增加加强隔梁;H 型钢立柱的防阻块有两种。防阻块的尺寸规格应符合表 2-5-16 的规定。

防阻块尺寸规格(单位:mm)　　　　　　　　　　表 2-5-16

品　名	型　号	规　格	用途
防阻块	BG	178×400×4.5(长×高×厚)	用于钢管立柱
	BFⅠ	200×(66+300)×256×4.5(高×长×连接部位高×厚)	用于方管立柱
	BFⅡ	200×(66+300)×256×4.5(高×长×连接部位高×厚)	用于方管立柱
	BFⅢ	200×(66+350)×256×4.5(高×长×连接部位高×厚)	用于方管立柱
	BHⅠ	554×150×100(长×H 型钢高×H 型钢宽)	用于 H 型钢立柱
	BHⅡ	554×350×100(长×H 型钢高×H 型钢宽)	用于 H 型钢立柱

(6)横隔梁

横隔梁用于连接中央分隔带立柱与两侧的护栏,尺寸规格应符合表 2-5-17 的规定。

横隔梁尺寸规格(单位:mm)　　　　　　　　　　表 2-5-17

品　名	型　号	规　格	用　途
横隔梁	CBP	974×325×290×4.5	与方管立柱配合使用

(7)端头

护栏端头起缓冲作用,按外形结构分为 A、B 两种类型,尺寸规格应符合表 2-5-18 的规定。

端头尺寸规格(单位:mm)　　　　表 2-5-18

品　　名	型　　号	规　　格
A 型端头	DR1	R-160
B 型端头	DR2	R-250
	DR3	R-350

注:各种端头的半径 R,可根据公路几何线形作适当调整。

(8)拼接螺栓

拼接螺栓用于板与板的拼接,其尺寸规格应符合表 2-5-19 的规定。

拼接螺栓尺寸规格(单位:mm)　　　　表 2-5-19

品　　名	型　　号	规　　格	用　　途
拼接螺栓	JI-1	M16×35	用于波形梁板的拼接
	JI-2	M16×38	
	JI-3	M16×45	
螺母	JI-4	M16	
垫圈	JI-5	φ35×4	

(9)连接螺栓

连接螺栓用于防阻块与立柱、防阻块与板的连接,其尺寸规格应符合表 2-5-20 的规定。

连接螺栓尺寸规格(单位:mm)　　　　表 2-5-20

品　　名	型　　号	规　　格	用　　途
连接螺栓	JII-1	M16(20)×45	用于波形梁板与防阻块的连接
	JII-2	M16(20)×170	用于防阻块与钢管和方管立柱连接
	JII-3	M16(20)×140	用于防阻块与 H 型钢立柱连接
螺母	JII-4	M16	与连接螺栓配套使用
		M20	
垫圈	JII-5	φ35×4	
横梁垫片	JII-6	76×44×4	遮挡波形梁板的连接螺孔

注:括号中的数字与 M20 螺母匹配。

(10)加强横梁

加强横梁由横梁、T 形立柱、套管组成,用于加强护栏结构的上部,起增强护栏整体防护能力作用,其尺寸规格应符合表 2-5-21 的规定。

加强横梁尺寸规格(单位:mm)　　　　表 2-5-21

品　　名	型　　号	规格(外径×壁厚×长度)
加强横梁	SPB01	φ89×5.5×2994
	SPB02	φ89×5.5×3994

6）技术要求

（1）外观质量

三波形梁钢护栏产品的外观质量要求同两波形梁钢护栏，不再赘述。

（2）外形尺寸与允许偏差

① 三波形梁板

三波形梁板的外形及标注符号见图 2-5-5 和图 2-5-6，其防腐处理前横截面公称尺寸及允许偏差应符合表 2-5-22 的规定。板的展开宽度 750mm ± 1mm，3.0mm 厚和 4.0mm 厚三波形梁板，防腐处理后成型护栏板基板的实测最小厚度应分别不小于 2.95mm 和 3.95mm，平均厚度分别不小于 3.0mm 和 4.0mm，θ 应不大于 10°。

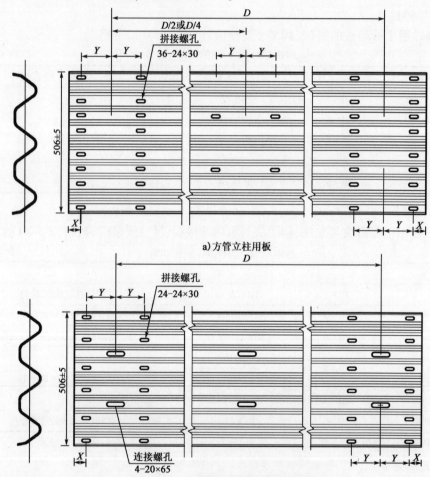

a）方管立柱用板

b）钢管立柱或H型钢立柱用板

图 2-5-5　三波形梁板（尺寸单位：mm）

三波形梁板防腐处理前横截面公称尺寸及允许偏差　　表 2-5-22

B (mm)	H (mm)	t (mm)	h_1 (mm)	h_2 (mm)	C (mm)	E (mm)	r_1 (mm)	r_2 (mm)	r_3 (mm)	α (°)	β (°)	θ (°)
506^{+5}_{-5}	85^{+3}_{0}	$3^{+不限定}_{-0}$ $4^{+不限定}_{-0}$	83^{+2}_{-2}	42	194^{+2}_{-2}	14	24	24	10	55	55	10

注：波形梁板的长度负偏差不超过 1‰，正偏差不作限定。

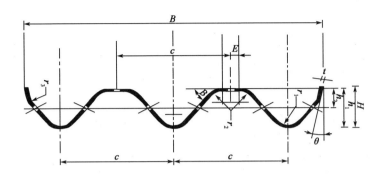

图 2-5-6 三波形梁板断面图

②三波形梁背板

a. 三波形梁背板的外形及标注符号见图 2-5-7,其断面及螺孔的公称尺寸及允许偏差同三波形梁板,其板长为320mm,不允许负偏差。

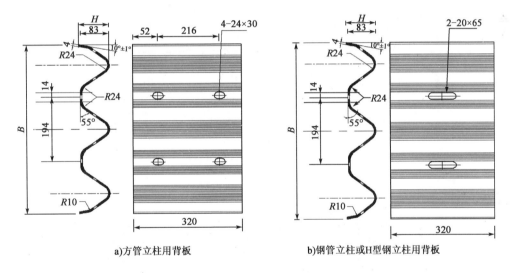

a)方管立柱用背板　　　　b)钢管立柱或H型钢立柱用背板

图 2-5-7 三波形梁背板(尺寸单位:mm)

b. 三波形梁背板的其他允许偏差要求同三波形梁板。

③过渡板

a. 过渡板外形及标注符号见图 2-5-8 和图 2-5-9,其尺寸及允许偏差应符合表 2-5-23 的规定。

过渡板尺寸及允许偏差(单位:mm)　　　　表 2-5-23

品名	B_1	B_2	t	L	D	X_1	X_2	Y_1	Y_2
过渡板	506^{+5}_{-5}	310^{+5}_{0}	$4^{+不限定}_{-0}$	$3^{+0.18}_{0}$	4320^{+3}_{-2}	4000^{+2}_{-2}	$52^{+3.2}_{-5}$	$50^{+3.2}_{-5}$	108^{+1}_{-1}	100^{+1}_{-1}
					2310^{+3}_{-2}	2000^{+2}_{-2}				

b. 过渡板的其他允许偏差要求同三波形梁板。

④立柱

a. 立柱宜采用钢管立柱、方管立柱与 H 型钢立柱,立柱定尺长度应符合 JTG/T D81—

2006 规定或按设计图确定。

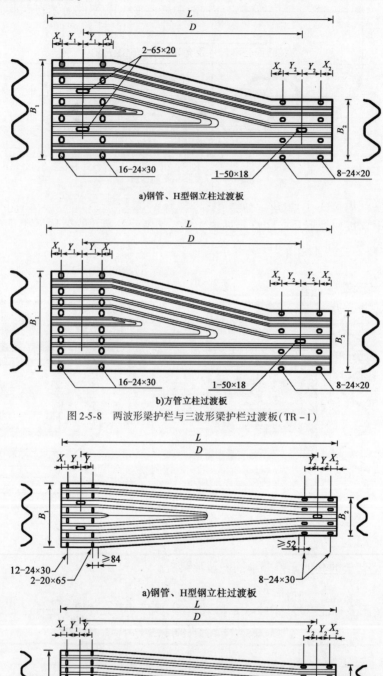

a)钢管、H型钢立柱过渡板

b)方管立柱过渡板

图 2-5-8　两波形梁护栏与三波形梁护栏过渡板(TR-1)

a)钢管、H型钢立柱过渡板

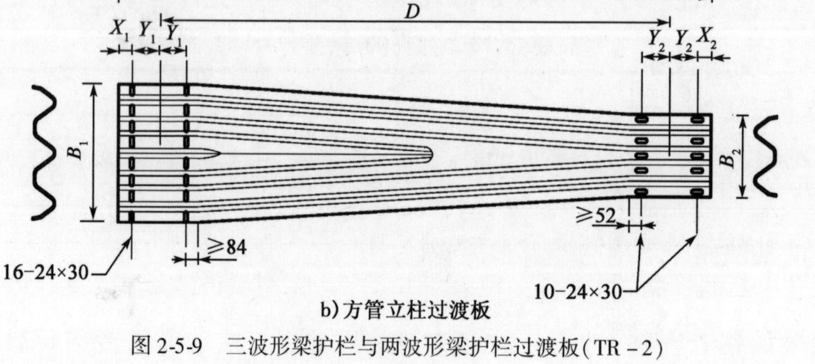

b)方管立柱过渡板

图 2-5-9　三波形梁护栏与两波形梁护栏过渡板(TR-2)

b. 钢管立柱断面形状、尺寸及标注符号见图 2-5-10,立柱断面公称尺寸及允许偏差应符合表 2-5-24 的规定,单根钢管立柱壁厚防腐处理前最低厚度为 4.25mm,多根立柱基底壁厚平均值不小于 4.5mm。

立柱断面公称尺寸及允许偏差(单位:mm)　　　　表 2-5-24

品名	类别	公称尺寸及允许偏差					
		D	ϕ	t	h_1	h_2	L
立柱	钢管	$140^{+1.4}_{-1.4}$	18^{+1}_{0}	$4.5^{+不限定}_{-0.25}$	256^{+3}_{-3}	10	L_0^{+10}

c. 钢管立柱防阻块定位螺孔位置 h_1 及允许偏差应符合图 2-5-10 和表 2-5-23 的规定。

d. 方管立柱断面形状、防阻块定位螺孔位置 h_1、尺寸见图 2-5-11,立柱断面公称尺寸及允许偏差应符合表 2-5-25 的规定,方管立柱的壁厚防腐处理前为 6mm。

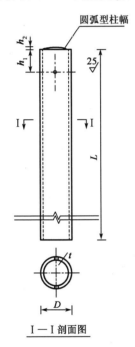

图 2-5-10　钢管立柱(尺寸单位:mm)

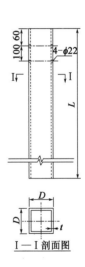

图 2-5-11　方管立柱(尺寸单位:mm)

主柱断面公称尺寸及允许偏差(单位:mm)　　　　表 2-5-25

品名	类别	公称尺寸及允许偏差					
		D	h_1	h_2	ϕ	t	L
立柱	方管	$130^{+1.0}_{-1.0}$	60	100	22^{+1}_{0}	$6^{+不限定}_{-0.8}$	L_0^{+10}

e. H 型钢立柱断面形状、防阻块定位螺孔位置 h_2、尺寸见图 2-5-12,立柱断面公称尺寸及允许偏差应符合表 2-5-26 的规定。

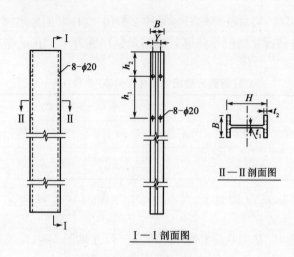

图 2-5-12 H 型钢立柱(尺寸单位:mm)

立柱断面公称尺寸及允许偏差(单位:mm)　　表 2-5-26

品名	类别	公称尺寸及允许偏差							
		h_1	h_2	Y	B	H	t_1	t_2	L
立柱	H 型钢	256^{+2}_{-2}	149^{+2}_{-2}	60^{+1}_{-1}	100^{+3}_{-3}	150^{+3}_{-3}	$4.5^{+不限定}_{-0.8}$	$6.0^{+不限定}_{-0.8}$	L^{+10}_{0}

⑤防阻块

三波形梁钢护栏的防阻块从外形看,依据与立柱的配合形式分为钢管立柱用、方管立柱用、H 型钢立柱用三种类型,钢管立柱用防阻块与两波形梁护栏外形及断面尺寸一样,高度是其两倍,即 400mm;方管立柱防阻块分为封闭可开放式两种,开放式分为标准(300)和加长(350)两种;H 型钢立柱防阻块分为标准宽(150)和加宽(350)两种,用于 H 型钢立柱与 BH 型防阻块连接的两个螺栓(JII-3),应两边上下交错布置,较低的一个位于交通流上游,用于三波形梁板与 H 型钢防阻块连接的一个螺栓(JII-1)。

三波形梁钢护栏的防阻块的尺寸及允差主要有:长、宽、高、螺孔尺寸及定位距、钢板厚度等,详见标准。

⑥横隔梁

横隔梁主要用于中央分隔带,用一根立柱支撑两块护栏板,外形类似两个方管立柱防阻块对接在一起,外形及标注符号见图 2-5-13,其公称尺寸及允许偏差应符合表 2-5-27 所示的规定。

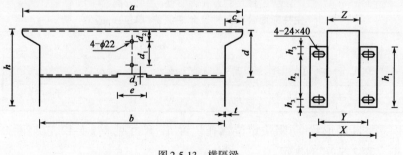

图 2-5-13 横隔梁

横隔梁公称尺寸及允许偏差(单位:mm)　　　　　表 2-5-27

型号	公称尺寸及允许偏差															
	a	b	c	d	d_1	d_2	d_3	e	h	h_1	h_2	h_3	X	Y	Z	t
HG	974	822	76	200	100^{+1}_{-1}	60	10	140	325	256	194^{+2}_{-2}	31	290	216^{+2}_{-2}	142	$4.5^{+不限定}_{-0.3}$

⑦端头

a. A 型端头、B 型端头的外形分别见图 2-5-14 和图 2-5-15,其公称尺寸及允许偏差应符合表 2-5-28 的规定。

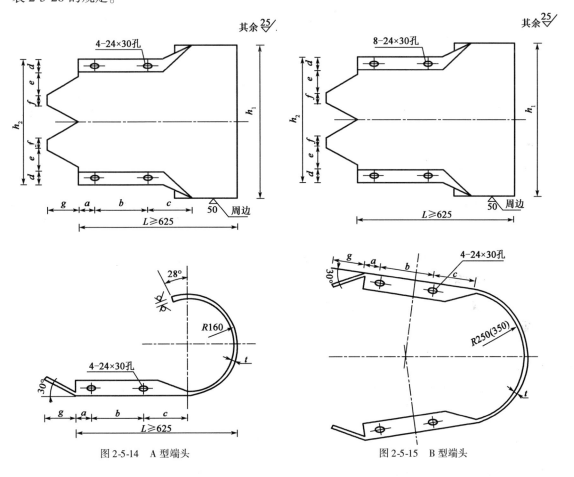

图 2-5-14　A 型端头　　　　　图 2-5-15　B 型端头

端头公称尺寸及允许偏差(单位:mm)　　　　　表 2-5-28

品名	型号	公称尺寸及允许偏差										
		a	b	c	d	e	f	g	R	h_1	h_2	t
A 型端头	DR1	$50^{+3.2}_{-5}$	216^{+2}_{-2}	190	45	87.5	45^{+1}_{-2}	130	160	610^{+5}_{-5}	506^{+5}_{-5}	4
B 型端头	DR2	$50^{+3.2}_{-5}$	216^{+2}_{-2}	190	45	87.5	45^{+1}_{-2}	130	250	610^{+5}_{-5}	506^{+5}_{-5}	4
	DR3								350			

b. 端头基底金属的公称厚度为 4mm,其厚度的允许偏差同三波形梁板要求一致。

⑧拼接螺栓和连接螺栓

拼接螺栓和连接螺栓与两波形梁钢护栏相同,详见标准。

⑨加强横梁

加强横梁是国家标准新增部件,其结构和外形尺寸见图 2-5-16。

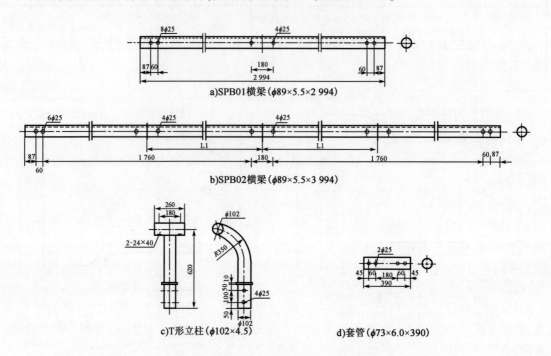

图 2-5-16　加强横梁(单位尺寸:mm)

(3)断面及弯曲度

①构件断面要求:各构件外形应无明显的扭转;切口应垂直,边缘及端部毛刺应清除,切口垂直度公差:立柱不大于 1°,其他构件不大于 30′。

②弯曲度:波形梁板应不大于 1.5mm/m、立柱 2.0mm/m,总弯曲度:波形梁板不大于定尺长度的 0.15%、立柱 0.20%。

(4)材料要求

除增加加强横梁的上部横梁和套管应为热轧无缝钢管,T 形立柱可为普通碳素结构钢有缝钢管外,其他同两波型钢护栏。

(5)其他要求

加工成型要求、防腐层质量和标志、包装、运输与储存等与两波型钢护栏相同。

二、混凝土护栏

1.混凝土护栏的类型

混凝土护栏按其安装位置、防护等级、构造形式、基础处理方式等进行分类,见表 2-5-29,具体要求可参见《公路交通安全设施设计细则》(JTG/T D81—2017)。

混凝土护栏分类表　　　　　　　　　　　　　　表 2-5-29

安装位置	防护等级(代码)	构造形式		基础处理方式
路侧	三(A)、四(SB)、五(SA)、六(SS)、七(HB)、八(HA)	F型、单坡型、加强型		座椅方式
				桩基方式
中央分隔带	三(Am)、四(SBm)、五(SAm)、六(SSm)、七(HBm)、八(HAm)	整体式	F型、单坡型、加强型	直接支承在土基上
	三(A)、四(SB)、五(SA)、六(SS)、七(HB)、八(HA)	分离式		设置枕梁和支撑块

2. 混凝土护栏质量要求

(1) 构造尺寸

F型、单坡型、加强型混凝土护栏的构造尺寸参见《公路交通安全设施设计细则》(JTG/T D81—2017)。

(2) 外观质量

《公路工程质量检验评定标准 第一册 土建工程》(JTG F80/1—2017)规定的外观质量要求为:混凝土护栏表面的蜂窝、麻面、裂缝、脱皮等缺陷面积不得超过该面面积的 0.5%;深度不得超过 10mm;混凝土护栏块件的损边、掉角长度每处不得超过 20mm;护栏线形应无凹凸、起伏现象。

《公路工程竣(交)工验收办法实施细则》(交公路发〔2010〕65 号)规定的外观质量要求为:混凝土护栏预制块不得有断裂现象;掉边、掉角长度每处不得超过 2cm;混凝土表面蜂窝、麻面、裂缝、脱皮等缺陷面积不超过该构件面积的 0.5%。

(3) 实测项目

《公路工程质量检验评定标准 第一册 土建工程》(JTG F80/1—2017)、《公路工程竣(交)工验收办法实施细则》(交公路发〔2010〕65 号)规定的混凝土护栏实测项目见表 2-5-30。

混凝土护栏实测项目　　　　　　　　　　　　　　表 2-5-30

项次	检查项目		规定值或允许偏差	标准/文件
1	护栏断面尺寸(mm)	高度	±10	JTG F80/1—2017 交公路发〔2010〕65 号
		顶宽	±5	
		底宽	±5	
2	钢筋骨架尺寸(mm)		满足设计要求	JTG F80/1—2017
3	横向偏位(mm)		±20 或满足设计要求	JTG F80/1—2017
4	基础厚度(mm)		+10% H	JTG F80/1—2017
5	护栏混凝土强度(MPa)		满足设计要求	JTG F80/1—2017 交公路发〔2010〕65 号
6	混凝土护栏块件之间的错位(mm)		≤5	JTG F80/1—2017

注:H 为基础的设计厚度;混凝土强度等级应通过设计计算确定,高速公路、一级公路混凝土强度等级不应低于 C30 要求。

三、缆索护栏

缆索护栏是柔性护栏的主要代表形式,对应的产品标准是《缆索护栏》(JT/T 895—2014)。

1. 组成

缆索护栏由端部立柱、中间端部立柱、中间立柱、托架、钢丝绳、索端锚具(包含连接杆、索端夹头、夹头螺母和楔子)、夹扣等构件组成,见图2-5-17。

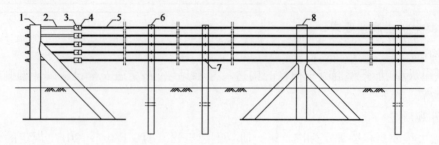

图2-5-17 缆索护栏结构示意图

说明:

1-端部立柱;2-连接杆;3-夹头螺母;4-索端夹头;5-钢丝绳;6-中间立柱;7-夹扣;8-中间端部立柱。

2. 结构尺寸及分类

1)端部立柱和中间端部立柱

端部立柱由直柱、斜撑、底板和连接杆套管部件组成,按连接杆套管根数分为DⅠ型和DⅡ型,外形及标注符号见图2-5-18,其结构尺寸及允许偏差应符合表2-5-31的规定。

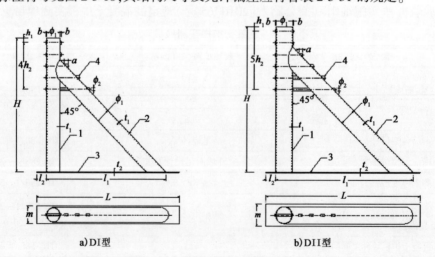

a) DⅠ型　　　　b) DⅡ型

图2-5-18 端部立柱结构图

说明:

1-端部立柱直柱;2-端部立柱斜撑;3-端部立柱底板;4-端部立柱连接杆套管。

端部立柱结构尺寸和允许偏差（单位：mm）　　　　表 2-5-31

代　号		H	h_1	h_2	ϕ_1	ϕ_2	a	b
公称尺寸及允许偏差	DI 型	1500 ± 10	50 ± 1	130 ± 1	168 ± 1.68	32 ± 0.5	45 ± 1	10 ± 1
	DII 型	1630 ± 10			194 ± 1.94			
代　号		L	l_1	l_2	m	t_1	t_2	—
公称尺寸及允许偏差	DI 型	1700 ± 10	1420 ± 10	120 ± 1	200 ± 2	5.0 ± 0.5	6 ± 0.5	
	DII 型	1800 ± 10	1600 ± 10		250 ± 2			

中间端部立柱由直柱、斜撑、底板和连接杆套管部件组成，按连接杆套管根数分为 ZDI 型和 ZDII 型，外形及标注符号见图 2-5-19，其结构尺寸及允许偏差应符合表 2-5-32 的规定。

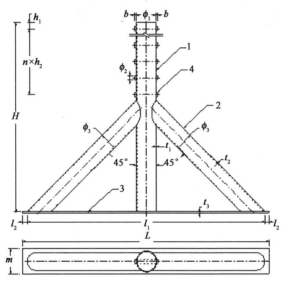

图 2-5-19　中间端部立柱结构图

说明：
1-中间端部立柱直柱；2-中间端部立柱斜撑；3-中间端部立柱底板；4-中间端部立柱连接杆套管。

中间端部立柱结构尺寸和允许偏差（单位：mm）　　　　表 2-5-32

代　号		n	H	h_1	h_2	ϕ_1	ϕ_2	ϕ_3	b
公称尺寸及允许偏差	ZDI 型	4	1500 ± 10	50 ± 1	130 ± 1	168 ± 1.68	32 ± 0.5	140 ± 1.4	10 ± 1
	ZDII 型	5	1630 ± 10						
代　号		L	l_1	l_2	m	t_1	t_2	t_3	—
公称尺寸及允许偏差		2000 ± 10	1930 ± 10	35 ± 1	200 ± 2	5.0 ± 0.5	4.5 ± 0.45	6.0 ± 0.5	

2）中间立柱

中间立柱按螺孔位置分为 ZI 型和 ZII 型，外形及标注符号见图 2-5-20，其结构尺寸及允许偏差应符合表 2-5-33 的规定。

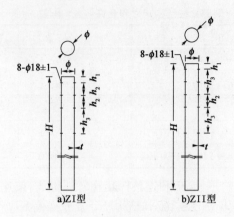

图 2-5-20 中间立柱结构图(尺寸单位:mm)

中间立柱结构尺寸和允许偏差(单位:mm)　　　　表 2-5-33

代　号	ϕ	h_1	h_2	h_3	t
公称尺寸及允许偏差	140±1.4	50±1	130±1	260±2	4.5±0.45

定尺长度 H 应符合《公路交通安全设施设计细则》(JTG/T D81—2017)和设计文件的规定,其允许偏差为 ±10mm。

3)托架

托架按截面形式分为 V 型和 R 型。V 型托架按长度分为 VI 型和 VII 型,外形及标注符号见图 2-5-21,其结构尺寸及允许偏差应符合表 2-5-34 的规定。R 型托架按长度分为 RI 型和 RII 型,外形及标注符号见图 2-5-22,其结构尺寸及允许偏差应符合表 2-5-35 的规定。

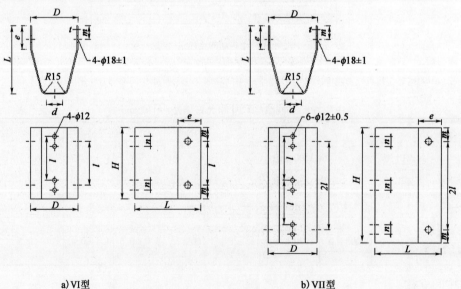

a) VI型　　　　　　　　　　　　b) VII型

图 2-5-21 V 型托架结构图(尺寸单位:mm)

V型托架结构尺寸和允许偏差（单位:mm） 表 2-5-34

代　号		H	L	D	e	d	l	m	n	t
公称尺寸及允许偏差	VI 型	210 ± 2	200 ± 2	147 ± 5	70 ± 2	50 ± 1	130 ± 1	40 ± 1	29 ± 1	3 ± 0.16
	VII 型	340 ± 3								

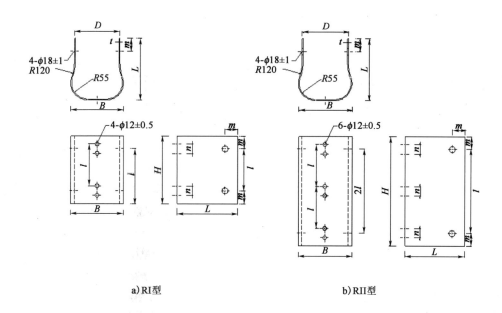

a) RI 型　　　　　　　　　　　　　　b) RII 型

图 2-5-22　R 型托架结构图(尺寸单位:mm)

R型托架结构尺寸和允许偏差（单位:mm） 表 2-5-35

代　号		H	L	D	l	m	n	t
公称尺寸及允许偏差	RI 型	210 ± 2	192 ± 2	148 ± 5	130 ± 1	40 ± 1	29 ± 1	3.2 ± 0.17
	RII 型	340 ± 3						

4）索端锚具和夹扣

索端锚具由连接杆、索端夹头、夹头螺母和楔子组成。连接杆的外形及标注符号见图 2-5-23,其结构尺寸及允许偏差应符合表 2-5-36 的规定。连接杆的定尺长度 B 应根据设计图纸进行确定,安装完成后连接杆外露部分长度应满足养护施工要求。

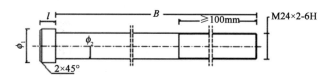

图 2-5-23　连接杆结构图

连接杆结构尺寸和允许偏差(单位:mm)　　　　　表 2-5-36

代　号	B	ϕ_1	ϕ_2	l
公称尺寸及允许偏差	920±5 850±5 720±5 600±5 500±5	32±1	24±0.5	15±0.5

索端夹头的外形及标注符号见图 2-5-24,其结构尺寸及允许偏差应符合表 2-5-37 的规定。

索端夹头结构尺寸和允许偏差(单位:mm)　　　　　表 2-5-37

代　号	ϕ_1	ϕ_2	d_1	d_2	a
公称尺寸及允许偏差	48±1	40±1	19.5±0.5	22.5±0.5	11±0.5
代　号	L	l_1	l_2	l_3	e
公称尺寸及允许偏差	110±2	30±1	6±0.5	25±0.5	2±0.2

夹头螺母的外形及标注符号见图 2-5-25,其结构尺寸及允许偏差应符合表 2-5-38 的规定。

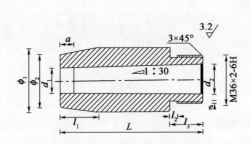
图 2-5-24　索端夹头结构图

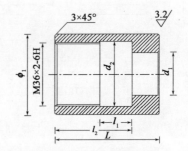
图 2-5-25　夹头螺母结构图

夹头螺母结构尺寸和允许偏差(单位:mm)　　　　　表 2-5-38

代　号	ϕ_1	d_1	d_2	L	l_1	l_2
公称尺寸及允许偏差	48±1	25±1	38±0.5	60±1	18±0.5	44±1

楔子的外形及标注符号见图 2-5-26,其结构尺寸及允许偏差应符合表 2-5-39 的规定。楔子端部圆锥角度为 9°±1°。

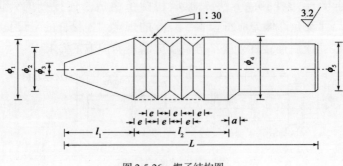
图 2-5-26　楔子结构图

楔子结构尺寸和允许偏差（单位：mm）　　　　　表 2-5-39

代　号	ϕ_1	ϕ_2	ϕ_3	ϕ_4	ϕ_5
公称尺寸及允许偏差	15±0.5	11±0.5	3±0.1	15.8±0.5	12±0.5
代　号	L	l_1	l_2	a	e
公称尺寸及允许偏差	65±1	18±0.5	24±0.5	3±0.1	3±0.1

夹扣的外形及标注符号见图 2-5-27，其结构尺寸及允许偏差应符合表 2-5-40 的规定。

夹扣结构尺寸和允许偏差（单位：mm）　　　　　表 2-5-40

代　号	B	l_1	l_2	ϕ
公称尺寸及允许偏差	30±1	20±0.5	30±0.5	10±0.2

5）钢丝绳

钢丝绳的外形及标注符号见图 2-5-28，其结构尺寸及允许偏差应符合表 2-5-41 的规定。钢丝绳的其他结构尺寸要求应符合《公路护栏用镀锌钢丝绳》（GB/T 25833—2010）的规定。

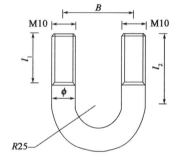
图 2-5-27　夹扣结构图（尺寸单位：mm）

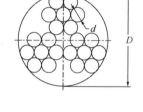
图 2-5-28　钢丝绳结构图

钢丝绳结构尺寸和允许偏差（单位：mm）　　　　　表 2-5-41

代　号	D	d
公称尺寸及允许偏差	$18^{+0.9}_{0}$	2.86±0.08

3. 技术要求

1）材料要求

（1）端部立柱、中间端部立柱、中间立柱、托架、楔子、夹扣所用基底金属材质可选用普通碳素结构钢，其力学性能及化学成分指标应不低于《碳素结构钢》（GB/T 700—2006）规定的 Q235 钢的要求。

（2）连接杆、索端夹头、夹头螺母及与其相连的紧固件所用基底金属材质应选用优质碳素结构钢，其力学性能及化学成分指标应不低于《优质碳素结构钢》（GB/T 699—2015）规定的 45 号钢的要求。

（3）用于托架与立柱连接的连接螺栓、螺母、垫圈等所用基底金属材质可选用普通碳素结构钢，其力学性能应不低于《碳素结构钢》（GB/T 700—2006）规定的 Q235 钢的要求。

（4）制钢丝绳所用钢丝的力学性能应符合《公路护栏用镀锌钢丝绳》（GB/T 25833—2010）的规定，抗拉强度应不小于 1570MPa。

(5)3×7类直径φ18的钢丝绳的破断拉力应不小于170kN。

2)加工要求

(1)端部立柱和中间端部立柱的直柱、斜撑、底板和连接杆套管不得有明显扭转,直柱不得焊接加长。各部件之间焊缝应光滑平整,焊接牢固,焊缝不得相互交叉。直柱与斜撑的轴线、各连接杆套管的轴线应在同一平面上。直柱端面切口应垂直,垂直度偏差不得超过1°。

(2)中间立柱不得焊接加长。焊缝与立柱连接孔不得相互交叉。弯曲度每米不得大于1.5mm,总弯曲度不得大于定尺长度的0.15%。端面切口应垂直,垂直度偏差不得超过1°。

(3)托架应冷弯或冲压成型,不得焊接拼接。托架不得有明显扭转。托架端面切口应平直、无毛刺。

(4)钢丝绳锚固装置可选用其他形式的索端锚具,索端锚具锚固钢丝绳后,整体破断拉力应不低于相连钢丝绳的最小破断拉力。

(5)缆索护栏使用3×7类钢丝绳。即三个圆股,每股外层六根钢丝,中心钢丝外捻制一层钢丝,钢丝等捻距。钢丝绳捻制质量应符合《公路护栏用镀锌钢丝绳》(GB/T 25833—2010)的规定。

3)外观质量及防腐处理

(1)护栏的所有构件均应进行防腐处理,带螺纹的构件宜采用热浸镀锌防腐处理。

(2)钢丝镀锌层质量应符合《公路护栏用镀锌钢丝绳》(GB/T 25833—2010)的规定。其他构件采用热浸镀锌方法进行防腐处理时,镀锌层厚度和镀锌层质量应符合表2-5-42的规定,镀锌层附着性能、耐盐雾性能等应符合《公路交通工程钢构件防腐技术条件》(GB/T 18226—2015)的规定。

镀锌层厚度要求　　　　表2-5-42

构件名称	平均镀锌层厚度(μm)	平均镀锌层质量(g/m²)
端部立柱、中间端部立柱、中间立柱	84	600
托架、索端锚具等连接件	49	350
钢丝绳中的钢丝	—	230

(3)采用涂塑层的方式进行防腐处理时,护栏的所有构件均应先进行金属涂层防腐处理。采用热浸镀铝、涂塑等防腐处理的,其防腐层应符合《公路交通工程钢构件防腐技术条件》(GB/T 18226—2015)的规定。

(4)连接杆、索端夹头、夹头螺母和夹扣带螺纹部分进行涂层处理后,应不影响安装。

第三节　生产及施工工艺

一、波形梁护栏的生产工艺

波形梁钢护栏与三波形梁钢护栏的生产工艺要求类似,本节主要以波形梁钢护栏为例,对波形梁护栏的生产工艺加以说明。

1. 波形梁钢护栏板的机械加工

波形梁钢护栏板的机械加工工艺有两种，一种是连续辊压成型，另一种是液压冷弯成型。一般宜采用连续辊压成型。目前全国的生产厂家也以连续辊压成型为主。

(1) 连续辊压成型工艺

连续辊压成型工艺主要由纵剪、成形、冲孔、剪切四个部分组成。纵剪一般是一个独立的加工工艺，它要求剪切整齐，飞边毛刺要清除。

目前我国护栏产品生产线以全部国产。

生产线又分两种情况，一种专用于生产波形梁，另一种既能生产波形梁又能生产焊接钢管的焊管机组。为了连续化生产，一般采用先成型后冲孔的方法，在线加工时，将护栏的头尾共18个孔或20个孔一次加工出来，成形后再剪切成一块块波形梁。

一些老的生产线大部分采用先成型后冲孔方法，它采用斜面一次冲孔技术，孔位准确。这种工艺一般将波形梁按块冲孔，有的厂家是两端一次冲孔，也有的厂家是一次先冲一端，然后再冲另一端。后一种工艺的问题是：如果冲第二端时以第二端的端口为定位基准，其中间间距会受波形梁板长度的影响，如果以第一端的连接孔为定位基准，一般4m(2m)中心间距控制较好。先成型后冲孔对冲孔的模具有一定的要求，否则冲孔后会导致波形梁两端有张口变形现象。4m(2m)中心间距的变化、两端孔位的准确度和两端的开口变形对护栏的安装将造成一定的影响。

先冲孔后成型这种工艺没有斜面冲孔问题，所以较为容易，如果将冲孔、成型、剪切连在一起也可实现流水线自动化作业。这种工艺的问题是：它要求每个环节的尺寸应准确控制，否则其尺寸公差将带至下一工序。如果波形梁板纵剪有偏差或轧辊有磨损，最终将导致产品两端的孔眼整体偏移或连接孔不正；剪切工序，目前一般有飞锯剪切和液压冲剪两种。飞锯剪切噪声较大，飞边毛刺较多；液压冲剪钢板边缘比较整齐。

(2) 液压冷弯成型工艺

液压冷弯成型也由纵剪、成型、冲孔、剪切四个工序组成。各个工序的排列顺序及由此所引起的问题与连续辊压成型相同，只是其成型工序过程不同。液压冷弯成型采用非纵向渐变的液压成型方式，对基体金属有无影响暂且不考虑，由于各钢板生产厂所供应的板材质量不一样，钢板的内应力及反弹性能各有区别，成型后及热浸镀锌后波形梁的变化应引起注意。

2. 防阻块、立柱及端头的制作

防阻块采用钢板冷弯成型，对焊接处应打磨成光滑表面。立柱应采用冷弯成型制作。端头应采用模压成型。

3. 高强螺栓的制作

高强螺栓的头部成型，可采用冷加工，或采用热加工。采用辊压成型螺纹，并经盐浴炉或辊底炉进行淬火，淬火温度宜选择在860~880℃之间，硝盐炉回火(340~380℃)处理，以提高其强度和硬度。

为了增强高强螺栓连接件的防锈能力和改善螺栓与螺母之间的润滑状态，对其表面应做好润滑处理。

垫圈的制造是将母材冲压出外形,之后冲孔,然后锻平,并进行研磨,最后通过热处理获得成品。

4. 护栏产品的防腐处理工艺流程

护栏产品的防腐处理方法主要有热浸镀锌、热浸镀铝、热浸镀锌(铝)后涂塑。其中热浸镀锌使用方法较广,其工艺流程:

酸洗→水洗→碱洗→水洗→稀盐酸处理→助镀→热浸镀→冷却。

近些年随着对防腐处理要求的提高,采用双涂层防腐成为主流,其主要方法在镀锌基础上采用静电喷涂或流化床浸塑工艺增加一层高分子材料,隔离了外部环境对内部金属的侵蚀作用,阻止了原电池的产生,一种绿色环保生产线的主要工艺流程:

抛丸→水洗→助镀→热浸镀→冷却→助镀→预热→静电喷涂或流化床浸塑→加热流平→固化→冷却。

图 2-5-29 和图 2-5-30 是典型的涂装设备。

图 2-5-29 抛丸设备

图 2-5-30 高分子涂层生产线设备

二、公路安全护栏的施工工艺

1. 波形梁护栏的施工工艺

(1)立柱放样

应根据设计文件进行立柱放样,并以桥梁、通道、涵洞、隧道、中央分隔带开口、紧急电话开口、互通式立体交叉等控制立柱的位置,进行测距定位。

立柱放样时可利用调节板调节间距,并利用分配方法处理间距零头数。

应调查立柱所在处是否存在地下管线、排水管等设施,或构造物顶部埋土深度不足的情况。

(2)立柱安装

立柱安装应与设计文件相符,并与公路线形相协调。

位于土基中的立柱,可以采用打入法、挖埋法或钻孔法施工。立柱高程应符合设计要求,并不得损坏立柱端部。

采用打入法打入过深时,不得将立柱部分拔出加以矫正,必须将其全部拔出,将基础压实后重新打入。立柱无法打入到要求深度时,严禁将立柱地面以上部分焊割、钻孔,不得使用锯短的立柱。采用挖埋施工时,回填土应采用良好的材料并分层夯实,回填土的压实度不应小于设计值。填石路基中的柱坑,应用粒料回填并夯实。采用钻孔法施工时,立柱定位后应用与路基相同的材料回填,并分层夯填密实。

在铺有路面的路段设置立柱时,柱坑从路基至面层以下5cm处应采用与路基相同的材料回填并分层夯实,余下的部分应采用与路面相同的材料回填并压实。

位于石方区的立柱,应根据设计文件的要求设置混凝土基础。位于小桥、通道、明涵等混凝土基础中的立柱,可设置在预埋的套筒内,通过灌注砂浆或混凝土固定,或通过地脚螺栓与桥梁护轮带基础相连。

立柱安装就位后,其水平方向和竖直方向应形成平顺的线形。护栏渐变段及端部的立柱,应按设计规定的坐标进行安装。

(3)防阻块、托架、横隔梁安装

防阻块和托架应通过连接螺栓固定在护栏板和立柱之间,在拧紧连接螺栓前应调整防阻块、托架使其准确就位。防撞等级为SA、SAm和SS的波形梁护栏在安装防阻块时,应同时安装上层立柱,线形应与下层立柱相同。

设有横隔梁的中央分隔带护栏,应在立柱准确定位后安装横隔梁。在护栏板安装前,横隔梁与立柱间的连接螺栓不应过早拧紧。

(4)横梁安装

护栏板应通过拼接螺栓相互连接成纵向横梁,并由连接螺栓固定于防阻块、托架或横隔梁上。护栏板拼接方向应与行车方向一致,如图2-5-31所示,拼接螺栓必须采用高强螺栓。

防撞等级为SA、SAm和SS的波形梁护栏通过螺栓将上层横梁与上层立柱加以连接。

立柱间距不规则时,可利用调节板进行调节,不得采用现场切割护栏板的方法。

图2-5-31 护栏板拼接方向示意图

所有的连接螺栓和拼接螺栓应在护栏的线形达到规定要求时才能拧紧。终拧扭矩应符合表2-5-43的规定。

波形梁护栏板连接螺栓和拼接螺栓的终拧扭矩规定值　　表2-5-43

螺栓类型	螺栓直径(mm)	扭矩值(N·m)
普通螺栓	M16	60～68
	M20	95～102
	M22	163～170
高强螺栓		315～430

(5)端头安装

各类护栏端头应通过拼接螺栓与护栏板牢固连接,拼接螺栓必须采用高强螺栓。防撞等级为SA、SAm和SS的波形梁护栏上横梁必须按设计文件的规定进行端部的处理。

2.混凝土护栏的施工工艺要求

混凝土护栏的施工除应符合现行《公路桥涵施工技术规范》(JTG/T F50—2011)的规定外,还应满足下列要求。

(1)应根据现场条件确定并核对混凝土护栏的设置位置,确定控制点,检测基础承载力是否达到设计的要求。

(2)现场浇筑混凝土护栏。

采用固定模板法施工时,模板宜采用钢模板,钢模板的厚度不应小于4mm。

浇筑混凝土之前,应按设计文件的要求绑扎钢筋及预埋件。钢模板涂脱模剂后,可浇筑混凝土。

混凝土浇筑前的温度应维持在10~32℃之间。

采用滑动模板法施工时,滑模机的施工速度应根据旋转搅拌车、混凝土卸载速度以及成型断面的大小决定,可采用0.5~0.7m/min。混凝土振捣由设置在滑模机上的液压振动器完成,振动器应能根据混凝土的坍落度无级调速,一边振动一边前进。振动器的数量可根据混凝土护栏断面形状,配置5根左右。

两处伸缩缝之间的混凝土护栏必须一次浇筑完成,伸缩缝应与水平面垂直,宽度应符合设计文件的规定,伸缩缝内不得连浆。

混凝土初凝后,严禁振动模板,预埋钢筋不得承受外力。

应根据气温和混凝土强度确定拆模时间,一般可在混凝土终凝后3~5天拆除混凝土护栏侧模。拆模时不应损坏混凝土护栏的边角,并应保持模板的完好状况。

假缝可在混凝土护栏拆除模板后,按设计文件要求的间距和规格采用切割机切开,并应保证断面光滑、平整。

(3)预制混凝土护栏

预制混凝土护栏的施工场地应平整、坚实、排水良好、交通方便。应采用钢模板,模板长度应根据吊装和运输条件确定,宜采用固定的规格。每块预制混凝土护栏必须一次浇筑完成。

拆模时间应根据气温和混凝土强度确定,拆模时混凝土强度不应低于设计强度的70%。拆模时不应损坏混凝土护栏的边角,并应保持模板完好。

在起吊、运输和堆放过程中,不得损坏混凝土护栏构件的边角,否则在安装就位后,应采用高于混凝土护栏强度的材料及时修补。

混凝土护栏的安装应从一端逐步向前推进,护栏的线形应与公路的平、纵线形相协调。

中央分隔带混凝土护栏在超高路段,应按设计文件要求处理好排水问题。

3.缆索护栏的施工工艺要求

(1)放样

应根据现场桥梁、涵洞、通道、路线交叉、隧道等的分布确定控制立柱的位置,并测定控制立柱之间的间距,据此调整端部立柱、中间端部立柱、中间立柱的设置位置。

应调查立柱下是否存在地下管线、构造物等设施,并进行适当处理。

(2)端部立柱和中间端部立柱的设置

应根据设计文件的要求,将立柱、斜撑及底板焊接成牢固的三角形支架。应根据最终确定的立柱位置开挖基坑、浇筑混凝土基础,到达规定的高程时,应对三角形支架进行准确定位。基础开挖、地基检验、地基处理及混凝土的浇筑应符合《公路桥涵施工技术规范》(JTG/T F50—2011)的规定。

位于桥梁、涵洞、通道、挡土墙等构造物处的端部立柱和中间端部立柱,应根据设计文件的要求进行基础预埋。

(3) 中间立柱的设置

中间立柱应定位准确,纵向和横向位置与公路线形一致。

位于土基中的中间立柱,可采用打入法、挖埋法或钻孔法施工。立柱高程应符合设计要求,并不得损坏立柱端部。位于混凝土基础中的中间立柱,可设置在预埋的套筒内,通过灌注砂浆或混凝土固定,或通过地脚螺栓与桥梁护轮带基础相连。

(4) 托架安装

中间立柱或中间端部立柱上的托架,应按设计文件规定的托架编号和组合正确安装。

(5) 架设缆索

缆索应在端部立柱和中间端部立柱的混凝土基础达到设计强度的 80% 以上时架设。缆索应支放在立柱的内侧,通过中间支架向另一端滚放。严禁在路面上长距离拖拽缆索。

可用楔子固定或注入合金的方法将一端的缆索锚固在索端锚具上,如图 2-5-32 所示。

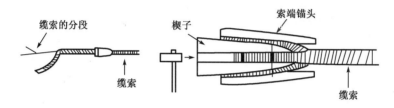

图 2-5-32　缆索的分股和楔子锚固

应在另一端部立柱或中间端部立柱上设置倒链滑车或杠杆式倒链张紧器将缆索临时拉紧,如图 2-5-33 所示。B 级和 A 级缆索护栏的初拉力应为 20kN,其他等级缆索护栏的初拉力应符合设计文件的规定。

应根据索端锚具的规格,切断多余的缆索,如图 2-5-34 所示。缆索切断面应垂直整齐,不得松散,可用楔子固定或注入合金的方法锚固在索端锚头上。

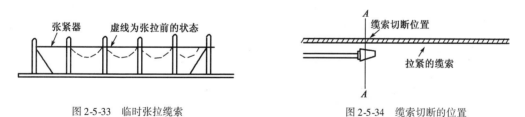

图 2-5-33　临时张拉缆索　　　　　　图 2-5-34　缆索切断的位置

索端锚具安装到端部立柱或中间端部立柱后,可卸除临时张拉力。缆索应按从上向下的顺序架设。缆索调整完毕后,应拧紧各中间立柱、中间端部立柱托架上的索夹螺栓。

第四节　检 测 方 法

一、波形梁护栏产品检验方法

波形梁护栏产品的检测主要涉及外观质量、外形尺寸及允差、基材的化学成分及机械性能、防腐层质量四部分内容。

1. 外观质量

外观分为黑件和防腐涂层,主要方法:目测及手感检查,辅助必要的量具测量凹坑、凸起、压痕、擦伤等缺陷。

2. 外形尺寸与允许偏差

主要测量项目有波形梁板的展开宽度、定尺长度、板宽、基底金属厚度、螺孔尺寸等。用到的测量器具主要有游标卡尺、板厚千分尺、卷尺、角尺、磁性测厚仪等。

外形尺寸与允许偏差测量仪器见图 2-5-35。

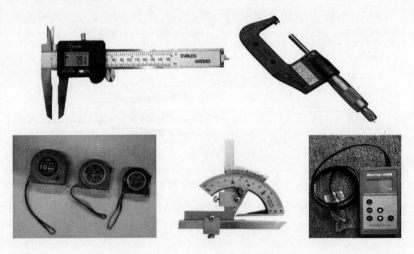

图 2-5-35　外形尺寸与允许偏差测量仪器

主要方法有:

(1)护栏波形梁板和立柱构件的长度用精度 A 级、分辨力 0.5mm 的 5m 钢卷尺沿纵向不同部位测量三次,取平均值作为测量结果。

(2)波形梁板宽度及其他构件的尺寸精度 A 级、分辨力 0.5mm 的 1m 钢卷尺在不同部位测量三次,取平均值作为测量结果。

(3)成型后波形梁板的展开宽度在板的三个不同部位用细钢丝分别测量板正反两面的轮廓长度,取六个数的算术平均值作为测量结果。

(4)护栏立柱的直径或边长用精度 0.02mm 的游标卡尺在立柱的上中下三个部位测量三次,取平均值作为测量结果。

(5)护栏构件金属基板的厚度用精度 0.01mm 的板厚千分尺或螺旋测微计测量三次,取平均值作为测量结果。测量部位和次数有特殊规定的按特殊规定执行。当测量厚度大于允差的上限时按合格判定。

(6)构件上孔的尺寸是指防腐处理前的尺寸,一般用精度 0.02mm 的游标卡尺测量,防腐处理后的测量,应减去防腐层的厚度。

(7)钢管立柱防阻块的尺寸可用投影法将轮廓用细笔划在一张白纸上后,再测量有关尺寸和角度。

（8）板的波高及其他参数，在一级平台（在工程现场可用不小于10mm厚的平整钢板）上用靠尺、钢板尺、万能角尺、游标卡尺、塞尺、刀口尺等量具、样板按常规方法进行。

（9）波形梁板厚度。

①防腐处理前的护栏板基底金属厚度用四点法（板两侧各两个点）测量，测量点应满足：切边钢带（包括连轧钢板）在距纵边不小于25mm处测量，不切边钢带（包括连轧钢板）在距纵边不小于40mm处测量。切边单轧钢板在距边部（纵边和横边）不小于25mm处测量，不切边单轧钢板的测量部位由供需双方协商。

②防腐处理后的护栏板基底金属厚度用四点法（板两端各一个点，板两侧各一个点）测量，测量点应按照图2-5-36标示的位置选取，位置均在距边部50mm处。用板厚千分尺也可用分辨率不低于壁厚千分尺的超声波测厚仪测量。

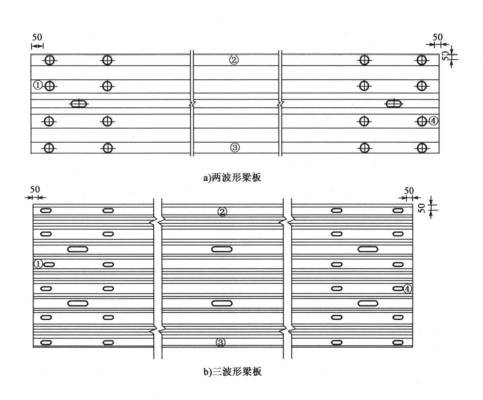

图2-5-36 测量点位置（尺寸单位：mm）

③防腐处理后的护栏板基底金属厚度如有且仅有一个测量点不符合最小厚度要求时，以测量点为中心划十字线，沿十字线方向距该测量点25mm处取四点对该项指标进行复验（图2-5-37），四点中任意一点的复验结果仍然不合格时，则判定该护栏板基底金属厚度不合格；四点的复验结果均合格时，判定该护栏板基底金属厚度合格。

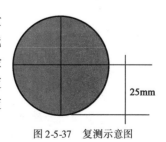

图2-5-37 复测示意图

3. 材料要求

1)力学

(1)对于护栏供方提供的原材料及出厂检验证书等资料采用目测核对方法逐项核对。

(2)对于基底金属材料的屈服强度、抗拉强度和断后伸长率按《金属材料 拉伸试验 第1部分:室温试验方法》(GB/T 228.1—2010)规定的B法执行,应力速率控制为15MPa/s。当无明显屈服点时,取规定塑性延伸强度$R_{p0.2}$为参考屈服强度,并在试验报告中注明。

(3)对于基底金属材料的耐弯曲性能按《金属材料 弯曲试验方法》(GB/T 232—2010)规定执行。

(4)对于基底金属材料的化学成分按《碳素钢和中低合金钢 多元素含量的测定 火花放电原子发射光谱法(常规法)》(GB/T 4336—2016)的规定执行。

(5)对于拼接螺栓连接副的抗拉荷载试验按《波形钢护栏 第1部分:两波形梁钢护栏》(GB/T 31439.1—2015)附录A执行。主要方法是用图2-5-38所示的专用夹具将装配好试件夹持到试验机上,试验机设定为恒位移控制,横梁位移速率为3mm/min,对试件进行抗拉荷载试验。

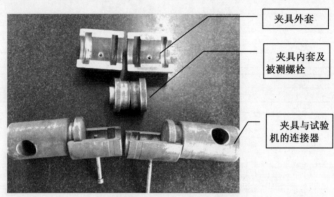

图 2-5-38　螺栓专用夹具图

(6)对于连接螺栓连接副的抗拉强度可按上述方法得到最大抗拉荷载后除以螺杆的标称面积为测量结果,当有争议时用标准哑铃型圆棒以《金属材料 拉伸试验 第1部分:室温试验方法》(GB/T 228.1—2010)规定的B法为仲裁方法。

(7)其他紧固件的试验方法按相关标准的规定执行。

2)化学成分

化学成分主要测量五大元素C、Mn、Si、S、P的含量,试用的仪器设备是只读光谱分析仪,采用的方法是《碳素钢和中低合金钢 多元素含量的测定 火花放电原子发射光谱法(常规法)》(GB/T 4336—2016)。实际工程中还是用力学指标检验材料的性能。

4. 防腐层质量

防腐层质量按照《公路交通工程钢构件防腐技术条件》(GB/T 18826—2015)执行,详见第一篇第六章。

5. 几点提示

1)金属单涂层厚度的测量细则

(1)测点数量:波形梁板测18个点,三个断面,每断面3点,双面共18点;立柱、防阻块、托架测内外各 5 个点,共 10 个点;拼接螺栓:螺栓螺头、螺母外侧、垫圈平面部分处各测试 3 点,共 9 点。

(2)测量结果:按部件取测点的算术平均值为构件涂层厚度的测量结果。

(3)结果判定。

①镀锌:

板及立柱平均≥84μm 为合格,取消了最低≥61μm,用均匀性限定最低厚度;

螺栓平均≥49μm 为合格。

②镀铝:

板及立柱平均≥44μm 为合格;

螺栓平均≥41μm 为合格。

③防阻块、托架、横隔梁、端头等其他构件与板和立柱相同。

2)双涂层厚度的测量细则

(1)测点数量:同金属单涂层。

(2)测量结果:同金属单涂层。

(3)结果判定。

①板及立柱内涂层平均镀锌层≥39μm 为合格;镀铝平均厚度≥23μm 为合格;锌铝合金(铝锌合金)平均厚度≥45μm 为合格;

②螺栓内涂层平均镀锌层≥17μm 为合格;镀铝≥23μm 为合格;锌铝合金(铝锌合金)平均厚度≥35μm 为合格;

③外涂层:聚酯涂层≥76μm 为合格。内涂层为镀锌、镀铝涂层时,聚乙烯、聚氯乙烯涂层≥0.25mm 为合格;内涂层为锌铝合金(铝锌合金)涂层时,聚乙烯、聚氯乙烯涂层≥0.15mm 为合格。

3)锤击法测金属涂层附着性要点

(1)打击间隔:4mm 的间隔平行打击 5 点(镀锌、镀铝)。

(2)位置:打击点应离端部 10mm 以外,同一点不得打击两次。对于螺栓等小构件,在螺栓螺头、螺母外侧、垫圈平面部分处各打击 1 点。

(3)判定:不剥离,不凸起为合格。

4)聚酯涂层划格法测附着性要点(厚度小于 0.125mm)

(1)工具:单刃切割刀具、宽 25mm 的胶粘带,见图 2-5-39。

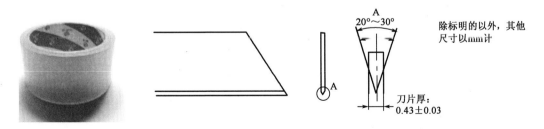

图 2-5-39 划格法用工具图

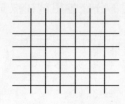

图 2-5-40 划格试验图

(2)划网格:用单刃切割刀具间隔 2mm 划透涂层,见图 2-5-40。

(3)用胶带粘贴后,至少进行 3 个不同位置的拉剥试验,如果 3 次结果不一致,在 3 个以上不同的位置重复上述试验,对于螺栓,测试位置在螺头部位,每个螺栓只测试一个位置。

(4)结果判定。

附着等级分为 0、1、2、3、4、5 六各等级。0 级最好,详见表 2-5-44。

附着等级判定表　　　表 2-5-44

分级	说　明	发生脱落的十字交叉切割区的表面外观
0	切割边缘完全平滑,无一格脱落	—
1	在切口交叉处有少许涂层脱落,但交叉切割面积受影响不能明显大于 5%	
2	在切口交叉处和/或沿切口边缘有涂层脱落,受影响的交叉切割面积明显大于 5%,但不能明显大于 15%	
3	涂层沿切割边缘部分或全部以大碎片脱落,和/或在格子不同部位上部分或全部剥落,受影响的交叉切割面积明显大于 15%,但不能明显大于 35%	
4	涂层沿切割边缘大碎片剥落,和/或一些方格部分或全部出现脱落,受影响的交叉切割面积明显大于 35%,但不能明显大于 65%	
5	剥落的程度超过 4 级	

二、波形梁护栏产品检验规则

波形梁护栏经型式检验后才可批量生产,型式检验项目应包括产品标准的所有技术内容,产品经经出厂检验后并附有质量合格证方可出厂交货,出厂检验项目按标准要求,需方有权按本标准的规定进行抽检和验收。

波形梁板、立柱等应成批检查,每批应由同一基底材料、同一规格尺寸、同一表面处理的产品组成,批量大小依据检验类型确定,检验类型有型式检验、出厂检验、验收检验、监督检验。护栏板、立柱、防阻块、连接副等部件的抽样、判定按《公路交通安全设施质量检验抽方法》(JT/T 495—2014)规定进行。

三、混凝土护栏检验方法

混凝土护栏的检测主要涉及外观质量、实测项目两部分内容。

1. 外观质量

外观质量的检测主要采用目测与手感相结合的方法,必要时辅以适当的工具,如直尺或卡尺等进行测量。检测时应注意取样的代表性和均匀性,检测结果应能反映混凝土护栏的整体质量。

2. 实测项目

用直尺、钢卷尺测量除护栏混凝土强度以外的项目。施工质量检验时,护栏混凝土强度按现行《公路工程质量检验评定标准 第一册 土建工程》(JTG F80/1—2017)附录 D 规定的方法进行测量。交工前质量检测时,用回弹仪或超声波测量,每处不少于 2 个测区,测区总数不少于 10 个。

四、缆索护栏产品检验方法

缆索护栏产品的检测主要涉及外形尺寸、基材的化学成分及机械性能、钢丝绳锚固装置整体破断拉力和防腐层质量四方面的内容。

1. 外形尺寸

钢丝绳外形尺寸测量按《公路护栏用镀锌钢丝绳》(GB/T 25833—2010)执行。其他构件采用量具按常规方法进行。

2. 基材的化学成分及机械性能

护栏构件的基底材料力学性能或(和)化学分析试验,试验方法按《金属材料 拉伸试验 第 1 部分:室温试验方法》(GB/T 228.1—2010),以及现行《钢铁及合金化学分析方法》(GB/T 223)执行。紧固件的试验方法按《钢结构用高强度大六角头螺栓、大六角螺母、垫圈技术条件》(GB/T 1231—2006)执行。钢丝绳的试验方法按《公路护栏用镀锌钢丝绳》(GB/T 25833—2010)执行。

3. 钢丝绳锚固装置整体破断拉力

钢丝绳锚固装置整体破断拉力按《公路护栏用镀锌钢丝绳》(GB/T 25833—2010)中钢丝绳整体破断拉力试验方法执行。

4. 防腐层质量

钢丝镀锌层质量按《公路护栏用镀锌钢丝绳》(GB/T 25833—2010)执行。护栏其他构件防腐层质量按《公路交通工程钢构件防腐技术条件》(GB/T 18226—2015)执行。

第六章 隔离设施

第一节 概 述

隔离设施包括隔离栅和防落网。隔离栅是设置于公路沿线两侧,阻止人、动物进入公路或沿线其他禁入区域,防止非法侵占公路用地的设施。防落网包括防落物网和防落石网,防落物网是设置于公路桥梁两侧防止抛扔的物品、杂物或运输散落物进入桥梁下铁路、通航河流或交通量较大的公路的设施;防落石网是设置于公路路堑边坡防止落石进入公路建筑界限内的柔性防护设施。

一、隔离设施的分类

隔离设施按用途不同可分为隔离栅和防落网两类。

隔离设施按构造形式可分为隔离栅(钢板网、焊接片网、焊接卷网、编织片网、编织卷网、刺钢丝网)、绿篱、隔离墙、刺钢丝网和绿篱相结合等几大类。

依据隔离栅网片成型工艺的不同,隔离栅网片产品可分为焊接网型、刺钢丝网型、编织网型、钢板网型。

隔离栅立柱(含斜撑和门柱)产品可分为直焊缝焊接钢管立柱、冷弯等边槽钢和冷弯内卷边槽钢立柱、方管和矩形管立柱、燕尾立柱和混凝土立柱五类。

依据防腐处理形式的不同,隔离栅产品可分为热浸镀锌隔离栅、锌铝合金涂层隔离栅、浸塑隔离栅和双涂层隔离栅四类。

防落物网按网片形式可分为钢板网、编织网、焊接网、实体板等。防落石网按网片形式可分为钢丝绳网和环形网。

二、隔离设施设计总体要求

1. 隔离栅设计总体要求

隔离栅应能有效阻止行人、动物误入需要控制出入的公路。隔离栅顶部距地面的高度以 1.5~1.8m 为宜,靠近城镇区域的隔离栅高度可取高限值,在动物身高不超过 50cm 等人烟稀少的荒漠地区,经交通安全综合分析后隔离栅高度可降低至 1.3~1.5m。隔离栅的设计应适应所在地区的地形、气候和环境特点;气候对金属的腐蚀性较强的地区,宜采用防腐性能较好的防腐涂料进行表层处理。隔离栅应保证风荷载下自身的强度和刚度,不承担防撞的功能。隔离栅的结构设计可参考交通标志的相关内容。

2. 防落网设计总体要求

防落网应能阻止落物、落石等进入公路用地范围或公路建筑限界以内。防落网包括防落物网和防落石网。除特殊要求外,防落物网以距桥面高 1.8~2.1m 为宜,防落石网应根据防护落石区域的面积并结合公路边坡的地形进行设置。防落网的结构计算可参考交通标志的相关内容,其中防落石网应能承受设计边坡落石的冲击力作用。

三、隔离设施设置原则

1. 隔离栅设置原则

除符合下列条件之一的路段外,高速公路、需要控制出入的一级公路沿线两侧必须连续设置隔离栅,其他公路可根据需要设置。

(1)路侧有水渠、池塘、湖泊等天然屏障的路段;
(2)填方路基路侧有高度大于 1.5m 的挡土墙或砌石等陡坎的路段;
(3)桥梁、隧道等构造物,除桥头、洞口需与路基隔离栅连接以外的路段;
(4)挖方路基边坡垂直挖方高度超过 20m 且坡度大于 70°的路段。

隔离栅遇桥梁、通道、车行和人行涵洞时,应在桥头锥坡或端墙处进行围封,对于行人通过较多的路段,可选择强度高的结构进行围封。隔离栅遇跨径小于 2m 的涵洞时可直接跨越,跨越处应进行围封,防止行人和动物误入。隔离栅的中心线应沿公路用地范围界限以内 20~50cm 处设置。

为满足公路、桥梁和通道等养护管理的需要,可在进出高速公路、需要控制出入的一级公路的适当位置设置便于开启以满足车辆或人员进出的隔离栅活动门,隔离栅的立柱需要根据活动门的大小和开启情况进行加强。

在行人、动物无法误入分离式路基内侧中间区域的条件下,可仅在分离式路基外侧设置隔离栅;在行人、动物可以误入分离式路基内侧中间区域的条件下,宜在分离式路基内侧行人和动物误入的位置设置隔离栅。分离式路基段遇桥梁、通道、车行和人行涵洞时,应在桥头锥坡或端墙处进行围封,对于行人通过较多的路段,可选择强度高的结构进行围封。

2. 防落网设置原则

1)防落物网设置原则

上跨铁路、饮用水水源保护区、高速公路、需要控制出入的一级公路的车行或人行构造物两侧均应设置防落物网。公路跨越通航河流、交通量较大的其他公路时,应设置防落物网。需要设置防落物网的桥梁采用分离式结构时,应在桥梁内侧设置防落物网。已经设置声屏障的公路路段,可不设置防落物网。

防落物网应进行防腐和防雷接地处理,防雷接地的电阻应小于 10Ω。防落物网的设置范围为下穿铁路、公路等被保护区的宽度(当上跨构造物与下穿公路斜交时,应取斜交宽度)并各向路外分别延长 10~20m,其中上跨铁路的防落物网的设置范围还应符合铁路部门的有关规定。

2) 防落石网设置原则

在高速公路或一级公路建筑限界内有可能落石,经落石安全性评价对公路行车构成影响的路段,应对可能产生落石的危岩进行处理或设置防落石网。二级及二级以下公路有可能落石并影响交通安全的路段,宜处理危岩或设置防落石网。

防落石网应充分考虑地形条件、地质条件、危岩分布范围、落石运动途径及与公路工程的相互关系等因素后加以设置,宜设置在缓坡平台或紧邻公路的坡脚宽缓场地附近。

四、隔离设施构造要求

1. 隔离栅构造要求

金属材料的隔离栅网片、立柱、斜撑、门柱、连接件等应符合现行《隔离栅》(GB/T 26941)的规定。绿篱可以采用灌木或小乔木等,应能阻止行人和动物误入。隔离栅所采用的钢构件均应采用热浸镀锌、锌铝合金涂层、浸塑以及双涂层等方法进行防腐处理,其防腐要求应满足现行《隔离栅》(GB/T 26941)的规定。

隔离栅具有多种形式和材料,采用的网孔尺寸可根据公路沿线动物的体型进行选择。焊接网和编织网常用的网孔尺寸包括 100mm × 50mm 和 150mm × 75mm 等,最小网孔不宜小于 50mm × 50mm。隔离栅网孔规格的选取应考虑以下因素:

(1) 不利于人和小动物攀爬并进入高速公路;
(2) 在小型动物出没较多的路段,可设置变孔的刺钢丝网;
(3) 结构整体和网面的强度;
(4) 与公路沿线景观的协调性;
(5) 性能价格比。

受地形限制、隔离栅前后不能连续设置时,可自然断开,并以此处作为隔离栅的端部。地形起伏较大的路段,隔离栅可沿地形顺坡设置卷网,或将地形整修成阶梯状,采用片网。隔离栅改变方向处应做拐角设计。

2. 防落网构造要求

1) 防落物网构造要求

防落物网所采用的金属网的形式可与隔离栅相同,其网孔规格不宜大于 50mm × 100mm,公路跨越铁路时网孔规格不宜大于 20mm × 20mm。公路跨越铁路电气化区段的上跨立交桥防落物网应设置"高压危险"警示标志。跨越高速铁路的立交桥防落物网距桥面的高度应不低于 2.5m,跨越一般铁路的立交桥防落物网距桥面的高度应不低于 2.0m。

2) 防落石网构造要求

防落石网的网孔规格宜根据其防护的落石频率和规格合理确定。防落石网应具有易铺展性和高防冲击能力,并便于工厂化生产。所有钢构件均应按现行《公路交通工程钢构件防腐技术条件》(GB/T 18226)的规定进行防腐处理。

第二节 技术要求

隔离栅产品的主要质量评定标准为《隔离栅 第1部分:通则》(GB/T 26941.1—2011)、《隔离栅 第2部分:立柱、斜撑和门》(GB/T 26941.2—2011)、《隔离栅 第3部分:焊接网》(GB/T 26941.3—2011)、《隔离栅 第4部分:刺钢丝网》(GB/T 26941.4—2011)、《隔离栅 第5部分:编织网》(GB/T 26941.5—2011)和《隔离栅 第6部分:钢板网》(GB/T 26941.6—2011)。防落物网产品的质量评定可参考上述标准实施,防落石网产品的质量评定可参考《铁路沿线斜坡柔性安全防护网》(TB/T 3089)实施。

一、隔离栅结构尺寸

隔离栅由网片、立柱、斜撑、门柱、连接件等部件组成,见图2-6-1。

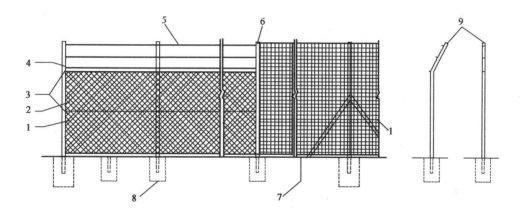

图2-6-1 隔离栅组成及各构件示意图
1-网片;2-斜撑;3-张力钢丝;4-端脚立柱或门柱;5-刺钢丝;6-中间立柱;7-锚碇钢筋;8-混凝土基础;9-延伸臂

1. 网片

焊接网隔离栅网片的结构尺寸应符合《隔离栅 第2部分:立柱、斜撑和门》(GB/T 26941.2—2011)中表1~表3和图1~图3的规定,刺钢丝网隔离栅网片的结构尺寸应符合《隔离栅 第4部分:刺钢丝网》(GB/T 26941.4—2011)中表1~表2的规定,编织网隔离栅网片的结构尺寸应符合《隔离栅 第5部分:编织网》(GB/T 26941.5—2011)中表1和图1的规定,钢板网隔离栅网片的结构尺寸应符合《隔离栅 第6部分:钢板网》(GB/T 26941.6—2011)中表1和图1的规定。

2. 立柱、斜撑

根据《隔离栅 第2部分:立柱、斜撑和门》(GB/T 26941.2—2011)的要求,直缝电焊钢管立柱和斜撑的结构尺寸应符合该标准表1的规定;冷弯等边型钢立柱和斜撑的结构见该标准图1,尺寸应符合该标准表2的规定;冷弯内卷边型钢立柱和斜撑的结构见该标准图2,尺寸应符合该标准表3的规定;方管和矩管立柱和斜撑的结构尺寸应符合该标准表4和表5的规定;燕尾柱和斜撑的结构见该标准图3,尺寸应符合该标准表6的规定;混凝土立柱和斜撑的结构尺寸应符合该标准表7的规定。

立柱和斜撑长度根据设计网高确定。可根据要求通过折弯、焊接或用M8螺栓与立柱连接的方式形成延伸臂,折弯后与立柱夹40°~45°的角,延伸臂长250~350mm。延伸臂用于挂刺钢丝或与网片相同的金属网。

直缝电焊钢管立柱、方管立柱、矩管立柱、燕尾柱柱端应加柱帽,立柱与柱帽要连接牢固、紧密。

3. 门

门的结构尺寸应符合《隔离栅 第2部分:立柱、斜撑和门》(GB/T 26941.2—2011)表8~表13的规定。门宽不大于1.2m的门柱也可采用混凝土立柱,其断面尺寸为125mm×125mm,配筋直径不小于8mm。

4. 连接件

网片与立柱连接方式为连续安装或分片安装。

连续安装有两种方式:①直接挂在型钢立柱冲压而成的挂钩上或混凝土立柱中预埋的钢筋弯钩上,挂钩的距离应与网片网孔大小相匹配,挂钩的大小应能满足固定网片的要求;②通过螺栓、螺母、垫片、抱箍、条形钢片等的连接附件将网片与立柱、立柱与斜撑连接。

其中,条形钢片用于网片端头与立柱的连接,其厚度不小于3mm。抱箍用于立柱与网片的连接,针对立柱的外径进行设计。

分片安装时可通过螺栓、螺母、垫片、抱箍、上横框、下横框、竖框等连接件将网片与立柱连接。其中,上横框、下横框、竖框用于网片固定,其宽度不小于30mm,厚度不小于1.5mm;横框、竖框与网片之间可用直径为6mm的锚钉固定;抱箍用于立柱与网框的连接,针对立柱的外径进行设计,也可采用其他的装配方式安装。

立柱与斜撑、立柱与网框用螺栓连接。斜撑如采用锚钉钢筋锚碇,则锚钉钢筋的直径不应小于20mm。门柱和门通过连接件用螺栓连接。

二、一般要求

整张网面平整,无断丝,网孔无明显歪斜。钢丝防腐处理前表面不应有裂纹、斑痕、折叠、竹节及明显的纵面拉痕,且钢丝表面不应有锈蚀。

钢管防腐处理前不应有裂缝、结疤、折叠、分层和搭焊等缺陷存在。使用连续热镀锌钢板和钢带成型的立柱,应在焊缝处进行补锌或整体表面电泳等防腐形式处理。型钢防腐处理前表面不应有气泡、裂纹、结疤、折叠、夹杂和端面分层;允许有不大于公称厚度10%的轻微凹坑、凸起、压痕、发纹、擦伤和压入的氧化铁皮。混凝土立柱表面应密实、平整,无裂缝、翘曲,如有蜂窝、麻面,其面积之和不应超过同侧面积的10%。

螺栓、螺母和带螺纹构件在热浸镀锌后,应清理螺纹或做离心分离。采用热渗锌代替热浸镀锌防腐处理时,其防腐层质量参照热浸镀锌。

三、隔离栅产品尺寸偏差

1. 焊接网隔离栅网片的尺寸偏差

钢丝直径的允许偏差应符合表2-6-1的规定。

钢丝直径的允许偏差（单位：mm） 表2-6-1

钢丝直径φ	1.60＜φ≤3.00	3.00＜φ≤6.00
允许偏差	±0.04	±0.05

网孔尺寸的允许偏差为网孔尺寸的±4%。卷网横丝波高不小于2mm。片网网面长度、宽度允许偏差为±5mm；卷网网面长度、宽度允许偏差为网面长度、宽度的±1%。

对于片网，焊点脱落数应小于焊点总数的4%；对于卷网，任一面积为15m^2的网上焊点脱落数应小于此面积上焊点总数的4%。

2. 刺钢丝网隔离栅网片的尺寸偏差

钢丝直径的允许偏差应符合表2-6-2的规定。

钢丝直径的允许偏差（单位：mm） 表2-6-2

钢丝直径	1.7	2.2	2.5	2.8
允许偏差	±0.04	±0.04	±0.04	±0.04

刺距的允许偏差为±13mm。刺钢丝每个结有四个刺，刺形应规整，刺长为16mm，刺线缠绕股线不应少于1.5圈，捻扎应牢固，刺型应均匀。刺钢丝每捆质量应为25kg或50kg，每捆质量允许误差为0~2kg。每捆质量25kg的刺钢丝股线不可超过一个接头，每捆质量50kg的刺钢丝股线不可超过两个接头。接头应平行对绕在拧花处，不应挂钩。

3. 编织网隔离栅网片的尺寸偏差

网片钢丝直径的允许偏差应符合表2-6-3的规定。

钢丝直径的允许偏差（单位：mm） 表2-6-3

钢丝直径	2.2	2.8	3.5	4.0
允许偏差	±0.04	±0.04	±0.05	±0.05

网孔尺寸的允许偏差应符合表2-6-4的规定。

网孔尺寸的允许偏差（单位：mm） 表2-6-4

网孔尺寸	允许偏差	网孔尺寸	允许偏差	网孔尺寸	允许偏差
50	±3	80	±4	150	±8
75	±3	100	±5	160	±8

网面长度、宽度的允许偏差为网面长度、宽度的 ±1%。张力钢丝直径不小于 3.0mm，允许偏差应符合《一般用途低碳钢丝》（YB/T 5294—2009）的规定。

4. 钢板网隔离栅网片的尺寸偏差

钢板厚度及允许偏差应符合表 2-6-5 的规定。

钢板网钢板厚度允许偏差及尺寸（单位：mm）　　　　表 2-6-5

钢板厚度	2.0	2.5	3.0	4.0	5.0
允许偏差	±0.19	±0.21	±0.22	±0.24	±0.26

丝梗宽度的允许偏差应不超过基本尺寸的 ±10%，整张网面丝梗宽度超偏差的根数不应超过四根（连续不应超过两根），其最大宽度应小于相邻丝梗宽度的 125%。

短节距的允许偏差应符合表 2-6-6 的规定。

短节距（TL）的允许偏差（单位：mm）　　　　表 2-6-6

TL	允许偏差	TL	允许偏差
18	+1.1 −1.0	36	+2.0 −1.6
22	+1.3 −1.1	40	+2.1 −2.8
24			
29	+1.8 −1.6	44	+2.2 −2.0
32	+1.9 −1.6	55	+2.7 −2.2
		56	

网面长度的极限偏差为 ±60mm、宽度的极限偏差为 ±12.5mm。网面长短差不超过网面长度的 1.3%，见图 2-6-2。

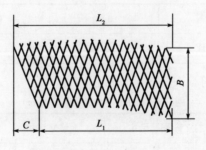

图 2-6-2　网面长短差
B-网面宽度；C-网面长短差，$C = L_2 − L_1$

钢板厚度 d 不大于 3.0mm，网面平整度应符合表 2-6-7 的规定，见图 2-6-3。

网面平整度（单位：mm）　　　　　　　　　　　　　　　　表 2-6-7

d	TL	TB 方向平整度 h	TL 方向平整度	
			h_1（两边）	h_2（中间）
2.0	18	75	46	30
	22			
	29	63		
	36			
	44	60		
2.5	29	63	35	25
	36			
	44			
3.0	36	57		
	44			
	55	50		

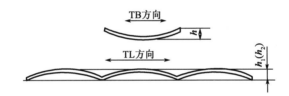

图 2-6-3　网面平整度

h-长节距方向平整度；h_1-网面两边短节距方向平整度；h_2-网面中间短节距方向平整度

钢板厚度 d 大于 3.0mm，网面平整度应符合表 2-6-8 规定。

网面平整度（单位：mm）　　　　　　　　　　　　　　　　表 2-6-8

d	TL	TB 方向平整度 h
4.0	24	60
	32	80
	40	100
5.0	24	50
	32	60
	40	80
	56	100

5. 直缝焊接钢管立柱的尺寸偏差

钢管的外径、壁厚的允许偏差应符合《隔离栅　第 2 部分：立柱、斜撑和门》（GB/T 26941.2—2011）中表 14 的规定。钢管立柱定尺长度的允许偏差为 ±10mm。钢管弯曲度不大于 1.5mm/m。

6. 型钢立柱的尺寸偏差

冷弯等边型钢立柱、冷弯内卷边型钢立柱非自由边长和自由边长的允许偏差应分别符合《隔离栅 第2部分:立柱、斜撑和门》(GB/T 26941.2—2011)中表15和表16的规定。

方管和矩管立柱截面尺寸的允许偏差应符合《结构用冷弯空心型钢尺寸、外形、重量级允许偏差》(GB/T 6728—2002)的相关规定。型钢壁厚的允许偏差应符合《隔离栅 第2部分:立柱、斜撑和门》(GB/T 26941.2—2011)中表17的规定,弯曲角区域的壁厚不作规定。

型钢立柱定尺长度的允许偏差为±10mm。型钢立柱不应有明显扭转,型钢立柱弯曲度不大于3mm/m,总弯曲度不应大于总长度的0.3%。

7. 燕尾柱立柱的尺寸偏差

燕尾柱外径和壁厚的允许偏差应符合《隔离栅 第2部分:立柱、斜撑和门》(GB/T 26941.2—2011)中表18的规定。

燕尾柱立柱定尺长度的允许偏差为±10mm。燕尾柱立柱弯曲度不大于1.5mm/m。

8. 混凝土立柱的尺寸偏差

混凝土立柱横断面尺寸的允许偏差为-4~+6mm。混凝土立柱的定尺长度的允许偏差为-22~+50mm。

四、材料要求及加工要求

1. 焊接网隔离栅网片

片网用金属丝,应采用低碳钢丝,其力学性能应符合《一般用途低碳钢丝》(YB/T 5294—2009)的规定。卷网用横丝应用低碳钢丝,其力学性能应符合《一般用途低碳钢丝》(YB/T 5294—2009)的规定。卷网用纵丝应用高强度钢丝,其强度应不低于650~850MPa。焊点抗拉力应符合表2-6-9的规定。

焊 点 抗 拉 力　　　　　　表2-6-9

钢丝直径(mm)	2.5	2.7	2.95	3.0	3.5	4.0	5.0
焊点抗拉力(N)	520	600	720	750	1010	1320	2060

2. 刺钢丝网隔离栅网片

普通型刺钢丝网股线及刺线应采用低碳钢丝,其力学性能应符合《一般用途低碳钢丝》(YB/T 5294—2009)的规定。加强型刺钢丝网股线及刺线应采用高强度低合金钢丝,其抗拉强度应不低于700~900MPa。各种规格刺钢丝的整股破断拉力不应低于4230N。

3. 编织网隔离栅网片

编织网钢丝及张力钢丝,应采用低碳钢丝,其力学性能应满足《一般用途低碳钢丝》(YB/T 5294—2009)的规定。编织网应采用纵向编织。

4. 钢板网隔离栅网片

钢板网的材料,应采用低碳钢板,其化学性能和机械性能应能满足《碳素结构钢和低合金结构钢热轧薄钢板和钢带》(GB 912—2008)、《碳素结构钢冷轧薄钢板及钢带》(GB/T 11253—2007)的规定。钢板网(厚度大于3mm的除外)弯曲90°无折断现象。

5. 其他材料及构件

钢管材料,使用冷轧或热轧钢板(带)焊接或焊后冷加工方法制造的,其化学成分及机械性能应满足《直缝电焊钢管》(GB/T 13793—2016)的规定,使用连续热镀锌钢板(带)焊接或焊后冷加工方法制造的,其化学成分及机械性能应满足《连续热镀锌钢板及钢带》(GB/T 2518—2008)的规定。

型钢材料,用可冷加工变形的冷轧或热轧钢带在连续辊式冷弯机组上加工生产,其化学成分及机械性能应满足《碳素结构钢》(GB/T 700—2006)的规定,网片连续铺设用型钢立柱上的挂钩经冲压加工而成。

混凝土立柱用混凝土强度等级不低于C20,拌制混凝土所使用的各项材料及混凝土的配合比、拌制、浇注、养护应符合相关标准的规定。

条形钢片和抱箍可采用冷轧或热轧钢板(带),其技术条件应符合《碳素结构钢和低合金结构钢热轧薄钢板和钢带》(GB 912—2008)、《碳素结构钢冷轧薄钢板及钢带》(GB/T 11253—2007)的规定。

螺栓螺母可采用常用普通紧固件,其机械性能应符合《紧固件机械性能.螺栓、螺钉和螺柱》(GB/T 3098.1—2010)的规定。

五、防腐层质量

所有钢构件均应进行防腐处理,应采用热浸镀锌、锌铝合金涂层、浸塑以及双涂层等防腐处理方法。当采用其他防腐处理方法时,应有可靠的技术数据和试验验证资料,其防腐性能应不低于《隔离栅 第1部分:通则》(GB/T 26941.1—2011)中4.2规定的热浸镀锌方法的相应要求。

六、复合隔离栅立柱

随着新材料在公路交通工程中的应用,交通运输部于2013年颁布实施了《公路用复合隔离栅立柱》(JT/T 848—2013),该标准规定了隔离栅复合立柱产品的分类、通用技术要求、试验方法、检验规则、标志、包装、运输和储存等。

依据结构材料的不同,公路用复合隔离栅立柱产品分为:TP型——无外皮包裹的纤维增强水泥复合隔离栅立柱,KP型——中空玻璃钢复合隔离栅立柱,BP型——玻璃钢填充无机材料复合隔离栅立柱三种。

其主要技术内容有:一般要求、物理化学性能、构件防腐层厚度。一般要求包括材料要求、外观质量、结构尺寸,物理化学性能包括抗折荷载、耐低温坠落性、抗冻融性能、耐水性能、耐化学溶剂性能、环境适应性能等。其中规格尺寸主要规定了立柱截面尺寸,立柱长度由设计而定。本标准还对各项技术要求的试验方法做了详细规定,见《公路用复合隔离栅立柱》(JT/T 848—2013)。

第三节 生产及施工工艺

一、隔离设施的生产工艺

隔离栅网片的生产包括将钢丝校直切断、电焊成网、焊边框（适用于电焊网）；或将钢板冲剪成网，然后焊边框（适用于钢板网）等工艺。

隔离栅立柱生产包括折弯、钻孔、焊柱帽和连接件等工艺。

隔离栅可采用热浸镀锌、浸塑等防腐形式，热浸镀锌工艺同波形梁钢护栏，浸塑工艺采用流化床法来实施。基本原理是将预热的工件浸入到依靠空气流化的粉末涂料中，敷上一层粉末涂料，然后经塑化流平，在金属表面形成均匀的涂层。

工艺流程为：金属隔离栅或立柱→预热→粉末浸塑→塑化→冷却→修整→检查→包装。

浸塑设备主要由预热炉、流动槽、升降振动装置、塑化炉、输送装置和控制系统等组成。

二、隔离设施的施工工艺

1. 隔离栅施工工艺要求

隔离栅施工前，其所在位置应进行场地清理，软基应进行处理。应根据设计文件的规定开挖基坑。

应根据设计文件中规定的隔离栅的设置位置和实际地形、地物条件确定控制立柱的位置和立柱中心线，在控制立柱之间按设计文件规定的柱距定出柱位。每个柱位均应按设计文件的要求确定高程，并应按实际地形进行调整。

立柱应根据设计文件的规定设置在现浇混凝土基础或预制混凝土基础内。立柱的埋设应分段进行。可先埋设两端的立柱，然后拉线埋设中间立柱，控制立柱与中间立柱的平面投影应在一条直线上，柱顶应平顺。预制混凝土立柱和基础在运输和装卸时应避免折断或损坏边角。

混凝土基础强度达到设计强度的70%以上时，可按下列规定安装隔离栅网片：

(1) 安装无框架卷网时，应从端头立柱开始，沿纵向展开，边铺设边拉紧，挂钩时网片不得变形。

(2) 安装有框架的片网时，网面应平整，框架应整体平顺、美观，框架与立柱应连接牢固。

(3) 安装刺钢丝网时，应从端头立柱开始。刺钢丝之间应平行、平直，绷紧后应与立柱上的铁钩牢固绑扎，横向与斜向刺钢丝相交处也应绑扎牢固。

隔离栅网片安装完毕后，应对基础周围进行夯实处理。

2. 桥梁护网施工工艺要求

应以上跨桥梁与公路、铁路等设施的交叉点为控制点，向两侧对称进行桥梁护网的施工。桥梁护网的设置长度应符合设计文件的规定。

应根据桥梁护网立柱预埋基础的位置安装立柱，未设置预埋件时，应采取后固定的施工工艺固定立柱。

桥梁防护网网片应牢固安装在立柱上,网片应平整、绷紧。应根据设计文件对桥梁护网做防雷接地处理。

第四节 检 测 方 法

一、隔离栅产品的检验方法

1. 试验环境条件

除特殊规定外,隔离栅应在此条件下进行试验:试验环境温度:23℃±5℃;试验环境相对湿度:50%±10%。

2. 试剂

试剂应包括下列试剂:
(1)固体试剂:六次甲基四胺(化学纯)、氢氧化钠(化学纯)、硫酸铜(化学纯)、氯化钠(化学纯)。
(2)液体试剂:盐酸(化学纯)、硫酸(化学纯)。

3. 试验仪器和设备

试验应包括下列主要仪器和设备:
(1)万能材料试验机:等级不低于1级;
(2)高低温湿热试验箱:高温上限不低于100℃,低温下限温度不高于-40℃,温度波动范围不超过±1℃;最大相对湿度不低于95%,相对湿度波动范围不超过±2.5%;
(3)人工加速氙弧灯老化试验箱:应符合《塑料实验室光源暴露试验方法 第2部分:氙弧灯》(GB/T 16422.2—2014)的相关要求;
(4)盐雾试验箱:80cm^2的接收面内每小时盐雾沉降量为1~2mL;
(5)钢构件镀锌层附着性能测定仪:应符合《钢构件镀锌层附着性能测定仪》(JT/T 684—2007)的相关规定;
(6)磁性测厚仪:分辨率不低于1μm;
(7)试验平台:等级不低于1级;
(8)天平:感量要求精确到0.001g;
(9)钢卷尺:等级不低于2级;
(10)其他长度、角度计量器具:等级不低于1级。

4. 一般要求

在正常光线下,目测直接观察。

5. 结构尺寸

(1)焊接网隔离栅网片结构尺寸
结构尺寸的试验方法按表2-6-10的规定执行。

结构尺寸的试验方法　　　　　　　　　　　　　　　　　表 2-6-10

序号	项目	试验方法
1	钢丝直径	用分辨率不低于 0.02mm 的游标卡尺在网面的上、中、下三个部位的横丝和纵丝上进行量取,每根钢丝量取两个相互垂直方向的钢丝直径,分别计算横丝钢丝直径和纵丝钢丝直径的平均值
2	网面长度	用分辨率不低于 1mm 的钢卷尺在网面的左、中、右三个部位各量取一个网面长度,计算平均值
3	网面宽度	用分辨率不低于 1mm 的钢卷尺在网面的上、中、下三个部位各量取一个网面宽度,计算平均值
4	网孔纵向长度	用分辨率不低于 0.5mm 的量尺在网面的上、中、下三个部位各量取一个网孔的纵向长度,计算平均值
5	网孔横向宽度	用分辨率不低于 0.5mm 的量尺在网面的左、中、右三个部位各量取一个网孔的横向宽度,计算平均值

注:此表为单一网面结构尺寸的试验方法。

(2)刺钢丝网隔离栅网片结构尺寸

结构尺寸的试验方法按表 2-6-11 的规定执行。

结构尺寸的试验方法　　　　　　　　　　　　　　　　　表 2-6-11

序号	项目	试验方法
1	钢丝直径	用分辨率不低于 0.02mm 的游标卡尺在三段 1m 长刺钢丝的股线和刺线上量取,每段刺钢丝量取两根股线和两根刺线钢丝,每根钢丝量取两个相互垂直方向的钢丝直径,分别计算股线钢丝直径和刺线钢丝直径的平均值
2	刺距	用分辨率不低于 0.5mm 的量尺在三段 1m 长刺钢丝上各量取一个刺距,计算平均值
3	刺长	用分辨率不低于 0.5mm 的量尺在三段 1m 长的钢丝上各量取一个刺节的两个刺长,计算平均值
4	捻数	目测
5	刺线缠绕股线圈数	目测
6	每结刺数	目测
7	捆重	用分辨率不低于 0.2kg 的衡器对刺钢丝称重三次,计算平均值
8	每捆接头数	目测

(3)编织网隔离栅网片结构尺寸

结构尺寸的试验方法按表 2-6-12 的规定执行。

结构尺寸的试验方法　　　　　　　　　　　表2-6-12

序　号	项　　　目	试　验　方　法
1	钢丝直径	用分辨率不低于0.02mm的游标卡尺在网面的左、中、右三个部位的三根钢丝上进行量取，每根钢丝量取两个相互垂直方向的钢丝直径，计算平均值
2	网面长度	用分辨率不低于1mm的钢卷尺在网面的左、中、右三个部位各量取1个网面长度，计算平均值
3	网面宽度	用分辨率不低于1mm的钢卷尺在网面的上、中、下三个部位各量取一个网面宽度，计算平均值
4	网孔纵向对角线长度	用分辨率不低于0.5mm的量尺在网面的上、中、下三个部位各量取一个网孔纵向对角线长度，计算平均值
5	网孔横向对角线宽度	用分辨率不低于0.5mm的量尺在网面的左、中、右三个部位各量取一个网孔横向对角线宽度，计算平均值

注：此表为单一网面的结构尺寸试验方法。

(4) 钢板网隔离栅网片结构尺寸

结构尺寸的试验方法按表2-6-13的规定执行。

结构尺寸的试验方法　　　　　　　　　　　表2-6-13

序　号	项　　　目	试　验　方　法
1	钢板厚度	用分辨率不低于0.01mm的板厚千分尺在网面的上、中、下三个部位各量取一个钢板厚度，计算平均值
2	丝梗宽度	用分辨率不低于0.02mm的游标卡尺在网面的上、中、下三个部位各量取一个丝梗宽度，计算平均值
3	网面长度	用分辨率不低于1mm的钢卷尺在网面的左、中、右三个部位各量取一个网面长度，计算平均值
4	网面宽度	用分辨率不低于1mm的钢卷尺在网面的上、中、下三个部位各量取一个网面宽度，计算平均值
5	网面长短差	用分辨率不低于1mm的钢卷尺在网面上量取网面长度的最大值和最小值并计算差值，每张网面量取三次，取最大值
6	网孔短节距	用分辨率不低于0.5mm的量尺在网面的上、中、下三个部位各量取一个网孔短节距，计算平均值
7	网面平整度	用分辨率不低于0.5mm的量尺对TB方向平整度和TL方向两边、中间的平整度分别进行量取（所测得的值应减去钢板厚度），每张网面各量取三次，分别取最大值

注：此表为单一网面结构尺寸的试验方法。

(5) 立柱结构尺寸

结构尺寸的试验方法按表2-6-14的规定执行。

结构尺寸的试验方法 表2-6-14

类别	项目	试验方法
直焊缝钢管燕尾柱	钢管外径	用分辨率不低于0.02mm的游标卡尺在立柱的上、中、下三个部位进行量取,每个部位量取2个相互垂直方向的直径,计算平均值
	钢管壁厚	用分辨率不低于0.01mm的壁厚千分尺在立柱的无焊缝部位取3个壁厚,计算平均值
	定尺长度	用分辨率不低于1mm的钢卷尺量取立柱的定尺长度,每根立柱量取1次
	弯曲度	将立柱水平放于工作台上,用刀口尺和塞尺在最大弯曲处量取,每根立柱量取3次,取最大值
型钢立柱	型钢边长	用分辨率不低于0.02mm的游标卡尺在立柱的上、中、下三个部位进行量取,每个部位量取2个边长,计算平均值
	型钢壁厚	用分辨率不低于0.01mm的壁厚千分尺在立柱的非自由边上量取3个壁厚,计算平均值
	定尺长度	用分辨率不低于1mm的钢卷尺量取立柱的定尺长度,每根立柱量取1次
	弯曲度	将试样水平放于工作台上,用刀口尺和塞尺在最大弯曲处量取,每根立柱量取3次,取最大值
混凝土立柱	截面尺寸	用分辨率不低于0.5mm的量尺在立柱的上、中、下三个部位进行量取,每个部位量取2个相互垂直方向的边长,计算平均值
	定尺长度	用分辨率不低于1mm的钢卷尺量取立柱的定尺长度,每根立柱量取1次

注:此表为单一立柱结构尺寸的试验方法。

6. 原材料力学性能

按《金属材料拉伸试验 第1部分:室温试验方法》(GB/T 228.1—2010)的规定执行。

7. 焊点抗拉力

焊点抗拉力的拉伸卡具如图2-6-4所示。在网上任取三个焊点,按图示进行拉伸,拉伸试验机拉伸速度为5mm/min,拉断时的拉力值计算平均值。

8. 钢板网弯曲性能

钢板网弯曲性能按《钢板网》(QB/T 2959—2008)的规定执行。

9. 防腐层质量

按《隔离栅 第1部分:通则》(GB/T 26941.1—2011)中5.4.2的规定执行。

二、隔离栅产品检验规则

产品的检验分为出厂检验和型式检验。

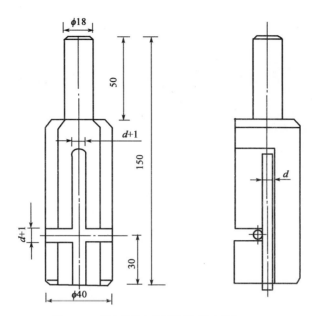

图 2-6-4　焊点抗拉力测试装置(尺寸单位:mm)

1. 出厂检验

产品需经生产单位质量检验部门检验合格并附产品质量合格证方可出厂。

隔离栅网片、立柱、斜撑、门柱等应成批检验,每批应由同时交货的或同时生产的同一基底材料、同一成型工艺的、同一规格尺寸、同一表面处理的产品组成,并按照《公路交通安全设施质量检验抽样方法》(JT/T 495—2014)中有关隔离栅的方法进行。产品检测项目按分部产品标准进行。

2. 型式检验

产品经型式检验合格后才能批量生产。型式检验应在生产线终端或生产单位的成品库内抽取样品,按各分部产品标准的要求进行全部性能检验。型式检验为每两年进行一次,如有下列情况之一时,也应进行型式检验:①新设计试制的产品;②正式生产过程中,如原材料、工艺有较大改变,可能影响产品性能时;③出厂检验结果与上次型式检验有较大差异时;④国家质量监督机构提出型式检验时。

型式检验时,如有任何一项指标不符合标准要求时,则需在同批产品中重新抽取双倍试样,对该项目进行复验,复验结果仍然不合格时,则判定该型式检验为不合格,反之判定为合格。

第七章

防 眩 设 施

第一节 概 述

一、防眩设施相关的定义

1. 眩光

在视野范围内出现亮度极高的物体或强烈的亮度对比,而引起视觉机能或视力降低的现象,称为眩光。

眩光按对于视觉的影响程度不同,可分为不舒适眩光和失能眩光。视觉仅有不舒适感,会造成分散注意力的效果,但短时间内并不一定减低视觉对象的可见度,这样的眩光为不舒适眩光。由于眩光源的位置靠近视线,使视网膜像的边缘出现模糊,从而妨碍了对附近物体的观察,降低视觉对象的可见度,同时如果侧向抑制它,还会使这些物体的可见度变得更差,这样的眩光为失能眩光。

眩光使人的视力下降并迅速疲劳,日常生活中的眩光污染有很多,如夜间迎面而来的汽车前灯的眩光会使受到光刺激的驾驶员和行人控制力降低,很容易导致交通事故的发生。

2. 防眩设施

防眩设施是设置在道路中央分隔带上用于消除汽车前照灯夜间眩光影响的道路交通安全设施。

3. 遮光角

遮光角是指防眩设施遮挡对向车辆前照灯入射光线的角度。

二、防眩设施的主要形式

防眩设施主要包括防眩板、防眩网和植树防眩三种形式。防眩板通过其宽度部分阻挡对向车前照灯的光束。防眩板按其原材料材质性能又可分为金属材料防眩板、塑料防眩板、玻璃纤维增强塑料防眩板等。防眩网是通过网股的宽度和厚度阻挡光线穿过,同时将光束分散反射,通过减少光束强度而达到防止对向车前照灯眩目的目的。植树防眩的遮光原理与防眩板相同,主要是以树木的横向宽度部分遮挡对向车前照灯的大部分光束以达到防眩目的。植树防眩可采用间隔植树和密集植树两种方式。

三、防眩设施的设计总体要求

(1) 防眩设施应按部分遮光原理设计,直线路段遮光角不应小于8°,平曲线路段及竖曲线路段遮光角应为8°~15°。

防眩设施既要有效地遮挡对向车辆前照灯的眩光,又要满足横向通视好、能看到斜前方,并对驾驶员心理影响小的要求。防眩设施应采用部分遮光原理设计,因为如采用完全遮光原理设计,不仅缩小了驾驶员的视野,对驾驶行车有压迫感,而且影响了巡逻管理车辆对对向车道的通视与监管。另外,无论白天或黑夜,对向车道的交通状况是驾驶行车的重要参照系,其中很重要的一点是驾驶员在夜间能通过对向车前照灯的光线判断两车的纵向距离,使其注意调整形式状态。国外的试验研究结果表明,相会两车达到某一距离时,眩光会对视距产生较大的影响,但当非常接近(小于50m)时,光线对视距影响不大。通过试验可知,防眩设施不需要很大的遮光角就可获得良好的遮光效果。所以,防眩设施不一定要把对向车灯的光线全部遮挡,可采用部分遮光的原理,允许部分车灯光穿过防眩设施,但透光量不应使驾驶员感到不舒适。

(2) 设置防眩设施不应减少公路的停车视距。

在曲线半径较小且中央分隔带较窄的弯道上,设置防眩设施可能会影响曲线外侧车道的视距。因此,在设置防眩设施之前应进行停车视距的分析,保证设置防眩设施后不会减小停车视距。对停车视距的影响是随中央分隔带宽度和曲线半径的减小而趋于严重,故应对在弯道上设置防眩设施可能引起的视距问题予以足够的重视。

弯道上设置的防眩设施如果经检验影响了视距,则可考虑降低防眩设施的高度。降低高度后的防眩设施可阻挡对向车前照灯的大部分眩光,且驾驶员能看见本车道前方车流中最后一辆车的顶部,这个高度值一般在1.2m左右。另外,也可考虑将防眩设施的设置位置偏向曲线内侧,但此方法对于较小半径的弯道来说,效果并不明显,景观效果也不好,因而主要在较大半径的曲线路段采用。

如采取上述方法仍得不到较好的防眩效果和景观效果,则不宜在中央分隔带上设置防眩设施。如确需设置,则可采取加宽中央分隔带的方法,使车道边缘至防眩设施之间有足够的余宽,以保证停车视距。

(3) 防眩设施所用材料不得反光。

(4) 防眩设施结构计算可参考交通标志的相关内容。

防眩设施在满足构造要求的前提下,一般能抵抗风载的破坏,可不进行力学计算。但在经常遭受台风袭击的沿海地区和常年风力较大、会刮倒树木或破坏道路设施的地区,在设计上应对防眩板及其连接部件或基础进行力学验算,具体计算方法可参考交通标志的相关内容。

四、防眩设施的设置原则

(1) 高速公路、一级公路中央分隔带宽小于9m且符合下列条件之一者,宜设置防眩设施:

①夜间交通量较大,且设计交通量中,大型货车和大型客车自然交通量之和所占比例大于或等于15%的路段。

②设置超高的圆曲线路段。

③凹形竖曲线半径等于或接近于现行《公路工程技术标准》(JTG B01)规定的最小半径值的路段。

④公路路基横断面为分离式断面,上下车行道高差小于或等于2m时。

⑤与相邻公路、铁路或交叉公路、铁路有严重眩光影响的路段。

⑥连拱隧道进出口附近。

在公路上两车相会时,驾驶员受眩光影响的程度与两车的横向距离有很大的关系。英国道路交通研究所(TRRL)《相对两车前照灯对视距的影响》研究表明:当两车横距较大($S=15m$)时,两车纵距愈小,视距愈大,特别是两车很接近时,视距显著增加。当横距$S=40m$时,视距几乎与纵距无关。

交通运输部公路科学研究所进行的防眩试验表明,当相会两车横向距离达到14m以上时,相会两车灯光不会使驾驶员眩目,这一结果和英国试验结果一致。

国内外的研究者普遍认为:提供足够的横向距离以消除对向车前照灯眩目是理想的防眩设计。国外6车道的高速公路,除满足日间的交通量需求外,夜间左侧车道(靠近中央分隔带的车道)上几乎没有或很少有车辆行驶,甚至中间车道的车辆也不多。这样,两车相会时有足够的横向距离,消除了对向车前照灯的眩目影响。英国高速公路车辆行驶规则规定:不是为了超车或边车道无空时,不得使用右侧车道(英国正常行车规则为左行,右侧超车)。这样,对向车流间有足够的横向距离,因而无眩目影响,或影响甚微,可不设防眩设施。

我国2004年5月1日施行的《中华人民共和国道路交通安全法实施条例》规定:在道路同方向划有2条以上机动车道的,左侧为快速车道,右侧为慢速车道。当中央分隔带宽度为7m时,加上两条左侧路缘带宽1.5m,中间带宽度为8.5m。如相会两车都在快速车道上行驶,其横向间距值为12.25m($S=8.5+2\times3.75/2=12.25m$),故当中央分隔带宽度大于9m时,一般都能有效地降低眩光对驾驶员行车的影响,或说眩光对驾驶行为的影响可以不予考虑。因而在中央分隔带宽度大于或等于9m时,就不必设置防眩设施了。

除上述中央分隔带宽度规定外,符合本条第①~⑥之一者也要设置防眩设施。

夜间交通量大、大型车混入率较高的路段,这是设置防眩设施的主要条件。

其他如平曲线、竖曲线路段,车辆交织运行路段,连拱隧道出入口附近等,可根据其对驾驶人眩目影响的程度确定是否设置防眩设施。当公路路基的横断面为分离式断面,上下车行道不在同一水平面时,理论计算和实践经验均表明,若上下车行道的高差小于或等于2m,会车时眩光对驾驶人的影响较大,需要设置防眩设施。在高差大于2m时,眩光影响较小,并且在这种情况下,一般都要在较高的车行道旁设置路侧护栏,而护栏(除缆索护栏外)也能起到部分遮光的作用,因而此时也就不必设置专门的防眩设施了。

设计防眩设施时,要根据设计规范/细则的有关规定,结合公路交通的具体情况,通过进行必要的投资效益比分析,对防眩设施的设置路段、形式做出选择。

(2)非控制出入的一级公路平面交叉、中央分隔带开口两侧各100m(设计速度大于或等于80km/h)或60m(设计速度60km/h)范围内可逐渐降低防眩设施的高度,由正常高度降至开口处的0高度,否则不宜设置防眩设施。过村镇路段不宜设置防眩设施。

在无封闭设施的路段上设置防眩设施,如有人翻越防眩设施或从中跳出,往往使驾驶员猝不及防。尤其在夜间,以一定间距栽植的树木在灯光的照射下就像人站立在路旁一样,使驾驶员感到紧张,而更加谨慎地行车。即使道路条件好,驾驶员也不敢将车速提高,而且本能地使车辆轨迹偏离车道,即离中央分隔带远些。许多统计资料都表明,在无封闭设施的路段设置防眩设施后,反而使该路段路的事故率增加,尤其是恶性事故率上升,这与侧向通视不好致使驾驶员对前方的突发事件反应不及有关。因此,在无封闭设施的路段是否设置防眩设施、选择什么类型的防眩设施应予慎重考虑。如确需设置,则应选择好防眩设施的形式和高度,既要降低人、牲畜随意穿越的可能性,又要有利于驾驶员横向通视。非控制出入的一级公路平面交叉和中央分隔带开口处有行人及车辆穿越,若连续设置防眩设施,驾驶员在突发情况下往往反应不及,防眩设施应在路口一定范围内断开或逐渐降低防眩设施高度加以提醒。根据停车视距的要求,设计速度大于或等于80km/h时,靠近中央分隔带车行道行驶的车辆发现行人到完全停止的防眩设施开口长度要求为100m左右;设计速度为60km/h时,防眩设施开口长度要求为60m左右,故建议一级公路平面交叉、中央分隔带开口两侧一定范围内不宜设置防眩设施。考虑到车辆驾驶员遇到平面交叉、中央分隔带开口的减速心理及外侧车道行驶等其他因素,平交路口的防眩设施断开长度可适当缩小。

(3)公路沿线有连续照明设施的路段,可不设置防眩设施。

在有连续照明设施的路段,车辆夜间一般都以近光灯行驶,会车时眩目影响不大,因此,可考虑不设置防眩设施。

(4)防眩设施连续设置时,应符合下述规定:

①应避免在两段防眩设施中间留有短距离间隙。

防眩设施的设置应考虑连续性,避免在两端防眩设施之间留有短距离的间隙,因为这种情况会给毫无思想准备的驾驶员造成很大的潜在眩目危险,易诱发交通事故,而且从人的视觉感受和景观上来说效果也不好。

②各结构段应相互独立,每一结构段的长度不宜大于12m。

防眩板应以一定长度的独立结构段为制造和安装单元,这种结构段的长度一般小于12m,视采用材料、工艺情况而定。防眩板设置在道路上,免不了会因遭受失控车辆的冲撞而损坏,为减轻损坏的严重程度,方便更换维修,设计时应使各段每隔一定距离前后互相分离,互不相连。这样做既有利于加工制作和运输安装,而且从防止温度应力破坏的角度来说也是必需的。防眩板每一独立段的长度可与护栏的设置间距相协调,选择4m、6m、8m、12m或稍长一些的都可以。

③结构形式、设置高度、设施位置发生变化时应设置渐变过渡段,过渡段长度以50m为宜。

防眩设施的设置高度原则上应全线统一。不同防眩结构的连接应注意高度的平滑过渡,不要出现突然的高度变化。设置在凹形竖曲线路段的防眩设施,其设置高度应根据竖曲线半径及纵坡情况计算确定,并在一定长度范围(渐变段)内逐步过渡,以符合人的视觉特性。该渐变段的长度与人的视觉特性、结构尺寸和变化幅度以及车辆的行驶速度(公路等级)等有关,该渐变段的长度一般宜大于50m。在设计中,应根据具体情况确定合适的渐变段长度。另外,防眩板板条宽度的变化幅度一般都不大,故其渐变段的长度还可小一些。

五、防眩设施的形式选择

(1)选择防眩设施形式时,应针对公路的平纵线形、气候条件,充分比较各种防眩设施的性能,分析行驶安全感、压迫感、景观要求,并考虑与公路周围环境的协调,结合经济性、施工条件及养护维修等因素综合确定。

除植树(灌木)外,在公路上设置的防眩设施有很多形式,总的来说,有网格状的防眩网、栅样式的防眩网、扇面式的防眩扇板、板条式防眩板等。从制造材料方面分,有金属的、塑料的、玻璃钢的等。

就防眩板和防眩网而言,交通运输部公路科学研究所在"七五"国家科技攻关中,就防眩设施的形式选择,通过大量的资料分析和调查研究,从下述几个方面对防眩设施的性能进行了综合比较:

①有效地减少对向车前照灯的眩目;
②对驾驶员的心理影响小(行车质量的影响、单调感);
③经济性;
④良好的景观(美观性);
⑤施工简单、养护方便;
⑥对风阻力小,积雪少;
⑦有效地阻止人为破坏和车辆损坏;
⑧通视效果好。

研究结果表明(表2-7-1),防眩板是一种经济、美观、对风阻挡小、积雪少、对驾驶员心理影响小的防眩设施,尤其是适当板宽的防眩板与混凝土护栏配合使用效果更佳,从而确定防眩板是最佳的结构形式。故本书中主要推荐防眩板和植树两种形式作为我国公路防眩设施的基本形式。

不同防眩设施的综合性比较表　　　　表2-7-1

特　点	植树(灌木)		防　眩　板	防　眩　网
	密集型	间距型		
美观	好		好	较差
对驾驶员心理影响	小	大	小	较小
对风阻力		大	小	大
积雪		严重	好	严重
自然景观配合		好	好	不好
防眩效果		较好	好	较差
经济性	差	好	好	较差
施工难易		较难	易	难
养护工作量		大	小	小
横向通视	差	较好	好	好
阻止行人穿越	较好	差	较好	好
景观效果	好		好	差

(2)高速公路、一级公路宜采用防眩板和植树两种方式交替设置进行防眩。在进行技术经济论证后,也可采用其他的防眩形式。对中央分隔带有隔离要求的路段可采用防眩网,积雪

严重的路段可采用防眩板。

就防眩板和植树(灌木)两种形式的具体设置而言,当中央分隔带宽度较小时,应以防眩板为主进行防眩;而在中央分隔带较宽、地形变化较大、需要保护自然景观并且气候条件也较适宜植树时,可采用植树(灌木)防眩。从经济、景观、养护和克服单调性等方面而言,防眩板和植树相结合是比较理想的形式。设置缆索护栏时,因缆索护栏与防眩结合设置,会给人以"头重脚轻"之感,景观效果不好,再加上缆索护栏是柔性结构,不能很好地对防眩板起保护作用。车辆侧撞对缆索护栏可能没有什么损伤,而防眩板却可能遭受破坏或产生变形,修复较困难。如植树与缆索护栏结合设置,既能起到防眩作用,又弥补了缆索护栏诱导效果不理想的缺点,景观效果极佳,故在设置缆索护栏的路段,最好采用植树防眩。需强调的是,这些规定都不是绝对的,在什么条件下需设置防眩板或植树,要从本条(1)中所列出的八个方面进行比较后,结合具体的情况而定。

(3)中央分隔带护栏间距小于树冠直径时,或植树对中央分隔带通信管道有影响时,以及寒冷地区、干旱、半干旱地区路基填料采用水稳性差的材料时,不宜采用植树防眩。

植树防眩要根据中央分隔带的宽度合理选择树种,若植树需侵占道路净空时,要改为人工防眩设施防眩。

六、防眩设施的构造要求

(1)防眩板宽度和间距应满足防眩要求,所用材料应符合现行《防眩板》(GB/T 24718)的规定;植树防眩的树丛间距应根据树冠有效直径计算确定。防眩网板材厚度可采用 2~3mm,网面高度可采用 50~110cm,长度 200~400cm,网格尺寸计算确定。

①防眩板的结构设计要素主要有:遮光角、防眩高度、板宽、板的间距等。其中遮光角和防眩高度是重要指标。由于防眩板的宽度部分阻挡了对向车前照灯的眩光,也就是说,在中央分隔带连续设置一定间距、一定宽度的防眩板后,当与前照灯主光轴水平夹角(遮光角 β 定义,图 2-7-1)的光线照射到防眩板上,它刚好被相邻两块板条所阻挡。因此,遮光角是设计的重要参数。

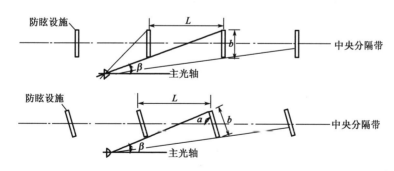

图 2-7-1 防眩板遮光角和宽度计算示意图

②防眩板条的间距规定为 50~100cm,主要是为了与护栏的设置间距相吻合,同时也有利于加工制作。另外,还在于按此间距计算出的板宽能很好地与护栏顶部宽度尺寸相配合。

③遮光角的计算。

a. 直线路段遮光角 β 如图 2-7-1 所示,应按式(2-7-1)计算。

$$\beta = \tan^{-1}\left(\frac{b}{L}\right) \quad (2\text{-}7\text{-}1)$$

b. 平曲线路段遮光角 β_0,应按式(2-7-2)计算。

$$\beta_0 = \cos^{-1}\left(\frac{R-B_3}{R}\cos\beta\right) \quad (2\text{-}7\text{-}2)$$

式中:b——防眩板的宽度(cm);
L——防眩板的间距(cm);
R——平曲线半径(m);
B_3——车辆驾驶员与防眩设施的横向距离(m);
β、β_0——防眩遮光角(°)。

④防眩板宽度的计算。

a. 当防眩板与设置中线垂直时,按式(2-7-3)计算。

$$b = L\tan\beta \quad (2\text{-}7\text{-}3)$$

b. 当防眩板与设置中线偏转 α 角时,按式(2-7-4)计算。

$$b = \frac{L\tan\beta}{\sin\alpha + \cos\alpha\tan\chi} \quad (2\text{-}7\text{-}4)$$

式中:α——防眩板的偏转角(°)。

(2)防眩设施的高度与驾驶员的视线高度和前照灯的高度有直接关系。

①在公路线形设计中,我国采用的驾驶员视线高度标准值是 1.20m,而在实际行驶的车辆群体中,由于车辆结构和驾驶员个体等因素的差别,驾驶员的视线高度变化很大。根据调查,我国驾驶员视线高度建议值为小汽车 1.30m、大客车 2.20m、货车 2.00m。汽车前照灯高度建议值为小型车 0.8m,大型车为 1.0m。

②在凸形竖曲线路段,驾驶员可在一定范围内从较低的角度看到对向车前照灯的眩光,随着两车驶近,视线上移,眩光才被防眩设施遮挡。故在凸形竖曲线路段,防眩设施的下缘应接近或接触路面,或在中央分隔带上种植密集矮灌木,以消除这种眩光的影响。其设置的范围至少为凸形竖曲线顶部两侧各 120m,因平直路段感觉不到眩光的两车最小纵距即为 120m 左右,汽车远射灯光的照距一般也在 120m 左右。

③在凹形竖曲线路段,驾驶员显然可从较高的角度看到对向车前照灯的眩光,因而宜根据凹形竖曲线的半径和前后纵坡度的大小,适当增加凹形竖曲线路段防眩设施的高度。一般可通过计算或计算机绘图求出凹形竖曲线内各典型路段相应的防眩设施高度值,最后取一平均值作为整个凹形竖曲线内防眩设施的设置高度。显然,在凹形竖曲线路段,通过种植足够高度的树木防眩是比较理想的形式,它可为驾驶员提供优美的视觉环境。

④为使防眩设施的高度能与道路的横断面比例协调,不使防眩设施受冲撞后倒伏到行车道上,以及减少行驶的压迫感,防眩设施的高度一般不宜超过 2m。

⑤综上所述,防眩设施的高度可按下式计算:

a. 直线路段防眩设施的高度 H,可按式(2-7-5)和式(2-7-6)进行计算,计算示意图见图 2-7-2。

$$H = h_1 + \frac{(h_2 - h_1)B_1}{B} \quad (2\text{-}7\text{-}5)$$

或

$$H = h_2 - \frac{(h_2 - h_1)B_2}{B} \quad (2\text{-}7\text{-}6)$$

式中：h_1——汽车前照灯高度(m)，如图2-7-2所示；

h_2——驾驶员视线高度(m)，如图2-7-2所示；

B_1、B_2——分别为车行道上车辆距防眩设施中心线的距离 m，$B = B_1 + B_2$，如图2-7-2所示。

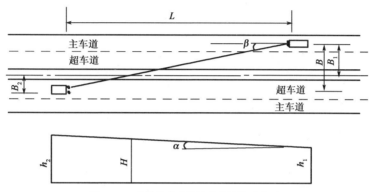

图2-7-2　直线段防眩设施高度计算示意图

b. 平曲线路段应按式(2-7-7)和式(2-7-8)验算防眩设施高度对停车视距的影响，平曲线路段防眩设施高度验算图式见图2-7-3，停车视距 S 按《公路路线设计规范》(JTG D20—2006)中 7.9 取值。

$$H < \frac{D - (R + m/2)\cos\gamma}{D}(h_2 - h) + h \quad (2\text{-}7\text{-}7)$$

$$D = 2R\sin\frac{S}{2R} \quad (2\text{-}7\text{-}8)$$

式中：H——防眩设施高度(m)；

D——驾驶员与障碍物通视的直线距离(m)；

h_2——驾驶员视线高度(m)；

h——障碍物高度(m)；

R——平曲线半径(m)；

m——道路中央分隔带宽度(m)；

S——停车视距(m)。

c. 在竖曲线路段，当竖曲线半径小于现行《公路工程技术标准》(JTG B01—2014)所规定的一般最小半径时，应根据竖曲线路段前后纵坡的大小计算防眩设施的高度是否满足遮光要求。

d. 防眩设施的高度不宜超过2m。

(3) 防眩设施宜独立设置。有特殊限制需要与护栏配合设置时，其结构处理应满足以下规定：

①防眩设施固定在混凝土护栏顶部时，可按独立结构段为单位进行安装。一般采用预埋

地脚螺栓连接。

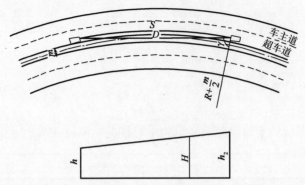

图 2-7-3　平曲线段防眩设施高度计算示意图

②防眩设施与波形梁护栏配合设置时,可通过连接件将防眩设施架设在护栏上,或通过立柱将防眩设施埋设于中央分隔带上。

③防眩设施与护栏组合设置后,不应影响护栏的阻挡、缓冲、导向等正常使用功能。

我国防眩设施和中央分隔带护栏设置时考虑的基本因素多数是一致的。一般在需设置防眩设施的路段上,基本上也需设置中央分隔带护栏,因而防眩设施宜与护栏配合设置。而且,防眩设施与护栏配合设置具有一定的优越性,可大大降低防眩设施的投资。防眩设施与护栏配合设置,可利用护栏作为支撑结构,护栏本身可作为防眩的一个组成部分,节省投资、降低造价;而且护栏对防眩设施可起到保护的作用,由于防眩设施本身并不具备防撞功能,与护栏配合使用时,护栏可起到保护的作用,使防眩设施受冲撞破坏的几率降低,可节省大量的维修养护费用;此外,还可起到增强道路景观的作用。

(4)在平曲线段或竖曲线段设置防眩网时,单片长度不宜大于 2.5m。

(5)采用植树防眩时,应根据当地气候条件,选择易成活、根系发达且对埋土深度要求较浅、枝叶茂密、落叶少、养护工作量少的树种。

第二节　技 术 要 求

防眩设施主要包括防眩板、防眩网和植树防眩三种形式。本节中的检测技术主要针对防眩板产品。

一、防眩板产品分类与命名

《防眩板》(GB/T 24718—2009)中防眩板产品分类与命名的规定如下:

1. 产品分类

按产品结构划分:

(1)Z——中空型;

(2)S——实体型;

(3)T——特殊造型。

按板体材料划分：
(1) P——塑料板体型；
(2) F——玻璃纤维增强塑料(玻璃钢)板体型；
(3) M——钢质金属板体型；
(4) Q——其他材质板体型。

2. 型号

示例：以高密度聚乙烯为原材料的规格为高 900mm、宽 220mm 的中空塑料防眩板应表示为"FXSPZ900×220"。

二、防眩板产品技术要求

1. 一般要求

1) 原材料

原材料要求如下：

(1) 塑料防眩板树脂原材料应符合相应的国家标准对于各类树脂的相关规定。

(2) 玻璃纤维增强塑料(玻璃钢)防眩板的原材料性能应符合《公路用玻璃纤维增强塑料产品　第1部分：通则》(GB/T 24721.1—2009)的规定。

(3) 金属板体的钢质基板应符合《碳素结构钢》(GB/T 700—2006)中相关型号钢板的规定，涂塑层应用的粉末涂料应符合《公路用防腐蚀粉末涂料及涂层　第1部分：通则》(JT/T 600.1—2004)的规定。

2) 外观质量

产品表面颜色均匀一致，无明显的反光现象，边缘圆滑、无毛刺、无飞边；表面无剥离、裂纹、气泡、砂眼等缺陷，整体成型完整、无明显歪斜。

3) 结构尺寸

除特殊造型防眩板产品外，产品主要结构尺寸见表2-7-2。

防眩板主要结构尺寸　　　　表2-7-2

高度 H(mm)	宽度 W(mm)	厚度 t(mm)		固定螺孔直径 ϕ(mm)
700~1000	80~250	中空塑料板体型	≥1.5	8~10
		钢质金属板体型	2~4	
		玻璃钢及其他实体型	2.5~4	

结构尺寸的允许偏差应符合下列规定：

(1) 高度 H 的允许偏差为 $^{+5}_{0}$mm。

(2) 宽度 W 的允许偏差为 ±2mm。

(3) 钢质金属板体型等规则厚度防眩板，其厚度 t 的允许偏差为 ±0.3mm，其他非规则厚度板体其厚度允许偏差应满足规范中的上下限要求。

(4) 固定螺孔直径允许偏差为 $^{+0.5}_{0}$mm。

(5) 纵向直线度不大于 2mm/m。

2. 理化性能

防眩板产品的理化性能要求应符合表2-7-3~表2-7-6的要求。

防眩板通用理化性能 表2-7-3

序号	项目	单位	技术要求
1	抗风荷载 F	N	F 应不小于 CS 的乘积,其中,C 为抗风荷载常数,取值为 $1647.5N/m^2$,S 为该规格防眩板的有效承风面积
2	抗变形量 R	mm/m	≤10
3	抗冲击性能		以冲击点为圆心,半径6mm区域外,试样表面或板体无开裂、剥离或其他破坏现象

塑料防眩板理化性能 表2-7-4

序号	项目		技术要求
1	耐溶剂性能	耐汽油性能	产品表面不应出现软化、皱纹、起泡、开裂、被溶解、溶剂浸入等痕迹
		耐酸性能	
		耐碱性能	
2	环境适应性能	耐低温坠落性能	产品应无开裂、破损现象
		耐候性能	经总辐照能量大于 $3.5 \times 10^6 kJ/m^2$ 的人工加速老化试验后,试样无明显变色、龟裂、粉化等老化现象,试样的耐候质量等级评定应符合《公路沿线设施塑料制品耐候性要求及测试方法》(GB/T 22040—2008)中5.2的规定

玻璃钢防眩板理化性能 表2-7-5

序号	项目		单位	技术要求
1	密度		g/cm³	≥1.5
2	巴柯尔硬度		—	≥40
3	氧指数(阻燃性能)		%	≥26
4	耐溶剂性能	耐汽油性能	—	产品表面不应出现软化、皱纹、起泡、开裂、被溶解、溶剂浸入等痕迹
		耐酸性能		
		耐碱性能		
5	耐水性能		—	产品表面不应出现软化、皱纹、起泡、开裂、被溶解、溶剂浸入等痕迹
6	环境适应性能	耐低温坠落性能	—	产品应无开裂、破损现象
		耐候性能		经总辐照能量大于 $3.5 \times 10^6 kJ/m^2$ 的人工加速老化试验后,试样无明显变色、龟裂、粉化等老化现象,试样的耐候质量等级评定应符合《公路沿线设施塑料制品耐候性要求及测试方法》(GB/T 22040—2008)中5.2的规定

钢质金属基材防眩板理化性能　　　　　　　　　　表 2-7-6

序号	项　　　目			单位	技　术　要　求
1	涂塑层厚度	热塑性涂层	单涂层	mm	0.38～0.80
			双涂层		0.25～0.60
		热固性涂层	单涂层		0.076～0.150
			双涂层		0.076～0.120
2	双涂层基板镀锌层附着量			g/m²	≥270
3	涂层附着性能	热塑性粉末涂料涂层		—	一般不低于 2 级
		热固性粉末涂料涂层		—	0 级
4	环境适应性能	耐盐雾性能	钢质基底无其他防护层	—	划痕部位任何一侧 0.5mm 外,涂层应无气泡、剥离的现象
			金属防护层基底 第Ⅰ段(8h)	—	划痕部位任何一侧 0.5mm 外,涂层应无气泡、剥离的现象
			金属防护层基底 第Ⅱ段(200h)	—	基底金属无锈蚀
5		涂层耐湿热性能		—	划痕部位任何一侧 0.5mm 外,涂层应无气泡、剥离的现象

第三节　生产工艺和施工方法

一、防眩板的生产工艺

1. 塑料防眩板的生产工艺

塑料防眩板的生产工艺流程如图 2-7-4 所示。

2. 玻璃钢防眩板的生产工艺

玻璃钢防眩板的生产工艺流程如图 2-7-5 所示。

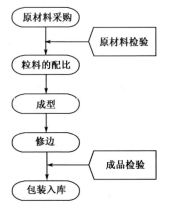

图 2-7-4　塑料防眩板的生产工艺流程图

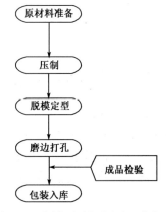

图 2-7-5　玻璃钢防眩板的生产工艺流程图

对于玻璃钢防眩板，一定量的模压料装入模具后在一定的温度和压力下模压料塑化、流动并充满模腔。同时，模压料发生交联固化反应形成三维体型结构而得到预期的制品。在整个压制过程中，加压、赋形、保温等过程都依靠被加热的模具的闭合而实现。

在加热加压保温的条件下，模压料发生以下几个阶段的变化。第一阶段是模压料受热塑化，流动并充满模腔，获得制品所要求的形状。第二阶段是树脂与交联单体发生交联反应，形成部分网状结构，模压料黏度增大，流动性降低，表现出一定的弹性。第三阶段是交联反应继续进行，树脂与交联单体之间的共聚反应更为完全，模压料失去流动性，硬度大幅度增加。从实际生产角度来看，这三个阶段并没有明显的界限，模压料在流动的同时可能形成部分网状结构，乃至更进一步形成三维体型结构。

二、防眩板的施工方法

1. 施工方法

防眩板的施工工序是：放样→支架防眩板安装→防眩板线形调整。

安装过程中所有钢构件均应进行防腐处理。除设计文件另行规定外，防腐处理应满足现行《高速公路交通工程钢构件防腐技术条件》（GB/T 18226）的规定。螺栓、螺母等紧固件和连接件在防腐处理后，必须清理螺纹或进行离心分离处理。

防眩板可以安装在钢护栏上和混凝土护栏上，也可以单独设置；安装线形缓和整体应与公路线形协调一致；防眩板安装的高度和遮光角必须满足标准要求。

2. 防眩板施工中的质量控制

（1）放样

防眩板支架放样，应先确定控制点（如桥梁），控制点间距、放样应符合设计要求。

（2）支架及防眩板安装

支架安装间距符合施工图设计；支架安装高度保持一致，线形平顺；防眩板安装高度、间距要符合设计要求。

（3）防眩板线形调整

防眩板安装完成后应进行线形调整，防眩板整体线形应与路线线形一致，没有高低不平及扭曲现象。

三、防眩板产品的标志、包装、运输和储存要求

防眩板产品的标志规定如下：交货时，产品整包装应该附有一张制造标签和一张合格证标签。制造标签内容包括：产品名称、型号、生产日期、批号、产品标准号、生产企业名称、联系地址等。合格证标签内容包括：合格证、检验合格、检验证编号、检验人员代号、检验日期等。产品外包装应能保证产品在运输和储存过程中，不受外力的轻微影响，保持外观完整。

产品在运输时，不得受剧烈的撞击和重压。存放场地应有明显的"禁止烟火"标志。储存和使用过程中，应防止利器刮碰，不与高温热源或明火接触。

第四节 检测方法

一、防眩板的检测设备

防眩板检测项目及所用仪器设备如表 2-7-7 所示。

防眩板检测项目及所用仪器设备表　　　　表 2-7-7

序号	检测项目	检测仪器设备	测量参数
1	结构尺寸	直尺、卷尺、卡尺、板厚千分尺、塞尺、角尺	长度、角度
2	抗风荷载	万能材料试验机、抗风荷载测定仪	力、长度
3	防腐层厚度	磁性测厚仪	厚度
4	镀层附着量	天平、量杯	质量、容量
5	镀层均匀性	天平、量杯	质量、容量
6	镀锌层附着性	镀锌层附着性能测试仪	质量、肖氏硬度
7	镀铝层附着性	弯曲测试棒	直径
8	镀层/涂层耐盐雾性	盐雾腐蚀试验箱	温度、流量
9	涂层抗弯曲性	涂层附着力测定器	直径
10	涂层耐磨性	涂层磨耗仪、天平	质量
11	耐冲击性	漆膜冲击器、温度计	质量、高度、温度
12	耐化学药品性	天平、量杯	质量、容量
13	耐湿热性	高低温湿热试验箱	温度、湿度
14	耐低温脆化性	低温试验箱	温度、时间
15	耐候性	人工加速老化试验箱	辐照度、温度
16	外观质量	—	—

二、防眩板产品检测方法

1. 试样状态调节和试验环境条件

除特殊规定外,试样应按《塑料试样状态调节和试验的标准环境》(GB/T 2918—1998)的规定进行 24h 状态调节,并且在此条件下进行试验。

(1)试验环境温度:23℃ ±2℃;

(2)试验环境相对湿度:50% ±5%。

2. 试剂

(1)固体试剂:NaOH(化学纯)、NaCl(化学纯);

(2)液体试剂:H_2SO_4(化学纯)、无铅汽油(90 号)。

3. 试样

玻璃钢防眩板的试样要求应符合《公路用玻璃纤维增强塑料产品 第1部分:通则》(GB/T 24721.1—2009)中的相关规定。

塑料防眩板及玻璃钢防眩板耐溶剂性能试样应尽可能从防眩板平缓部位截取,试样面积大小应不小于100cm²。

4. 试验程序

1)外观质量

在正常光线下,目测直接观察。

2)结构尺寸

(1)高度 H

将试样做平面投影,用分度值1mm的钢卷尺,在试样投影的最大长度位置量取3个数值,取算术平均值作为测量结果。

(2)宽度 W

将试样做平面投影,用分度值1mm的钢板尺,在试样投影的上、中、下三个部位分别量取3个测量值,取算术平均值作为测量结果。

(3)厚度 t

对板材厚度均匀的试样,用分度值0.02mm的千分尺分别在板的中部及边缘部分量取3个测量值,取算术平均值作为测量结果。对厚度不均匀的试样,对其板面的极限厚度值各量取3个测量值,取算术平均值作为厚度区间的测量结果。对于中空型的防眩板,厚度 t 为材料实壁单层厚度。

(4)固定螺孔直径

用分度值0.01mm的游标卡尺在不同方向量取3个测量值,取算术平均值作为测量结果。

(5)纵向直线度

在试验平台上,用分度值为0.01mm的塞尺,量取板侧与试验平台间的3个最大缝隙值 d,取算术平均值,则纵向直线度按下面公式求出:

$$纵向直线度 = \frac{\bar{d}}{H} \times 100\% \tag{2-7-9}$$

式中:$\bar{d}$——最大缝隙值算术平均值(mm);

H——防眩板高度(mm)。

(6)端部不垂直度

对于规则方形防眩板,以万能角度尺在其板端量取3个测量值,取算术平均值作为测量结果。对于非规则方形防眩板,不作要求。

3)整体力学性能

(1)抗风荷载 F

将防眩板底部固定于试验平台上,板的中部用标准夹具夹持,以标准夹具的中点为力学牵引点,用刚性连接介质通过定滑轮与力学试验机牵引系统牢固连接,牵引点应与定滑轮下缘在同一直线上,且牵引方向应垂直于防眩板板面。在连接介质完全松弛的情况下,以100mm/min

的速度牵引,直至板面破裂或已经达到最大负荷时,停止试验,所受最大牵引负荷即为试样的抗风荷载。如此共进行3组试验,取3次试验结果的算术平均值为测试结果。

试验牵引装置的设置按照图2-7-6的要求进行。

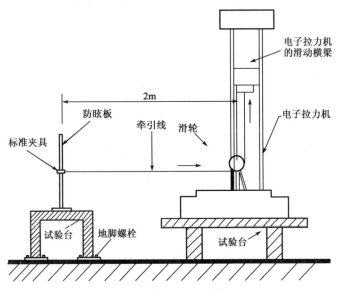

图2-7-6 整体力学性能牵引装置设置图

(2)抗变形量 R

试验设备设置同抗风荷载,将防眩板固定于试验平台上,并与试验机良好连接。标记出板上端到操作台平面的投影 S_0,启动试验机,以15mm/min 的速度进行牵引,当牵引负荷达到表2-7-3中相应规格的抗风荷载时,停止牵引,卸掉施加负荷,使防眩板自由弹性恢复,5min 后做板上端到操作台平面的投影,标记为 S_1,抗变形量 R 的立面投影示意如图2-7-7所示。则防眩板抗变形量 R 可用下式表示为：

$$R = \frac{S_1 - S_0}{H} \quad (2\text{-}7\text{-}10)$$

式中：R——抗变形量(mm/m)；

　　　S_1——最终投影位移(mm)；

　　　S_0——初始投影位移(mm)；

　　　H——板高(m)。

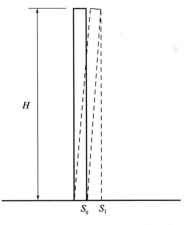

图2-7-7 抗变形量 R 的立面投影示意

如此共进行3组试验,取3次试验结果的算术平均值为测试结果。

(3)抗冲击性能

将试样放置在标准环境条件下调节24h 后进行试验。试样应平整放置于硬质地面或试验台上,用质量为1kg 钢球从距板面高度1m 处自由下落,冲击试样,保证在冲击的过程中钢球与试样只接触一次,每件试样冲击点应选择上、中、下三个部位进行冲击试验,观测试验结果应符合表2-7-4的规定。

4)耐溶剂性能

(1)塑料防眩板

常规耐溶剂性能按照《塑料耐液体化学试剂性能的测定》(GB/T 11547—2008)的方法进行,浸泡温度为23℃±2℃,浸泡时间为168h。试验试剂选用以下类型:

①30%的H_2SO_4溶液;

②10%的NaOH溶液;

③90号汽油。

(2)玻璃钢防眩板

按《公路用玻璃纤维增强塑料产品 第1部分:通则》(GB/T 24721.1—2009)中的规定。

5)耐水性能

玻璃钢防眩板耐水性能按照现行《玻璃纤维增强塑料耐水性加速试验方法》(GB/T 10703)规定的方法进行,试验用水应为蒸馏水或去离子水,试验水温为80℃±2℃,试验144h后进行外观测试。

6)环境适应性能

(1)耐低温坠落性能

将长度为500mm试样放置在低温试验箱中,温度降至-40℃±3℃,恒温调节2h后取出试样,板面平行于地面由1m高度处自由坠落至硬质地面,观测试验结果。

(2)耐候性能(氙弧灯人工加速老化试验)

按《公路沿线设施塑料制品耐候性要求及测试方法》(GB/T 22040—2008)中的规定执行。

7)玻璃钢防眩板理化性能

(1)密度

按《纤维增强塑料密度和相对密度试验方法》(GB/T 1463—2005)规定执行,采用浮力法。

(2)巴柯尔硬度

按《纤维增强塑料巴氏(巴柯尔)硬度试验方法》(GB/T 3854—2005)规定执行。

(3)氧指数(阻燃性能)

按《纤维增强塑料燃烧性能试验方法 氧指数法》(GB/T 8924—2005)规定执行。

8)钢质金属基材防眩板理化性能

(1)基板厚度

试样经剥离外部涂塑层后,用分度值0.02mm的板厚千分尺分别在板的上、中、下边缘部分量取3个测量值,取算术平均值作为测量结果。

(2)涂层厚度

涂层厚度按现行《磁性基体上非磁性覆盖层覆盖层厚度测量 磁性法》(GB/T 4956—2003)的规定进行,以测量值的算术平均值表示测试结果。若测试值中10%以上的值超出技术要求范围,即使算术平均值符合技术要求,该结果仍为不符合本标准的技术要求。

(3)双涂层基板镀锌层附着量

按现行GB/T 18226的规定执行。

(4)涂层附着性能

①热固性粉末涂料涂层

按照《色漆和清漆　漆膜的划格试验》(GB/T 9286—1998)的方法进行。

②热塑性粉末涂料涂层

用锋利的刀片在涂塑层上划出两条平行的长度为5cm的切口,切入深度应达到涂层附着基底的表面。板状或柱状试样两条切口间距为3mm,丝状试样的两条切口位于沿丝的轴向的180°对称面。在切口的一端垂直于原切口作一竖直切口,用尖锐的器具将竖直切口挑起少许,用手指捏紧端头尽量将涂层扯起。以扯起涂层状态,将涂层附着性能区分为0~4级。

0级:不能扯起或扯起点断裂;

1级:小于1cm长的涂层能被扯起;

2级:非常仔细的情况下可将涂层扯起1~2cm;

3级:有一定程度附着,但比较容易可将涂层扯起1~2cm;

4级:切开后可轻易完全剥离。

(5)耐盐雾性能

按现行《公路交通工程钢构件防腐技术条件》(GB/T 18226)的规定执行。

(6)涂层耐湿热性能

温度47℃±1℃,相对湿度96%±2%条件下,按照《公路交通工程钢构件防腐技术条件》(GB/T 18226—2015)的规定执行。

三、防眩板产品检验规则

对防眩板产品质量的检验分型式检验和出厂检验两种形式。

型式检验应在生产线终端或生产单位成品库内抽取足够的样品,按标准规定进行全部项目的检验。型式检验应每两年进行一次。防眩板产品在新设计试制产品时、出厂检验结果与上次型式检验有较大差异时、国家质量监督机构提出型式检验时,以及正式生产过程中如原材料、工艺有较大改变,可能影响产品性能时,应进行型式检验。

在生产企业首次批量定型生产时,型式检验中的耐候性能为必检项目,若检验合格,在产品配方不发生变化的情况下,耐候性能四年检验一次。若生产配方发生变化,应立即提请质检机构进行耐候性能测试。

型式检验时,如有任一项指标不符合《防眩板》(GB/T 24718—2009)要求时,则需重新抽取双倍试样,对该项目进行复验。复验结果仍然不合格时,则判该型式检验为不合格,反之判定为合格。

产品需经生产单位质量部门出厂检验合格并附产品质量合格证方可出厂。用同一批号原材料,同一配方和同一工艺生产的产品可组成一批。取样方法按《公路交通安全设施质量检验抽样方法》(JT/T 495—2014)的规定进行。

出厂检验项目包括:外观质量、结构尺寸、抗冲击性能、产品标识和产品包装。

第八章

突起路标

第一节 概 述

一、突起路标与太阳能突起路标的术语和定义

1. 逆反射元

产生逆反射的最小光学单元,例如一个三面直角棱镜或一个双凸透镜结构。

2. 逆反射器

由一个或多个逆反射元组成的、可直接应用的器件或组件,通常为梯形片状。

3. 定向透镜

一种在一定的入射条件和观测条件下才具备逆反射性能的器件,通常为小双凸透镜。

4. 全向透镜

在水平360°的入射条件下都具有逆反射性能的逆反射器。

5. 钢化玻璃

经热处理工艺之后的玻璃,其特点是在玻璃表面形成压应力层,机械强度和耐热冲击强度得到提高,并且碎裂时,碎片呈钝角颗粒状。

6. 永久突起路标

在长期应用条件下,为道路使用者提供夜间警示诱导和信息的突起路标,通常在重车使用环境下,使用寿命大于一年。

7. 临时突起路标

用于道路施工区和维护区,在白天和夜间为道路使用者提供警示诱导和信息的突起路标,通常在重车使用环境下,使用寿命大于四个月。

8. 亮度因数

D_{65}标准光源、45°/0°观测条件下,被测样品光亮度与同一位置时的标准漫反射白板的光亮度之比。

9. 逆反射

反射光线从靠近入射光线的反方向,向光源返回的反射(图2-8-1)。

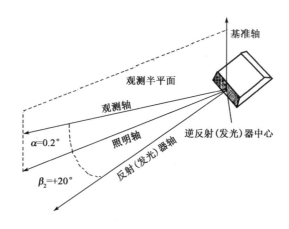

图 2-8-1　突起路标术语及光学测试原理图

10. 逆反射(发光)器中心

突起路标发光面(片)或逆反射片的几何中心,简称几何中心。

11. 基准轴

起始于逆反射(发光)器的几何中心,垂直于安装水平面的直线。

12. 逆反射(发光)器轴

水平面内通过几何中心与基准轴,与突起路标迎车面底边线相互垂直的直线。

13. 照明轴

连接几何中心和光源中心的直线(对于逆反射器来说,该轴为一实轴,是存在的;对于主动发光器来说,该轴为一虚轴,是为了描述测量几何条件而定义的)。

14. 观测轴

观测半平面内连接几何中心和光探测器中心的直线。

15. 水平入射角 β

水平面内照明轴与逆反射器轴之间的夹角。

16. 观测角 α

照明轴与观测轴之间的夹角。

17. 发光强度系数 R

逆反射器在观察方向的发光强度 I 除以投向逆反射体且落在垂直于入射光方向的平面内的光照度 $E_\perp$ 的商,以坎德拉每勒克斯表示 $(cd \cdot lx^{-1})$,$R = I/E_\perp$。

18. 逆反射系数 R'

平面逆反射表面上的发光强度系数 R 除以它的表面面积的商,以坎德拉每勒克斯每平方米表示($cd \cdot lx^{-1} \cdot m^{-2}$),$R' = R/A$。

19. 标准测试条件

环境温度为 25℃±1℃,用标准太阳电池测量的光源辐照度为 $1000W/m^2$ 并具有标准的太阳光谱辐照度分布。

20. 半强角

发光强度为最大发光强度光轴方向一半时,观测轴与最大发光强度光轴的夹角。

21. 浮充电

把充电电路和储能元件的供电电路并联接到负载上,充电电路在向负载供电的同时,仍向储能元件充电,只有当充电电路断开时,储能元件才向负载供电的一种充电运行方式。

二、突起路标的分类、组成、型号标记、功能和作用

1. 突起路标的分类

按《突起路标》(GB/T 24725—2009)中规定的产品分类如下:按逆反射性能,突起路标分为逆反射型(简称 A 类)和非逆反射型(简称 B 类)两种,逆反射型突起路标按逆反射器类型又可分为 A1 类、A2 类、A3 类等;按基体材料分为塑料、钢化玻璃、金属等;按逆反射器分为微棱镜、定向透镜、全向透镜等;按位置分为车道分界线型和车道边缘线形;按颜色分为白、黄、红、绿、蓝等类型。

2. 突起路标的组成

(1)A1 类突起路标

由工程塑料或金属等材料基体和微棱镜逆反射器组成的逆反射突起路标,原理见图 2-8-2。

(2)A2 类突起路标

由工程塑料或金属等材料基体和定向透镜逆反射器组成的逆反射突起路标,原理见图 2-8-3。

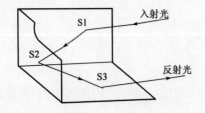

图 2-8-2 微棱镜逆反射单元反射原理图

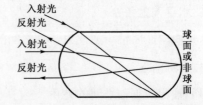

图 2-8-3 定向透镜逆反射单元反射原理图

(3)A3 类突起路标

由钢化玻璃基体和金属反射膜组成的一体化全向透镜逆反射突起路标,原理见图 2-8-4。

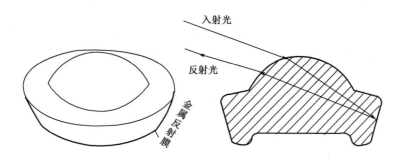

图 2-8-4　全向反射突起路标反射原理图

(4) B 类突起路标

一般不含逆反射器,直接由工程塑料、陶瓷或金属材料基体和色表面组成。

3. 突起路标的型号标记

突起路标的型号标记由 5 部分组成,第四部分和第五部分用短连字符"-"连接,其余各部分连续无间隔排列。

(1) 第一部分为突起路标类型,可选项有 A1、A2、A3、B 四种。

(2) 第二部分为 A 类突起路标的逆反射器或 B 类突起路标的表面色颜色,可选项有白、黄、红、绿、蓝五种,分别用 W、Y、R、G、B 表示。

(3) 第三部分为基体材料,可选项有塑料、金属、钢化玻璃、陶瓷等,分别用 P、M、T、C 表示。

(4) 第四部分为地面以上有效高度,由 20 和 25 两个数字分别表示 20mm 和 25mm。

(5) 第五部分为底边有效尺寸,由 100、125、150 三个数字分别表示 100mm、125mm 和 150mm。

例如:A1WP20-150 其型号表示为大小 150mm、有效高度 20mm 的 A1 类白色塑料突起路标,BYC25-100 其型号表示为大小 100mm、有效高度 25mm 的 B 类黄色陶瓷突起路标。

4. 突起路标的功能和作用

突起路标是固定于路面上,独立使用或配合标线使用,以形态、颜色、逆反射光等传递车道信息,指引车辆、行人顺利通行的交通安全设施。可以说,突起路标是一种固定于路面上起标线作用的突起标记块,可用来标记对向车行道分界线、同向车行道分界线、车行道边缘线等,也可用来标记弯道、进出口匝道、导流标线、道路变窄、路面障碍物等危险路段。

目前市场上的突起路标种类很多,性能各有千秋,功能各有侧重。道路尤其是高等级公路中,使用较多的是反光型突起路标。反光型突起路标包括基体和反射器。图 2-8-5 是塑料基体的反光型突起路标,是最为常见的一种类型。因其不带销钉,所以不用在路面钻孔,直接使用环氧树脂胶等黏结于路面上即可。

图 2-8-6 是铝合金基体的反光型突起路标,基体带有销钉,安装时需先在路上钻孔,再涂胶(环氧树脂胶或沥青胶)黏结,安装较为牢固,不易脱落。反光型突起路标可单面反光,即只在面向行车方向装有反射器;也可双面反光,即在面向行车方向和其反方向均装有反射器。

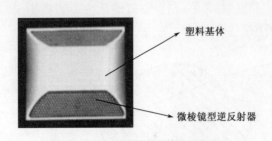 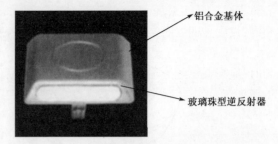

图 2-8-5 反光型突起路标(塑料基体)　　图 2-8-6 反光型突起路标(铝合金基体)

夜间行车时,在汽车车灯的照射下,反光型突起路标的反射器产生逆反射光,将车辆前方的道路轮廓清晰地勾勒出来,令人心旷神怡。反光型突起路标的使用,给夜间道路交通带来安全和快捷,同时制造出美丽的景象,为驾乘人员带来舒适、愉悦的心情,所以在世界各国尤其是发达国家得到普遍和广泛的使用。

普通型突起路标没有反射器,在夜间不产生逆反射光。普通型突起路标可用陶瓷、金属、塑料等制作而成,因其没有反射器,较为耐磨,使用寿命较长,可独立作为标线使用。

发光型突起路标主要指主动发光的太阳能突起路标。太阳能突起路标利用太阳能为发光二极管(LED)提供能量,从而发出所需各种光线,提示和引导车辆安全通行。主要安装于弯道、多雾等特殊路段,以一定的频率闪烁发光,来引起驾乘人员的警觉和注意。

组合型突起路标兼具反光型突起路标和发光型突起路标的特点于一体,是近年来研制出来的一种新型突起路标产品。

突起路标因突出于路面,车辆碾压时能产生震荡感,可给予驾乘人员适当的提示,所以广泛用于车道边缘线、不允许频繁变换车道的车道分界线、道路出入口、要求车辆减速慢行的路段等。

三、太阳能突起路标产品的结构与分类

1. 结构

太阳能突起路标一般由壳体、主动发光元件、太阳电池、储能元件以及控制器件等构成。

2. 分类

按照是否带逆反射器分为带逆反射器的组合式突起路标和不带逆反射器的单一式突起路标两种,分别用大写字母 Z 和 D 表示。按照使用环境温度条件分为 A 型、B 型和 C 型三种:A 型为常温型,最低使用温度为 -20℃;B 型为低温型,最低使用温度为 -40℃;C 型为超低温型,最低使用温度为 -55℃。按照能见度条件分为 Ⅰ 型、Ⅱ 型和 Ⅲ 型:Ⅰ 型适用于无照明的道路,Ⅱ 型适用于有照明的道路,Ⅲ 型适用于多雾天气的道路。

四、突起路标的设置原则

依据《道路交通标志和标线》(GB 5768—2009)相关要求,突起路标设置规定如下:

突起路标与标线配合使用时,应选用主动发光型或定向反光型,其颜色与标线颜色一致,布设间隔为 6~15m,一般设置在标线的空当中,也可依据实际情况适当加密。与边缘线和中

心单实线配合使用时,突起路标应设置在标线的一侧,其间隔应与在车行道分界线设置的间隔相同,设置示例如图2-8-7所示(图中箭头仅表示车流行驶方向)。

突起路标与进出口匝道标线、导流标线、路面宽度渐变段标线、路面障碍物标线等配合使用时,应根据实际线形进行布设,力求夜间轮廓分明,清晰可见,设置示例如图2-8-8所示(图中箭头仅表示车流行驶方向)。

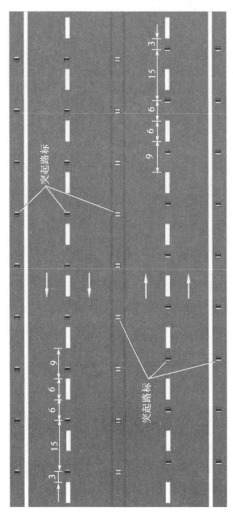

图 2-8-7 突起路标与标线配合设置示例图
(尺寸单位:m)

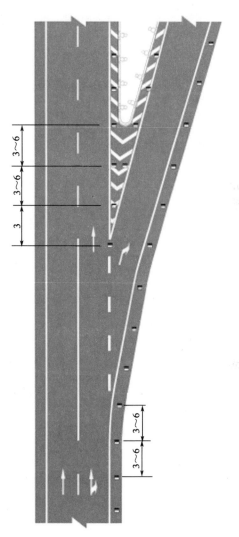

图 2-8-8 出口匝道突起路标布设示例图
(尺寸单位:m)

突起路标单独用作车行道分界线时,其布设间距推荐值为1~1.2m,也可依据实际情况适当加密。壳体颜色应与标线颜色一致,并应使突起路标表面具有足够的抗滑性能,示例如图2-8-9~图2-8-11所示。

突起路标单独用作减速标线时,其布设间距推

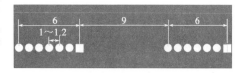

图 2-8-9 突起路标组成的虚线标线示例图
(尺寸单位:m)

荐值为 30~50cm,并应使突起路标表面具有足够的抗滑性能。

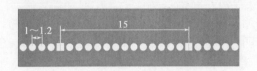

图 2-8-10　突起路标组成的单实线示例图
（尺寸单位:m）

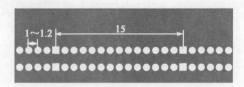

图 2-8-11　突起路标组成的双实线示例图
（尺寸单位:m）

第二节　技 术 要 求

一、突起路标产品技术要求

《突起路标》(GB/T 24725—2009)制定了突起路标外观质量、结构尺寸、色度性能、逆反射性能、整体抗冲击性能、逆反射器抗冲击性能、抗压荷载、纵向弯曲强度、耐磨损性能、耐温度循环、碎裂后状态、金属反射膜附着性能、耐盐雾腐蚀性能和耐候性能 14 项技术要求。

1. 外观质量

(1)突起路标基体应成形完整,颜色均匀,外表面无明显的划伤、裂缝、飞边等缺陷;金属基体突起路标表面不应有砂眼、毛刺;工程塑料基体不应有毛刺、气泡、隐纹、变形等;玻璃基体不应有气泡、裂纹。

(2)突起路标逆反射器应完整、无缺损,反光均匀。

(3)A3 类突起路标金属反射膜应完整、均匀,无剥离、浮起、杂质、针孔等缺陷。

2. 结构尺寸

(1)突起路标的材料应具有良好的耐化学腐蚀、耐水、耐 UV 紫外线和耐候性能,金属材料还应具有良好的韧性,受过载破坏后不应有导致交通伤害的尖锐碎片。

(2)突起路标轮廓边缘应平滑,不应有导致交通伤害的尖锐边线;底部应做工艺处理,以便与路面黏结。

(3)突起路标一般为梯形、圆形或椭圆形,底部边长或直径宜选用 100mm、125mm 和 150mm 三种,边长或直径允差 ±2mm。

(4)突起路标位于路面以上的高度:车道分界线形应不大于 20mm,边缘线形应不大于 25mm。

(5)突起路标面向行车方向的坡度:A1 类突起路标应不大于 45°,A2 类突起路标应不大于 65°。

3. 色度性能

(1)表面色:白色、黄色突起路标外部表面的色品坐标和亮度因数应符合表 2-8-1 和图 2-8-12 的规定。

突起路标基体表面色色品坐标和最小亮度因数表　　　　表 2-8-1

颜　色	色品坐标 （照明观测条件：标准 D_{65} 光源，入射角 45°，观测角 0°）								亮度因数
	1		2		3		4		
	x	y	x	y	x	y	x	y	
白	0.350	0.360	0.300	0.310	0.290	0.320	0.340	0.370	≥0.75
黄	0.519	0.480	0.468	0.442	0.427	0.483	0.465	0.534	≥0.45

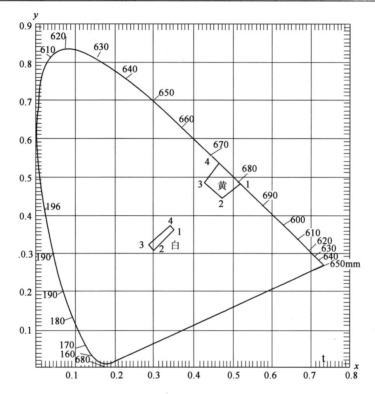

图 2-8-12　突起路标基体表面色 CIE1931 色品区域图(45°/0°)

（2）逆反射色：逆反射型突起路标逆反射器色品坐标应符合表 2-8-2 和图 2-8-13 的规定。

突起路标逆反射器逆反射色色品坐标　　　　表 2-8-2

颜色	色品坐标 （照明观测条件：标准 A 光源，入射角 0°，观测角 0.2°）											
	1		2		3		4		5		6	
	x	y	x	y	x	y	x	y	x	y	x	y
白	0.310	0.348	0.453	0.440	0.500	0.440	0.500	0.380	0.440	0.380	0.310	0.283
黄	0.545	0.424	0.559	0.439	0.609	0.390	0.597	0.390	—	—	—	—
红	0.650	0.330	0.668	0.330	0.734	0.265	0.721	0.259	—	—	—	—
绿	0.009	0.733	0.288	0.520	0.209	0.395	0.012	0.494	—	—	—	—
蓝	0.039	0.320	0.160	0.320	0.160	0.240	0.183	0.218	0.088	0.142	—	—

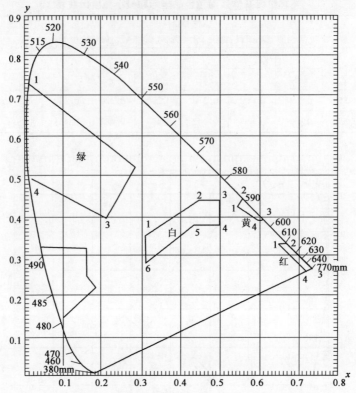

图 2-8-13 突起路标逆反射器逆反射色 CIE1931 色品区域图(A 光源,0°/0.2°)

4. 逆反射性能

(1)突起路标每个逆反射面的发光强度系数,按颜色分类应不低于表 2-8-3 规定基值与表 2-8-4 颜色系数之乘积。

突起路标发光强度系数 R 基值   表 2-8-3

几何条件		发光强度系数 R 最小值(mcd·lx^{-1})		
观测角	水平入射角 β_2	A1	A2	A3
0.2°	0°	580	279	40
	±20°	272	112	40
0.33°	±5°	472	220	20
1.0°	±10°	74	25	10
2.0°	±15°	11.8	5	5

注:* 垂直入射角 β_1 和旋转角 ε 均为 0°。

突起路标逆反射器颜色系数   表 2-8-4

颜色	颜色系数	颜色	颜色系数
白色	1.0	绿色	0.3
黄色	0.6	蓝色	0.1
红色	0.2		

(2)带耐磨层的 A1 类突起路标,其发光强度系数基值不低于表 2-8-3 规定值的 70%。

(3) A3 类突起路标在观测角相同、水平入射角变化时,其逆反射系数不均匀度应不大于 10%。

(4) 对于 A1、A2 类突起路标,当左右对称的两入射角的平均发光强度系数大于上述规定值时,其对应的任一个入射角最小值允许不低于规定值的 80%。

5. 整体抗冲击性能

突起路标产品经抗冲击试验后,以冲击点为圆心,直径 12mm 的区域外不应有任何形式的破损。

6. 逆反射器抗冲击性能

经抗冲击试验后,以冲击点为圆心,直径 12mm 的区域外不应有任何形式的破损。带耐磨层的逆反射器,其耐磨层不应出现两条以上、长度为 6.4mm 的辐射状裂痕,裂痕不应延伸到耐磨层的边沿,耐磨层不应与逆反射器剥离。

7. 抗压荷载

抗压荷载测试后,A1、A2 类突起路标抗压荷载应不小于 160kN,A3 类突起路标抗压荷载应不小于 245kN。

8. 纵向弯曲强度

对 A1、A2 类突起路标纵向弯曲强度测试后,应不小于 9kN。

9. 耐磨损性能

耐磨损性能测试后,A1、A2、A3 类突起路标的发光强度系数分别应不小于表 2-8-3 规定值的 50%、70% 和 90%,再乘以相应的颜色系数。

10. 耐温度循环

经温度循环试验后,突起路标应无破裂、反射体剥离基体、耐磨层分层等现象。

11. 碎裂后状态

A3 类突起路标自爆或承压碎裂后,其碎片应呈钝角颗粒状,颗粒最大尺寸不大于 40mm,30~40mm 之间的致密性碎块数不应多于 2 块(钢化玻璃碎裂后,完整透亮的玻璃块被认为是致密结构,而有穿透性裂纹或微小碎条结合在一起的、非透亮的玻璃块被认为是非致密结构)。

12. 金属反射膜附着性能

A3 类突起路标金属反射膜与钢化玻璃基体结合应牢固,试验后金属反射膜应无剥离、浮起等现象。

13. 耐盐雾腐蚀性能

耐盐雾腐蚀性能试验后,突起路标基体及逆反射器应无变色、侵蚀、溶液渗入等现象。

14. 耐候性能

经过一年自然气候暴露试验或 600h 人工加速老化试验后,被测样品应:

（1）无明显的褪色、粉化、龟裂、锈蚀等现象；
（2）突起路标基体的色品坐标和亮度因数仍应符合表2-8-1的要求；
（3）A类突起路标的逆反射器或金属反射膜不应脱落、分层；
（4）A类突起路标逆反射器的色品坐标仍应符合表2-8-2的规定，发光强度系数应不低于表2-8-3规定值的80%乘以相应的颜色系数。

二、太阳能突起路标产品技术要求

《太阳能突起路标》(GB/T 19813—2005)制定了一般要求、外观质量、外形尺寸、太阳能电池和储能元件的匹配性能、太阳能电池和储能元件的耐久性、发光器件的性能、主动发光单元工作时的发光强度、主动发光单元工作时的色品坐标、组合式突起路标逆反射器的光学性能、闪烁频率、夜间视认距离、耐溶剂性能、密封性能、机械性能、环境适应性能、耐循环盐雾性能和耐候性能17项技术要求。

1. 一般要求

突起路标的壳体、太阳能电池、储能元件、发光元件以及控制器件的性能应满足公路环境使用条件。

生产企业应向用户出示有关太阳能电池、储能元件、LED产品的使用寿命证明和经有资质的检测机构检测合格的证书，并在产品质量保证书上明确标示出太阳能突起路标的设计使用寿命。

带闪烁的突起路标应设置控制端子以便控制闪烁频率和测试工作时的发光强度。

2. 外观质量

突起路标壳体成形完整，无裂纹、无砂眼、无气泡；边角过渡圆滑、无毛刺、无飞边；外表面颜色应均匀一致，太阳能电池受光面清洁透亮、无明显瑕点。

太阳能突起路标应封装严密，除太阳能电池和发光装置外，从上部位置不应观察到其他元件和接线。

3. 外形尺寸

太阳能突起路标的外形一般为梯形结构(图2-8-1)，下底边长有100mm±3mm、125mm±2mm和150mm±1mm三种规格，安装于路面以上的有效高度不大于25mm，梯形迎车面的坡度角应不大于45°。

4. 太阳能电池和储能元件的匹配性能

太阳能电池和储能元件应匹配良好，在标准测试条件下放置8h，储能元件的额定容量应满足突起路标正常发光72h的需要；或选用的太阳能电池在太阳光照度小于1000lx时，向储能元件充电8h后，储能元件的容量应满足突起路标正常发光12h的需要。

5. 太阳能电池和储能元件的耐久性

太阳能电池的使用寿命应不小于40000h，储能元件在浮充电状态下的循环使用寿命应不小于2000次充放电(每年按4000h计算太阳能电池使用时间,按充放电400次计算储能元件的循环使用次数)。

6. 发光器件的性能

发光器件应采用LED,单粒LED在额定电流时的发光强度,不论白色、黄色和红色都应不小于2000mcd,半强角不小于15°。LED的数量,每个发光面不少于2粒。

7. 主动发光单元工作时的发光强度

突起路标主动发光单元发光时的发光强度应不小于表2-8-5的规定值,但上限值不应大于规定值的10%。

突起路标发光强度表   表2-8-5

测量几何条件		发光强度(mcd)								
		Ⅰ型			Ⅱ型			Ⅲ型		
水平入射角	观测角	白色	黄色	红色	白色	黄色	红色	白色	黄色	红色
$\beta=0°$	0.1°	500	500	500	600	600	600	660	660	660
	0.2°	480	480	480	500	500	500	550	550	550
	0.33°	450	450	450	480	480	480	530	530	530
$\beta=\pm20°$	1°	400	400	400	450	450	450	500	500	500
	2°	300	300	300	400	400	400	440	440	440

8. 主动发光单元工作时的色品坐标

主动发光单元发光时的色品坐标及其测试方法应符合《道路交通反光膜》(GB/T 18833—2012)中的有关规定。

9. 组合式突起路标逆反射器的光学性能

(1)组合式突起路标逆反射器的发光强度系数应符合表2-8-6的规定。

发光强度系数 R 表   表2-8-6

测量几何条件		最小发光强度系数(mcd/lx)		
水平入射角	观测角	白色	黄色	红色
$\beta=0°$	0.2°	279	167	70
$\beta=+20°$	0.2°	112	67	28
$\beta=-20°$	0.2°	112	67	28

注:1. 本表中的 β 即《突起路标》(GB/T 24725—2009)中的 β_1。
　　2. $\beta_2=0°$,没有列出。

(2)组合式突起路标逆反射器的色品坐标。

组合式突起路标逆反射器的色品坐标应符合《道路交通反光膜》(GB/T 18833—2012)的有关规定。

10. 闪烁频率

安装在弯道、多雾等特殊路段的突起路标应闪烁发光,以便引起驾驶员的注意。闪烁频率分两个频段,第一频段应为 70~80 次/min,第二频段应为 200~300 次/min。在普通公路和城市道路上宜选用第一频段,在高速公路上宜选用第二频段。安装在道路直线段的突起路标使用闪烁方式时,闪烁频率宜为(30±5)次/min,占空比宜为 1.5∶1。

11. 夜间视认距离

晴朗的夜间,在 15~200m 范围内由突起路标形成的发光轮廓线应清晰明亮。

12. 耐溶剂性能

经过耐溶剂性能试验后,太阳能突起路标应无渗透、开裂、被溶解等损坏痕迹,受试后的样品应能正常工作。

13. 密封性能

太阳能突起路标应密封良好,经密封试验后,受试样品内部不应进水和产生水雾及其他受浸润现象。

14. 机械性能

(1)耐磨损性能

经过耐磨试验后,突起路标的发光强度和发光强度系数应分别符合表 2-8-5、表 2-8-6 的规定。

(2)耐冲击性能

太阳能突起路标耐冲击性能及测试方法应符合《突起路标》(GB/T 24725—2009)有关规定。

(3)抗压荷载

太阳能突起路标的抗压荷载应不小于 100kN。

15. 环境适应性能

(1)耐低温性能

将充满电的太阳能突起路标在 -55℃(-40℃、-20℃)条件下,按耐低温性能试验方法试验 16h,产品及其部件应能正常工作,外观应无任何变形、损伤。

(2)耐高温性能

将充满电的太阳能突起路标在 85℃条件下,按耐高温性能试验方法试验 8h,产品及其部件应能正常工作,外观应无任何变形、损伤。

(3)耐湿热性能

将充满电的太阳能突起路标在温度 45℃、相对湿度 98% 的条件下,按耐湿热性能试验方法试验 48h,产品及其部件应能正常工作,外观应无任何变形、损伤。

(4)耐温度交变循环性能

将充满电的太阳能突起路标,按耐温度交变循环性能试验方法,在 60℃的环境中,保持 4h 后,立即转至 -20℃的环境中保持 4h,共进行 3 个循环,产品及其部件应能正常工作,试验后外观应无任何变形、损伤。

(5)耐机械振动性能

将充满电的太阳能突起路标,在振动频率 2~150Hz 的范围内,按耐机械振动性能试验方法进行扫频试验。在 2~9Hz 时按位移控制,位移 3.5mm;9~150Hz 时按加速度控制,加速度为 10m/s2。2Hz→9Hz→150Hz→9Hz→2Hz 为一个循环,共经历 20 个循环后,产品功能正常,结构不受影响,零部件无松动。

16. 耐循环盐雾性能

按《公路沿线设施塑料制品耐候性指标及测试方法》(GB/T 22040—2008)中有关耐循环盐雾试验的方法试验后,太阳能突起路标的发光强度和发光强度系数不应低于表 2-8-5 和表 2-8-6 规定值的 80%,色品坐标仍符合标准要求。

17. 耐候性能

按《公路沿线设施塑料制品耐候性指标及测试方法》(GB/T 22040—2008)中有关耐候性试验的方法试验后,太阳能突起路标的发光强度和发光强度系数不应低于表 2-8-5 和表 2-8-6 规定值的 80%,色品坐标仍符合标准要求。

第三节　突起路标的生产工艺和施工方法

一、突起路标的生产工艺

突起路标的生产工艺流程如图 2-8-14 所示。

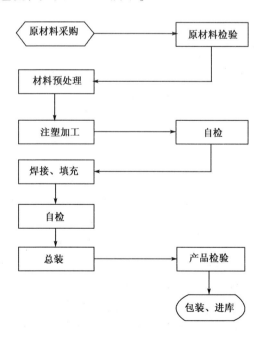

图 2-8-14　突起路标的生产工艺流程图

二、突起路标的施工方法

突起路标的施工方法如下:

(1)依据突起路标的使用说明进行安装、施工。安装前应检查突起路标的外观,基体、反射器不得有破损、开裂。

(2)突起路标的施工放样工作,一般应沿着标线来定位。

(3)根据设计文件的要求确定突起路标的位置,反射体应面向行车方向。

(4)由于突起路标种类较多,材料各异,因此施工方法有所不同。突起路标位置确定后,最常用的方法是把突起路标用胶粘剂粘贴在路面上。在粘贴前,应用扫帚、刷子、高压吹风喷嘴等清理路面。用刮刀把胶粘剂抹在路面上和突起路标底部,突起路标就位,在突起路标顶部施加压力,排除空气,再一次调整就位。

若采用强化玻璃突起路标,则应在路面上钻孔,取出岩芯,清理孔穴后涂胶,突起路标就位,在突起路标顶部施加压力,排除空气,再一次调整就位。

若采用带脚的突起路标,则应在路面上钻小孔,把突起路标的脚伸入到孔内(深度应足够,钻孔不能太大),清理孔穴后涂胶,突起路标就位,在突起路标顶部施加压力,排除空气,再一次调整就位,待胶粘剂胶凝固化后开放交通。

突起路标在胶粘剂固化前不能受力,因此在突起路标施工过程中,一定要做好养护管理和交通诱导工作,在胶粘剂固化以前一定要避免车辆冲压突起路标,待胶粘剂固化以后,才开放交通。

三、突起路标产品的标志、包装、运输和储存要求

在突起路标产品上应模印产品商标、标准代号 GB/T 24725—2009、型号规格等标志(标记)。包装箱外表印有产品名称、型号规格、数量、颜色、制造标准、制造企业名称、地址、整箱重量、包装箱尺寸等。在包装箱上,还应印有"小心轻放"、"勿受潮湿"、"怕晒"、"远离热源"等字样或标志,标志应符合《包装储运图示标志》(GB/T 191—2008)的有关规定。

单个突起路标用塑料袋或软纸包装后按顺序装入包装箱内,包装箱可用多层瓦楞纸箱或木箱。

突起路标在运输时,不应受剧烈的撞击、摩擦和重压,从火车或卡车上卸货时,应小心搬运,不应使用手钩或将包装箱从运输工具上推下。突起路标应存放在仓库内,存放场地应平整,并有明显的"禁止烟火"标志。储存过程中,应防止重压,不与高温热源或明火接触,不应露天曝晒。

突起路标产品随行文件规定如下:每箱突起路标应该附有一张制造标签、一张合格证标签、一份产品使用说明书和一份检验报告。制造标签主要内容包括:产品名称、型号规格、生产日期、批号、本标准号、生产企业名称、联系地址等。合格证标签主要内容包括:合格证名称、检验证编号、检验人员代号、检验日期等。产品使用说明书中应给出突起路标的使用条件、施工方法和注意事项。检验报告分为型式检验报告和出厂检验报告,报告的内容符合突起路标产品检验规则的规定。

四、太阳能突起路标产品的标志、包装、运输和储存要求

在太阳能突起路标上应模印产品商标、温度等级等标志(标记)。在包装箱上,应印有"小心轻放"、"勿受潮湿"、"怕晒"、"远离热源"等字样或标志,标志应符合《包装储运图示标志》的有关规定。单个太阳能突起路标用塑料袋或软纸包装后按顺序装入包装箱内,包装箱可用多层瓦楞纸箱或木箱,包装箱外表印有产品名称、型号规格、数量、颜色、温度等级、制造企业名称、地址等通信信息,整箱质量、包装箱尺寸等。

太阳能突起路标在运输时,不得受剧烈的撞击、摩擦和重压,从火车或卡车上卸货时,应小心搬运,不得使用手钩或将包装箱从运输工具上推下。太阳能突起路标应存放在仓库内,存放场地应平整,并有明显的"禁止烟火"标志。储存和使用过程中,应防止重压,不与高温热源或明火接触,不得露天曝晒。

太阳能突起路标产品随行文件规定如下:每箱突起路标应该附有一张制造标签、一张合格证标签、一份产品使用说明书。制造标签主要内容包括:产品标记、生产日期、批号、产品标准号、生产企业名称、联系地址等。合格证标签主要内容包括:合格证、检验合格、检验证编号、检验人员代号、检验日期等。产品使用说明书中应给出太阳能突起路标的极限使用条件、施工方法和注意事项。

第四节 检 测 方 法

一、突起路标和太阳能突起路标的检测设备

突起路标和太阳能突起路标检测项目及所用仪器设备如表 2-8-7 所示。

突起路标和太阳能突起路标检测项目及所用仪器设备表　　　表 2-8-7

检 测 项 目	所用仪器设备	检 定 参 数
外形尺寸	直尺、卷尺、卡尺、板厚千分尺	长度、厚度
色度性能	色彩色差计	色度
发光强度系数	突起路标测量仪	示值误差
耐冲击性能	突起路标耐冲击性能测试仪	质量、高度
抗压荷载	万能材料试验机	力
耐盐雾腐蚀性能	气流式盐雾腐蚀试验箱	温度、流量
耐溶剂性能	计时器	时间
耐水性能	计时器	时间
耐油性能	计时器	时间
耐候性能	人工加速老化试验箱	辐照度、温度
循环耐久性	电池测试仪	电池容量
发光器件的性能	LED 光强测试仪	发光强度

续上表

检 测 项 目	所用仪器设备	检 定 参 数
发光器色度性能	亮度计	亮度、色度
闪烁频率	示波器	频率
夜间视认距离	卷尺	长度
密封性能	轮廓标密封性能测试仪	温度
耐低温性能	高低温湿热试验箱	温度、湿度
耐高温性能	高低温湿热试验箱	温度、湿度
耐湿热性能	高低温湿热试验箱	温度、湿度
耐温度交变循环性能	高低温湿热试验箱	温度、湿度
耐机械振动性能	电磁振动试验台	振幅、频率
耐循环盐雾性能	循环盐雾腐蚀试验箱	温度、流量

二、突起路标产品检测方法

1. 测试准备

（1）测试前将样品放置在温度23℃±2℃、相对湿度50%±25%的环境中进行状态调节24h，然后进行各项测试。

（2）每项性能测试取3个样品，3个样品都符合要求，则判定该项性能合格。对于以量值表征的项目，取其算术平均值为测试结果。

（3）一般的测试工作应在温度23℃±2℃、相对湿度50%±25%的环境中进行。

2. 外观质量

一般项目检查在白天环境照度大于150lx的条件下目测检验；对于逆反射器的均匀性，可在一个暗室通道中用手电筒和眼睛形成的近似逆反射条件目视检查。

3. 结构尺寸

长度尺寸用分辨力不低于0.02mm的游标卡尺测量，坡度角用分辨力不低于2′的万能角尺或标准角规测量，每个试样、每个参数测量3次，取算术平均值为测量结果。

4. 色度性能

（1）表面色：采用《标准照明体和几何条件》（GB/T 3978—2008）中规定的标准 D_{65} 光源，在45°/0°的照明观测条件下，按《物体色的测量方法》（GB/T 3979—2008）规定的方法测量突起路标基体的表面色，也可用符合上述光源和照明观测条件的色差仪在被测样品的顶部或其他平缓部位直接读取色品坐标和亮度因数。

（2）逆反射色：采用《标准照明体和几何条件》中规定的标准 A 光源，在0°/0.2°的照明观测条件下，按《夜间条件下逆反射体色度性能测试方法》（JT/T 692—2007）规定执行。

5. 逆反射性能

方法一：按《逆反射体光度性能测试方法》（JT/T 690—2007）规定的比率法或直接发光强

度法进行测量,测试示意图见图 2-8-15。

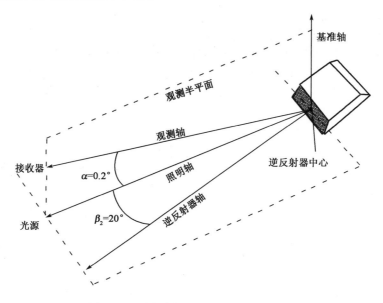

图 2-8-15　突起路标发光强度系数测试示意图

方法二:用符合《逆反射测量仪》(JT/T 612—2004)(该标准已作废,被国家标准替代)规定的突起路标发光强度系数测量仪直接测量。

当发生争议时,以方法一中的比率法为仲裁方法。

6. 整体抗冲击性能

在坚固、平整的水平面上放置一厚度不小于 13mm、面积大于突起路标下表面的钢板,将突起路标置于钢板上,用质量为 1040g±10g 的实心钢球,从突起路标正上方 1m 的高度自由落下,冲击点为突起路标上表面的中心。

7. 逆反射器抗冲击性能

(1)试验仪器如下:

①电热鼓风烘箱:温度均匀度为 ±2℃。

②样品架:带有调节装置和紧固装置,调节装置用于将突起路标的逆反射面调整到水平位置,紧固装置用于将突起路标紧固在样品保持架上,防止冲击样品时发生位移。

③冲击锤头:头部为半径 6.4mm 的半球,总质量 190g±2g,形状如图 2-8-16 所示。

(2)试验准备:将样品架放置在诸如混凝土地板之类的坚固表面上,试验前先用一个被测突起路标对样品架进行预调整,使其方便地将该组被测样品的逆反射面保持在水平位置上,以减少后续试验过程中的调整时间。

(3)将样品放置在电热鼓风烘箱中,在 55℃ 的

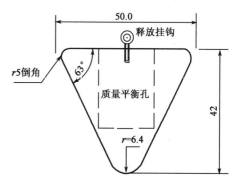

图 2-8-16　冲击锤头示意图(尺寸单位:mm)

条件下保持 1h,将样品取出,迅速放置在样品架上。

（4）在样品保持高温的条件下,用上述冲击锤头,从 457mm 的高度自由落下,冲击样品逆反射面的中心部位。

（5）检查被测样品逆反射面的碎裂、剥落和分层状况,用游标卡尺测量裂纹的长度,并做相应记录(如果试验用电热鼓风烘箱容积足够大,可将样品预先固定在保持架上,同时放入烘箱在线测试)。

8. 抗压荷载

（1）测试前,将样品放置在 23℃±2℃ 的条件下进行 4h 的状态调节。

（2）在试验机下压平台中心上放置一个厚度为 13mm、比被测样品基底大的钢板,将样品基底放置在钢板中心上。

（3）在被测样品顶部放置一块厚度为 9.5mm、邵氏硬度为 60A、尺寸大于被测样品受压面积的弹性橡胶垫。

（4）另一块厚度为 13mm、比被测样品大的钢板放置在弹性橡胶垫上。

（5）调整钢板、被测样品、弹性垫,使被测样品置于试验机上下压头的轴线上,开启试验机,以 2.5mm/min 的速率对试验样品进行加载,直到样品破坏或样品产生明显变形(大于 3.3mm)为止,记录此时的最大力值为试验结果。

9. 纵向弯曲强度

（1）测试前,将样品放置在 23℃±2℃ 的条件下进行 4h 的状态调节。

（2）在试验机下压平台上放置两块截面为 12.7mm×25.4mm 的钢块,钢块的窄面一面朝下放在水平位置,钢块的长度要大于被测突起路标底面的宽度。

（3）在钢块的另一窄面上分别放置一块厚度为 3mm 的邵氏硬度 70A 的弹性橡胶片。

（4）将被测突起路标放置在这两个弹性片上,突起路标的迎车面底边与钢块窄面长边外沿平行且对齐。

（5）将一块厚度为 25mm、邵氏硬度 70A 的弹性橡胶片放置在被测突起路标的顶面上,该弹性垫上放置第三块同样尺寸的钢块,该钢块与其他两块保持平行,窄面一面朝下,第三块弹性垫要大于突起路标的上顶面。

（6）调整钢块、被测样品、弹性垫,使被测样品和第三块钢块与弹性垫置于试验机上下压头的轴线上,其余两钢块和弹性垫对称,见图 2-8-17。

（7）开启试验机,以 5mm/min 的速率通过第三块钢块和弹性垫对试验样品进行加载,直到样品彻底断裂或突然卸荷为止,记录此时的力值为试验结果,单位精确到 N。

10. 耐磨损性能

1) 原理

本方法采用落砂法评价被测样品表面的耐磨损性能,适用于 A1、A2 类突起路标,A3 类可参照使用。

2) 测试装置

（1）测试装置由垂直导砂管、校正漏斗、过滤网、样品架和砂子收集器组成,装配示意图如

图 2-8-18 所示。

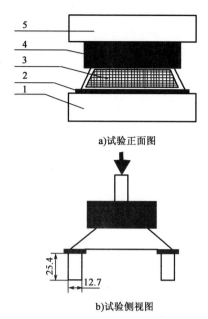

图 2-8-17　纵向弯曲强度测试示意图
1-钢块；2-下弹性垫；3-被测突起路标；
4-弹性垫；5-第三钢块

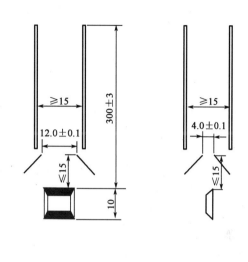

图 2-8-18　耐磨损装置示意图

(2) 导砂管：可采用内径不小于 150mm 内壁光滑的实壁塑料管组成，长度为 2850mm，导砂管的不垂直度不大于 0.2°。

(3) 校正漏斗：校正漏斗的上口尺寸为 120mm×40mm，高度 100mm，四面坡角 45°。上口四边应平直、尖锐，保证落在口边上的砂子落入斗内时不改变方向。该漏斗的作用是保证直接落入口内的砂子不偏离地、尽可能垂直地冲击突起路标，而落到口外的砂子被偏离到斗外，不能冲击突起路标。校正漏斗应能上下、左右、前后移动，方便调整通过漏斗的砂量和均匀性。

(4) 过滤网：过滤网位于导砂管的上部，网孔尺寸为大于 850μm 的标准网。该过滤网的作用一是确立落砂的起始点，二是限制落砂的流速。要求落砂离网的距离不应大于 30mm。

(5) 样品架：用于将被测样品夹持稳固，使样品的基底面保持垂直，方便地将样品与导砂管、校正漏斗对中，能自由调整被测样品的高度，使其上边沿与漏斗上口距离保持不大于 150mm，并能调整水平方向使样品逆反射面底边前沿与漏斗长边方向平行。样品架不应阻挡落砂的自由流动。

(6) 收集器：可用一只 300mm×500mm 的搪瓷托盘或其他容器。为了防止落入校正漏斗的砂子溅出或外部的砂子溅入，可用与漏斗下口相同的软布罩将漏斗下口空间封围。

3) 测试用砂

(1) 试验用砂应使用二氧化硅含量极高的天然石英砂。

(2) 这种石英砂的颗粒分布应该满足如下要求：在经过 10min 的连续摇筛之后，不超过总重的 10% 保留在 20 号筛(850μm)上，不超过总重的 10% 漏过 30 号筛(600μm)(在 ASTM4280-04 中指定使用位于美国中部 St. Peters 或 Jordan 的砂岩沉积砂)。

4) 试验环境

温度 23℃ ±2℃，相对湿度 50% ±25%。

5) 试验步骤

(1) 按照图 2-9-17 所示将设备和被测样品安装调整到位，并保证导砂管上部至被测样品底面上边沿的距离为 3.00m ±0.03m。

(2) 取足够的试验用砂，以 0.4～1.0kg/min 的速度均匀落入导砂管上部的过滤网上，注意观察落砂冲击样品的均匀性和部位，并经常按照测试装置校准方法校准试验装置的均匀性。

(3) 收集通过校正漏斗的砂子并称重，称重的砂子包括撞击到样品及样品架上溅射到外部的砂子，但不含没有通过漏斗的部分。当发现收集的砂量不满足 2.5kg ±0.050kg 要求时，应按测试装置校准方法对试验装置进行校准。

(4) 取下被测样品，用软布清洁后，测量被冲击逆反射面的发光强度系数。

(5) 将用过的试验砂弃掉，试验用砂每个试验只用一次，不应重复使用。

6) 测试装置校准

落砂应均匀地通过校正漏斗，其均匀性通过在漏斗下突起路标的位置和高度上放置至少 10 个口径约为 10mm 的小瓶来验证。当足够的砂子下落通过漏斗时，至少有一个小瓶收集到至少 5g 的砂子，收集最少的小瓶中砂子质量至少达到收集最多的小瓶中砂子质量的 75% 为测试装置合格。在确定装置的流动稳定性之后，视需要通过调整漏斗的上下位置和总用砂量来校准其均匀性和通过漏斗的砂量。

7) 测试装置的修正

当被测突起路标底边大于 100mm 时，应对整个装置进行修正，假设被测突起路标底边为 $(100 + x)$ mm，则修正内容如下：

(1) 校正漏斗的上口长边为 $(120 + x)$ mm；

(2) 导砂管的内径应至少为 $(150 + x)$ mm；

(3) 通过校正漏斗的试验砂的质量应为 $(2.5 + 0.0208x)$ kg，允差 ±2%；

(4) 通过漏斗落砂的流速应保持在 $(0.4 + x/300) \sim (1 + x/120)$ kg/min。

11. 耐温度循环

将样品放置在 60℃ 的高温箱中保持 4h，接着将样品转移到 -7℃ 的低温箱中保持 4h，如此为一个循环。共试验 3 个循环后，将样品取出，即刻检查样品的破裂、反射体剥离基体、耐磨层分层情况。

12. 碎裂后状态

将样品放置在压力机上加荷，加荷速度为 50～60kN/min，直至样品破裂，将所有碎块收集后放入孔径为 30mm 的标准筛中，均匀摇动 1min 后，检查筛中残留物形状，用分辨率 0.5mm 钢直尺测量残留碎块的最大尺寸。

13. 金属反射膜附着性能

1) 试验用具

A3 类突起路标金属反射膜附着性能测试主要试验用具如下：

(1)抗剪切强度 15~20MPa 的双组份环氧树脂或丙烯酸酯胶粘剂适量。

(2)长 50mm、宽 20mm、厚 0.5~1.0mm 的铁片,在试验前用 100 号砂纸将待黏结的一面打磨粗糙,用无水乙醇清洁表面并晾干。

2)试验程序

金属反射膜附着性能测试试验程序如下:

(1)按制造商使用说明配制好黏合剂,在规定时间内,将黏合剂涂抹在 A3 类突起路标下部的金属反射膜上,涂抹面积为长 20mm、宽 10mm,涂抹位置在突起路标下部金属反射膜区中间部位,长度方向与突起路标下部环向一致;对于在金属反射膜外涂敷保护漆的突起路标,应将保护漆层除去,再在金属膜上涂黏合剂。

(2)将准备好的金属片放在黏合剂的中间沿环向与突起路标加压黏好,在标准环境下静置 48h。

(3)将金属片与突起路标撕开,检查金属反射膜有无剥落、凸起等现象。

14. 耐盐雾腐蚀性能

按《人造气氛腐蚀试验 盐雾试验》(GB/T 10125—2012)中有关中性盐雾试验的规定,每 24h 为一周期,每周期连续喷雾,共试验 6 个周期 144h。试验结束后,用流动水冲洗掉样品表面的盐沉积物,再用蒸馏水漂洗,并用软布擦干,立即检查样品试验后的状态。

15. 耐候性能

按《公路沿线设施塑料制品耐候性要求及测试方法》(GB/T 22040—2008)中有关自然曝晒试验和耐候性试验的规定执行。

三、太阳能突起路标产品检测方法

1. 一般规定

(1)除特殊规定外,试样应按《塑料试样状态调节和试验的标准环境》(GB/T 2918—1998)的规定在 23℃ ±2℃ 条件下进行状态调节 24h,并且在此条件下进行试验。

(2)单一式突起路标不测逆反射性能,组合式突起路标在测逆反射性能时应关闭主动发光单元。

(3)除特殊规定外,太阳能突起路标一般在充满电状态下进行测试。

2. 一般要求和外观质量

用目测方法进行。

3. 外形尺寸

用分度值不低于 0.02mm 的游标卡尺测量,每个尺寸分别测量 5 次,取算术平均值为测量结果。

4. 太阳电池和储能元件的匹配性能

(1)储能元件的额定容量采用专用的仪表按规定执行。

(2)太阳电池和储能元件的匹配性能:取 10 个试样将储能元件的电量放电至不能正常工作后,进行实测,取平均值作为结果。

5. 循环使用寿命

按规定执行。

6. 主动发光单元工作时的发光强度和色品坐标

单粒 LED 和太阳能突起路标成品工作时的发光强度和色品坐标按有关发光强度和色品坐标测试方法的规定执行。

7. 逆反射器的发光强度系数和色品坐标

太阳能突起路标成品逆反射器的发光强度系数和色品坐标按《突起路标》(GB/T 24725—2009)有关发光强度系数和色品坐标测试方法的规定执行。

8. 闪烁频率

用频率计、示波器等仪器检测,当频率较低时可采用秒表和目测进行。

9. 夜间视认距离

按照有关规定执行。

10. 耐溶剂性能

将太阳能突起路标样品完全浸泡于标准 93 号无铅汽油中,浸泡 10min 后,立即用自来水清洗干净,在室温条件下晾干后,用 4 倍放大镜检查。

11. 密封性能

将试样平放入温度为 50℃±3℃、深度为 200mm±10mm 的水中,浸泡 15min 之后,在 5s 内迅速将试样取出并立即放入 5℃±3℃、深度为 200mm±10mm 的水中,再浸泡 15min 后取出为一个循环。上述试验共进行 4 次,试验结束后立即用 4 倍放大镜进行检查。

12. 耐磨损性能

(1)在磨损试验前,先测样品的发光强度系数和发光强度,并做记录。
(2)将一直径为 25.4mm±5mm 的钢纤维棉砂纸固定在水平操作台上。
(3)将突起路标的逆反射器或发光面放置到符合要求的钢纤维棉砂纸的正上方,出光面向下。
(4)在片或面上施加一个 22kg±0.2kg 的荷载,之后完全摩擦该试片或面 100 次。
(5)卸下荷载对试验后的反射器或发光面进行测试。

13. 抗压性能

(1)测试前,将样品放置在 23℃±2℃的条件下进行 4h 的状态调节。
(2)将样品基底放置在一个厚度为 13mm、比被测样品大的钢板中心上。
(3)在被测样品上放置一块厚度为 9.5mm、邵氏硬度为 A60、尺寸大于被测样品的弹性垫。

(4)另一块厚度为13mm、比被测样品大的钢板放置在弹性垫上。

(5)开启试验机,以2.5mm/min的速率对试验样品进行加载,直到样品被破坏或样品产生明显变形(大于3.3mm)为止,记录下此时的力值为一次试验结果。

14. 耐低温、高温、湿热、温度交变、机械振动等性能

耐低温、高温、湿热、温度交变、机械振动等五性能分别按GB/T 2423.1、GB/T 2423.2、GB/T 2423.3、GB/T 2423.22、GB/T 2423.10,详见第一篇第五章和第三篇第一章。

15. 耐循环盐雾性能

按《公路沿线设施塑料制品耐候性指标及测试方法》(GB/T 22040—2008)中有关耐循环盐雾规定执行。

16. 耐候性能

按《公路沿线设施塑料制品耐候性指标及测试方法》(GB/T 22040—2008)中有关耐候性试验的规定执行。

四、突起路标产品检验规则

对突起路标产品质量的检验分型式检验、出厂检验和验收检验三种形式。

型式检验项目见表2-8-8。型式检验的样品应在生产线终端随机抽取,型式检验为每年进行一次。突起路标产品停产后恢复生产时、出厂检验结果与上次型式检验有较大差异时、国家质量监督机构提出型式检验时,以及正式生产过程中如原材料、半成品、工艺有较大改变,可能影响产品性能时,应进行型式检验。型式检验时,如有任一项指标不符合标准要求时,则需重新抽取双倍试样,对该项指标进行复验,复验结果仍然不合格时,则判该次型式检验为不合格。

突起路标检验项目一览表　　　　　　表2-8-8

序号	项目名称	型式检验	出厂检验	备注
1	外观质量	√	√	
2	结构尺寸	√	√	
3	色度性能	√	○	
4	逆反射性能	√		
5	整体抗冲击性能	√	○	
6	逆反射器抗冲击性能	√	○	
7	抗压荷载	√	√	
8	纵向弯曲强度	√	○	A1、A2类
9	耐磨损性能	√	○	
10	耐温度循环性能	√	○	
11	碎裂后状态	√	√	A3类
12	金属反射膜附着性能	√	○	A3类
13	耐盐雾腐蚀性能	√	○	
14	耐候性能	√	×	
15	标识、包装	√	√	

注:√为检验项目,○为选做项目,×为不检项目。

出厂检验项目见表2-8-8。产品需经生产单位质量部门检验合格并附产品质量合格证方可出厂。用同一批原材料和同一工艺生产的突起路标可组为一批。当批量不大于10000只时，随机抽取20只进行检验，其中破坏性项目做8只，其余项目全做；当批量大于10000只时，随机抽取40只进行检验，其中破坏性项目做16只，其余项目全做；批的最大数量不超过25000只。出厂检验项目如有任一项指标不符合本标准要求时，则需重新抽取双倍试样，对该项指标进行复验，复验结果仍然不合格时，则判该批为不合格批。

突起路标验收检验按《公路交通安全设施质量检验抽样方法》(JT/T 495—2014)中有关突起路标的规定执行。

五、太阳能突起路标产品检验规则

对太阳能突起路标产品质量的检验分型式检验、出厂检验和验收检验三种形式。

太阳能突起路标产品须经过国家认可的质检机构型式检验合格才能批量生产。型式检验项目见表2-8-9。型式检验的样品应在生产线终端选取。太阳能突起路标产品停产后恢复生产时、出厂检验结果与上次型式检验有较大差异时、国家质量监督机构提出型式检验时，以及正式生产过程中如原材料、半成品、工艺有较大改变，可能影响产品性能时，应进行型式检验。型式检验时，如有任一项指标不符合标准要求时，则需重新抽取双倍试样，对该项指标进行复验，复验结果仍然不合格时，则判该次型式检验为不合格。

太阳能突起路标检验项目一览表　　表2-8-9

序号	项目名称	型式检验	出厂检验
1	一般要求	√	√
2	外观质量	√	√
3	外形尺寸	√	√
4	匹配性能	√	√
5	循环耐久性	√	×
6	发光器件的性能	√	√
7	整体反光强度	√	√
8	发光器件色度性能	√	√
9	发光强度系数	√	√
10	逆反射器的色度性能	√	√
11	闪烁频率	√	√
12	夜间视认距离	√	○
13	耐溶剂性能	√	√
14	密封性能	√	√
15	耐磨损性能	√	○
16	耐冲击性能	√	○
17	抗压荷载	√	○
18	耐低温性能	√	○

续上表

序 号	项 目 名 称	型 式 检 验	出 厂 检 验
19	耐高温性能	√	○
20	耐湿热性能	√	○
21	耐温度交变循环性能	√	○
22	耐机械振动性能	√	○
23	耐循环盐雾性能	√	○
24	耐候性能	√	×

注：√为检验项目，○为选做项目，×为不检项目。

出厂检验项目见表2-8-9。产品需经生产单位质量部门检验合格并附产品质量合格证方可出厂。用同一批元器件和同一工艺生产的突起路标可组为一批。当批量不大于10000只时，随机抽取26只进行检验；当批量大于10000只时，随机抽取40只进行检验，批的最大值不超过25000只。

太阳能突起路标验收检验按《公路交通安全设施质量检验抽样方法》（JT/T 495—2014）中有关突起路标的规定执行。

第九章

轮 廓 标

第一节 概 述

一、轮廓标的术语和定义

新制定的国家标准《轮廓标》(GB/T 24970—2010)中规定的术语和定义如下：

(1)轮廓标沿道路两侧边缘设置的、用于指示道路前进方向和边界的、具有逆反射性能的交通安全设施。

(2)逆反射、参考中心、参考轴、照明轴、观测轴、观察半平面、入射角、观测角 α、发光强度系数 R、逆反射系数 R' 等术语参见本书第二篇第一章第二节。

二、轮廓标产品的分类、结构、功能和作用

1. 轮廓标产品的分类

与原行业标准《轮廓标技术条件》(JT/T 388—1999)(该标准已作废)中规定一样，新制定的国家标准《轮廓标》(GB/T 24970—2010)中规定的产品分类如下：轮廓标按设置条件可分为埋设于地面上的柱式轮廓标和附着于构造物上的附着式轮廓标；按形状不同可分为柱、梯形、圆形和长方形轮廓标；按颜色可分为白色和黄色两种。柱式轮廓标按其柱体材料的不同特性，又可分为普通柱式轮廓标和弹性柱式轮廓标。图 2-9-1 显示了柱式轮廓标和附着式轮廓标产品外观图。

2. 轮廓标产品结构

《轮廓标》(GB/T 24970—2010)中对柱式轮廓标和附着式轮廓标的产品结构和安装进行了规定。

(1)柱式轮廓标

柱式轮廓标由柱体和逆反射材料组成。普通柱式轮廓标结构和安装示意见图 2-9-2。柱体的横断面为空心圆角的等腰三角形，三角形的高为 120mm、底边长为 100mm，顶面斜向行车道。柱身为白色，柱体上部应有 250mm 长的一圈黑色标记，黑色标记的中间应镶嵌有 180mm×40mm 的矩形逆反射材料如反射器或反光膜。逆反射材料、黑色标记与轮廓标柱体应连接牢固，不易脱落。

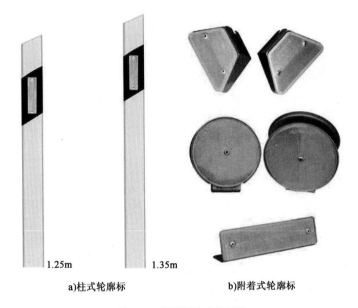

图 2-9-1　轮廓标产品外观图

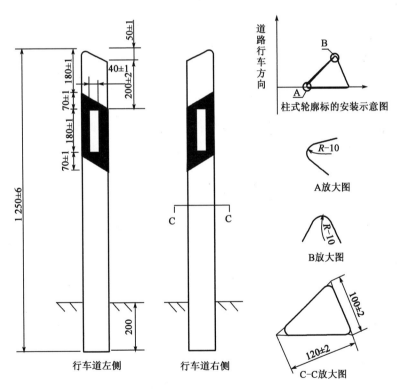

图 2-9-2　普通柱式轮廓标结构和安装示意图(尺寸单位:mm)

弹性柱式轮廓标见图 2-9-3。柱体的横断面为圆弧形,圆弧的弦长为 110mm,弦高为 16mm。柱身为白色,柱体上部应有 250mm 长的一条黑色标记,黑色标记的中间应牢固粘贴 180mm×40mm 的反光膜。

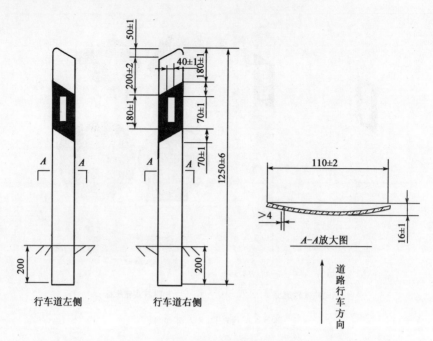

图 2-9-3 弹性柱式轮廓标图(尺寸单位:mm)

在柱式轮廓标安装中,其逆反射材料的表面(或弹性柱式轮廓标断面的弦)应与道路行车方向垂直(图 2-9-2 和图 2-9-3);可在柱式轮廓标埋入地面部分打 1~2 个安装孔。

(2)附着式轮廓标

附着于护栏的附着式轮廓标,由逆反射材料、支架和连接件组成(图 2-9-4~图 2-9-6)。轮廓标附着于波形梁护栏中间的槽内,其逆反射材料的形状应为圆角的梯形。梯形的上底为 50mm、下底为 120mm、高为 70mm。通过支架固定在护栏与连接螺栓中,其构造、尺寸及允差见图 2-9-4 和图 2-9-5。若轮廓标安装于波形梁护栏板的上方,其逆反射材料的形状应为圆形,构造、尺寸及允差见图 2-9-6。安装于中央分隔带混凝土护栏上方的轮廓标,构造、尺寸及允差见图 2-9-7。在混凝土护栏侧壁上也可安装长方形或梯形轮廓标。在附着式轮廓标安装中,应使其逆反射材料表面与道路行车方向垂直。

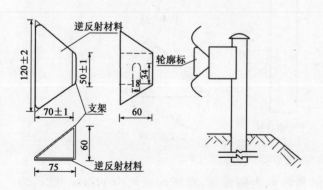

图 2-9-4 附着于波形梁护栏的轮廓标结构和安装示意图
(尺寸单位:mm)

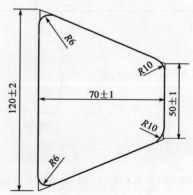

图 2-9-5 梯形轮廓标反射器尺寸示意图
(尺寸单位:mm)

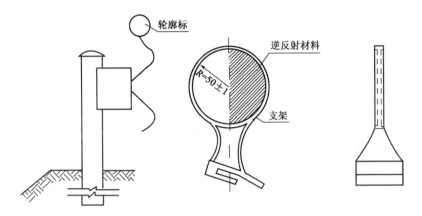

图 2-9-6 安装于波形梁护栏上方的轮廓标结构和安装示意图(尺寸单位:mm)

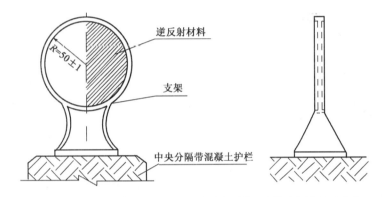

图 2-9-7 安装于中央分隔带混凝土护栏上的轮廓标结构和安装示意图(尺寸单位:mm)

附着于其他建筑物上的轮廓标,包括在挡墙、桥墩、桥台、隧道侧壁、停车场和道路分隔带等处设置的轮廓标,其逆反射材料可制成前述的长方形或圆形。根据建筑物的种类及设置部位,采取不同形式的支架与建筑物连接。在安装中,也应使逆反射材料表面与道路行车方向保持垂直。

3. 轮廓标产品的功能和作用

从功能上说,轮廓标是一种视线诱导设施。一般车辆在静止条件下,用远光灯照射轮廓标逆反射体时,要求驾驶员在 500m 距离处能发现,在 300m 距离处能清晰辨认;用近光灯照射时,驾驶员在 200m 距离处能发现,在 100m 距离处能清晰辨认。车辆在动态行驶条件下,观测角变化很小,而入射角随着道路线形的变化可能在较大范围内变化。因此,轮廓标用逆反射体必须保持均匀、恒定的亮度,不能发生闪耀,也不能在入射角突然变化的情况下突然变暗或变亮。

轮廓标逆反射体颜色分为白色和黄色,这是因为在使用过程中,应特别注意其视认性和对驾驶员产生的视觉和心理实际效果,不能产生难以辨认、视觉疲劳等问题。如轮廓标使用红色、橙色等其他颜色的逆反射体,容易与车辆尾灯混淆。故采用白色和黄色逆反射体,这样使得道路轮廓清晰明显、极易辨认,不会与汽车尾灯混淆,从而达到保障道路安全的效果。

轮廓标虽然在交通安全设施中所占的比重较小,但其作用却不可忽视。尤其是在高速公路和一级公路上,车辆行驶速度很高,为了达到安全行车的目的,公路前方线形指示非常重要,连续设置轮廓标为有效手段之一。尤其是在车辆夜间行驶过程中,可视距离较短、安全度降低,通过对汽车灯光的反射,轮廓标可以使驾驶员提早了解前方路况。道路两侧设置的轮廓标作为道路车行道边界的警示标志,也起到了夜间诱导警告驾驶员的作用,很好地保证了通行车辆的行车安全。

此外,在交通运输部组织实施的公路安全保障工程中(2005—2008 年,以"消除隐患、珍视生命"为主题的工程,对国省干线公路的急弯、陡坡、连续下坡、视距不良和路侧险要等类型的路段开展综合整治,改善交通安全防护设施),对轮廓标专项安全工程实施效果评价也非常高。尤其是在沿线危险地段设置的护栏处装上轮廓标取得了非常好的效果,一方面,能清晰显示公路轮廓,可以使驾驶员提早了解公路线形的急剧变化,从视觉上起到诱导行驶的作用;另一方面,从心理上为驾驶员提供了安全感,有效地减少了碰撞护栏等事故的发生,确保了交通安全。

除了传统中的轮廓标产品,在隧道等环境中还采用新型的主动发光式轮廓标,如图 2-9-8 所示。组合式主动发光轮廓标为集中供电式,具有组合式发光、高亮度 LED 单元和逆反射片相互配合、全天候工作、密封防水设计完善等特点。一般应用在道路两侧或在隧道内,可起到视线动态诱导及微照明的作用。轮廓标表面逆反射材料的透光孔置有凹透镜结构,可增大 LED 灯的光发散角度,增加照射范围。

图 2-9-8　主动发光轮廓标及其应用示意图

三、轮廓标的设置原则

依据《道路交通标志和标线》(GB 5768—2009)相关要求,轮廓标设置规定如下。

高速公路、一级公路和城市快速干道的主线以及其互通立交、服务区、停车场的进出匝道或连接道,应连续设置轮廓标。

二级公路、三级公路、其他道路和路段视需要可沿主线两侧连续设置轮廓标;在小半径弯道、连续转弯、视距不良、易发生冲出路侧事故和事故多发等路段,宜结合其他安全处置措施沿主线两侧连续设置轮廓标。

高速公路的主线直线段,轮廓标设置间隔一般为50m;附设于护栏上时,其设置间隔可为48m。一级公路和城市快速干道的主线直线段,轮廓标设置间隔一般为40m。二级公路、三级公路和其他道路的主线直线段,轮廓标设置间隔一般为30m。

曲线段轮廓标设置间隔可按表2-9-1规定选用,也可适当加密。在曲线段外侧的起止路段设置间隔如图2-9-9所示,如果2倍或3倍的间距大于50m,则取为50m。

曲线段轮廓标的设置间隔表　　　　　表2-9-1

曲线半径R(m)	<30	30～89	90～179	180～274	275～374	375～999	1000～1999	2000及以上
设置间隔S(m)	4	8	12	16	24	32	40	48

轮廓标在道路左、右侧对称设置。轮廓标反射器分白色和黄色两种,白色反射器安装于沿行车前进方向的道路右侧,黄色反射器安装于沿行车前进方向的道路左侧或中央分隔带上。

轮廓标的标准设置高度为70cm,最小设置高度为60cm。设置于混凝土基础中的轮廓标,其设置高度(指反射器的中心距路面的高度)应与附着式轮廓标的高度大致相同。

轮廓标反射器的安装角度,无论在直线段或在曲线段上,应尽可能与驾驶员视线方向垂直。

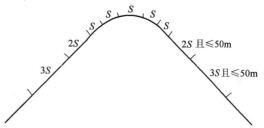

图2-9-9　曲线段轮廓标设置间隔示例图

第二节　技　术　要　求

《轮廓标》(GB/T 24970—2010)中制定了外观质量、外形尺寸、色度性能、光度性能、附着性能、密封性能、耐候性能、耐盐雾腐蚀性能和耐高低温性能等技术要求。

1. 外观质量

(1)轮廓标的各部分应成形完整,不应有明显的划伤、裂纹、缺陷或损坏。金属支架、底板的表面不得有砂眼、毛刺、飞边或其他缺陷;合成树脂类材料外表面不得有毛刺、裂缝、气泡或颜色不均匀等缺陷。

(2)柱式轮廓标的外表面应平整光滑,无明显凹陷或变形等缺陷。普通柱式轮廓标的柱体表面平面度不应大于2mm/m。

(3)轮廓标的逆反射材料宜采用反射器或反光膜,反射器有微棱镜型和玻璃珠型两种形式。微棱镜型反射器的颜色和逆反射性能应均匀一致。玻璃珠型反射器的玻璃珠应颜色一致,排布均匀,不应有破损或其他缺陷。反光膜在柱体上应粘贴平整,无皱纹、气泡、拼接缝等缺陷。

2. 外形尺寸

柱式轮廓标和各种附着式轮廓标各部分尺寸要求如表2-9-2～表2-9-5所示。

柱式轮廓标尺寸要求表　　　　　　　　　　　表 2-9-2

序　号	检 测 项 目	技 术 要 求
1	逆反射体长度(mm)	180±0.9
2	逆反射体宽度(mm)	40±0.4
3	柱体高度(mm)	1250±6
4	柱体宽(mm)	100±2
5	黑色标记长度(mm)	250±3
6	柱体壁厚(mm)	≥3

梯形轮廓标尺寸要求表　　　　　　　　　　　表 2-9-3

序　号	检 测 项 目	技 术 要 求
1	梯形上底宽(mm)	50±0.5
2	梯形下底宽(mm)	120±0.7
3	梯形高(mm)	70±0.6
4	支架底板厚度(mm)	镀锌钢板≥1.5 铝合金板≥2.0 合成树脂≥3.0

圆形轮廓标尺寸要求表　　　　　　　　　　　表 2-9-4

序　号	检 测 项 目	技 术 要 求
1	圆形直径(mm)	100±0.6
2	支架底板厚度(mm)	镀锌钢板≥1.5 铝合金板≥2.0 合成树脂≥3.0
3	支架底板镀锌层厚度(μm)	≥50

长方形轮廓标尺寸要求表　　　　　　　　　　表 2-9-5

序　号	检 测 项 目	技 术 要 求
1	长方形长边(mm)	180±0.9
2	长方形短边(mm)	40±0.4
3	支架底板厚度(mm)	镀锌钢板≥1.5 铝合金板≥2.0 合成树脂≥3.0
4	支架底板镀锌层厚度(μm)	≥50

3. 轮廓标柱体、标记、支架和底板的材料

1) 合成树脂类材料

(1) 柱式轮廓标的柱体宜采用耐候性能优良的合成树脂类材料，其性能应符合以下要求：

①耐候性能:连续自然暴露2年或进行人工气候加速老化试验1200h,轮廓标柱体不应有裂缝、凹陷、变形、剥落、腐蚀、粉化、变色或层间分离等破损的痕迹。

②耐盐雾腐蚀性能:试验后柱体不应有变色、扭曲、损伤或被侵蚀的痕迹。

③加保护层的合成树脂类柱体,其保护层在经受耐候性能试验、盐雾腐蚀试验后,也不应出现变色、开裂、粉化或剥落等破损的痕迹。

④普通柱式轮廓标用合成树脂类板材的实测厚度应不小于3.0mm,弹性柱式轮廓标柱体的实测厚度应不小于4.0mm,它们的纵向抗拉强度应不小于25MPa。弹性柱式轮廓标柱体经不小于30次折弯后,不应出现裂缝或折断的现象,其顶部任意水平方向的残余偏斜应不大于70mm。

⑤附着式轮廓标支架或底板用合成树脂类材料时,其实测厚度不应小于3.0mm,按《塑料弯曲性能的测定》(GB/T 9341—2008)的方法测试,其支架或底板的抗弯强度应不低于40MPa。

(2)黑色标记宜采用耐候性能优良的涂料或塑料薄膜,应与轮廓标柱体有良好的黏结性能。黑色标记采用涂料喷涂而成,按《色漆和清漆 漆膜的划格试验》(GB/T 9286—1998)的划格试验测试(用单刃切割刀具,切割间距为2mm,底材为柱体材料),涂料对柱体的附着性能应不低于二级的要求。若黑色标记采用塑料薄膜粘贴,拼接处应为搭接,重叠部分不小于10mm,每段黑色标记只能有一条拼接缝。试验后用手不能从一端把切开的黑膜整块剥下。

2)铝合金板

附着式轮廓标的支架和底板,一般应采用铝合金板或钢板制造,连接件应采用钢材制造。铝合金板应使用《一般工业用铝及铝合金板、带材》(GB/T 3880—2006)。用作支架及底板时,其最小实测厚度不应小于2.0mm。

3)钢板

钢板应使用《热轧钢板和钢带的尺寸、外形、重量及允许偏差》(GB/T 709—2006)中规定的牌号。用作支架及底板时,其最小实测厚度不应小于1.5mm。为提高钢材的防腐能力,用于轮廓标底板、支架或连接件的钢构件应进行热浸镀锌的表面处理,镀锌层平均厚度应不小于50μm,最小厚度应不小于39μm。若用其他方法防腐处理,防腐层应符合《公路交通工程钢构件防腐技术条件》(GB/T 18226—2015)的有关要求。

4)柱式轮廓标柱体

柱式轮廓标柱体白色和黑色的色品坐标和亮度因数应在表2-9-6规定的范围内,其对应的颜色色品见图2-9-10。

轮廓标表面色各角点的色品坐标表　　　　　　　　　表2-9-6

角点坐标		x / y	x / y	x / y	x / y	亮度因数
柱式轮廓标的柱体	白	0.350 / 0.360	0.300 / 0.310	0.290 / 0.320	0.340 / 0.370	≥0.75
	黑	0.385 / 0.355	0.300 / 0.270	0.260 / 0.310	0.345 / 0.395	≤0.03
逆反射材料色	白	0.350 / 0.360	0.300 / 0.310	0.285 / 0.325	0.335 / 0.375	≥0.27
	黄	0.545 / 0.454	0.464 / 0.534	0.427 / 0.483	0.487 / 0.423	0.16~0.40

注:D_{65}标准照明体,照明观测条件:45°/0°。

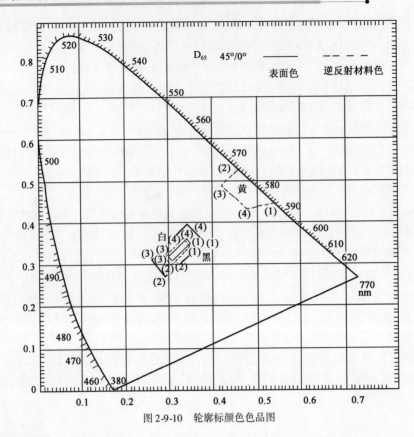

图 2-9-10 轮廓标颜色色品图

4. 逆反射材料

1）色度性能

逆反射材料的颜色有白色和黄色两种。在行车道右侧应安装含白色逆反射材料的轮廓标；在行车道左侧或中央分隔带上应安装含黄色逆反射材料的轮廓标。

轮廓标各部位表面色的颜色色品坐标和亮度因数应在表 2-9-6 规定的范围内，对应的颜色色品见图 2-9-10；轮廓标逆反射材料的逆反射色的色品坐标应在表 2-9-7 规定的范围内，对应的颜色的色品见图 2-9-11。

轮廓标逆反射材料颜色各角点的色品坐标　　　　表 2-9-7

角点坐标	色品坐标					
	x y	x y	x y	x y	x y	x y
白	0.310 0.348	0.453 0.440	0.500 0.440	0.500 0.380	0.440 0.380	0.310 0.283
黄	0.545 0.424	0.559 0.439	0.609 0.390	0.597 0.390		

注：A 光源，照明观测条件：入射角 0°，观测角 0.2°，视场角 0.1°。

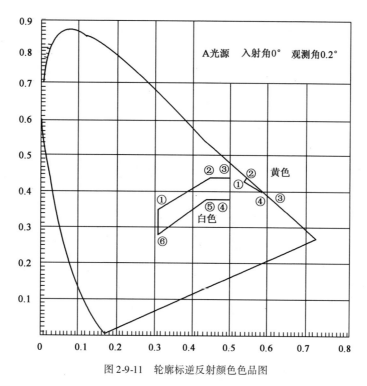

图 2-9-11 轮廓标逆反射颜色色品图

2)光度性能

(1)发光强度系数 R

轮廓标的微棱镜型反射器的发光强度系数值不应低于表 2-9-8 的规定;用作轮廓标的玻璃珠型反射器的发光强度系数值不应低于表 2-9-9 的规定。

轮廓标用微棱镜型反射器的发光强度系数表　　表 2-9-8

观测角 α	入射角 β_2 ($\beta_1=0$)	最小发光强度系数(cd/lx)	
		白色	黄色
0.2°	0°	4.65	2.90
	±10°	3.75	2.35
	±20°	1.95	1.21
0.5°	0°	2.25	1.45
	±10°	1.85	1.20
	±20°	0.93	0.56

轮廓标用玻璃珠型反射器的发光强度系数表　　表 2-9-9

观测角 α	入射角 β_2 ($\beta_1=0$)	最小发光强度系数(cd/lx)	
		白色	黄色
0.2°	0°	1.50	0.75
	±10°	1.20	0.60
	±20°	0.60	0.30

续上表

观测角 α	入射角 $\beta_2(\beta_1=0)$	最小发光强度系数(cd/lx)	
		白色	黄色
0.5°	0°	0.50	0.25
	±10°	0.45	0.22
	±20°	0.40	0.20

(2)逆反射系数 R'

用作轮廓标逆反射材料的反光膜应为《道路交通反光膜》(GB/T 18833—2012)中的一级微棱镜型反光膜,其逆反射系数值不应低于表 2-9-10 的规定。

轮廓标用反光膜的逆反射系数表　　　　表 2-9-10

观测角 α	入射角 $\beta_1(\beta_2=0)$	最小逆反射系数 $(cd \cdot lx^{-1} \cdot m^{-2})$	
		白色	黄色
0.2°	-4°	600	450
	15°	450	320
	30°	300	220
0.33°	-4°	360	250
	15°	260	180
	30°	160	110

3)反光膜对底板或柱体的附着性能

反光膜对轮廓标的底板或柱体的附着性能应符合 GB/T 18833—2012 中反光膜对标志底板的附着性能的有关规定。

4)反射器的密封性能

经密封性能试验后,轮廓标用微棱镜型反射器不应出现被水或雾气渗入的现象。

5. 耐候性能

连续自然暴露,或进行人工气候加速老化试验(如发生计量纠纷,应以连续自然暴露为仲裁),在试验完成后应满足下列要求:

(1)轮廓标试样应无明显的裂缝、刻痕、气泡、锈蚀、侵蚀、剥离、褪色、粉化或变形等破损的痕迹。轮廓标用反射器不应出现被水渗入的痕迹;反光膜不应出现边缘被剥开的现象。

(2)轮廓标试样各种颜色的色品坐标和亮度因数应保持在表 2-9-6 或表 2-9-7 规定的范围之内。

(3)轮廓标用反射器的发光强度系数值不应低于表 2-9-8 或表 2-9-9 相应规定值的 50%;反光膜的逆反射系数值不应低于表 2-9-10 相应规定值的 80%。

6. 耐盐雾腐蚀性能

经盐雾腐蚀性能试验后,轮廓标各部件不应有变色、起泡、锈斑或被侵蚀的痕迹。轮廓标用反射器不应出现被水或雾气渗入的痕迹;反光膜不应出现渗漏或边缘被剥离的现象。

7. 耐高低温性能

经高低温试验后,轮廓标各部件不应出现裂缝、剥落、碎裂、起泡、翘曲或变形等破损的痕迹。

第三节 轮廓标生产工艺和施工方法

一、轮廓标的生产工艺

1. 附着式轮廓标生产工艺

附着式轮廓标生产工艺流程如图 2-9-12 所示。

2. 柱式轮廓标

柱式轮廓标宜采用合成树脂类材料。柱体使用全自动设备一次成型,成型后裁切立柱长度,立柱表面涂刷白漆,粘贴黑色标记,最后安装反射器。

二、轮廓标的施工方法

1. 附着式轮廓标的施工方法

附着于梁柱式护栏上的轮廓标,可按立柱间距定位,附着于混凝土护栏或隧道侧墙上的轮廓标应量距定位。

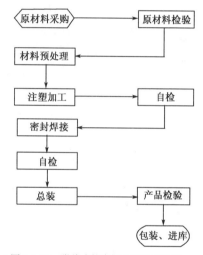

图 2-9-12 附着式轮廓标生产工艺流程

附着式轮廓标应按照放样确定的位置进行安装,反射器的安装角度应符合设计文件的相关规定。附着于护栏槽内的轮廓标,反射器为梯形,把反射器后底板固定在护栏与立柱的连接螺栓上,附着于缆索护栏上的轮廓标,通过夹具把轮廓标固定在缆索上。附着于隧道壁、挡墙、桥墩、桥台侧墙、混凝土护栏等处的轮廓标,通过预埋件或胶固定在侧墙上。反射器的安装角度应符合设计文件的规定。安装高度宜尽量统一,并应连接牢固。

安装过程中所有钢构件均应进行防腐处理。除设计文件另行规定外,防腐处理应满足现行《高速公路交通工程钢构件防腐技术条件》(GB/T 18226)的规定。螺栓、螺母等紧固件和连接件在防腐处理后,必须清理螺纹或进行离心分离处理。

2. 柱式轮廓标的施工方法

柱式轮廓标应按设计文件的规定量距定位。施工时应设置混凝土基础。混凝土基础可采用现浇或预制的方法施工,并应符合《公路桥涵施工技术规范》(JTG/T F50—2011)的规定,预制时应按设计文件的规定预埋连接件。基础开挖达到规定的尺度和深度后,先浇筑一层片石混凝土,厚度不应小于 20cm。接着在片石混凝土上支模板,测量模板顶部的高程。当立柱与混凝土基础浇在一起时,则可将立柱放入模板内,固定就位后,即可浇筑混凝土。浇筑混凝土完成后应采取正常的养护措施,直到混凝土达到规定的强度。当轮廓标柱体或立柱为装配式结构时,则应预留柱体插入的孔穴,或采用法兰盘连接。柱式轮廓标可在混凝土基础的预留孔穴中安装。安装时,轮廓标柱体应垂直于地平面,三角形柱体的顶角平分线应垂直于公路中心线,柱体与混凝土基础之间可用螺栓连接。

三、轮廓标产品的标志、包装、运输和储存要求

轮廓标产品上应有清晰、耐久的标志。柱式轮廓标的标志宜设置在离地面 50~200mm 的柱体表面上;附着式轮廓标的标志宜设置在反射器表面或支架上。其内容包括:制造厂家的名称、商标或其他能代表生产厂的符号;应用标准号,若符合本标准要求,其编号为 GB/T 24970—2010。产品包装箱外应标有:产品名称、制造厂名称、地址、电话、产品批号、数量、颜色、出厂日期等。

对于每批轮廓标产品,厂方应提供使用说明书,内容包括:轮廓标的装配和安装说明;轮廓标的维修说明;产品制造的年、月、日。每个轮廓标应采用塑料袋或软纸等材料包装,以防止轮廓标逆反射材料及其他部位的损伤。外包装采用瓦楞纸箱或木箱。轮廓标装箱时,应随箱附有产品使用说明书及质量等级检验合格证。

轮廓标在运输过程中应采取防雨措施,装卸中应轻放并不得使用手钩。储存轮廓标的仓库应保持通风、干燥。轮廓标储存期不宜超过一年。

第四节 检 测 方 法

一、轮廓标的检测设备

轮廓标检测项目及所用仪器设备如表 2-9-11 所示。

轮廓标检测项目及所用仪器设备　　表 2-9-11

检测项目	所用仪器设备	测量参数
外形尺寸	直尺、卷尺、卡尺、板厚千分尺	长度、厚度
色度性能	标准 A 光源、色差计	色品坐标、亮度因数
光度性能	亮度计	发光强度
耐盐雾腐蚀性能	气流式盐雾腐蚀试验箱	温度、流量
耐候性能	人工加速老化试验箱	辐照度、温度
密封性能	轮廓标密封性能测试仪	温度
耐低温性能	高低温湿热试验箱	温度、湿度
耐高温性能	高低温湿热试验箱	温度、湿度

二、轮廓标产品检测方法

1. 轮廓标性能测试的准备

(1) 试样的制备

根据不同情况随机抽取下列物品制备各种试样：

①轮廓标生产厂制作的轮廓标整体产品，或截取柱式轮廓标带有完整黑色标记和反光材料、长度不小于350mm的一段柱体，作为产品试样。

②轮廓标生产厂制作的或使用中的轮廓标反射器作为反射器试样。

③轮廓标生产厂使用的反光膜，一般截取1.22m×0.30m，按《道路交通反光膜》(GB/T 18833—2012)中规定的方法，制成符合各种性能测试要求的反光膜试样。

(2) 状态调节

试样应在温度23℃±2℃，相对湿度50%±10%的环境中，放置24h后，方可进行各种测试工作。

(3) 测试条件

一般的测试工作宜在温度23℃±2℃，相对湿度50%±10%的环境中进行。

2. 尺寸

用直尺、游标卡尺测量轮廓标的外形尺寸。

3. 外观质量

(1) 在白天室内照度大于150lx的条件下，目测产品外观或用4倍放大镜查看。

(2) 把刀口尺的刃口紧靠轮廓标柱体表面，测量柱体表面与刃口之间的最大间隙，即为该表面的平面度。

4. 色度性能

轮廓标的色度性能包括表面色和逆反射色两种，表面色的测量方法同前面已经介绍的反光膜，详见第二篇第三章第四节，逆反射色的测量方法同前面已经介绍的突起路标，详见第二篇第九章第四节。

5. 光度性能

(1) 测量原理和装置

同前面已经介绍的反光膜，详见第二篇第三章第四节。

(2) 反射器发光强度系数测量过程

测量过程同反光膜，只是测量几何条件不同。轮廓标的测量几何条件是：观测角两种20′和30′，入射角 β_2 有5个，分别为0°、±10°、±20°。

用式(2-9-1)计算出不同观测角和入射角条件下的发光强度系数 R。

$$R = \frac{I}{E_\perp} = \frac{E_r \cdot d^2}{E_\perp} \tag{2-9-1}$$

式中：E_r——光探测器在不同观测角和入射角条件下测得反射光的照度(lx)；

d——试样参考中心与光探测器孔径表面的距离(m);

$E_\perp$——试样在参考中心上的垂直照度(lx)。

(3)反光膜逆反射系数测量过程

测试轮廓标用反光膜在观测角分别为12′、20′,入射角 $\beta_1(\beta_2=0)$ 分别为 -4°、15°、30°时的发光强度系数。

其他步骤同前面已经介绍的反光膜,详见第二篇第三章第四节。

(4)反光膜逆反射系数其他测试方法

轮廓标用反光膜的逆反射系数,也可用试样与标准样板对比的测量方法和仪器进行测试。其标准样板应定期到计量检定单位标定。如发生计量纠纷,应以前述的装置和方法为仲裁。

6. 耐候性能

(1)耐候性能试验时间

①自然暴露试验:2年;

②人工气候加速老化试验:1200h。

(2)自然暴露试验

按照《塑料 自然日光气候老化玻璃过滤后日光气候老化和菲涅耳镜加速日光气候老化的暴露试验方法》(GB/T 3681—2011),把产品试样或反光膜试样(反光膜试样的尺寸应不小于150mm×250mm)安装在至少高于地面0.8m的曝晒架上,试样面朝正南方,与水平面呈当地的纬度角或45°±1°。试样表面不应被其他物体遮挡阳光,不得积水。暴露地点的选择尽可能近似实际使用环境或代表某一气候类型最严酷的地方。

试样开始曝晒后,每一个月做一次表面检查,半年后每三个月检查一次,直至达到规定的曝晒期限,最终检查后进行有关性能测试。

(3)人工气候加速老化试验

按照《塑料 实验室光源暴露试验方法 第2部分:氙弧灯》(GB/T 16422.2—2014),老化箱采用氙灯作为光源,产品试样或反光膜试样受到光谱波长为290~800nm的光线辐射,其辐射强度为1000W/m²±100W/m²,光谱波长低于290nm光线的辐射强度不应大于1W/m²。整个试样面积内,辐射强度的偏差不应大于±10%。在试验过程中,应采用连续光照,周期性喷水。

相关技术参数如下:箱内黑板温度为65℃±3℃;喷水周期为120min,其中18min喷水、102min不喷水。

试验时间到达1200h时,若试样所受累积辐射能量小于 $4.32×10^6 kJ/m^2$,则应延长试验时间,以保证试样所受累积辐射能量值。

经过规定时间老化试验后的样品,用浓度5%的盐酸溶液清洗表面45s,然后用水彻底冲洗,最后用干净软布擦干,即可置于标准测试条件下,用4倍放大镜进行各种检查并进行有关性能测试。

7. 盐雾腐蚀试验

轮廓标的盐雾试验同反光膜,详见第二篇第三章第四节。

8. 高低温试验

将产品试样或反光膜试样放入试验箱内,开动冷源,使箱内温度逐渐降至 -40℃±3℃,试样在该温度下保持72h;关闭电源,让试验箱自然升温至室温(需5~12h)。再使试验箱升温至70℃±3℃,并在该温度下保持24h;最后关闭电源,让试验箱自然冷却至室温。取出试样,在标准测试条件下放置2h后,用4倍放大镜检查其表面的变化。

9. 密封性能试验

将产品试样或反射器试样放入温度为50℃±3℃、深度为200mm±30mm的水中,使逆反射表面向上,浸泡15min之后,在10s内,迅速将试件取出并立即放入温度为5℃±3℃、同样深度的水中,再浸泡15min。重复上述试验3次,使试样总计经受4个热冷循环的浸泡。然后取出试样,揩干其表面的水分,目测进行检查。

10. 弯曲性能试验

《轮廓标》(GB/T 24970—2010)中增加了弯曲性能试验和黑色标记的剥离试验方法两项检测内容,这里只作简要介绍。

把弹性柱式轮廓标安装到弯曲试验机(图2-9-13)的样品架上,开动试验机的电机,使滚轮(在金属轮上涂以厚度为5mm±2mm、邵氏硬度为A75的橡胶层)在离地面垂直距离270mm处,以每分钟30次、48cm/s±2cm/s的速度,将弹性柱式轮廓标推倒至水平位置,然后让它自动弹起。经30次弯曲试验后,用4倍放大镜检查弹性柱式轮廓标的表面是否出现裂缝或折断的痕迹,并测量出弹起的轮廓标柱体顶部任意点与原竖直位置的最大水平偏差。

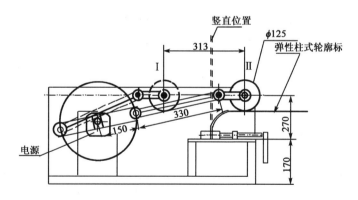

图2-9-13 弯曲试验原理示意图(尺寸单位:mm)

11. 黑色标记的剥离试验

在黑膜(除搭接处)的任何位置,用锋利的刀片垂直于黑膜,沿柱体纵向轴,靠着直尺,从顶部到底部将黑膜完全切透,水平相隔约2cm,切出两条平行线。在平行线中间的一端剥开黑膜,然后用力往外撕开黑膜,并进行检查。

三、轮廓标产品检验规则

对轮廓标产品质量的检验分出厂检验和型式检验两种形式。

轮廓标出厂前,应随机抽取足够数量的产品,对外观质量和外形尺寸进行检验;对于制造和购进反射器的轮廓标生产厂,还应进行反射器的发光强度系数微棱镜型反射器的密封性能的检验。检验合格后方能出厂。

型式检验包括定型检验和周期检验。

定型检验是指轮廓标生产厂在新产品投入批量生产前,应提供足够数量、具有代表性的新产品,做标准《轮廓标》(GB/T 24970—2010)规定的全套性能试验。试验结果全部合格后,才能开始批量生产。需方或上级质量监督部门有权按本标准或供需双方合同的规定,对轮廓标的质量进行抽检或复查。

轮廓标生产厂在发生老产品转厂生产时、停产一年或一年以上的产品再生产时、正常生产的产品每经历两年生产时,以及产品的设计、工艺或材料的改变影响产品性能时,应进行周期检验。周期检验应随机抽取足够数量的样品,做标准《轮廓标》(GB/T 24970—2010)规定的全套性能试验;或在产品的设计、工艺或材料的改变影响产品部分性能时,仅对受影响的项目进行检验。

轮廓标产品的每项性能试验,至少取样 3 个,在试样测试结果全部合格的基础上,3 个(或 3 个以上)试样测试结果的算术平均值为试验结果。若某一试样的测试结果不符合标准要求,则应从同一批产品中再抽取双倍数量的试样进行该不合格项目的复验,若复验结果全部合格,则整批产品合格;若复验结果(包括该项试验所要求的任一指标)即使有一个指标不合格,则整批产品为不合格产品。

第十章

防腐粉末涂料

第一节 概 述

一、粉末涂料在公路工程中的功能和作用

粉末涂料自 20 世纪 60 年代开发以来,特别是在近十几年获得了飞速发展。在所有的表面涂饰防腐中,它已成为金属表面涂饰防腐的首选。公路工程钢构件要经受阳光曝晒、风雨侵蚀、季节温变和环境介质的作用,其表面需要一层长寿命的保护膜。传统的表面处理方式有喷漆、镀锌(铝)、喷锌(铝)等。普通涂膜薄,易剥离,耐候性和防腐性较差;锌(铝)喷镀防腐性能较好,但颜色单调、不易清洁、易受酸雨盐雾的侵蚀。

欧洲从 20 世纪 70 年代起,将粉末涂料广泛应用于金属构件的装饰和防腐保护,如汽车零部件、铝型材和金属门窗等,取得了良好的防腐装饰效果。我国从 20 世纪 90 年代开始,将粉末涂料应用到公路工程钢构件(含各类护栏板、立柱、防阻块、柱帽、螺钉、螺栓、防眩网等)涂塑防腐。随着我国高速公路建设的不断发展,公路工程钢构件涂塑防腐技术也取得了长足进步。

二、粉末涂料的分类和特点

1. 分类

粉末涂料是一种含有 100% 固体粉末形态涂装的涂料。它与溶剂型涂料和水性涂料不同,不使用溶剂或水作为分散介质,而是借助于空气作为分散介质。

粉末涂料产品依据固化成膜过程,可分为热塑性粉末涂料和热固性粉末涂料两大类。

热塑性粉末涂料是以热塑性合成树脂作为成膜物,它的特性是合成树脂随温度升高而变化,以至熔融,经冷却后变得坚硬。这种过程可以反复进行多次。粉体成膜过程无交联反应发生。通常这种树脂的分子量较高,有较好的耐化学性、柔韧性和弯曲性。用作热塑性粉末涂料的合成树脂主要有聚氯乙烯、聚乙烯、聚丙烯、聚酰胺、聚碳酸酯、聚苯乙烯、含氟树脂、热塑性聚酯等。

热固性粉末涂料是以热固性合成树脂为成膜物,它的特性是用某些较低聚合度含活性官能团的预聚体树脂,在固化剂存在下经一定温度的烘烤交联反应固化,成为不能溶解或熔融的质地坚硬的最终产物。当温度再升高时,产品只能分解不能软化,成膜过程属于化学交联变

化。这种类型的树脂主要有聚酯树脂、环氧树脂、丙烯酸树脂和聚氨酯树脂等。

2. 特点

粉末涂料具有节能、节约资源、低污染和高效能的特点,它符合涂料工业高固体分、无溶剂化、水性化和紫外光固化的发展方向。粉末涂料在使用中有许多优点,但也存在一定的缺点。

(1)优点

粉末涂料的主要优点如下：

①无溶剂,减少公害；

②简化涂装工艺,提高涂装效率；

③粉末涂料损失少,并可回收再利用；

④粉末涂料性能优,坚固耐用；

⑤可实现一次涂装。

(2)缺点

粉末涂料的主要缺点如下：

①调色、换色困难；

②不易涂薄；

③涂膜外观不如液态涂料；

④烘烤温度高。

第二节 技术要求

一、公路用防腐蚀粉末涂料及涂层通用技术要求

《公路用防腐蚀粉末涂料及涂层 第1部分:通则》(JT/T 600.1—2004)中规定了粉体、涂层外观质量、涂层理化性能、涂层耐候性4个方面的通用技术要求。

1. 粉体

粉体干燥、松散、均匀无结块,色泽均匀一致,无明显色差或杂质。

2. 涂层

(1)外观质量

涂层平整光滑,颜色均匀一致,无肉眼可见的气泡、气孔、裂缝或明显杂质等缺陷,允许有轻微橘皮。

(2)理化性能

防腐蚀粉末涂料涂层理化性能的通用技术要求,应符合表2-10-1的规定。

涂层理化性能　　　　表 2-10-1

序号	项 目			技 术 要 求	
			—	单涂[a]	双涂[b]
1	涂层厚度(mm)	热塑性粉末涂料涂层	钢管、钢板、钢带	0.38~0.80	0.25~0.60
			钢丝直径 >1.8~4.0	0.30~0.80	0.15~0.60
			>4.0~5.0	0.38~0.80	0.15~0.60
			其他基材	0.38~0.80	0.25~0.60
		热固性粉末涂料涂层		0.076~0.150	0.076~0.120
2	涂层附着性能	热塑性粉末涂料涂层		一般不低于2级	
		热固性粉末涂料涂层		0级	
3	涂层耐冲击性(0.5kg·m)			试验后,除冲击部位外,无明显裂纹、皱纹或涂层脱落现象	
4	涂层抗弯曲性			试验后,应无肉眼可见的裂纹或涂层脱落现象	
5	涂层耐化学腐蚀性			试验后,涂层应无气泡、溶解、溶胀、软化、丧失黏结等现象,试液应无混浊、褪色或填料沉淀的现象	
6	涂层耐盐雾性能	钢质基底无其他防护层		经8h试验后,划痕部位任何一侧0.5mm外,涂层应无气泡、剥离的现象	
		金属防护层基底	第Ⅰ段(8h)	经8h试验后,划痕部位任何一侧0.5mm外,涂层应无气泡、剥离的现象	
			第Ⅱ段(200h)	经200h试验后,基底金属无锈蚀	
7	涂层耐湿热性能			经8h试验后,划痕部位任何一侧0.5mm外,涂层应无气泡、剥离的现象	
8	涂层耐低温脆化性			经168h试验后,涂层应无明显变色或开裂现象,经冲击后,性能仍应符合本表第3项的要求	

注:1. [a]单涂:对基底仅涂装有机防腐蚀涂层的防护类型。
　　2. [b]双涂:基底材质为钢质,表层经金属防腐蚀涂层防护,再涂装有机防腐蚀涂层的防护类型。

(3)耐候性能

防腐蚀粉末涂料涂层经过人工加速老化试验累积能量达到 $3.5 \times 10^6 kJ/m^2$ 后,涂层外观质量应不低于表2-10-2中质量等级评定的要求。

涂层外观质量等级评定要求　　　　表 2-10-2

评定项目		等级要求	变化程度
变色等级		2	目测轻微变色
粉化等级		1	很轻微,仪器加压重或手指用力擦样板,试布或手指上刚可观察到微量颜料粒子
开裂等级	开裂数量	1	仅有几条值得注意的开裂
	开裂大小	S1	10倍放大镜下可见开裂

续上表

评定项目		等级要求	变化程度
	起泡等级	0	无泡
生锈等级	锈点数量	1	很少,几个锈点
	锈点大小	S1	10倍放大镜下可见锈点
剥落等级	剥落面积	0	0
	剥落大小	—	
综合评定等级		1	—

二、热塑性聚乙烯粉末涂料及涂层技术要求

按《公路用防腐蚀粉末涂料及涂层 第2部分:热塑性聚乙烯粉末涂料及涂层》(JT/T 600.2—2004)中的规定,热塑性聚乙烯粉末涂料及涂层除满足前述通用技术要求外,还应满足以下技术要求。

1. 粉体理化性能

粉体理化性能应符合表2-10-3的要求。

粉体理化性能 表2-10-3

序号	项目	单位	技术要求
1	挥发物含量	%	≤1
2	表观密度	g/cm³	0.35~0.50
3	筛余物(50目)[a]	%	<5
4	熔融指数	g/10min	5~10

注:[a] 筛网目数为50目时,对应筛网筛孔大小为270μm。

2. 涂层物理力学性能

涂层物理力学性能应符合表2-10-4的要求。

涂层物理力学性能 表2-10-4

序号	项目	单位	技术要求
1	光泽度(60°表头)	%	≥40
2	拉伸强度	MPa	≥13
3	断裂延伸率	%	≥300
4	涂层硬度(邵氏D型)	—	40~55
5	维卡软化点	℃	≥80
6	耐环境应力开裂(F50)	h	≥500

三、热塑性聚氯乙烯粉末涂料及涂层技术要求

按《公路用防腐蚀粉末涂料及涂层 第3部分:热塑性聚氯乙烯粉末涂料及涂层》(JT/T

600.3—2004)中的规定,热塑性聚氯乙烯粉末涂料及涂层除满足前述通用技术要求外,还应满足以下技术要求。

1. 粉体理化性能

粉体理化性能,应符合表2-10-5的要求。

粉 体 理 化 性 能　　　　　　表2-10-5

序 号	项 目	单 位	技 术 要 求
1	挥发物含量	%	≤1
2	表观密度	g/cm³	0.32~0.40
3	筛余物(50目)[a]	%	<5

注:[a] 筛网目数为50目时,对应筛网筛孔大小为270μm。

2. 涂层物理力学性能

涂层物理力学性能,应符合表2-10-6的要求。

涂层物理力学性能　　　　　　表2-10-6

序 号	项 目	单 位	技 术 要 求
1	光泽度(60°表头)	%	≥40
2	拉伸强度	MPa	≥17
3	断裂延伸率	%	≥200
4	涂层硬度(邵氏D型)	—	≥38

四、热固性聚酯粉末涂料及涂层技术要求

按《公路用防腐蚀粉末涂料及涂层　第4部分:热固性聚酯粉末涂料及涂层》(JT/T 600.4—2004)中的规定,热固性聚酯粉末涂料及涂层除满足前述通用技术要求外,还应满足以下技术要求。

1. 粉体理化性能

粉体理化性能,应符合表2-10-7的要求。

粉 体 理 化 性 能　　　　　　表2-10-7

序 号	项 目		单 位	技 术 要 求
1	挥发物含量		%	≤0.5
2	密度		g/cm³	1.4~1.8
3	粒度分布	>100μm	%	≤1
		<16μm		≤5
4	胶化时间(180℃)		min	1~5
5	水平流动性		mm	20~50

2. 涂层物理力学性能

涂层物理力学性能应符合表2-10-8的要求。

涂层物理力学性能　　　　　表 2-10-8

序　号	项　目	单　位	技术要求
1	光泽度（60°表头）	%	≥75
2	铅笔硬度	—	H~2H
3	杯突试验	mm	≥6

第三节　防腐粉末涂料的成分构成、生产工艺和施工方法

一、防腐粉末涂料的成分构成

热塑性粉末涂料，一般由树脂、颜料、填料和助剂（包括促进剂、增光剂、消光剂、紫外线吸收剂、稳定剂、流平剂等）等成分构成。热固性粉末涂料除包括上述成分外，还需要添加固化剂成分。粉末涂料原料成分和构成比例如图 2-10-1 所示。

二、防腐粉末涂料的生产工艺

粉末涂料是由特定的各种化学物质，经物理机械处理后，成为细度均匀的颗粒粉体。其组分中的每一种成分，均是为保证涂膜质量、工程要求，适应生产工艺，改善喷涂条件和降低产品成本而严加控制的。生产粉末涂料时，如果材料的选配不好或操作方法失误，将严重影响产品质量，因此，熟悉生产工艺是非常重要的。

1. 热固性粉末涂料生产工艺

热固性粉末涂料生产，有湿法工艺和干法工艺两种。在湿法工艺中，有蒸发法、喷雾干燥法和沉淀法等。干法熔融挤出法工艺，是目前热固性粉末涂料生产采用的主要方式。其典型生产工艺流程如图 2-10-2 所示。

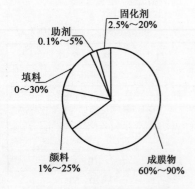

图 2-10-1　粉末涂料的成分构成

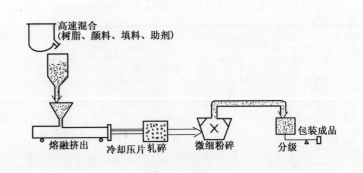

图 2-10-2　典型热固性粉末涂料的生产工艺

在该工艺中，先将配方组分的树脂、颜料、填料和其他助剂进行预混合，在给定时间内使之分散均匀，以利于其后的挤出混合分散取得更佳效果。其主要的工序控制参数如下：

(1) 预混合时间

混合工序是配料后粉末涂料生产的首道工序。干粉在容器内混合,阻力很大,物料因摩擦会产生积聚热,如果混合时间设定过长,物料受热后易结块,颜色色泽也会变化;而混料时间过短,物料不均匀,则影响挤出效果。因此,设备的结构、混料效果、颜色品种、混料时间要通过试验来确定,一般混合的设定时间以 6~15min 为宜,最长不超过 20min。

(2) 挤出温度的控制

树脂的玻璃化温度、熔融黏度和软化点决定挤出温度的控制(通常挤出机加料口为常温,匀化段为 60~90℃,出料口为 105~115℃),也可根据配方的组分要求上下调整,但以不能引发树脂和固化剂产生化学反应为限,必须使树脂熔融成流动体,以获得最有效的剪切分散效果。若挤出温度过低,树脂呈半熔融状态,黏度太大,颜料粒子润湿性不好,分散不匀,造成物料内动阻力增加,排料不畅甚至堵塞设备,造成抱杆;而挤出温度过高,树脂熔融黏度偏低,介质中的剪切力变小,也不利于颜料和其他物料的分散和混炼。在某些情况下,挤出温度相应高些,有利于树脂与颜料之间的润湿,可使组分良好互溶,还可把其中的挥发分释放,可有效减少固化成膜时出现针孔和缩孔,使涂膜更加平整、丰满和光亮。因此,在设定挤出温度时,还应根据具体情况,如原材料、产品技术要求和设备机械结构(单螺杆、双螺杆)来制定。

(3) 微粉碎与粒径大小和分布

微粉碎是将半成品状物料,送至磨粉机破碎成 10~80μm 的粉末粒子,其粒径大小及分布是粉末涂料的一项重要指标。粉末涂料的粒度分布与涂膜的外观、平整性、光泽度及喷涂效果有着密切关系。

2. 热塑性粉末涂料生产工艺

目前,国内生产热塑性粉末涂料的典型生产工艺流程如图 2-10-3 所示。

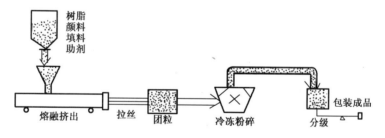

图 2-10-3 典型热塑性粉末涂料的生产工艺

热塑性粉末涂料生产工艺,关键是熔融挤出和破碎过程。物料挤出时,一定要控制好各段温度、转速等,以使树脂、颜料、填料和助剂充分混合,塑化均匀。破碎工序按其机械粉碎方式,可分为深冷机械粉碎、常温机械粉碎和控温机械粉碎。破碎时要控制好进料和粉体细度,特别要控制好破碎过程中的温度,以得到质量合格的产品。

三、防腐粉末涂料的施工方法

1. 聚酯涂塑层施工方法

聚酯涂塑是通过特种工艺,在基体表面涂覆一层聚酯保护层的防腐技术。聚酯涂塑层,多为热固性粉末涂层。热固性粉末涂料形成涂层的方式,一般有流化床或静电喷涂两种,国内公路工程钢构件上多使用静电喷涂方式。喷涂时,使用压缩空气泵,利用文氏原理,推动粉末通过粉末进料软管从振荡盒或漏斗进入喷射装置。粉末的流量和流速,可以通过喷射装置的控制面板来调整。粉末微粒在喷射装置中被雾化,粉粒在这里被旋转、定向或分散成雾状。雾状的粉末被静电充电后吸附到工件上形成连续薄膜,再将钢构件送入热烘箱,粉末涂料经高温熔融并固化,冷却后附着在基体上形成涂塑层。

聚酯涂塑层的主要优点在于:

(1)在保护物体表面不受环境侵蚀的同时,还具有装饰作用,外表美观,光泽度好,颜色可以选择,可以与环境很好地搭配。

(2)耐化学腐蚀性强。近几年国内的聚酯涂塑层技术发展很快,但由于聚酯涂塑层的硬度和附着性能相对于金属防腐层要小,作为交通安全设施的防腐层,不可避免地存在划伤、磨损等硬损伤。一旦破损,其防腐效能大大降低,并带来一系列后果,一般在国内公路工程钢构件防腐处理上不单独使用,而作为双涂层的第二层防腐使用,即在镀锌或镀铝后再涂塑。其多在护栏板、护栏立柱、隔离栅等大钢构件上使用。双涂层处理时防腐性能较好,同时外观美观,在国内外都有广泛的应用。

现阶段在生产和应用中存在的主要问题有以下两个方面:

(1)聚酯涂塑层属高分子材料,存在户外环境使用中容易老化的问题,这就要求选用耐候性好的材料,成本较高。

(2)生产工艺要求较高,产品质量不太稳定,经常出现有机涂层与基体材料的附着性能不符合技术标准要求的现象。

这些问题的解决主要在于原材料(聚酯粉末涂料)的质量控制,以及后期涂装作业时的工艺要求,这就对原材料的提供厂家和加工厂家的工艺技术提出了很高的要求。

2. 聚乙烯、聚氯乙烯涂塑层施工方法

聚乙烯、聚氯乙烯涂塑层为热塑性粉末涂层,利用热吸附力将粉末微粒沉积在工件上。工序一般是先将钢构件经表面处理后送入预热炉预热,预热工件达到温度要求后,将它放入粉末涂料浸塑槽中。粉末涂料浸塑槽由气室和粉末槽构成,两者有微孔透气隔板上下隔开,气体经气室通过微孔向上吹入粉末槽,使粉末涂料在浸塑槽中形成沸腾状态,预热工件进入后,受热吸附作用,粉末涂料粒子被吸附到工件上并且部分熔融在工件表面,浸塑完成。最后将工件送入塑化炉中进行塑化,工件被进一步加热到指定熔融温度,热塑性粉末熔融并完全覆盖在工件表面,流平后得到理想的表面光滑度和性能。采用浸塑工艺时,通过对工件温度和工件在浸塑槽中的时间的控制来控制涂层厚度。聚氯乙烯与聚乙烯涂塑层技术在生产工艺上主要的不同,在于聚氯乙烯的熔融温度和分解温度差距小,涂装作业性差,需严格控制塑化温度和时间。同时聚氯乙烯在塑化过程中会分解释放出氯化氢气体,对塑化炉本身有防护上的要求。因此,聚氯乙烯涂塑层在工艺上实施难度比聚乙烯涂塑层大。聚氯乙烯与聚乙烯涂塑层都具有优良的耐酸、耐碱、耐盐等化学药品性能,聚氯乙烯涂塑层还具有良好的阻燃性能。与聚酯涂塑层一样,聚氯乙烯与聚乙烯涂塑层也存在耐候性和附着性能的问题,且在目前的工艺条件下,不适合于波形梁钢护栏板等大型钢构件的防腐。

四、防腐粉末涂料产品的标志、包装、运输和储存要求

1. 标志要求

粉末涂料产品的标志(标识)规定如下：交货时，产品整包装应该附有一张制造标签和一张合格证标签。制造标签内容包括：产品名称、生产日期、批号、产品标准号、生产企业名称、联系地址。合格证标签内容包括：合格证、检验合格、检验证编号、检验人员代号、检验日期等内容。

2. 包装要求

粉末涂料产品的包装，应符合《涂料产品包装通则》(GB/T 13491—1992)的基本要求。外包装的内层采用防水材料，以保证产品在运输和储存过程中，不发生结块、变质的现象。

3. 运输要求

粉末涂料及涂层产品在运输过程中，防止日晒、雨淋、受潮和重压，不得靠近明火或高温热源，粉末涂料应避免利器划伤包装。

4. 储存要求

粉末涂料产品不得露天堆放，存放场所应做到通风、干燥和清洁，避免直接日光照射，不得靠近明火或高温热源。

第四节 防腐粉末涂料的检测设备、检测方法及检验规则

一、防腐粉末涂料的检测设备

防腐粉末涂料检测项目及所用仪器设备如表 2-10-9 所示。

粉末涂料检测项目及所用仪器设备　　　　　　　表 2-10-9

序 号	检 测 项 目	检 测 仪 器 设 备	测 量 参 数
1	粉体外观质量	—	—
2	涂层外观质量	—	—
3	涂层厚度	测厚仪	厚度
4	涂层附着性	划格器	—
5	涂层耐冲击性	漆膜冲击试验仪	质量、高度、温度
6	涂层抗弯曲性	弯曲试验仪	直径
7	涂层耐化学腐蚀性	天平、量杯	质量、容量
8	涂层耐盐雾性	盐雾腐蚀试验箱	温度、流量
9	涂层耐湿热性能	高低温湿热试验箱	温度、湿度
10	涂层耐低温脆化性	低温试验箱	温度、时间

续上表

序　号	检测项目	检测仪器设备	测量参数
11	耐候性	人工加速老化试验箱	辐照度、温度
12	挥发物含量	电热烘箱	质量
13	粒度分布(筛余物)	标准筛、天平	质量
14	表观密度	天平、量杯	质量、容量
15	熔融指数	挤出式塑度仪、天平	质量、时间、容量
16	光泽度	光泽度仪	—
17	拉伸强度	万能材料试验机	拉力
18	断裂延伸率	万能材料试验机	拉力
19	涂层硬度	邵氏硬度计	硬度
20	维卡软化点	维卡软化点测试仪	温度
21	耐环境应力开裂	—	时间

二、防腐粉末涂料产品的检测方法

1. 试样状态调节和试验环境条件

除特殊规定外,粉末涂料试样应按《塑料试样状态调节和试验的标准环境》(GB/T 2918—1998)的标准环境的规定进行24h状态调节,并且在如下条件下进行试验。

(1)试验环境温度:23℃±2℃。

(2)试验环境相对湿度:50%±5%。

2. 试剂

试剂应包括下列试剂:

(1)固体试剂:NaOH(化学纯)、NaCl(化学纯)。

(2)液体试剂:H_2SO_4(化学纯)。

3. 试验准备

1)试样的制备

(1)涂层通用试样要求

通用试验样品基材的材质、规格尺寸和涂层厚度,应符合表2-10-10的要求;涂层的涂装工艺,应符合该产品的使用要求和说明。

试验样品规格(mm)　　表2-10-10

涂层种类	试样类型	底板材料	底板厚度	涂层厚度	样品尺寸
热塑性	A1	冷轧钢板	2~3	0.30~0.80	65×142
热固性	A2			0.076~0.120	65×142
热塑性	B1	马口铁板	0.2~0.3	0.30~0.80	50×100
热固性	B2			0.076~0.120	50×100

（2）涂层特殊试样要求

热塑性粉末涂料的模塑成型试样的制备方法如下：

①工艺要求。模塑成型的工艺要求，如表2-10-11所示。其表中的技术参数为聚乙烯（PE）和聚氯乙烯（PVC）树脂的推荐值，具体试样可根据树脂类型的不同进行模压成型操作。

试 片 模 塑 条 件　　　　　　　　　　　　　　　表2-10-11

模塑温度 （℃）	热 压				冷 压		脱模温度 （℃）
	预热		热压		时间 （min）	压力 （MPa）	
	压力 （MPa）	时间 （min）	压力 （MPa）	时间 （min）			
170~200	接触	5~7	5	5±1	5~7	15	≤40

②样品规格。使用的模压模具应保证制备试样的厚度满足2mm±0.2mm的要求，其压片试样的大小不作特殊限定，但至少应保证可冲裁出150mm×75mm的试片。

2）涂层试验项目选用试样要求

涂层各试验项目选用试样的类型及数量，应符合表2-10-12的要求。

涂层试验项目与试样要求　　　　　　　　　　　　表2-10-12

序　号	试验项目	试样类型	试样数量
1	涂层外观、颜色、光泽度、涂层厚度	B1	3
		B2	
2	涂层硬度	A1	3
		A2	
3	杯突试验	A2	3
4	涂层附着性	A1	3
		A2	
5	涂层抗弯曲性	B1	3
		B2	
6	涂层耐冲击性	B1	3
		B2	
7	涂层耐化学药品性	A1	3
		A2	
8	涂层耐盐雾性能	A1	3
		A2	
9	涂层耐低温脆化性	B1	3
		B2	
10	涂层耐湿热性能	A1	3
		A2	
11	涂层耐候性	A1	15
		B2	

4. 试验程序及结果

1) 粉体

粉体在正常光线下,用目测观察。

2) 涂层

(1) 外观质量

涂层在正常光线下,用目测直接观察。

(2) 涂层厚度

涂层厚度以测量值的算术平均值表示测试结果,若测试值中 10% 以上的值超出技术要求范围,即使算术平均值符合技术要求,该结果仍为不符合本标准的技术要求。

① 非磁性基底的涂层厚度,用脱塑剂和千分表测量。

② 磁性基底的涂层厚度,按《磁性基体上非磁性覆盖层 覆盖层厚度测量 磁性法》(GB/T 4956—2003)的规定进行。

(3) 涂层附着性

热固性粉末涂料涂层的附着性,按照《色漆和清漆 漆膜的划格试验》(GB/T 9286—1998)的方法进行。

热塑性粉末涂料涂层的附着性,用锋利的刀片在涂塑层上划出两条平行的长度为 5cm 的切口,切入深度应达到涂层附着基底的表面,板状或柱状试样两条切口间距为 3mm,丝状试样的两条切口位于沿丝的轴向的 180°对称面。在切口的一端垂直于原切口作一竖直切口,用尖锐的器具将竖直切口挑起少许,用手指捏紧端头尽量将涂层扯起。以扯起涂层状态将涂层附着性能区分为 0 至 4 级如下:

0 级:不能扯起或扯起点断裂;

1 级:<1cm 长的涂层能被扯起;

2 级:非常仔细的情况下可将涂层扯起 1~2cm;

3 级:有一定程度附着,但可比较容易将涂层扯起 1~2cm;

4 级:切开后可轻易完全剥离。

(4) 涂层耐冲击性

涂层耐冲击性,按照《漆膜耐冲击测定法》(GB/T 1732—1993)进行。

(5) 涂层抗弯曲性

涂层抗弯曲性的测定,可以依据如下方法:

① 丝状试样,按照《公路交通工程钢构件防腐技术条件》(GB/T 18226—2015)中的方法进行。

② 板状试样,按照《色漆和清漆 弯曲试验(圆柱轴)》(GB/T 6742—2007)的方法进行。

(6) 涂层耐化学腐蚀性

涂层耐化学腐蚀性,按照《塑料 耐液体化学试剂性能的测定》(GB/T 11547—2008)的方法进行,浸泡温度为 23℃ ±2℃。不同类型的粉末涂料涂层试验溶液浓度和浸泡时间,如表 2-10-13 ~ 表 2-10-15 所示。

热塑性聚乙烯涂层耐化学腐蚀性能试验要求　　　　表 2-10-13

溶 液 类 型	溶液浓度(%)	浸泡时间(h)
H_2SO_4	30	720
NaOH	40	720
NaCl	10	720

注：H_2SO_4、NaOH 和 NaCl 溶液均为质量百分比浓度。

热塑性聚氯乙烯涂层耐化学腐蚀性能试验要求　　　　表 2-10-14

溶 液 类 型	溶液浓度(%)	浸泡时间(h)
H_2SO_4	30	720
NaOH	40	720
NaCl	10	720

注：H_2SO_4、NaOH 和 NaCl 溶液均为质量百分比浓度。

热固性聚酯涂层耐化学腐蚀性能试验要求　　　　表 2-10-15

溶 液 类 型	溶液浓度(%)	浸泡时间(h)
H_2SO_4	30	720
NaOH	1	240
NaCl	10	720

注：H_2SO_4、NaOH 和 NaCl 溶液均为质量百分比浓度。

（7）涂层耐盐雾性能

涂层耐盐雾性能，按照《高速公路钢构件防腐技术条件》(GB/T 18226—2015)中的方法进行。

（8）涂层耐湿热性能

涂层耐湿热性能，按照《高速公路钢构件防腐技术条件》(GB/T 18226—2015)中的方法进行。其温度为 47℃±1℃，相对湿度为 96%±2%。

（9）涂层耐低温脆化性

涂层耐低温脆化性，按《高速公路钢构件防腐技术条件》(GB/T 18226)中的方法进行，试验后在常温环境下调节 2h 后，按规定进行耐冲击性能试验，与试验前结果进行比对。

（10）耐候性能

①试样的准备。按照前述规定进行。

②试样数量。按《公路沿线设施塑料制品耐候性要求及测试方法》(GB/T 22040—2008)中的规定进行。

③试验设备。按《公路沿线设施塑料制品耐候性要求及测试方法》(GB/T 22040—2008)中的规定进行。

④试验条件。按《公路沿线设施塑料制品耐候性要求及测试方法》(GB/T 22040—2008)中的规定进行。

⑤累积辐射能量计算。按《公路沿线设施塑料制品耐候性要求及测试方法》(GB/T 22040—2008)中的规定进行。

⑥材料力学性能保留率的测定。按样品制备要求制备力学性能老化试验比对试样，选取耐候性能试验后样品和试验前样品各一组，每组样品数为 5 件，按照《塑料拉伸性能的测定　第

1 部分：总则》（GB/T 1040.1—2006）的要求试验，并按式（2-11-1）计算技术参数性能保留率：

$$性能保留率 = \frac{X'}{X} \times 100\% \quad (2-11-1)$$

式中：X'——试验后技术参数算术平均值；
X——试验前技术参数算术平均值。

⑦外观质量的结果评价。试样外观质量的结果评价，按照《色漆和清漆 涂层老化的评级方法》（GB/T 1766—2008）的规定进行，评价项目应包括变色、粉化、开裂、起泡、生锈和剥落，并统一对综合老化性能等级进行评定。

（11）挥发物含量

挥发物含量按《电气绝缘涂敷粉末试验方法》（GB/T 6554—1986）中的方法进行。试验条件为 105℃±2℃的温度下在烘箱内试验 1h。

（12）粒度分布（筛余物）

粒度分布（筛余物）项目的测试，可采用激光粒度分布仪进行，也可以按照《电气绝缘涂敷粉末试验方法》（GB/T 6554—1986）中的方法进行手工筛分。在进行手工筛分的试验时，应符合以下要求。

①进行粒度分布项目测试时，选用叠筛筛分，试验结果的叠加质量损失百分数不超过 2%；

②进行筛余物项目测试时，只选用规定孔径的网筛进行单筛筛分，结果计算精确至 0.1%。

（13）表观密度

表观密度按《电气绝缘涂敷粉末试验方法》（GB/T 6554—1986）中的方法进行。

（14）熔融指数

熔融指数按《热塑性塑料熔体质量流动速率和熔体体积流动速率的测定》（GB/T 3682—2000）的方法进行。本指标只适用于热塑性粉末涂料。

（15）光泽度

光泽度按《色漆和清漆不含金属颜料的色漆漆膜元 20°、60°和 85°镜面光泽的测定》（GB/T 9754—2007）的方法进行。

（16）拉伸强度

拉伸强度按《塑料拉伸性能的测定 第 1 部分：总则》（GB/T 1040.1—2006）的方法进行，拉伸试验速度为 100mm/min。

（17）断裂延伸率

断裂延伸率按《塑料拉伸性能的测定 第 1 部分：总则》（GB/T 1040.1—2006）的方法进行，拉伸试验速度为 100mm/min。

（18）涂层硬度

涂层硬度按《塑料和硬橡胶 使用硬度计测定压痕硬度（邵氏硬度）》（GB/T 2411—2008）的方法进行。

（19）维卡软化点

维卡软化点按《热塑性塑料维卡软化温度（VST）的测定》（GB/T 1633—2000）的方法

进行。

(20)耐环境应力开裂

耐环境应力开裂按《塑料 聚乙烯环境应力开裂试验方法》(GB/T 1842—2008)的方法进行,试验溶剂选用壬基酚聚乙烯醚(TX-10),试样厚度应满足 1.75～2.00mm 的要求。

三、防腐粉末涂料产品的检验规则

粉末涂料产品的检验分为两类,即型式检验和出厂检验。

1. 型式检验

粉末涂料产品由通过计量认证的质检机构型式检验合格后才能批量生产。型式检验应在生产线终端或生产单位成品库内抽取足够的样品,按产品标准的要求进行全部性能检验。型式检验为每两年进行一次。粉末涂料产品在新设计试制的产品、出厂检验结果与上次型式检验有较大差异时、国家质量监督机构提出型式检验时以及正式生产过程中原材料、工艺有较大改变可能影响产品性能时,也应进行型式检验。

型式检验时,如有任何一项指标不符合标准《公路用防腐蚀粉末涂料及涂层》(JT/T 600—2004)要求时,则需在同批产品中重新抽取双倍试样,对该项目进行复验,复验结果仍然不合格时,则判该型式检验为不合格,反之判定为合格。

2. 出厂检验

产品需经生产单位质量检验部门出厂检验合格并附产品质量合格证方可出厂。同一配方、原料、工艺和生产条件的粉末涂料可组成一批。生产企业出厂检验项目范围为粉末涂料的外观、颜色、表观密度、粒度分布及产品的标志、包装。

按《色漆、清漆和色漆与清漆用原材料 取样》(GB/T 3186—2006)进行取样,最低取样量不得少于4袋,在所抽取袋中的中心部位取样500g以上,将所抽取试样充分混合均匀后,均分为两份,一份立即用于检验,一份密封储存备查。

第十一章

交通安全设施工程验收检测

第一节 概 述

交通安全设施工程验收检测主要包括施工质量的检验评定、交(竣)工验收前的工程质量检测,主要依据《公路工程质量检验评定标准 第一册 土建工程》(JTG F80/1—2017)和《公路工程竣(交)工验收办法实施细则》(交公路发〔2010〕65号)等来实施。

一、施工质量的检验评定

《公路工程质量检验评定标准 第一册 土建工程》(JTG F80/1—2017)标准适用于各等级公路新建与改扩建工程施工质量的检验评定。该标准是公路工程施工质量的最低限值标准,公路工程施工质量检验评定应以该标准为准。对特殊地区或采用新材料、新结构、新技术的工程,当该标准中缺乏适宜的质量检验标准时,可参照相关技术标准或根据实际情况制定相应的质量检验标准,并报主管部门批准。公路工程质量检验评定除应符合该标准的规定外,尚应符合国家和行业现行有关标准的规定。

交通安全设施质量检验评定应按分项工程、分部工程、单位工程逐级进行,应在施工准备阶段按表2-11-1划分单位工程、分部工程和分项工程。

单位、分部及分项工程的划分　　　　　表2-11-1

单 位 工 程	分 部 工 程	分 项 工 程
交通安全设施(每20km或每标段)	标志、标线、突起路标、轮廓标(5~10km路段)	标志、标线、突起路标、轮廓标
	护栏(5~10km路段)	波形梁护栏,缆索护栏,混凝土护栏,中央分隔带开口护栏
	防眩设施、隔离栅、防落物网(5~10km路段)	防眩板、防眩网,隔离栅,防落物网等
	里程碑和百米桩(5km路段)	里程碑,百米桩
	避险车道(每处)	避险车道

注:按路段长度划分的分部工程,高速公路、一级公路宜取低值,二级及二级以下公路可取高值。

其中,单位工程是在合同段中,具有独立施工条件和结构功能的工程。在单位工程中,按路段长度、结构部位及施工特点等划分的工程为分部工程。在分部工程中,根据施工工序、工艺或材料等划分的工程为分项工程。

交通安全设施工程质量检验评定应符合下列规定：

（1）分项工程完工后，应根据《公路工程质量检验评定标准　第一册　土建工程》（JTG F80/1—2017）进行检验，对工程质量进行评定。隐蔽工程在隐蔽前应检查合格。

（2）分部工程、单位工程完工后，应汇总评定所属分项工程、分部工程质量资料，检查外观质量，对工程质量进行评定。

二、交（竣）工验收前的工程质量检测

《公路工程竣（交）工验收办法实施细则》（交公路发〔2010〕65号）将质量监督机构按"公路工程质量鉴定办法"（《公路工程竣（交）工验收办法实施细则》的附件1）对工程质量进行检测，并出具检测意见，检测意见中需整改的问题已经处理完毕作为公路工程交工验收工作应具备的条件之一。并在公路工程竣工验收应具备的条件中，纳入了质量监督机构对工程质量检测鉴定合格，并形成工程质量鉴定报告的条款。

交（竣）工验收前的工程质量检测是公路工程质量鉴定的要求，包括工程实体检测、外观检查和内业资料审查三部分内容。开展交通安全设施工程检测前，应明确分部工程、单位工程的划分，具体如下：

（1）单位工程。每个合同段范围内的交通安全设施作为一个单位工程；互通式立体交叉的交通安全设施按合同段纳入相应单位工程。

（2）分部工程。每个合同段的标志、标线、防护栏等分别作为一个分部工程。

第二节　交通安全设施工程施工质量检验

交通安全设施工程施工质量检验，主要涉及交通标志、交通标线、波形梁钢护栏、混凝土护栏、缆索护栏、突起路标、轮廓标、防眩设施、隔离栅和防落物网、中央分隔带开口护栏、里程碑和百米桩、避险车道等方面的内容。

对分项工程的检验是工程施工质量评定的基础。分项工程检验项目包括基本要求、实测项目、外观质量和质量保证资料等。只有在所使用的原材料、半成品、成品及施工控制要点等符合基本要求的规定，无外观质量限制缺陷且质量保证资料真实齐全时，才能对分项工程质量进行检验评定。

基本要求检查应符合：分项工程应对所列基本要求逐项检查，经检查不符合规定时，不得进行工程质量的检验评定；分项工程所用的各种原材料的品种、规格、质量及混合料配合比和半成品、成品应符合有关技术标准规定并满足设计要求。

实测项目检验应符合：对检查项目按规定的检查方法和频率进行随机抽样检验并计算合格率；《公路工程质量检验评定标准　第一册　土建工程》（JTG F80/1—2017）规定的检查方法为标准方法，采用其他高效检测方法应经比对确认；《公路工程质量检验评定标准　第一册　土建工程》（JTG F80/1—2017）中以路段长度规定的检查频率为双车道路段的最低检查频率，对多车道应按车道数与双车道之比相应增加检查数量；检查项目合格率用"合格的点（组）数"除以"该检查项目的全部检查点（组）数"计算得到。

检查项目合格判定应符合:关键项目的合格率应不低于95%,否则该检查项目为不合格;一般项目的合格率应不低于80%,否则该检查项目为不合格;混凝土护栏的混凝土强度按《公路工程质量检验评定标准 第一册 土建工程》(JTG F80/1—2017)附录D评定时,不满足要求时,混凝土强度为不合格。

外观质量应进行全面检查,并满足规定要求,否则该检验项目为不合格。

工程应有真实、准确、齐全、完整的施工原始记录、试验检测数据、质量检验结果等质量保证资料。质量保证资料应包括:所用原材料、半成品和成品质量检验结果;材料配合比、拌和加工控制检验和试验数据;地基处理、隐蔽工程施工记录;质量控制指标的试验记录和质量检验汇总图表;施工过程中遇到的非正常情况记录及其对工程质量影响分析评价资料;施工过程中如发生质量事故,经处理补救后达到设计要求的认可证明文件等。

检验项目评为不合格的,应进行整修或返工处理直至合格。

一、交通标志

1. 基本要求

(1)交通标志的加工、制作应符合现行《道路交通标志和标线》(GB 5768)和《道路交通标志板及支撑件》(GB/T 23827—2009)的规定。

(2)交通标志在运输过程中不得损伤标志面及金属构件涂层。

(3)交通标志的设置及安装应满足设计要求并符合施工技术规范的规定。

(4)交通标志及支撑件应安装牢固,基础混凝土强度应满足设计要求。

2. 外观质量

交通标志在安装后标志面及金属构件涂层应无损伤。

3. 实测项目

交通标志的实测项目见表2-11-2。

交通标志实测项目 表2-11-2

项次	检查项目	规定值或允许偏差	检查频率
1△	标志面反光膜逆反射系数($cd \cdot lx^{-1} \cdot m^{-2}$)	满足设计要求	每块板每种颜色测3点
2	标志板下缘至路面净空高度(mm)	+100,0	每块板测2点
3	柱式标志板、悬臂式和门架式标志立柱的内边缘距土路肩边缘线距离(mm)	≥250	每处测1点
4	立柱竖直度(mm/m)	3	每根柱测2点
5	基础顶面平整度(mm)	4	每个基础测2点
6	标志基础尺寸(mm)	+100,-50	每个基础长度、宽度各测2点

注:带"△"标识的检查项目为关键项目,下同。

4. 检查方法

(1)标志面反光膜逆反射系数

目测检查标志面反光膜类型,可与反光膜厂家提供的反光膜类型说明书核对确认。使用便携式逆反射系数测试仪进行检测,通常情况下,每种颜色反光膜的逆反射系数,应使用相同颜色、相同类型或结构相近的校准用反光膜对仪器进行校准后测得。

(2)标志板下缘至路面净空高度

标志板下缘至路面净空高度主要针对的是悬臂式和门架式标志,一般使用5m的塔尺、钢卷尺等测量工具测量,也可使用经纬仪、全站仪测量。每块标志测两点,所有测量结果的最低值作为净空高度。

(3)柱式标志板、悬臂式和门架式标志立柱的内边缘距土路肩边缘线距离

可在柱式标志板内边缘挂一铅锤,用钢卷尺测量垂线与土路肩边缘线的距离。悬臂式和门架式标志立柱的内边缘距土路肩边缘线距离可用钢卷尺测量。

(4)立柱竖直度

标志立柱竖直度,可用垂线和直尺测量。

(5)基础顶面平整度

对角拉线测最大间隙。

(6)标志基础尺寸

标志基础长度、宽度可以使用钢卷尺测量。

二、交通标线

1. 基本要求

(1)交通标线施划前路面应清洁、干燥、无起灰。

(2)交通标线用涂料产品应符合现行《路面标线涂料》(JT/T 280)及《路面标线用玻璃珠》(GB/T 24722)的规定;防滑涂料产品应符合现行《路面防滑涂料》(JT/T 712)的规定。

(3)交通标线的颜色、形状和位置应符合现行《道路交通标志和标线》(GB 5768)的规定并满足设计要求。

(4)反光标线玻璃珠应撒布均匀,施划后标线无起泡、剥落现象。

2. 外观质量

交通标线线形不得出现设计要求以外的弯折。

3. 实测项目

交通标线的实测项目见表2-11-3。

交通标线实测项目 表2-11-3

项次	检查项目		规定值或允许偏差	检查频率
1	标线线段长度 (mm)	6000	±30	每1km测3处,每处测3个线段
		4000	±20	
		3000	±15	
		2000	±10	
		1000	±10	
2	标线宽度(mm)		+5,0	每1km测3处,每处测3点

续上表

项次	检查项目			规定值或允许偏差	检查频率
3△	标线厚度 (干膜,mm)	溶剂型		不小于设计值	每1km测3处,每处测6点
		热熔型		+0.50,−0.10	
		水性		不小于设计值	
		双组份		不小于设计值	
		预成型标线带		不小于设计值	
		突起型	突起高度	不小于设计值	
			基线厚度	不小于设计值	
4	标线横向偏位(mm)			≤30	每1km测3处,每处测3点
5	标线纵向间距 (mm)	9000		±45	每1km测3处,每处测3个线段
		6000		±30	
		4000		±20	
		3000		±15	
6△	逆反射亮度系数 R_L (mcd·m^{-2}·lx^{-1})	非雨夜反光标线	Ⅰ级 白色	≥150	每1km测3处,每处测9点
			Ⅰ级 黄色	≥100	
			Ⅱ级 白色	≥250	
			Ⅱ级 黄色	≥125	
			Ⅲ级 白色	≥350	
			Ⅲ级 黄色	≥150	
			Ⅳ级 白色	≥450	
			Ⅳ级 黄色	≥175	
		雨夜反光标线	干燥 白色	≥350	
			干燥 黄色	≥200	
			潮湿 白色	≥175	
			潮湿 黄色	≥100	
			连续降雨 白色	≥75	
			连续降雨 黄色	≥75	
		立面反光标记	干燥 白色	≥400	
			干燥 黄色	≥350	
			潮湿 白色	≥200	
			潮湿 黄色	≥175	
			连续降雨 白色	≥100	
			连续降雨 黄色	≥100	
7	抗滑值 (BPN)	抗滑标线		≥45	每1km测3处
		彩色防滑标线		满足设计要求	

注:抗滑标线、彩色防滑标线测量抗滑值。

4. 检查方法

（1）标线线段长度、标线宽度、标线横向偏位、标线纵向间距

用钢卷尺测量。

（2）标线厚度

使用标线厚度测量仪或卡尺进行测量，也可用标线厚度测量块测量，标线厚度测量块测试方法如下：

将标线厚度测量块紧靠在标线侧边，用塞尺测量标线厚度测量块槽口与标线之间的间隙 B，则标线的厚度 $T = (3 - B)$ mm。

测量突起振动标线的突起高度时，按图 2-11-1 中括号内的数据。测量块的厚度为 15mm，测量块的槽口深度为 9mm，标线突起高度 $H = (9 - B)$ mm。

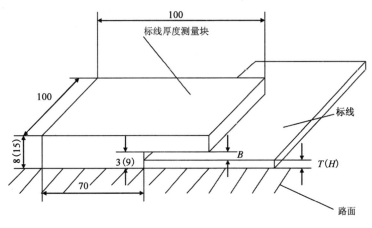

图 2-11-1　标线厚度测量示意图（尺寸单位：mm）

（3）逆反射亮度系数

用标线逆反射测试仪测量。水平测试时，按行车方向将测试仪放置在抽样检测点的标线上，测取每个点上的逆反射亮度系数。

（4）抗滑值（BPN）

用摆式摩擦系数测试仪按现行《公路路基路面现场测试规程》（JTG E60）规定的方法进行测量。

三、波形梁钢护栏

1. 基本要求

（1）波形梁钢护栏产品应符合现行《波形梁钢护栏》（GB/T 31439）的规定。

（2）路肩和中央分隔带的土基压实度应不小于设计值。

（3）石方路段和挡土墙上护栏立柱的埋深及基础处理应满足设计要求。

（4）波形梁钢护栏各构件的安装应满足设计要求并符合施工技术规范的规定。

（5）护栏的端头处理及护栏过渡段的处理应满足设计要求。

2. 外观质量

（1）护栏各构件表面应无漏镀、露铁、擦痕。

（2）护栏线形应无凹凸、起伏现象。

3. 实测项目

波形梁钢护栏的实测项目见表 2-11-4。

波形梁钢护栏实测项目 表 2-11-4

项次	检 查 项 目	规定值或允许偏差	检 查 频 率
1△	波形梁板基底金属厚度(mm)	符合现行 GB/T 31439 标准规定	抽查板块数的 5%，且不少于 10 块
2△	立柱基底金属壁厚(mm)	符合现行 GB/T 31439 标准规定	抽查 2%，且不少于 10 根
3△	横梁中心高度(mm)	±20	每 1km 每侧测 5 处
4	立柱中距(mm)	±20	每 1km 每侧测 5 处
5	立柱竖直度(mm/m)	±10	每 1km 每侧测 5 处
6	立柱外边缘距土路肩边线距离(mm)	≥250 或不小于设计要求	每 1km 每侧测 5 处
7	立柱埋置深度(mm)	不小于设计要求	每 1km 每侧测 5 处
8	螺栓终拧扭矩	±10%	每 1km 每侧测 5 处

4. 检查方法

（1）波形梁板基底金属厚度

用板厚千分尺量取板总厚度，同时用磁性测厚仪测量测点处板两侧涂层厚度，用总厚度减去两侧涂层厚度，得到基底金属厚度。

（2）立柱基底金属壁厚

一般用千分尺和磁性测厚仪测量。立柱未打入时，立柱两端各测量 3 次，取平均值。立柱打入后，则在立柱未打入端三个不同的方向上测量，并取平均值。

（3）横梁中心高度

用水平尺和钢卷尺测量。若路侧或中央分隔带有路缘石，而路缘石与护栏面又不齐平时，应从路缘石顶面计算横梁中心高度。

（4）立柱中距、立柱外边缘距土路肩边线距离

用直尺或钢卷尺测量。

（5）立柱埋置深度

尺量或埋深测量仪测量立柱打入后定尺长度。

（6）立柱竖直度

用垂线、直尺测量。

（7）螺栓终拧扭矩

用扭力扳手测量。

四、混凝土护栏

1. 基本要求

(1) 混凝土护栏的地基承载力应满足设计要求。
(2) 混凝土护栏块件标准段、混凝土护栏起终点的几何尺寸应满足设计要求。
(3) 混凝土护栏预制块件在吊装、运输、安装过程中,不得断裂。
(4) 各混凝土护栏块件之间、护栏与基础之间的连接应满足设计要求。
(5) 混凝土护栏的埋入深度、配筋方式及数量应满足设计要求。
(6) 混凝土护栏的端头处理及护栏过渡段的处理应满足设计要求。

2. 外观质量

(1) 混凝土护栏表面的蜂窝、麻面、裂缝、脱皮等缺陷面积不得超过该面面积的0.5%;深度不得超过10mm。
(2) 混凝土护栏块件的损边、掉角长度每处不得超过20mm。
(3) 护栏线形应无凹凸、起伏现象。

3. 实测项目

混凝土护栏的实测项目见表2-11-5。

混凝土护栏实测项目 表2-11-5

项次	检查项目		规定值或允许偏差	检查频率
1	护栏断面尺寸(mm)	高度	±10	每1km每侧测5处
		顶宽	±5	
		底宽	±5	
2	钢筋骨架尺寸(mm)		满足设计要求	每1km每侧测5处
3	横向偏位(mm)		±20 或满足设计要求	每1km每侧测5处
4	基础厚度(mm)		±10%H	每1km每侧测5处
5△	护栏混凝土强度(MPa)		满足设计要求	按现行 JTG F80/1 附录 D 规定频率
6	混凝土护栏块件之间的错位(mm)		≤5	每1km每侧测5处

注:H 为基础的设计厚度。

4. 检验方法

(1) 护栏断面尺寸、钢筋骨架尺寸、横向偏位、基础厚度
用直尺、钢卷尺测量。
(2) 混凝土护栏块件之间的错位
用直尺测量。
(3) 护栏混凝土强度
按现行 JTG F80/1 附录 D 规定的方法进行测量。

五、缆索护栏

1. 基本要求

(1)缆索护栏产品应符合现行《缆索护栏》(JT/T 895)的规定。
(2)端部立柱应安装牢固。基础混凝土强度应满足设计要求。
(3)护栏的端头处理及护栏过渡段的处理应满足设计要求。

2. 外观质量

(1)护栏各构件表面应无漏镀、露铁、擦痕。
(2)护栏线形应无凹凸、起伏现象。

3. 实测项目

缆索护栏的实测项目见表2-11-6。

缆索护栏实测项目 表2-11-6

项次	检查项目	规定值或允许偏差	检查频率
1△	初张力	±5%	逐根检测
2	最下一根缆索的高度(mm)	±20	每1km每侧测5处
3	立柱中距(mm)	±20	每1km每侧测5处
4	立柱竖直度(mm/m)	±10	垂线法:每1km每侧测5处
5	立柱埋置深度(mm)	不小于设计要求	每1km每侧测5处
6	混凝土基础尺寸	满足设计要求	每个基础长度、宽度各测2点

4. 检查方法

(1)初张力
用张力计测量。
(2)最下一根缆索的高度
用直尺测量。
(3)立柱中距、混凝土基础尺寸
用钢卷尺测量。
(4)立柱埋置深度
尺量或埋深测量仪测量立柱打入后定尺长度。
(5)立柱竖直度
用垂线、直尺测量。

六、突起路标

1. 基本要求

(1)突起路标产品应符合现行《突起路标》(GB/T 24725)、《太阳能突起路标》(GB/T

19813)的规定。

(2)突起路标的布设及其颜色应符合现行《道路交通标志和标线 第3部分:道路交通标线》(GB 5768.3—2009)的规定并满足设计要求。

(3)突起路标施工前路面应清洁、干燥,定位准确。

(4)突起路标与路面的黏结应牢固。

2. 外观质量

突起路标表面无污损。

3. 实测项目

突起路标的实测项目见表2-11-7。

突起路标实测项目 表2-11-7

项次	检查项目	规定值或允许偏差	检查频率
1	安装角度(°)	±5	抽查10%
2	纵向间距(mm)	±50	抽查10%
3	横向偏位(mm)	±30	抽查10%

4. 检查方法

(1)安装角度

突起路标的安装角度应以道路纵向标线为基准,用角尺测量。

(2)纵向间距

用钢卷尺测量。

(3)横向偏位

用钢卷尺测量。

七、轮廓标

1. 基本要求

(1)轮廓标产品应符合现行《轮廓标》(GB/T 24970)的规定。

(2)柱式轮廓标的基础混凝土强度、基础尺寸应满足设计要求。

(3)轮廓标的布设应满足设计要求并符合施工技术规范规定。

(4)轮廓标应安装牢固,色度性能和光度性能应满足设计要求。

2. 外观质量

轮廓标表面无污损。

3. 实测项目

轮廓标的实测项目见表2-11-8。

轮廓标实测项目　　　　　　　　　　　　　　表2-11-8

项次	检查项目	规定值或允许偏差	检查频率
1	安装角度(°)	0~5	抽查5%
2	反射器中心高度(mm)	±20	抽查5%
3	柱式轮廓标竖直度(mm/m)	±10	抽查5%

4. 检查方法

(1)安装角度

柱式轮廓标安装角度检验:在道路土路肩内边线,用花杆、十字架确定行进的纵向线(交通流方向),通过 B 点作交通流的垂直线,用万能角尺测量 α 角,应在规定的范围内,如图2-11-2所示。

护栏上轮廓标安装角度检验:在道路土路肩内边线,用花杆、十字架确定行进的纵向线(交通流方向),通过 B 点作交通流的垂直线,用万能角尺测量 α 角,应在规定的范围内,如图2-11-3 所示。

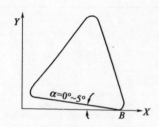

图2-11-2　柱式轮廓标安装角度检验示意图

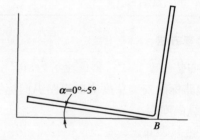

图2-11-3　护栏上轮廓标安装角度检验示意图

(2)反射器中心高度

用水平尺和钢卷尺测量。

(3)柱式轮廓标竖直度

用垂线、直尺测量。

八、防眩设施

1. 基本要求

(1)防眩板产品应符合现行《防眩板》(GB/T 24718)的规定,其他防眩设施应满足设计要求并符合施工技术规范的规定。

(2)防眩设施的几何尺寸及遮光角应满足设计要求。

(3)防眩设施应安装牢固。

2. 实测项目

防眩设施的实测项目见表2-11-9。

防眩设施实测项目 表 2-11-9

项次	检查项目	规定值或允许偏差	检查方法和频率
1△	安装高度(mm)	±10	每1km测10处
2	防眩板设置间距(mm)	±10	每1km测10处
3	竖直度(mm/m)	±5	每1km测5处
4	防眩网网孔尺寸	满足设计要求	每1km测5处,每处测3孔

3. 检查方法

(1)安装高度、防眩板设置间距

用钢卷尺测量。

(2)竖直度

用垂线、直尺测量。

(3)防眩网网孔尺寸

用直尺测量。

九、隔离栅和防落物网

1. 基本要求

(1)隔离栅产品应符合现行《隔离栅》(GB/T 26941)的规定,绿篱隔离栅和防落物网应满足设计要求。

(2)立柱混凝土基础应满足设计要求。

(3)各构件的安装应满足设计要求并符合施工技术规范的规定。

(4)防落物网网孔应均匀,结构牢固,围封严实。

(5)隔离栅起终点端头围封应满足设计要求。

2. 外观质量

混凝土立柱表面无裂缝、无蜂窝。

3. 实测项目

隔离栅和防落物网的实测项目见表 2-11-10。

隔离栅和防落物网实测项目 表 2-11-10

项次	检查项目		规定值或允许偏差	检查频率
1	高度(mm)		±15	每1km测5处
2	刺钢丝的中心垂度(mm)		≤15	每1km测5处
3	立柱中距(mm)	焊接网	±30	每1km测5处
		钢板网	±30	
		刺钢丝网	±60	
		编织网	±60	

续上表

项次	检查项目	规定值或允许偏差	检查频率
4	立柱竖直度(mm/m)	±10	每1km测5处
5	立柱埋置深度	不小于设计要求	抽查2%

4. 检查方法

（1）高度、刺钢丝的中心垂度、立柱中距、立柱埋置深度用钢卷尺测量。

（2）立柱竖直度

用垂线、直尺测量。

十、中央分隔带开口护栏

1. 基本要求

（1）中央分隔带开口护栏的防护等级应满足设计要求，安全性能应符合现行《公路护栏安全性能评价标准》(JTG B05-01)的规定。

（2）中央分隔带开口护栏的安装及与中央分隔带护栏过渡段处理应满足设计要求并符合施工技术规范的规定。

（3）中央分隔带开口护栏在使用时，应易于开启、移动方便。

2. 实测项目

中央分隔带开口护栏的实测项目见表2-11-11。

中央分隔带开口护栏实测项目　　　表2-11-11

项次	检查项目	规定值或允许偏差	检查频率
1	高度(mm)	±20	每处测5点
2△	涂层厚度(μm)	满足设计要求	每处测5点

3. 检查方法

（1）高度

用钢卷尺测量。

（2）涂层厚度

用涂层测厚仪测量。

十一、里程碑和百米桩

1. 基本要求

（1）里程碑的样式、尺寸、颜色、字体应符合现行《道路交通标志和标线》(GB 5768)的规定。

（2）里程碑和百米桩在运输、安装过程中不得断裂和破损。

(3)里程碑和百米桩应定位准确、安装牢固。

2. 外观质量

里程碑和百米桩表面应无裂缝、蜂窝和破损。

3. 实测项目

里程碑和百米桩的实测项目见表 2-11-12。

里程碑和百米桩实测项目　　　　　表 2-11-12

项次	检查项目		规定值或允许偏差	检查频率
1	外形尺寸(mm)	高度	±10	抽查 10%
		宽度	±5	
		厚度	±5	
2	字体及尺寸(mm)		满足设计要求	抽查 10%
3	里程碑竖直度(mm/m)		±10	抽查 10%

4. 检查方法

(1)外形尺寸、字体及尺寸

用直尺、钢卷尺测量。

(2)里程碑竖直度

用垂线、直尺测量。

十二、避险车道

1. 基本要求

(1)避险车道基床、排水应符合《公路工程质量检验评定标准 第一册 土建工程》(JTG F80/1—2017)第 4 章、第 5 章的规定。

(2)制动床铺装材料与级配应满足设计要求。

2. 实测项目

避险车道的实测项目见表 2-11-13。

避险车道实测项目　　　　　表 2-11-13

项次	检查项目	规定值或允许偏差	检查频率
1	避险车道宽度(m)	满足设计要求	每道测 5 个断面,引道入口处设测点
2△	制动床长度(m)	满足设计要求	每道测 3 处
3	制动床集料厚度(m)	满足设计要求	每道测 5 处
4	坡度(%)	满足设计要求	每道测 3 处

3. 检查方法

（1）避险车道宽度、制动床长度、制动床集料厚度

用钢卷尺测量。

（2）坡度

用水准仪测量。

第三节 交（竣）工验收前的工程质量检测

一、工程实体检测

1. 抽查频率

交通安全设施中防护栏、标线每公里抽查不少于1处；标志抽查不少于总数的10%。

2. 抽查项目

交通安全设施工程质量鉴定抽查项目见表2-11-14。

交通安全设施工程质量鉴定抽查项目　　　　表2-11-14

单位工程	分部工程类别	抽查项目	权值	备 注	权值
交通安全设施	标志	立柱竖直度	1	每柱测两个方向	1
		标志板净空	2	取不利点	
		标志板厚度	1	每块测不少于2点	
		标志面反光膜等级及逆射光系数	2	每块测不少于2点	
	标线	反光标线逆反射系数	2	每处测不少于5点	1
		标线厚度	2	每处测不少于5点	
	防护栏	波形梁板基底金属厚度	2	每处不少于5点	2
		波形梁钢护栏立柱壁厚	2	每处不少于5点	
		波形梁钢护栏立柱埋入深度	2	每处不少于1根	
		波形梁钢护栏横梁中心高度	1	每处不少于5点	
		混凝土护栏强度	2	用回弹仪或超声波每处不少于2个测区，测区总数不少于10个	
		混凝土护栏断面尺寸	2	每处不少于5点	

3. 抽查要求

（1）抽查项目均应在合同段交工验收前完成检测。

（2）表2-12-14未列出的检查项目、竣工验收复测项目，质量监督机构均可根据工程实际情况增加检测、复测项目。

（3）抽查项目的规定值或允许偏差按照《公路工程质量检验评定标准　第一册　土建工

程》(JTG F80/1)执行。

二、外观检查

1. 基本要求

(1)由该项目工程质量鉴定的质量监督机构或其委托的有资质的检测单位负责在交工验收前和竣工验收前对工程外观进行全面检查。

(2)工程外观存在严重缺陷、安全隐患或已降低服务水平的建设项目不予验收,经整修达到设计要求后方可组织验收。

(3)项目交工验收前应对涉及安全运营的重要工程部位进行详细检查。

2. 检查内容及扣分标准

检查内容及扣分标准见表2-11-15。

交通安全设施工程质量鉴定外观检查 表2-11-15

单位工程	分部工程类别	检查内容及扣分标准	备注
交通安全设施	标志	1. 金属构件镀锌面不得有划痕、擦伤等损伤,不符合要求时,每一构件扣2分。 2. 标志板面不得有划痕、较大气泡和颜色不均匀等表面缺陷,不符合要求时,每块板扣2分	标志按每块累计扣分的平均值扣分
	标线	1. 标线施工污染路面应及时清理,每处污染面积不超过10cm^2,不符合要求时,每处减1分。 2. 标线线形应流畅,与道路线形相协调,曲线圆滑,不允许出现折线,不符合要求时,每处扣2分。 3. 反光标线玻璃珠应撒布均匀,附着牢固,反光均匀,不符合要求时,每处扣2分。 4. 标线表面不应出现网状裂缝、断裂裂缝、起泡现象,不符合要求时,每处扣1分	按每公里累计扣分的平均值扣分
	防护栏	1. 波形梁线形顺适、色泽一致,不符合要求时,每处扣1~2分。 2. 立柱顶部应无明显塌边、变形、开裂等现象,不符合要求时,每处扣2分。 3. 混凝土护栏预制块不得有断裂现象,不符合要求时每处扣1分;掉边、掉角长度每处不得超过2cm,否则每块混凝土构件扣1分;混凝土表面蜂窝、麻面、裂缝、脱皮等缺陷面积不超过该构件面积的0.5%,不符合要求时,每超过0.5%扣2分	按每公里累计扣分的平均值扣分

三、内业资料审查

1. 内业资料主要审查内容

内业资料主要审查以下质量保证资料:

(1)所用原材料、半成品和成品质量检验结果。
(2)材料配比、拌和加工控制检验和试验数据。
(3)地基处理、隐蔽工程施工记录。
(4)各项质量控制指标的试验记录和质量检验汇总图表。
(5)施工过程中遇到的非正常情况记录及其对工程质量影响分析。
(6)施工过程中如发生质量事故,经处理补救后,达到设计要求的认可证明文件。
(7)中间交工验收资料。
(8)施工过程各方指出较大质量问题、交工验收遗留问题及试运营期出现的质量问题处理情况资料。

2. 内业资料要求及扣分标准

内业资料要求及扣分标准如下:
(1)质量保证资料及最基本的数据、资料齐全后方可组织鉴定。
(2)资料应真实、可靠,应施工过程中的原始记录、原始资料(原件),不应有涂改现象,有欠缺时扣2~4分。
(3)资料应齐全、完整,有欠缺时扣1~3分。
(4)资料应系统、客观,反映出检查项目、频率、质量指标满足有关标准、规范要求,有欠缺时扣1~3分。
(5)资料记录应字迹清晰、内容详细、计算准确,整理应分类编排、装订整齐,有欠缺时扣1~2分。
(6)基本数据(原材料、标准试验、工艺试验等)、检验评定数据有严重不真实或伪造现象的,在合同段扣5分。

第四节 检 测 结 论

一、施工质量的工程质量评定

工程质量等级应分为合格与不合格。分项工程、分部工程、单位工程质量评定应有符合《公路工程质量检验评定标准 第一册 土建工程》(JTG F80/1—2017)附录K规定的质量检验评定表。

分项工程质量评定合格应符合的规定包括:检验记录应完整;实测项目应合格;外观质量应满足要求。

分部工程质量评定合格应符合的规定包括:评定资料应完整;所含分项工程及实测项目应合格;外观质量应满足要求。

单位工程质量评定合格应符合的规定包括:评定资料应完整;所含分部工程应合格;外观质量应满足要求。

评定为不合格的分项工程、分部工程,经返工、加固、补强或调测,满足设计要求后,可重新进行检验评定。

所含单位工程合格,该合同段评定为合格;所含合同段合格,该建设项目评定为合格。

二、交(竣)工验收前的工程质量检测鉴定方法及工程质量等级鉴定

1. 鉴定方法

(1)分部工程质量鉴定方法

按抽查项目的合格率加权平均乘100作为分部工程实测得分;外观检查发现的缺陷,在分部工程实测得分的基础上采用扣分制,扣分累计不得超过15分,见式(2-11-1)、式(2-11-2)。

$$\text{分部工程实测得分} = \frac{\sum[\text{抽查项目合格率} \times \text{权值}]}{\sum \text{权值}} \times 100 \qquad (2\text{-}11\text{-}1)$$

$$\text{分部工程得分} = \text{分部工程实测得分} - \text{外观扣分} \qquad (2\text{-}11\text{-}2)$$

(2)单位工程、合同段、建设项目工程质量鉴定方法

根据分部工程得分采用加权平均值计算单位工程得分,再逐级加权计算合同段工程质量得分。内业资料审查发现的问题,在合同段工程质量得分的基础上采用扣分制,扣分累计不得超过5分;合同段工程质量得分减去内业资料扣分为该合同段工程质量鉴定得分。采用加权平均值计算建设项目工程质量鉴定得分,见式(2-11-3)、式(2-11-4)、式(2-11-5)。

$$\text{单位工程得分} = \frac{\sum[\text{分部工程得分} \times \text{权值}]}{\sum \text{权值}} \qquad (2\text{-}11\text{-}3)$$

$$\text{合同段工程质量得分} = \frac{\sum[\text{单位工程得分} \times \text{单位工程投资额}]}{\sum \text{单位工程投资额}} - \text{内业资料扣分}$$

$$(2\text{-}11\text{-}4)$$

$$\text{建设项目工程质量鉴定得分} = \frac{\sum[\text{合同段工程质量鉴定得分} \times \text{合同段工程投资额}]}{\sum \text{合同段工程投资额}}$$

$$(2\text{-}11\text{-}5)$$

公式中的投资额原则使用结算价,当结算价暂时无法确定时,可使用招标合同价。但无论采用结算价还是招标合同价,计算时各单位工程或合同段均应统一。

2. 工程质量等级鉴定

(1)总体要求

工程质量经施工自检和监理评定均合格,并经项目法人确认,不满足要求的工程质量鉴定不予通过。

(2)工程质量等级划分

工程质量等级应按分部工程、单位工程、合同段、建设项目逐级进行评定,分部工程质量等级分为合格、不合格两个等级;单位工程、合同段、建设项目工程质量等级分为优良、合格、不合格三个等级。

分部工程得分大于或等于75分,则分部工程质量为合格,否则为不合格。

单位工程所含各分部工程均合格,且单位工程得分大于或等于90分,质量等级为优良;所含各分部工程均合格且得分大于或等于75分,小于90分,质量等级为合格;否则为不合格。

合同段(建设项目)所含单位工程(合同段)均合格,且工程质量鉴定得分大于或等于90分,工程质量鉴定等级为优良;所含单位工程均合格,且得分大于或等于75分、小于90分,工程质量鉴定等级为合格;否则为不合格。

不合格分部工程经整修、加固、补强或返工后可重新进行鉴定,直至合格。

第三篇

机电工程

第一章

车辆检测器

第一节 概 述

车辆检测器是监控系统最重要的数据信息采集设备,其采集的交通量、车速和占有率等数据是监控中心进行实时分析、处理和决策的基础。车辆检测器产品的种类很多,其对应技术要求亦各不相同,如环形线圈车辆检测器、微波车辆检测器、视频车辆检测器、超声波车辆检测器等。目前我国监控系统中应用较多的是环形线圈车辆检测器、微波车辆检测器和视频车辆检测器三类。

一、工作原理及主要组成

1. 环形线圈车辆检测器

环形线圈车辆检测器是我国交通监控系统中应用较早也是最多的一种车辆检测器,它是检测车辆通过或静止在感应线圈的检测域时,通过感应线圈电感量的降低感知车辆的一种车辆检测系统。

环形线圈车辆检测器主要由环行线圈、线圈调谐回路和检测电路等组成,其工作原理如图 3-1-1 所示。埋设在地下的线圈通过变压器连接到被恒流源支持的调谐回路,并在线圈周围的空间产生电磁场。当车体进入线圈磁场范围时,车辆铁构件内产生自闭合回路的感应电涡流,此涡流又产生与原有磁场方向相反的新磁场,导致线圈的总电感变小,引起调谐频率偏离原有数值;偏离的频率被送到相位比较器,与压控振荡器频率相比较,确认其偏离值,从而发出车辆通过或存在的信号。相位比较器输出信号控制压控振荡器,使振荡器频率跟踪线圈谐振频率的变化,从而使输出为一脉冲信号。输出放大器对该脉冲信号放大,并以数字、模拟和频

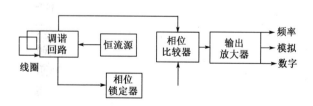

图 3-1-1 感应线圈车辆检测器工作原理

率三种形式输出。频率输出可用来测速,数字信号便于车辆计数,模拟量输出用于计算车长和识别车型。

感应线圈车辆检测器可通过以太网接口(双绞线和光缆)与中心通信,能支持 TCP、UDP、FTP、HTTP、TELNET 等多种协议,也可通过 RS232/422 接口用 MODEM 进行传输。由于嵌入式技术的应用,提高了其通信、数据处理、存储等方面的性能,也使其在长时间运行下的高低温性能更稳定可靠。

环形线圈车辆检测器按照检测类别分为基本型和综合型。其中基本型只具有检测交通量功能,通常只外接一个感应线圈,综合型具有检测交通量、车速、占有率等功能,通常外接多个感应线圈;按照安装方式,可分为机架式和导轨式两种;按照使用环境温度条件,分为 A 型、B 型和 C 型三种,其中 A 型: $-20 \sim +55$℃,B 型: $-40 \sim +50$℃,C 型: $-55 \sim +45$℃ [详见《环形线圈车辆检测器》(GB/T 26942—2011)]。

2. 微波车辆检测器

微波车辆检测器是向检测区域内的车辆发射低能量的微波信号,通过对车辆反射的微波信号的识别而检测出道路交通参数的设备。其主要工作原理是多普勒频移原理,微波车辆检测器发射中心频率为 10.525GHz 的连续频率调制微波[《交通信息采集 微波交通流检测器》(GB/T 20609—2006)中规定的中心频率],在检测路面上投映一个微波带。当车辆通过这个微波投映区时,向检测器反射一个微波信号,检测器接收反射的微波信号,并计算接收频率和时间等参数,从而得出车辆的速度和长度等信息,如图 3-1-2 所示。

微波车辆检测器应至少具有但不限于如下功能:能够检测车流量、平均车速、车道占有率参数。其最小检测距离不大于 5m,且最大检测距离不小于 40m。检测器在正常道路情况下,在检测车流量及车道占有率模式下,对检测断面内车流量、车道占有率的检测精度应不低于 95%;在检测平均车速模式下,对检测断面内平均车速的检测精度应不低于 95%。

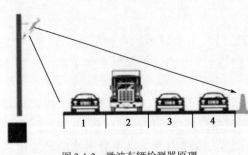

图 3-1-2 微波车辆检测器原理

3. 视频车辆检测器

视频车辆检测器是采用视频图像处理技术,对交通动态信息进行检测的设备。它可实时监测和传送车流量、车辆速度、占有率、排队长度等交通信息,实现对交通流的疏导与控制或作进一步分析处理用的检测器。视频车辆检测器主要由视频检测摄像机和视频处理器等组成。

其主要工作原理是:架设在道路的相应位置(道路上方、路中央的隔离带等)的视频摄像机将其所采集的视频信号传至视频处理器。根据检测要求,在视频处理器产生的现场图像上设置虚拟车辆检测域,用于模拟环形感应线圈或轴车辆检测器。当车辆通过虚拟检测域时,视频处理器就会产生视频检测信号,并在对其分析处理后输出交通量、车速、占有率等交通数据。

视频处理器的核心是视频处理算法,包括视频采集、数字化、车辆检测和车辆跟踪(或交通参数提取)4 个阶段。视频处理器通过对有多帧间无车辆的虚拟检测域进行对比,得到有无车辆的信息,进行车辆计数(即交通量),并提取若干车辆特征参数。该特征参数将在车辆跟踪阶段的连续数帧视频中用于跟踪车辆,在此基础上视频检测器进行视频帧的比较,并根据帧的时间间隔和由检测域栅格确定的空间距离,计算出车速、车头间距和占有率等参数。

视频车辆检测器根据摄像机的不同可以分为两类:可见光视频车辆检测器和红外视频车辆检测器。可见光视频车辆检测器采用普通摄像机,红外视频车辆检测器采用红外摄像机。其中,可见光视频车辆检测器在昼夜转换时,需通过检测周围环境照明和图像对比度来自动选择算法,否则将会因昼夜转换而导致误差,而红外视频车检测器昼夜可采用同一算法,从而保持较高检测精度。

二、主要参数指标定义

车辆检测器主要用于车辆的流量、速度、车辆间距、车头时距和时间占有率等交通流参数的检测。各参数定义如下。

(1)流量(volume):在规定的单位时间内通过道路上某一设定点的车辆数。

(2)瞬时速度(instant speed):在某时刻,车辆通过道路上某一设定点时的车速。

(3)平均速度(average speed):单位时间内,通过道路上某一设定点全部车辆瞬时速度的算术平均值。

(4)车头时距(time headway):在同向行驶的车流中,前后相邻的两辆车驶过道路某一断面的时间间隔。

(5)车辆间距(inter-vehicle distance):在同向行驶的车流中,前后相邻的两辆车,前面车辆的车尾与后面车辆的车头之间的距离。

(6)时间占有率(occupancy ratio):在某一时间间隔内,道路上已知点被车辆占有的时间与该时间间隔之比。

第二节 环形线圈车辆检测器的技术要求和试验方法

环行线圈车辆检测器的主要评定标准为《环形线圈车辆检测器》(GB/T 26942—2011),该标准对用于道路交通管理、交通调查、高速公路收费系统的环形线圈车辆检测器的技术要求和试验方法进行了规定。

一、技术要求

1. 结构要求

(1)产品结构应简单、牢靠,满足使用要求,安装调节方便。

(2)安装连接件应有足够强度,其活动零件应灵活、无卡滞现象,无明显变形、凹凸不平等缺陷。

2. 外观质量

(1)检测器的外壳上不应有凹坑、划伤、变形或裂缝等。涂层应平整均匀、颜色一致,不得有起泡或龟裂等缺陷。

(2)检测器机身上的铭牌、标志、文字、符号等应清晰、牢固、端正,不易脱落。

3. 功能要求

（1）交通信息采集功能

检测器应至少能够检测车流量、瞬时车速、时间占有率参数。

（2）自检功能

检测器能自动检测线圈的开路、短路等损坏情况。

（3）逻辑识别线路功能

当一辆车横跨相邻两条车道行驶、同时作用于两条车道的线圈时，检测器的逻辑处理正常，输出的交通参数正确。

（4）本地操作与维护功能

能够在现场用便携终端实时读取检测器采集的车流量、瞬时车速等数据，并能进行其他维护性操作。

（5）灵敏度调整功能

检测器的每个通道应能进行灵敏度调整，每通道应至少有七级灵敏度选择。

（6）数据通信接口

检测器的机械接口应使用9针RS-232C阴性插座和RJ-45以太网接口，该两种接口的电气性能应符合相关标准的要求；接口与外部的连接应便于安装和维护，应能保证互联互通，并采取防水、防尘等措施。检测器的通信协议应符合《高速公路监控设施通信规程　第2部分：环形线圈车辆检测器》（JT/T 606.2—2004）的要求。其他通信接口的使用可由产品生产企业与使用方协商确定。

4. 性能要求

（1）车速相对误差：小于3%。

（2）车流量相对误差：不大于2%。

（3）抗串扰：在规定的电感范围内，若输入端通过一个不小于20kΩ的外部电阻接到地，检测器应能正常工作。

（4）电感适应范围：当检测器感应线圈的电感为50~700μH时，检测器应能正常工作。

5. 电气安全性能

（1）绝缘电阻

产品的电源接线端子与机壳的绝缘电阻应不小于100MΩ。

（2）电气强度

在产品的电源接线端子与机壳之间施加频率50Hz、有效值1500V正弦交流电压，历时1min，应无闪络或击穿现象。

（3）安全接地

产品应设安全保护接地端子，接地端子与机壳（包括带电部件的金属外壳）连接可靠，接地端子与机壳的连接电阻应小于0.1Ω。

（4）电源适应性

产品应适应电网波动要求，在以下条件下应可靠工作：

——电压:交流 220×(1±15%)V;
——频率:50Hz±2Hz。

(5)防水与防尘

产品应采取防雨、防尘措施,外壳的防护等级应不低于《外壳防护等级》(GB/T 4208—2017)规定的 IP55 级。

6. 电磁兼容性能

(1)静电放电抗扰度要求

检测器正常使用时的接触点和表面以及维修点应具有抗静电放电性能,静电放电产生后,产品的各种动作、功能及运行逻辑应正常。

(2)辐射电磁场抗扰度要求

检测器应具有抗电磁场辐射性能,遭受电磁场辐射后,产品的各种动作、功能及运行逻辑应正常。

(3)电快速瞬变脉冲群抗扰度要求

检测器的电源端口、信号和控制端口以及壳体的接地线应具有抗电快速瞬变脉冲群的性能,在遭受电快速瞬变脉冲群干扰后,产品的各种动作、功能及运行逻辑应正常。

7. 环境适应性能

(1)耐低温性能

检测器在 −20℃(−40℃、−55℃)条件下,不通电试验 8h,产品应启动正常,逻辑正确。

(2)耐高温性能

检测器在 +55℃(+50℃、+45℃)条件下,通电试验 8h,产品应启动正常,逻辑正确。

(3)耐温度交变性能

检测器应能耐受温度由 −20~55℃ 变化的影响,通电工作时,在温度循环变化后,产品应启动正常,逻辑正确。

(4)耐湿热性能

检测器在温度 40℃、相对湿度 98% 的条件下,通电试验 48h,产品应启动正常,逻辑正确。

(5)耐机械振动性能

检测器通电工作时,在频率 2~150Hz 的范围内进行扫频循环振动后,产品功能应正常,结构不受影响,零部件无松动。

(6)耐循环盐雾性能

检测器的印刷电路板、外壳防腐层及其支撑底板(其他部件由供需双方协定)经 168h 循环盐雾试验后,应无明显锈蚀现象,金属构件应无锈点,印刷电路板经过 24h 自然晾干后功能正常。

(7)耐候性能

产品的外壳防腐层及其支撑底板(其他部件由供需双方协定)按《公路沿线设施塑料制品耐候性要求及测试方法》(GB/T 22040)经过两年自然曝晒试验或经过人工加速老化试验累积能量达到 $3.5×10^6 kJ/m^2$ 后,产品外观应无明显褪色、粉化、龟裂、溶解、锈蚀等老化现象,非金属材料的机械力学性能保留率应大于 90%。

8. 可靠性

检测器的平均故障间隔应不小于10000h。

9. 软件要求

软件应提供中文操作界面,应能按单车道、单行车方向、检测断面等,进行车速、交通量、占有率等参数统计,统计最小间隔应不大于5s。

二、试验方法

1. 试验条件

一般应在下列条件下进行试验：

(1)环境温度:15~35℃;

(2)相对湿度:25%~75%;

(3)大气压力:86~106kPa。

2. 测试结果的处理

除特殊规定,一般对可重复的客观测试项目进行3次测试,取算术平均值作为测试结果,根据需方要求,可给出测试结果的测量不确定度。对于主观测试项目,测试人员应不少于3人,测试结果分为合格、不合格两级。

3. 结构要求

用目测和手感法对检测器的结构及安装连接件进行检查。

4. 外观质量

用目测和手感法对检测器的外壳及镀层外观质量进行检查。

5. 功能试验

(1)对交通信息采集、自检、本地操作与维护等功能和数据通信接口,采用实际操作的方法,使产品在正常工作状态下,按使用说明书中的操作程序对各项功能进行验证。

(2)对逻辑识别线路功能,准备测试用小型客车、小型货车、大型客车、大型货车和拖挂车各一辆,分别横跨相邻两条车道通过检测器测试区域,查看检测器输出的交通参数是否正确。

(3)对灵敏度调整功能,在不同的灵敏度等级,测试检测器的车速相对误差和车流量相对误差,应符合相关技术要求。

6. 性能试验

1)车速相对误差

(1)检测仪器设备:雷达测速仪。

(2)试验用车辆:小型客车、小型货车、大型客车、大型货车和拖挂车各一辆。

(3)试验步骤:选定检测断面,五种试验车辆依次通过检测器测试区域,小型客车的行驶速度分别为 60km/h、80km/h、100km/h、110km/h、120km/h,其他车辆的行驶速度分别为

40km/h、60km/h、70km/h、80km/h、100km/h,车速误差不大于±5km/h,每种车辆以五种不同的速度分别两次通过测试区域,用雷达测速仪测量每辆车的瞬时车速。

(4)结果计算:将得到的每辆车瞬时车速的雷达测速仪测量值与检测器测量值,依据下式计算出每辆车的车速相对误差。

$$v_{ri} = \frac{|v_i - v_{i0}|}{v_{i0}} \times 100\% \tag{3-1-1}$$

式中:v_{ri}——每辆车的车速相对误差;

v_i——每辆车瞬时车速的检测器测量值(km/h);

v_{i0}——每辆车瞬时车速的雷达测速仪测量值(km/h)。

将得到的50辆车的车速相对误差,依据下式计算出检测器的车速相对误差。

$$v_r = \frac{\sum_{i=1}^{50} v_{ri}}{50} \tag{3-1-2}$$

式中:v_r——检测器的车速相对误差;

v_{ri}——每辆车的车速相对误差。

2)车流量相对误差

(1)检测仪器设备:计数器。

(2)试验用车辆:小型客车、小型货车、大型客车、大型货车和拖挂车各一辆。

(3)试验步骤:选定检测断面,五种试验车辆依次通过检测器测试区域,小型客车的行驶速度分别为 60km/h、80km/h、100km/h、110km/h、120km/h,其他车辆的行驶速度分别为 40km/h、60km/h、70km/h、80km/h、100km/h,车速误差不大于±5km/h,每种车辆以五种不同的速度分别四次通过测试区域,用计数器测量车流量。

(4)结果计算:将得到的车流量的计数器测量值与检测器测量值,依据下式计算出车流量相对误差。

$$n_r = \frac{|n - n_0|}{n_0} \times 100\% \tag{3-1-3}$$

式中:n_r——车流量相对误差;

n——车流量的检测器测量值;

n_0——车流量的计数器测量值。

3)抗串扰

在检测器的输入端与大地之间串接一个20kΩ的电阻,检测器应能正常工作。

4)电感适应范围

将检测器的输入电感分别设置为 50μH、200μH、350μH、500μH 和 700μH,测试检测器的车速相对误差和车流量相对误差,应符合相关技术要求。

7. 电气安全性能

1)绝缘电阻

用精度1.0级、500V的兆欧表在电源接线端子与机壳之间测量。

2)电气强度

用精度1.0级的耐电压测试仪在接线端子与机壳之间测量。

3) 连接电阻

用分辨力 0.1 毫欧的接地电阻测试仪在机壳顶部金属部位与安全保护接地端子之间测量。接地电阻测试仪工作原理和实物示意图如图 3-1-3 所示。

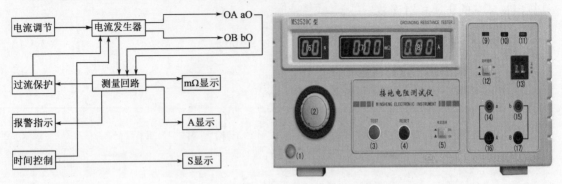

图 3-1-3　接地电阻测试仪工作原理和实物示意图

4) 电源适应性

(1) 电压波动适应性：用自耦变压器或可调交流电源给检测器供电，测试电压分别为 185V→200V→220V→240V→255V→230V→210V→185V。每调整到一档电压并稳定后，都分别开启和关闭检测器电源开关，检查逻辑和功能是否正常。

(2) 频率波动适应性：用可调频交流电源给检测器供电，电源电压为交流 220V，测试频率分别为 48Hz→49Hz→50Hz→51Hz→52Hz。每调整到一档并稳定后，都分别开启和关闭检测器电源开关，检查逻辑和功能是否正常。

5) 防水与防尘

按《外壳防护等级》(GB/T 4208—2017) 规定的试验方法进行。

8. 电磁兼容性能试验

详见交通运输行业标准 JT/T 817。

9. 环境适应性能

(1) 耐低温性能、耐高温性能、耐温度变化、耐湿热性能、耐机械振动性能和耐候性能试验方法参见第一篇第五章和第三篇第一章。

(2) 可靠性试验采用序贯试验方案 4:2，按《设备可靠性试验　恒定失效率假设下的失效率与平均无故障时间的验证试验方案》(GB 5080.7—1986) 规定执行。

10. 软件要求

在现场用便携终端连接检测器，在监控中心用监控计算机通过通信系统连接外场检测器，查看软件操作界面和核对各种交通参数。

第三节　施工质量要求及检验评定标准

目前，我国交通工程应用的车辆检测器主要包括环形线圈车辆检测器、微波检测器、视频检测器和超声波检测器等。但无论是哪种车辆检测器，在工程安装及检验评定中其主要质量控制点都应包括测参数的准确性、数据传输性能、安全保护、机壳质量等。具体安装质量要求及检验评定标准参见《公路工程质量检验评定标准 第二册 机电工程》(JTG F80/2—2004)。

1. 基本要求

(1)车辆检测器及其配件的数量、型号规格符合要求。

(2)车辆检测器安装位置正确,机箱外部完整,门锁开闭灵活。

(3)线圈(探头)安装尺寸符合设计要求,线槽顺直、均匀,封填后平整,引线过缘石处理得当。

(4)电源、通信线路按规范要求连接到位,检测器处于正常工作状态。

(5)隐蔽工程验收记录、分项工程自检和设备调试记录、有效的设备检验合格报告或证书等资料齐全。

2. 实测项目、技术要求及检测方法

车辆检测器工程安装质量实测项目、技术要求及检测方法见《公路工程质量检验评定标准 第二册 机电工程》(JTG F80/2—2004)中表2.1.2。

3. 外观鉴定

(1)机箱安装牢固、端正。

(2)机箱表面光泽一致、无划伤、无刻痕、无剥落、无锈蚀。

(3)基础混凝土表面应刮平,无损边、无掉角;连接地脚及螺栓规格符合设计要求,防腐措施得当,裸露金属基体无锈蚀;金属机箱与接地极连接可靠,接地极引出线无锈蚀。

(4)机箱的出线管与箱体连接密封良好,箱体内无积水、尘土、霉变。

(5)机箱内电力线、信号线、元器件等布线平直、整齐、固定可靠,标识正确、清楚,插头牢固。

4. 补充说明

对于交通量和平均测速精度,人们习惯用大于 $9X\%$ 表示,这种方式在实际计算时并不科学。如一检测器检测到了120辆车,而实际上只有100辆车,用习惯表示该检测器的精度:$120/100 \times 100\% = 120\% > 99\%$,并不能说明该检测器的检测精度高;而用相对误差表示:$(120-100)/100 \times 100\% = 20\%$,很容易说明该检测器的检测误差较大,即精度不高。所以本标准用了检测允差指标,具体计算方法如下:

$$允差 = \frac{X - X_0}{X_0} \times 100\%$$

式中:X——被测设备示值,如交通量或平均车速;

X_0——人工或更高一级检测设备示值,如人工计数的交通量或雷达测速仪测得的平均车速。

第二章

气象检测器

第一节 概 述

气象检测器是监控系统中,采集公路沿线路面温度、路面干湿、路面结冰、气温、相对湿度、能见度、风速、风向和雨量等气象、路面状态及环境信息的设备。气象检测器采集的上述数据传送至监控中心进行实时分析及处理,并作为公路交通控制及应急预案的重要参考数据,提供给公路交通运营及管理部门,以保证车辆安全、高效运行。实际应用中,多将上述检测器集成于一个平台,形成公路用气象环境监测站。目前公路监控系统用气象检测器通常由能见度检测器、路面状况检测器、温湿度检测器、风力风向检测器和雨量检测器等组成。其中,关于能见度检测器和埋入式路面状况检测器的交通行业标准,已发布《道路交通气象环境 能见度检测器》(JT/T 714—2008)和《道路交通气象环境 埋入式路面状况检测器》(JT/T 715—2008),其余检测器尚无相关交通行业标准。

一、工作原理及主要组成

1. 道路能见度检测器

能见度检测器(也称为能见度检测仪)主要有透射式和散射式两种。透射式能见度检测器需要基线,占地范围大,不适用于海岸台站、灯塔自动气象站及船舶,但因其具有自检能力、低能见度下性能好等优点而适用于民航系统;散射式能见度检测器以其体积小和低廉的价格而广泛应用于码头、航空、高速公路等系统,其可分为前向散射式、后向散射式和侧向散射式三类(图3-2-1)。其中道路用能见度检测器通常为前向散射式。

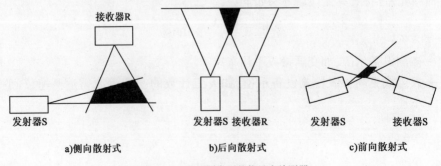

图3-2-1 三种不同类型的能见度检测器

道路能见度检测器是一种利用光的前向散射原理,采用微处理器控制的大气能见度检测仪器。它发出红外光脉冲,测量大气中空气分子、各种气溶胶粒子、微细雾滴等悬浮粒子的前向散射光通量,计算消光系数,并采用适当的算法将测量值转换气象能见度值。道路能见度检测器的检测原理是建立在以下3个假设的基础上:①大气是均质的,即大气是均匀分布的;②大气消光系数等于大气中雾、霾、雪和雨的散射,即假定分子的吸收、散射或分子内部交互光学效应为零;③散射仪测量的散射光强正比于散射系数。

在一般情况下,选择适当的角度,散射信号近似正比于散射系数。图3-2-2所示即为常用的道路能见度检测器。

依据《道路交通气象环境 能见度检测器》(JT/T 714—2008),道路能见度检测器由基本部件和扩展部件组成。其中能见度检测器的基本部件主要包括发射器、接收器、电源部件、控制处理器和机架;扩展部件主要用于提升能见度检测器的性能或功能,包括校准装置、信道适配控制器、加热器和恒温器,这些扩展部件可根据要求有选择性地增加其中的一种或几种。

能见度检测器的功能可分为基本功能和扩展功能。其基本功能包括:①测量和自检功能,可对大气能见度进行连续监测,并能对自身电源、光辐射能量、机内温度等进行监测;②服务功能,应具有告警与提示功能以及远程维护功能。扩展功能包括历史数据保存功能及现场转存功能。

图3-2-2 道路能见度检测器

2. 路面状况检测器

路面状况检测器是公路气象信息监测的一项重要路面信息采集设备,它能给公路运营管理者提供路面覆盖物、路面干湿状态、路面温度以及使用除冰剂后路面的状态和冰点等实时变化的路面状况信息,为道路管理部门保障公路安全运行提供决策依据。

路面状况检测器主要由前端传感器、后端处理单元及连接件三部分组成,可分为主动式和被动式两种。被动式路面状况检测器嵌埋在路面中,基本不与周边环境传递热量。此类传感器主要是通过传导率、电容、雷达等方法来观测路面状况和化学物质浓度,如图3-2-3所示。主动式路面状况检测器具有降温和加热功能,可在当前条件基础上预测当温度下降几度时是

图3-2-3 被动式路面状况检测器

否会出现结霜、结冰现象,如果出现结霜、结冰的现象,将提前发布危险路面状况警告,如图 3-2-4 所示。

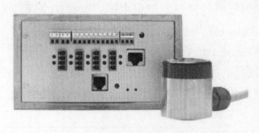

图 3-2-4　主动式路面状况检测器

目前也出现了非接触式的路面状况检测器,此类检测器不必嵌埋在路面中,而是安装路边杆柱上或结构物上,利用红外、微波或激光技术检测路面状况。

依据《道路交通气象环境　埋入式路面状况检测器》(JT/T 715—2008),埋入式路面状况检测器应具有路面状态检测、参数检测和预警报警输出功能。对于路面状态检测功能,路面状况检测器应具备以下八种路面气象状态检测功能,即:路面干燥、路面潮湿、路面积水、路面潮湿且有除冰剂、路面积水且有除冰剂、路面凝霜、路面积雪和路面覆冰;对于参数检测功能,路面状况检测器应至少具备以下路面状态参数检测功能,即:冰点、路面温度、路面下 6cm 处的温度、路面水层厚度、路面冰层厚度和除冰剂浓度;对于预警和报警输出功能,路面状况检测器宜具备以下预警及报警功能:

(1)霜预警及报警,道面温度下降或达到结冰温度,露点温度高于道面温度。

(2)冰预警及报警,道面接近或达到结冰温度,在未来的 1~2h 道面可能结冰或已经结冰。

3. 风速风向检测器

风是由许多小尺度的脉动,叠加在大尺度规则气流上的三维矢量。但在气象学上,把空气的水平移动叫做风,即把它作为二维矢量来考虑,由风速(风矢量的模数)和风向(风矢量的幅角)两个参数来确定。风速风向检测器即是进行道路沿线风速、风向参数检测的设备。目前常用的风速风向检测器可分为以下三类:

(1)三杯式风检测器

三杯式风速检测器的感应元件是由三个碳纤维风杯和杯架组成的三杯风组件,转换器为多齿转杯和狭缝光耦。当风杯受水平风力作用而旋转时,带动同轴截光盘转动,以光电子扫描输出脉冲串,通过活轴转杯在狭缝光耦中的转动,输出相应于转数的脉冲频率对应值。风向检测器通常由风标和变换器等构成,变换器为码盘和光电组件。当风标随风向变化而转动时,通过轴带动码盘在光电组件缝隙中转动,从而产生对应当时风向的格雷码输出的光电信号,该信号经转化后即可得出对应的风向值,如图 3-2-5 所示。

(2)螺旋桨式联合风向风速检测器

该检测器使用一个低惯性的三叶螺旋桨作为感应元件,桨叶随风旋转,并带动风速码盘进行光电扫描输出相应的电脉冲信号。风向测量是由竖直安装在机身的尾翼测定的,风作用于尾翼,使机身旋转并带动风向码盘旋转,此码盘按 8 位格雷码编码进行光电扫描输出脉冲信号,如图 3-2-6 所示。

(3)超声波风检测器

在平静的空气中,声波的传播速度被在风方向上的空气流动所改变。如果风向和声波的传播方向相同,就会提高声波的传播速度,反之则会减小声波的速度。在一个固定的测量路径中,在不同的风速和风向上叠加而成的声波传播速度会导致不同的声波传播时间。二维超声波风传感器由4个超声波收发器组成,分为彼此垂直的两对。当开始测量时,在测量路径的4个方向上进行8组单独的测量,就可以在形成的矩形区域中获得风速的矢量值和风向的角度,如图3-2-7所示。

a)风速检测器　　　　　　　　　b)风向检测器

c)杯式联合风向风速检测器

图3-2-5　三杯式风速风向检测器

图3-2-6　螺旋桨式联合风向风速检测器　　　　　图3-2-7　超声波风检测器

4. 雨量检测器

对降水的测量通常包括降水量、降水强度和降水类型3个指标。目前最为常见的雨量检测器为翻斗式雨量检测器,可包括单翻斗、双翻斗、多翻斗等形式,如图3-2-8所示。

图 3-2-8　翻斗式雨量检测器

二、主要参数指标定义

气象检测器主要用于公路沿线的能见度、路面温度、路面相对湿度、路面冰冻、气温、相对湿度、风速、风向和雨量等气象、路面状态及环境参数的检测。各参数定义如下:

(1)能见度(visibility):正常视力的观测者观测目标物时,能从背景上分辨出视角大于0.5°的目标轮廓的最大消失距离。夜间能见度(meteorological visibility at night)是正常视力的观测者在夜间能看到一定发光强度目标灯灯光的消失距离。

(2)气象光学视程(weather optics eyesight degree):色温 2700K 的白炽灯发出的平行光辐射通量,经大气衰减到起始值的 5% 后在大气中所需经过的距离。能见度检测器就是测量气象光学视程的设备。

(3)干燥(dry):道路表层不含自由水分或含有自由水分,但水膜厚度小于 0.1mm。

(4)潮湿(wet):道路表层含有自由水分,形成的水膜厚度不小于 0.1mm,且不大于 2mm。

(5)积水(seeper):道路表层含有自由水分,且形成的水膜厚度大于 2mm。

(6)路面覆盖物(road covering):由各种不同气象条件所导致的路面凝霜、路面积雪、路面覆冰等。

(7)凝霜(frosty):雾气因寒冷在道路表面凝结成的冰晶。

(8)黑冰(black ice):覆盖在道路表层的冰,因车轮碾压的压力,使冰中的气泡小时,气体分子进入冰晶格,细小的冰晶体迅速融合扩大成单晶,最终形成于路面颜色接近的、硬而滑的坚硬冰体。

(9)除冰剂(deicing chemicals):除去道路上的冰雪的化学试剂。

(10)冰点(freezing temperature):路面上结冰的温度(纯净水的冰点为 0℃,水的含盐度愈大,冰点愈低)。

(11)露点温度(dew temperature):空气在水汽含量和气压都不改变的条件下,冷却到饱和时的温度。

(12)空气温度(air temperature):表示空气冷热程度的物理量。气象上常用的气温,是指离地面 1.5m 高度上百叶箱中干球温度表所测得的空气温度。

(13)空气湿度(air humidity):表示空气中水汽多寡亦即干湿程度的物理量。湿度的大小常用水汽压、绝对湿度、相对湿度和露点温度等表示。其中最为常用的是相对湿度,它是空气中实际水汽含量(绝对湿度)与同温度下的饱和湿度(最大可能水汽含量)的百分比值。它只是一个相对数字,并不表示空气中湿度的绝对大小。

(14)风速(wind speed):空间特定点周围气体微团在单位时间内水平方向上的位移。

(15)风向(wind direction):空间特定点周围气体微团在水平面上的移动方向。

(16)降雨量(rainfall):在一定时间内降落到地面的水层深度,单位为 mm。单位时间内的降雨量称为降雨强度。降雨强度用降雨等级来划分。

第二节　气象检测器的技术要求及试验方法

气象检测器的能见度检测器和埋入式路面状况检测器的主要质量评定标准为《道路交通气象环境　能见度检测器》(JT/T 714—2008)和《道路交通气象环境　埋入式路面状况检测器》(JT/T 715—2008),其主要技术要求和试验方法如下。

一、能见度检测器主要技术要求及试验方法

1. 主要技术要求

1)技术指标

(1)外观。能见度检测器表面应平整、光滑、清洁,无毛刺、蚀点、划痕,无永久性污渍。镀覆件表面色泽均匀,不应有起泡;涂层不应有脱落;标志应清晰耐久。

(2)道路能见度测量。能见度检测器的基本技术指标应满足道路监测业务要求,其基本技术指标见表 3-2-1。

能见度检测器的基本技术指标　　　　表 3-2-1

测量要求	测量范围 L(m)	准确度(%)	分辨力(m)	时间常数(min)	数据上传周期
气象光学视程	$5 < L \leq 50$	±10	1	1	在 1min ~ 1h 范围内分级可调
	$50 < L \leq 500$	±10			
	$500 < L \leq 5000$	±15			

(3)开机稳定工作时间和工作方式。开机稳定工作时间不大于 15min;连续工作方式。

(4)能见度检测器的数据格式和通信协议。能见度检测器的数据格式和通信协议应满足《高速公路监控设施通信规程　第 1 部分:通用规程》(JT/T 606.1—2004)。

(5)接口。能见度检测器应具有如下接口:标准交流(或直流)供电接口;标准的 RS232(或 485)通信接口。

(6)历史数据保存时间。能见度检测器应至少保存最近 24h 的每分钟能见度数据和最近 1 星期的每半小时的能见度数据。

2)环境适应性

(1)气候环境。在下列条件下,能见度检测器应能正常工作:

①环境温度: -40 ~ +60℃;

②相对湿度:不大于 95%(30℃);

③大气压力:55 ~ 106kPa。

(2)电源。

①交流:在单相交流 220×(1±10%)V,频率 50×(1±4%)Hz 交流供电条件下,能见度检测器应能正常工作;

②直流:在 12×(1±25%)V 或 24×(1±25%)V(可选项)条件下,能见度检测器应能正常工作。

3)电磁兼容

(1)静电放电抗扰度。能见度检测器的静电放电抗扰度应满足《电磁兼容 试验和测量技术 静电放电抗扰度试验》(GB/T 17626.2—2006)中规定的等级 4 的要求。

(2)浪涌(冲击)抗扰度。能见度检测器的浪涌(冲击)抗扰度应满足《电磁兼容 试验和测量技术 浪涌(冲击)抗扰度试验》(GB/T 17626.5—2008)中规定的等级 3 的要求。

(3)射频电磁场辐射抗扰度。能见度检测器的频电磁场辐射抗扰度应满足《电磁兼容 试验和测量技术 射频电磁场辐射抗扰度试验》(GB/T 17626.3—2006)中规定的等级 2 的要求。

4)杂光兼容性

适用于前散射原理的能见度检测器。将能见度检测器置于光波长在 0.532~1μm 范围内,亮度不大于 6000cd/m² 的杂光条件下,产品应能正常工作。

5)安全性

电源引入端子与机壳间的绝缘电阻在工作环境条件下应不小于 100MΩ。电源引入端子与机壳间的抗电强度应能承受直流或正弦交流有效值为 1.5kV 的电压,历时 1min 应无击穿或飞弧现象。

6)可靠性和维修性

(1)平均无故障工作时间。能见度检测器的平均无故障工作时间(MTBF)不小于 25000h。

(2)平均修复时间。能见度检测器的平均修复时间(MTTR)不大于 0.5h。

2. 试验方法

1)试验条件

按照《气象仪器定型试验方法 环境试验》(GJB 570.5—1988)的要求执行。试验连接图如图 3-2-9 所示。计算机应配备专门的测试软件,通信协议应符合《高速公路监控设施通信规程 第 1 部分:通用规程》(JT/T 606.1—2004)。

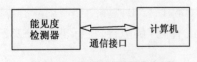

图 3-2-9 能见度检测器试验连接

2)功能检测

(1)大气能见度连续监测。能见度检测器输出信号通过通信接口或经信道适配控制器,传给计算机进行实际检查,连续记录 12h,观察数据的变化。

(2)自身电源、光辐射能量、机内温度等监测。由计算机通过通信接口直接读取有关自身电源、光辐射能量、机内温度等数据进行测量。

(3)历史数据保存时间测试。保存周期中应经过 3~5 个开关机过程及 3~5 个意外断电再启动过程,所存数据应无丢失和混乱现象。

3)技术指标测试

(1)外观。目测检查,应符合产品标准《道路交通气象环境 能见度检测器》(JT/T 714—2008)中外观的技术要求。

(2)能见度值。用专用校准装置对能见度仪进行校验。将能见度检测器安装在室外开阔的场地,测量能见度,与其他能见度检测器和人工观测比较,结果应符合表 3-2-1 的要求。

(3)连续工作时间。连续工作时间 120h,连续工作时间内设备应工作正常。

4)环境试验

(1)高温。按《气象仪器定型试验方法 环境试验》(GJB 570.5—1988)第 3 章的试验方法进行,产品应符合标准《道路交通气象环境 能见度检测器》(JT/T 714—2008)中环境要求。

(2)低温。按《气象仪器定型试验方法 环境试验》(GJB 570.5—1988)第 2 章的试验方法进行,产品应符合标准《道路交通气象环境 能见度检测器》(JT/T 714—2008)中环境要求。

(3)恒定湿热。按《气象仪器定型试验方法 环境试验》(GJB 570.5—1988)第 6 章的试验方法进行,产品应符合标准《道路交通气象环境 能见度检测器》(JT/T 714—2008)中环境要求。

(4)电源。交流 220V(或直流 12V、24V)供电时,将输入能见度检测器的电源电压分别降至正负偏差极端值时,检查产品性能应符合标准《道路交通气象环境 能见度检测器》(JT/T 714—2008)中交流供电的技术要求。

直流 12V 或 24V 供电时,将输入能见度检测器的电源电压分别降至正负偏差极端值时,检查产品性能应符合标准中直流供电的技术要求。

5)电磁兼容

(1)静电放电抗扰度。按《电磁兼容 试验和测量技术 静电放电抗扰度试验》(GB/T 17626.2—2006)规定的试验方法进行试验,产品应符合标准《道路交通气象环境 能见度检测器》(JT/T 714—2008)中的静电放电抗扰度的规定。

(2)浪涌(冲击)抗扰度。按《电磁兼容 试验和测量技术 浪涌(冲击)抗扰度试验》(GB/T 17626.5—2008)规定的试验方法进行试验,产品应符合标准《道路交通气象环境 能见度检测器》(JT/T 714—2008)中的浪涌(冲击)抗扰度的规定。

(3)射频电磁场辐射抗扰度。按《电磁兼容 试验和测量技术 射频电磁场辐射抗扰度试验》(GB/T 17626.3—2006)规定的试验方法进行试验,产品应符合标准中的射频电磁场辐射抗扰度的规定。

6)杂光兼容性

在大气环境相对稳定且能见度低于 4km 的条件下进行该项试验。在无杂光照射状态下,用亮度不大于 $6000cd/m^2$ 的白炽光源进行连续照射,记录 5min 内的每分钟能见度值,计算每分钟信号值的平均值和相对偏差,相对偏差应不大于 10%。

7)安全性

(1)绝缘电阻。用 500V 精度 1.0 级的兆欧表检查电源引入端子与机壳间的绝缘电阻。

(2)抗电强度。用耐电压测试仪检测器检查电源引入端子与机壳间的耐电压强度。

8)可靠性和维修性

(1)可靠性。可靠性试验按照《可靠性试验 第 1 部分:试验条件和统计检验原理》(GB/T 5080.1—2012)中的相关条款执行。取 $\alpha = \beta = 0.2$、$D_m = 3.0$,按《设备可靠性试验 恒定失效率假设下的失效率与平均无故障时间的验证试验方案》(GB/T 5080.7—1986)确定试验时间和相关失效数。

(2)维修性。维修性在可靠性试验中进行统计,必要时可采用人为制造故障的方法进行试验。

二、埋入式路面状况检测器主要技术要求及试验方法

1. 主要技术要求

1)环境要求

(1)安装及使用环境:检测器机箱防护应符合《外壳防护等级》(GB/T 4208—2017)的IP55要求。

(2)环境温度:根据产品适合的使用温度分为3级(非产品优劣分类):A级 -20 ~ +80℃;B级 -30 ~ +70℃;C级 -40 ~ +60℃。

(3)相对湿度:相对湿度不大于95%,无冷凝。

2)机械物理要求

(1)传感器。埋入式路面状况检测器的前端传感器不应使用可能改变环境的热源或冷源;传感器封装物的热导率和辐射系数应与路面一致;传感器抗压荷载应大于160kN;传感器在未进行外部调整时,普通路面可磨损30mm,桥梁路面可磨损10mm,仍应可以正常使用。

(2)处理单元(传感器接口板)。处理单元的保护外壳应保证足够的机械强度和耐久性;应满足安装及使用条件,所用材料应选用固有的抗腐材料或经过处理的防腐材料。

(3)尺寸要求。①传感器的外形尺寸应满足以下要求:当应用于普通路面时,传感器的尺寸不应超过100mm(H) ×100mm(W) ×50mm(D);当应用于桥面时,传感器的尺寸不应超过75mm(H) ×100mm(W) ×50mm(D)。②处理单元的外形尺寸不应超过200mm(H) ×100mm(W) ×50mm(D)。

(4)连接件。输入/输出包括电源均应通过面板连接插头实现。所用插头应与美国NEMA标准连接器或欧洲标准DIN连接器兼容。

3)电气要求

(1)电源。路面状况检测器应满足下列交流电源和直流电源之一,或交直流公用。

①交流电源:电压220 ×(1 ±10%)V;频率50 ×(1 ±4%)Hz;功率小于25W@230VAC;电流输出不大于200mA(有效值)。

②交流电源的瞬态过程:路面状况检测器使用220V、50Hz的交流电源应能经受高重复、短噪声的干扰;应能经受低重复、高能量的过渡过程;应能承受非破坏性的瞬变过程。

③直流电源:电压24V ±2.5V;最大电压脉冲500mV(峰—峰值);功率小于10W@24VDC;最大电流应小于20mA。

④直流电源的瞬态过程:用测试脉冲进行下列测试时应正常工作,即在逻辑地和 +24V 之间加测试脉冲;在检测和非检测状态的通道之间加测试脉冲;在逻辑地和控制输入之间加测试脉冲。

(2)保护。外部供电线路应设有短路和过载保护。

(3)接地。路面状况检测器的接地应满足以下要求:①逻辑地——直流 +24V 供电设备的回路输入,不应与 AC 相连,也不应与机箱地相连;②机箱地——路面状况检测器处理单元

应有一端与机箱相连,该端不应与逻辑地、AC 端或装置内任何其他点相连。但该端可作为瞬态保护装置的回路。如果检测器采用金属外壳,则外壳应与机箱地相连。

4)技术指标

(1)路面覆盖物检测。路面状况检测器应能准确检测出路面有无雪、冰、黑冰、凝霜等覆盖物,并宜检测出雪的水当量、覆冰的厚度等指标。

(2)路面干湿检测。路面状况检测器应对路面水层厚度的检测应满足以下测量范围及测量精度要求:

①测量范围要求:能够准确测出 0~6mm 路面水层厚度;6mm 以上路面水层厚度的测量值仅作为参考。

②测量精度要求:在 0~1mm 范围内,准确率应达到 0.1mm;在 1~6mm 范围内,准确率应达到 0.5mm。同时路面况检测器应明确给出路面的干湿状态。

(3)除冰剂检测。路面状况检测器应能准确检测出使用除冰剂下路面的状态,能准确区分微湿、潮湿状态;同时应测出路面覆盖物中除冰剂的浓度。

(4)冰点检测。路面状况检测器应能检测出实际路面的冰点以及使用除冰剂后路面的冰点变化情况。

(5)路面及路面下 6cm 处温度检测。路面温度检测范围见环境要求;路面温度检测精度为 ±0.5℃。

(6)开机稳定时间/无故障连续工作时间。路面状况检测器的开机稳定工作时间不大于 5min;传感器无故障连续工作时间不小于 50000h;处理单元的无故障连续工作时间不小于 10000h;平均故障修复时间不大于 0.5h。

(7)输出。定义两种数据输出接口(RS232 和 RS485)和两种模拟输出接口。模拟输出接口选用电压 0~+5V 或电流 0~10mA 两种输出方式之一。

(8)输出周期。检测器输出数据周期间隔应从 1min 到 1h 按分钟分档设置。

(9)对干扰的灵敏度。检测器应具有电磁屏蔽功能,能安装于控制器机柜内的任何地方而不受影响。

(10)串扰。在规定的电感范围内,若输入端通过一个不小于 20kΩ 外部电阻接地,检测器应能工作正常。

(11)浪涌保护。检测器应满足《电磁兼容 试验和测量技术 浪涌(冲击)抗扰度试验》(GB/T 17626.5—2008)中规定的等级 3 的要求。对电源线—线间施加 1kV,对线—地施加 2kV 的一个 1.2/50μs 的浪涌电压,路面状况检测器不应出现故障,并应符合该仪器技术条件的要求。

(12)工作环境的变化。检测器在下列环境下,应能正常工作:①交流电源:频率 50×(1±4%)Hz;电压 220×(1±10%)V;②直流电源:电压变化范围为 24V±2.5V;③温度变化率达到 15℃/h。

2. 试验方法

1)校准与预调节

在进行任何测试前,应根据生产商的推荐值进行校准与设置。

2)测试项目

(1)电源测试

①交流电源瞬态过程测试:瞬态测试表及测试电路设计见表 3-2-2 及图 3-2-10。测试结果:稳定的电流输出不大于 200mA(有效值)时为合格。

瞬 态 测 试　　　　　　　　　表 3-2-2

测 试 号	开关位置选择	极性选择	测 试 输 入
1	1	正	D—H
2	2	正	E—H
3	3	正	D—E
4	4	正	E—D
5	1	负	D—H
6	2	负	E—H
7	3	负	D—H
8	4	负	E—D

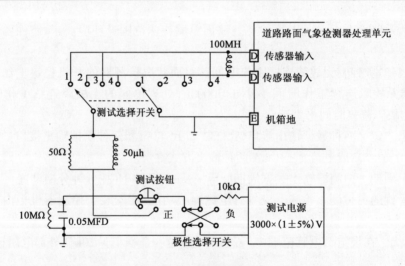

图 3-2-10　瞬态测试电路

②直流电源瞬态过程测试:直流电源的瞬态过程测试电路设计如图 3-2-11 所示。

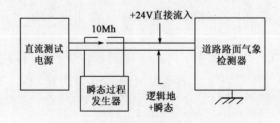

图 3-2-11　检测器对直流供电条件下瞬态过程的测试电路

输入直流电压应为 24V±2.5V。当电源极性相反时,发光二极管极性应颠倒。测试结果:在受试检测器输入端的直流不大于 20mA 时为合格。

(2)传感器各项技术指标测试

①路面覆盖物测试。

测试步骤:a.将雪覆盖到传感器上,检测器的输出结果为路面积雪;b.将新冰覆盖到传感器上,检测器的输出结果为路面覆冰,并可以给出冰层厚度;c.将新冰多次重度碾压,并重新结成黑冰,覆盖到传感器上,检测器的输出结果为路面黑冰;d.将传感器放入70%饱和水汽压的密闭容器中,放入可控温箱,降至 −10℃,检测器的输出结果为凝霜。

测试结果:输出结果全部正确为合格。

②干湿状态测试。

测试步骤:a.测试干燥状态下的传感器,检测器的输出结果为路面干燥;b.用滴管滴一滴水到传感器上,用水膜厚度测试仪检测水膜厚度;c.读取检测器的输出结果,以及水层厚度的数据;d.重复执行步骤 b 和 c,连续执行10次。

测试结果:检测器的输出结果与水膜厚度测试仪的检测结果误差不超过10%的次数超过9次(包括9次)为合格。

③除冰剂测试。

测试步骤:a.将雪覆盖在传感器上,洒上除冰剂,并轻轻碾压,至雪大部分融化,检测器的输出为路面潮湿且有除冰剂,并可以给出除冰剂浓度;b.待传感器看不到明水时,再次测试,检测器的输出为路面微湿且有除冰剂,并可以给出除冰剂浓度。

测试结果:输出结果全部正确为合格。

④冰点测试。

测试步骤:a.将传感器放在可控温箱内;b.将雪覆盖在传感器上,洒上除冰剂,洒上除冰剂,并轻轻碾压,至雪大部分融化,检测器的输出为路面潮湿且有除冰剂;c.调节温箱温度,待融雪结冰时,记录温箱温度;d.读取检测器输出的冰点温度;e.重复步骤 b~d,共测试5次。

测试结果:输出结果误差小于 ±0.5℃,达 4 次以上(包含 4 次)为合格。

⑤温度测试。

测试步骤:a.将传感器放在可控温箱内;b.在量程范围内,设置 5 组温度值;c.读取检测输出的路面温度和路面下温度值。

测试结果:路面温度和路面下温度输出值在精度要求以内为合格。

⑥开机稳定时间/无故障连续工作时间测试。

测试步骤:a.将传感器接上数据接收设备;b.测量从启动传感器开始进行检测到接收到稳定准确的测量数据的时间间隔;c.重复测量上述稳定时间,共测量5次;d.无故障连续工作时间可与上述仪器性能试验同时进行;e.开机稳定后,保持检测器连续工作120h。

测试结果:测试开机稳定时间间隔不大于 5min,连续工作时间内检测器工作正常为合格。

⑦输出/输出周期测试。

测试步骤:a.根据检测器输出接口,选择相应的数据接收接口设备进行测试;b.分别设定检测器的数据输出周期间隔:1min、2min、5min、1h。

测试结果:输出测试数据正常,不同时间间隔时输出的数据正常为合格。

⑧对干扰的灵敏度测试。

将检测器的接口板置于控制器机柜内任意 3 个不同位置。

测试结果:检测能正常工作为合格。

⑨串扰测试。

在检测器的输入端与大地之间串接一个 20kΩ 的电阻。

测试结果:检测器能正常工作为合格。

⑩浪涌保护测试。

按《电磁兼容 试验和测量技术 浪涌(冲击)抗扰度试验》(GB/T 17626.5—2008)规定的试验方法进行试验,产品应符合浪涌保护测试规定。

⑪对工作环境变化的测试。

测试步骤:a. 交流电源测试:测试中 50Hz 电源应在规定的范围内连续变化,如以每分钟改变 10V 的速度从低限到高限再返回,重复一次;b. 直流电源测试:以每分钟改变 0.5V 的速度从低限到高限再返回,重复一次;c. 在规定的工作温度与湿度范围内,按温度变化 15℃/h 重复一次。

测试结果:检测器能正常工作为合格。

⑫抗交通重压的测试。

将传感器平放于压力试验机平台上(压力头面积大于试验传感器受压面的面积),传感器上覆盖 8~15mm 厚的软橡胶片,逐步加载,加载速度为 20~30kN/min,传感器加载至 160kN,检查试验后的样品,应符合标准中对于传感器抗压荷载的规定。

第三节 施工质量要求及检验评定标准

根据《公路工程质量检验评定标准 第二册 机电工程》(JTG F80/2—2004),气象检测器的施工质量要求及检验评定标准如下。

1. 基本要求

(1)气象检测器及其配件的数量、型号规格符合要求。

(2)气象检测器安装位置正确,机箱外部完整,门锁开闭灵活。

(3)探头安装方位、尺寸符合设计要求。

(4)电源、通信线路按规范要求连接到位,气象检测器处于正常工作状态。

(5)隐蔽工程验收记录、分项工程自检和设备调试记录、有效的设备检验合格报告或证书等资料齐全。

2. 实测项目

气象检测器的实测项目见表 3-2-3。

气象检测器实测项目 表 3-2-3

项次	检查项目	规定值	检查方法
1	立柱竖直度	±5mm/m	铅锤、直尺或全站仪
2	立柱、法兰和地脚几何尺寸	符合设计要求	超声波测厚仪测量立柱壁厚,用量具测量其他尺寸

续上表

项次	检查项目	规定值	检查方法
3	基础尺寸	符合设计要求	长、宽用量具测量,埋深查隐蔽工程验收记录或实测
4	机箱、立柱、法兰和地脚螺栓的防腐涂层厚度	符合设计要求	用量具或涂层测厚仪测量
5△	绝缘电阻	强电端子对机壳≥50MΩ	500V兆欧表测量
6△	安全接地电阻	≤4Ω	接地电阻测量仪
7△	防雷接地电阻	≤10Ω	接地电阻测量仪
8△	温度误差	±1.0℃	温度计实地测量比对
9	湿度误差	±5%RH	湿度计实地测量比对
10△	能见度误差	±10%或合同要求	模拟、目测或标准能见度仪实地测量比对
11	风速误差	±5%或合同要求	风速仪实地测量比对
12△	数据传输性能	24h观察时间内失步现象不大于1次或BER≤10^{-8}	查日志或用数据传输测试仪
13	功能验证	能检测到降水天气	模拟降雨实测

3. 外观鉴定

(1)立柱、机箱及各探头传感器安装牢固、端正。

(2)各部件表面光泽一致、无划伤、无刻痕、无剥落、无锈蚀。

(3)基础混凝土表面应刮平,无损边、无掉角;机箱、立柱、法兰及地脚螺栓规格符合设计要求,防腐措施得当,裸露金属基体无锈蚀。

(4)防雷接地和安全接地应分开设置,接地焊接牢固,焊缝饱满并做防腐处理;金属机箱与安全保护地连接可靠,接地极引出线无锈蚀。

(5)机箱的出线管与箱体连接密封良好,箱体内无积水、尘土、霉变。

(6)机箱内电力线、信号线、元器件等布线平直、整齐、固定可靠,标志正确、清楚,插头牢固。

第三章

闭路电视监视系统

第一节 概 述

闭路电视监视系统是对车辆检测器等其他信息采集设备的有益补充,它使用视频监控的手段直观地采集重要地点或区域车辆检测器等设备难以获得的现场数据,并将从现场数据传送至监控室,使运营管理人员全面、直观地了解现场的情况,从而为交通应急及控制策略的制定提供直观的数据。

闭路电视监视系统通常由视频摄像子系统、图像传输子系统、输出子系统和控制子系统组成。其中视频摄像子系统包含摄像机、摄像机镜头、防护罩、云台、摄像机立柱等;图像传输子系统主要包括视频发射机、中继器、接收器、线缆、视频分频器等;输出子系统主要包括监视器、硬盘录像机、延时录像机等;控制子系统主要包括云镜控制器或控制键盘、副控制键盘、矩阵切换器和画面分割器等。各子系统的组成及原理说明如下。

一、摄像子系统

摄像子系统是闭路电视监视系统的前沿,是整个闭路电视监视系统的"眼睛"。它布设于被监视场所的某一位置上,使其视场角能覆盖整个被监视区域。摄像子系统的各主要组成部分介绍如下:

1. 摄像机

摄像机是拾取图像信号的设备,是闭路电视系统的核心部分,它的主要作用是把光信号转换成视频信号。

按照摄像机的摄像器件,可分为摄像管摄像机(电真空管或阴极摄像管)和CCD(Charge Couple Device,电荷耦合器件)摄像机两类。摄像管摄像机已基本被CCD摄像机所取代。

按照拾取的图像的色彩,可分为彩色和黑白摄像机两种。彩色摄像机色彩丰富,图像立体感及临场感强;黑白摄像机具有清晰度高、可靠性好、外界光线适应范围大、温湿度范围宽,以及价格低维护费用少等特点,故除需用颜色区分被摄对象场合外,最好选用灵敏度及清晰度较高的黑白摄像机。

按照技术性能的高低,可将摄像机分为广播级、专业级、通用级、摄录级以及特殊级等。闭路电视系统用的摄像机一般选用通用级,因为它的质量完全可以满足监控要求,价格却只有专业级的五六分之一。

按照摄影器件的尺寸,可将摄像机分为1in、2/3in、1/2in及1/3in。目前常用的是1/3in和2/3in摄像机。

按照制式可将摄像机分为PAL制式、NTSC制式和SECAM制式三种,PAL制式又可分为PAL(D)和PAL(L)。在闭路电视监视系统中,应选用我国广播电视采用的PAL(D)制式的摄像机及相关设备。

按照摄像机的同步方式,可分为外同步和内同步方式或内外同步均有的摄像机。一般监视系统中,使用内同步方式摄像机即可。

衡量摄像机性能的技术指标主要有:

(1)清晰度。一般多使用水平清晰度,单位为电视线。电视监控系统使用的摄像机,要求彩色摄像机的水平清晰度在300线以上,黑白摄像机在350线以上。

(2)照度(或称灵敏度)。照度是衡量摄像机在何种光照强度下,可以输出正常图像信号的指标。照度或灵敏度一般用"勒克斯(lx)"表示。

(3)信噪比。信噪比是摄像机一个重要的技术指标,它的定义是摄像机的图像信号与噪声信号之比,用S/N表示。其中S表示摄像机在假设无噪声时的图像信号值,N表示摄像机本身产生的噪声值(如热噪声等)。信噪比用分贝(dB)表示。信噪比愈高,表明摄像机输出信号愈好。电视监控中使用的摄像机,一般要求其信噪比高于46dB。

(4)摄像机输出信号幅度。摄像机输出信号电压的峰—峰值,一般在$1V_{p-p}$至$1.2V_{p-p}$,即$1\sim1.2V$峰—峰值,且为负极性输出。

2. 镜头

镜头是安装在摄像机前端的成像装置,可分为定焦距镜头、自动光圈电动变焦镜头和自动光圈自动聚焦电动变焦镜头。

(1)定焦距镜头。该类镜头焦距不可变,只可改变光圈大小。它适合于摄取焦距相对固定的目标,可根据视场角的要求选择广角或焦距相对较长的镜头。

(2)自动光圈电动变焦镜头。这是目前监控系统中常用的一种镜头,它的光圈是自动的(由摄像机输出的电信号自动控制光圈的大小),故适于光照度经常变化的场所。目前,常用的电动变焦镜头有6倍、8倍和10倍,给出的指标一般为焦距从多少毫米至多少毫米。如某变焦镜头的焦距为$8.8\sim88$mm,即为10倍变焦镜头。

(3)自动光圈自动聚焦电动变焦镜头。该类镜头除具有自动光圈及电动变焦功能外,还可自动聚焦。也即当通过云台和电动变焦改变色回去方向及目标时,不必人工调整焦距,使用更加方便。

实际视频监视系统设计中,可通过以下公式根据被监视目标的视场大小及距离选择镜头焦距,即

$$f = h'\frac{D}{V} \tag{3-3-1a}$$

$$f = h\frac{D}{H} \tag{3-3-1b}$$

式中:f——镜头的焦距(mm);

V——被监视物体的高度(mm);

H——被监视对象的水平宽度(mm);
D——被监视对象到镜头的距离(mm);
h'——靶面(CCD)成像的高度(mm);
h——靶面(CCD)成像的水平宽度(mm)。

3. 云台

云台是承载摄像机进行水平和垂直两个方向转动的装置。其水平和垂直方向的转动由电机驱动,水平转动的角度一般为350°,垂直转动角度通常为+45°、+35°、+75°等,其水平及垂直转动的角度大小可通过限位开关进行调整。云台通常可分为室内用云台及室外用云台。在控制方式上,一般云台均属于有线控制的电动云台,控制线的输入端有五个,其中一个为电源公共端,另外四个为上、下、左和右控制端。在电源供电电压方面,目前常见的有交流220V和24V两种。

云台的主要指标有最大负荷、自由度、跟踪速度、驱动电压、工作温度计使用环境等。

(1)最大负荷是指垂直于云台方向上能承受的最大负载能力。在实际应用中,一般根据防护罩和摄像机的总重量,再加上15%左右的余量来选择所需云台负载能力。

(2)自由度是指云台在水平和垂直两个方向上旋转能达到的最大范围。

(3)跟踪速度是指电动云台每秒在水平和垂直方向转动的角度,它以角速度表示。由这个角速度即可根据下式计算出以云台为中心,在不同距离上物体移动的线速度v:

$$v = \frac{\pi}{180}wl \qquad (3\text{-}3\text{-}2)$$

式中:w——云台的跟踪角速度;
l——被监视物体距云台中心的距离。

(4)驱动电压是指云台电动机转动时所需的电压,现在一般为交流24V。

4. 防护罩

防护罩是使摄像机在灰尘、雨水、高低温等条件下正常使用的防护装置。防护罩一般分为室内用防护罩和室外用防护罩两类。室内用防护罩的主要功能是防止摄像机落有灰尘,并有一定的安全防护作用(如防盗、防破坏等);室外用防护罩通常为全天候防护罩,具有降温、加温、防雨、防雪等功能,可使安装在防护罩内的摄像机在风、雨、雪、高温、低温等恶劣条件下工作。目前较好的全天候防护罩是采用半导体器件的防护罩,该种防护罩内装有半导体元件,可自动加温、降温,且功耗较小。

二、图像传输子系统

图像传输子系统是连接摄像子系统、输出子系统和控制子系统的纽带,它将摄像子系统采集的视频信号、音频信号和各种报警信号等传送至监控中心,并把控制子系统的控制信号传送至摄像子系统。图像传输子系统主要包括视频发射机、中继器、接收器、线缆、视频分频器等。

目前高速公路监控系统传输主要采用光纤传输方式,多采用如下几种配置方式:

(1)点对点传输。每一个监控点需配置一台视频光端机和一芯光纤,在监控中心也需配置一台光端机接收机。在监控点较多的高速公路需要较多的光端机和光纤,将造成光纤资源的浪费和项目造价的增加。

(2)级联式链路传输。采用节点式光端机,通过一芯光纤组成链网,同时传输多路视频、音频、点对点数据信号和共享式数据信号。节点式光端机在每个节点先将信号接收下来,转换成电信号,再和本地节点的信号交叉复用,光电转换后采用波分复用技术复用到一条光纤上传输。每条链路在中心仅需要一台中心光端机,与传统的点对点传输方式相比节约了部分大量的光纤资源和1/2的光端机数量。缺点是当链路中一个监控点出现故障时,该监控点以后的视频和数据也将无法传输到监控中心。

(3)以太网视频传输。以太网视频传输系统是根据高速公路的实际需求搭建的一套用数据以太网传输视频的系统。该系统使用视频编码器(或集成视频编码器的摄像机)和解码器完成整个系统的视频传输。所有的视频传输到控制中心后,还原为模拟或数字视频图像,通过视频控制矩阵或数字视频管理系统切换后在电视墙上显示。摄像机的控制数据,可以通过视频编解码器的数据通道传输,或者使用综合数据光端机的异步数据通道传输。

三、输出子系统

输出子系统的主要功能是实现信号的显示、输出及保存等,主要包括监视器、硬盘录像机、延时录像机等。

1. 视频分配放大器

视频分配放大器用来将一路视频信号分成多路信号,其功能和作用主要包括:视频信号的分配(即将同一视频信号分为几路);对视频信号进行放大。

视频分配放大器主要采用指标如下:①输入电平与输出电平:输入电平一般为 $0.8 \sim 1V_{p-p}$,输出电平为 $1 \sim 4V_{p-p}$,有些作为远距离传输的还要高;②DG、DP:5%、5°;③供电方式:交流 220V 或直流 12V、24V。

2. 监视器和电视墙

监控室的工作人员通过电视机或监视器显示摄像机的现场数据。监视器的主要技术指标包括水平分辨率(480 线、520 线、580 线、600 线等)、显像管类型(显像管长度、显像管种类)、视频输入路数(2 路、3 路)、制式(PAL、PAL/NTSC)、扫描频率(水平扫描频率和垂直扫描频率)、电源电压和功率(220V、72~75W)等。监视器的选择可从颜色、性能指标、尺寸等几个方面考虑。一般应选用比摄像机高一个档次清晰度的监视器。监视器尺寸种类较多,常用 15in、19in 和 21in 等,具体监视器屏幕尺寸的选择,应根据监控室需要观察的人数、监视画面数、分辨程度以及人屏间距来确定。

在高速公路监视系统中,由于监视对象数量众多,且需要进行全天候不间断监视,故多放置于专用的支架上,形成电视墙。电视墙的使用可以节省空间、便于管理,同时具有良好的视觉效果。电视墙一般为定制产品,其大小、高度、厚度等要根据监控室的布局和实际尺寸确定。电视墙中除了摆放监视器外,还放置录像机、视频分配器等其他设备,需要对此综合考虑。电视墙与控制台之间应保持一定距离,最短距离不能小于 2m。

3. 长延时录像机

长延时录像机,也称为长时间录像机、时滞录像机等。这种录像机的功能和特点是可以用一盘180min的普通录像带,录制长达12h、24h、48h,甚至更长时间的图像。这将有利于减少电视监控系统的图像记录录像带保存数量、节省重放时间等。一般说来,这种录像机在进行长时间录像后的重放时,画面会产生一定程度的不连续感,其清晰度也不如正常速度录像的画面。但尽管如此,由于在电视监控系统的非报警情况下,不必要实时录像,且一般的长延时录像机在24h方式下,丢帧的比例并不大。况且,长延时录像机一般都有报警时自动切换为正常速度的标准实时录像的功能,故长延时录像机就成了一种能"平战结合"的录像设备。长延时录像机的主要技术指标主要包括录像机格式、录像/重放时间设定、视频输入、信噪比、水平解像度等。

4. 硬盘录像机

硬盘录像机的原理是将视频输入信号送入计算机(工业控制计算机)中,通过计算机的视频采集卡,完成 A/D 转换,将模拟视频信号转换为数字视频信号,并按一定格式存储,通过视频管理软件,可以对存储的数据进行进一步处理。硬盘录像机有单路硬盘录像机和多路硬盘录像机两种,按照工作方式不同,可分为嵌入式录像机和独立系统录像机,在高速公路监控系统中,应用的主要是独立系统的硬盘录像机。

四、控制子系统

控制子系统是整个闭路电视监视系统的"心脏"和"大脑",是实现整个系统功能的指挥中心。控制子系统主要由总控制台(部分设有副控制台)组成。总控制台的主要功能有:视频信号的放大与分配、图像信号的校正与补偿、图像信号的切换、图像信号(包括声音信号)的记录、摄像机及其辅助部件(如镜头、云台、防护罩等)的控制(遥控)等。

1. 主控制台

主控制台或称为总控制台,是电视监控系统中的核心设备,对系统内各设备的控制均由这里发出和控制。控制台本身是由各种具体设备组合而成,主要包括视频分配放大器、视频切换器、控制键盘、时间地址符号发生器、录像机(或长延时录像机)、电源灯。目前生产的控制台有些装有多分割画面器,有些采用多媒体计算机作为控制台主体设备,如图3-3-1所示。

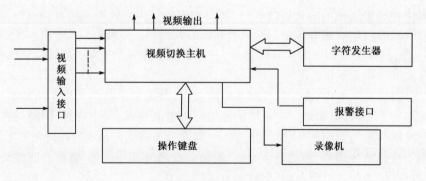

图 3-3-1 控制台组成结构

2. 视频矩阵切换器

视频矩阵切换器是组成控制台的关键设备,是实现视频图像信号选择的设备。目前主控制台上应用的视频矩阵切换器,一般为矩阵切换行驶以及积木式,其主要技术指标包括切换比例(切换器的输入路数及切换后输出的路数)、隔离度(切换器各路视频信号之间及切换后输出的信号之间的隔离程度,用分贝表示)、微分增益 DG(切换后输出的视频信号与切换前的信号在幅度上的失真程度)、微分相位 DP(切换后输出的视频信号与切换前的信号在相位上的是真)、输入电平(视频切换器输入端对输入视频信号电压幅度的要求)、输出电平(视频切换器输出端输出电压的幅度标准)等。

3. 画面分割器

画面分割器是为节省监视器以及为监控人员提供全视野画面,将多路图像同时显示在一台监视器上。常用的画面分割器有 4 画面、9 画面和 16 画面。其基本工作原理是采用图像压缩和数字化处理方法,把几个画面按同样比例压缩在一个监视器屏幕上。其主要技术指标包括视频输入指标、监视器输出指标、录像机输出、显示速率、报警输入、报警输出、报警时间等。

4. 字符叠加器

字符叠加器是对现场采集的视频信号叠加地点、时间等文字的设备。字符叠加器的使用可使监控人员清楚时间发生的地点、使稽查人员或上级管理人员在事后回放中了解事件发生的时间和地点。输入的视频信号字符叠加后,通常可以输出一路或多路,如对一路视频字符叠加后需要多路输出时,一般选用多路输出的字符叠加器。字符信息一般通过串口,根据字符叠加器约定的格式或通信协议将需要叠加的内容加入视频画面中。

第二节 视频传输产品及通道性能主要指标及测量方法

一、视频传输产品主要技术要求及测量方法

视频传输产品主要包括视频光端机、视频矩阵、视频分配器等。以下介绍视频光端机的主要指标及测量方法,其他产品请参照相关国家或行业标准。

视频光端机的主要质量评定标准为《视频光端机》(JT/T 830—2012)。依据该标准,视频光端机主要由视频发送侧的输入接口电路、视频编码器、复用器、光发送机和视频接收侧的输出接口电路、视频解码器、解复用器、光接收机等组成。其技术要求及试验方法如下:

1. 技术要求

1)适用条件

(1)室外型视频光端机适用条件:安装环境:户外无气候防护;相对湿度:≤100%;环境温度:S2 级: $-5 \sim +55$℃;A 级: $-20 \sim +55$℃;B 级: $-40 \sim +50$℃;C 级: $-55 \sim +45$℃。

(2)室内型视频光端机适用条件:安装环境:具有温度和湿度调节的室内;相对湿度:≤85%;环境温度: $+15 \sim +35$℃;安装在收费亭内的视频光端机应符合室外型视频光端机的 A 级的要求。

2)材料和外观

(1)视频光端机的外壳应采用金属材料,并经过防腐蚀处理。

(2)视频光端机构件应完整、装配牢固、结构稳定,边角过渡圆滑,无飞边、无毛刺。

(3)安装连接件应便于安装施工,室内型视频光端机宜采用标准机架安装结构,室外型视频光端机宜采用轻便结构,以便于在室外机箱中安装;视频光端机机壳及安装连接件应无明显变形、凹凸等缺陷。

(4)机壳及连接件的防护层色泽应均匀、无划伤、无裂痕、无基体裸露等缺陷,其理化性能指标应符合相关国家或行业标准的要求。

(5)机壳内元器件安装要求牢固端正、位置正确、部件齐全;内部接线整齐,符合工艺和视觉美学要求;接口标准统一,便于连接。

3)供电要求与安全

(1)交流电源型视频光端机

①绝缘电阻:电源输入线缆端子与外壳的绝缘电阻应不小于100MΩ。

②抗电强度:在电源输入线缆端子与外壳之间施加频率50Hz、有效值1500V正弦交流电压,历时1min,应无闪络或击穿现象,漏电电流不大于5mA。

③安全接地:视频光端机应设置安全保护接地端子,并与外壳可靠连接,接地端子与外壳的接触电阻应小于0.1Ω。

④电源适应性:视频光端机应适应交流电网波动要求,在以下条件下,应可靠工作:

——电压:交流$220\times(1\pm15\%)$V;

——频率:$50\times(1\pm4\%)$Hz。

⑤短路保护:视频光端机供电线路的相线应设置过电流保护装置,能切断可能流过的最大故障电流(包括短路电流)。

⑥与交流电网电源的连接:视频光端机应具有能与电源作永久性连接的接线端子或能利用三针阳性插头与电源连接的不可拆卸的电源线,以确保视频光端机能安全可靠的与交流电网电源连接。

(2)直流电源型视频光端机

视频光端机采用外置低压直流电源设备供电时,外置低压直流电源设备应作为视频光端机的附件,技术要求参照交流电源型视频光端机的规定。

①直流输入电压:视频光端机在直流输入电压允差不大于5%的条件下,应可靠工作。

②短路保护:视频光端机直流供电线路应设置过电流保护装置,能切断可能流过的最大故障电流(包括短路电流)。

③电源输入极性反接保护:如果直流电源输入极性接反,可能导致光端机损坏,则在设计上应减少极性接反的可能。

(3)防雷与过电压保护

视频光端机应采取必要的防雷电和过电压保护措施,采用的接口、元器件和防护措施应符合有关标准的要求。

4)接口要求

(1)视频输入接口:视频光端机宜采用阻抗75Ω的BNC型模拟复合视频输入接口。

(2)视频输出接口:视频光端机宜采用阻抗75Ω的BNC型模拟复合视频输出接口。

(3)光纤连接器:光纤连接器宜选择FC/PC型和FC/APC型。

5）光发送模块和光接收模块

视频光端机应根据传输光纤类型、视频传输通道数量、传输距离、传输码速率等条件选择使用符合相关国家或行业标准要求的光发送模块和光接收模块。

6）视频传输性能

（1）视频传输性能参数

视频传输性能参数和技术要求应符合表3-3-1的规定。

视频传输性能参数和技术要求 表3-3-1

序号	项目	技术要求
1	视频电平(mV)	700±20
2	同步脉冲幅度(mV)	300±10
3	K系数(%)	≤3
4	亮度非线性失真(%)	≤5
5	色度—亮度增益差(%)	≤5
6	色度 亮度时延差(ns)	≤50
7	微分增益(%)	≤10
8	微分相位(°)	≤10
9	幅频特性(5.8MHz带宽内)(dB)	±2
10	视频信杂比(加权)(dB)	≥56

（2）主观评价

视频传输性能的主观评价项目见表3-3-2，可采用五级损伤制评定，各项的评分结果应不低于4分。

视频传输性能主观评价 表3-3-2

序号	项目	主观评价现象
1	随机信噪比	雪花干扰
2	单频干扰	网纹
3	电源干扰	黑白滚道
4	脉冲干扰	跳动

7）防护性能

室内型和安装在机箱[机箱外壳防护等级按《外壳防护等级》(GB/T 4208—2017)的规定应不低于IP55级]内的室外型视频光端机的外壳防护等级，按《外壳防护等级》(GB/T 4208—2017)的规定应不低于IP3X级；直接安装在室外的视频光端机的外壳防护等级，按《外壳防护等级》(GB/T 4208—2017)的规定应不低于IP55级。

8）环境适应性能

（1）室外型视频光端机

①耐低温性能：视频光端机正常工作时，在-5℃（-20℃、-40℃、-55℃）条件下，进行耐低温性能试验8h，试验期间和试验结束后，视频光端机应工作正常。

②耐高温性能:视频光端机正常工作时,在+55℃(+50℃、+45℃)条件下,进行耐高温性能试验8h,试验期间和试验结束后,视频光端机应工作正常。

③耐湿热性能:视频光端机正常工作时,在温度+40℃,相对湿度(98±2)%条件下,进行耐湿热性能试验48h,试验期间和试验结束后,视频光端机应工作正常。

④耐温度交变性能:视频光端机正常工作时,放入温度交变试验箱中,在高温+70℃条件下保持4h,在2min内转移到低温-40℃条件下保持4h,在2min内再转移到高温+70℃条件下,如此共循环5次。试验期间和试验结束后,视频光端机应工作正常;视频光端机的结构件包括印刷电路板、机架等不应产生变形或其他损伤。

⑤耐机械振动性能:视频光端机正常工作时,在振动频率2~150Hz的范围内进行扫频试验。在2~9Hz时按位移控制,位移幅值3.5mm;在9~150Hz时按加速度控制,加速度为$10m/s^2$。2Hz→9Hz→150Hz→9Hz→2Hz为一个循环,共经历20个循环,视频光端机工作正常,结构不受影响,零部件无松动。

⑥耐盐雾腐蚀性能:视频光端机的外壳防腐层、印刷电路板及安装连接件,经过168h的试验后,应无明显锈蚀现象,金属构件应无红色锈点,电气部件应工作正常。

⑦耐候性能:视频光端机的外壳防腐层及安装连接件经过人工加速老化试验累积能量达到$3.5×10^6 kJ/m^2$后,应符合《公路沿线设施塑料制品耐候性要求及测试方法》(GB/T 22040—2008)中5.1的规定。

(2)室内型视频光端机

①耐低温存储性能:视频光端机不通电工作时,在-5℃条件下,进行耐低温存储性能试验8h,试验结束后,视频光端机应能够正常工作。

②耐高温存储性能:视频光端机不通电工作时,在+55℃条件下,进行耐高温存储性能试验8h,试验结束后,视频光端机应能够正常工作。

③耐机械振动性能:视频光端机包装在包装箱内,在振动频率2~150Hz的范围内进行扫频试验。在2~9Hz时按位移控制,位移幅值3.5mm;在9~150Hz时按加速度控制,加速度为$10m/s^2$。2Hz→9Hz→150Hz→9Hz→2Hz为一个循环,共经历20个循环,开箱检查并通电测试,视频光端机应工作正常,结构不受影响,零部件无松动。

9)电磁兼容要求

(1)电快速瞬变脉冲群抗扰度要求

对视频光端机的电源端口、视频接口、音频接口、数据接口以及机壳的接地线,进行电快速瞬变脉冲群抗扰度试验。将2kV试验电压通过耦合/去耦网络施加到供电电源端口和保护接地上,将1kV试验电压通过耦合/去耦网络施加到视频接口、音频接口和数据接口上,施加试验电压5次,每次持续时间不少于1min。视频光端机应工作正常。

(2)静电放电抗扰度要求

对操作人员正常使用视频光端机时可能接触的点和表面以及用户维修点,进行静电放电抗扰度试验。对所确定的放电点采用接触放电,试验电压为4kV。至少施加10次单次放电,放电之间间隔至少1s。视频光端机应工作正常。

(3)辐射电磁场抗扰度要求

对正常工作的视频光端机进行辐射电磁场抗扰度试验,对正常运行的视频光端机四个侧面分别在发射天线垂直极化和水平极化位置进行试验,发射场强为 3V/m。视频光端机应工作正常。

2. 试验方法

1)试验条件

除特殊规定外,一般试验条件如下:环境温度:15～35℃;相对湿度:35%～75%;大气压力:85～106kPa。

2)材料和外观

(1)核查原材料或组件的质量检验证书是否齐全有效,必要时可对原材料或组件的主要性能指标进行检验。

(2)外观和内部结构采用目测和手感法。

3)供电要求与安全试验

(1)交流电源型视频光端机

①绝缘电阻:用准确度等级 1.0 级、500V 的绝缘电阻表在电源接线端子与机壳之间测量。

②抗电强度:用准确度等级 2 级的耐电压测试仪在电源接线端子与机壳之间测量。

③安全接地:用准确度等级 0.5 级、分辨力 0.01Ω 的电阻表在机壳顶部金属部位与安全保护接地端子之间测量。

④电源适应性:用可调交流电源给视频光端机供电,保持测试频率为 50Hz,测试电压分别为 185V→200V→220V→240V→255V→230V→210V→185V,每调整到一档电压并稳定后,都分别开启和关闭视频光端机,检查是否工作正常;保持测试电压为 220V,测试频率分别为 48Hz→49Hz→51Hz→52Hz,每调整到一档频率并稳定后,都分别开启和关闭视频光端机,检查是否工作正常。

⑤短路保护:通过目测和必要时通过模拟过载或短路故障条件进行检验。

⑥与交流电网电源的连接:通过目测和手感法进行检验。

(2)直流电源型视频光端机

①直流输入电压:用可调直流电源给视频光端机供电,调节测试电压分别为额定输入电压的 95% 和 105%,电压稳定后,都分别开启和关闭视频光端机,检查是否工作正常。

②短路保护:通过目测和必要时通过模拟过载或短路故障条件进行检验。

4)接口要求

视频输入接口、视频输出接口和光纤连接器通过目测进行检验。

5)视频传输性能试验

多路视频光端机应对每个视频传输通道分别进行试验。

(1)视频传输性能参数

将视频信号发生器的测试信号通过视频输入接口接入视频光端机,用视频性能分析仪测量视频光端机视频输出接口的视频信号。测试项目与对应的测试信号应参照表 3-3-3 的规定。

(2)主观评价

参评人员不少于 5 名,包括专业人员和非专业人员。参评人员参照表 3-3-4 分别对主观评价项目评分,并取所有参评人员评分的算术平均值作为最终评分结果。

视频传输性能测试项目和对应的测试信号　　　　　　　　　表3-3-3

序号	项　　目	测 试 信 号
1	视频电平(mV)	75%彩条信号
2	同步脉冲幅度(mV)	75%彩条信号
3	K系数(%)	2T正弦平方波和条脉冲信号
4	亮度非线性失真(%)	阶梯波信号
5	色度—亮度增益差(%)	副载波填充的10T信号
6	色度—亮度时延差(ns)	副载波填充的10T信号
7	微分增益(%)	阶梯波叠加副载波信号
8	微分相位(°)	阶梯波叠加副载波信号
9	幅频特性(5.8MHz带宽内)(dB)	$\sin x/x$信号
10	视频信杂比(加权)(dB)	50%平场信号

五级损伤制评分分级　　　　　　　　　表3-3-4

图像质量损伤的主观评价	评 分 分 级
图像上不觉察有损伤或干扰存在	5
图像上有可觉察的损伤或干扰,但不令人讨厌	4
图像上有明显的损伤或干扰,令人感到讨厌	3
图像上损伤或干扰较严重,令人相当讨厌	2
图像上损伤或干扰极严重,不能观看	1

6)密封防护性能试验:密封防护性能试验按《外壳防护等级》(GB/T 4208)中第11、13、14章的规定进行。

7)环境适应性能试验

耐低温性能和耐低温存储性能试验按《电工电子产品环境试验　第2部分:试验方法　试验A:低温》(GB/T 2423.1)的规定进行。

耐高温性能和耐高温存储性能试验按《电工电子产品环境试验　第2部分:试验方法　试验B:高温》(GB/T 2423.2)的规定进行。

耐湿热性能试验按《环境试验　第2部分:试验方法　试验Cab:恒定温热试验》(GB/T 2423.3)的规定进行。

耐温度交变性能试验按《环境试验　第2部分:试验方法　试验N:温度变化》(GB/T 2423.22)试验Na的规定进行。

耐机械振动性能试验按《电工电子产品环境试验　第2部分:试验方法　试验Fc:振动(正弦)》(GB/T 2423.10)的规定进行。

耐盐雾腐蚀性能试验按《电工电子产品环境试验　第2部分:试验方法　试验Ka:盐雾》(GB/T 2423.17)的规定进行。

耐候性能试验按《公路沿线设施塑料制品耐候性要求及测试方法》(GB/T 22040—2008)

中 6.9 的规定进行。

8) 电磁兼容性试验

电快速瞬变脉冲群抗扰度试验确定试验等级 3,按《电磁兼容 试验和测量技术 电快速瞬变脉冲群抗扰度试验》(GB/T 17626.4)的规定进行。

静电放电抗扰度试验确定试验等级 2,按《电磁兼容 试验和测量技术 静电放电抗扰度试验》(GB/T 17626.2)的规定进行。

辐射电磁场抗扰度试验确定试验等级 2,按《电磁兼容 试验和测量技术 射频电磁场辐射抗扰度试验》(GB/T 17626.3)的规定进行。

二、视频传输通道主要指标

在交通运输行业标准《公路工程质量检验评定标准 第二册 机电工程》(JTG F80/2—2004)中,闭路电视监视系统的视频传输性能测试包括传输通道指标和监视器画面指标两部分。其中,传输通道指标包括视频电平、幅频特性等 10 个客观参数,监视器画面指标包括雪花干扰、网纹等 4 个主观评价指标。该标准中,视频传输通道指标为模拟视频传输通道指标要求,数字视频传输通道的性能指标尚未有交通运输行业标准,本书暂不涉及。

下面主要对视频传输性能的测试项目、技术要求、测试方法等内容进行分析和介绍。

《公路工程质量检验评定标准 第二册 机电工程》(JTG F80/2—2004)中视频传输性能的指标和技术要求主要依据原广电部标准《有线电视系统测量方法》(GY/T 121—1995)、《有线电视接收机变换器入网技术条件和测量方法》(GY/T 125—1992)、国家标准《电视视频通道测试方法》(GB/T 3659—1983)和国家标准《电视广播接收机主观试验评价方法》(GB 9379—1988)等制定。所选择的 10 个传输通道客观参数都是对图像质量有直接影响的指标,各指标的含义及对图像质量的影响如下:

1. 视频电平

视频电平即白电平值。白电平值偏高,说明显示器亮度高,图像没有层次,使得整个画面对比度减少,更为严重的是画面变得灰白,有雾状的感觉,清晰度明显降低;白电平值偏低,整个画面的亮度随之降低,整个画面偏暗或缺少层次,彩色由于色度的降低而变得不清晰。

在视频通道的输入端采用标准信号发生器发送 75% 彩条信号,输出端连接视频测试仪进行测试。

2. 同步脉冲幅度

同步脉冲幅度指底电平(黑电平和消隐电平之差)的大小。底电平过高会使画面有雾状感,清晰度不高;底电平过低时,正常情况下虽突出图像的细节,但对于暗淡的夜色画面,就会因图像偏暗或缺少层次、彩色不清晰、自然、肤色出现可见的失真现象。

在视频通道的输入端采用标准信号发生器发送 75% 彩条信号,输出端连接视频测试仪进行测试。

3. 回波

回波值(K 系数)为被测系统的行时间波形失真 K_b、2T 正弦平方波与条脉冲的幅度比

K_{pb}、2T 调制正弦平方波失真 K_p 中绝对值的最大值。

回波值表征系统的幅频、相频失真，容易导致图像出现多重轮廓，造成重影、图像细节和边缘轮廓不清、清晰度下降等现象；其是在规定测试条件下，测得的系统中由于反射而产生的滞后于原信号并与原信号内容相同的干扰信号的值，是把各种波形失真按人眼视觉特性，给予不同评价的基础上来度量图像损伤的一套系统方法。用百分数来表示，绝对值越小越好。如该值偏大，会使图像出现多轮廓，造成重影，使清晰度下降；图像调节变淡，边缘轮廓不清；图像垂直方向的亮度不均匀，背景亮度不真实；图像闪动，图像沿水平方向界限不清，严重时造成水平方向拖尾。

在视频通道的输入端采用标准信号发生器发送 2T 信号，输出端连接视频测试仪进行测试。

4. 亮度非线性

亮度非线性是当平均图像电平为某一特定值时，将起始电平从消隐电平逐步增到白电平的小幅度阶跃信号加至被测通道输入端，输出端的各阶跃幅度与输入端相应的阶跃幅度的比值的最大差值。亮度非线性的绝对值越小越好，如该值偏大，会使图像失去灰度，层次减少，分辨率降低（因色度信号是叠加在亮度信号上），产生色饱和失真。

在视频通道的输入端采用标准信号发生器发送 2T 信号，输出端连接视频测试仪进行测试。

5. 色度/亮度增益差

色度/亮度增益差是把一个具有规定的亮度和色度分量幅度的测试信号加至被测通道的输入端，输入和输出之间的色度分量和亮度分量的幅度比的改变。该指标亦指信号在通过一个系统后色度分量增益和亮度分量增益间的差，这个差值用百分数或 dB 的形式来表示。对于色度增益低时为负值，对于色度增益高时为正值。数值过大会引起图像饱和度失真，类似色饱和度调节不当。差值为负值时，图像色彩变淡、人物神色不佳；差值为正值时，颜色过浓、轮廓不分明，类似儿童填色画，缺乏真实感。

在视频通道的输入端采用标准信号发生器发送 2T 信号，输出端连接视频测试仪进行测试。

6. 色度/亮度时延差

把一个亮度分量有规定的幅度和波形，色度分量是被这个亮度分量调制的色度副载波，这两个分量在幅度和时间上都有确定的关系的符合信号加到被测通道的输入端，在输出端，把亮度分量与色度分量的调制包络做比较，如果这两个波形的相应部分在时间关系上与输入端不同，则称此变化为色度/亮度时延差。

色度/亮度时延差亦指信号的色度部分通过一个系统所需要的时间与通过亮度信号所需要的时间之间的差。它反映系统群延时频率特性不平坦，中频滤波器特性变化，中频带宽不够等。如该值偏大，会使色度信号与亮度信号不能同时到达显示端，彩色套色不准，在水平方向出现彩色镶边。

在视频通道的输入端采用标准信号发生器发送 2T 信号，输出端连接视频测试仪进行测试。

7. 微分增益

微分增益是不同亮度电平下的色度幅度变化,亦指由于图像亮度信号幅度变化引起色度信号幅度的失真,失真的大小用百分数(%)表示。微分增益的绝对值越小越好。不同亮度背景下的色饱和度失真,会影响彩色效果,如穿鲜红衣服从暗处走向亮处,鲜红衣服变浓或变淡。

在视频通道的输入端采用标准信号发生器发送调制的五阶梯信号,输出端连接视频测试仪进行测试。

8. 微分相位

微分相位是不同亮度电平上副载波相位的变化,用度表示。该指标亦指由于图像亮度信号幅度变化引起色度信号相位的失真。该指标有正有负,绝对值越小越好。在不同亮度背景下,色调产生失真,由某种颜色变成其他颜色,如穿鲜红衣服从暗处走到明处,鲜红衣服就偏黄或偏紫。

在视频通道的输入端采用标准信号发生器发送调制的五阶梯信号,输出端连接视频测试仪进行测试。

9. 幅频特性

幅频特性是指从场重复频率至系统标称截止频率的频带范围内,通道输入与输出之间相对于基准频率的增益变化,以 dB 为单位。该指标是评价一个系统均匀一致传送不同频率的信号分量而不影响信号幅度的能力。该指标特别能看出传输通道内频率的衰减情况,当高频段损耗较大时,图像的边缘就会变得不清晰。

在视频通道的输入端采用标准信号发生器发送 $sinx/x$ 信号,输出端连接视频测试仪进行测试。

10. 视频信杂比

视频信杂比指亮度信号幅度的标称值与随机杂波幅度有效值之比,以分贝(dB)为单位。当信杂比比较低时,图像会出现颗粒状雪花点状的干扰,彩色闪烁会更明显,同时会影响图像的清晰度。

在视频通道的输入端采用标准信号发生器发送多波群信号,输出端连接视频测试仪进行测试。

三、闭路电视监视系统视频传输通道指标的技术要求

在制定交通行业的标准时,对部分指标的技术要求进行了适当地放宽,例如,视频电平的技术要求由 700mV±20mV 变成了 700mV±30mV,这样更能适应交通运输行业的实际情况。随着各生产单位和施工单位对该项性能指标的重视,目前国内的视频传输设备一般都能满足标准要求。在以后的标准修订中可能会对部分指标的技术要求加严。目前标准中,对于闭路电视监控系统视频传输通道指标的技术要求见表 3-3-5。

视频传输通道指标要求　　　　　　　　　表3-3-5

测 试 项 目	指 标 要 求	测 试 信 号
*1. 视频电平	700mV±30mV	75%彩条或100%白场
*2. 同步脉冲幅度	300mV±20mV	75%彩条或100%白场
*3. 回波 E	<7%KF	2T信号
4. 亮度非线性	≤5%	非调制5阶梯波或插入第17行
5. 色度/亮度增益差	±5%	填充5阶梯波
6. 色度/亮度时延差	≤100ns	填充5阶梯波
7. 微分增益	≤10%	调制5阶梯信号
8. 微分相位	≤10°	调制5阶梯信号
*9. 幅频特性	5.8MHz带宽内 ±2dB	$\sin x/x$ 信号
*10. 视频信杂比	≥56dB(加权)	多波群信号

注：表中加*项目为《公路工程质量检验评定标准 第二册 机电工程》(JTG F80/2—2004)中的关键项目。

四、测量设备

视频通道指标的测量设备为视频信号发生器和视频分析测量仪，如美国泰克公司的TSG271型视频信号发生器和VM700T型视频测试仪。

1. 视频信号发生器

TSG271PAL电视信号发生器是一台综合性的电视测试信号源，它同时可作为集中的高稳定度的同步信号发生器(图3-3-2)。

通过该信号发生器，可以产生如下测试信号：

彩条、红底及彩条、图像监视标准信号(Plug)、汇聚、白窗口、灰窗口、斜坡、调制斜坡、阶梯波、调制阶梯波、带有窗口的脉冲和条脉冲、场方波、多脉冲、多波群、行扫描、$\sin x/x$、平场、红场、插入测试信号和平均图像电平等。

2. 视频测试仪

VM700T可以迅速而自动的完成标准视频传输测量，主要包括CCIRRep.624-1、Rec.567和Rec.569等规定的项目。无论是场消隐期间或全场测量均可进行，并能与用户定义的测量容限相比较。当测量结果超出所规定的上、下容限时，仪器就会发出提示或告警信息。并可按照操作者预定的时间或者受某一指定时间的触发而自动生成打印测量报告(图3-3-3)。

图3-3-2　TSG271PAL电视信号发生器

图3-3-3　VM700T视频测试仪

该仪器的测量模式(measure mode)可以自动地用图形实现显示测量结果。场消隐期或全场测量的各个项目,包括噪声频谱、群时延、K因子、微分增益和微分相位等均能进行高精度的测量和显示,并可根据用户设定图形化输出测试结果。

需要特别注意的是,视频测量仪一般具有级联功能,在终端测试时,注意将 75Ω 的终结端子插在下一级的 BNC 端子上,否则将产生反射,影响测量结果。

第三节　工程安装质量要求及检验评定标准

一、基本要求

(1)闭路电视监视系统的设备及配件数量、型号规格符合要求,部件完整。
(2)外场摄像机基础安装位置正确,立柱安装竖直、牢固。
(3)防雷部件安装到位,连接措施符合规范要求。
(4)摄像机(云台)安装方位、高度符合设计要求。
(5)控制机箱外部完整,门锁开闭灵活。
(6)电源、控制线路以及视频传输线路按规范要求连接到位,闭路电视系统的所有设备处于正常工作状态。
(7)隐蔽工程验收记录、分项工程自检和设备调试记录、有效的设备检验合格报告或证书等资料齐全。

二、实测项目

闭路电视监视系统实测项目见《公路工程检验评定标准　第二册　机电工程》(JTG F80/2—2004)中表 2.3.2(表中标有"△"的检测项目为关键检测项目)。

三、外观鉴定

(1)立柱、机箱及摄像机(云台)安装牢固、端正。
(2)各部件表面光泽一致、无划伤、无刻痕、无剥落、无锈蚀。
(3)基础混凝土表面应刮平,无损边、无掉角;机箱、立柱、法兰及地脚螺栓规格符合设计要求,防腐措施得当,裸露金属基体无锈蚀。
(4)防雷接地和安全接地应分开设置,接地焊接牢固,焊缝饱满并做防腐处理;防雷引下线及接地体所用材料规格、防腐与连接措施、安装位置符合设计要求;金属机箱与安全保护地连接可靠,接地极引出线无锈蚀。
(5)云台防护罩和机箱的出线管与箱体连接密封良好,箱体内无积水、尘土、霉变。
(6)机箱内电力线、信号线、元器件等布线平直、整齐、固定可靠,标志正确、清楚,插头牢固。

第四章

可变标志

第一节 概 述

一、可变标志的概念

1. 定义

依据《道路交通标志与标线 第2部分:道路交通标志》(GB 5768.2—2009),可变标志是一种可依据道路、交通、气象等状况的改变而改变显示内容的动态交通标志。与固定标志不同,可变标志可显示道路、交通和气象等条件的变化情况,向道路使用者提供实时的交通信息,使道路使用者及时了解目标路线上的交通拥堵长度、事故原因、路面状况、天气以及道路管理者发布的出行建议或管理限令等,对减少交通事故、平抑交通流、舒缓驾驶情绪和提高道路交通管理服务水平具有重要作用。

2. 用途

可变标志一般可用作交通诱导、速度控制、车道控制、道路交通和气象状况告知及显示其他内容。可变标志不宜显示和交通无关的信息。

3. 显示方式

可变信息标志的显示方式有点阵式、翻板式、字幕式、光纤式等,用户根据道路对交通标志的功能要求、显示内容、控制方式、环保节能、经济性等需求进行选择。

二、可变标志的分类

按照显示版面内容是否全部可控,可变标志分为全可变标志和半可变标志。

按照功能分为可变信息标志、可变限速标志、车道控制标志、信号灯等。其中可变信息标志一般指大型的可任意变更显示内容的文字标志;可变限速标志是专用的禁令标志;车道控制标志和信号灯则属于小型的诱导指示类标志。

按照显示方式(原理),分为高亮度发光二极管(LED)、磁翻板式、字幕卷帘式、光纤式、旋转式等。

从功能上讲,交通信号灯是一类独立的交通管理设施,不属于交通标志的内容。但从信息管理的角度,交通信号也是一种可变的交通信息,为道路利用者提供通行或禁止信号,指导交通流有序运行。另一方面,将其安装在高速公路匝道或收费车道入口,还可以控制交通车辆的进出,起到交通流调节作用。再者,从制造原理来讲,都是应用了相同的发光器件,其光度、色度等技术要求也同可变信息标志相近。还有在欧美及ISO的标准中一般也将交通标志与信号归在一个标准中,统称为交通控制装置。所以,在《公路工程质量检验评定标准 第二册 机电工程》(JTG F80/2—2004)中将其纳入可变标志分项工程中,以方便质量控制与运营管理。

三、板面一般要求

可变标志显示的警告、禁令、指示等标志的图形、字符、形状等应符合《道路交通标志和标线 第1部分:总则》(GB 5768.1—2009)的规定;显示的文字的字体、字高、间距要等按照清晰、易辨、安全的原则确定。主动发光可变信息标志的颜色可按《道路交通标志和标线 第1部分:总则》(GB 5768.1—2009)规定的标志颜色执行,也可按表3-4-1的规定执行。可变标志各部分颜色的色品坐标应符合相关国家标准的规定。

主动发光可变信息标志的颜色 表3-4-1

类 别	显 示 内 容	底 色	边 框	图形、符号、文字
文字标志	道路一般信息	黑色		绿色
	道路警告信息		—	黄色
	道路禁令信息			红色
图形标志	警告标志	黑色	黄色	黄色
	禁令标志	黑色	红色	黄色
	指示标志	黑色	蓝色	绿色
	指路标志	黑色	绿色	绿色
	作业区标志	黑色	随类型	黄色
	辅助标志	黑色		绿色
	潮汐车道标志	黑色	—	红色×、绿色↓
	其他信息		视需要	
	可变导向车道	蓝色*	—	绿色或黄色
	交通状况	蓝色或绿色*	白色	红、黄、绿等色

注:*为不可变部分的颜色。

四、设置地点

按照《道路交通标志和标线 第1部分:总则》(GB 5768.1—2009)规定,符合下列情况之一者,可设置可变标志:

(1)城市主干道入口前或适当路段上;
(2)互通立交或城市主干道出口前;
(3)收费站或长隧道入口前;
(4)潮汐车道起始路段;
(5)可变导向车道进入路口前;

(6)有其他特殊要求的路段。

第二节 技术要求

一、指标体系及意义

可变标志也是一类交通标志,在技术指标上首先应有颜色、形状、图形字符等交通标志三要素的要求;其次还是一种电气产品,应满足电气安全、环境适应性等方面的要求;除此之外,在监控系统或交通管理系统中,是最主要的信息提供设备,应满足信息交换和数据通信的要求,即通信接口与协议方面的要求。因此,可变标志的指标体系应包括如下内容:

1. 结构与材料

可变标志一般安装在车辆和行人的上方,且质量和形状较大,如果失稳落下压在车辆和行人身上,足以导致严重伤害。因此,在结构设计上必须符合结构稳定性方面的要求。另外,现在国家提倡低碳节能,在材料选择时也要选择节能环保、质量轻、耐久性好的材料。

2. 显示性能

显示性能是可变标志的本质属性,指可变标志能够在一个结构框架背底下显示多个标志的能力,显示的内容在色度、光度、形状等方面既要满足《道路交通标志和标线》(GB 5768—2009)的要求,又要满足视认性方面的要求。

3. 电气安全

电气安全指对于使用非安全电压(一般指大于36V)供电的设备须在绝缘电阻、耐电气强度、接触电阻、防雷接地等方面的要求。对于使用220V交流供电的设备,还要满足电源波动和防浪涌击穿等高压方面的要求。

4. 通信接口与协议

从数据通信的角度看,LED可变标志又是一种较大型的数据信息显示终端,它应具有联入控制系统或数据网络的功能,因此,它必须符合国家和交通运输行业的有关通信标准。

5. 环境适应性

环境适应性应包括高低温、湿热、温度交变、耐盐雾腐蚀、耐候性等试验内容,考核其在恶劣环境条件下的可靠性。

6. 外观质量

外观质量是产品的通用性能,除了视觉感官要求外,主要应满足防腐方面的要求,大型结构产品会不可避免地使用金属结构,故金属防腐是必须面对的技术问题。

7. 其他辅助指标

除了主要指标外,还应包括产品标识、包装运输储存要求、订货信息等其他特殊功能要求方面的辅助指标。

二、LED 可变信息标志

LED 可变信息标志是目前应用最为广泛的可变标志,早在 2000 年就颁布实施了交通行业标准《高速公路 LED 可变信息标志技术条件》(JT/T 431—2000),在此标准的规范下,我国的可变信息标志产品有了长足的发展,已经完全替代了进口产品。现在,在该行业标准基础上制定的国家标准《高速公路 LED 可变信息标志》(GB/T 23828—2009)已于 2009 年 7 月 1 日正式实施,行业标准也同时废止。下面将以新标准为基础,对该产品的质量特性予以详细介绍。

1. 基本原理

LED 可变信息标志是利用点阵显示原理来显示图形和文字的,具体分析如下。

将书写的汉字做有限次分割后形成了一个个独立单元,将这些单元按顺序拼接在一起仍可还原成原汉字。由于人眼的分辨力有限,在还原过程中即使舍去部分单元仍可识别出原汉字,如图 3-4-1 所示,锯齿部分为舍去的单元。

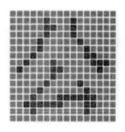

图 3-4-1　汉字分割

于是就可用有限的单元表征一个完整的汉字,同样也可以表征一张图片,这些独立单元叫点阵,带有汉字印迹的点阵叫前景,其他的点阵叫背景。如果将前景用光显示,这就是点阵显示器的基本原理;如果前景用颜料表示,就是点阵式打印机的原理。可见可变信息标志属于点阵显示器一类,其基本电路如图 3-4-2 所示。该图中每行每列都可控,当行列同时被选中的单元点亮,可以做到显示屏上的汉字从上下左右任一方向移动;当整个汉字从一个位置移到另一个位置时,可将列译码改为线选,改由一个大功率管驱动,这样电路可以更简单。

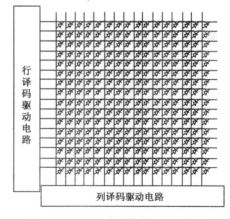

图 3-4-2　16×16 点阵单元汉子显示原理

一个完整的可变信息标志基本电路构成如图 3-4-3 所示。

将此方法显示的一个单元扩展为 2×2=4 个,就会变为 32×32 点阵,这样就可以显示 4 个汉字,就有了一定的语义表达功能,例如可显示"结冰路滑""注意安全"等。当然也可以扩展为 1×12 的长形显示屏,即可同时显示 12 个汉字,以上就是点阵式可变信息标志的基本原理。

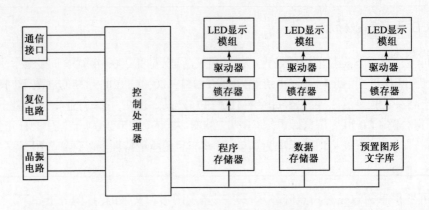

图 3-4-3 可变信息标志基本电路构成

2. 组成与分类

1) 组成

依据上面讲述的显示原理,将可发光的 LED(像素)排列、焊接在一块底板上就构成了显示屏,配上电源、控制单元、壳体机箱等就组成了一块完整的可变信息标志产品。一般来说,可变信息标志由显示屏、控制器、机架、外壳、控制箱、安装连接件等组成,其中显示屏由发光矩阵及其支撑底板组成。

2) 分类

依据现行国家标准,LED 可变信息标志按用途分为图形和文字两种;按支撑方式分为门架式、悬臂和柱式三种;按环境温度适用等级分为 A 型、B 型、C 型三种。图形标志用图案或图形的方式,指示出前方路段或匝道出入口的交通状况,如阻塞长度、匝道开闭等信息;文字标志为只显示汉字和字符信息的标志。

3. 技术要求

LED 可变信息标志产品是一种大型的机械电子设备,且在环境条件恶劣的公路上安装使用,为了保证其可靠工作,必须满足国家标准《高速公路 LED 可变信息标志》(GB/T 23828—2009)的要求,按照本节所述的指标体系对该标准稍加整理,可归纳为以下 8 个方面的内容。

1) 外观质量

(1) 产品构件应完整、装配牢固、结构稳定,边角过渡处圆滑,无飞边、无毛刺。

(2) 安装连接件应设置可调节标志视认角度的机构,以便于安装施工;其活动零件应灵活、无卡滞现象,机壳及安装连接件应无明显变形、凹凸等缺陷。

(3) 外壳、包括控制箱及连接件的防护层色泽应均匀、无划伤、无裂痕、无基体裸露等缺陷,其性能指标应符合《公路交通工程钢构件防腐技术条件》(GB/T 18226—2015)中的规定。

(4) 控制箱一般附着安装在显示屏的支撑柱或显示屏箱体内,要求:

①部件齐全、安装牢固端正;

②箱体出线孔开口合适、切口整齐;

③出线管与箱体连接密封良好;

④箱内接线回路编号清楚,走线整齐,横平竖直,符合工艺要求;

⑤箱锁应采取防水、防锈措施;
⑥箱门开闭灵活轻便,密封良好;
⑦箱体内外清洁。

2) 结构与材料

(1) 材料要求

①产品的外壳、机架等结构件在保证结构稳定的条件下,宜采用符合国家相关标准的轻质材料,以减少产品自身的重量。

②显示屏组合发光像素由发光二极管组成,单粒发光二极管在额定电流时的法向发光强度应满足以下条件:

  a. 红色不小于 3000mcd;
  b. 绿色不小于 6000mcd;
  c. 蓝色不小于 2000mcd;
  d. 黄色不小于 5500mcd。

③发光二极管的半强角 $\theta_{1/2}$ 不小于 11.5°。

④发光二极管的平均无故障时间 MTBF 不小于 50000h,其他电子元器件的 MTBF 不小于 30000h。

(2) 结构尺寸

①显示屏应为可拆装式模块化结构,显示屏上的文字、图案的结构尺寸应符合《道路交通标志和标线 第 2 部分:道路交通标志》(GB 5768.2—2009)的要求。汉字宜采用 24×24 或 32×32 点阵字符,形状应与《道路交通标志和标线 第 2 部分:道路交通标志》(GB 5768.2—2009)的要求一致或者显示字模符合《信息技术 汉字编码字符集(基本集) 24 点阵字型》(GB 5007.1—2010)和《信息技术 汉字编码字符集(辅助集) 24 点阵字型 宋体》(GB 5007.2—2008)中对字符的要求。

②像素的结构排列间距可根据设计亮度调整,图形标志达到白平衡时的设计亮度或文字标志的最大设计亮度应不小于 $8000cd/m^2$。

③显示屏的显示模块内各像素之间及各显示模块之间,像素排列应均匀、平整,各像素点间距允许误差为 ±1mm,不平整度不大于 $2mm/m^2$。

④大型文字标志一般为 8~12 个汉字,小型的一般为 4 个汉字。

(3) 机械力学性能

①标志板结构应稳定,承受由 40m/s 的风速产生的风压后,不影响标志板的使用性能,由此产生的几何变形量应不大于 2mm。

②生产厂商应给出标志板的受力体系图和安装连接图,以供设计单位在设计基础和支撑时参考。

3) 显示性能

(1) 色度性能

①机壳:机壳的颜色宜采用符合国家标准中油漆色卡的 510 号蓝灰色。

②显示屏基底:显示屏基底应为亚光黑色,色品坐标应在图 3-4-4 规定的色品区域内,亮度因数不大于 0.03。

③文字标志显示屏的前景字符:文字标志发光时前景字符为红色、绿色或黄色;不发光时为黑色或无色。红色为禁令性信息,绿色为提示性信息,黄色为警告性信息。发光时字符的色品坐标应符合图 3-4-4 和表 3-4-2 的规定。

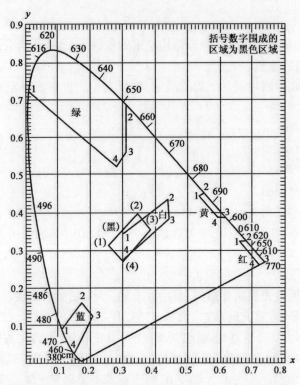

图 3-4-4　LED 可变信息标志像素发光颜色 CIE1931 色品区域

LED 可变信息标志颜色在 CIE1931 色图上的色品区域顶点坐标　　表 3-4-2

颜　色		边界线交点色品坐标			
		1	2	3	4
红色	x	0.660	0.680	0.735	0.721
	y	0.320	0.320	0.265	0.259
绿色	x	0.009	0.310	0.310	0.284
	y	0.720	0.684	0.562	0.520
蓝色	x	0.109	0.173	0.208	0.149
	y	0.087	0.160	0.125	0.025
黄色	x	0.536	0.547	0.613	0.593
	y	0.444	0.452	0.387	0.387
白色	x	0.300	0.440	0.440	0.300
	y	0.342	0.432	0.382	0.276
黑色	x	0.260	0.345	0.385	0.300
	y	0.310	0.395	0.355	0.270

④彩色图形标志:彩色图形标志可用红绿蓝 LED 组合成三基色发光像素。彩色图形标志对三基色发光像素的亮度等级控制不少于 16 级,通过控制三基色的亮度配比,至少能显示红、绿、蓝、黄、白五种颜色,这些颜色的色品坐标应在图 3-4-4 规定的色品区域内。

(2)视认性能

①视认角:标志产品的视认角应不小于 30°。

②视认距离:可变信息标志视认距离分为静态视认距离和动态视认距离,要求如下:

a. 静态视认距离不小于 250m;

b. 动态视认距离不小于 210m。

③发光均匀性:显示屏各像素应发光均匀,必要时应剔除性能差异较大的发光单元。在额定工作电流时,整屏范围内像素与像素之间的法向发光强度的不均匀度应不大于 5%,像素内 LED 之间的不均匀度应不大于 10%。

④刷新频率:采用动态扫描驱动显示方式的显示屏,每屏刷新频率应不小于 100Hz。在汽车高速行驶时,标志的显示内容应清晰、稳定。

4)电气安全性能

(1)绝缘电阻:产品的电源接线端子与机壳间的绝缘电阻应不小于 100MΩ。

(2)电气强度:在产品的电源接线端子与机壳之间施加频率 50Hz、有效值 1500V 的正弦交流电压,1min 内应无闪络或击穿现象。

(3)安全接地:产品应设安全保护接地端子,接地端子与机壳(包括带电部件的金属外壳)连接可靠,接地端子与机壳的连接电阻应小于 0.1Ω。

(4)电源适应性:产品应适应电网波动要求,在以下条件下应可靠工作:

——电压:交流 220×(1±15%)V;

——频率:50Hz±2Hz。

(5)防雷保护:产品应采取必要的防雷和过电压保护措施,采用的接口、元器件和防护措施应符合有关标准要求。

(6)IP 防护:产品应采取防雨、防尘措施,外壳的防护等级按《灯具 第 1 部分:一般要求与试验》(GB 7000.1—2007)的规定应不低于 IP56 级。

5)通信接口与规程

(1)接口:机械接口应使用 25 针的 RS-232C 阴性插座和四针的 RS-485 阳性插座,该两种接口的电气性能应符合相应标准的要求;接口与外部的连接应便于安装和维护,并采取防水、防尘等措施。

(2)通信规程:按《高速公路监控设施通信规程 第 1 部分:通用规程》(JT/T 606.1)和《高速公路监控设施通信规程 第 3 部分:LED 可变信息标志》(JT/T 606.3)执行。

(3)通信方式:异步,全双工。

(4)通信速率:1200~19200bit/s。

(5)其他规定:在满足上述(1)~(4)的条件下,生产企业可以提供其他接口和规程,但应向需方提供详细的接口参数和通信规程,以便与系统连接。

6)环境适应性能

(1)耐低温性能：将产品在不通电状态,在-20℃(-40℃、-55℃)条件下,试验8h,产品应起动正常,逻辑正确。

(2)耐高温性能：将产品在不通电状态,在+55℃(+50℃、+45℃)条件下,试验8h,产品应起动正常,逻辑正确。

(3)耐湿热性能：将产品在不通电状态,在温度+40℃,相对湿度(98±2)%条件下,试验48h,产品应起动正常,逻辑正确。

(4)耐温度交变性能：将产品(条件受限时可用代表产品质量特性的模块代替)在通电工作状态下放入温度交变试验箱中,在高温+70℃环境下保持2h,在3min内转移到低温-40℃环境下保持2h,在3min内再转移到高温环境中,如此共循环五次。试验期间和试验结束后,产品应起动正常,逻辑正确;产品的结构件:包括像素、印刷电路板、显示模块、机架、显示屏等不应产生变形和其他损伤。

(5)耐机械振动性能：将产品在通电工作状态下进行扫频振动试验,频率范围为2~150Hz。在2~9Hz范围时按定位移控制,位移幅值3.5mm;9~150Hz范围时按定加速度控制,加速度幅值为$10m/s^2$。2Hz→9Hz→150Hz→9Hz→2Hz为一个循环,共经历20个循环后,产品功能正常,结构不受影响,零部件无松动。

(6)耐盐雾腐蚀性能：产品的印刷电路板、外壳防腐层和像素及其支撑底板(其他部件由供需双方协定)经168h的盐雾试验后,应无明显锈蚀现象,金属构件应无红色锈点,印刷电路板经过24h自然晾干后功能仍然正常。

(7)耐候性能：产品的外壳防腐层、像素及其支撑底板(其他部件由供需双方协定)经过两年自然曝晒试验或经过人工加速老化试验累积能量达到$3.5×10^6 kJ/m^2$后,产品外观应无明显褪色、粉化、龟裂、溶解、锈蚀等老化现象,非金属材料的机械力学性能保留率应大于90%,色品坐标符合图3-4-5所示的要求。

7)功能要求

(1)显示内容

应至少显示《信息交换用汉字编码字符集　基本集》(GB 2312—1980)中指定的全部汉字、数字及字符,并且能控制其全亮与全灭。像素在关闭状态时,不应产生微光。

(2)手动功能

在脱离系统控制时,通过人工方式亦能显示上述(1)中任意的内容。

(3)自动功能

经通信接口接入系统后,应能接受系统或主控单元的控制,按系统或主控单元的命令,正确显示相应的内容,并将工作状况上传给系统或主控单元。

(4)自检功能

产品应设置自检功能和工作状态指示灯。通过自检功能,将发光像素、通信接口以及其他单元的工作状态正确检测出来,在工作状态指示灯上显示并上传给主控单元。

(5)调光功能

可变信息标志应设置环境照度检测装置,根据环境照度调整发光像素的发光强度,以避免夜间照度较低时形成眩光,影响信息的视读,夜间亮度应符合表 3-4-3 中的要求。

夜间亮度表(cd/m²)　　　　　　　　表 3-4-3

黄 色	红 色	绿 色	蓝 色
150 ± 10	105 ± 10	180 ± 10	70 ± 10

8)整体可靠性

在正常工作条件下,显示屏总像素的年失控率应不大于 0.1%;整体产品的平均无故障时间 MTBF 不小于 10000h。

三、LED 可变限速标志

可变限速标志是一种特殊的可变标志,与静态标志一样也为禁令类标志,采用的标准是国家标准《高速公路 LED 可变限速标志》(GB/T 23826—2009),属于强制性标准。该标准大部分内容与《高速公路 LED 可变信息标志》(GB/T 23828—2009)一致,只有外形、结构尺寸和色度性能是不一样的,下面仅对不同部分进行说明。

1. 分类

LED 可变限速标志按外形分为圆形和方形两种;按图形外圈有效外径尺寸分为 1200mm、1400mm、1600mm 三种;按环境温度适用等级的分类与可变信息标志相同。

2. 结构尺寸

可变限速标志的显示内容比可变信息标志简单,只显示外圈和数字,内容只有红色外圈和黄(橙)色数字。为了减少复杂性,防止外形及图案的不统一,对显示结构和使用的像素都作了明确规定。要求其数字用点阵原理显示,其位数为两位半,即百位数只显示数字"1",规定其显示点阵为 16×24 点阵,对数字的字模也作了统一要求。具体规定如下:

1)外形及结构尺寸代号

圆形标志的外形和结构尺寸代号如图 3-4-5 所示,方形标志如图 3-4-6 所示。

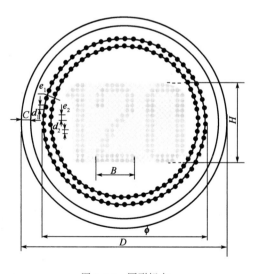

图 3-4-5　圆形标志

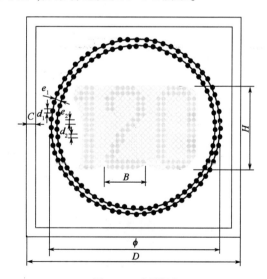

图 3-4-6　方形标志

2)结构尺寸

结构尺寸见表3-4-4。

结构尺寸　　　　　　表3-4-4

名称代号	规格			允差
	φ1200	φ1400	φ1600	
标志边长或直径(D)(mm)	1500	1600	1800	±5%
边框宽度(C)(mm)	60	80	100	±5%
外圈直径(ϕ)(mm)	1200	1400	1600	±5%
外圈像素直径(d_1)(mm)	30	30	30	±1mm
外圈像素间距(e_1)(mm)	40	45	50	±1mm
字符像素直径(d_2)(mm)	30	30	30	±1mm
字符像素间距(e_2)(mm)	36	39	42	±1mm
字符高度(H)(mm)	570	615	660	±5mm
字符宽度(B)(mm)	282	303	324	±5mm
外圈颜色	红色	红色	红色	
字符颜色	黄色	黄色	黄色	
外圈像素个数	≥127	≥147	≥167	
外圈像素内 LED 个数	≥16	≥16	≥16	
外圈像素内单个 LED 发光强度(mcd)	≥3000	≥3000	≥3000	
字符矩阵像素个数	16×24=384	16×24=384	16×24=384	
字符像素内 LED 个数	≥10	≥10	≥12	
字符像素内单个 LED 发光强度(mcd)	≥5500	≥5500	≥5500	
半强角 $\theta_{1/2}$(°)	≥7.5	≥7.5	≥11.5	

3)材料

可变信息标志对单粒 LED 的半强角 $\theta_{1/2}$ 只有 11.5°一个要求,而对可变限速标志规定:"图形外圈有效直径小于和等于 1400mm 的发光二极管的半强角 $\theta_{1/2}$ 不小于 7.5°;大于 1400mm 的为不小于 11.5°"。

另外,可变信息标志对显示屏的设计亮度有"不小于 8000cd/m²"的要求,可变限速标志的亮度是依据规定的具体结构尺寸保证的,所以对设计亮度没有要求。

3. 色度性能

可变限速标志发光时只有两种颜色:外圈为红色,数字为黄色,这两种颜色的色品坐标范围与可变信息标志相同。

四、LED 车道控制标志

LED 车道控制标志是由红色"×"和绿色"↓"图案组合而成的一种特殊可变标志,用于车道的通行或禁止管理。当显示红色"×"图案时禁止车辆使用车道;当显示绿色"↓"图案时允许车辆使用车道。与信号灯的功能不同,信号灯控制的是一个方向上交通流的通行或禁止,范围更大,并且信号灯一般设置在交叉口,车道控制标志可以设置在路段上。车道控制标志控制得更精确,空间利用率更高,效率也更高。LED 车道控制标志的现行有效标准是交通行业标准《LED 车道控制标志》(JT/T 597—2004),虽然技术内容与《高速公路 LED 可变信息标志》(GB/T 23828—2009)相近,但一些指标是不同的,主要不同点表现在:

(1)车道控制标志用 LED 的半强角较大,以适应近距离视认;

(2)视认距离较大,以适应变换车道需要;

(3)色度性能依据的是老版本的安全色标准,色品范围与新版可变信息标志不同,绿色范围明显偏大;

(4)车道控制标志主要用于收费站或匝道控制,通信距离较短,且信息量不大,用两条线的开关状态即可满足控制需要,所以没有通信接口和协议的要求。

下面对 LED 车道控制标志的整个技术体系给予较详细的介绍。

1. 组成与分类

1)组成

LED 车道控制标志由机壳、显示屏、控制器及安装连接件组成。

2)分类

LED 车道控制标志按显示屏的外形分为方形和圆形两种;按外形尺寸分为 600mm、300mm 两种;按环境温度适用等级分为 A 型、B 型、C 型三种。

3)型号

产品型号命名如下:

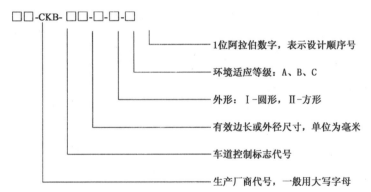

2. 外观质量

外观质量要求与可变信息标志的要求相同。

3. 结构与材料

1)材料要求

(1)产品的机壳等结构件在保证结构稳定的条件下,宜采用符合国家相关标准的轻质金属或非金属材料,以减少产品自身的质量并增加抗腐蚀能力,当采用钢板作机壳时,应使用热镀锌板再加有机涂层防腐处理。

说明:这一条与可变信息标志相比,并没有具体到应符合《公路交通工程钢构件防腐技术条件》(GB/T 18226—2015)的要求。

(2)单粒 LED 在额定电流时的法向发光强度:红色不小于3000mcd,绿色不小于4500mcd;用于收费广场的半强角 $\theta_{1/2}$ 不小于30°,用于匝道收费站和其他路段的半强角 $\theta_{1/2}$ 不小于12.5°。LED 的平均无故障时间 MTBF 不小于50000h,其他电子元器件的 MTBF 不小于30000h。

说明:这一条与可变信息标志相比,主要区别是半强角不同。

2)结构尺寸

(1)显示屏上有叉号和向下箭头两种图形。叉号发光时为红色,表示下方车道禁止通行,箭头发光时为绿色,表示下方车道允许通行。

(2)图形一般由单粒 LED 或像素构成,像素的尺寸及 LED 最小数量宜符合《高速公路 LED 可变限速标志技术条件》(JT 432—2000)[已被《高速公路 LED 可变限速标志》(GB 23826—2009)替代]附录表 A1 中有关字符像素的要求。

其他形式的图形,其颜色、尺寸应符合本标准有关要求,视场角1°时的笔画平均亮度:红色不小于$4000cd/m^2$,绿色不小于$5000cd/m^2$。

说明1:这里的"符合 JT 432—2000 附录表 A1 中有关字符像素的要求",可参见本章表3-4-4中1200 规格有关像素的要求,但半强角应符合本标准要求。

说明2:采用其他形式,即不是本标准规定的结构时,应当对亮度提出相应的具体要求。

(3)标志外形及显示屏上的叉号和向下箭头尺寸见图3-4-7及表3-4-5。机壳边框与显示屏图形外缘的距离应美观协调。

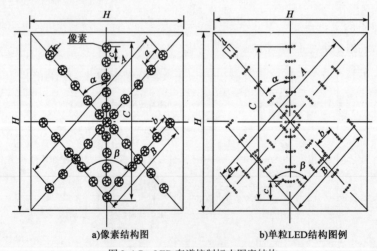

图3-4-7 LED 车道控制标志图案结构

LED 车道控制标志图形尺寸(mm)　　　　表3-4-5

名称	屏幕有效边长	叉号长度	箭头长度	箭头高度	叉号像素间距	箭头像素间距	箭头高像素间距	笔画宽度	叉号交角	箭头交角
符号	H	A	B	C	a	b	c	d	α	β
600 型	600	630	350	530	≤70	≤70	≤50	70±3	45°	90°
300 型	300	315	175	265	≤70	≤70	≤50	33±3	45°	90°

注:其他特殊要求可参照上述尺寸适当调整。

(4)标志显示屏的显示模块内,各像素之间及各显示模块之间,像素应排列均匀、平整,各像素点间距允许误差±1mm,不平整度不大于2mm/m²。

(5)机箱门和安装方式的设计应便于维护。

3)引出线及色标

(1)标志引出控制线应用截面积不小于2.5mm²的护套线引出。

(2)引出控制线的色标:红色叉号标志灯引出线,一根芯线外皮为红色、另一根芯线外皮为黑色;绿色箭头标志灯引出线,一根芯线外皮为绿色、另一根芯线外皮为白色。

说明:本条实际上起的是可变信息标志的通信接口作用。

4)机械力学性能

产品结构应稳定,承受由40m/s风速产生的风压后,不影响标志的使用性能,由此产生的几何变形量应不大于2mm。

说明:本条与可变信息标志相同。

4. 显示性能

1)色度性能

(1)机壳

机壳的颜色应符合国家标准中油漆色卡的510号蓝灰色。

(2)显示屏基底

显示屏基底应为亚光黑色。

(3)显示屏的图形

禁行图形发光时为红色叉号,不发光时为黑色或无色;通行图形发光时为绿色垂直向下箭头,不发光时为黑色或无色。发光时显示的红色及绿色图形的色品坐标应符合图3-4-8和表3-4-6的规定。

LED车道控制标志颜色边界线交点色品坐标 表3-4-6

颜色	交点	边界线交点色品坐标			
		Q	R	S	T
红色	x	0.665	0.645	0.721	0.735
	y	0.335	0.335	0.259	0.265
	交点	A	B	C	D
绿色	x	0.305	0.321	0.228	0.028
	y	0.689	0.493	0.351	0.385

2)视认性能

(1)视认角

在距离标志100m处,标志产品的视认角应不小于30°。

(2)视认距离

①标志产品的静态视认距离应不小于300m;

②标志产品的动态视认距离应不小于250m。

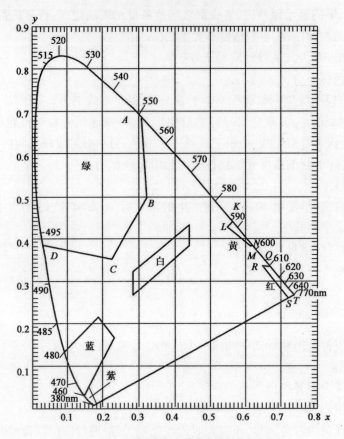

图 3-4-8　LED 车道控制标志像素发光颜色色品坐标

(3) 发光均匀性

显示屏各像素应发光均匀,必要时应剔除性能差异较大的发光单元。在额定工作电流时,整屏范围内像素与像素之间的法向发光强度的不均匀度应不大于 1%,像素内 LED 之间的不均匀度应不大于 10%。

可变信息标志规定"像素与像素之间的法向发光强度的不均匀度应不大于 5%",比本标准要求宽一些。

5. 电气安全性能

与可变信息标志相同,只是本标准中的"接触电阻"在可变信息标志中改为"连接电阻",以避免与其他行业的"接触电阻"相混淆,增加测量的难度。

6. 环境适应性能

环境适应性能与可变信息标志相比,少了"耐温度交变性能"一项,是考虑到车道控制标志外形与可变信息标志相比要小得多,温度的突变对结构不会构成较大的变形和破坏。

7. 功能要求

1) 显示内容

显示红色叉号和绿色垂直向下的箭头。

2）调光功能

LED车道控制标志设置环境照度检测装置,根据环境照度调整光源的发光强度,以避免夜间照度较低时形成眩光,调光等级不少于三级。

8. 整体可靠性

（1）整机 MTBF 不小于20000h。

（2）平均维护时间小于0.5h。

五、LED 信号灯

信号灯与可变信息标志相比有比较大的区别,在公路上使用的信号灯主要是指收费车道里的两色信号灯,目前还没有专用的国家标准或行业标准。在实际检测中参照国家标准《道路交通信号灯》（GB 14887—2011）和交通运输行业标准《LED 车道控制标志》（JT/T 597—2004）执行,上面已经对行业标准做了介绍,下面对《道路交通信号灯》（GB 14887—2011）的主要内容进行归纳。

1. LED 信号灯的指标结构

在《道路交通信号灯》（GB 14487—2011）中共有6个名词术语,25项技术要求,还有分类、试验方法、检验规则、标志、包装运输与储存3个其他要素,内容较多,按照上面所说的标准体系对25项技术要求稍加归类总结,以便系统掌握。

1）6个名词术语

（1）光学系统:由光源、反射镜、透镜、色片等光学元件组成,用于产生信号灯所需要的包括光的颜色、亮度和规定几何形状的光图像等特定光学效果的系统。

（2）基准轴:垂直于出光面的水平投影面并通过出光面几何中心的一条直线。

（3）遮沿:安装在信号灯发光单元外沿,用来减小外来光源对信号灯光学效果的干扰,增加信号的明暗对比度和色彩饱和度的挡板。

（4）色片:以透光的方式产生色光,并可起到保护内部元件作用的部件。

（5）遮沿侧夹角:通过出光面中心的水平截面所截取遮沿的线段顶点,与出光面中心连线的夹角。

（6）倒计时数码显示器:采用七段数码显示方式显示当前灯色剩余时间的装置,是信号灯可选的附件。

2）25项技术指标

（1）外观要求1项:标准中叫外观、形状、尺寸、组成、分类、命名和标识。其实这一项可分为三项:①外观;②形状与尺寸;③组成、分类、命名和标识。

（2）结构材料2项:风压试验、强度试验。

（3）显示性能4项:光学性能、幻像性能、色度性能、遮沿。

（4）电气安全性能11项:功率测试、电源适应性、绝缘电阻、介电强度、泄漏电流、爬电距离和电器间隙、内部和外部接线、防触电保护、变压器、接地、IP 防护等级。

（5）环境适应性能6项:高温试验、低温试验、湿热试验、振动试验、盐雾试验、耐候性试验。

(6)可靠性1项:耐久性试验

2. 主要指标介绍

1)组成、分类、命名

(1)组成

机动车信号灯、非机动车信号灯每组由红、黄、绿3个几何位置分离的单元组成。人行横道信号灯每组由红、绿两个几何位置分离单元组成。同一方向红、黄、绿三色方向指示信号灯应依次为3个几何位置分离单元。

(2)分类

按信号灯发光单元透光面尺寸分为200mm、300mm、400mm。

按信号灯外壳材料可分为金属材料和非金属材料两种。金属材料可采用铁质、铝质或其他金属材料;非金属材料可采用聚碳酸酯工程塑料、玻璃钢或其他工程塑料。

按信号灯光源可分为白炽灯、低压卤钨灯、发光二极管及其他符合相关标准的光源。

按功能可分为机动车信号灯、非机动车信号灯、人行横道信号灯、车道信号灯、方向指示信号灯、闪光警告信号灯。

(3)命名

信号灯的型号由功能分类、透光面尺寸、光源类型和生产单位的自定代号组成。

2)外观

信号灯外壳、前盖、遮沿、色片及密封圈表面应平滑、无缺料、开裂、银丝、明显变形或毛刺等缺陷,信号灯外壳颜色应与信号颜色有明显区别。

3)形状与尺寸

200mm、300mm、400mm 的误差在 ±10% 内。含有图案的信号灯,其图案形状和尺寸应满足《道路交通信号灯》(GB 14887—2011)中附录 A 中图 A.1~图 A.5 的要求。

4)强度试验

以 220V 额定电压供电,使试样连续工作30min 后,以 250g±0.5g 的钢球从40cm 的有效高度,自由跌落在处于工作状态的试样透镜中央一次,试验后,试样透镜不得碎裂,封接处不得有开裂等缺陷。

5)风压试验

灯具以正视的最大投影面水平放置,并按照制造厂所推荐的固定附件方法来安装。用沙袋作为不变的均匀负载加在灯具上 10min,沙袋对灯具的投影面产生的压强为 $1.5kN/m^2$。然后将灯具在垂直平面内绕安装点旋转 180°,并且重复上述试验。试验后检查:试验期间灯具不应损坏或从固定点移位,并在试验的两个过程的任一过程后产生的永久变形不得超过 1°。

6)光学性能

(1)无图案信号灯,包括机动车信号灯、闪光警告信号灯,200mm、300mm、400mm 三种直径尺寸的信号灯光强规定见表3-4-7。

红色、黄色和绿色信号灯在基准轴线上的光强(cd) 表 3-4-7

光强级别	1 级	2 级
Imin	400	200
Imax1 类	1000	800
Imax2 类	2500	2000

注:1 类信号灯主要指发光二极管光源信号灯;2 类信号灯主要指低压卤钨灯、白炽灯光源信号灯。

无图案信号灯除了满足轴线方向上发光强度要求外,还应满足光强在不同观测角度上光强的要求,即应满足光强分布要求,标准规定的观测条件为:基准轴向下为0°~20°,左右为±0°~±30°。各方向上指标见《道路交通信号灯》(GB 14887—2011)第 5.3.1.2 条规定。

(2)有图案指示信号灯。

①含有图案指示的信号灯,包括非机动车信号灯、人行横道信号灯、车道信号灯和方向指示信号灯。

②整个图案均发光的信号灯各方向上的亮度平均值,应不低于表 3-4-8 的规定。

图案指示信号灯最低亮度值(cd/m^2) 表 3-4-8

垂直角度 (基准轴向下)	水平角度 (基准轴左右)	颜 色		
		红色	黄色	绿色
0°	0°	5000	5000	5000
	±15°	1500	1500	1500
10°	0°	1500	1500	1500
	±10°	1500	1500	1500

③在可观察信号灯点亮区域内,亮度应均匀,测试该区域规定范围内的亮度时,最大值与最小值之比应小于 2。

④在均匀分布的各个测量点(该点是直径为至少 5mm 的圆)的亮度平均值应符合表 3-4-8 中的规定,这些点中任意两点 1 和 2,其同一方向上亮度 B_1 和 B_2 之间的亮度梯度不得超过 $2B_0 cm^{-1}$,即:

$$\frac{|B_2 - B_1|}{L_{2-1}} \leq 2B_0 \tag{3-4-1}$$

式中:B_2、B_1——任选的两测量点 1 和 2 的亮度值(cd/m^2);

B_0——所有测量点中的最小亮度值(cd/m^2);

L_{2-1}——任两个测量点 1 和 2 之间的距离(cm)。

⑤测量信号灯亮度时,信号灯不应安装任何遮沿。

⑥非机动车信号灯、人行横道信号灯允许采用发光二极管或类似点光源勾勒出图案的轮廓,其各方向上光强不应低于表 3-4-9 中的规定。

(3)倒计时数码显示器:其亮度应符合上述②、③、④项的要求。

图案指示信号灯轮廓最低光强(cd)　　　　　表3-4-9

垂直角度 (基准轴向下)	水平角度 (基准轴左右)	颜色		
		红色	黄色	绿色
0°	0°	50	50	50
	15°	15	15	15
10°	0°	15	15	15
	10°	15	15	15

7) 幻像信号

经幻像试验测试后,每一种颜色信号灯基准轴线上光强 I_s,与其夹角方向上的幻像产生的光强 I_{ph} 之比应符合表3-4-10 的规定。

I_s 与 I_{ph} 比较　　　　　表3-4-10

信号灯色	比率	信号灯色	比率
红色、黄色	>8	绿色	>16

8) 色度性能

信号灯的光色为红、黄、绿三种颜色,色度性能应符合表3-4-11 的规定。

信号灯颜色在 CIES1931 色度图上的色品区域顶点坐标　　　　　表3-4-11

颜色	边界线交点色品坐标				
	交叉点	A	B	C	D
红色	x	0.660	0.680	0.710	0.690
	y	0.320	0.320	0.290	0.290
	交叉点	E	F	G	H
黄色	x	0.536	0.547	0.613	0.593
	y	0.444	0.452	0.387	0.387
	交叉点	M	N	O	P
绿色	x	0.009	0.284	0.209	0.028
	y	0.720	0.520	0.400	0.400

9) 遮沿

遮沿长度不应小于信号灯发光面透光尺寸的 1.25 倍,遮沿侧夹角应小于 80°、遮沿包角不应小于 270°。

10) 功率(测试)要求

在交流 220V 额定电压下:

以白炽灯为光源的信号灯,单个发光单元功率不应超过 110W;

以低压卤钨灯为光源的信号灯,单个发光单元视在功率不应超过 60VA;

以 LED 为光源的信号灯,单个发光单元视在功率不应超过 25VA。

11) 电源适应性

(1) 电源电压:供电电源频率保持 50Hz 时,电压 220V±33V 情况下,信号灯基准轴上发光强度或亮度应符合上述光学项目的要求。

(2)电源频率:供电电源电压保持220V时,频率变化范围50Hz±2Hz情况下,信号灯基准轴上的发光强度或亮度应符合上述光学项目的要求。

12)绝缘电阻

不同极性的带电部件之间、带电部件与壳体之间的绝缘电阻不低于2MΩ。

13)介电强度

不同极性的带电部件绝缘之间、带电部件与壳体之间能够承受1440V交流试验电压,在1min试验期间不应发生火花或击穿现象。

14)泄漏电流

电源各极与信号灯壳体之间的泄漏电流不应超过1.0mA。

15)爬电距离和电器间隙

各种带电部件与邻近的金属件之间的爬电距离和电气间隙不得小于3.6mm。

16)内部和外部接线要求

(1)信号灯与电源的连接:信号灯与电源的连接应为接线端子。

(2)外部接线所用的电缆或电线:应采用300/300V RXS或300/300V RVVB软缆或软线。导线的最小横截面积为0.75mm^2。

(3)电缆入口处防护:电缆入口应适合于导线管、导线保护套管等措施来保护导线,且电缆入口处的防尘、防水等级与信号灯一致。外部软缆或软线穿过硬质材料时,电缆入口应倒边,使其光滑,其最小半径为0.5mm。

(4)导线固定架:信号灯应配有导线固定架,以防接线端子受力和导线绝缘层磨损。不得采用将电缆或电线打结或端部用线捆起来的方法。导线固定架应采用绝缘材料。

(5)内部接线:内部接线标称截面积不小于0.5mm^2,橡胶或聚氯乙烯的绝缘层厚度最小为0.6mm。内部接线的走线要合适且有保护,防止被锐边、铆钉、螺钉和类似零件或其他活动部件损坏。接线不得绞拧360°以上。所用导线火线绝缘层颜色应与其连接发光单元的光色相对应,零线导线应为黑色,黄绿双色导线只能用作接地线。

17)防触电保护

信号灯安装好后,因调换灯泡等原因而打开信号灯时,带电部件应不可触及。按生产企业安装说明书中规定,调试信号灯安装方位时,其带电部件不可触及。除了灯泡等光源和灯座的罩盖,可徒手取下的所有部件取下后,其防触电保护应保持不变。

18)变压器

(1)变压器结构:输出电路的电气安全应至少相当于电源电路的电气安全,可以用下列的一个方法得到:

①采用自绕组的变压器的,其次级电路的绝缘必须满足主电压的要求;

②采用一个双绕组变压器的,其双绕组变压器的绕组之间的绝缘应是功能绝缘或加强绝缘。

(2)带变压器灯具接地规定:

①符合本标准接地的要求;

②符合以下要求：

a. 易触及的灯座的金属外壳应接地；

b. 如果次级线圈与初级线圈是分开的，若接地时，次级电路接地应接在一个端点上；

c. 当灯具正常工作期间，除了灯座的壳体外，被接地的金属不能成为一个电流通道的部件。

注：对于不带变压器的信号灯，不作此项要求。

19）接地

在接地端子或接地触点与可触及金属件之间电阻不应超过 0.5Ω。

20）IP 防护等级

防尘等级不低于 IP53，经进行 IP 试验后，信号灯应承受介电强度试验，并且信号灯内部的带电部件或绝缘体无水的痕迹，信号灯内部无滑石粉积尘、无积水。

21）高温试验

信号灯在环境温度为 80℃±2℃ 条件下，在工作状态经受 24h 试验，在试验中和试验后，信号灯均应工作正常，检查灯壳、灯罩等部件不应有变形、龟裂、光泽变化等缺陷，密封处不应有爆裂现象。

22）低温试验

信号灯在环境温度为 -40℃±3℃ 条件下放置 24h 后，接通信号灯电源，信号灯应能正常点亮，在工作状态经受 4h 试验，在试验中和试验后，信号灯均应正常工作，检查灯壳、灯罩等部件不应有变形、龟裂、光泽变化等缺陷，密封处不应有爆裂现象。

23）湿热试验

信号灯在环境温度 40℃±1℃、湿度 93%~97% 条件下，工作状态经受 48h 的试验，在试验中和试验后，信号灯均应正常工作，试验后立即测试绝缘电阻、介电强度、泄漏电流性能，应符合上述响应条款要求。

24）振动试验

信号灯在额定电压下以正常工作状态固定在振动台上，对其进行前后、左右、上下方向上的振动，频率 10~35Hz，振幅 0.75mm，一倍频程扫频，循环 20 周期，试验中及试验后，信号灯应无机械损伤，能正常工作，紧固部件应无松动，应无电器接触不良现象。

25）盐雾试验

金属壳体的信号灯经过 96h 的中性盐雾试验，试验条件为：试验箱温度为 35℃±2℃，盐雾溶液质量百分比浓度为 (5±0.1)%，盐雾沉降率为 1.0~2.0mL/(h·80cm^2)，每隔 45min 喷雾 15min。考核锈点数，在 10000mm^2 面积上锈点数应少于 8 个。

26）耐候性试验

按《塑料 实验室光源暴露试验方法 第 2 部分：氙弧灯》（GB/T 16422.2—2014）的要求，以辐射强度为 (1000±200)W/m^2，对信号灯外露塑料部件和透镜、色片进行试验时间 1200h 的氙弧灯耐候试验，试验后不应有裂缝、凹陷、侵蚀、气泡、剥离、粉化或变形等缺陷。复测色度和基准轴线光强、亮度，应符合该标准光学和色度要求。

27）耐久性试验

在模拟使用过程中周期性的发热和冷却条件下，灯具不应变得不安全或过早地损坏。经耐久性试验后,用目视检验信号灯,信号灯的任何部分应工作正常。信号灯上的标记应清晰可见。信号灯应无不安全现象,可能产生不安全的损坏迹象,包括开裂、烧焦和变形。

第三节 检验方法

产品的技术指标明确之后,如何验证其是否达到了标准要求,这就是检测工作的主要任务。关于检测的一般要求和通用试验,在上篇和本篇第一章中已经进行了介绍,本节不在展开,下面只对一些特殊项目的检测方法进行介绍。

一、LED 可变标志

LED 可变信息标志、可变限速标志、车道控制器的检验项目和方法是相似的,以项目最多的 LED 可变信息标志的检验方法介绍如下。

1. 试验条件及检测结果的处理

(1)对发光二极管的光电性能试验条件如下:
①环境温度:(25 ± 1)℃;
②相对湿度:(50 ± 5)%。
(2)对于其他项目,除特殊规定外,一般试验条件如下:
①环境温度:$+15\sim+35$℃;
②相对湿度:$35\%\sim75\%$;
③大气压力:$85\sim106$kPa。
(3)测试结果的处理。除特殊规定,一般对可重复的客观测试项目进行三次测试,取算术平均值为测试结果,根据需方要求,可给出测试结果的不确定度。对于主观测试项目,测试人员应不少于三人,测试结果分为合格、不合格两级。

2. 外观检验

主观评定项目用目测和手感法,涉及涂层厚度等客观指标的按《公路交通工程钢构件防腐技术条件》(GB/T 18226—2015)规定执行。

3. 材料检验

(1)主要核查原材料的材质证明单是否齐全有效,必要时可对原材料的主要性能指标(如物理力学性能)进行检验。

(2)发光二极管和发光像素的发光强度、半强角,可按图 3-4-9 所示原理进行测量,张角 γ 不大于 $12'$,像素的观测距离 d 不小于 1m,单粒发光二极管的观测距离 d 不小于 0.3m,光探测器精度误差应小于 5%;也可用 LED 综合测试仪进行测试,综合测试仪应溯源到国家基准,并经法定计量检定部门检定合格,其精度误差应小于 5%。

(3)对于像素失效率和整体设备平均无故障时间 MTBF,采用序贯试验方案 4:2,按《设备可靠性试验 恒定失效率假设下的失效率与平均无故障时间的验证试验方案》(GB/T 5080.7—1986)的规定进行。

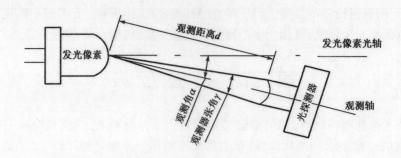

图 3-4-9　发光强度测试原理

4. 结构尺寸

(1)标志产品的结构尺寸,用分辨力 0.5mm、精度 A 级的钢板尺和卷尺,分辨力 0.02mm、精度 0.02mm 的游标卡尺进行测量。

(2)标志字符和图形图案与《道路交通标志与标线　第 2 部分:道路交通标志》(GB 5768.2—2009)的符合性,用目测法。

(3)字模的检测可按《信息技术　汉字字型要求和检测方法》(GB/T 11460—2009)的规定进行。

(4)设计亮度,按照材料试验方法得到单粒 LED 在额定电流时的法向发光强度,依据下式计算设计亮度。

$$L_a = \frac{\sum_{k=1}^{n} i_k}{S} \qquad (3\text{-}4\text{-}2)$$

式中:L_a——设计亮度(cd/m²);

　　　n——测量区域内单粒 LED 的数量;

　　　i_k——单粒 LED 在额定电流时的法向发光强度(cd);

　　　S——测量区域的有效面积(m²)。

5. 产品结构稳定性试验

1)一般规定

条件许可时,应用风洞模拟 40m/s 的风速,对标志产品进行结构稳定性试验;无风洞试验条件时,用沙袋进行模拟试验。

2)沙袋试验方法

(1)试验装置

试验装置由基座和支撑臂构成,需有足够的稳定性和灵活性,用以支撑标志的平放和侧放。

(2)试验步骤

可变信息标志产品结构稳定性沙袋法试验步骤如下:

①将标志板显示面向下水平安装在支撑臂上,稳定 10min,用标准规定的量具对标志的结构尺寸进行测量;

②把沙袋均匀地加在标志板背面上,沙袋对标志背面投影面产生的正压力为 $1.5kN/m^2$,加载完毕后,持续 10min 卸去沙袋,立即对受试标志进行测量;

③将标志板显示面向上水平安装在支撑臂上,稳定 10min,用标准规定的量具对标志的结构尺寸进行测量;

④把沙袋均匀地加在标志显示面上,沙袋对标志显示面产生的正压力为 $1.5kN/m^2$,加载完毕后,持续 10min 卸去沙袋,立即对受试标志进行测量。

6. 色度性能

(1)标志的外壳、发光像素不发光时的颜色为主观评定项目,用目测法。

(2)对于发光像素发光时颜色的测量按《照明光源颜色的测量方法》(GB/T 7922—2008)用光谱辐射法测得,也可在暗室中用色测量仪器直接读取色品坐标。当读取整个版面的色品坐标时,观测距离应不小于 30m,测量仪视场角的覆盖范围应不小于显示屏的 80%,但不应超出显示屏的有效范围。将测试结果表示在标准的色品图上,看其是否在规定的界限内。标准规定在边界点上的测量结果也应判为合格。

(3)显示屏基底色测量方法:关闭被测标志电源,用 D_{65} 光源、45/0 观测条件的色差计直接读取显示屏基底的色品坐标和亮度因数,取五个点的算数平均值为测量结果。

7. 视认性能

《高速公路 LED 可变信息标志》(GB/T 23828—2009)规定的视认性能是对标志整体产品而言的,以主观评定为主。

(1)测试条件:将标志安装完毕通电后,置于手动测试状态。

(2)测试图案:前方阻塞,请绕行×××国道;

下雨路滑,注意交通安全;

欢迎使用×××高速公路;

大雾,限速 20km/h;

交通量大,限速 80km/h。

(3)测试人员:分为两组,一组为发显示上述(2)测试图案的控制者,一般为 2 人;另一组为认读图案的视认者,一般为 3 人或 5 人。

(4)测试结果:测试结果分为合格、不合格,以多数视认者的结论为最终结果。对于每一个视认者,标志内容正确率不低于 90% 并且不清楚率不大于 50% 为合格;标志内容正确率低于 90% 或不清楚率大于 50% 为不合格。

(5)静态视认距离测试方案:控制者将(2)规定的图案按任意顺序组合编成 10 个图案后,按每 30s 间隔全屏显示,编程顺序和内容不得事先通知视认者。视认者在规定的视认角和视认距离内,认读标志的显示内容,按表 3-4-12 格式记录评定。

(6)动态视认距离测试方案:从测试图案(2)中任选 3 个图案,在视认者通过最大视认距离 210m 之前显示在标志上,保证视认者在 210m 之前有足够的时间认读标志上的内容;在测试车辆通过 210m 后 2s 内立即关闭显示,每次显示一个图案,共进行 3 次,按表 2 的格式进行评定。

LED可变信息标志视认性能主观评定　　　　　　　　表 3-4-12

序　号	标志内容	很 清 楚	清　　楚	不 清 楚	备　　注
1					
2					
3					
4					
5					
6					
7					
8					
9					
10					
正确率					
结论					

(7)视认角测试方案:控制者将测试图案(2)规定的图案按任意顺序组合编成10个图案后,按每30s间隔全屏显示,编程顺序和内容不得事先通知视认者。视认者在白天顺光环境条件下,在可变信息标志正前方10m处认读标志的显示内容,按表3-4-12格式记录评定。

(8)像素不均匀度:测量像素不均匀度时,被测像素的数量不少于总量的10%。对抽取像素的发光强度分别进行测量,得到一个测量列,分别求出测量列的平均值、最小值和最大值,计算出不均匀度。

8. 电气安全性能

(1)绝缘电阻:用精度1.0级的兆欧表在电源接线端子与机壳之间施加500V直流电压1min后,读取测量结果。参见下篇第一章。

(2)电气强度:用精度1.0级的耐电压测试仪在接线端子与机壳之间测量。参见下篇第一章。

(3)连接电阻:用精度0.5级、分辨力0.01Ω的电阻表在机壳顶部金属部位与安全保护接地端子之间测量。

(4)电压波动适应性:用自耦变压器或可调交流电源给标志供电,测试电压分别为180V→200V→220V→240V→255V→230V→210V→180V。每调整到一档电压并稳定后,分别开启和关闭标志电源开关,检查逻辑和功能是否正常。

(5)频率波动适应性:用可调频交流电源给标志供电,电源电压为交流220V,测试频率分别为48Hz→49Hz→50Hz→51Hz→52Hz。每调整到一档并稳定后,分别开启和关闭标志电源开关,检查逻辑和功能是否正常。

(6)标志产品的防雨、防尘及安全防护,按《外壳防护等级》(GB/T 4208—2017)的试验方法进行。参见下篇第一章。

9. 通信接口与规程

通信接口与规程的测试方法为主观评定和客观测试两部分,客观测试按《高速公路监控设施通信规程　第 1 部分:通用规程》(JT/T 606.1)和《高速公路监控设施通信规程　第 3 部分:LED 可变信息标志》(JT/T 606.3)逐项验证;主观评定方法是在把可变信息标志连接到系统中后,评定该产品与系统的通信情况,可用 24h 通信失败次数来评价产品的通信性能。

10. 环境适应性能

(1)耐低温性能试验方法

按《电工电子产品环境试验　第 2 部分:试验方法　试验 A:低温》(GB/T 2423.1—2008)规定进行,详见第一篇第五章。

(2)耐高温性能试验方法

按《电工电子产品环境试验　第 2 部分:试验方法　试验 B:高温》(GB/T 2423.2—2008)规定进行,详见第一篇第五章。

(3)耐湿热性能试验方法

按《电工电子产品环境试验　第 2 部分:试验方法　试验 Cad:恒定湿热方法》(GB/T 2423.3—2006)规定进行,详见第一篇第五章。

(4)耐温度交变性能试验方法

按《环境试验　第 2 部分:试验方法　试验 N:温度变化》(GB/T 2423.22—2012)的规定进行,详见第一篇第五章。

(5)耐机械振动性能试验方法

按《电工电子产品环境试验　第 2 部分:试验方法　试验 Fc:振动(正弦)》(GB/T 2423.10—2008)规定进行,详见第一篇第五章。

(6)耐盐雾腐蚀性能试验方法

按《电工电子产品环境试验　第 2 部分:试验方法　试验 Ka:盐雾》(GB/T 2423.17—2008)规定进行,详见第一篇第五章。

(7)耐候性能试验

按《塑料　实验室光源暴露试验方法　第 2 部分:氙弧灯》(GB/T 16422.2—2014)规定进行,详见第一篇第五章。

11. 可靠性试验

采用序贯试验方案 4:2,按《设备可靠性试验　恒定失效率假设下的失效率与平均无故障时间的验证试验方案》(GB/T 5080.7—1986)的规定进行。

12. 功能测试

显示内容、手动功能、自动功能、自检功能为主观评定项目,按功能要求的内容逐项验证。亮度调节功能应模拟环境光的照度,逐级验证调光功能。对于夜间亮度,控制显示屏所有像素显示单一颜色,使用亮度计在距离标志 100m 处,沿标志法线方向读取标志发光屏或显示模组的上中下 5 个点,取算数平均值为测量结果。

注:亮度计应配置视场角调整装置,在测量前调整该装置,使发光单元尽可能多地落在视场内,避免视场

角内只含一个发光单元或不含发光单元。

二、信号灯

信号灯的部分试验除了目测和功能验证外,有些试验方法已包含在技术要求的表述内容中,下面对几个不太明确的试验予以说明。

1. 泄漏电流测量

1) 试验设备

泄漏电流测试仪:

(1) 测量仪表应有 1500Ω 电阻并联 0.15μF 电容的输入阻抗;

(2) 测量仪表应指示复合波形经全波整流的平均值的 1.11 倍;

(3) 在 0~100kHz 频率范围内,测量电路应该有频率响应,即等于输入阻抗与 1500Ω 的比率;

(4) 试验电路采用隔离变压器。

2) 试验电路

泄漏电流测量原理如图 3-4-10 所示。

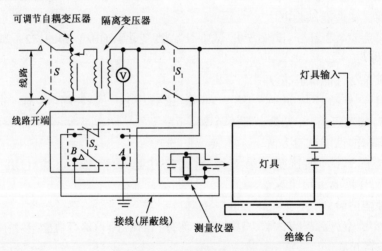

图 3-4-10　信号灯泄漏电流测试原理

2. 接地电阻测量

将从空载电压不超过 12V 产生的,至少为 10A 的电流分别接在接地端子或接地触点与可触及金属之间。测量两者之间的电压降,由电流和电压降计算出电阻。

3. 绝缘电阻测试

在需测试的两点间施加约 500V 的直流电压,保持 1min 后测定。

4. 耐久性试验

1) 试验设备

试验设备应符合《电工电子产品环境试验　第 2 部分:试验方法　试验 B:高温》(GB/T

2423.2—2008)要求的恒温箱。

2）试验程序

（1）将试样以正常工作位置放入试验箱。

（2）试验期间,箱内环境温度应保持在(35±2)℃。

（3）信号灯在箱内共试验168h,分成7个连续的24h期,在每周期中,前21h 按额定电压的1.1倍电压施加信号灯上,其余的3h断开电源。

（4）如果信号灯的钨丝灯泡损坏,则更换灯泡,继续进行试验。已经进行过的试验时间可累积计算,但在继续试验之前,灯具应达到稳定。

5. 幻像试验

1）测量条件

测量布置如图3-4-11所示。

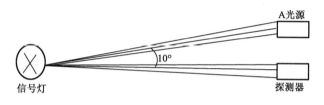

图3-4-11 幻像光强测量

采用CIE模拟A光源,该光源可照亮信号灯的出光面,其产生照度 $E = 40000\text{lx}$,照度均匀性为10%。

如果A光源产生照度达不到40000lx,则测出低照度 E_1 下幻像 I_{ph_1} 后可计算出幻像值 $I_{ph} = I_{ph_1}(40000/E_1)$。A光源的光轴与信号灯基准轴处于同一垂面,夹角10°,模拟从信号灯上方发光。

为保证测量准确性,推荐其他测量的几何条件如下：

（1）测量距离10m。

（2）探测器对信号灯中心张角10°,在10m地方相当于探测器有效受光面积直径为2.9cm。

（3）A光源对信号灯中心张角10°,在10m地方相当于A光源有效光出射孔径为2.9cm。

2）测量过程

A光源开启,信号灯光源关闭,测量出幻像的光强 I_{ph} 试验;A光源关闭,信号灯光源开启,测量出信号灯实际的光强 I;计算 I 与 I_{ph} 之比。

6. 其他

其他试验详见《道路交通信号灯》(GB 14887—2011)。

第四节 工程安装质量及评定方法

高速公路上可变标志的安装质量技术要求和质量评定按照《公路工程质量检验评定标准 第二册 机电工程》(JTG F80/2—2004)执行;交叉口信号灯的安装技术要求按照《道路交通信

号灯设置与安装规范》(GB 14886—2006)执行。下面重点介绍《公路工程质量检验评定标准　第二册　机电工程》(JTG F80/2—2004)的有关内容。

一、基本要求

(1)可变标志设备及配件数量、型号规格符合要求,部件完整。
(2)基础安装位置正确,立柱安装竖直、牢固。
(3)防雷部件安装到位,连接措施符合规范要求。
(4)可变标志板面安装方位、角度、高度符合设计要求。
(5)控制机箱外部完整,门锁开闭灵活。
(6)电源、控制线路以及通信线路按规范要求连接到位,设备处于正常工作状态。
(7)显示屏发光单元处于受控状态,失效率符合产品标准要求。
(8)隐蔽工程验收记录、分项工程自检和设备调试记录、有效的设备检验合格报告或证书等资料齐全。

二、实测项目

实测项目见《公路工程质量检验评定标准　第二册　机电工程》(JTG F80/2—2004)中表2.4.2。

三、外观鉴定

(1)立柱、控制机箱及显示屏安装牢固、端正。
(2)各部件表面光泽一致、无划伤、无刻痕、无剥落、无锈蚀。
(3)基础混凝土表面应刮平,无损边、无掉角;控制机箱、立柱、法兰及地脚螺栓规格符合设计要求,防腐措施得当,裸露金属基体无锈蚀。
(4)防雷接地和安全接地应分开设置,接地焊接牢固,焊缝饱满并做防腐处理;防雷引下线及接地体所用材料规格、防腐与连接措施、安装位置符合设计要求;金属机箱与接地极连接可靠,接地极引出线无锈蚀。
(5)显示屏、控制机箱的出线管与箱体连接密封良好,箱体内无积水、尘土、霉变。
(6)显示屏、控制机箱内电力线、信号线、元器件等布线平直、整齐、固定可靠,标识正确、清楚,插头牢固。

四、检测方法

基本项目采用抽样检查方法,外观鉴定项目采用目测、手触方法,扣分原则按照下篇第一章第六节要求。下面给出亮度计测量已安装的可变标志显示屏色度和亮度的试验方法。

1)测试用仪表

亮度计。

2)测试条件

一般在夜间测量,以避免测试环境对测量结果的影响,对于已经开通的道路要注意交通安全,设置警示标志,必要时申请封路。

3)测试步骤

(1)测试人员在距离可变标志法线方向200m处架设亮度计,将亮度计支架调整到水平位置。

(2)打开亮度计电源开关,预热待仪器自检完成后调整焦距至合适位置,选择亮度功能,慢慢微调支架上的上下及左右旋转台,使得亮度值读数最大,固定支架上的旋转台。

(3)依据被测对象面积大小,选择亮度计的视场角,以覆盖尽量多的发光像素。但要注意测量车道控制标志时,不要将视场调到显示笔画的外边;避免选用小视场角,使得在视场内只有一个像素,甚至是一种颜色LED。

(4)将可变标志调整成全屏红色最亮,测试人员待亮度计读数稳定后,分别测量出色品坐标和最大亮度并记录。

(5)再将可变标志分别调整成绿色、蓝色、黄色和白色全屏最亮,测试人员分别测量并记录结果。

(6)测试完毕后关闭仪器电源,并将可变标志调整到正常工作状态。

第五章

监控中心设备安装及软件调测

第一节 概 述

一、监控中心功能

监控中心设备通过使用各种外场监控设施,能够及时、准确、完整地收集并预告前方道路的各类信息,按照信息采集、信息处理、信息发布流程实现对所辖高速路网的交通运行状况的动态管理,以提高高速公路交通安全和通行能力,更好地发挥高速公路畅通、高效、安全的运输功能。

监控中心的主要功能主要包括以下几个方面:

(1)准确及时采集交通流、交通环境和主要交通设施的各种状态信息,并上传至监控大厅管理人员处。

(2)管理人员根据已掌握的信息,迅速做出有针对性的处理和优化控制方案,迅速实施相关措施。

(3)监控系统可建立多种信息发布渠道,为高速公路使用者提供信息服务,通过调整驾驶员驾驶行为,达到交通流动态平衡。

(4)可利用视频监控系统对重点路段和重要项目进行专项监控,如用其监视某大桥的车流通过情况,探测和确认交通事件及冬季路面使用状态监测等。

(5)通过各种外场监控设备,可对交通事故做出快速响应,迅速提供救援服务及排除事故根源。

(6)可建立道路交通运行数据库,用以支持道路运行状态状况评价,为改善道路经营和交通管理的决策提供数据分析。

二、监控中心设备组成与作用

监控中心设备一般包括计算机系统、综合控制台、CCTV监视器或电视墙、大屏幕投影系统、地图板和应用软件等。但是《公路工程质量检验评定标准 第二册 机电工程》(JTG F80/2—2004)考虑到大屏幕投影系统和地图板属于比较昂贵的设备,将其分为两个独立的分项工程。在本教材中是按一般监控中心的组成来编排的,请读者注意区别。国内常见的高速公路监控中心设备设置效果如图3-5-1所示。

图 3-5-1 高速公路监控中心设备

1. 地图板

地图板是高速公路监控中心的大型设备,主要由屏架、屏面、控制箱、显示单元、安装连接件、电力线缆和通信线缆等组成。其中,屏架由各列组合而成,屏面由马赛克模块镶嵌拼接而成。按其屏面排列分为平面型、弧型、折面型和其他型(除前面三种以外的都属其他型)四种。

地图板是监控中心的显示设备,是高速公路交通工程设施中的一项重要交通安全监控管理设备,它能动态、及时地显示高速公路各路段的车流量和通阻状态,以及安装在高速公路上的车辆检测器、气象检测器、能见度检测器、可变标志、可变限速标志和摄像机等各种设备的运行状况,为高速公路指挥中心调度指挥提供依据。

目前,随着大屏幕显示技术的进步,新建高速公路监控中心的地图板已较少应用,但已建高速公路还有地图板在使用,因此本教材依然对地图板进行介绍。

2. 监控室

监控室是监控中心设备及计算机系统的主要工作场所,监控室的环境温度、湿度、新风系统、防尘措施、噪声和室内照度等是监控室的关键技术指标。

3. 大屏幕投影系统

大屏幕投影系统是监控中心的显示设备,主要由投影屏幕、投影机和多屏拼接控制器三部分组成,主要用于动态、直观、形象地显示高速公路运行信息,包括闭路电视摄像机视频图像、图形计算机输出的高速公路运行信息等。

4. 应用软件

监控应用软件主要是实现监控中心系统的信息采集、信息处理、信息提供功能和自检功能以及监控中心管理功能的系统平台。

第二节 大屏幕投影系统安装质量及检验评定

大屏幕投影系统是监控(分)中心的显示设备,监控中心的大屏幕投影系统主要用于动态、直观、形象地显示高速公路运行信息,包括闭路电视摄像机视频图像、图形计算机输出的高速公路运行信息。

目前投影机主要通过3种投影技术实现,即阴极射线管(Cathode Ray Tube,CRT)、液晶设备（Liquid Crystal Device,LCD）及数字光处理（Digital Light Processor,DLP）投影技术。

CRT投影技术采用阴极射线管作为成像器件，使用内光源，为主动式投影。输入信号源控制红绿蓝3个CRT管的阴极射线束，投射到荧光屏，荧光粉在高压作用下发光，再经光学系统放大、汇聚，在投影屏显示彩色图像。

LCD投影技术利用活性液晶的光电效应，液晶分子排列在电场作用下发生变化，影响液晶单元的透射率或反射率，从而影响光学性质，产生不同灰度层次及颜色的图像。LCD投影采用外光源，为被动式投影，又分液晶板和液晶光阀两种。液晶板投影机采用液晶板作为成像器件，外光源发出的强光分成RGB3束光，分别经过RGB3块液晶板透射；信号源经过模数转换和调制加到液晶板上，控制液晶单元的开闭，从而控制光路的透射率，再经合光、放大，显示在投影屏上。液晶光阀投影机采用CRT管和液晶光阀作为成像器件，液晶光阀由光电转换器、镜子和光调制器组成。CRT输出的光信号照射到光电转换器上，转换为电信号送入光调制器；外光源产生的强光由镜子反射，通过光调制器改变光学特性；紧随光阀的偏振滤光片，只允许与其光学缝隙方向一致的光通过，投射到投影屏上。

DLP投影技术以数字微反射器（Digital Micromirrror Device,DMD）作为光阀成像器件。投影机采用数字光学处理技术——调制视频信号，驱动DMD光路系统，通过投影透镜形成图像，投射到投影屏上。

CRT投影机图像色彩丰富、还原性好、几何失真调整能力强；不过图像分辨率与亮度相互制约、操作复杂。液晶板LCD投影机体积小、质量轻、携带方便；但光源寿命短、色彩均匀性差、分辨率较低、响应速度慢。液晶光阀LCD投影机亮度高、分辨率高；但是光阀不易维修。DLP投影机图像灰度性能高，图像色彩丰富、无图像噪声、对比度高、亮度均匀性好、亮度高、调整便利；缺点是维修难度大、维护费用高。目前，高速公路监控中心大屏幕投影仪主流采用DLP投影机，少量采用LCD液晶板投影机和LCD液晶光阀投影机。

大屏幕投影系统是监控（分）中心的显示设备，基本要求首先是各设备符合设计要求，其次是设备的安装质量，最后要求提交的资料齐全。在检评标准《公路工程质量检验评定标准 第二册 机电工程》（JTG F80/2—2004）中，用亮度$150cd/m^2$指标是在统计近多年招投标文件和在监控中心非主动发光大屏幕上的亮度测量值基础上，结合主观评定给出的暂定值。此指标在现在看来已经有些偏低，在检评时可依据合同商定其他值。下面给出《公路工程质量检验评定标准 第二册 机电工程》（JTG F80/2—2004）中有关大屏幕的安装质量要求及检评标准。

一、基本要求

（1）投影仪、屏幕及其配件的数量、型号符合要求，部件完整。
（2）投影仪、屏幕安装方位、角度、高度符合设计要求。
（3）电源、控制线路以及通信线路按规范要求连接到位，设备处于正常工作状态。
（4）分项工程自检和设备调试记录、有效的设备检验合格报告或证书等资料齐全。

二、实测项目

实测项目见表3-5-1。

大屏幕投影系统实测项目　　　　　　　　　　　表 3-5-1

项　次	检 查 项 目	技 术 要 求	检 查 方 法
1	拼接缝	不大于 2mm 或合同要求的尺寸	长度尺实测
2△	亮度	达到白色平衡时的亮度不小于 150cd/m²	亮度计实测
3	亮度不均匀度	不大于 10%	亮度计实测
4	图像显示	正确显示监控中心 CCTV 监视器的切换图像及图形计算机输出信息	实际操作
5△	窗口缩放	可对所选择的窗口随意缩放控制	实际操作
6△	多视窗显示	同时显示多个监视断面的窗口	实际操作

注：标注"△"的项目为关键项目。

三、外观鉴定

（1）投影仪外观完整无损伤、镜头洁净、屏幕平整整洁、白度均匀。
（2）图像清晰、稳定、无抖动。
（3）图像明亮、色泽鲜艳可调。

第三节　监控中心设备安装及系统调测

本节主要针对的是监控机房条件和计算机系统，包括硬件及软件。

一、基本要求

1. 硬件

（1）监控中心机房应整洁，通风、照明良好。
（2）监控系统所有设备的配置、设备数量、型号规格符合设计要求，部件完整。
（3）监控中心的防雷、水暖、供电、空调通风、照明等辅助设施安装调试完毕，并通过相关专业的验收。
（4）监控中心的所有设备应安装调试完毕，系统处于正常运转工作状态。
（5）隐蔽工程验收记录、分项工程自检和设备及系统联调记录、有效的设备检验合格报告或证书等资料齐全。

2. 监控软件

（1）能准确及时采集交通流、交通环境和主要交通设施运行状态的各种信息。
（2）能监测恶劣气候。
（3）能对交通事故做出快速响应，迅速准确地提供事故信息。
（4）根据已掌握的信息，迅速作出有针对性的处理和优化控制方案，并立即执行。
（5）有多种信息发布渠道，为用户提供信息服务，通过驾驶员调整行驶行为，达到交通流动态平衡。

(6)可以建立道路交通数据库,用以支持道路运行状况评价,为改善道路经营和交通管理的决策提供数据分析。

(7)按国家相关标准要求进行了软件的稳定性、可靠性测试并提供了报告;编制并提供了符合规范的软件手册及相关文档。

二、实测项目及检测方法

实测项目及检测方法见表3-5-2。

监控中心设备安装及系统调测实测项目　　　　　表3-5-2

项次	检查项目	规定值	检查方法
1	监控室内温度	18~28℃	用温湿度计测10个测点
2	监控室内湿度	30%~70%RH	用温湿度计测10个测点
3	监控室内新风系统功能	要求有通风换气装置且工作正常	感官目测、查验新风装置工作状态
4	监控室内防尘措施	B级(一周内,设备上应无明显尘土)	目测
5	监控室内噪声	≤70dB(A)	用声级计实测
6	监控室内操作照度	5~200lx可调	用照度计实测
7△	电源导线对机壳接地绝缘电阻	≥50MΩ	查验随工验收记录或用500V兆欧表抽测3台设备
8△	监控中心联合接地电阻	≤1Ω	接地电阻测量仪测量
9	工作接地电阻	≤4Ω	接地电阻测量仪测量
10	安全接地电阻	≤4Ω	接地电阻测量仪测量
11	防雷接地电阻	≤10Ω	接地电阻测量仪测量
12	与外场设备的通信轮询周期	30~60s可调	实测10min
13△	与下端设备交换数据的实时性和可靠性	按设定的系统轮询周期,及时准确地与车辆检测器、气象检测器、可变标志等交换数据	对于检测器,在外场进行人工测试统计,然后与上端系统按时间段逐一对比,时间不少于30min。对于可变标志用通信设备在外场与上端比对信息的正确性和实时性
14△	图像监视功能	能够监视全程或重点路段的运行状况	实际操作
15	与收费系统交换数据功能	正确接收收费数据、收费系统抓拍图像	实际操作
16△	系统工作状况监视功能	系统外场设备的工作状态在计算机和投影仪上正确显示	实际操作
17	事故阻塞告警	符合设计要求	模拟阻塞测试
18	恶劣气候告警	天气异常时,自动报警	模拟低能见度测试
19	紧急情况告警	能识别交警、消防、急救等特殊电话,并在地图板、大屏幕上提示	实际操作

续上表

项次	检查项目	规定值	检查方法
20△	信息提供功能	指令信息通过系统正确地传送到可变标志、交通信号灯、车道控制器以及消防、救援部门	实际操作
21	统计、查询、打印报表功能	操作迅速、正确地统计、查询、打印命令指示、设备状况、系统故障、交通参数等数据	实际操作,查询历史数据报表
22	数据备份、存档功能	每日数据备份,并带时间记录	实际操作,查询历史数据报表
23	加电自诊断功能	可循环检测所有监控中心内、外场设备运行状况,正确及时显示故障位置、类型	目测

注:标注"△"的项目为关键项目。

三、外观鉴定

(1)控制台上设备布局合理,安装稳固、横竖端正,符合设计和人机工学的要求,接线端子和接插座标识清楚。

(2)CCTV 监视器布局合理,屏幕拼接完整,无明显歪斜,安装稳固、横竖端正,符合设计和人机工学的要求,接线端子和接插座标识清楚。

(3)控制台、CCTV 电视墙内以及各设备之间布线整齐、美观,编号标识清楚;信号线和动力线及其接头插座应明确区分,预留长度适当。

(4)电力配电柜、信号配线架内布线整齐、美观;绑扎牢固、成端符合规范要求;编号标识清楚,预留长度适当。

第六章

监控系统计算机网络

高速公路监控系统计算机网络是利用通信设备和线路将地理位置不同的、功能独立的多个路段的监控计算机系统互相连接起来,以功能完善的网络(网络通信协议、信息交换方式、网络操作系统等)实现高速公路网络资源共享和信息传递的系统。其主要由网线、插座、连接头、网卡、集线器、交换机、路由器、调制解调器、服务器等网络设备组成。

本章主要围绕高速公路计算机监控中心局域网的综合网络布线系统编写,依据的主要标准为通信行业标准《综合布线系统电气特性通用测试方法》(YD/T 1013—2013)。

第一节 网络布线的主要指标

通信行业标准《综合布线系统电气特性通用测试方法》(YD/T 1013—2013)对计算机网络的技术要求和测试评价方法进行了详细的规定,本教材只给出网络布线的分类和布线连接方式,具体测试参数及技术指标请参见 YD/T 1013—2013。

1. 布线分类

《综合布线系统电气特性通用测试方法》(YD/T 1013—2013)将布线分为对称布线和光缆布线两大类。

1)对称布线

按照用户对数据传输速率的不同需求,根据不同应用场合将对称布线作如下分类:

(1)C级布线:使用 3 类电缆及同级别或更高类组件(连接硬件、接插软线和跳线)进行安装,最高工作频率为 16MHz。

(2)D级布线:使用 5 类/5e 类电缆及同级别或更高类组件(连接硬件、接插软线和跳线)进行安装,最高工作频率为 100MHz。

(3)E级布线:使用 6 类电缆及同级别或更高类组件(连接硬件、接插软线和跳线)进行安装,最高工作频率为 250MHz。

(4)EA级布线:使用 6A 类电缆及同级别或更高类组件(连接硬件、接插软线和跳线)进行安装,最高工作频率为 500MHz。

(5)F级布线:使用 7 类电缆及同级别或更高类组件(连接硬件、接插软线和跳线)进行安装,最高工作频率为 600MHz。

(6)FA级布线:使用 7A 类电缆及同级别或更高类组件(连接硬件、接插软线和跳线)进行安装,最高工作频率为 1000MHz。

在高速公路计算机网络中,目前通常采用 D 级、E 级布线,随着高速公路数据传输工作频率要求的逐步提高,将来亦有可能采取更高级别的布线方式。

2) 光缆布线

光缆布线信道分为 OF-300、OF-500 和 OF-2000 三个等级,各等级支持的应用长度应分别不小于 300m、500m 及 2000m。光缆布线信道应采用标称工作波长为 850nm 和 1300nm 的多模光纤(不包含 A4 类光纤)及标称工作波长为 1310nm 和 1550nm 的单模光纤。

对称布线和光缆布线包含的组件应符合《大楼通信综合布线系统 第 2 部分:电缆、光缆技术要求》(YD/T 926.2—2009)和《大楼通信综合布线系统 第 3 部分:连接硬件和接插软线技术要求》(YD/T 926.3—2009)的要求。

2. 布线测试连接方式

本教材主要介绍对称布线测试连接方式,光缆布线请参见《综合布线系统电气特性通用测试方法》(YD/T 1013—2013)。

对称布线测试连接方式主要包括:

(1) 信道连接方式(Channel)

信道是 LAN 交换机、集线器等设备与终端设备间的传输途径。典型的信道包括水平子系统、工作区软件和设备软线。为了更长的延伸服务,信道可由两个或多个子系统(包括工作区软线和设备软线)连接而成。信道的性能中不包括专用设备的连线。信道连接方式如图 3-6-1 所示。

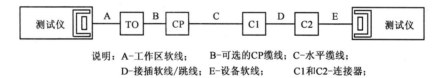

说明:A-工作区软线; B-可选的CP缆线; C-水平缆线;
D-接插软线/跳线; E-设备软线; C1和C2-连接器;
B+C≤90m; A+D+E≤10m。

图 3-6-1 信道连接方式

(2) 永久链路连接方式(Permanent Link)

永久链路是已安装的布线子系统的传输途径,包括已安装的缆线两端的连接硬件。在水平布线子系统中,永久链路包括信息插座、水平缆线、可选的 CP 和楼层配线架上水平缆线的终端。永久链路可以包含 CP 链路。CP 链路和永久链路连接方式如图 3-6-2 所示。

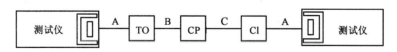

图 3-6-2 永久链路连接方式

说明:A-测试仪配备的测试线;B-可选的CP缆线;C-水平缆线;C1-连接器。B+C≤90m。

(3) 布线连接线序图

对称布线的连接线序有 A 型(T-568A)、B 型(T-568B)两种方式,如图 3-6-3 所示。通常采用 B 型连接方式。

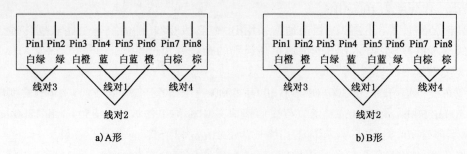

图 3-6-3 对称布线连接线序图

第二节 监控系统计算机网络安装质量及评定标准

监控系统计算机网络安装质量及评定主要依据《公路工程质量检验评定标准 第二册 机电工程》(JTG F80/2—2004)进行。

一、基本要求

(1)网线、插座、连接头、网卡、集线器、交换机、路由器、调制解调器、服务器等网络设备的数量、型号规格符合设计要求。

(2)插座、双绞线接头的压接形式(线对分配)符合 EIA/TIA586A 或 586B 的要求,且在一个系统中只能选用一种压接形式,不得混用。

(3)网络设备安装调试完毕,系统处于正常运转工作状态。

(4)隐蔽工程验收记录、分项工程自检和设备及系统联调记录、有效的设备检验合格报告或证书等资料齐全。

二、实测项目

网线安装实测项目见表 3-6-1。

监控系统计算机网络 表 3-6-1

项 次	检查项目	规 定 值	检 查 方 法	备 注
1△	网线接线图	EIA/TIA 568	通信行业标准 YD/T 1013—2013	双绞线缆
2	布线长度	符合设计要求	通信行业标准 YD/T 1013—2013	双绞线缆
3△	衰减	EIA/TIA 568	通信行业标准 YD/T 1013—2013	双绞线缆
4△	近端串扰	EIA/TIA 568	通信行业标准 YD/T 1013—2013	双绞线缆
5	环路阻抗	EIA/TIA 568	通信行业标准 YD/T 1013—2013	双绞线缆
6	远方近端串扰衰耗	EIA/TIA 568	通信行业标准 YD/T 1013—2013	5e、6 类双绞线缆
7	相邻线对综合串扰	EIA/TIA 568	通信行业标准 YD/T 1013—2013	5e、6 类双绞线缆
8	远端串扰与衰减比	EIA/TIA 568	通信行业标准 YD/T 1013—2013	5e、6 类双绞线缆

续上表

项次	检查项目	规定值	检查方法	备注
9	近端串扰与衰减比	EIA/TIA 568	通信行业标准 YD/T 1013—2013	5e,6类双绞线缆
10	综合远端串扰比	EIA/TIA 568	通信行业标准 YD/T 1013—2013	5e,6类双绞线缆
11△	回波衰耗	EIA/TIA 568	通信行业标准 YD/T 1013—2013	5e,6类双绞线缆
12	传输时延	EIA/TIA 568	通信行业标准 YD/T 1013—2013	5e,6类双绞线缆
13	线对间传输时延差	EIA/TIA 568	通信行业标准 YD/T 1013—2013	5e,6类双绞线缆
14△	同轴电缆特性阻抗	50Ω 或 75Ω	通信行业标准 YD/T 1013—2013	同轴缆
15	光纤接头衰耗	0.2dB	光时域反射计	光缆
16	光纤接头回损	按设计文件	光时域反射计	光缆
17	光纤衰耗	按设计文件	光时域反射计	光缆
18△	网络维护性测试	符合设计要求	网络测试仪	网络
19	网络健康测试	符合设计要求	网络测试仪	网络

三、外观鉴定

（1）网络设备、网线线槽、信息插座布放整齐美观，安装牢固、标识清楚。

（2）线缆布放路由正确、绑扎牢固、端头连接规范、标识清楚，弯曲半径和预留长度符合设计或《工程结构设计通用符号标准》(GB/T 50132—2014)规范要求。

第七章

通信管道与光电缆线路

第一节 概 述

一、通信管道

通信管道是用来保护光电缆线路的管道。通信管道在高速公路上一般有两种埋设方式：一种为埋设于中央分隔带的下面，这种方式比较常用；另一种为埋设于路肩下面。

目前常见的通信管道主要有水泥管、塑料管以及钢管等，其中塑料管主要有硬聚氯乙烯（PVC-U）管、聚乙烯（PE）管和塑料合金复合型管。由于硬聚氯乙烯管的耐低温性能不如聚乙烯管，在低于 -70℃的特殊环境不宜采用硬聚氯乙烯管。另外，玻璃钢管道作为一种增强型塑料管道在电力行业使用较为广泛，近几年在公路建设中也逐渐应用于通信管道。

塑料通信管按结构划分，有实壁管、双壁波纹管、硅芯管、梅花管、蜂窝管、栅格管和塑料合金复合型管；按成型外观划分，有硬直管、硬弯管、可挠管3种。

通信管道与光电缆线路是公路通信系统的主要传输媒介与神经，是通信系统运行的基础。这几年水泥管已不多见，取而代之的是塑料管，特别是硅芯管的应用，极大地提高了穿缆效率和降低了管道的投资成本，应用也越来越广泛。

二、光电缆线路定义与分类

光电缆是将金属导线和光纤有机结合起来，传输电能与光信息的一体化传输介质。高速公路光电缆线路主要指中心（站）到附近的外场监控设备、通信设备和收费设备的供电电缆、控制信号电缆、传输光缆、同轴缆、音频电缆或综合缆等。

光电缆线路有以下几种分类方式：
(1)按电压等级可分为高压光电缆和低压光电缆。
(2)按应用领域可分为室内型光电缆和室外型光电缆。其中，室外型光电缆又可分为架空光电缆和直埋光电缆。
(3)按结构形式可分为层绞式光电缆和平行式光电缆。

在光电缆线路中，光纤是一种用于传输光信号的传输媒质，是光电缆线路最重要的组成部分。

光纤是由中心的纤芯和外围的包层同轴组成的圆柱形细丝（图3-7-1）。处于内层的纤芯是一种截面积很小、质地脆、易断裂的光导纤维。外层包裹的包层是由折射率比纤芯小的材料制成。正是由于纤芯和包层之间存在折射率的差异，光信号才得以通过反射在纤芯不断向前传播。光能量主要在纤芯传输，包层为光的传输提供反射面和光隔离，并起一定的机械保护作用。通常在工程使用中，都是将多根光纤扎成束并裹以保护层制成多芯光缆。

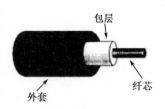

图3-7-1　光纤的结构

光纤有如下几种分类方式：

(1)根据制作材料不同，可分为石英光纤、塑料光纤、玻璃光纤等。

(2)根据传输模式不同，可分为多模光纤和单模光纤。

(3)根据纤芯折射率的分布不同，可分为突变型光纤和渐变型光纤。

(4)根据工作波长的不同，可分为短波长光纤、长波长光纤和超长波长光纤。

在实际应用中，单模光纤传播距离可达10余公里，多用于长距离传输；多模光纤传输距离较短。

光纤接头常用的结构形式主要有以下三种形式（插针体均采用外径2.5mm的精密陶瓷插针）：

(1)FC(ferrule connector)：金属套螺钉结构，圆形接口，通过螺纹连接；

(2)SC：即矩形嵌入式塑料插拔式结构，方形接口；

(3)ST：金属圆形卡口式结构，圆形接口，通过卡口连接。

除此以外，还有一些采用更细的插针（外径1.5mm陶瓷插针）的接口形式：

(1)LC型：插拔式锁紧结构，外壳为矩形；

(2)mu型：与SC型外观类似，方形接口。

第二节　技　术　要　求

本部分主要包括高密度聚乙烯硅芯塑料管、双壁波纹管、公路用玻璃纤维增强塑料管道、公路用玻璃纤维增强塑料管箱4类通信管道相关产品的技术要求。

一、高密度聚乙烯硅芯塑料管

高密度聚乙烯硅芯塑料管（简称硅芯管）的主要质量评定标准为《公路地下通信管道　高密度聚乙烯硅芯塑料管》（JT/T 496—2018）。该标准对公路地下铺设的通信光、电缆用高密度聚乙烯硅芯塑料保护管相关产品结构、分类与标记、技术要求、试验方法等提出了要求。

1. 硅芯管的结构

硅芯管由高密度聚乙烯（HDPE）外壁、外层色条和永久性固体硅质内润滑层组成。

2. 硅芯管的分类

硅芯管按结构划分为：内壁和外壁均是平滑的实壁硅芯管；外壁光滑、内壁纵向带肋的带肋硅芯管；外壁带肋、内壁光滑的带肋硅芯管；外壁、内壁均带肋的带肋硅芯管4类。

硅芯管按产品外层颜色划分为:硅芯管基体为一种纯色,外层镶嵌不同颜色色条的彩条硅芯管;硅芯管通体为一种纯色的单色硅芯管。

3. 硅芯管的质量要求

（1）一般要求

生产硅芯管的主料应使用符合国家标准的高密度聚乙烯挤塑树脂,在保证符合本标准规定技术条件下,单色黑色管可以使用不超过10%的少量清洁的回用料,其他颜色的硅芯管不得使用。

硅芯管外观颜色均匀一致;内外壁实体应平整、均匀、光滑,无塌陷、坑凹、孔洞、撕裂痕迹及杂质麻点等缺陷;截面无气泡、裂痕;硅芯管内壁紧密熔结,无脱开现象;外壁上产品标识完整、清楚。

（2）规格尺寸

依据光电缆的外径和气吹设备的性能,硅芯管的规格及尺寸允差,应符合表3-7-1规定。

硅芯管规格及尺寸允差（GB/T 24456—2009） 表3-7-1

规格(D/d)	外径 D(mm)		最小内径 d (mm)	壁厚（mm）		椭圆度(%)	
	标称值	允差		标准值	允差	绕盘前	绕盘后
φ32/26①	32	+0.3 0	26	2.5	+0.2 -0.2	≤2	≤3
φ34/28	34	—②	28	3.0	+0.35 0	≤2	≤3
φ40/33	40	—	33	3.5	+0.35 0	≤2.5	≤3.5
φ46/38	46	—	38	4.0	+0.35 0	≤3	≤5
φ50/41	50	—	41	4.5	+0.35 0	≤3	≤5
φ63/54	63	—	54	5.0	+0.35 0	≤3	≤5

注:①适用于大管径保护管内的通信子管。
②表示只控制内径及壁厚,对外径不作规定。

为运输及施工方便,硅芯管应顺序缠绕在盘架上,盘架的结构应满足硅芯管最小弯曲半径的要求。每盘硅芯管出厂标称长度宜符合表3-7-2的规定,也可由供需双方商定,但中部不得有断头。

长度及允差（GB/T 24456—2009） 表3-7-2

规格 D/d	长度(m)	长度允差
φ32/26	3000	≥+0.3%
φ34/28	3000	≥+0.3%
φ40/33	2000	≥+0.3%
φ46/38	1500	≥+0.3%
φ50/41	1500	≥+0.3%
φ63/54	1000	≥+0.3%

(3)物理化学性能

硅芯管的物理化学性能应符合表 3-7-3 的规定。

硅芯管的物理化学性能指标　　　　　　　　　　表 3-7-3

序号	项目		技术指标					
			φ32/26	φ34/28	φ40/33	φ46/38	φ50/41	φ63/54
1	外壁硬度		≥59（邵氏 D 型）					
2	内壁摩擦系数		静态：≤0.25（平板法，对 HDPE 标准试棒）					
			动态：≤0.15					
3	拉伸强度①（MPa）		≥21					
4	断裂伸长率（%）		≥350					
5	最大牵引负荷（N）		≥5000	≥6000	≥8000	≥10000	≥11000	≥12000
6	冷弯曲半径②（mm）		300	300	400	500	625	750
7	环刚度（kN/m^2）		≥50			≥40		≥30
8	复原率（%）		垂直方向加压至外径变形量为原外径的 50% 时，立即卸荷，试样不破裂、不分层，10min 外径能自然恢复到原来的 85% 以上					
9	耐落锤冲击性能	常温③	温度 23℃，高度 2m，用 15.3kg 重锤冲击 10 个试样，应 9 个以上无开裂现象					
		低温	温度 -20℃，高度 2m，用 15.3kg 重锤冲击 10 个试样，应 9 个以上无开裂现象					
10	耐水压密封试验④		温度 20℃，压力 50kPa 条件下，保持 24h，试样无渗漏					
11	抗裂强度③（MPa）		≥2.0					
12	与管接头的连接力（N）		≥4300	≥4300	≥6700	≥8000		
13	纵向收缩率（%）		≤3.0					
14	脆化温度③（℃）		-75					
15	耐环境应力开裂		48h，失效数≤20%					
16	熔体流动速率⑤（g/10min）		MFR（190/2.16）≤0.5					
17	耐热应力开裂③⑥		168h，失效数≤20%					
18	工频击穿强度③⑥（MV/m）		≥24					
19	耐化学介质腐蚀③⑦		将管试样分别置于 5% 的 NaCl、40% 的 H_2SO_4、40% 的 NaOH 溶液中浸泡 24h，无明显被腐蚀现象					
20	耐碳氢化合物性能		用庚烷浸泡 720h 后对硅芯管施加 528N 的外力，试样不损坏，产生的永久变形不超过 5%					

注：①GB/T 24456—2009 中将"拉伸强度"更名为"拉伸屈服强度"，性能指标为≥20MPa。
②GB/T 24456—2009 中更名为冷弯曲性能。
③GB/T 24456—2009 中取消了此项要求。
④GB/T 24456—2009 中"耐水压密封试验"更名为"系统密封性"。
⑤该项指标只在生产企业生产前，对要使用的树脂进行检测时使用。
⑥该两项指标只用作电力保护管时使用。
⑦该项指标适用于现场有强烈酸、碱、盐等腐蚀的条件下。
GB/T 24456—2009 中增加了"耐液压性能"，技术指标规定为"在温度 20℃，水压 2.0MPa 条件下，保持 15min，试样无可见裂纹、无破裂"。

(4)硅芯管专用连接头

硅芯管应使用专用连接头连接,专用连接头的要求如下:

①连接头一般由连接壳体、密封圈和卡簧组成。壳体由连接螺管、螺母组成,壳体和卡簧宜选用聚碳酸酯(PC)、聚丙烯(PP)或工程塑料(ABS)注塑制成。其主要性能指标如表3-7-4所示。

硅芯管专用连接头壳体主要性能　　　　　　　　　　　表3-7-4

项　　目	单　　位	技　术　指　标
1.硬度	邵氏,HD	≥75
2.拉伸强度	MPa	≥45
3.冲击强度(缺口)	kJ/m²	≥50
4.热变形温度	℃	≥90
5.脆化温度	℃	≤-60
6.燃烧性	—	慢
7.耐化学介质腐蚀	—	同硅芯管

②橡胶密封圈的性能:应具有高弹性能并且耐压、耐磨、耐酸、碱、盐等溶剂腐蚀,耐环境应力开裂,耐老化。

③外观:连接螺管与配合螺母的内外壁应光滑,无缺陷;两者螺旋配合良好,外壁有规格型号标志。

④配合尺寸。连接螺管内径(D_1)应在满足被接塑料管外径(D_0)及其公差的情况下顺利插入,即$D_1 > D_0$。连接螺管长度为塑料管外径的2.5倍。组装后连接件总长度大于塑料管外径的3.5倍。经供需双方协商,可以生产其他规格的产品,但性能应不低于本标准要求。

⑤连接件组装后可反复装卸使用,并具有气闭性能及连接强度。其主要物理、机械性能应符合表3-7-5所示的要求。

连接件组装后的物理、机械性能与使用标准　　　　　　表3-7-5

项　　目	主　要　性　能
1.气闭性能	两端口封闭,连接件内充气0.1MPa,24h内,压力基本不变
2.耐工作气压	应能满足不同工作气压的需要,一般必须具有承受2MPa压力的能力
3.连接力	不同规格的连接件,应有不同的允许张力,一般应≥4300N,详见JT/T 495 表3
4.抗压荷载	连接件组装后,在2000N侧压力作用下保持1min,基本不变形,撤去作用力后,不影响继续使用
5.耐冲击性能	连接件组装后,在其上方0.54m处自由跌落3kg钢球,冲击连接件或按16N·m标准进行冲击,在不同位置冲击3次,连接件无损伤并且不影响使用
6.使用环境温度	分别在-40℃和+60℃条件下存放5h,取出后立即在2m高度进行自由跌落试验,连接件无损伤并且不影响使用
7.使用环境与使用寿命	可以在各种土的环境中使用20年

(5)硅芯管管塞

硅芯管两端应使用膨胀管塞和(或)热塑套管密封,以防止潮气或尘土进入管内。管塞的密封性能,应满足耐水压密封试验的要求。

二、双壁波纹管

双壁波纹管的主要质量评定标准,为《地下通信管道用塑料管 第 3 部分:双壁波纹管》(YD/T 841.3—2016)。该标准对公路地下铺设的通信光、电缆用双壁波纹管相关产品分类等提出了要求。

1. 双壁波纹管的产品分类

双壁波纹管可以按环刚度分类,如表 3-7-6 所示。

环刚度等级(单位:kN/m^2)　　　　　表 3-7-6

等级	SN2	SN4	(SN6.3)	SN8	(SN12.5)	SN16
环刚度	2	4	6.3	8	12.5	16

注:括号内数值为非首先等级。

2. 双壁波纹管的质量要求

(1)材料要求

管材的主要材料是聚氯乙烯和聚乙烯树脂,并加入为改进产品性能所必需的添加剂。

(2)颜色

管材内外层各自的颜色应均匀一致,外层一般为本色,或由供需双方协商确定。

(3)外观

管材内外壁应光滑、平整,无气泡、裂纹、分解变色线及明显杂质。管材断面切割应平整,无裂口、毛刺并与管轴线垂直。

(4)结构尺寸

典型双壁波纹管结构尺寸,如表 3-7-7 所示,且承口的最小平均内径应不小于管材的最大平均外径。

典型的双壁波纹管外径系列管材的尺寸(单位:mm)　　　　　表 3-7-7

公称外径	平均外径		最小平均内径	最小层压壁厚	最小内层壁厚	有效长度
	标称值	允许误差				
100	100	+0.4 −0.6	86	1.0	0.8	6000
110	110		90	1.0	0.8	6000
125	125		105	1.1	1.0	6000
140	140	+0.5 −0.9	118	1.1	1.0	6000
160	160		134	1.2	1.0	6000
200	200	+0.6 −1.2	167	1.4	1.1	6000

注:长度允许偏差为 0~30mm,交货长度也可由制造商与用户商定。

典型的双壁波纹管的承口结构尺寸见表 3-7-8。

(5)弯曲度

硬直管同方向弯曲度应不大于2%。管材不允许有"S"形弯曲。硬弯管、可挠管不考核弯曲度指标。

典型的双壁波纹管承口结构尺寸(单位:mm)　　　　表 3-7-8

公称外径	承口最小壁厚	最小接合长度
100	1.2	30
110	1.2	32
125	1.5	35
140	1.5	38
160	1.5	42
200	1.6	50

(6)物理力学及环境性能要求

聚氯乙烯(PVC-U)管材物理力学及环境性能要求,如表3-7-9所示。

聚氯乙烯(PVC-U)管材物理力学及环境性能要求　　　　表 3-7-9

序号	检验项目	单位	性能要求
1	落锤冲击试验	—	(0±1)℃,2h,试样9/10及以上不破裂
2	环刚度	kN/m²	SN2等级:≥2;SN4等级:≥4;SN6.3等级:≥6.3;SN8等级:≥8;SN12.5等级:≥12.5;SN16等级:≥16
3	复原率	—	≥90%;且试样不破裂、不分层
4	套管坠落试验	—	试样无破损或裂纹
5	连接密封性	—	试样不破裂,无渗漏
6	静摩擦系数	—	≤0.35
7	热老化后的扁平试验	—	老化后,垂直方向初始高度形变量为25%时,立即卸荷,试样不破裂
8	高温灼烧残留量	—	待研究

聚乙烯(PE)管材物理力学及环境性能要求,如表3-7-10所示。

聚乙烯(PE)管材物理力学及环境性能要求　　　　表 3-7-10

序号	检验项目	单位	性能要求
1	落锤冲击试验	—	(0±1)℃,2h,试样9/10及以上不破裂
2	扁平试验	—	垂直方向外径形变量为40%时,立即卸荷,试样无破裂
3	环刚度	kN/m²	SN2等级:≥2;SN4等级:≥4;SN6.3等级:≥6.3;SN8等级:≥8;SN12.5等级:≥12.5;SN16等级:≥16
4	复原率	—	≥90%,且试样不破裂,不分层
5	连接密封性	—	试样不破裂,无渗漏
6	静摩擦系数	—	≤0.35
7	热老化后的扁平试验	—	老化后,垂直方向初始高度形变量为40%时,立即卸荷,试样不破裂
8	高温灼烧残留量	—	≤10%

(7)环保性能

必要时,可对管材进行环保性能试验。组成管材的各均一材料中限用物质的含量应符合《电子电气产品中限用物质的限量要求》(GB/T 26572—2011)中相关规定的要求。

三、公路用玻璃纤维增强塑料管道

公路用玻璃纤维增强塑料管道(简称玻璃钢管道)的主要质量评定标准为《公路用玻璃纤维增强塑料产品 第3部分:管道》(GB/T 24721.3—2009)。该标准对玻璃钢管道产品分类、结构、尺寸及偏差等提出了要求。

1. 玻璃钢管道产品的分类、结构、尺寸及偏差

(1)分类

玻璃钢管道按成形工艺,分为卷制成形玻璃钢管道(代号J)、缠绕成形玻璃钢管道(代号C)、其他成形玻璃钢管道(代号Q)3种。

(2)结构、尺寸及偏差

玻璃钢管道产品结构如图3-7-2所示;其结构尺寸应符合表3-7-11的规定。

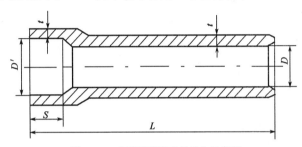

图3-7-2 玻璃钢管道产品结构示意图
D-内径;D'-承插端内径;S-承插深度;L-长度;t-壁厚

玻璃钢管道结构尺寸(单位:mm)　　　　　　　　　　表3-7-11

规格($D \times t$)	内径D	壁厚t	承插端内径D'	承插深度S	长度L
90×5	90	5	110	80	4000
100×5	100	5	120	80	
125×5	125	5	145	100	4000(6000)
150×8	150	8	176	100	
175×8	175	8	205	100	

注:管道的承插端和插入端可进行车削加工,以满足结构尺寸的偏差要求;其他型号规格由供需双方协商确定。

内径D允许偏差为$^{+0.75}_{0}$mm。壁厚为5mm,允许偏差为$^{+0.5}_{0}$mm;壁厚为8mm,允许偏差为$^{+0.8}_{0}$mm。承插端内径D'允许偏差为$^{+0.5}_{0}$mm。长度L为4000mm,允许偏差为$^{+20}_{0}$mm;长度L为6000mm,允许偏差为$^{+30}_{0}$mm。管道弯曲度应不大于0.5%。

2. 玻璃钢管道产品的质量要求

(1)一般技术要求

①原材料

热固性树脂的性能指标,应符合现行《纤维增强塑料用液体不饱和聚酯树脂》(GB/T 8237)的要求,并应具有良好的机械强度、较好的耐化学性和耐候性能。

增强材料的性能指标,应符合现行《玻璃纤维短切原丝毡和连续原丝毡》(GB/T 17470)、

《玻璃纤维无捻粗纱》(GB/T 18369)、《玻璃纤维无捻粗纱布》(GB/T 18370)、《连续玻璃纤维纱》(GB/T 18371)的要求,应选用无碱玻璃纤维或中碱玻璃纤维制成的纱制品和织物。

②外观质量

玻璃钢管道外形要求平直,管端平齐,无毛刺、飞边等现象。产品表面平整光滑、色泽均匀,不得有起皱、裂纹、颗粒、流胶、树脂剥落、纤维裸露和表面发黏等缺陷。

含胶量均匀、固化稳定,无分层,单件产品表面的气泡累积面积不得大于 $100mm^2$,单个最大气泡面积不得大于 $15mm^2$。

(2)理化性能

玻璃钢管道的理化性能,应符合表3-7-12的要求。

玻璃钢管道理化性能要求 表3-7-12

序号	项目		单位	技术要求	
				卷制成型玻璃钢管道	缠绕成型玻璃钢管道
1	通用物理力学性能	拉伸强度	MPa	≥160(轴向)	≥180(环向)
		弯曲强度	MPa	≥140(轴向)	≥180(环向)
		密度	g/cm³	≥1.5	
		巴柯尔硬度	—	≥40	
		负荷变形温度	℃	≥130	
		管道内壁静摩擦系数(对HDPE硅芯塑料管)	—	≤0.363	
		管刚度	MPa	≥3.0	
		耐落锤冲击性能	—	10次冲击9次通过	
2	氧指数(阻燃2级)		%	≥26	
3	耐水性能		—	经规定时间试验后,产品表面不应出现软化、皱纹、起泡、开裂、被溶解、溶剂浸入等痕迹,材料弯曲强度性能保留率不小于试验前的85%	
4	耐化学介质性能		—	耐化学介质性能应符合表2-10-13的规定	
5	环境适应性能	耐湿热性能		经240h耐湿热试验后,产品不应有变色或被侵蚀的痕迹,材料弯曲强度性能保留率不小于试验前的80%	
		耐低温坠落性能		经低温坠落试验后,产品应无折断、开裂、破损现象	

玻璃纤维增强塑料产品耐化学介质性能技术要求,如表3-7-13所示。

玻璃纤维增强塑料产品耐化学介质性能技术要求 表3-7-13

介质种类	技术要求	
汽油	经规定时间试验后,产品表面不应出现软化、皱纹、起泡、开裂、被溶解、溶剂浸入等痕迹,材料弯曲强度不小于右侧所列数据要求	≥90
酸		≥80
碱		—

四、公路用玻璃纤维增强塑料管箱

公路用玻璃纤维增强塑料管箱(简称玻璃钢管箱)的主要质量评定标准,为《公路用玻璃

纤维增强塑料产品 第 2 部分:管箱》(GB/T 24721.2—2009)。该标准对玻璃钢管箱产品的分类、结构、尺寸及偏差等提出了要求。

1. 玻璃钢管箱产品的分类、结构、尺寸及偏差

(1)分类

玻璃钢管箱按用途,分为普通管箱(Ⅰ类)和接头管箱(Ⅱ类)。

(2)结构、尺寸及偏差

玻璃钢管箱由管箱体、管箱盖、连接件构成。其常规结构形式和各部件,参见图3-7-3;其规格尺寸应符合表3-7-14 的规定。

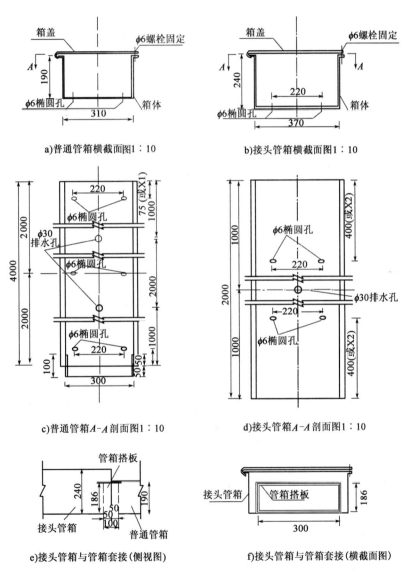

图 3-7-3　管箱的结构形式及部件图(尺寸单位:mm)

注:本图为管箱结构示意图,其他规格和 X1、X2 等具体结构值由工程设计图纸决定。

玻璃钢管箱规格和尺寸(单位:mm)　　　　　表3-7-14

型　号		长度L	宽度W	高度H	壁厚t
普通管箱(Ⅰ类)	BX250×150×5	4000	250	150	5
	BX310×190×5	4000	310	190	5
	BX340×230×5	4000	340	230	5
接头管箱(Ⅱ类)	BX310×190×5	2000	310	190	5
	BX370×240×5	2000	370	240	5

长度 L 允许偏差为 $^{+10}_{0}$ mm;宽度 W、高度 H 允许偏差为 ±5mm;厚度 t 允许偏差为 ±0.2mm。

2. 玻璃钢管箱产品的质量要求

(1)一般技术要求

①原材料

树脂及增强材料的原材料性能要求,同上述公路用玻璃纤维增强塑料管道的相关要求。

②外观质量

玻璃钢管箱应外形平直,无明显歪斜,管箱盖与管箱体配合紧密,具有良好的防水效果。其他外观质量要求,也同上述公路用玻璃纤维增强塑料管道的相关要求。

(2)理化性能

玻璃钢管箱的理化性能,应符合表3-7-15的要求。

玻璃钢管箱的理化性能要求　　　　　表3-7-15

序号	项　目		单位	技　术　要　求	
1	通用物理力学性能	拉伸强度	MPa	≥160 (管箱长度方向)	≥96 (管箱宽度方向)
		压缩强度	MPa	≥130	
		弯曲强度	MPa	≥170 (管箱长度方向)	≥102 (管箱宽度方向)
		冲击强度	kJ/m²	≥80	
		密度	g/cm³	≥1.6	
		巴柯尔硬度	—	≥45	
		负荷变形温度	℃	≥150	
		管箱内壁静摩擦系数	—	≤0.363	
2	氧指数(阻燃2级)		%	≥26	
3	耐水性能		—	经规定时间试验后,产品表面不应出现软化、皱纹、起泡、开裂、被溶解、溶剂浸入等痕迹,材料弯曲强度性能保留率不小于试验前的85%	
4	耐化学介质性能		—	耐化学介质性能应符合表3-7-13的规定	

续上表

序号	项 目		单位	技 术 要 求
5	环境适应性能	耐湿热性能	—	经240h的耐湿热试验后,产品不应有变色或被侵蚀的痕迹,材料弯曲强度性能保留率不小于试验前的80%
		耐低温冲击性能	—	经低温冲击试验后,以冲击点为圆心,半径6mm区域外,试样无开裂、分层、剥离或其他破坏现象
	耐候性能	氙弧灯人工加速老化试验	—	经总辐照能量不小于 $3.5 \times 10^6 kJ/m^2$ 的氙灯人工加速老化试验后,试样无变色、龟裂、粉化等明显老化现象,材料弯曲强度性能保留率不小于试验前的80%
		自然暴露试验	—	经五年自然暴露试验后,试样无变色、龟裂、粉化等明显老化现象,材料弯曲强度性能保留率不小于试验前的60%

注:氧指数要求阻燃2级为一般要求,特殊要求可根据供求双方协商决定是否采用阻燃1级。

第三节　通信管道的施工工艺

本节将对公路上应用最广泛的通信管道——硅芯管的施工工艺要点加以说明。

硅芯管敷设前,施工单位应根据设计文件及施工图中的要求,对所需敷设硅芯管的路由进行复测,核实路由长度、路由上各种障碍点的位置、硅芯管接头位置、人(手)孔位置及间距等。

沟槽的开挖,应尽可能平整。沟槽开挖宽度,以满足施工操作的最小宽度为原则;沟槽开挖深度,应满足一般路段、中分带开口等的设计深度要求。

硅芯管敷设前,应将硅芯管端口用密封塞子堵塞,防止水、土及其他杂物等进入管内。硅芯管进入沟槽内应摆放有序,尽量顺直、平整。硅芯管进入沟坎及转角处过渡要平缓,应满足设计的最小半径要求,不允许出现缠绕或折弯。

硅芯管敷设前,应先在沟槽底铺5cm左右厚的细土,用于调平。硅芯管铺放后及时回填20cm土加以保护,以免出现硅芯管摆放无序或缠绕。当硅芯管经过构造物从管箱内通过时,硅芯管的排列方式应同一般路段,避免缠绕。在硅芯管断开处应及时连接密封,对引入人孔的管道及时封堵端口。

硅芯管过路至通信站,在过排水沟时硅芯管应整条敷设,中间不得有接头。硅芯管过构造物和桥梁、中央分隔带开口等时,应注意埋设深度,应使硅芯管与相邻路段能平顺地过渡,避免某一断面处跳跃过渡。

当硅芯管通过中央分隔带入孔时,如在入孔处并不是端头,则不必人为断开。为了保证气吹需要和今后缆线的更换,硅芯管的连接应采用配套的连接件并使用专用工具操作。硅芯管的对接端面要剪切平直,并用平滑接口刀将管壁内外棱角磨平。

使用塑料气密封接头,应保证接头内的橡胶垫圈保持在应有位置,硅芯管从接头两端插入接头内并插入到位,然后旋紧两端到适当程度为止。应在竣工图上清楚标明每根管子的接头和接头的确切位置。接头点应尽量远离高温热源及其他易受腐蚀地区。硅芯管敷设后不能立即接续时,硅芯管应留有充足的重叠长度,两端要密封并掩埋保护。

对硅芯管的保护通常有三种措施,即在分歧管、回车道、横跨行车道以及引入段采用钢管保护;跨越桥梁采取软连接,桥上采用玻璃管箱保护;在人手孔引入、中墩绕行、涵洞跨越、桥梁两侧、分歧支线等处采用混凝土等包封,并进行防水处理。

第四节　通信管道的检测方法

本部分将主要依据《公路地下通信管道　高密度聚乙烯硅芯塑料管》(JT/T 496—2018)对高密度聚乙烯硅芯塑料管的检测方法加以说明,同时论述《高密度聚乙烯硅芯管》(GB/T 24456—2009)中的相关变化,目前这两个标准都有效。

一、高密度聚乙烯硅芯塑料管

除特殊规定外,试样应按《塑料　试样状态调节和试验的标准环境》(GB/T 2918—1998)的规定在23℃±2℃条件下进行状态调节24h,并且在此条件下进行试验。

检验所用的万能材料试验机负荷传感器准确度等级不低于1级;长度计量器具精度等级:钢卷尺不低于2级,其他不低于1级。

做拉伸试验所用试样的取样、制备和试验机的调整、操作等要求除特殊规定外,按《塑料　拉伸性能的测定　第1部分:总则》(GB/T 1040.1—2006)的规定执行。

1. 外观检验

外观检验在正常光线下,可用肉眼直接观察。

2. 硅芯管尺寸的测量

硅芯管尺寸的测量,按《塑料管道系统　塑料部件　尺寸的测量》(GB/T 8806—2008)的规定:长度用分度值为1mm的卷尺测量;外径用分度值为0.02mm的游标卡尺测量;测量壁厚时要充分注意量具施加到试样上的力值对测量结果的影响,宜用分度值为0.01mm的壁厚千分尺测量。

椭圆度的测量方法,如下所述。

(1)检测设备

检测设备为精确至±0.02mm的游标卡尺。

(2)样品

检测样品取一段长度为500mm的硅芯管试样,并在标准状态下恢复24h。当用于测量生产线上的硅芯管的椭圆度时,应在硅芯管导出装置之前截取样品。

(3)判定规则

判定原则是,椭圆度不应超过标准规定值。

(4)测试步骤

连续缓慢地转动试样,在试样中部一固定圆周上,用游标卡尺进行一系列的外径测定,以便测出该断面最大和最小外径。测试时应取五个断面进行测量,每次测量间距50mm,取五次

测量结果的算术平均值为最大和最小平均外径的测量结果。按式(3-7-1)计算平均外径:

$$平均外径 = \frac{(最大平均外径 + 最小平均外径)}{2} \qquad (3\text{-}7\text{-}1)$$

按式(3-7-2)计算椭圆度:

$$椭圆度 = \frac{100 \times (最大平均外径 - 最小平均外径)}{平均外径} \qquad (3\text{-}7\text{-}2)$$

3. 理化性能

(1)外壁硬度

将长度100mm的硅芯管试样紧密套在外径适当的金属棒上,放置在D型邵氏硬度计正下方,按《塑料和硬橡胶 使用硬度计测定压痕硬度(邵氏硬度)》(GB/T 2411—2008)规定的方法,读取试验的瞬时硬度为测量结果,共读取5次,取其算术平均值为测量结果。

(2)内壁摩擦系数

静态内壁摩擦系数的测试方法,如下所述。

①测试原理。测定静态内壁摩擦系数原理,如图3-7-4所示。

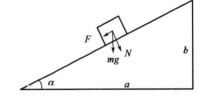

图3-7-4 平板法测定静态摩擦系数原理图

$$摩擦系数 \qquad \mu = \frac{F}{N} \qquad (3\text{-}7\text{-}3)$$

式中:F——斜面对物体的摩擦力,$F = mg \cdot \sin\alpha$;

N——斜面对物体的正压力,$N = mg \cdot \cos\alpha$;

μ——摩擦系数。

$$\mu = \frac{F}{N} = \frac{mg \cdot \sin\alpha}{mg \cdot \cos\alpha} = \tan\alpha = \frac{b}{a} \qquad (3\text{-}7\text{-}4)$$

②测试装置。测试装置由斜面、斜面升降装置、水平标尺和竖直标尺组成;测试斜面长度$L = 1000$mm,水平标尺和竖直标尺可用分辨力0.5mm,精度A级的钢板尺组成。

③标准试棒。标准试棒由金属材料棒芯和高密度聚乙烯外套组成,为长度150mm、直径20mm的圆棒,圆棒表面粗糙度值为0.20~0.50μm,表面邵氏硬度为HD为59±2,质量约(270±10)g。标准试棒的结构,如图3-7-5所示。

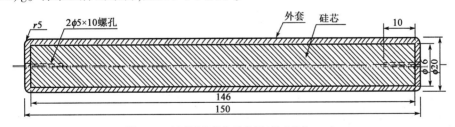

图3-7-5 标准试棒结构示意图(尺寸单位:mm)

④测试方法。将长度500mm的硅芯管放置在测试斜面上,硅芯管的母线与斜面中心线平行并与斜面紧固,将标准试棒放置在硅芯管内,长度方向与硅芯管轴线平行,试棒露出硅芯管

的距离大于20mm。用升降装置将斜面缓慢升起,直到试棒向下滑动为止,记下水平标尺和垂直标尺的数值,并按式(3-7-4)计算摩擦系数。如此共试验9次,每次都应将硅芯管旋转一个角度,取9次的算术平均值作为测试结果。

动态内壁摩擦系数试验方法,当生产企业用于比对试验,已确定生产工艺或配方改进方案时可参照如下所述实施:

①检测设备:圆鼓;拉伸试验机;20kg专用砝码;电脑记录软件。

②试样:硅芯管4m;缆是直径15mm±2mm、长度6m的MDPE护套光(电)缆;硅芯管内表面和光(电)缆外表面,应无限制光(电)缆滑动的任何缺陷。

③试验条件。试验前,试验设备和样品应放置在23℃±2℃条件下保持2h,并在此条件下试验。

④试验步骤。

把硅芯管按图3-7-6所示方法使用U形卡箍固定在圆鼓上,固定应稳定以防止测试时硅芯管与圆鼓产生相对移动,硅芯管沿圆鼓的缠绕角度为450°。

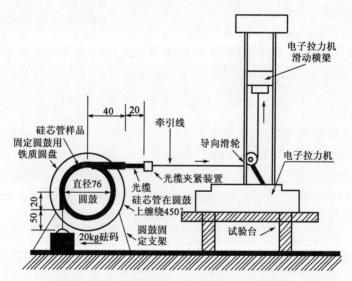

图3-7-6 圆鼓法测定摩擦系数试验示意图(尺寸单位:cm)

把缆放入硅芯管内,切割的缆长应满足测试的最大行程。与缆相连的夹头应能承受测试的最大拉伸负荷。

把专用砝码固定在缆的一端,水平端与夹头连接,夹头通过线绳与拉伸试样机相连。

打开拉伸试样机,设定拉伸速度为100mm/min,当砝码刚好离开地面时停止拉伸。调整圆鼓上的硅芯管,使两端缆在硅芯管中间。

开启试验机的拉伸程序,速度为100mm/min 当横梁位移到100~120mm时停止牵引,降下试验机横梁,再次开启试验机的拉伸程序。如此共往复进行两次,以使线缆与硅芯管充分接触。

降下砝码,保证拉伸机无载荷,将拉伸机的力值和位移回零。

开启试验机的拉伸程序,进行正式试验,拉伸速度为100mm/min,当横梁位移到200mm时停止牵引,在 100~160mm 的位移区间上读取并计算出拉伸试验的平均拉伸负荷 F,按式(3-7-5)计算硅芯管的动态摩擦系数。

$$\mu = \frac{\ln(F/N)}{\theta} \tag{3-7-5}$$

式中:μ——动态摩擦系数;

F——平均拉伸负荷(N);

N——专用砝码产生的重力,数值为 $20 \times 9.8 = 196N$;

θ——硅芯管在圆鼓上缠绕角度,数值为 7.854rad。

此试验共进行三次,取三次试验结果的算术平均值为动态摩擦系数。

(3)拉伸强度、断裂伸长率

拉伸强度、断裂伸长率,按《热塑性塑料管材 拉伸性能试验方法聚乙烯管材》(GB/T 8804.2—2003)规定的方法,取五个冲裁试样,分别夹持在试验机上,拉伸速度为 100mm/min,直至将试样拉断。取五次有效试验的算术平均值为测试结果。

(4)最大牵引负荷

最大索引负荷,应取三段长度为 200mm 的完整硅芯管试样,试样两端应垂直切平。用专用夹具将试样夹持在试验机上,拉伸速度为 450mm/min,直至试样屈服时,读取试验的屈服负荷为试验结果。若试样在夹具边缘断裂,则试验无效,应重新更换试样。取三个有效试验的算术平均值为测试结果。

(5)冷弯曲半径

①检测设备。低温箱:温度能控制在 $-20℃ \pm 2℃$;弯曲试验器:半径误差不大于 5mm 的钢制半圆或整圆滚筒,滚筒外表面无毛刺。

②样品。取 3 根 1.5m(当外径 >40mm 时,为 2.0m)长的硅芯管,作为试样用于产品的弯曲性能试验。试验前试样应放置在 $-20℃ \pm 2℃$ 温度下保持 2h。

③判定规则。试样经过弯曲试验后,应不出现开裂、裂纹或明显应力发白现象。

④测试步骤。

从低温箱中取出 1 根试样,迅速在四个不同方向上进行弯曲试验,每个方向上至少应该弯曲 90°。

第一次弯曲后,转动 180°进行第二次弯曲,然后转动 90°,进行第三次弯曲,再转动 180°进行第四次弯曲。从低温箱中取出试样开始,四次弯曲试验的时间间隔不能超过 20s,四次弯曲试验的总时间不能超过 40s。

从低温箱中取出另外两根样管,依此按照上述步骤进行弯曲,三个试样都合格为合格,否则应加倍进行试验。

(6)环刚度

从 3 根管材上各取 1 根 200mm ± 5mm 管段为试样,试样两端应垂直切平,试验速度 (5 ± 1) mm/min。当试样在垂直方向的外径变形量为原内径的 5% 时,记录试样所受负荷,试验结果按式(3-7-6)计算:

$$S = (0.0186 + 0.025 \times Y_i/d_i) \times F_i/(Y_i \times L) \tag{3-7-6}$$

式中:S——试样的环刚度(kN/m²);

Y_i——变形量,相对应于试样内径垂直方向5%变形时的变形量(m);
d_i——试样内径(m);
F_i——相对于管材5%变形时的力值(kN);
L——试样长度(m)。

取三个试样的试验结果的算术平均值为测量结果。

(7)复原率

从3根管材上各取1根200mm±5mm管段为试样,试样两端应垂直切平,试验速度(10±5)mm/min。在试样直径两端做好标记,并量取标记处的外径为初始外径,按规定的试验速度沿标记外径方向加压至外径变形量为初始外径的50%时,立即卸荷。在标准状态下恢复10min后,再次量取标记处的外径为终了外径,按式(3-7-7)计算复原率:

$$复原率 = \frac{D_1}{D_0} \times 100\% \qquad (3\text{-}7\text{-}7)$$

式中:D_0——试验前初始外径;
D_1——试验后终了外径。

取三个试样试验结果的算术平均值为测试结果。

(8)耐落锤冲击性能

①试样准备。取二十段长度为150mm的完整硅芯管试样,试样两端应垂直切平、无破裂、无裂缝等缺陷,每次试验取一个试样放在试验机冲击平台上。锤头的冲头形状和尺寸,如图3-7-7所示。

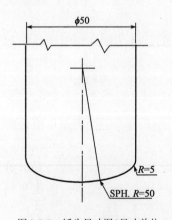

图3-7-7 锤头尺寸图(尺寸单位:mm)

②常温冲击试验。在温度23℃±2℃,落锤高度2m,锤头直径50mm、质量15.3kg的条件下进行冲击,每个试样冲击一次,试样不破裂或裂纹宽度不大于0.8mm为合格,10个试样9个以上试样合格为常温落锤冲击试验合格。

③低温冲击试验。将试样放在温度-20℃±2℃的试验箱中恒温保持5h,每次取出一个试样,在30s内按照常温冲击试验规定的方法进行试验,10个试样9个以上试样合格为低温落锤冲击试验合格。

(9)耐水压密封试验

取两段长度为1000mm的完整硅芯管试样,用硅芯管专用连接头按生产企业提供的工具和方法连接好,一端用管塞密封好,另一端连接专用卡具注水,水温20℃±2℃,压力50kPa条件下,保持24h,试样的连接头、管塞均不渗漏为合格。若出现渗漏,应加倍进行试验,两次都合格才能判为合格,否则,耐水压密封试验不合格。

(10)抗裂强度

取两段长度为500mm的完整硅芯管试样,用硅芯管专用连接头按生产企业提供的工具和方法连接好组成试样,用专用卡具将该试样夹持到气压机或水压机(水温20℃±2℃)上,缓慢加压至规定的压力,并保持15min,试样不破裂、不渗漏为合格。若出现渗漏,应加倍进行试验,四次都合格才能判为合格,否则判为不合格。

(11)与管连接头连接力

取两段长度为200mm的完整硅芯管,用硅芯管专用连接头按生产企业提供的工具和方法连接好组成试样,用专用卡具将该试样夹持到拉伸试验机上,拉伸速度为100mm/min,直至管连接头被拉破裂或硅芯管被拉出时,读取试验的最大拉伸负荷为试验结果。如此共进行三组试验,取三次试验结果的算术平均值为测试结果。

(12)纵向回缩率

纵向回缩率,按《热塑性塑料管材 纵向回缩率的测定》(GB/T 6671—2001)试验方法B规定,取三段长度200mm的硅芯管,标距100mm,烘箱温度110℃±2℃进行纵向回缩率的测定。

(13)脆化温度

脆化温度,按《塑料 冲击脆化温度试验方法》(GB/T 5470—2008)规定进行脆化温度试验。

(14)耐环境应力开裂

一般试验的试样,可从硅芯管上沿轴线直接截取。其刻痕长度方向与轴线一致,刻痕深度:壁厚≤3.5mm时为0.65mm,>3.5mm时为0.80mm。仲裁试样严格按《塑料 聚乙烯环境应力开裂试验方法》(GB/T 1842—2008)规定制取;其他规定按《塑料 聚乙烯环境应力开裂试验方法》(GB/T 1842—2008)执行。试验溶剂使用质量浓度为20%的重辛基苯基聚氧乙烯醚[TX-10]水溶液。

(15)熔体流动速率

溶体流动速率按《热塑性塑料熔体流动速率试验方法》(GB/T 3682—2000)规定进行。

(16)耐热应力开裂

①试验设备。冲模刀具:127mm×6.4mm的矩形刀具,要求边缘锐利,开口平直;钻床:能钻1.6mm直径的孔;样品夹持器(图3-7-8):不锈钢或黄铜材料制成的圆棒,直径6.4mm、长度165mm;连接副:不锈钢或黄铜材料制成,螺钉直径1.4mm,长度12.5mm,配相同规格的螺母和垫片;台钳:用于夹持样品的夹持器,装配试片;玻璃试管:直径32mm,长度200mm,带可通气的橡胶塞;试管夹:用于夹持试管;液体浴箱或电热通风炉,能将温度控制在100℃±1℃。

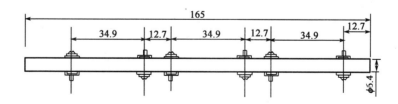

图3-7-8 样品夹持器结构图(尺寸单位:mm)

②对结果的解释。试验过程中如果出现试样破裂,则认为该试样是一个失败,但在安装孔6.4mm以内碎裂除外。

③样品的准备和试验条件。按《塑料 聚乙烯环境应力开裂试验方法》(GB/T 1842—2008)的方法,制备一张厚度1.27mm±0.13mm的模压试片,试片的大小应至少能制成10

个试样条。模压试片成形 8h 后,用冲模刀具切制 9 个试样条。试样条的尺寸,如图 3-7-9 所示。

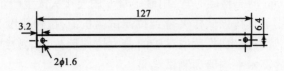

图 3-7-9 试样条尺寸图(尺寸单位:mm)

④条件。试样条在温度为 23℃ ±2℃、相对湿度 50% ±5% 的条件下,状态调节至少 40h。对有严格要求的试验,可以限制在 ±1℃、±2%。

⑤试验过程。将夹持棒牢固地夹在台钳上,将试样条一端固定到夹持棒的一个孔上,按螺旋方式缠绕 4 圈半后,用连接副固定试样条的另一端,将两个连接副拧紧。夹持器及试样条的装配,如图 3-7-10 所示。试验时,应注意过分地拧紧可能导致试样提前失败。

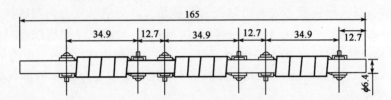

图 3-7-10 夹持器及试样条装配图(尺寸单位:mm)

按上述方法装配另外两试样条到同一夹持棒上,并放到试管中,堵上塞子,放到试管架上。以相同的方法将剩余的六个试样条装配到另外两个夹持棒上,并放到试管中。

将上述三个试管放到试管架上并放入 100℃ 电热通风炉或液体浴箱中,记下开始时间和日期。应注意试验期间如用液体浴,要保证所有样品条都保持浸入状态,否则 100℃ 的温度将迅速地降低,影响试验结果。

⑥检查周期。分别在 48h、96h、168h 的间隔内检查是否有试样失败。将试管从试验箱中取出并依次检查每一个试样,记下时间、日期和累计的失败样品数。要注意高温对试验者的伤害,使用皮革或者棉布手套,被证明是安全的操作方法。

(17)工频击穿强度

工频击穿强度,按《绝缘材料 电气强度试验方法 第 1 部分:工频下试验》(GB/T 1408.1—2016)规定进行。

(18)耐化学介质腐蚀

在标准试验环境下,取三段长度为 100mm 硅芯管试样分别置于 5% 的 NaCl、40% 的 H_2SO_4、40% 的 NaOH 溶液中浸泡 24h 后取出,用自来水冲洗干净,目测试样的颜色、外观等,无明显褪色和被腐蚀现象为合格。

(19)耐碳氢化合物性能

在标准试验环境下,取三段长度为 300mm 硅芯管试样,用庚烷浸泡 720h 后取出,在室温下恢复 30min,以排干试验液体。之后对硅芯管施加 528N 的外力并保持一分钟,卸荷后试样不损坏,产生的永久变形不超过 5% 为合格。

4. 检验规则

（1）型式检验

硅芯管产品须经过国家认可的质检机构型式检验合格才能批量生产。型式检验项目为本标准的全部技术要求。型式检验的样品应在生产线终端选取。

型式检验时，如有任一项指标不符合本标准要求时，则需重新抽取双倍试样，对该项指标进行复验。复验结果仍然不合格时，则判该型式检验为不合格。

（2）出厂检验

产品需经生产单位质量部门检验合格，并附产品质量合格证方可出厂。用同一批号树脂，同一配方和同一工艺生产的硅芯管可组成一批。在每完成一盘硅芯管生产的同时，应从此盘产品的末端剪下 2~5m 长的硅芯管留作样品。出厂检验项目为：外观、平均外径、最小内径、平均壁厚、椭圆度、拉伸强度、断裂伸长率、弯曲半径、落锤冲击试验、静态摩擦系数、打印标识、包装。

（3）验收检验

①检验批的形成。按照每个检验批应由同型号、同等级、同成分，且生产工艺、条件和时间基本相同的原则，参照供货合同签订日期确定生产日期和硅芯管所用原材料形成检验批，原则上一个批次不大于 500km，对形成的批以盘为单位顺序编号。

②抽样方案。按照现行《计数抽样检验程序》（GB/T 2828）的规定，AQL = 1.0、一次抽样、一般检查水平Ⅱ、正常检验，以盘为单位抽取样本，常用样本数量见表 3-7-16。

抽样方案表（AQL = 1.0、一次抽样、一般检查水平Ⅱ、正常检验，单位：盘）　　表 3-7-16

批量 N	1~8	9~15	16~25	26~50	51~90	91~150	151~280
样本数 n	2	3	5	8	13	20	32
合格判定数 Ac	0	0	0	0	0	0	1

③检验。按照表 3-7-16 以简单随机抽样的方法抽出所需的样本数，再从该样本中随机抽出 10%（不少于一盘）按照技术要求做全部项目的检验（称 A 检验）；剩余的样本只做外观、壁厚、拉伸强度、断裂伸长率和静态摩擦系数的检验（称 B 检验）。

④试样的截取。从抽出的样本盘的盘端截取所需测试样，对于 A 检验试样数量为 1.5m × 10 段，对于 B 检验试样数量为 1.5m × 3 段，并记录截取盘的厂方盘号、抽样样本编号及相关信息。

⑤验收判定。对于每个样本的 A 检验和 B 检验都合格的批应予以验收；对于 A 检验不合格盘数不大于表 3-7-16 中的 Ac 并且 B 检验全部合格的批应予以验收；对于样本中 B 检验不合格的批应拒收；对于拒收的批允许受检方剔除不合格盘后重新组批提交检验。

⑥管接头。管接头的验收检验项目为气闭性能、耐工作气（水）压、连接力、抗压荷载、耐冲击性能和使用环境温度。抽样方案以套为单位按表 3-7-16 执行，当不合格数不大于表 3-7-16 中的 Ac 时，应予以验收，否则拒收。

二、双壁波纹管

一般情况下，试验在室温进行。有特殊要求时，试样应按现行《塑料 试样调节和试验的标准环境》（GB/T 2918—1998）的规定在 23℃ ± 2℃ 条件下进行状态调节，时间不少于 24h。并在此条件下进行试验。

1. 颜色及外观检查

颜色及外观可用肉眼观察,内壁可用光源照看。

2. 管材结构尺寸及长度

管材结构尺寸及长度,按《地下通信管道用塑料管 第1部分:总则》(YD/T 841.1—2016)的相关规定进行试验。

3. 承口尺寸

(1) 承口壁厚

承口壁厚,按《塑料管道系统 塑料部件 尺寸的测定》(GB/T 8806—2008)的规定进行测试,用精度为0.02mm的量具测量不少于3个试样承口壁厚,取最小值作为测量结果。

(2) 承口平均内径

承口平均内径,按《埋地用聚乙烯(PE)结构壁管道系统 第1部分:聚乙烯双壁波纹管材》(GB/T 19472.1—2004)中8.3.5的规定进行测试,用精度为0.02mm的量具测量试样承口相互垂直的两内径,以两内径的算术平均值作为测量结果。

(3) 接合长度

用精度为0.02mm的量具测量不少于3个试样的接合长度,取最小值作为测量结果。

4. 弯曲度

按《硬质塑料管材弯曲度测定方法》(QB/T 2803—2006)的规定进行测量。取3个长1m的试样测量,将试样置于一平面上,使其滚动,当试样与平面呈最大间隙时,标记试样两端与平面的接触点。然后将试样滚动90°,使凹面面向操作者,用卷尺从试样一端贴外壁拉向另一端,测量其长度L。在试样两端标记点将测量线沿长度方向水平拉紧,用游标卡尺或金属直尺测量线至管壁的最大垂直距离,即弦到弧的最大高度h。弯曲度试验方法,如图3-7-11所示。管材弯曲度R,由式(3-7-8)计算。

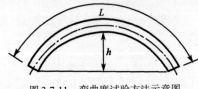

图3-7-11 弯曲度试验方法示意图

$$R = \left(\frac{h}{L}\right) \times 100 \qquad (3\text{-}7\text{-}8)$$

式中:R——管材弯曲度(%);

h——弦到弧的最大高度(mm);

L——试样一端向另一端长度(mm)。

5. 落锤冲击试验

落锤冲击试验,按《热塑性塑料管材耐外冲击性能 试验方法 时针旋转法》(GB/T 14152—2001)规定进行试验。取长度为200mm±10mm的试样10段,置于温度为0℃±1℃的水浴或空气浴中进行状态调节2h。状态调节后,应从空气浴中取出10s内或从水浴中取出20s内完成试验。质量为0.5kg和0.8kg的落锤应采用d25型锤头,质量≥1.0kg的落锤应采用d90型锤头。每个试样冲击一次。冲击条件按表3-7-17规定。

落 锤 冲 量　　　　　　　　　　　表 3-7-17

管材标称外径(mm)	落锤质量(kg)	冲击高度(mm)
$d_e \leqslant 110$	0.5	1600
$110 < d_e \leqslant 125$	0.8	2000
$125 < d_e \leqslant 160$	1.0	2000
$160 < d_e \leqslant 200$	1.6	2000

注:在保证冲量一定的情况下,可选择表中规定之外的落锤质量及冲击高度。

6. 扁平试验

扁平试验,按现行《热塑性塑料管材 环刚度的测定》(GB/T 9647)的有关规定进行。取3根长度为200mm+5mm的管段为试样,试样两端应垂直切平,试验速度(10±2)mm/min。当试样在垂直方向外径变形量为规定值时立即卸荷。

7. 环刚度试验

取3根长度为200mm±5mm的管段为试样,按"高密度聚乙烯硅芯塑料管"理化性能试验中"环刚度"的测试方法进行测试。

8. 复原率

试样的制备和试验设备应符合《地下通信管道用塑料管 第1部分:总则》(YD/T 841.1—2016)的相关规定。试验速度为(10±2)mm/min。垂直方向施加压力至外径变形量为初始外径的30%时,立即卸荷。在标准状态下恢复10min,测量此时试样的终了外径。复原率按式(3-7-9)计算。取三个试样试验结果的算术平均值为测试结果。

$$\delta = \frac{H_1}{H_0} \times 100\% \qquad (3\text{-}7\text{-}9)$$

式中:H_0——试验前试样的初始外径(m);
H_1——试验后试样的终了外径(m)。

9. 坠落试验

按按《硬聚氯乙烯(PVC-U)管件坠落试验方法》(GB/T 8801—2007)的规定,取试样3个,置于0℃±1℃的低温箱中预处理2h后在10s内从1m高度自由落下至混凝土地面,试样长度方向应与地面平行。

10. 连接密封性试验

进行连接密封性试验时,取两段长度为500mm(允许偏差0~20mm)的试样,用配套的管接头将两段管材连接,两端按《液体输送用热塑性塑料管材 耐内压试验方法》(GB/T 6111—2003)规定的A型密封方式对试样端头进行密封,向管材内注水,在室温下,充满水加压到50kPa保持24h。

11. 静摩擦系数试验

静摩擦系数试验,按"高密度聚乙烯硅芯塑料管"的理化性能检测方法中静摩擦系数测试方法,试棒露出被测管的距离为 20mm,抬升速度典型为 10mm/min,共进行 8 次试验,每次旋转 45°,取八次的算术平均值作为测试结果。

12. 热老化后的扁平试验

取 3 根长度为 200mm±5mm 的管段为试样,热老化处理温度为 100℃±2℃,热老化处理时间 7 天。热老化处理后按本章第四节二中 6 的规定进行扁平试验。

13. 高温灼烧残留量试验

在样品上截取足够重量的试样,将试验切成小块,其任一方向上的尺寸应不大于 5mm。将燃烧舟加热到灼热,然后在干燥器中冷却至少 30min,称量精确到 0.0001g。取 2.0g±0.2g 重的试样放到燃烧舟中,再一起称重,精确到 0.0001g,减去燃烧舟的质量即得到试样的质量,精确到 0.0001g。将装有试样的燃烧舟放到硬直玻璃、石英或陶瓷燃烧管的中部。管内径约为 30mm,长度为 400mm±50mm。然后将带温度探头的塞子和可提供空气的管子插在燃烧管一端,使温度探头与燃烧舟接触,另一端不封闭。将燃烧管放入炉里,将炉子在 20min 内加热到高温(对于 PE 试样,加热到 600℃±20℃;对于 PVC 试样,加热到 800℃±50℃),使试样发生高温灼烧。然后在高温下保持 10min 后停止加热。将燃烧舟通过供气端从燃烧管中取出,在干燥器中冷却至室温并重新称重,精确到 0.0001g,减去燃烧舟质量后得到高温灼烧后残留物的质量。试验结果表示为灼烧后残留物质量占试样质量的百分比。

14. 环保性能

按《电子电气产品 六种限用物质(铅、汞、镉、六价铬、多溴联苯和多溴二苯醚)的测定》(GB/T 26125—2011)中的规定进行试验。

三、公路用玻璃纤维增强塑料管道

1. 试样状态调节和试验环境条件

除特殊规定外,试样应按《纤维增强塑料性能试验方法总则》(GB/T 1446—2005)的规定进行 24h 状态调节,并且在 23℃±2℃,相对湿度:50%±10%进行试验。

2. 试剂

试验用试剂,包括 NaOH(化学纯)、NaCl(化学纯)、H_2SO_4(化学纯)、汽油(90 号)。

3. 试验仪器和设备

试验主要仪器和设备包括力学性能试验机:应符合《纤维增强塑料性能试验方法总则》(GB/T 1446—2005)中 5.1 的规定;人工加速氙弧灯老化试验箱:应符合《塑料 实验室光源暴露试验方法 第 2 部分:氙弧灯》(GB/T 16422.2—2014)中第 4 章的规定;高低温湿热试验箱:高温上限不低于 100℃,低温下限温度不高于 -40℃,温度波动范围不超过 ±1℃,最大相对湿度不低于 95%,相对湿度波动范围不超过 ±2.5%,并应能符合《玻璃纤维增强塑料老化性能试验方法》(GB/T 2573—2008)中第 4 章的规定;试验平台:等级不低于 1 级。

4. 试样

(1) 通用要求

一般情况下,试样制备和试样数量按《纤维增强塑料性能试验方法总则》(GB/T 1446—2005)中4.1的规定,各性能试验的试样特殊要求按性能试验条款及分部产品的规定执行。

试样厚度符合相关标准要求的条件下,用于性能试验的试样在成形产品上截取。比对试验所需样品应尽可能在相邻位置截取,并做好标记,以保证试验结果前后的可比性。

在试样厚度不符合相关标准的要求时,应依据标准要求选用与产品相同原材料及工艺制备所需试验样品。

(2) 特殊规定

卷制成形玻璃钢管道试样从成形后的管道轴向方向截取试样,缠绕成形玻璃钢管道及其他类型试样从成形后的管道环向方向截取试样。

弯曲强度试样制备,应包含同数量的耐水性能、耐湿热性能性能保留率比对试样。

5. 外观质量

外观质量在正常光线下,用目测直接观察。

6. 结构尺寸

(1) 内径

用分度值0.02mm的游标卡尺,在管道插入端量取3个数值,取算术平均值作为测量结果。

(2) 壁厚

用分度值0.01mm的千分尺,在承插端和其他部位各量取3个测量值,取算术平均值作为测量结果。

(3) 承插端内径

用分度值0.02mm的游标卡尺,在管道承插端量取3个数值,取算术平均值作为测量结果。

(4) 长度

用分度值0.5mm的钢卷尺,沿管道轴向分别量取3个数值,取算术平均值作为测量结果。

(5) 弯曲度

按《硬质塑料管材弯曲度测量方法》(QB/T 2803—2006)的规定进行测定。

7. 通用物理力学性能

(1) 拉伸强度

卷制成形玻璃钢管道按《纤维增强塑料拉伸试验方法》(GB/T 1447—2005)规定执行;非模压短切纤维塑料样品,宜优先选用Ⅱ型试样。缠绕成型玻璃钢管道按现行《纤维缠绕增强塑料环形试样力学性能试验方法》(GB/T 1458)规定执行。

(2) 弯曲强度

卷制成形玻璃钢管道按现行《纤维增强塑料压缩试验方法》(GB/T 1448)规定执行。缠绕成形玻璃钢管道按现行《纤维增强塑料热固性塑料管平行板外载性能试验方法》(GB/T 5352)规定执行。环向弯曲强度,按式(3-7-10)进行计算:

$$\delta_D = 1.91 \frac{2PD}{L(D-d)^2} \tag{3-7-10}$$

式中：δ_D——环向弯曲强度（MPa）；

P——最大抗压荷载（N）；

D——管道外径（mm）；

d——管道内径（mm）；

L——试样长度（mm）。

(3) 密度

密度按《纤维增强塑料密度和相对密度试验方法》(GB/T 1463—2005)规定执行，形状规则的产品试样宜优先采用几何法，异型产品试样可采用浮力法。

(4) 巴柯尔硬度

巴柯尔硬度按现行《增强塑料巴柯尔硬度试验方法》(GB/T 3854)规定执行。

(5) 热变形温度

热变形温度按现行《塑料负荷变形温度的测定 第2部分：塑料、硬橡胶和长纤维增强复合材料》(GB 1634.2—2005)规定执行，最大弯曲应力选用A法，为1.80MPa。

(6) 管道内壁静摩擦系数（对HDPE硅芯塑料管）

管道内壁静摩擦系数按"高密度聚乙烯硅芯塑料管"的理化性能检测方法中静摩擦系数测试方法，选用外壁硬度在59~61（邵氏D型）且规格为ϕ40/33的HDPE（高密度聚乙烯）硅芯塑料管作为标准滑动物质，管道两端应平齐，无裂口等不规则缺陷。每一根试样使用次数不可超过100次。

将长度不小于500mm的玻璃钢管道平放在测试斜面上，并与斜面紧固，把长度为200mm的标准HDPE（高密度聚乙烯）硅芯塑料管放入管道内，长度方向与管道轴线平行，硅芯塑料管离管道外缘距离>20mm。用升降装置将斜面缓慢升起，直到硅芯塑料管向下滑动为止，记下水平标尺和垂直标尺的数值，并按公式(3-7-4)计算摩擦系数。如此共试验9次，取算术平均值作为测试结果。

(7) 管刚度

管刚度按现行《纤维增强塑料热固性塑料管平行板外载性能试验方法》(GB/T 5352)的规定，试样长度为300mm，试验结果为管道径向变化率为内径的10%时的管刚度。

(8) 耐落锤冲击性能

耐落锤冲击性能按现行《热塑性塑料管材耐外冲击性能试验方法》(GB/T 14152)的规定，试样长度为200mm，试验温度为(20±2)℃，选用d90型锤头，锤重为6.3kg，落锤高度为1m。每个试样冲击一次，冲击后试样冲击点的内壁应无明显开裂痕迹。

8. 氧指数

氧指数按现行《纤维增强塑料燃烧性能试验方法 氧指数法》(GB/T 8924)规定执行。

9. 耐水性能

耐水性能仲裁试验按现行《玻璃纤维增强塑料水浸试验方法》(GB/T 2575)规定执行，试验用水应为蒸馏水或去离子水，试验水温为23℃±2℃，试验720h后，测定试样的外观质量和弯曲强度保留率。

一般常规试验和型式检验可按现行《玻璃纤维增强塑料耐水性加速试验法》(GB/T 10703)规定的方法进行,试验用水应为蒸馏水或去离子水,试验水温为 80℃±2℃,试验 144h 后,测定试样的外观质量和弯曲强度保留率。

10. 耐化学介质性能

以下耐化学溶剂试验如有特殊使用环境,可根据使用双方的协商结果决定试液浓度和试验周期。

(1)耐汽油性能

耐汽油性能按现行《玻璃纤维增强热固性塑料耐化学介质性能试验方法》(GB/T 3857)规定的方法进行,试验溶剂为 90 号汽油,常温(10~35℃)浸泡 360h 或加温(80℃±2℃)浸泡 72h 后,测定试样的外观质量和弯曲强度保留率。

(2)耐酸性能

耐酸性能按现行《玻璃纤维增强热固性塑料耐化学介质性能试验方法》(GB/T 3857)规定的方法进行,试验溶剂为 30% 的硫酸溶液,常温(10~35℃)浸泡 360h 或加温(80℃±2℃)浸泡 72h 后,测定试样的外观质量和弯曲强度保留率。

(3)耐碱性能

耐碱性能按现行《玻璃纤维增强热固性塑料耐化学介质性能试验方法》(GB/T 3857)规定的方法进行,试验溶剂为 10% 的氢氧化钠溶液,常温(10~35℃)浸泡 168h 或加温(80℃±2℃)浸泡 24h 后,测定试样的外观质量。

11. 环境适应性能

(1)耐湿热性能

耐湿热性能试验按现行《玻璃纤维增强塑料老化性能试验方法》(GB/T 2573)规定的方法进行,选择恒定湿热试验条件,温度 60℃±2℃;相对湿度 93%±2%,以 24h 为一试验周期进行试验,一般不少于 10 个连续周期。

(2)耐低温坠落性能

耐低温坠落性能试验,即将长度不小于 300mm 或不小于其样品总长度的 50% 的试样放置在低温试验箱中,温度降至 -40℃±2℃后,恒温 2h 后取出试样,试样长度方向或样品正面平行于地面由 1m 高度处自由坠落至硬质地面,观测试验结果。

四、公路用玻璃纤维增强塑料管箱

1. 试样状态调节和试验环境条件

试样状态调节和试验环境条件与"公路用玻璃纤维增强塑料管道"的检测方法相同,即除特殊规定外,试样应按《纤维增强塑料性能试验方法总则》(GB/T 1446—2005)的规定进行 24h 状态调节,并且在 23℃±2℃,相对湿度:50%±10% 进行试验。

2. 试剂

试验用试剂,包括 NaOH(化学纯)、NaCl(化学纯)、H_2SO_4(化学纯)、汽油(90 号)。

3. 试验仪器和设备

试验仪器和设备,与"公路用玻璃纤维增强塑料管道"的检测方法相同(见本章第四节三中3的规定)。

4. 试样

(1)通用要求

试样的通用要求,同本章第四节三中4(1)的规定。

(2)特殊规定

试样应从成型后的管箱箱体的三个侧面和管箱箱盖截取,拉伸强度和弯曲强度试样应在管箱长度与宽度方向分别截取相同数量的试样,每项性能试验的每组试样最少数量为5件,弯曲强度试样在进行型式检验时长度方向和宽度方向均应不少于8组40件。

一般对样品的成形表面不宜进行机械加工,如确有需要,只能对单面进行加工。

5. 外观质量

外观质量同本章第四节三中5的规定,即在正常光线下,用目测直接观察。

6. 结构尺寸

(1)长度

长度用分度值0.5mm的钢卷尺,在管箱体的三个面,沿轴向分别量取三个数值,取算术平均值作为测量结果。

(2)宽度

宽度用分度值0.5mm的钢板尺或钢卷尺,在管箱体的上、中、下三个部位共量取六个测量值,取算术平均值作为测量结果。

(3)高度

高度用分度值0.5mm的钢板尺或钢卷尺沿管箱体长度方向,任取三个截面,量取三个高度测量值,取算术平均值作为测量结果。

(4)厚度

厚度用分度值0.02mm的板厚千分尺在盖板、箱体的三个面各量取三个测量值,取算术平均值作为测量结果。

7. 通用物理力学性能

(1)管箱内壁静摩擦系数

管箱内壁静摩擦系数,按本章第四节三中7(6)中静摩擦系数测试方法进行测试,要求管箱试样长度为500mm,标准滑动物质不变。

(2)其他物理力学性能

其他物理力学性能,按《公路用玻璃纤维增强塑料产品 第1部分:通则》(GB/T 24721.1—2009)中5.5.2规定试验。

8. 氧指数(阻燃性能)

氧指数,同本章第四节三中8的规定,即按现行《纤维增强塑料燃烧性能试验方法 氧指数法》(GB/T 8924)规定执行。

9. 耐水性能

耐水性能,同本章第四节三中 9 的规定。

10. 耐化学介质性能

耐化学介质性能,同本章第四节三中 10 的规定。

11. 环境适应性能

(1)耐湿热性能

耐湿热性能,同本章第四节三中 11(1)的规定。

(2)耐低温冲击性能

将长度不小于 300mm 或不小于其样品总长度的 50% 的试样放置在低温试验箱中,温度降至 -40℃ ±2℃ 后,恒温 2h 后取出试样,立即用质量 1kg 的钢球在离试样正上方 1m 处,自由落下冲击样品,观测试验结果。

(3)人工加速老化试验(氙弧灯灯源)

人工加速老化试验(氙弧灯灯源)按《公路沿线设施塑料制品耐候性要求及测试方法》(GB/T 22040—2008)中 6.9 规定执行。型式检验也应采用人工加速老化试验。

(4)耐自然暴露试验

耐自然暴露试验按现行《玻璃纤维增强塑料老化性能试验方法》(GB/T 2573)规定执行。仲裁试验也应采用自然暴露试验。

第五节 工程施工质量及检验评定标准

高速公路通信管道与光、电缆线路的施工质量及检验依据《公路工程质量检验评定标准 第二册 机电工程》(JTG F80/2—2004),主要内容如下。

一、基本要求

(1)通信光电缆、塑料管道、人(手)孔圈等器材的数量、规格形式符合设计要求。
(2)塑料通信管道敷设与安装符合规范要求。
(3)管道基础及包封用原材料、型号、规格及数量应符合相关的国家和行业标准的规定。
(4)光、电缆横穿路基时,应加钢管保护,钢管的型号规格和防腐措施符合设计要求。
(5)光、电缆在过桥梁或其他构造物时采用的管箱、引上和引下工程采用的保护管符合设计要求,光、电缆及保护管与接驳的保护管过渡圆滑,密封良好,光、电缆的弯曲半径应符合要求。
(6)光、电缆的敷设、接续、预留及成端等符合规范要求。
(7)直埋电缆符合相关施工规范要求。
(8)出厂时及施工前,光、电缆单盘测试记录,施工后所有线对的连通性测试记录,管道及电缆接续等隐蔽工程验收记录,分项工程自检和通电调试记录,有效的光电缆、保护管(箱)及接续附件的检验合格报告或证书等资料齐全。

二、实测项目及检测方法

实测项目及检测方法详见《公路工程质量检验评定标准 第二册 机电工程》(JTG F80/2—2004)中表3.1.2。

三、外观鉴定

(1)光、电缆配线箱(架)安装端正、稳固,配件齐全。
(2)在配线箱(架)或设备控制箱内光、电缆排列整齐、有序,绑扎牢固,标识正确、清楚。
(3)通信中心(局内)光电缆的进线与成端符合规范要求,进入墙壁要有保护套管,预留长度满足使用要求并且统一规整。
(4)人(手)孔位置准确、预埋件安装牢固、防水措施良好,人(手)孔内无积水、高程符合设计要求。
(5)光电缆在人(手)孔内占用管道孔正确、排列整齐、余留长度符合规定,标志清楚、牢固;光缆接续箱安装牢固,密封良好。
(6)光、电缆在过桥梁或其他构造物时,采用的保护管安装牢固、排列整齐有序;光电缆及保护管与接驳的保护管过渡圆滑、密封良好。
(7)直埋电缆两端铠装层、屏蔽层接地处理措施得当,电缆标石埋设符合设计要求。

四、补充说明

(1)光纤护层绝缘电阻。主要反映光纤接头密封措施是否得当,工程要求光纤护层绝缘电阻≥1000MΩ·km。光电缆的绝缘电阻随着长度的增加而变小,其单位应是MΩ·km,而不是MΩ/km,这一点请务必注意。测量时,先用兆欧表测得光电缆芯线的绝缘电阻,用乘以该光缆长度(换算到km)后的计算值与标准值进行比较,若不小于标准值则合格,否则不合格。
(2)通信管道的管道地基、管道铺设、回土夯实、人(手)孔、管道掩埋、人(手)孔的位置、分歧形式及内部尺寸和通信管道的横向位置等,采取查隐蔽工程验收记录和必要时剖开复测的方法进行检测。
(3)通信主管道管孔试通试验和硅芯塑料管孔试通试验是通信管道检测要求的关键项,采取查隐蔽工程验收记录和必要时剖开复测的方法进行检测,确保畅通。
(4)人手孔接地电阻采用接地电阻测量仪进行实地检测。检测方法采用三点式电压落差法进行检测。具体检测原理、方法与步骤请参见第一篇第五章。
(5)中继段单模光纤总衰耗采用光万用表或光源、光功率计在中继段两端测量。测量方法为将被测光纤一端与光源连接,另一端与光功率计连接,按照光纤使用波长,在光源和光功率计上选择相应的测试波长,打开光源和光功率计电源并进行测试,读出光功率计上的数值P_1,光源的发光功率为P_0,则中继段单模光纤总衰耗$P = P_0 - P_1$。
(6)音频电缆直流环阻采用电桥或电缆分析仪进行测量。采用电桥测试时可采用单桥和双桥测试方法,如图3-7-12和图3-7-13所示。

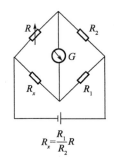 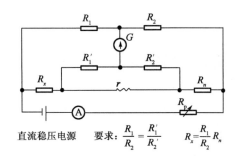

图 3-7-12　单桥　　　　　　　　图 3-7-13　双桥

实际测试时,单桥和双桥测试连接线路如图 3-7-14 所示。先将直流稳压电源电压调到 0V,按图 3-7-14 接线,调节直流稳压电源输出电流调到 0.5A,将 R_1、R_2 设置到恰当的数值,再调节 R 使电桥平衡,记录 R_1、R_2、R,按公式 $R_x=(R_n/R_1)R$ 计算所测试设备的电阻值。

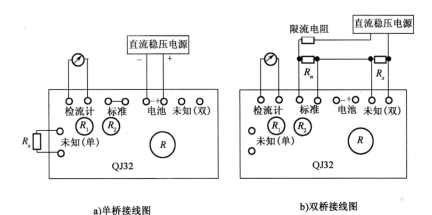

a)单桥接线图　　　　　　　　　　b)双桥接线图

图 3-7-14　电桥测试连接线路

(7)音频电缆串音衰减,采用电缆分析仪或串扰分析仪测量进行测量。方法及步骤如下：
①将串扰分析仪的两端(发送端子和接收端子)分别接在音频电缆的主串通路和被串通路的两个给定点上。
②分别测试出这两点的串音信号电平。
③该两点电平差即为该音频电缆所测两点间的串音衰减。

(8)音频电缆传输误码率。测量时将音频电缆线对一端短接,另一端的线对连接数据传输测试仪,以 64kbit/s 速率进行测量。

第八章

光纤数字传输系统

第一节 基本概念

一、基带传输

在数据通信中,未对载波调制的待传信号称为基带信号,它所占的频带称为基带。基带传输是指一种不搬移基带信号频谱的传输方式,也可理解为,在信道中将基带信号不经过载波调制和解调过程而直接进行传输就称为基带传输。

基带传输系统主要由码波形变换器、发送滤波器、信道、接收滤波器和取样判决器等 5 个功能电路组成。

二、频带传输

频带传输就是将基带信号进行载波调制和解调过程的传输过程。计算机网络的远距离通信通常采用的是频带传输。

基带信号与频带信号的转换是由调制解调技术完成的。

三、光纤数字传输系统的构成

光纤数字传输系统主要包括光发射机、光接收机和光纤,还包括中继器、光纤连接器和耦合器等无源器件。其工作原理如图 3-8-1 所示。发射机把待传输的电信号转换为光信号,接收机把光信号转换为原来的电信号,光纤把发射机发出的光信号传送到接收机。

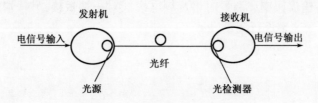

图 3-8-1 光纤数字传输系统工作原理

1. 光发射机(光源)

光发射机是实现电/光转换的光端机,它由光源、驱动器和调制器组成。其功能是用光端机的电信号对光源发出的光波进行调制,成为已调光波,然后再将已调的光信号耦合到光纤或光缆进行传输。

2. 光接收机(光检测器)

光接收机是实现光/电转换的光端机。它由光检测器和光放大器组成,其功能是将光纤或光缆传输来的光信号,经光检测器转变为电信号,再将这微弱的电信号经放大电路放大到足够的电平送至接收端。

3. 光纤或光缆传输介质

光纤或光缆构成光传输通路。其功能是将发送机发出的已调光信号,经过光纤或光缆的远距离传输后,耦合到光接收机的光检测器,完成传送信息任务。

四、PCM 工作原理与系统组成

在光纤通信系统中,光纤中传输的是二进制光脉冲"0"码和"1"码,它由二进制数字信号对光源进行通断调制而产生。而数字信号是对连续变化的模拟信号进行抽样、量化和编码产生的,称为 PCM(pulse code modulation),即脉冲编码调制。如图 3-8-2 所示,PCM 脉冲编码调制就是对模拟信号先抽样,再对样值幅度进行量化、编码的过程。

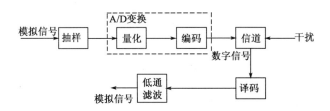

图 3-8-2 PCM 工作原理

PCM 系统构成主要包括模/数变换部分、信道部分(包括传输线路和再生中继器)和数/模变换三部分,如图 3-8-3 所示。

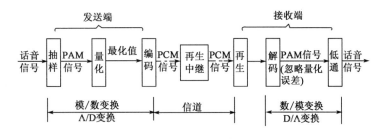

图 3-8-3 PCM 系统构成

1. PDH 工作原理与系统组成

在数字传输系统中有两种数字传输系列,一种叫"准同步数字系列"(Plesiochronous Digital Hierarchy),简称 PDH;另一种叫"同步数字系列"(Synchronous Digital Hierarchy),简称 SDH。

目前世界上有两种 PDH 体系,通常称为欧洲体系和北美、日本体系。我国 PDH 使用的是欧洲体系,其基群速率是 2048kbit/s,按四倍的速率异步复接为 8448kbit/s、34368kbit/s 和 139264kbit/s 速率,如图 3-8-4 所示,它是一级一级复接成高次群的,分接亦需逐级实行,虽然也有跳群复用设备,但在设备内部仍是逐级复接和分接的。

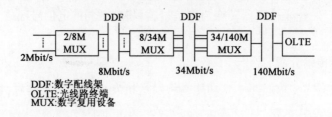

图 3-8-4 PDH 原理图

PDH 是在数字通信网的每个节点上都分别设置高精度的时钟,这些时钟的信号都具有统一的标准速率。这种同步方式严格来说不是真正的同步,所以叫"准同步"。PDH 系列对传统的点到点通信有较好的适应性,但各生产商提供的接口不兼容,不适应大容量传输网的组建。

2. SDH 工作原理与系统组成

SDH 传输系统是在准同步数字系列(PDH)系统的基础上发展起来的,是一种将复接、线路传输及交换功能融为一体,并由统一网管系统操作的综合信息传送网络,是美国贝尔通信技术研究所提出来的同步光网络(SONET)基础上发展起来的,可进行同步数字传输、复用和交叉连接的标准化数字信号的等级网络结构。它通过指针一步即可完成复用或解复用,可以动态改变网络配置,及时适应用户传输功能要求,是目前国内外广泛应用的一种光纤传输技术。其原理如图 3-8-5 所示。

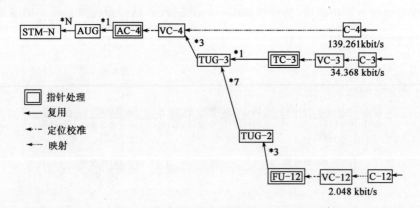

图 3-8-5 SDH 原理图

SDH 采用的信息结构等级称为同步传送模块 STM-N(Synchronous Transport, $N = 1, 4, 16, 64, \cdots$),最基本的模块为 STM-1,四个 STM-1 同步复用构成 STM-4,四个 STM-4 同步复用构成 STM-16;SDH 采用块状的帧结构来承载信息,每帧由纵向 9 行和横向 $270 \times N$ 列字节组成,每个字节含 8bit,整个帧结构分成段开销(Section Over Head,SOH)区、STM-N 净负荷区和管理单元指针(AUPTR)区 3 个区域,其中段开销区主要用于网络的运行、管理、维护及指配以保证信息能够正常灵活地传送,它又分为再生段开销(Regenerator Section OverHead,RSOH)和复用段开销(Multiplex Section OverHead,MSOH)。

SDH 传输系统的基本网络单元包括同步数字交叉连接设备(SDXC)、分/插复用设备(ADM)、同步复用设备(MUX)、同步再生器(REG),共四类网元(图 3-8-6)。

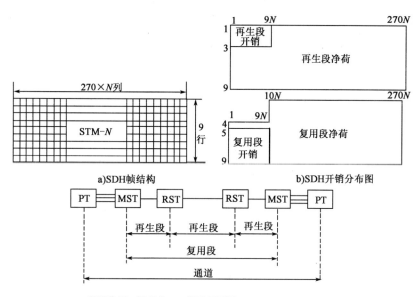

图 3-8-6 SDH 的系统组成

3. 杂波

杂波就是混杂在各种电气(模拟和数字)信号中的不规则波动,如果这些波动达到一定的程度和范围,就会影响系统的正常运行。

实际中,设备本身产生的杂音电压和电流也能够对系统的正常运行产生一定的影响。

4. 数据电路与数据链路

数据电路指的是在线路或信道上加信号变换设备之后,形成的二进制比特流通路,它由传输信道及其两端的数据电路通信设备 DCE(Data Communications Equipment)组成。数据电路是一条通信双方的物理电路(可以是含线传输媒体)段,中间不包含任何交换节点,又称为物理链路或简称链路。它与数据链路是两个不同的概念。

数据链路(datalink)是在数据电路已建立的基础上,是除了物理线路外,还必须有通信协议来控制这些数据的传输。数据链路通过发送方和接收方之间交换"握手"信号,使双方确认后,方可开始传输数据的两个或两个以上的终端装置与互联线路的组合体。所谓"握手"信号是指通信双方建立同步联系、使双方设备处于正确收发状态、通信双方相互核对地址等。加了通信控制器以后的数据电路称为数据链路。链路（link）是一条无源的点到点的物理线路段，中间没有任何其他的交换结点。一条链路只是一条通路的一个组成部分。可见数据链路包括物理链路和实现链路协议的硬件和软件。只有建立了数据链路之后，双方数据终端设备 DTE（Data Terminal Equipment）才可真正有效地进行数据传输。

5. 传输信道

传输信道是数据传输的通道，其定义了在空中接口上数据传输的方式和特性。一般分为两类：专用信道和公共信道。专用信道使用 UE（User Equipment）的内在寻址方式；公共信道如果需要寻址，必须使用明确的 UE 寻址方式。

6. 调制与解调

计算机在发送数据时，先由调制解调器（Modem）把数字信号转换为相应的模拟信号，这个过程称为"调制"。经过调制的信号通过电话载波传送到另一台计算机之前，也要经由接收方的调制解调器负责把模拟信号还原为计算机能识别的数字信号，这个过程称为"解调"。

在通信系统中，将原始信号变换成其频带适合信道传输的信号，并在接收端进行反变换将原始信号还原，这种变换和反变换通常称为调制和解调。经过调制的信号称为已调信号，具有携带消息和适应在信道中传输两个基本特征。

7. 同步

在数字通信系统中，传送的信号都是数字化的脉冲序列，这些数字信号流在数字交换设备之间传输时，其速率必须完全保持一致，才能保证信息传送的准确无误，这叫"同步"。

同步是指两个或多个信号之间，在频率或相位上保持某种严格的特定关系。最简单的关系就是频率相等。

在通信术语中，同步、同步的网络、同步网定义为：

同步（Synchronization）：两个或多个时钟具有相同的长期频率准确度。

同步的网络（Network Synchronization）：该网络中所有正常运行条件下的时钟，具有相同的长期频率准确度。

同步网（Synchronization Network）：提供基准定时信号的网络。同步网是一种支撑网，由同步链路连接同步网节点组成。

8. 差错控制

差错控制是一种保证接收的数据完整、准确的方法。由于通信线路上总有噪声存在，噪声和有用信息中的结果，就会出现差错。差错控制方式基本上分为两类，一类称为"反馈纠错"，另一类称为"前向纠错"。在这两类基础上又派生出一种，称为"混合纠错"。

（1）反馈纠错

反馈纠错方式是发信端采用某种能发现一定程度传输差错的简单编码方法，对所传信息进行编码，加入少量监督码元，在接收端则根据编码规则收到的编码信号进行检查，一旦检测出(发现)有错码时,即向发信端发出询问的信号,要求重发。发信端收到询问信号时,立即重发已发生传输差错的那部分信息,直到正确收到为止。所谓发现差错是指在若干接收码元中知道有一个或一些是错的,但不一定知道错误的准确位置。

(2)前向纠错

前向纠错方式是发信端采用某种在解码时能纠正一定程度传输差错的较复杂的编码方法,使接收端在收到信码中不仅能发现错码,还能够纠正错码。

(3)混合纠错

混合纠错方式是少量纠错在接收端自动纠正,差错较严重,超出自行纠正能力时,就向发信端发出询问信号,要求重发。因此,"混合纠错"是"前向纠错"及"反馈纠错"两种方式的混合。

对于不同类型的信道,应采用不同的差错控制技术,否则就将事倍功半。反馈纠错可用于双向数据通信,前向纠错则用于单向数字信号的传输,例如广播数字电视系统,因为这种系统没有反馈通道。

9. 并行通信与串行通信

并行通信是把一个字符的各数位用几条线同时进行传输,传输速度快,信息率高。并行通信比串行通信所用的电缆多,故常用在传输距离较短(几米至几十米)、数据传输率较高的场合。

串行通信是指数据一位一位地依次传输,每一位数据占据一个固定的时间长度,适用于计算机与计算机、计算机与外设之间的远距离通信。使用串口通信时,发送和接收到的每一个字符实际上都是一次一位地传送的,每一位为1或者为0。

10. 异步传输与同步传输的概念

异步传输是一次只传输一个字符,每个字符用一位起始位引导、一位停止位结束。起始位为"0",占一位时间;停止位为"1",占1~2位的持续时间。在没有数据发送时,发送方可发送连续的停止位(又称空闲位)。接收方根据"1"至"0"的跳变来判别一个新字符的开始,然后接收字符中的所有位。这种通信方式简单便宜,但每个字符有2~3位的额外开销。

同步传输是一次传输一个数据帧块,为使接收方能判定数据块的开始和结束,须在每个数据块的开始处和结束处各加一个帧头和一个帧尾,加有帧头、帧尾的数据称为一帧(Fram)。帧头和帧尾的特性取决于数据块是面向字符的还是面向位的。

11. 单工、半双工、全双工

单工数据传输只支持数据在一个方向上传输,即只能发送或者只能接收数据;半双工数据传输允许数据在两个方向上传输,既可以接收也可以发送数据,但是,在某一时刻,只允许数据在一个方向上传输,它实际上是一种切换方向的单工通信;全双工数据通信允许数据同时在两个方向上传输,能同时接收数据和发送数据,因此,全双工通信是两个单工通信方式的结合,它要求发送设备和接收设备都有独立的接收和发送能力。

第二节　公路光纤数字传输系统工程安装质量及检验评定标准

公路光纤数字传输系统工程安装质量及检验评定依据《公路工程质量检验评定标准　第二册　机电工程》(JTG F80/2—2004),主要内容如下。

一、基本要求

(1)光纤数字传输系统通信机房应整洁、通风、照明良好。

(2)光纤数字传输系统所有设备(包括机架、槽道、列柜及成端用光电缆)的配置、数量、型号规格符合设计要求,部件完整。

(3)通信机房的防雷、水暖、供电、通信电源、空调通风、照明等辅助设施安装调试完毕,并通过相关专业的验收。

(4)光纤数字传输系统所有设备安装调试完毕,系统处于正常运转工作状态。

(5)隐蔽工程验收记录、分项工程自检和设备及系统联调记录、有效的设备检验合格报告或证书等资料齐全。

二、实测项目及检测方法

实测项目及检测方法见《公路工程质量检验评定标准　第二册　机电工程》(JTG F80/2—2004)中表3.2.2。

三、外观鉴定

(1)槽道、机架(包括子架、DDF、ODF)及设备布局合理、安装稳固;机架横竖端正、排列整齐;拼装螺钉紧固、余留长度一致。

(2)设备安装后表面光泽一致、无划伤、无刻痕、无剥落、无锈蚀;部件标识正确、清楚。

(3)电缆及光纤连接线路由和位置正确、布放整齐符合施工工艺要求。

(4)光纤连接线在槽道内保护措施得当;分线正确、编扎排列整洁、工艺符合要求;在光配线架上路由走向正确、标识清楚、布放工艺符合要求。

(5)数字配线架上跳线的规格程式符合要求、路由走向正确、标识清楚、布放工艺符合规范要求。

(6)同轴电缆的成端余留长度统一、芯线焊接及端头处理得当、符合工艺要求。

(7)数字配线架、光配线架内布线整齐、美观;绑扎牢固、成端符合规范要求;编号标识清楚,预留长度适当。

(8)设备连接用连接线、跳线(纤)符合设计要求,长度规整统一、标识清楚。

四、几个定义及检测方法

(1)系统接收光功率。$P_1 \geq P_R + M_c + M_e$。其中,P_1是系统接收光功率,一般用 dBm 表示;

P_R是灵敏度;M_c是光缆富余度;M_e是设备富余度。

（2）平均发送光功率是指在正常工作条件下，光端机光源尾纤输出的平均光功率，也称入纤平均光功率。平均发送光功率与实际的光纤线路有关，其评定标准应符合设计要求和出厂检验的要求。

（3）光接收灵敏度是指在给定的误码率（1×10^{-10}）的条件下，光接收机所能接收的最小平均功率，表示 SDH 网元光接收机接收微弱信号的能力，是光接口的一个重要参数。其应符合设计要求和出厂检验的要求。

（4）误码指标（2M 电口）是指在一个相当长的时间间隔内，传输码流中出现的误码的概率。常用指标比特误差比率（Bit Error Rate）BER$\leq1\times10^{-11}$，误码秒比率（Error Second Ratio）ESR$\leq1.1\times10^{-5}$，严重误码秒比率（Severely Error Second Ratio）SESR$\leq5.5\times10^{-7}$，背景块误码比（Background Block Error Ratio）BBER$\leq5.5\times10^{-8}$。具体评定标准如下。

①SDH 网络全程端到端 27500km 假设参考通道的误码性能指标符合表 3-8-1 的规定。

全程端到端误码性能指标 表 3-8-1

速率（kbit/s）	2048	34368/44736	139264/155520	622080	2488320
ESR	0.04	0.075	0.16	待定	待定
SESR	0.002	0.002	0.002	0.002	0.002
BBER	2×10^{-4}	2×10^{-4}	2×10^{-4}	1×10^{-4}	1×10^{-4}

②6800km 数字通道的误码性能（长期系统指标）应不劣于表 3-8-2 的指标（测试时间不少于 1 个月）。

6800km 数字通道的误码性能（长期系统指标） 表 3-8-2

速率（kbit/s）	2048	34368/44736	139264/155520	622080	2488320
ESR	1.63×10^{-3}	3.06×10^{-3}	6.53×10^{-3}	待定	待定
SESR	8.16×10^{-5}	8.16×10^{-5}	8.16×10^{-5}	8.16×10^{-5}	8.16×10^{-5}
BBER	8.16×10^{-6}	8.16×10^{-6}	8.16×10^{-6}	4.08×10^{-6}	4.08×10^{-6}

③实际通道误码应按表 3-8-2 指标乘以实际通道长度，与 6800km 之比进行计算。

④420km 假设参考数字段误码性能（长期系统指标）应不劣于表 3-8-3 的指标（测试时间不少于 1 个月）。

420km 假设数字段的误码性能（长期系统指标） 表 3-8-3

速率（kbit/s）	2048	34368/44736	139264/155520	622080	2488320
ESR	2.02×10^{-5}	3.78×10^{-5}	8.06×10^{-5}	待定	待定
SESR	1.01×10^{-6}	1.01×10^{-6}	1.01×10^{-6}	1.01×10^{-6}	1.01×10^{-6}
BBER	1.01×10^{-7}	1.01×10^{-7}	1.01×10^{-7}	5.04×10^{-8}	5.04×10^{-8}

⑤实际数字段误码应按表 3-8-3 指标乘以实际数字段长度与 420km 之比进行计算，实际数字段长度小于 30km 的应按 30km 计算。

⑥6800km 数字通道的误码性能（短期系统指标）应不劣于表 3-8-4 的指标（测试时间不少于 24h）。

6800km 数字通道段的误码性能(短期系统指标)　　表 3-8-4

速率 (kbit/s)	2048			34368/44736			139264/155520			622080			2488320		
	S1	S2	BISPO7	S1	S2	BISPO7	S1	S2	BISPO7	S1	S2	BISPO7	S1	S2	BISPO7
ES	43	74	411	89	131	771	204	266	645	*	*	*	*	*	*
SES	0	6	21	0	6	21	0	6	21	0	6	21	0	6	21

⑦工程数字段的误码性能(短期系统指标)应不劣于表 3-8-5 的指标(测试时间不少于 24h)。

工程数字段的误码性能(短期系统指标)　　表 3-8-5

速率 (kbit/s)	2048			34368/44736			139264/155520			622080			2488320		
	S1	S2	BISPO7	S1	S2	BISPO7	S1	S2	BISPO7	S1	S2	BISPO7	S1	S2	BISPO7
ES	0	1	NA	0	1	NA	0	2	5	*	*	*	*	*	*
SES	0	1	NA	0	1	NA	0	1	0	0	1	0	0	1	0

(5)电接口允许比特容差。具体指标及其评定标准见表 3-8-6 的相关规定。

电接口允许比特容差评定标准　　表 3-8-6

标称比特率(kbit/s)	比特率容差($\times 10^{-6}$)	码型
2048	±50	HDB3
34368	±20	HDB3
139264	±15	CMI
155520	±20	CMI

(6)输入抖动容限。数字信号单元脉冲的有效瞬时对其理想时间位置的短时非积累性偏离叫抖动,偏离的时间范围叫抖动幅度,偏离时间间隔对时间的变化率叫抖动频率。数字信号单元脉冲超前与滞后其理想位置之差的最大值称为峰峰抖动,常用 J_{p-p} 表示,单位为 UI,即单位间隔。具体指标及其评定标准如下。

①SDH 网络接口抖动性能。

a. SDH 网络接口允许的最大输出抖动(滤波器频率按 20dB/10 倍频程滚降,低频部分按 -60dB/10 倍频程滚降,测试时间为 60s)。SDH 网络输出口的最大允许输出抖动,应不超过表 3-8-7 中规定的数值。数字段输出口的最大允许输出抖动,应不超过表 3-8-7 括号中规定的数值。

SDH 网络输出口的最大允许输出抖动　　表 3-8-7

速率 (kbit/s)	网络接口限值		测量滤波器参数		
	B1UI$_{p-p}$ $f_1 \sim f_4$	B2UI$_{p-p}$ $f_3 \sim f_4$	f_1(Hz)	f_3(kHz)	f_4(MHz)
STM-1(电)	1.5(0.75)	0.075(0.075)	500	65	1.3
STM-1(光)	1.5(0.75)	0.15(0.15)	500	65	1.3
STM-4(光)	1.5(0.75)	0.15(0.15)	1000	250	5
STM-16(光)	1.5(0.75)	0.15(0.15)	5000	1000	20

注:STM-1 1UI = 6.43ns,STM-4 1UI = 1.61ns,STM-16 1UI = 0.402ns。

b. SDH 设备 STM-N 输入口的抖动和漂移容限。SDH 设备 STM-N 输入口允许的正弦调制输入抖动和漂移,应符合图 3-8-7 和表 3-8-8 规定的要求。

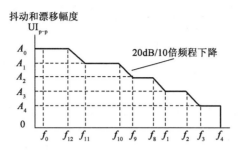

图 3-8-7　STM-N 设备输入口输入抖动和漂移容限(SDH)

SDH 设备 STM-N 输入口输入抖动和漂移容限的参数　　　表 3-8-8

STM 等级	抖动幅度(UI_{p-p})					频率							
	A_0 (18μs)	A_1 (2μs)	A_2 (0.25μs)	A_3	A_4	f_0 (Hz)	f_{12} (Hz)	f_{11} (Hz)	f_{10} (Hz)	f_9 (Hz)	f_8 (Hz)	f_1 (Hz)	f_2 (kHz)	f_3 (kHz)	f_4 (MHz)
STM-1(电)	2800	311	39	1.5	0.15	1.2×10^{-5}	1.78×10^{-4}	1.6×10^{-3}	1.56×10^{-2}	0.125	19.3	500	6.5	65	1.3
STM-1(光)	2800	311	39	0.075	0.15	1.2×10^{-5}	1.78×10^{-4}	1.6×10^{-3}	1.56×10^{-2}	0.125	19.3	500	3.25	65	1.3
STM-4(光)	11200	1244	156	1.5	0.15	1.2×10^{-5}	1.78×10^{-4}	1.6×10^{-3}	1.56×10^{-2}	0.125	9.65	1000	25	250	5
STM-16(光)	44790	4977	622	1.5	0.15	1.2×10^{-5}	1.78×10^{-4}	1.6×10^{-3}	1.56×10^{-2}	0.125	12.1	5000	100	1000	20

②PDH/SDH 网络边界的抖动性能。

a. 由 SDH 网络传送的 PDH 信号在 PDH/SDH 网络边界,应符合原有 PDH 网络的抖动性能要求。

b. PDH 网络输出口的最大允许输出抖动,应不超过表 3-8-9 中规定的数值(滤波器频率响应按 20dB/10 倍频程滚降,测试时间为 60s)。

PDH 输出口的最大允许输出抖动　　　表 3-8-9

速率 (kbit/s)	网络接口限值		测量滤波器参数		
	$B1UI_{p-p}$ $f_1 \sim f_4$	$B2UI_{p-p}$ $f_3 \sim f_4$	f_1 (MHz)	f_3 (Hz)	f_4 (kHz)
2048	1.5	0.2	20	18	100
34368	1.5	0.15	100	10	800
44736	5.0	0.1	10	30	400
139264	1.5	0.075	200	10	3500

c. SDH 设备 PDH 支路输入口的抖动和漂移容限。SDH 设备 PDH 支路输入口允许的正弦调制输入抖动和漂移,应符合图 3-8-8 和表 3-8-10 规定的要求。

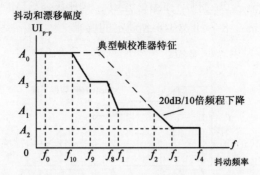

图 3-8-8 STM 设备 PDH 支路输入口输入抖动和漂移容限(PDH)

SDH 设备 PDH 支路输入口输入抖动和漂移容限的参数　　表 3-8-10

速率 (kbit/s)	抖动幅度(UI_{p-p})				频　率							伪随机测试信号
	A_0 (μs)	A_1 (UI)	A_2 (UI)	A_3 (μs)	f_0 (Hz)	f_{10} (Hz)	f_9 (Hz)	f_8 (Hz)	f_1 (Hz)	f_2 (kHz)	f_3 (kHz)	f_4 (kHz)	
2048	18	1.5	0.2	8.8	1.2×10^{-5}	4.88×10^{-3}	0.01	1.667	20	2.4	18	100	2E15－1
34368	4	1.5	0.15	1	0.01	0.032	0.13	4.4	100	1.0	10	800	2E15－1
44736	18	5.0	0.1	∗	∗	1.2×10^{-5}	∗	∗	10	0.6	30	400	2E20－1
139264	4	1.5	0.075	1	0.01	0.032	0.13	2.2	200	0.5	10	3500	2E23－1

注:1.表中∗待定。

2.2048kbit/s 速率下 f_8、f_9、f_{10} 的数值是指不携带同步信号的 2048kbit/s 接口特性。

3.2048kbit/s1UI=488ns,34386kbit/s1UI=29.1ns。
44736kbit/s1UI=22.4ns,139264it/s1UI=7.18ns。

(7)输出抖动。具体指标评定及其标准见表 3-8-7 规定。

(8)2M 支路口漂移指标。在 24h 内,2M 支路口的最大时间间隔误差 MTIE≤18μs(24h);在 40h 内,2M 支路口滑动不应大于 1 次。在 SDH 网络中任何 STM-N 接口上的漂移限值以最大时间间隔误差(MTIE)来规范,应符合表 3-8-11 的要求。

STM-N 接口上的漂移限值　　表 3-8-11

MTIE(μs)	观察时间 t(s)	MTIE(μs)	观察时间 t(s)
$7.5t$	$t \leqslant 1/30$	$5 \times 10^{-3}t + 2$	$17.5 < t \leqslant 1200$
$0.1t + 0.25$	$1/30 < t \leqslant 17.5$	$1 \times 10^{-5}t + 8$	>1200

(9)音频电路和低速数据电路测试。通路电平、衰减频率失真、增益变化、信道噪声、总失真、路基串话等指标符合设计要求。

(10)安全管理功能。安全管理功能应能拒绝未经授权的人进入网管系统,并对试图接入的申请进行实时监控。

(11)自动保护倒换功能。具备工作环路故障或大误码时自动倒换到备用线路的功能。

五、主要项目测试方法

(1)系统设备安装连接的可靠性。由现场检测人员采用橡皮锤轻轻敲击设备基架和网管计算机主机的配线背板 15min 后,观察系统是否无告警、无误码。

(2)接地连接的可靠性。由现场检测人员采用万用表测量和目测检查的方法进行检测。

(3)系统接收光功率是指系统在接收机处耦合到光纤的伪随机数据序列的功率在 R 参考点上的测试值。采用光功率计测试,每个监控中心(站)检测 1 个光口。测试示意图如图 3-8-9 所示。

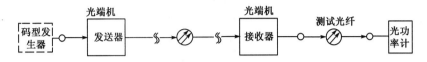

图 3-8-9　接收光功率检测

接收光功率测试方法及步骤如下:

①按测试配置图连接好设备。

②对于 SDH 设备输入口一般不需要送信号;如果需要送信号,按输入的速率等级选择适当的伪随机序列,向输入口送入测试信号。

③从接收器连接器取出线路光纤插头,用测试光纤分别插入接收器端连接器和光功率计连接器。

④核对激光器的偏置电流(或输入功率)及温度,确认在正常的工作状态。

⑤将光功率计设置在被测光波长上,待输出功率稳定,从光功率计读出系统接受光功率的测试值。

(4)平均发送光功率。应符合设计要求和出厂检验的要求。采用光功率计测试,每个监控中心(站)每个传送级别各检测 1 个光口(STM1、STM4、STM16)。测试示意图如图 3-8-10 所示。

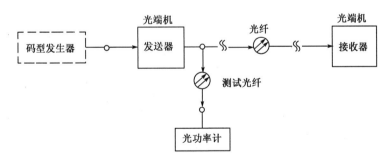

图 3-8-10　发送光功率检测

平均发送光功率测试方法及步骤如下:

①按测试配置图连接好设备。

②对于 SDH 设备输入口一般不需要送信号;如果需要送信号,按输入的速率等级选择适当的伪随机序列,向输入口送入测试信号。

③从光传输设备的发送器连接器取出线路光纤插头,用测试光纤分别插入发送器端连接器和光功率计连接器。

④核对激光器的偏置电流(或输入功率)及温度,确认在正常的工作状态。

⑤将光功率计设置在被测光波长上,待输出功率稳定,从光功率计读出平均发送光功率。

(5)光接收灵敏度。应符合设计要求和出厂检验的要求。采用光功率计和误码仪测试。每个监控中心(站)每个传送级别各1个光口(STM1、STM4、STM16)。测试示意图如图3-8-11所示。

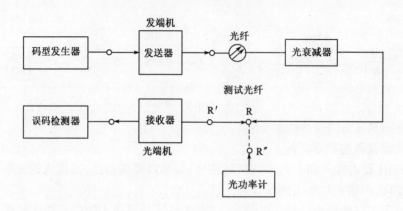

图3-8-11 光接收灵敏度检测

光接收灵敏度测试方法及步骤如下:

①按测试配置图连接好设备,图中的图案发送和误码检测分别是通信性能分析仪的发送和接收部分。

②分析仪向发送器输入接口选择传送适当速率等级的伪随机二元序列(PRBS),对应关系见表3-8-12。

比特率、容差、测试用 PRBS 表3-8-12

比特率(kbit/s)	容　　差	测试用 PRBS
2048(VC-12)	$\pm 50 \times 10^{-6}(2048000 \pm 103\text{bit/s})$	$2^{15}-1$
34368(VC-12)	$\pm 50 \times 10^{-6}(34368000 \pm 688\text{bit/s})$	$2^{23}-1$
139264(VC-4)	$\pm 50 \times 10^{-6}(139264000 \pm 2089\text{bit/s})$	$2^{23}-1$
155520(VC-4)	$\pm 50 \times 10^{-6}(155520000 \pm 3111\text{bit/s})$	$2^{23}-1$

③逐渐增大光衰减器的光衰减值,使连接到光接收器输出口的误码检测器测到的误码尽量接近,但不大于规定的 BER;在工程中多采用误码判决法,即测试时先增大光衰减器的光衰减值,使误码检测器初次出现误码,再逐渐减小光衰减值,使误码检测器刚刚不出现误码,并观察2min。

④稳定观察后,断开接收侧的活动连接器,将光衰减器与光功率计相连,此时测得的光功率即为光接收机灵敏度。

(6)误码指标(2M 电口)。具体指标评定标准有:比特误差比率(Bit Error Rate)BER = 1×10^{-11},误码秒比率(Error Second Ratio)ESR = 1.1×10^{-5},严重误码秒比率(Severely Error Second Ratio)SESR = 5.5×10^{-7},背景块误码比(Background Block Error Ratio)BBER = 5.5×10^{-8}。采用误码仪进行测试,每块2M 电路板抽测3条2M 支路。1个支路测试时间24h,其他支路15min。允许将多条支路串接起来测试。测试示意图如图3-8-12所示。

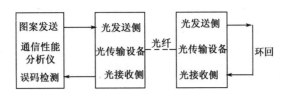

图 3-8-12 误码指标检测

误码测试方法及步骤如下：

①按测试配置图连接好设备。

②按输入的速率等级选择适当的伪随机序列，向输入口送入测试信号。

③先测试 15min，作为一个周期，如果没有出现任何异常，则确认系统正常；若在此周期内出现误码或其他异常，应重复测试一个周期，最多测试至第三个周期，如果出现异常，则系统需要查明原因，进行调试。

④如果需要长期考察系统性能指标，按指标要求设置观测时间（如 24h）。工程上对光纤通信系统的测试中，检测到的 ONU 误码性能合格的基础上，常常对网络的 OLT 做 24h 误码测试。我国标准中，采用的是连续 24h 无误码的要求。

（7）电接口允许比特容差。采用 PDH/SDH 通信性能分析仪进行测试。测试目的：通常用于检测光传输设备输入口 PDH 速率的抗频偏能力。

比特容差测试方法：连接和设置同误码测试，在通信性能分析仪的输出口设置频偏，在不发生误码时频偏的最大值为测试结果。

（8）输入抖动容限。采用 PDH/SDH 通信性能分析仪进行测试。输入抖动容限测试方法及步骤如下：

①按测试配置图（与误码测试基本相同）连接好设备（一般采用具有自动测试输入抖动和漂移容限功能的仪表），确认系统工作正常。

②根据被测支路输入口速率等级，选择适当的 PRBS 测试信号，并向输入口送入测试信号。

③在测试仪表上设置选用模板（输入抖动容限图）。

④用误码检测仪监视与被测输入口相关的输出口，当输入抖动在容限图以下强度时，设备不应出现误码。

⑤测试完毕时，观察仪表上的测试曲线与容限图的对比结果。

（9）输出抖动。采用 PDH/SDH 通信性能分析仪进行测试。输出抖动测试方法及步骤如下：

①按测试配置图（与误码测试示意图基本相同）连接好设备。

②按被测接口速率等级，按照标准要求设置带通滤波器（通常由一个高通滤波器和一个低通滤波器叠加构成），分别测试。

③连续测试不少于 60s 的时间，读出最大抖动峰峰值。

（10）2M 支路口漂移指标。在 24h 内，2M 支路口的最大时间间隔误差 MTIE≤18μs（24h）；在 40h 内，2M 支路口滑动不应大于 1 次。应选择在传输链路最长或定时链路经过网元最多、通过不同步边界的 2M 链路上进行测试。

(11)音频电路和低速数据电路测试。通路电平、衰减频率失真、增益变化、信道噪声、总失真、路基串话等指标符合设计要求。采用 PCM 话路特性仪测试。

(12)安全管理功能。安全管理功能应能拒绝未经授权的人进入网管系统,并对试图接入的申请进行实时监控。由现场检测人员通过实际操作的方法进行检测。

(13)自动保护倒换功能。具备工作环路故障或大误码时自动倒换到备用线路的功能。由现场检测人员通过实际操作测试一个环路的方法进行检测。

(14)远端接入功能。具备通过网管添加或删除远端模块的功能。由现场检测人员通过实际操作的方法进行检测。

(15)配置功能。能对网元部件进行增加或删除配置,并以图形方式显示当前配置。由现场检测人员通过实际操作的方法进行检测。

(16)公务电话功能。应能配置公务电话,并且声音清楚。由现场检测人员通过实际操作的方法进行检测。

(17)网络性能监视功能。能实时采集分析网络误码等性能参数。由现场检测人员通过实际操作的方法进行检测。

(18)激光器自动关断功能。无光输入信号时应能自动关断。由现场检测人员通过实际操作测试备用板的发光口。

(19)故障定位功能。能模拟系统常见故障类型,并且能对故障进行准确定位。由现场检测人员通过实际操作的方法进行检测。

(20)信号丢失告警。在信号丢失时能实时产生告警提示。由现场检测人员通过实际操作的方法进行检测。

(21)电源中断告警。电源中断时能实时产生告警提示。由现场检测人员通过实际操作的方法进行检测。

(22)帧失步告警。帧失步时,能实时产生帧失步告警提示。由现场检测人员通过实际操作的方法进行检测。

(23)AIS 告警。具备告警指示信号功能。由现场检测人员通过实际操作的方法进行检测。

(24)64kbit/s 输入信号消失告警。64kbit/s 输入信号消失时,能实时产生告警提示。由现场检测人员通过实际操作的方法进行检测。

(25)参考时钟丢失告警。参考时钟丢失时,能实时产生告警提示。由现场检测人员通过实际操作的方法进行检测。

(26)指针丢失告警。指针丢失时,能实时产生告警提示。由现场检测人员通过实际操作的方法进行检测。

(27)远端接收失效 FERF 告警。远端接收信号失效时,能实时产生告警提示。由现场检测人员通过实际操作的方法进行检测。

(28)远端接收误码 FEBE。远端接收到误码时,能实时产生误码告警提示。由现场检测人员通过实际操作的方法进行检测。

(29)电接口复帧丢失(LOM)。电接口复帧丢失时,能实时产生告警提示。由现场检测人员通过实际操作的方法进行检测。

(30)信号劣化($BER > 1 \times 10^{-6}$)。信号劣化时,能实时产生告警提示。由现场检测人员通过实际操作的方法进行检测。

(31)信号大误码($BER > 1 \times 10^{-3}$)。信号传输发生大误码率时,能实时产生告警提示。由现场检测人员通过实际操作的方法进行检测。

(32)环境检测告警。具备环境指标检测功能,当检测到环境指标异常时,能实时产生告警提示。由现场检测人员通过实际操作的方法进行检测。

(33)机盘失效告警。机盘失效时,具备自动倒换功能,并能产生告警提示。由现场检测人员通过实际操作的方法进行检测。

第九章

数字程控交换系统

第一节 概 述

作为整个路网语音传输平台,高速公路数字程控交换系统包括高速公路业务电话系统、指令电话系统、与电信连接的对外电话系统,以及移动通信的接入系统。该系统主要为高速公路沿线各管理部门提供业务电话(BT)和指令电话(CT)等通信业务。

一、定义与组成

高速公路数字程控交换系统是以计算机平台为基础、以局域网为技术支撑,采用客户机/服务器方式的控制结构,具备灵活的组网能力和呼叫处理能力,具有高可靠性、良好的兼容性和可扩展性的电话业务系统。

数字程控交换系统通常由交换网络、接口子系统和控制子系统3部分组成。从硬件接口来看,其主要由话路系统、控制系统和网络交换机组成,如图3-9-1所示。

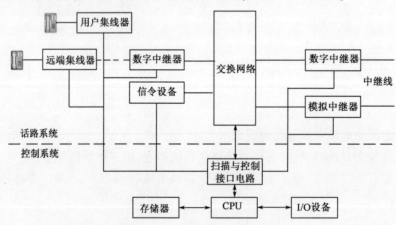

图3-9-1 数字程控交换机硬件结构

(1)接口子系统的作用是将来自不同终端(如电话机、计算机等)或其他交换系统的各种传输信号,转换成统一的数字程控交换系统内部的工作信号,并按信号的性质分别将信令传送给控制系统,将消息传送给交换网络。

(2)交换网络的任务是实现输入输出线上信号的传递或接续。

(3)控制系统负责处理信令,按信令的要求控制交换网络完成接续,通过接口发送必要的信令、协调整个数字程控交换系统的工作以及配合协调整个电信网的运行等。

数字程控交换系统按照不同的信息传递方式,可分为:

模拟交换系统:以模拟信号交换设备为主体。空分式电子交换和脉幅调制(PAM)的时分式设备都属于这一类的电子交换设备。

数字交换系统:以数字信号交换设备为主体。常用的有数字信号为脉冲编码调制(PCM)的信号和对PCM信号进行交换的数字交换设备。目前,最具有代表性的是数字程控交换系统,采用计算机常用的"存储程序控制"方式来控制整个交换工作。

二、功能与作用

目前,在公路专用通信网中,数字程控交换系统发挥着重要作用,为公路运营管理提供了高效的通信服务,不仅能够完成基本的点对点的话音、传真、图像等数据的传输,还提供了一点对多点的指令电话、电话会议等特殊服务。

第二节 高速公路数字程控交换系统安装质量及检验评定标准

数字程控交换系统安装质量及检验评定依据《公路工程质量检验评定标准 第二册 机电工程》(JTG F80/2—2004),主要内容如下。

一、基本要求

(1)数字程控交换系统通信机房应整洁,通风、照明、环境温湿度条件良好。
(2)交换设备、辅助设备、控制台及各种电路板的数量、型号及安装位置符合要求。
(3)设备及其辅助设备安装牢固、标志齐全。
(4)设备的各种开关置于指定位置。
(5)设备的各级熔丝规格符合要求。
(6)列架、机架及各种配线架接地良好。
(7)设备内部的电源布线无接地现象。
(8)所有设备安装连接到位,并经过严格的系统检查,稳定性达到要求。
(9)隐蔽工程验收记录、分项工程自检和设备及系统联调记录、有效的设备检验合格报告或证书等资料齐全。

二、实测项目及检测方法

实测项目及检测方法见表3-9-1。

数字程控交换系统实测目录　　　　　　　　表3-9-1

项次	检查项目	技术要求	检查方法
1	△工作电压	−57~−40V	用万用表实测

续上表

项次	检查项目	技术要求	检查方法
2	系统再启动功能	系统紧急关机后启动或作系统倒换后,系统应能恢复正常运行	实际操作
3	△修改用户号码功能	用软件修改后,不影响原话机的连接通信功能	实际操作
4	△修改单个用户的号码属性	用软件修改后,不影响原话机的连接通信功能	实际操作
5	修改用户数限	主要对用户的长途呼叫进行限制	实际操作
6	计费功能	能修改费率,并打印显示费额和通话记录	实际操作
7	话务管理	自动记录话务信息	实际操作
8	△故障诊断、告警	故障告警	模拟故障
9	系统交换功能	本局呼叫、出入局呼叫、新业务等功能	实际操作
10	△指令电话功能	使用数字程控交换机特殊功能,建立一点对多点的快速通话功能	实际操作
11	局内障碍率	$\leq 3.4 \times 10^{-4}$	模拟呼叫器
12	接通率	$>99.96\%$	模拟呼叫器
13	处理能力(BHCA)	系统达到 BHCA 值是对人机命令的响应 90% 均应在 3s 以内	模拟呼叫器

注:标注"△"的项目为关键项目。

三、外观鉴定

(1)槽道、机架及设备布局合理、安装稳固;机架横竖端正、排列整齐,符合设计要求;拼装螺钉紧固、余留长度一致。

(2)设备安装后表面光泽一致、无划伤、无刻痕、无剥落、无锈蚀;部件标识正确、清楚。

(3)电缆及光纤连接线路由和位置正确、布放整齐符合施工工艺要求。

(4)电缆在槽道内保护措施得当;分线正确、编扎排列整洁、工艺符合要求;在配线架上路由走向正确、标识清楚、布放工艺符合要求。

(5)配线架上跳线的规格程式符合要求、路由走向正确、标识清楚、布放工艺符合规范要求。

(6)同轴电缆的成端余留长度统一、芯线焊接及端头处理得当、符合工艺要求。

(7)配线架内布线整齐、美观;绑扎牢固、成端符合规范要求;编号标识清楚,预留长度适当。

(8)设备连接用连接线、跳线(纤)符合设计要求,长度规整统一、标识清楚。

四、几个主要参数检测方法

1. 数字程控交换系统的交换功能

采用实际操作的方法进行测试。用模拟呼叫器向被测交换系统进行呼叫,加入相等的收、发呼叫量,累计呼叫成功次数。

2. 数字程控交换系统接通率

采用模拟呼叫器进行测试,测试连接如图 3-9-2 所示。方法及步骤如下:

(1)按接线要求,正确连接模拟呼叫器端口与待测交换机。

(2)设置呼叫参数,并为模拟呼叫器各端口设置呼叫号码和呼叫顺序。

(3)进入测试界面开始测试。

(4)达到总呼叫次数,停止测试,记录模拟呼叫次数和呼叫错误数。

(5)计算呼损率或接通率。

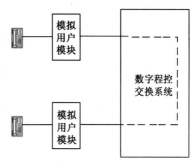

图 3-9-2　程控交换系统测试

3. 局内障碍率

采用模拟呼叫器进行局内障碍率的测试,测试方法及步骤如下:

(1)按接线要求,正确连接模拟呼叫器端口与局内待测交换机。

(2)设置呼叫参数,并为模拟呼叫器各端口设置呼叫号码和呼叫顺序。

(3)进入测试界面开始测试。

(4)达到总呼叫次数,停止测试。

(5)记录模拟呼叫次数和呼叫障碍次数,并计算局内障碍率。

第十章

紧急电话系统

第一节 概　　述

一、功能与作用

紧急电话系统是沿高等级公路设置的应急通信设施,是高速公路使用者主动向高速公路运营管理单位呼叫救援的重要手段。一般公路根据情况选择使用,在公路发生交通事故、车辆出现故障或遇到其他紧急情况时,能提供紧急通话业务。使用人员可以通过外场紧急电话机与紧急电话控制台直接通话,以便得到有关方面的帮助和处理。

二、分类与组成

紧急电话系统分为有线式和无线式两大类。无线式又分为模拟式无线方式和基于 GSM 或 CDMA 网络的数字方式。

公路紧急电话系统一般由三部分组成:主机(控制中心设备)、路侧基础和报警分机(受话器和送话器),以及通信线路(传输介质)。传输介质可采用电缆或光缆。

控制中心设备由主控设备、打印机和防雷配线模块组成。主控设备主要包括主控机、值班话机、录音单元(可含于主控机内)。

第二节 技 术 要 求

紧急电话系统的主要产品质量评定标准为《高速公路有线紧急电话系统》(GB/T 19516—2017),其主要技术要求如下,试验方法详见 GB/T 19516—2017。

一、主要功能

本系统是供公路使用者处于困境中求援时所使用,具有以下主要功能:
(1)接受求援者的呼叫申请;
(2)自动判断求援者的呼叫位置;
(3)使话务员与求援者进行全双工通话;

(4)对呼叫进行统计处理;
(5)对通话进行录音,可存储的录音时长应大于2000h;
(6)自检功能。

二、主要性能

系统应具有同时接听至少两台路侧分机呼叫的能力。

任何一台或多台路侧分机故障均不能影响其他路侧分机的正常工作。

呼叫、通话过程中,要求应无嗡嗡声、沙沙声及振鸣、啸叫等杂音。

1. 控制台

1)工作条件

(1)安装环境:机房内。

(2)电源适应性、环境适应性、电气安全性按照《公路机电系统设备通用技术要求及检测方法》(JT/T 817)中对机房内机电设备的技术要求执行。

2)功能要求

(1)通话处理

①接收路侧分机的呼叫,识别呼叫分机的位置,以振铃音和显示方式给出提示;

②当同时有多个呼叫,应能接受每一个呼叫,并对其进行排队处理;

③可对任一通话进行自动录音,并可记录日期、时间等信息;

④可对任一路侧分机进行回呼;

⑤能够建立和拆除话务员与呼叫分机之间的话音通路。

(2)系统自检

①具有对路侧分机、电池电压等进行检测的功能,至少应能够按下列三种方式进行检测:

——定期自动巡检;

——人工巡检;

——人工抽检。

②当进行系统自检时,不能影响正常接收、处理路侧分机的呼叫;

③具有自动和人工启动系统自检并进行异常告警的功能。

(3)统计查询

①具有对呼叫及处理情况进行记录、分类统计并输出的功能;

②具有对系统检测结果进行记录、分类统计并输出的功能;

③具有录音回放功能,可按条件检索到某条通话记录,并播放其对应的通话录音。

(4)其他

①控制台应具有相互之间互联功能,可相互接管或由上级控制台接管本控制台功能;

②控制台应能合并广播控制功能,并同时控制紧急电话和广播系统设备;

③配置与监控系统计算机通信接口,按附录B的规定向监控系统计算机传送紧急电话系统的使用状态和设备状态。

3)信号特性

(1)光纤型系统

①工作波长:1310nm/1550nm;

②发送光功率:不小于 -5dBm;

③接收灵敏度:不大于 -34dBm;

④接收光功率动态范围:不小于26dB;

⑤光连接器类型:FC/PC 或 SC/PC。

(2)电缆型系统

①呼叫信号、系统检测信号、数据及应答信号等应为平衡传输的电平信号或调制信号;

②经 15km 仿真线传输,信号传输误码率不大于 10^{-6}。

4)话音特性

主控机配备的值班话机,其通话传输特性需符合《自动电话机技术条件》(GB/T 15279—2002)中 4.2 的要求。

5)振铃特性

振铃声压级应可调,其最大声压级应不小于80dB(A)。

2. 路侧分机

1)工作条件

(1)安装环境:户外无气候防护。

(2)环境温度:按照《公路机电系统设备通用技术要求及检测方法》(JT/T 817),分为四级,各级代号及温度范围如下:

①S2 级:-5 ~ +55℃;

②A 级:-20 ~ +55℃;

③B 级:-40 ~ +50℃;

④C 级:-55 ~ +45℃。

(3)电源适应性、环境适应性、电气安全性、防护等级、防雷电性能按照《公路机电系统设备通用技术要求及检测方法》(JT/T 817)中对室外机电设备的技术要求执行。

2)功能要求

(1)具有发出呼叫信号的功能,此呼叫信号应能给出自己所在位置。呼叫后,有等待信号或提示语音。

(2)通话采用免提方式,通过扬声器和麦克风与控制台进行双向通话。

(3)接收来自控制台的呼叫信号,并根据控制命令建立和拆除话音通路。

(4)接收来自控制台的检测信号,并配合控制台完成检测过程。

3)信号特性

符合控制台信号特性的规定。

4)话音特性

(1)声压级

在 200 ~ 3400Hz 频率范围内,A 计权声压级应不小于90dB(A)。

(2)非线性失真

路侧分机在通话状态时,1000Hz 时的非线性失真应不大于5%。

5)供电要求

(1)路侧分机应能在没有蓄电池情况下,仅靠交流供电工作。

(2)采用蓄电池供电时,应能够对蓄电池进行充电。

(3)当采用太阳能充电方式时,路侧分机应能够连续工作不少于40d。

6)结构与标志

(1)路侧分机箱体底部应与基础通过机械结构可靠连接。

(2)路侧分机高度应为1800~2000mm(不含太阳能电池),横截面长、宽均应为300~400mm。

(3)路侧分机外观颜色规定为国标色 R05 桔红。

(4)路侧分机机箱和内部电气部件应具有防雨、防潮湿、防腐蚀能力。

(5)送话器距地面的高度为140cm±5cm;受话器距地面的高度为150cm±5cm。

(6)在机箱的上部,迎车与面向车道的两个侧面上应有表示紧急电话的反光标志,标志的图案和颜色应符合《道路交通标志和标线 第2部分:道路交通标志》(GB 5768.2),尺寸为387mm×280mm,亮度为高强级。

(7)机箱前面板上应有操作使用的说明或图案,表达应简单明了。

7)可靠性

(1)路侧分机的平均无故障时间 MTBF 应不小于30000h。

(2)按键可靠工作次数大于10000次。

3. 传输介质

1)电缆

采用实心聚乙烯绝缘铝塑复合带填充型对绞电缆(HYAT 型),线径为0.9mm 或0.7mm,其机械物理性能及电气性能应符合《聚烯烃绝缘聚烯烃护套市内通信电缆 第1部分:总则》(GB/T 13849.1)和《聚烯烃绝缘聚烯烃护套市内通信电缆 第3部分:铜芯、实心或泡沫(带皮泡沫)聚烯烃绝缘、填充式、挡潮层聚乙烯护套市内通信电缆》(GB/T 13849.3)的要求。

2)光缆

系统应选用单模光纤,其性能应不低于 ITU-T G.652 的规定。

3)光分路器

光分路器性能应符合《全光纤型分支器件技术条件》(YD/T 1117)的技术要求。

4. 其他

(1)路侧分机应采用免提通话方式,不应采用手柄摘机通话方式。

(2)路侧分机只应与控制台值班话机进行通话,分机间不应进行通话。

(3)路侧分机应采用单键呼叫方式,不应采用拨号呼叫方式。

(4)控制台应采取自动录音方式,不应采取半自动或人工录音方式。

(5)可采用无源或(和)有源的方式延长系统的传输距离。

第三节 施工与安装质量要求

紧急电话系统的施工内容是分机基础施工(包括接地工程和防护栏杆)、分机安装与接线、主分机联调。

紧急电话系统施工安装质量的要求依据《公路工程质量检验评定标准 第二册 机电工程》(JTG F80/2—2004),主要内容如下。

一、基本要求

(1)紧急电话分机、主机的数量、型号符合要求。
(2)紧急电话分机安装位置正确,机箱外部完整、门锁开闭灵活。
(3)紧急电话分机上的标志应符合《道路交通标志和标线》(GB 5768—2009)的要求,反光膜应使用高强级反光材料。
(4)安装方位符合路线走向要求,并按要求安装必要的防护措施。
(5)电源、通信线路按规范要求连接到位,主、分机连通,并处于正常工作状态。
(6)隐蔽工程验收记录、分项工程自检和设备调试记录、有效的设备检验合格报告或证书等资料齐全。

二、实测项目

实测项目及检测方法见《公路工程质量检验评定标准 第二册 机电工程》(JTG F80/2—2004)中表3.4.2。

三、外观鉴定

(1)防雷接地要求与接地极焊接,焊缝要饱满,焊后清渣并做防腐处理。
(2)基础混凝土表面应刮平,无损边、无掉角;法兰及地脚螺栓规格符合设计要求,应用热浸镀锌作防腐层,裸露金属基体无锈蚀。
(3)分机机身与基础连接牢固、端正,安装后外露螺纹长度一致。
(4)分机表面光泽一致、无划伤、无刻痕、无剥落,金属机箱或部件无锈蚀。
(5)机箱内电力线、信号线、元器件等布线平直、整齐、固定可靠,标识正确、清楚。
(6)机箱的出线管与箱体连接密封良好,箱体关键部位无积水、尘土、霉变。
(7)太阳能供电的分机,太阳能电池板自身密封以及与分机的密封状况良好,无积水、无渗透。

第十一章

通 信 电 源

第一节 概 述

一、功能与作用

通信电源是为通信设备提供交直流电的电能源,被喻为高速公路通信网和通信设备的"心脏",在高速公路通信网中的地位极其重要。对通信电源而言,可靠性和稳定性是对高速公路通信电源系统的基本要求。

现代电源技术发展得很快,高频开关电源已经得到广泛使用,它利用电源控制技术和计算机技术,将交流配电单元、直流配电单元、监控单元和整流模块集中于同一机柜上,实现了集中监控整流模块与交直流配电单元的各种参数和状态,非常适合于程控交换机和各种通信设备配套使用。

二、系统组成

一个完整的高速公路通信电源系统主要由 5 个部分组成:
(1)信息监控系统;
(2)直流配电单元;
(3)交流配电单元;
(4)整流分配模块;
(5)UPS 蓄电池组。

第二节 高速公路通信电源工程安装质量检验评定标准

一、基本要求

(1)通信电源设备数量、型号符合设计要求,部件及配件完整。
(2)所有设备安装到位并已连通,处于正常工作状态。

(3)配电、换流设备都做了可靠的接地连接。
(4)蓄电池的连接条、螺栓、螺母做了防腐处理,并且连接可靠。
(5)隐蔽工程验收记录、分项工程自检和设备调试记录、安装和非安装设备及附(备)件清单、有效的设备检验合格报告或证书等资料齐全。

二、实测项目及检测方法

实测项目及检测方法见《公路工程质量检验评定标准 第二册 机电工程》(JTG F80/2—2004)中表3.6.2。

三、外观鉴定

(1)配电屏、设备、列架布局合理、安装稳固、横竖端正、排列整齐。
(2)设备安装后表面光泽一致、无划伤、无刻痕、无剥落、无锈蚀;部件标识正确、清楚。
(3)电源输出配线路由和位置正确、布放整齐符合施工工艺要求。
(4)设备内布线整齐、美观、绑扎牢固,接线端头焊(压)结牢固、平滑;编号标识清楚,预留长度适当。
(5)设备抗震加固措施符合设计要求。

四、通信电源产品防雷技术要求

通信电源系统设备的防雷有H型、M型和L型三级,具体技术要求如下:
(1)H型防雷电源设备技术要求
①交流电源接口线对地应承受20kA(8/20μs)的标称放电电流的冲击试验;
②直流电源接口线对地应承受10kA(8/20μs)的标称放电电流的冲击试验;
③通信接口线对地应承受5kA(8/20μs)的标称放电电流的冲击试验。
冲击电流试验后,设备应工作正常,各项技术指标应符合要求。
(2)M型防雷电源设备技术要求
①交流电源接口线对地应承受15kA(8/20μs)的标称放电电流的冲击试验;
②直流电源接口线对地应承受5kA(8/20μs)的标称放电电流的冲击试验;
③通信接口线对地应承受3kA(8/20μs)的标称放电电流的冲击试验。
冲击电流试验后,设备应工作正常,各项技术指标应符合要求。
(3)L型防雷电源设备技术要求
①交流电源接口线对地应承受5kA(8/20μs)的标称放电电流的冲击试验;
②直流电源接口线对地应承受1kA(8/20μs)的标称放电电流的冲击试验;
③通信接口线对地应承受300A(8/20μs)的标称放电电流的冲击试验。
冲击电流试验后,设备应工作正常,各项技术指标应符合要求。

五、主要项目检测方法

1. 开关电源输出杂音

开关电源输出杂音主要包括电话衡重杂音、0~300Hz峰值杂音、3.4~150kHz和0.15~

30MHz宽频杂音。检测方法描述如下。

(1)电话衡重杂音测试如图3-11-1所示。

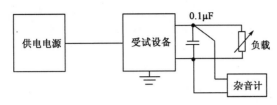

图3-11-1 电话衡重杂音测试

测试步骤：
①输出端并接0.1μF直流无极性电容；
②附加加权网络；
③杂音计接加权网络输入。

(2)0~300Hz峰值杂音测试如图3-11-2所示。

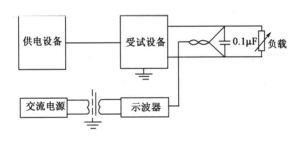

图3-11-2 0~300Hz峰值杂音测试

测试步骤：
①输出端并接0.1μF直流无极性电容；
②示波器探头接入电容引线两端；
③示波器与市电隔离,机壳不接地；
④读出最大杂音脉冲幅度。

(3)3.4~150kHz和0.15~30MHz宽频杂音测试框图同电话衡重杂音的测试框图类似。步骤如下：
①输出端并接0.1μF直流无极性电容；
②杂音表接入电容引线两端；
③测试框图类似电话衡重杂音测试框图。

2. 通信电源系统单相交流电源的耐雷电冲击能力

检测方法及步骤如下：

(1)试验接线如图3-11-3所示,图中R为阻性额定负载；

(2)进行冲击试验时,被测试品(电源设备)应处于正常工作状态；

(3)开关K分别放在1和2位置,冲击电流试验波形的极性采用正极性、负极性各重复试验5次,每次间隔不少于3min；

(4)电流幅值按试品耐雷电标称放电电流确定;

(5)冲击电流试验后,试品应工作正常,通信接口应工作正常,各项技术指标应正常。

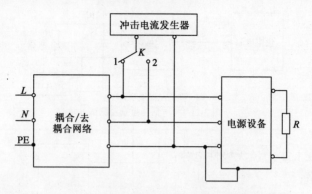

图 3-11-3 单相交流电源的耐雷电冲击能力测试

注:来自《通信电源设备的防雷技术要求和测试方法》(YD/T 944—2007)第 4 页。

3. 通信电源系统三相交流电源的耐雷电冲击能力

检测方法及步骤如下:

(1)试验接线如图 3-11-4 所示,图中 R 为阻性额定负载;

(2)进行冲击试验时,被测试品(电源设备)应处于正常工作状态;

(3)开关 K 分别放在 1、2、3 和 4 位置,冲击电流试验波形的极性采用正极性、负极性各重复试验 5 次,每次间隔不少于 3min;

(4)电流幅值按试品耐雷电标称放电电流确定;

(5)冲击电流试验后,试品应工作正常,通信接口应工作正常,各项技术指标应正常。

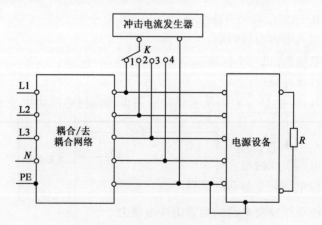

图 3-11-4 三相交流电源的耐雷电冲击能力测试

注:来自《通信电源设备的防雷技术要求和测试方法》(YD/T 944—2007)第 5 页。

4. 通信电源系统直流电源的耐雷电冲击能力

检测方法及步骤如下:

(1)试验接线如图 3-11-5 所示,图中 R 为阻性额定负载;

(2)进行冲击试验时,被测试品(电源设备)应处于正常工作状态;

(3)开关 K 分别放在 1 和 2 位置,冲击电流试验波形的极性采用正极性、负极性各重复试验 5 次,每次间隔不少于 3min;

(4)电流幅值按试品耐雷电标称放电电流确定;

(5)冲击电流试验后,试品应工作正常,通信接口应工作正常,各项技术指标应符合《通信电源设备的防雷技术要求和测试方法》(YD/T 944—2007)附录 A 的规定。

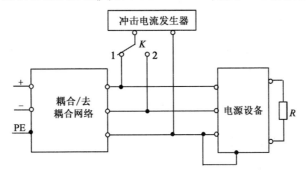

图 3-11-5　直流电源的耐雷电冲击能力测试

注:来自《通信电源设备的防雷技术要求和测试方法》(YD/T 944—2007)第 6 页。

5. 通信电源系统设备通信接口耐雷电冲击能力

检测方法及步骤如下:

(1)试验接线如图 3-11-6 所示;

(2)进行冲击试验时,被测试品(电源设备)应处于正常工作状态;

(3)电流幅值按试品耐雷电标称放电电流确定,正、负极性各重复试验 5 次,每次间隔不少于 3min;

(4)冲击电流试验后,试品应工作正常,通信接口应工作正常,各项技术指标应符合《通信电源设备的防雷技术要求和测试方法》(YD/T 944—2007)附录 A 的规定。

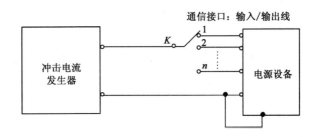

图 3-11-6　通信接口(包含三遥接口)耐雷电冲击能力测试

注:来自《通信电源设备的防雷技术要求和测试方法》(YD/T 944—2007)第 6 页。

第十二章

收费站入口车道设备

第一节 概 述

一、收费的意义、制式及特点

1. 收费的意义

收费系统是经营型高速公路的重要组成部分,一般由收费车道系统、收费站管理系统和收费中心管理系统三级构成,主要设备包括收费亭、电动(手动)栏杆、车道控制器(车道计算机)、收费员显示终端、专用键盘、费额显示器、报警器、车道信号灯、天棚信号灯、车辆检测器、摄像机、收发(打)卡设备等。

2. 收费系统的制式及特点

依据《公路收费制式》(GB/T 18277—2000),收费制式(toll collection mode)是根据公路条件划分不同区段作为收费基本单位(各区段内按统一费额收费)的制度及相应的收费模式。

1) 费制式的分类及特点

公路收费制式可分为均一制、开放式、封闭式和混合式四种类型。

(1) 均一制是全线按统一费额收费的制式,也称为全线均等收费制。均一制收费效率较高,收费站规模较小,但数量较多,其经济性较好;但均一制一般不能按行驶区段区别收费,其合理性较差。

(2) 开放式是将全线划分为若干路段,各路段内按统一费额收费的制式,也称为按路段均等收费制、栅栏式或路障式。开放式收费效率较高,收费站规模较小,数量也较少,其经济性较好;但开放式一般不能严格按行驶区段区别收费,其合理性较差;另外,当两个主线收费站之间存在两个以上入出口时,可能出现部分漏收问题。

(3) 封闭式是指将全线以各互通立交为界划分为若干区段,各区段根据里程长短按不同费额收费,跨区段按区段累计收费的制式,也称为按互通立交区段收费制。封闭式可以严格按行驶区段区别收费,公平合理;但封闭式(出口)收费的效率较低,收费站规模较大,数量也较多,经济性较差。

(4) 混合式是指综合运用开放式和均一制收费的制式,也称为混合收费制。混合式收费的效率较高,收费站规模较小,数量也较少,其经济性优于封闭式。混合式可以大致按行驶区段区别收费,其合理性优于均一制和开放式,但不及封闭式。混合式可以做到无漏收或基本无漏收。

2)选择收费制式的原则

在选择并确定收费制式时,应综合考虑以下因素:

(1)收费系统自身的经济性——包括工程成本和营运成本;

(2)公路使用者通行费负担的公平合理性;

(3)受收费制式影响的收费效率和收费次数等。

3)不同收费制式的收费站布设及适用条件

(1)均一制

①均一制收费站的一般布设及收费模式。

均一制收费站一般设置在收费公路各入口处(包括主线两端入口及互通立交入口),出口不再设收费站。车辆进入收费公路时根据车型按统一费额一次性缴费后即可自由行驶。

②均一制的特殊情况。

如有特殊需要,收费站可以建在各出口处,实行出口收费。另外,对于现状的收费公路,各收费站也可按距终点里程的差别而制定不同的费额。

③均一制的适用条件。

均一制主要适用于总行驶里程较短(约40km以下),大部分车辆行驶里程差距不大的收费公路。特别适用于交通量很大、收费广场规模受到严格限制的城市收费道路。

(2)开放式

①开放式收费站的布设及收费模式。

开放式的收费站一般设在路段内主线的某个位置上。距离较长的收费公路可以划分多个路段,各路段主线站的间距宜大于40km。

该制式下各入口不设收费站,车辆可以自由进出,不受控制,收费公路对外界呈"开放状态"。但在公路内部,车辆需在经过的主线收费站根据车型按统一费额一次性(或多次性)交费。因控制距离不同,各路段费额可以有所差别。

②开放式的适用条件。

开放式主要适用于独立收费的桥梁、隧道和不封闭(含有多处平交路口)的收费公路。对于不封闭的收费公路,应尽量选择交通流量较大且不易绕行其他平行路线的路段设置主线收费站。

(3)封闭式

①封闭式收费站的布设及收费模式。

封闭式的收费站设在收费公路的所有入出口处,包括主线起终点收费站和互通立交匝道收费站。每处收费广场的收费车道分为入口车道和出口车道。车辆进出收费公路都要经过收费站并受控制,但在公路内部可以自由行使,收费公路对外界呈"封闭状态"。(注:收费系统中的封闭式和高速公路要求的"全封闭"概念有所不同,后者是用互通立交、隔离网等设施将公路"封闭"起来,以排除横向干扰,与采用何种收费制式没有直接联系。)

一般封闭式应采用入口发通行券、出口收费的模式。车辆进入收费公路,首先在进入收费站的入口车道领取通行券,通行券上记录该收费站的名称或编号(或称入口地址编码)等信息。车辆驶离收费公路时,驶离收费站的出口车道将根据车型和行驶里程的区段(由通行券记录的入口地址确定)累计收费。

②封闭式的适用条件。

封闭式适用于里程较长(约40km以上)、含有多个互通立交入出口、车辆行驶里程差距较大且主线和匝道交通量较大的收费公路。

(4)混合式

①混合式收费站的布设。

与开放式相似,布设混合式收费站时首先应根据路线长度和互通立交的分布情况,以某互通立交为界将全线划分成若干路段,每个路段设置一处主线收费广场,条件允许时主线广场宜结合互通立交设置在入出匝道之间,主线广场的间距宜大于40km。

与均一制相似,在路段内的互通立交设置匝道收费广场。其中建有主线收费广场的互通立交需设全部匝道收费广场,路段内的其他互通立交则设部分匝道收费广场,从而在同一区段的两个方向分别实行入口收费和出口收费。以下互通立交可以不建匝道收费广场:路段分界处的互通立交;距离路段分界处很近的互通立交;匝道交通量很小的互通立交。

②混合式的收费模式。

混合式收费站根据车型按统一费额一次性(或多次)收费。主线收费广场收取所控路段的通行费;互通立交的匝道收费广场按行驶方向分别实行入口收费或出口收费,并分别收取所控区段的通行费。

③混合式的适用条件。

混合式适用于互通立交间距较大或主线和互通立交交通量不大的收费公路。

二、收费系统三级构成模式

高速公路收费系统一般采用收费车道系统、收费站管理系统和收费(分)中心系统三级构成模式。

1. 收费车道系统

收费车道是收费系统的基础设施单元。我国高速公路目前主要采用封闭式、半自动收费,即车道收费员人工判别车型,计算机收费,闭路电视监控。依据此收费模式,收费入口车道内主要有如下设备:车道控制机、收费终端、收费键盘、亭内摄像机、IC卡读写器、对讲设备、报警设备、自动栏杆机、车道通行灯、车道摄像机、抓拍线圈、计数线圈等,此外,出口车道增加票据打印机与费额显示器。收费车道入口、出口系统构成如图3-12-1、图3-12-2所示。

它完成征收路费和采集实时数据两大功能,主要包括:

(1)按照车道操作流程正确工作,并将收费处理数据实时上传至收费站计算机系统;

(2)接收收费站下传的系统运行参数(同步时钟、费率表、黑名单和系统设置参数等);

(3)对车道设备的管理与控制,具备设备状态自检功能;

(4)保存一个时间段内的收费数据,可降级使用,但不丢失数据;

(5)作为通信终端时,具有后备独立工作能力;

(6)为车辆提供控制信息等;

(7)将各种违章报警信号实时传送到收费站控制室。

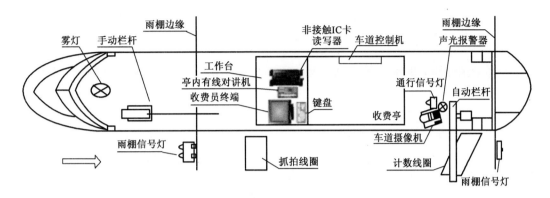

图 3-12-1　入口车道系统构成图

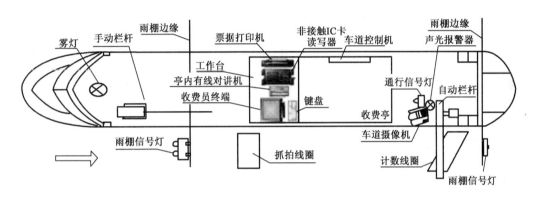

图 3-12-2　出口车道系统构成图

2. 收费站管理系统

收费站主要由收费计算机系统、收费监视系统、有线对讲及紧急报警系统组成,收费计算机系统由数据服务器、收费管理计算机、多媒体服务器、服务器、打印机等组成,典型收费站计算机系统网络结构如图 3-12-3 所示。闭路电视监视系统由摄像机、数字图像叠加、传输设备、视频矩阵切换控制器、图像显示设备组成,一般收费站还配备有硬盘录像机;有线对讲系统由对讲主机、若干分机、通信线路和电源构成;紧急报警系统由设在收费亭内的报警开关、设在监控室的紧急报警器和信号电缆组成,设计报警录像功能的系统还要有与闭路电视矩阵切换器联动的报警控制器。

收费站管理系统的功能主要包括:
(1)轮询所有收费车道,实时采集收费车道的每一条原始数据;
(2)对收费车道的运行状况实施实时检测与监视,具有故障自动检测功能;
(3)向收费中心或收费结算中心传输收费业务数据(输入、交通、管理);
(4)接收收费中心下传的系统运行参数(费率表、同步时钟、系统设置参数等),并下传给收费车道;
(5)收费员录入班次的收费额;
(6)值班员录入欠(罚)款和银行缴款数据;

(7)票证(收据、定额票)的管理;

(8)非接触IC卡的管理(封闭式收费系统),包括非接触IC卡站内调配和非接触IC卡流失的管理;

(9)抓拍图像的采集与管理,包括图像文档的生成、上传以及图像文档的备份、核查与打印。

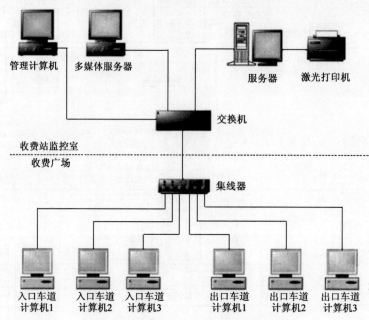

图3-12-3 典型收费站计算机系统网络结构图

3. 收费(分)中心系统

收费中心计算机系统是实现收费(分)中心功能的关键组成部分,其一般采用双绞线星型开放网络结构。该系统主要由微机服务器(或小型机服务器)、交换机、客户机(管理计算机、多媒体计算机)、路由器、打印机、数据备份设备和UPS电源等构成,收费(分)中心结构示意如图3-12-4所示。

收费(分)中心的功能如下:

(1)接收和下传联网收费系统运行参数(费率表、黑灰名单、同步时钟、系统设置参数等);

(2)收集管理辖区内每一收费站上传的数据与资料;

(3)处理收集到的数据与资料,形成各种统计报表和屏幕显示;

(4)上传收费结算中心所需的有关数据和资料;

(5)票证管理;

(6)联网系统中操作、维修人员的权限管理;

(7)数据库、系统维护、网络管理等;

(8)数据、资料的存储、备份与安全保护;

(9)通行费的拆分(如采用)。

此外,收费中心和分中心还具有非接触IC卡的管理(调配、跟踪)以及抓拍图像的管理。如果在联网收费系统中使用预付卡或电子不停车收费系统,对收费中心或收费分中心构成而言,一般无须增加其他硬件设备,但软件要预留。

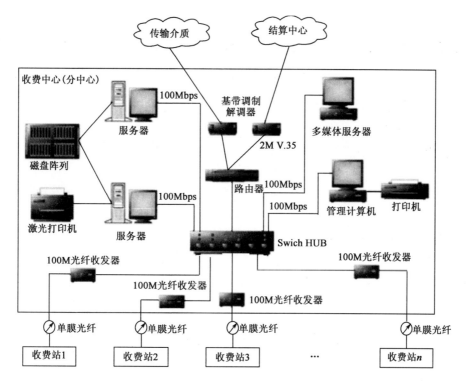

图 3-12-4 收费(分)中心结构示意图

三、联网收费系统

1. 基本概念

联网收费是在一定的收费路网范围内,将分属不同收费公路经营单位管理的若干条收费公路纳入一个统一的封闭式收费系统,对各收费公路经营管理单位实行"统一收费、按比例分成"的收费运营和管理方式。

区域联网收费管理中心是指负责省内某区域路网联网收费结算、清分、管理等运营业务的机构。

省级联网收费管理中心是负责一个省(自治区、直辖市)域路网联网收费结算、清分、管理等运营业务的机构。

跨省联网收费管理中心是负责一个区域经济圈内收费公路联网收费通行费结算、清分、管理的机构。

2. 联网收费的目的

联网收费的主要目的是解决高速公路和其他全部控制出入的收费公路(含通路)网(简称收费路网)中,归属不同收费公路经营管理单位的路段(桥)因独立收费各自设置封闭的收费设施,造成收费路网中出现众多不合理主线站等问题,以提高收费路网服务质量、服务水平和使用效率,降低交通能耗,减少环境污染,最大限度地发挥路网综合效益。

3. 联网收费的范围

1)省内区域联网收费

省内区域联网收费是指将省(自治区、直辖市)内收费路网分解成若干个区域,在区域内实行联网收费。

(1)按地理分布划分。如将省(自治区、直辖市)内各大城市周围路网划分为一个区域,相邻区域之间应设置合建收费站加以分隔。

(2)按建设时程划分。将建成通车和收费期限相近的路段(桥)联网收费。

2)省域联网收费

省域联网收费是指将省(自治区、直辖市)内全部(或大部分)收费高速公路联网收费,仅在省界处设置主线收费站。

各省级交通主管部门组织修建或者由不同公路经营企业投资建设或经营的收费高速公路,应当实行"统一收费、按比例分成"的管理方式。对现有收费设施应根据联网收费的技术要求逐步进行改造。

3)跨省(自治区、直辖市)国道主干线联网收费

在一定社会经济背景下,可将国道主干线分属不同省(自治区、直辖市)分期分段建管的高速公路组成一个跨省(自治区、直辖市)国道主干线收费区域路网,实施封闭式联网收费。如跨省市国道主干线京沈高速公路联网收费。

4)跨省(自治区、直辖市)区域联网收费

在条件许可时,将国家重点发展的区域经济圈内的高速公路网实施跨省(自治区、直辖市)区域联网收费。如长三角、京津冀、泛珠三角、东三省、川渝等区域经济圈。

第二节 入口车道设备技术要求及试验方法

收费入口车道设备主要由车道控制机、收费终端、收费键盘、亭内摄像机、IC卡读写器、对讲设备、报警设备、自动栏杆机、车道通行灯、车道摄像机、抓拍线圈、计数线圈等构成。

一、公路收费车道控制机技术要求及试验方法

公路收费车道控制机的主要质量评定标准为《公路收费车道控制机》(GB/T 24968—2010)。依据该标准,公路收费车道控制机安装在公路收费车道收费亭内,用来管理收费车道的各种外围设备。它主要由工业控制计算机、输入输出模块、配电模块和设备机箱等组成。其技术要求及试验方法如下:

1. 技术要求

1)适用条件

(1)安装及使用环境:收费亭内。

(2)环境温度:产品适合使用温度为 $-5 \sim +55℃$。

(3)相对湿度:不大于95%。

2) 材料要求

(1) 控制机机箱外壳应由坚固材料制成,具有良好的抗震、耐腐蚀、防尘、防水溅、阻燃功能,且散热性能良好,坚固耐用。

(2) 主要部件应具有合格证或质量保证书。

3) 外观质量

(1) 产品构件应完整、装配牢固、结构稳定,边角过渡圆滑、无飞边、无毛刺。

(2) 箱体宜采用不锈钢或镀锌钢板表面喷涂有机涂层,涂层厚度不小于0.076mm;机箱及连接件的防护层色泽均匀、无划伤、无裂痕、无机体裸露等缺陷。

(3) 箱体内的所有金属构件应采取防腐措施,并符合国家标准《公路交通工程钢构件防腐技术条件》(GB/T 18226—2015)。

(4) 机箱设计应方便检查、维修和日常维护。机箱内的设备及部件安装应牢固端正、位置正确、部件齐全、整齐美观;箱体出线孔开口合适、切口整齐,出线管与箱体连接密封良好;箱体内接线整齐,回路编号清楚,走线横平竖直,符合工艺和视觉美观要求;箱锁应采用防水、防锈措施;箱门开闭灵活轻便,密封良好,箱体内外清洁。

(5) 散热降温:车道控制机应采取降温措施,采用风扇降温时,通风口应加过滤网。

4) 功能要求

车道控制机应至少具有如下基本功能:

(1) 按规定的收费流程控制收费亭及车道设备,完成收费操作。

(2) 采集原始操作数据和交通流数据。

(3) 将收费数据及图像文件上传到收费站计算机系统,同时接收其下传的数据和管理指令。

(4) 采集车道摄像机摄取的通行车辆的图像,并具有字符叠加功能(通过字符叠加设备实现),在车道图像上进行数据叠加并对图像进行压缩存储。

(5) 为车道摄像机的视频图像提供必要信息,通过字符叠加设备叠加在视频图像上。

(6) 在收费车道与收费站之间的通信出现故障时,车道控制机能独立工作并存储不小于40天的原始收费处理数据。在通信线路恢复后自动将存储的数据上传给上级计算机系统。

(7) 在误操作和掉电等非正常情况下,收费处理数据不应被破坏。

(8) 系统恢复应简单、易于操作。

(9) 具有对所连接的外部设备的自检功能。

(10) 能直观地显示车道设备的工作状况。

5) 配置要求

(1) 采用符合工业标准的工业控制计算机,充分电磁兼容设计,低功耗,具有全面故障自我诊断能力及报警提示。主板的MTBF不小于30000h,MTTR不大于0.5h。

工业控制计算机最低配置应满足:

①1个标准以太网接口,速率为10M/100Mbps自适应或100Mbps;

②至少6个标准RS-232C串行和1个并行接口;

③2个以上标准的通用串行总线(USB)2.0接口;

④标准的键盘接口与鼠标接口;

⑤足够的工业标准结构(ISA)和周边元件扩展接口(PCI)总线插槽,在满足基本模块的要求后,还至少留有 1 个 ISA 和 2 个 PCI 插槽;

⑥中央处理器(CPU)时钟频率大于 800MHz;

⑦256M 以上随机存取存储器(RAM)(可扩展);

⑧80GB 以上硬盘,带有防振保护措施;

⑨64M 以上显存;

⑩1 块 16 位彩色/黑白图像采集卡(或独立的视频图像处理模块),捕获图像分辨率不应低于 756×288(单场),图像捕获速率不应低于 25 帧/s。图像处理速度:从接收到图像抓拍信号到抓拍完成的时间小于 0.1ms。

(2)输入输出模块

①至少 16 路带隔离的数字 I/O 通道(8 路输入,8 路输出);

②至少 4 个带隔离保护的标准 RS-232C 串行接口;

③所有接口板和功能板应附有隔离保护措施;

④接口提供防误插、机械锁定功能;

⑤可控的 4 路交流输出:交流 220V,3A;直流输出:直流 12V,3A。

(3)配电模块

①车道控制机需对总电源、工控机及外设等各独立设备电源分别控制,并作抗干扰处理;

②开关电源输出:DC5V,不小于 4A;DC12V,不小于 4A;DC24V,不小于 2A;

③应有防雷装置;

④电源输入:交流电源 $220\times(1\pm15\%)$ V,$50\times(1\pm4\%)$ Hz;

⑤接口提供防误插、机械锁定功能。

6)电气安全性能

(1)绝缘电阻:产品的电源接线端子与机壳的绝缘电阻应不小于 100MΩ。

(2)介电强度:在产品的电源接线端子与机壳之间施加频率 50Hz、有效值 1500V 正弦交流电压,历时 1min,应无火花、飞弧和击穿现象。

(3)安全接地:产品应安全保护接地端子,接地端子与机壳连接可靠,接地端子与机壳的接触电阻应小于 0.1Ω。

(4)在电压 $220\times(1\pm15\%)$ V、频率 $50\times(1\pm4\%)$ Hz 的电源条件下,系统应能正常工作。

(5)产品的供电接口和通信接口应采取必要的防雷电和过电压保护措施。

(6)产品应采取防雨、防尘措施,外壳的防护等级按《外壳防护等级》(GB/T 4208—2017)的规定应不低于 IP55 级。

7)环境适应性能

(1)耐低温存储性能:在 -20℃ 条件下,试验 8h,试验结束后,系统应工作正常。

(2)耐低温工作性能:在 -5℃ 条件下,试验 8h,试验期间和试验结束后,系统应工作正常。

(3)耐高温工作性能:在 +55℃ 条件下,试验 8h,试验期间和试验结束后,系统应工作正常。

(4)耐湿热性能:在温度 +40℃,相对湿度 $(95\pm2)\%$ 条件下,试验 48h,试验期间和试验结束后,系统应工作正常。

(5)耐机械振动性能:试验期间和试验结束后,设备功能正常,结构不受影响、零部件无松动。

(6)耐盐雾腐蚀性能:产品的印刷电路板、支撑底板、金属外壳和门锁(其他部件由供需双方协定)经过168h的试验后,应无明显锈蚀现象,印刷线路板经过24h自然晾干后应功能正常。

2. 试验方法

1)试验条件

除特殊规定外,一般试验条件如下:环境温度 +15 ~ +35℃;相对湿度45% ~75%;大气压力86 ~ 106kPa。

2)一般规定

除特殊规定,一般对可重复的客观测量项目进行3次测试,取算术平均值为测试结果。对于目测项目,测试人员应不少于3人,测试结果分为两级:合格和不合格。

3)材料检验

原材料和元器件的材质证明单应齐全有效,必要时可对原材料的主要性能指标(如物理化学性能)进行检验。

4)外观质量

用目测和手感法测试外观质量。

5)功能要求

连接显示器、键盘等计算机外围设备,接通电源打开工控机电源,连接模拟车道设备,运行车道测试软件,车道设备运行应正常。

6)配置检验

打开车道控制机箱门,核对车道控制机内安装的部件。

7)电气安全性

(1)绝缘电阻:用精度1.0级、500V的兆欧表在电源接线端子与机壳之间测量。

(2)介电强度:用精度1.0级的耐电压测试仪在电源接线端子与机壳之间测量。

(3)接触电阻:用精度0.5级、分辨力0.01Ω的电阻表在机壳顶部金属部位与安全保护接地端子之间测量。

(4)电源适应性。

①电源调压试验:用自耦变压器或可调交流电源对设备进行供电,测试电压分别为185V→200V→220V→240V→255V→230V→210V→185V。每调整到一档电压并稳定后,都分别开启和关闭设备电源开关,检查设备逻辑和功能是否正常。

②电源调频试验:用变频交流电源对设备进行供电,电压恒定在220V,调整变频交流电源的输出频率分别为48Hz→49Hz→51Hz→52Hz。每调整到一档电压并稳定后,都分别开启和关闭设备电源开关,检查设备逻辑和功能是否正常。

(5)产品的供电接口和通信接口防雷和过电压保护措施按《电子设备雷击试验方法》(GB/T 3482—2008)的方法进行。

(6)产品的防水、防尘及安全防护试验,按《外壳防护等级》(GB/T 4028—2017)的方法进行,详见下篇第一章。

8)环境适应性

6项环境适应性试验方法详见第一篇第五章和第三篇第一章。

二、电动栏杆主要技术要求及试验方法

电动栏杆的主要质量评定标准是《收费用电动栏杆》(GB/T 24973—2010)。依据该标准,电动栏杆由栏杆臂、机箱、连接件、控制开关及机箱内部电机、电控装置与一系列机械装置等组成。其技术要求及试验方法如下。

1. 技术要求

1)适用条件

(1)安装及使用环境:户外无气候防护。

(2)环境温度。产品适合使用温度分为三级。A级:-20~+55℃;B级:-40~+50℃;C级:-55~+45℃。

(3)相对湿度:≤98%。

2)材料要求

箱体宜采用不锈钢或2mm以上厚的Q235钢板或同等强度相当的材料,表面均需喷涂有机涂层,涂层厚度不小于0.076mm;栏杆臂可采用普通铝合金,也可用PVC、碳素纤维等材料制成。

3)形状、尺寸要求

(1)机箱为长方体,其长、宽、高尺寸符合表3-12-1要求。

栏杆机机箱尺寸(mm) 表3-12-1

长	240~480	高	800~1200
宽	240~480		

(2)栏杆臂应有一定的强度,不允许因自身质量、手扳或风吹而产生明显的挠度。

(3)横杆长度宜在2500~5000mm之间,栏杆臂下边缘距机箱底平面的高度应在650~950mm之间。

4)一般要求

(1)产品应至少具备以下两种驱动控制方式:手动按钮操作和检测器控制自动操作。

(2)栏杆臂的关闭应由电机驱动,不允许自动下落。

(3)在栏杆臂下落至水平关闭位置的过程中,只要收到打开信号,栏杆臂应能立刻抬起。

(4)栏杆臂应贴敷红白相间的反光膜,反光膜不应出现边缘被剥离的现象。

5)起落角度

栏杆臂起落角度在0°~90°范围之内。处于关闭位置时为0°;打开至最大位置时为90°,容许误差为±3°。

6)起落时间

电动栏杆的起落总时间分为如下3档:

(1)F级:小于1.4s。

(2)O级:1.4~4s(不含4s)。

(3)S级:4~5s。

7) 可靠性

产品平均无故障起落次数应不小于 1500000 次。

8) 终点位置

正常工作下,在水平关闭重点位置或垂直开启终点位置时,栏杆臂应被锁定,不应抖动。

9) 防撞要求

栏杆臂应能承受 $300N/m^2$ 的风压,而不影响正常使用。但在受到车辆撞击时应能及时水平转开或脱离机箱。

10) 故障处理

在电源故障或机械失效时,处于关闭位置的栏杆臂能被手动打开,或者自动恢复至打开位置。

11) 自检功能

产品应设置自检功能,当产品发生故障时,应能够发出示警信息。

12) 电气安全性能

(1) 绝缘电阻。栏杆机电源输入端与外壳之间的绝缘电阻不小于 100MΩ。

(2) 介电强度。在产品的电源接线端子与机壳之间施加频率 50Hz、有效值 1500V 正弦交流电压,历时 1min,应无火花、飞弧和击穿现象。

(3) 接地电阻。产品应设安全保护接地端子,接地端子与机壳连接可靠,接地端子与机壳的接触电阻应小于 0.1Ω。

(4) 防触电保护。机箱所有的外露金属构件(含紧固件)都应具有可靠的防触电保护(电压超过 50V 的带电部件),控制装置应有短路保护、欠电压及过电压保护。

(5) 电源适应性。电动栏杆应在单相交流电压 220×(1±15%)V,频率 50×(1±4%)Hz 条件下可靠工作。

(6) 电动机一般要求。栏杆所使用的电动机必须能满足频繁反复启动的要求,宜能够长时间运行在堵转状态。应符合相关的国家和行业标准。电机外壳防护等级按《旋转电机整体结构的防护等级》(GB/T 4942.1—2006)规定不低于 IP55 级。

(7) 机箱防护等级。机箱外壳的防护等级按《外壳防护等级》(GB/T 4208—2017)的规定应不低于 IP55 级。

13) 噪声

电动栏杆在正常工作时所产生的噪声,用声级计测量应不大于 65dB(A)。

14) 环境适应性能

(1) 耐高温性能。在 +55℃(+50℃,+45℃)条件下,产品应能起动正常,逻辑正确。

(2) 耐低温性能。在 -20℃(-40℃,-55℃)条件下,产品应能起动正常,逻辑正确。

(3) 耐湿热性能。在 40℃±1℃,相对湿度 95%±2% 条件下,产品应能起动正常,逻辑正确。

(4) 耐温度交变性能。产品应能耐受温度由 -20~55℃ 变化的影响,在温度循环变化后,产品应起动正常,逻辑正确;产品的结构件等不应产生变形和其他损伤。

(5) 机械抗震性能。在通电状态下,在振动频率 2~150Hz 的范围内进行扫频循环振动后,产品应功能正常,结构不受影响,零部件无松动。

(6) 耐盐雾腐蚀性能。产品外壳应无明显锈蚀现象,电动栏杆用反光膜不应出现边缘被剥离的现象。

(7)耐候性能。在自然曝晒或人工加速老化后,产品的外壳防腐层、发光元件及其支撑底板(其他部件由供需双方协定)外观应无明显老化现象,非金属材料的机械力学性能保留率应不小于90%。

15)电磁兼容性

电动栏杆电磁兼容要求有如下3项:

(1)电快速瞬变脉冲群抗扰度要求;

(2)静电放电抗扰度要求;

(3)辐射电磁场抗扰度要求详见第一篇第五章。

16)防腐

机箱内的所有金属构件如连杆件、弹簧、螺栓等,需提供有效的防腐措施,并应符合相关国家标准的规定。

17)外观质量

箱体内外与栏杆臂防护涂层色泽应均匀、无划伤、无裸露基体等损伤,其理化性能指标应符合国家或行业相关标准的要求;栏杆臂与机箱内杆件连接安装应方便、可靠,安装完毕后应无明显变形、凹凸等缺陷。机箱内部各构件应装配牢固,机械活动各部件应灵活、无卡滞现象;机箱体、栏杆臂喷涂色应符合《安全色》(GB 2893—2008)中的有关规定,并与贴敷在栏杆臂上的反光膜颜色相区别;机箱体设计应方便检查、维修与日常维护。箱体出线开孔位置、大小应合适,切口整齐,出线管与箱体开孔要密封良好;箱内接线整齐,回路编号清楚,走线横平竖直,符合视觉美学要求。箱锁应采取防水与防锈措施,箱门密闭良好。箱门不应朝向行车道。面板上所有文字、符号应清晰、正确、牢固。

2. 试验方法

1)试验条件

除特殊规定外,一般试验条件如下:环境温度 +15 ~ +35℃;相对湿度45% ~75%;大气压力 85 ~106kPa。

2)测试结果的处理

除特殊规定外,一般要求对重复的客观测量项目进行3次测试,取技术平均值为测试结果。对主观测试项目,测试人员应不少于3人,测试结果分为两级:合格和不合格。

3)材料

应核查原材料的材质证明单是否齐全有效,必要时可对原材料的主要性能指标(如物理力学性能)进行检验。涂层厚度用电子涂层测厚仪,按平均法取样测量。

4)外形尺寸

用精度为0.5mm的钢卷尺测量,应根据栏杆使用场所的限制条件选择本标准要求范围之内的合适尺寸。

5)外观质量

用目测和手感法,为主观评定项目。

6)电气安全要求

绝缘电阻、介电强度、接触电阻、电源适应性等4项性能试验方法参见公路收费车道控制机部分。

电机防护等级和产品外壳防护等级试验分别参照《旋转电机整体结构的防护等级》(GB 4942.1—2006)及相关试验方法进行。

7) 功能要求及技术指标试验

(1) 用角规测量电动栏杆开和角度。

(2) 栏杆的起落时间从栏杆的触发信号发出算起至栏杆下落至水平位置结束,用秒表检测起落杆总时间。

(3) 在户外无气候防护的环境下,给电动栏杆通电,用计数器记下连续起落次数。

(4) 给电动栏杆通电,发出关闭指令,观察栏杆臂的关闭过程至水平关闭位置,发出打开指令,观察栏杆臂的打开过程直至垂直打开位置。

(5) 给电动栏杆通电,发出关闭指令,栏杆臂至水平关闭位置后,给栏杆臂中部施加300N压力。

(6) 给电动栏杆通电,发出关闭指令,栏杆臂至水平关闭位置后,断开电源。

8) 噪声试验

噪声测试可采用普通声级计进行,采用A声级。测试应在环境噪声水平比产品和环境总噪声低10dB的条件下进行。环境噪声应当是在本标准确定的每个参考点上紧接在产品进行试验前和进行试验后进行测量,取其平均值。

产品放置在周围空间3m内没有声音反射面的地方(除地板或地面之外)。正对产品外壳前面中心开始,从上看以顺时针方向围绕产品按每间隔1m取一个参考点,应取不少于4个参考点。每个参考点离产品外壳的距离应为1m。传声话筒应置于参考点上离地面1.2~1.5m高处,正对着设备的主噪声产生源,且距离测量人员身体0.5m以上。在每个参考点上测量一次噪声,取其平均值作为产品的噪声水平。

9) 环境适应性能试验

高低温等7项环境适应性能参照第一篇第五章。

10) 电磁兼容性能试验

详见第一篇第五章。

三、收费键盘主要技术要求及试验方法

收费键盘的主要质量评价标准是《收费专用键盘》(GB/T 24724—2009)。依据该标准,收费专用键盘是安装在收费亭内,由可拆卸的单独按键开关组成,通过标准接口与收费车道控制机连接,供收费员完成收费功能。收费专用键盘一般由按键、印刷电路板和外壳等部分组成。其技术要求及试验方法如下。

1. 技术要求

1) 适用条件

(1) 安装及使用环境:收费亭内。

(2) 环境温度: -20 ~ +55℃。

(3) 相对湿度:不大于95%。

2)一般要求

(1)键盘上按键的排列距离符合 PC 标准键盘的相关标准。

(2)键盘上各种键的布置应便于收费员快速操作而不发生操作错误。

(3)键盘应具备锁定功能,当同时按下两个以上的按键时,只承认第一个按下的键,在该键放开之前,按其他键无效。

(4)键盘连接线应选用线径 4.5mm 以上、铜芯线径加粗且带单屏蔽网的线缆,线长应不低于 2.5m。

3)外观质量

(1)产品构件应完整、装配牢固、结构稳定,边角过渡圆滑,无飞边、无毛刺。

(2)安装连接件应符合相关标准,以便于安装连接。其活动零件应灵活、无卡滞现象,机壳及安装连接件应无明显变形缺陷。

(3)外壳及连接件的防护层色泽应均匀,无划伤、无裂痕、无基体裸露等缺陷,其理化性能指标应符合相关国家或行业标准要求。

4)按键组成

收费专用键盘的按键一般由数字键区、常用键区和功能键区组成。不同区域可选用不同颜色的键帽,以示区分。

(1)数字键区:由 0~9 共 10 个按键组成,可使用该区域按键输入工号、密码等信息。

(2)常用键区:包括车型键、车种键、上/下班键、修改键、确认键等。本区域出现的按键在整个键盘中出现频度最高,因此可设置为大键,以便于操作。

(3)功能键区:由特殊情况处理键,如卡损键、模拟键等组成。

5)按键使用寿命

在正常工作条件下,单键使用寿命大于 10000000 键次。并且键帽上的文字或字符在千万次操作后仍可识别。

6)防水与防尘

键盘应采取密封措施,防止雨、雪、其他水和灰尘等进入内部产生有害影响。外壳的防护等级为按《外壳防护等级》(GB/T 4208—2017)的规定应不低于 IP55 级。

7)电磁兼容性能

电磁兼容有三项要求,详见第一篇第五章。

8)环境适应性能

(1)耐低温性能。键盘在 -20℃条件下,产品应启动正常,逻辑正确。

(2)耐高温性能。键盘在 55℃条件下,产品应启动正常,逻辑正确。

(3)耐温度交变性能。键盘应能耐受温度由 -20 ~ +55℃变化的影响,在温度循环变化后,产品应启动正常,逻辑正确。

(4)耐湿热性能。键盘在温度 40℃、相对湿度 95% 条件下,产品应启动正常,逻辑正确。

(5)耐机械振动性能。包装后的键盘在振动频率 2~150Hz 的扫频循环振动下,产品功能应正常,结构不受影响,零部件无松动。

(6)耐盐雾腐蚀性能。键盘的印刷电路板、传动机构和外壳防腐层及其支撑底板(其他部件由供需双方协定)应无明显锈蚀现象,金属构件应无红色锈点,印刷电路板经过24h自然晾干后功能正常。

9)可靠性

键盘的平均故障间隔时间(MTBF)应满足:MTBF不小于30000h的要求。

2. 试验方法

1)试验条件

一般在测量和试验的标准大气条件下进行试验:

(1)环境温度:15~35℃;

(2)相对湿度:25%~75%;

(3)大气压力:86~106kPa。

2)一般要求

使产品处于正常工作状态下,按"使用说明书"中的操作程序,对一般要求中的功能逐项进行功能验证。

3)外观质量和按键组成

用目测法进行。

4)按键使用寿命

对单键连续进行千万次操作试验。可用人工操作,也可以用机械装置模拟人手操作,但机械装置的表面材质和操作力度应与人手相仿。

5)防水与防尘

按《外壳防护等级》(GB/T 4208—2017)规定的试验方法进行。

6)电磁兼容性能试验

3项试验详见第一篇第五章。

7)环境适应性能

6项环境适应性试验方法详见第一篇第五章。

8)可靠性试验

按《设备可靠性试验 恒定失效率假设下的失效率与平均无故障时间的验证试验方案》(GB 5080.7—1986)规定执行。

四、公路收费非接触式IC卡收发卡机技术要求及试验方法

公路收费非接触式IC卡收发卡机主要质量评定标准是《封闭式收费用非接触式IC卡收发卡机》(GB/T 31440—2015)。依据该标准,收发卡机主要由卡传动机构、IC卡读写器及天线、卡夹及驱动结构、控制电路、机壳、通信接口、状态显示及报警装置等部分组成。其技术要求及试验方法如下。

1. 技术要求

1)外观质量及结构要求

(1)卡机表面光滑、平整、美观、涂层色泽均匀,无锈蚀、凹痕、划伤、裂缝和变形,无裸露

基体。

(2)卡机箱体应方便检查、维修与日常维护。卡机箱体出线开孔位置、大小应合适,箱门开、闭灵活,能防尘和防水。箱内接线整齐,走线横平竖直,符合视觉美学要求。亭外型收发卡机还要求出线管与箱体开孔要密闭良好,箱锁应采取防水与防锈措施,箱门密封良好。

(3)卡夹应构件完整、装配牢固、结构稳定、边角过度圆滑、无飞边、无毛刺、长时间使用不变形。

(4)亭外型自动发卡机应方便大车、小车取卡和刷卡,配备上下两组发卡单元和两组外部刷卡区,每组发卡单元具备两个卡位,可相互自动切换。

(5)铭牌上所有文字和符号清晰、正确、牢固。

2)工作环境条件

(1)工作环境温度。亭内型:$-5 \sim +55℃$;亭外型:A级,$-20 \sim +55℃$;B级,$-40 \sim +50℃$;C级,$-55 \sim +45℃$。

(2)相对湿度:亭内型不大于95%,亭外型不大于98%。

(3)大气压力:$86 \sim 106$kPa。

3)功能要求

(1)亭内型发卡机功能和要求

亭内型发卡机的功能和要求如下:

①内置IC卡读写模块及天线,能够对停留在读写位置的IC卡进行读写;

②能够显示电源、出卡、工作状态,显示卡夹状态和卡夹内剩余IC卡的数量;

③能将卡夹内的IC卡发送到卡机内部读写位置;

④能将停留在卡机内部读写位置的IC卡发出,并有声光提示;

⑤对可拆卸式卡夹的卡机,操作人员可以根据需要随时更换卡夹;

⑥断电能自动保存IC卡数量;

⑦卡机工作过程中,应向车道控制机上报卡夹号、卡夹内剩余IC卡数、卡机工作状态信息。

(2)亭内型收卡机功能和要求

亭内型收卡机的功能和要求如下:

①内置IC卡读写模块及天线,能够对停留在读写位置的IC卡进行读写;

②能够显示电源、入卡、工作状态,显示卡夹状态和卡夹内剩余IC卡的数量;

③能将插入的IC卡回收到卡机内部读写位置;

④能将停留在卡机内部读写位置的IC卡退出或收入卡夹;

⑤对可拆卸式卡夹的卡机,操作人员可以根据需要随时更换卡夹;

⑥断电能自动保存IC卡数量;

⑦卡机工作过程中,应向车道控制机上报卡夹号、卡夹内剩余IC卡数、卡机工作状态信息。

(3)亭外型自动发卡机功能和要求

亭外型自动发卡机的功能和要求如下:

①内置 IC 卡读写模块及天线,能够对停留在读写位置的 IC 卡进行读写;
②能够显示电源、出卡、工作状态,显示卡夹状态和卡夹内剩余 IC 卡的数量;
③能将卡夹内的 IC 卡发送到卡机内部读写位置;
④能将停留在卡机内部读写位置的 IC 卡发出,并有语音提示;
⑤对可拆卸式卡夹的卡机,操作人员可以根据需要随时更换卡夹,并且卡机应具备自动切换卡夹功能;
⑥断电能自动保存 IC 卡数量;
⑦卡机工作过程中,应向车道控制机上报卡夹号、卡夹内剩余 IC 卡数、卡机工作状态信息;
⑧应具有坏卡自动检测及回收功能;
⑨具备语音对讲功能;
⑩外壳应有简明、清晰、易懂的文字或图形操作提示。

(4) 卡夹功能

卡夹应内置数据存储单元、通信接口,并具备如下功能:
①卡夹内的卡按回收顺序整齐存放;
②可拆卸式卡夹内应有可断电的数据记忆存储单元,以记录卡夹内 IC 卡数和卡夹的唯一 ID 号,并在任一台卡机上均可读出。

(5) 自检功能

收发卡机应具备如下自检功能:
①开机通电过程中卡机自检,并向车道控制机上报卡夹号、卡夹内剩余 IC 卡数、卡机工作状态等信息;
②每次安装卡夹后,卡机自动检测卡夹中 IC 卡数,并向车道控制机上报并显示。

(6) 报警功能

可以设定卡夹中的 IC 卡剩余一定张数(20 张、30 张、50 张)时有声和光提示,IC 卡被卡住或读写错误时有声和光报警。

(7) 数据通信接口功能

卡机至少配备一路 RS232 通信接口与车道控制机进行通信,车道控制机通过命令控制卡机的读写模块对 IC 卡进行读写及处理。

4) 性能要求

(1) 单次发卡或收卡操作时间:小于 3s。
(2) 卡夹更换或切换时间:亭内型卡机更换卡夹时间小于 20s/次,亭外型卡机自动切换卡夹时间小于 3s/次。
(3) 卡夹容量:可接受外形尺寸符合《公路收费非接触式 IC 卡 第 1 部分:物理特性》(JT/T 452.1)规定的 0.76mm 厚度标准卡容量不小于 400 张。
(4) 卡口余度:卡机应能接受翘曲高度不大于 1.52mm 的 IC 卡。
(5) 滞卡率:小于 1/20000。
(6) 噪声:正常工作时小于 60dB(A)。

(7)可靠性应满足以下要求：

①平均无故障工作时间（MTBF）不小于5000h；

②平均故障修复时间（MTTR）不大于0.5h。

5）防尘与防水

产品应采取防尘、防水措施，机箱外壳的防护等级应不低于《外壳防护等级》（GB/T 4208—2017）规定的IP55要求。

6）电气安全性能

(1)绝缘电阻：产品的电源接线端子与卡机机壳的绝缘电阻应不小于100MΩ。

(2)电气强度：在产品的电源接线端子与卡机机壳之间施加频率50Hz、有效值1500V正弦交流电压，历时1min，应无火花、飞弧和击穿现象。

(3)安全接地：产品应设安全保护接地端子，并清楚注明标示。接地端子与卡机机壳连接可靠，接地端子与机壳的连接电阻应小于0.1Ω。

(4)电源适应性：在交流电压$220 \times (1 \pm 15\%)$V，频率$50 \times (1 \pm 4\%)$Hz的电源条件下，产品应能正常工作。

(5)产品应采取必要的防雷电和过电压保护措施。

7）电磁兼容性能

三项要求详见第一篇第五章。

8）环境适应性能

(1)耐低温性能

在不通电状态下，亭内型卡机在-5℃条件下，亭外型卡机按A、B、C三级分别在-20℃、-40℃、-55℃条件下，进行8h低温试验，试验结束后，产品应工作正常。

(2)耐高温性能

在通电状态下，亭内型卡机在+55℃条件下，亭外型卡机按A、B、C三级分别在+55℃、+50℃、+45℃条件下，进行8h高温试验，试验结束后，产品应工作正常。

(3)耐湿热性能

在通电状态下，亭内型卡机在温度+40℃，相对湿度95%±2%条件下，亭外型卡机在温度+40℃，相对湿度98%±2%条件下，进行48h湿热试验，试验结束后，产品应工作正常。

(4)耐机械振动性能

卡机通电工作时，在振动频率2~150Hz的范围内按《电工电子产品环境试验 第2部分：试验方法 试验Fc：振动（正弦）》（GB/T 2423.10）规定的方法进行扫频试验。在2~9Hz时按位移控制，位移幅值3.5mm（峰峰值7.0）；9~150Hz时按加速度控制，加速度为$10m/s^2$。2Hz→9Hz→150Hz→9Hz→2Hz为一个循环，扫频速率为每分钟一个倍程，共经历20个循环，试验期间和试验结束后，卡机应功能正常，结构不受影响，零部件无松动。

(5)亭外型卡机的耐盐雾腐蚀性能

亭外型卡机产品的印刷电路板、传动机构和外壳防腐层及其支撑底板按《电工电子产品环境试验 第2部分：试验方法 试验Ka：盐雾》（GB/T 2423.17）的方法，经过168h的试验后，应无明显锈蚀现象，金属构件应无红色锈点，印刷电路板经过24h自然晾干后功能正常。

(6)亭外型卡机的耐候性能

产品的外壳防腐层及其支撑底板经过两年自然曝晒试验或经过人工加速老化试验累积能量达到 $3.5 \times 10^6 kJ/m^2$ 后,产品外观应无明显褪色、粉化、龟裂、溶解、锈蚀等老化现象,非金属材料的机械力学性能保留率应大于90%。

2. 试验方法

1)试验条件

标准中除气候环境、可靠性试验外,其他试验均在下述条件下进行:环境温度 +15 ~ +35℃;相对湿度 35% ~75%;大气压力 86 ~106kPa。

2)外观结构检查

用目测法进行,应符合标准要求。

3)功能试验

使产品处于正常工作状态下,按使用说明书中的操作程序,至少满足标准中相应类别卡机的功能要求。

4)性能试验

(1)单次发卡或收卡操作时间

用精度为0.1级秒表对单次发卡或收卡操作的起始和结束进行计时测试,测试5次,取平均值。发卡起始时刻指操作员下发发卡指令,发卡结束时刻指IC卡被发送到出卡口;收卡起始时刻指操作员将IC卡插入入卡口,收卡结束时刻指IC卡被回收到卡机内部读写位置。

(2)卡夹更换或切换时间

用精度为0.1级秒表对卡夹更换或切换操作的起始和结束进行计时测试,测试5次,取算术平均值。

(3)卡夹容量

在卡夹内装入厚度为0.76mm标准卡,装满后人工清点核实装入的通行卡数量。

(4)卡口余度

采用卡翘曲高度为两倍标准卡厚度的变形卡,实际操作检验卡机能否正常发卡或收卡。

(5)滞卡率

滞卡率测试采用表面亚光质地的新卡进行,卡厚0.76mm,表面无污染,卡面平整无翘曲变形。使卡机连续进行收卡或发卡操作,每次收或发卡到额定规格张数时更换卡夹。连续测试10万张,统计被卡住的IC卡次数,计算滞卡率。

(6)噪声

使用声级计在与设备高度正前方1m处测得,在4个方向各测试一次,取算术平均值。

(7)可靠性

采用序贯试验方案4:2,按《设备可靠性试验 恒定失效率假设下的失效率与平均无故障时间的验证试验方案》(GB/T 5080.7)的规定进行。

5)防尘与防水

按《外壳防护等级》(GB/T 4208—2017)规定的试验方法进行。

6)电气安全性能试验

(1)绝缘电阻

用精度1.0级、500V的兆欧表在电源接线端子与卡机机壳之间测量。

(2)电气强度

用精度1.0级的耐电压测试仪在电源接线端子与卡机机壳之间测量。

(3)安全接地

接地端子标识用目测,连接电阻用分辨力0.1mΩ的接地电阻测试仪在卡机机壳金属部位与安全保护接地端子之间测量。

(4)电源适应性

①电源调压试验

用自耦变压器或可调交流电源给卡机供电,测试电压分别为185V→200V→240V→255V→230V→210V→185V。每调整到一档电压并稳定后,都分别开启和关闭卡机电源开关,并检查卡机逻辑和功能是否正常。

②电源调频试验

用变频交流电源对卡机设备进行供电,电压恒定在220V,调整变频交流电源的输出频率分别为48Hz→49Hz→50Hz→51Hz→52Hz。每调整到一档稳定后,都分别开启和关闭卡机电源开关,并检查卡机逻辑和功能是否正常。

7)电磁兼容性试验

3项试验详见第一篇第五章。

8)环境适应性试验

6项试验详见第一篇第五章或《公路机电系统设备通用技术要求及检测方法》(JT/T 817)。

五、LED车道控制标志主要技术要求及试验方法

LED车道控制标志是安装于收费车道(入口车道或出口车道),用于对车道状态进行指示的设备,其主要质量评定标准是《LED车道控制标志》(JT/T 597—2004),技术要求和试验方法详见下篇第五章LED车道控制标志部分。

六、入口称重检测设施(设备)组成及要求

入口称重检测设施(设备)作为控制违法超限超载车辆进入高速公路的基础设施,具备对通过的车辆进行称量、识别分离、检测轴及轴组、车辆通过时间等信息自动采集,并形成完整的称重检测信息的功能。

入口称重检测设施(设备)一般是由称重设备、轮轴识别设备、车牌识别及抓拍设备、视频监控设备、电子显示屏、轮廓检测设备和安全引导设施等构成。

称重检测设施(设备)应由具有相关资质的检测机构按照相关的标准要求进行试验检验,

其中称重设备安装调试完成后,应由相关计量检定机构按照《动态公路车辆自动衡器检定规程》(JJG 907)以及《汽车轴重动态检测仪检定规程》[JJG(交通)005]进行检定(校准),称重检测设施(设备)经试验检测和检定(校准)合格后,方可投入使用。

1. 称重设备

1)功能要求

(1)能够自动检测出车辆总重等信息;

(2)能对车辆进行准确、有效的自动分离(能判断挂车和半挂车),并能处理车辆排队、倒车、不完全倒车、走S形、点制动等复杂多变的行驶状态,保证车辆和数据一一对应;

(3)具备自动缓存功能,能够本地存储一个月的数据,当向计算机发送数据失败时,能重发数据,保持数据的唯一性和完整性;

(4)具备数据重发功能,并保障出现异常情况(通信链路不稳定等)时,数据的唯一性和完整性;

(5)具有故障自检功能,系统中各设备和线路故障时,系统应能取得相应的故障信息,并能够将这些故障信息传送给高速公路称重检测系统;

(6)具有开放的、通用的数据传输接口和传输协议。

2)性能指标要求

(1)称重检测设备

①总重误差:≤±2.5%;

②安全过载:≥125% F.S.;

③温度范围:-20℃~+70℃,寒区使用时应具备耐低温性能;

④相对湿度范围:0~95%;

⑤传感器防护等级:IP68;

⑥使用寿命:10年以上;

⑦精度稳定性:设备标定周期≥6个月。

(2)称重控制器

①机柜要求:采用野外机柜,双层机箱密封设计,并有独立的温控系统;

②工作温度范围:-20~+70℃,寒区使用时应具备耐低温性能;

③相对湿度范围:0~95%;

④平均故障间隔时间:≥20000h;

⑤平均修复时间:≤30min;

⑥通信接口:RS232、RS485、以太网接口等多种实时传输接口;

⑦防护等级:IP65;

⑧满足《电子称重仪表》(GB/T 7724—2008)的要求。

2. 轮轴识别设备

(1)检测宽度:普通车道≥1200mm,超宽车道≥1600mm;

(2)识别准确率:≥98%;

(3)防护等级:IP68;

(4)工作环境:温度范围:-20~+70℃,寒区使用时应具备耐低温性能,相对湿度范围:0~95%;

(5)使用寿命:10年以上;

(6)具有自诊断功能,发生故障时能够通过信息接口向外部发出故障信息。

3. 车牌识别及抓拍设备

1)功能要求

(1)抓拍的超限车辆图片应清晰辨别机动车车型、车身颜色、号牌号码等基本特征;

(2)能自动识别"GA36-92"(92式牌照)、"GA36.1-2001"(02式牌照)标准民用车牌照、新能源电动汽车专用牌照和97式、04式军用、新武警、港澳式等各种格式汽车号牌;

(3)图片采用JPEG编码,以JFIF文件格式存储,压缩因子低于70;

(4)可叠加字符,主辅码流均具备自定义剪切区域功能;

(5)多码流视频输出:支持H.264、H.265、MJPEG多种编码方式;

(6)通过安装位置的不同,可实现对车头、车尾、车侧面图像的抓拍;

(7)具有开放的、通用的数据传输接口和传输协议。

2)性能指标要求

(1)应符合《道路车辆智能监测记录系统通用技术条件》(GA/T 497—2016)、《道路交通安全违法行为视频取证设备技术规范》(GA/T 995—2012)和《道路交通安全违法行为图像取证技术规范》(GA/T 832—2014)的要求;

(2)摄相机抓拍图片分辨率不小于300万像素;

(3)日间号牌号码识别准确率应不小于95%,夜间号牌号码识别准确率应不小于90%;

(4)日间号牌颜色识别准确率应不小于90%,夜间号牌颜色识别准确率应不小于80%;

(5)号牌种类识别准确率应不小于95%;

(6)未悬挂号牌的识别率应不小于80%;

(7)识别车辆行驶速度:对车速在0~140km/h范围的车辆进行识别;

(8)通信接口:RS232、RS485、以太网接口等多种实时传输接口;

(9)工作温度:-20~+70℃,寒区使用时应具备耐低温性能;

(10)工作湿度:20%~90%;

(11)防护等级:IP66;

(12)平均无故障时间:MTBF≥30000h;

(13)平均修复时间:MTTR≤30min;

(14)电磁兼容性:符合《电磁兼容 试验和测量技术 电压暂降、短时中断和电压变化的抗扰度试验》(GB/T 17626.11—2008)的规定。

4. 视频监控设备

视频监控应与收费站已有视频监控系统统筹考虑,新购置视频监控设备应满足以下要求,寒区使用时应具备耐低温性能。

1)功能要求

视频监控设备应由数字硬盘录像机、音视频输入设备、音视频输出设备、数字视频/音频/数据光端机等组成。

(1)具有图像的硬盘录像功能,并可进行图像回放;

(2)支持完备的点播功能,点播过程可实现用户权限控制功能,防止非法用户点播和盗链,可记录用户每次点播内容;

(3)根据网络带宽的不同情况,实现自动调节抽帧或降低分辨率,以保证正常的监控。

2)性能指标要求

(1)数字录像机

①音、视频输入:不少于16路;

②显示/录像速度:不小于25帧/秒/路;

③可全屏、4、9、16画面显示;

④录像分辨率:不小于720P(1280×720);

⑤视频压缩方式:H.265、H.264、MJPEG;

⑦具有千兆网口;

⑧硬盘容量:满足30天以上连续录像要求。

(2)音视频输入设备

①不低于200万像素(1920×1080)的高清机芯,支持自动光圈、自动聚焦、自动白平衡、背光补偿;

②至少支持1路音频输入;

③内置高速云台:

a. 可水平360°连续旋转;

b. 垂直扫描范围:≥90°;

c. 云台速度:0~80°/s。

④应具备红外功能,20倍光学变焦;

⑤可持续工作温度范围:-20~+60℃;

⑥可持续工作相对湿度范围:0~90% R.H.;

⑦帧率:1~25fps;

⑧一体化彩色黑白模式自动转换,日夜两用型快速球形摄像机。

5. 电子显示屏

1)功能要求

(1)应提供对外场显示设备进行信息编辑、信息查看、信息发布功能;

(2)应保存发布的信息内容;

(3)具有开放的、通用的数据传输接口和传输协议。

2)性能指标要求

(1)可视距离:静态视距≥30m;

(2)显示内容:包含车牌号码、总重、超限率、引导信息等,每个汉字的尺寸不小于76mm×76mm,汉字点阵为16×16点阵字库,满屏可显示4行×8列汉字;

(3)LED 视认角:≥30°;

(4)显示亮度:≥5000cd/m², 3级可调;

(5)LED 平均寿命为≥10000h;

(6)失控率:≤1%;

(7)平均故障间隔时间≥100000h;

(8)通信接口:RS485、RS232、RJ45,通信速率:1.2~19.2kbps;

(9)屏体防护等级:IP68;

(10)工作温度: -20~+70℃,寒区使用时应具备耐低温性能;

(11)LED 配比:不低于双基色,4R2G。

6. 轮廓检测设备

1)功能要求

(1)实现经过检测区域的车辆长、宽、高信息的检测;

(2)具有故障自检功能,设备和线路故障时,应能取得相应的故障信息,并传送给高速公路称重检测系统;

(3)具备自动缓存功能,能够保存一个月的数据,当向高速公路称重检测系统发送数据失败时,能重发数据,保持数据的唯一性和完整性;

(4)具备数据重发功能,并保障出现异常情况(通信链路不稳定等)时数据的唯一性和完整性;

(5)具有开放的、通用的数据传输接口和传输协议。

2)性能指标要求

(1)满足《汽车外廓尺寸检测仪》(JT/T 1012—2015)的相关要求;

(2)速度检测范围:0~40km/h;

(3)结构稳定性:最大抗风能力40m/s;

(4)寒区使用时应具备耐低温性能;

(5)平均无故障时间:≥50000h;

(6)防护等级 IP68。

7. 安全引导设施

1)标志

高速公路入口称重检测标志应能及时预告、指示称重检测设施(设备)的位置,根据收费站实际场地情况设置称重检测预告标志和入口指示标志以及客车、货车分合流标志;根据不同区域的限速需要设置限速标志;在左转掉头返回方向与对向车道合流处应设停车让行标志;对未安装称重检测设施(设备)的收费站入口应设置提前绕行预告标志和入口前绕行指示标志。交通标志的设置应符合《道路交通标志和标线》(GB 5768—2009)的有关规定。

2）标线

在称重检测区域内和掉头返回车道应根据交通组织需要布设正确引导交通的标线，导向箭头、减速标线及文字标记等标线的设置应符合《道路交通标志和标线》（GB 5768—2009）有关规定。

在称重检测区域出入口应设出入口标线。

3）安全护栏、防撞和隔离设施

应根据交通安全需要，在称重检测区域设置必要的防撞护栏及隔离设施，其设置应符合相关规范的规定。

称重检测区应设置安全岛，在称重检测亭或者室外机柜靠近车道方向设置防护栏。

4）货车制动情况安全检测装置

对于连续长陡下坡的路段，为了提升安全通行能力，可以选配货车制动力性能检测装置，判断车辆制动系统的制动性是否满足道路运输车辆的综合性能要求。对于制动性不满足的，进行提示告知。

5）收费站入口电子显示屏提示信息

高速公路称重检测设施（设备）在收费站入口称重检测区设置电子显示屏，显示检测结果信息和引导信息。

第三节　安装质量及检验评定标准

一、基本要求

（1）入口车道设备数量、型号规格符合设计要求，部件及配件完整。

（2）收费亭、电动（手动）栏杆、车道控制器（车道计算机）、收费员显示终端、键盘、信号灯、车辆检测器、摄像机、发（打）卡设备等主要设备是符合国家或行业标准的定型产品。

（3）收费亭内操作台、设备安装符合要求。

（4）收费亭、控制器、发（打）卡机、UPS、电动栏杆等设备的接地连接符合规范要求。

（5）电动栏杆、信号灯、摄像机等安装方位和位置正确。

（6）收费亭至收费岛、天棚上安装设备裸露的电源线、信号线按设计要求进行保护处理。

（7）所有设备安装到位并连通，处于正常工作状态。

（8）隐蔽工程验收记录、分项工程自检和设备调试记录、安装和非安装设备及附（备）件清单、有效的设备检验合格报告或证书等资料齐全。

二、实测项目

收费系统入口车道设备实测项目见《公路工程质量检验评定标准　第二册　机电工程》（JTG F80/2—2004）中表4.1.2。

三、外观鉴定

(1) 收费亭外设备安装稳固、端正。

(2) 收费亭内操作台、座椅、设备、配线列架等整齐、有序、无明显歪斜,标志清楚、牢固。

(3) 所有设备安装后,外观无划伤、刻痕以及防护层剥落等缺陷。

(4) 设备及收费亭内布线整齐美观、固定可靠、标识清楚;过墙、板、地下通道处有保护套管,并留有适当余量。

(5) 设备之间连线接插头等部件连接可靠、紧密、到位准确;布线整齐、余留规整、标识清楚;固定螺钉等紧固,无松动。

(6) 配电箱内信号线、动力线及其接插头要求明显区分,标识清楚,有永久性接线图。

(7) 电动(手动)栏杆挡杆上反光标记完整醒目,落下时应处于水平位置。

第十三章

收费站出口车道设备

第一节 概 述

高速公路收费制式的不同导致收费车道设备的配置和功能有很大的差别。开放式收费按车型一次性收费,不需要通行券,车道设备配置重点放在识别车型和准确收费上,并且每个收费车道的设备配置完全相同;封闭式收费需同时确认车型和行驶里程,因而要增加读、写通行券数据和控制信息的能力,设备配置重点为识别车型、读写信息和准确收费。同时,在封闭式收费系统中,由于进出车道的流程不同,所配备的设备也不尽相同。

就出口车道而言,其主要是检验车辆携带的通行券,校核车型并根据它们的计算、收取通行费,打印收费票据,放行车辆。因此,出口车道在硬件配置上除具备与入口车道相同的设施外,还配备费额显示器、收费票据打印机和字符叠加器。此外,由于出口收费涉及现金,对出口车道的监控系统要求很高,通常必备收费车道摄像机和对讲机。

第二节 出口车道设备技术要求及试验方法

出口设备中的车道控制机、LED 车道控制标志、电动栏杆机、手动栏杆机、收费键盘等设备已在入口设备技术要求及试验方法中进行了介绍,本节主要对出口车道设备配置中特有的车牌识别系统、费额显示器、票据打印机等设备进行介绍。

一、汽车号牌视频自动识别系统主要技术要求及试验方法

汽车号牌视频自动识别系统是用来对车辆号牌使用图像抓拍、分析识别的方法,最终输出车辆号牌信息的系统。汽车号牌视频自动识别系统的主要质量评定标准是《汽车号牌视频自动识别系统》(JT/T 604—2011)。依据该标准,其技术要求及试验方法如下。

1. 技术要求

1)适用条件

(1)安装环境:户外。

(2)相对湿度:不大于95%。

(3)环境温度:

①A 型:-20~+70℃;
②B 型:-40~+55℃;
③C 型:-55~+45℃。

2)外观和结构要求

产品表面应光滑、平整、美观、涂层色泽均匀,无锈蚀、凹痕、划伤、裂缝和变形,无裸露基体等缺陷;产品结构应简单、牢靠,满足使用要求,安装调节方便;铭牌上所有文字和符号清晰、正确、牢固。

3)功能要求

(1)采集功能

汽车号牌视频自动识别系统能采集以 0~60km/h 速度通过系统捕获区域的汽车号牌,并能实时输出识别结果。

(2)号牌图像输出功能

对可识别的车辆号牌和不能识别的车辆号牌,均能输出所采集的全幅 JPEG 格式的数字图像。

(3)识别功能

对国内目前正在使用的各式汽车号牌,包括双层号牌、个性化号牌、军警号牌、港澳号牌等均能进行识别。

(4)存储功能

对每个汽车号牌的图像、二值化图像、车辆全景图像、识别时间、识别结果等信息均能进行存储。系统在断电时存储的信息不应丢失。存储的信息可通过通信接口导出到外部存储介质。

(5)数据通信接口与协议

汽车号牌视频自动识别系统应采用计算机通用的通信接口,通信输入输出协议见《汽车号牌视频自动识别系统》(JT/T 604—2011)附录 A。

4)性能要求

(1)图像分辨率:图像的分辨率不小于 768×288 像素;高清图像的分辨率不小于 100 万像素。

(2)号牌识别正确率:不小于 97%。

(3)号牌识别时间:不大于 200ms。

5)电气安全性能

(1)绝缘电阻。产品的电源接线端子与机壳的绝缘电阻应不小于 100MΩ。

(2)电气强度。在产品的电源接线端子与机壳之间施加频率 50Hz、有效值 1500V 正弦交流电压,历时 1min,应无闪络或击穿现象。

(3)安全接地。产品应设安全保护接地端子,接地端子与机壳(包括带电部件的金属外壳)连接可靠,接地端子与机壳的连接电阻应小于 0.1Ω。

(4)电源适应性。

产品应适应电网波动要求,在以下条件下应可靠工作:

①电压:交流 220×(1±15%)V;

②频率:50×(1±4%)Hz。

(5)防水与防尘。产品应采取密封措施,防止雨、雪、其他水和灰尘等进入内部产生有害影响。外壳的防护等级为《外壳防护等级》(GB/T 4208—2017)规定的 IP55 级。

6)电磁兼容性能

(1)静电放电抗扰度要求

汽车号牌视频自动识别系统正常使用时的接触点和表面以及维修点应具有抗静电放电性能,静电放电产生后,产品的各种动作、功能及运行逻辑应正常。

(2)辐射电磁场抗扰度要求

汽车号牌视频自动识别系统应具有抗电磁场辐射性能,遭受电磁场辐射后,产品的各种动作、功能及运行逻辑应正常。

(3)电快速瞬变脉冲群抗扰度要求

汽车号牌视频自动识别系统的电源端口、信号和控制端口以及壳体的接地线应具有抗电快速瞬变脉冲群的性能,在遭受电快速瞬变脉冲群干扰后,产品的各种动作、功能及运行逻辑应正常。

7)环境适应性能

(1)耐低温性能

汽车号牌视频自动识别系统在 -40℃(-20℃、-55℃)条件下,产品应启动正常,逻辑正确。

(2)耐高温性能

汽车号牌视频自动识别系统在 +55℃(+45℃、+70℃)条件下,产品应启动正常,逻辑正确。

(3)耐温度交变性能

汽车号牌视频自动识别系统应能耐受温度由 -40~55℃ 变化的影响,在温度循环变化后,产品应启动正常,逻辑正确。

(4)耐湿热性能

汽车号牌视频自动识别系统在温度 +40℃、相对湿度 98% 的条件下,产品应启动正常,逻辑正确。

(5)耐机械振动性能

汽车号牌视频自动识别系统在振动频率 2~150Hz 的扫频循环振动下,产品功能应正常,结构不受影响,零部件无松动。

(6)耐盐雾腐蚀性能

汽车号牌视频自动识别系统的印刷电路板、外壳防腐层及其支撑底板应无明显锈蚀现象,金属构件应无锈点,印刷电路板经过 24h 自然晾干后功能正常。

8)可靠性

汽车号牌视频自动识别系统的平均故障间隔时间(MTBF)应满足:MTBF 不小于 10000h 的要求。

2. 试验方法

1)试验条件

除在收费车道上进行的试验外,一般在测量和试验的标准大气条件下进行试验:

(1)环境温度:15~35℃。

(2)相对湿度:25%~75%。

(3)大气压力:86~106kPa。

2)外观和结构

用目测法进行。

3)功能

产品在正常工作状态下,按"使用说明书"中的操作程序逐项进行功能验证。

4)性能

(1)图像分辨率

用视频测量仪进行测试。

(2)号牌识别正确率

①该测试在实际通车运营的车道上进行。按产品要求在车道上安装调试好系统,然后由检测人员对系统设置密码进行锁定后开始测试,测试过程中不得对系统进行任何操作。

②系统以车道上实际通行的车辆为样本进行采集识别,连续测试24h以上。

③测试时间达到24h后查看识别记录,如果汽车号牌数量超过2000张,则现场测试结束;如果号牌数量不到2000张,则测试继续进行,直到号牌数量达到2000张后现场测试结束。

④将测试时间内所有的汽车号牌识别记录从系统中导出,同时提取车道摄像机在测试时间内拍摄的实际车辆通行录像,检测人员参照录像对每条记录进行逐一比对、判定、统计,计算出号牌识别正确率。

(3)号牌识别时间

该测试在实验室内搭建模拟环境进行。编制测试软件并安装到系统中,使用控制机控制触发的方式,控制汽车号牌视频抓拍系统进行车牌识别并记录时间。测试软件控制系统连续进行100次的触发识别,记录每次从触发系统到系统输出识别结果的时间,取100次试验的时间平均值作为检测结果。

5)电气安全性能

(1)绝缘电阻

用精度1.0级、500V的兆欧表在电源接线端子与机壳之间测量。

(2)电气强度

用精度1.0级的耐电压测试仪在接线端子与机壳之间测量。

(3)连接电阻

用精度0.5级、分辨率0.01的毫欧表在机壳顶部金属部位与安全保护接地端子之间测量。

(4)电源适应性

①电压波动适应性:用自耦变压器或可调交流电源给汽车号牌视频自动识别系统供电,测试电压分别为180V→200V→220V→240V→255V→230V→210V→180V。每调整到一档电压并稳定后,都分别开启和关闭汽车号牌视频自动识别系统电源开关,检查逻辑和功能是否正常。

②频率波动适应性:用可调频交流电源给汽车号牌视频自动识别系统供电,电源电压为交

流220V,测试频率分别为48Hz→49Hz→50Hz→51Hz→52Hz。每调整到一档并稳定后,都分别开启和关闭汽车号牌视频自动识别系统电源开关,检查逻辑和功能是否正常。

(5)防水与防尘

按《外壳防护等级》(GB/T 4208—2017)规定的试验方法进行。

6)电磁兼容性能试验

3项试验详见第一篇第五章。

7)环境适应性能

6项环境适应性试验方法详见第一篇第五章。

8)可靠性试验

采用序贯试验方案4:2,按《设备可靠性试验 恒定失效率假设下的失效率与平均无故障时间的验证试验方案》(GB/T 5080.7—1986)规定执行。

9)测试结果的处理

除特殊规定,一般对可重复的客观测试项目进行3次测试,取算术平均值作为测试结果,可给出测试结果的准确度。对于主观测试项目,测试人员应不少于3人,测试结果分为合格、不合格两级。

二、费额显示器主要技术要求及试验方法

公路收费用费额显示器其主要质量检验评定标准是《公路收费用费额显示器》(GB/T 27879—2011),依据该标准,公路收费用费额显示器是由显示单元组成的显示屏幕,安装在收费亭侧壁、收费岛上或便于道路使用者视认的位置,通过一定的控制方式,以文字形式(可辅以语音)向道路使用者显示缴费信息的电子装置,主要由显示单元、控制装置和电源模块等组成。其技术要求及试验方法如下。

1. 技术要求

1)适用条件

(1)安装及使用环境:收费亭外。

(2)相对湿度:不大于95%。

(3)环境温度:A型:-20~+55℃;B型:-40~+50℃;C型:-55~+45℃。

2)形状和尺寸要求

独立式费额显示器外形为长方形,版面应紧凑美观,整体布局示例如图3-13-1所示。

3)材料及外观要求

(1)材料。费额显示器外壳可采用钢、铝合金等材料。外壳应采用非反光材料或进行消除反光处理,结构坚固、美观。

(2)外观。费额显示器外壳无明显划痕,显示单元无松动及管壳破裂。

4)安全要求

费额显示器应满足《信息技术设备安全 第1部分:通用要求》(GB 4943.1)规定的Ⅰ类安全设备要求。

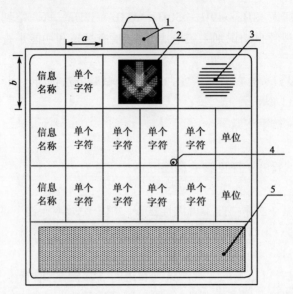

1-报警器;2-通行指示;3-喇叭;4-小数点;5-LED辅助显示屏(备选);a-单个字符宽度,不应小于50mm;b-单个字符高度,不应小于90mm。

图 3-13-1 独立式费额显示器外形布局示例

5) 功能特性

(1) 根据费额显示器安装形式、适用范围的不同,显示信息量应满足表 3-13-1 要求,各个信息显示顺序应符合表 3-13-1 中排序。

显示信息要求　　　　　　表 3-13-1

序号	显示信息名称	适用范围			安装形式		显示单位	字符位数(推荐)
		计重收费	车型收费	不停车收费	附着式	独立式		
1	通行指示	O	O	O	×	O	/	/
2	车型	√	√	√	√	√	/	1
3	金额	√	√	√	√	√	元	5
4	余额	O	O	O	O	O	元	5
5	总重	O	O	O	O	O	吨	3
6	超限	O	O	O	O	O	吨	3
7	超限率	O	O	O	O	O	/	3
8	车牌	O	O	√	O	O	/	7

注:"√"表示显示,"O"表示可选显示,"×"表示不显示。

(2) LED 数码管费额显示器字符分固定字符和动态数字。其中固定字符采用反光膜形式或丝印反光字,为红色或黄色等醒目颜色,底色宜为浅灰;动态数字宜为红色。

(3) 采用 LED 全屏点阵显示时各个字符宜为红色;同一费额显示器字符颜色应一致。

(4) 可自动多级调节 LED 发光亮度,防止夜间产生眩光,调节级别不应小于 4 级。

(5) 数字显示应稳定、清晰无扰,数码字符在不显示时应尽可能与字符底板的颜色相近。

6) 物理性能

(1) 发光亮度

费额显示器的 LED 显示面板发光亮度不小于 $1500cd/m^2$。测量发光亮度时环境照度变化应介于 ±10%,光探头采集范围不少于 16 个相邻像素,彩色分析仪误差应小于 5%。

(2) 视认性能

观察者(矫正视力 5.0 以上)视认角不小于 $30°$,静态视认距离不小于 30m。

(3) 声学特性

对于具有语音附加功能的费额显示器,在设备正前方 1m,离地高 1.2m 处接收的等效连续声级值为 70~85dB(A)可调,非线性失真应小于 10%。

7) 电气安全性能

(1) 绝缘电阻:费额显示器的电源接线端子与机壳的绝缘电阻应不小于 $100M\Omega$。

(2) 电气强度:在费额显示器的电源接线端子与机壳之间施加频率 50Hz、有效值 1500V 正弦交流电压,历时 1min,应无火花、飞弧和击穿现象。

(3) 安全接地:费额显示器应设安全保护接地端子,接地端子与机壳连接可靠,接地端子与机壳的连接电阻应小于 0.1Ω。

(4) 产品应适应电网波动要求,在以下条件下应可靠工作:

①电压:交流 220×(1±15%)V;

②频率:50×(1±4%)Hz。

(5) 费额显示器的供电接口和通信接口按照《电子设备雷击试验方法》(GB/T 3482—2008)的要求,应采取必要的防雷电和过电压保护措施,采用的元器件和防护措施应符合 IEC61643-1 的规定。

(6) 产品应采取尘密、防水措施,外壳的防护等级按《外壳防护等级》(GB/T 4208—2017)的规定应不低于 IP56 级。

8) 电气可靠性能

(1) 平均无故障时间:不小于 15000h。

(2) 平均恢复时间:不大于 30min。

9) 通信接口与规程

(1) 接口:采用 9 针或 25 针 RS-232C 阴性插座或 4 针 RS-485 阳性插座,可根据通信需求提供其他类型接口并满足相关协议。该接口的电气性能应符合相应标准的要求,接口与外部的连接应便于安装和维护,并采取尘密、防水等措施。

(2) 通信规程:符合《数据通信基本型控制规程》(GB/T 3453—1994)的有关规定。

(3) 通信方式:异步、半双工。

(4) 通信速率:1200~19200bit/s。

(5) 可以按需求提供其他接口和规程,以便与收费控制系统连接。

10) 环境适应性能

(1) 耐低温储存性能:在 $-20°C$($-40°C$、$-55°C$)条件下,按《公路收费用费额显示器》(GB/T 27879)6.8.1 的方法试验 8h,费额显示器通信正常,信息显示和逻辑正确。

(2) 耐低温工作性能:在 $-20°C$($-40°C$、$-55°C$)条件下,按《公路收费用费额显示器》

(GB/T 27879)6.8.2 的方法试验 8h,费额显示器通信正常,信息显示和逻辑正确。

(3)耐高温工作性能:在 +55℃(+45℃、+40℃)条件下,按《公路收费用费额显示器》(GB/T 27879)6.8.3 的方法试验 8h,费额显示器通信正常,信息显示和逻辑正确。

(4)耐湿热工作性能:在温度 +40℃,相对湿度(98±2)% 条件下,按《公路收费用费额显示器》(GB/T 27879)6.8.4 的方法试验 48h,费额显示器通信正常,信息显示和逻辑正确。

(5)耐机械振动性能:在振动频率 2~150Hz 的范围内,按《公路收费用费额显示器》(GB/T 27879)6.8.5 的方法试验经历 20 个循环后,结构不受影响,零部件无松动;费额显示器通信正常,信息显示和逻辑正确。

(6)耐盐雾腐蚀性能:外壳防腐层(其他部件由供需双方协定)应无明显锈蚀现象,金属构件应无锈点,消除反光的外涂材料不脱落;费额显示器通信正常,信息显示和逻辑正确。

(7)耐温度变化性能:在温度为 -40~70℃范围内,按照《公路收费用费额显示器》(GB/T 27879)6.8.7 的方法试验经历 5 个循环后,费额显示器通信正常,信息显示和逻辑正确。

11)电磁兼容性

(1)具有电快速瞬变脉冲群抗扰度性能。

(2)具有静电放电抗扰度性能。

(3)具有辐射电磁场抗扰度性能。

2. 试验方法

1)试验条件

除特殊规定外,一般试验条件如下:

(1)环境温度: +15~+35℃。

(2)相对湿度:25%~75%。

(3)大气压力:86~106kPa。

2)材料

主要核查原材料和元器件的材质证明单是否齐全有效,必要时可对原材料的主要性能指标(如物理化学性能)进行试验。

3)外观

用目测和手感法检查外观质量。

4)安全及功能

连接费额显示器及控制系统,接通电源,运行控制软件,逐项核查安全要求及显示功能。

5)物理性能

(1)发光亮度:费额显示器在不通电情况下,用彩色分析仪测量显示面的背景亮度 L_N;费额显示器在通电并正常工作情况下,用彩色分析仪测量显示面的亮度 L_Y;费额显示面板发光亮度:$L = L_Y - L_N$。

(2)声学特性:在规定的时间间隔内,方均根声压与基准声压之比以 10 为底的对数再乘以 20,声压用标准频率计权得到。对空气声,基准量通常选取 20μPa。

6)电气安全性能

(1)绝缘电阻:用精度 1.0 级、500V 的兆欧表在导电端子与机壳之间测量。

（2）电气强度：用精度1.0级的耐电压测试仪在导电端子与机壳之间测量。

（3）连接电阻：用精度0.5级、分辨力0.01Ω的电阻表在机壳顶部金属部位与安全保护接地端子之间测量。

（4）用自耦变压器或可调交流电源给费额显示器供电，测试电压分别为185V→200V→220V→240V→255V→230V→210V→185V。每调整到一档电压并稳定后，接通费额显示器，检查显示功能是否正常。测试频率分别为48Hz→49Hz→50Hz→51Hz→52Hz→51Hz→50Hz→49Hz→48Hz。每调整到一档频率并稳定后，接通费额显示器，检查显示功能是否正常。

（5）产品尘密、防水及安全防护按《外壳防护等级》(GB/T 4208—2017)的试验方法进行。

7）通信接口与规程

（1）该项测试方法包括主观评定和客观测试两部分，对每个区段的每个显示字进行测试，应能正确显示。

（2）主观评定是把费额显示器连接到控制系统后，评定该产品与系统的通信情况，可用24h失步次数来评价产品的通信性能。

（3）客观测试方法参见相关标准。

8）环境适应性能

7项环境适应性能详见第一篇第五章。

9）电磁兼容性

3项电磁兼容性见第一篇第五章。

三、票据打印机主要技术要求及试验方法

票据打印机的主要质量评定标准是《票据打印机》(GB/T 24723—2009)。依据该标准，票据打印机是安装在高速公路、普通公路、铁路、停车场等场所的收费亭及售票处，通过标准接口与上位机连接，完成发票、车票等票据打印功能的设备。票据打印机一般由打印头、碳带、切纸刀和机壳等部分组成。其技术要求及试验方法如下。

1. 技术要求

1）适用条件

（1）安装及使用环境：收费亭内。

（2）环境温度：-20～+55℃。

（3）相对湿度：不大于95%。

2）外观和结构要求

（1）票据打印机表面应光滑、平整、美观，涂层色泽均匀，无锈蚀、凹痕、划伤、裂缝和变形，无裸露基体等缺陷。

（2）票据打印机各操作开关、按键应灵活、可靠、方便。供用户使用的选择开关应便于操作。机箱锁应牢固有效，使用对应的钥匙开启时应灵活方便。

（3）票据打印机应便于部件更换和维护，打开机箱后，应能在不使用工具的情况下，更换纸带、碳带及排除卡纸等异常现象。

（4）铭牌上所有文字和符号清晰、正确、牢固。

3) 功能要求

(1) 显示功能。能够显示电源及工作状态指示,发生故障时能够显示故障类型。

(2) 自检功能。上电过程中票据打印机能够自检,并向上位机上报必要信息。

(3) 报警功能。按《台式激光灯打印机通用规范》(GB/T 17540—1998)的有关规定,在出现卡纸、纸尽、硬件出错等情况时应发出报警信号。

(4) 数据通信接口。票据打印机应采用计算机通用的通信接口。

4) 性能要求

(1) 打印质量:打印的字符字形应完整、能正确识别,字迹清晰牢固。按《行式打印机通行技术条件》(GB/T 9312—1988)的有关规定,打印位置误差为 ±0.4mm。

(2) 单行打印时间:小于 2s。

(3) 噪声:正常工作时小于 60dB(A)。

5) 电气安全性能

(1) 绝缘电阻。产品的电源接线端子与机壳的绝缘电阻应不小于 100MΩ。

(2) 电气强度。在产品的电源接线端子与机壳之间施加频率 50Hz、有效值 1500V 正弦交流电压,历时 1min,应无闪络或击穿现象。

(3) 安全接地。产品应设安全保护接地端子,接地端子与机壳(包括带电部件的金属外壳)连接可靠,接地端子与机壳的连接电阻应小于 0.1Ω。

(4) 电源适应性。产品应适应电网波动要求,在以下条件下应可靠工作:

①电压:交流 220 × (1 ± 15%) V;

②频率:50 × (1 ± 4%) Hz。

(5) 防水与防尘。产品应采取密封措施,防止雨、雪、其他水和灰尘等进入内部产生有害影响。外壳的防护等级为《外壳防护等级》(GB/T 4208—2017)规定的 IP55 级。

6) 电磁兼容性能

3 项电磁兼容性要求详见第一篇第五章。

7) 环境适应性能

(1) 耐低温性能。票据打印机在 -20℃ 条件下,产品应启动正常,逻辑正确。

(2) 耐高温性能。票据打印机在 55℃ 条件下,产品应启动正常,逻辑正确。

(3) 耐温度交变性能。票据打印机应能耐受温度由 -20 ~ 55℃ 变化的影响,在温度循环变化后,产品应启动正常,逻辑正确。

(4) 耐湿热性能。票据打印机在温度 40℃、相对湿度 95% 的条件下,产品应启动正常,逻辑正确。

(5) 耐机械振动性能。包装后的票据打印机在振动频率 2 ~ 150Hz 的扫频循环振动下,产品功能应正常,结构不受影响,零部件无松动。

(6) 耐盐雾腐蚀性能。票据打印机的印刷电路板、传动机构和外壳防腐层及其支撑底板(其他部件由供需双方协定)应无明显锈蚀现象,金属构件应无红色锈点,印刷电路板经过 24h 自然晾干后功能正常。

8) 可靠性

票据打印机的平均故障间隔时间(MTBF)应满足:MTBF 不小于 30000h 的要求。

2. 试验方法

1）试验条件

一般在测量和试验的标准大气条件下进行试验：

(1) 环境温度：15～35℃；

(2) 相对湿度：25%～75%；

(3) 大气压力：86～106kPa。

2）外观和结构要求

用目测法进行。

3）功能试验

使产品处于正常工作状态下，按"使用说明书"中的操作程序逐项进行功能验证。

4）性能试验

(1) 打印质量。目测验证票据的打印质量，用手轻擦打印好的票据，上面的字迹不应有掉色、模糊等现象。用精度为1级的游标卡尺测试打印位置误差。

(2) 单行打印时间。用精度为0.1级的秒表进行测试。

(3) 噪声检测。用声强计在与设备等高、距设备1m处测得，在4个方向各测试1次，平均后得出噪声值。

5）电气安全性能

(1) 绝缘电阻。用精度1.0级的兆欧表在电源接线端子与机壳之间施加500V直流电压1min后读取测量结果。

(2) 电气强度。用精度1.0级的耐电压测试仪在接线端子与机壳之间测量。

(3) 连接电阻。用精度0.5级、分辨力0.01Ω的毫欧表在机壳顶部金属部位与安全保护接地端子之间测量。

(4) 电源适应性。

①电压波动适应性：用自耦变压器或可调交流电源给票据打印机供电，测试电压分别为180V→200V→220V→240V→255V→230V→210V→180V。每调整到一档电压并稳定后，都分别开启和关闭票据打印机电源开关，检查逻辑和功能是否正常。

②频率波动适应性：用可调频交流电源给票据打印机供电，电源电压为交流220V，测试频率分别为48Hz→49Hz→50Hz→51Hz→52Hz。每调整到一档并稳定后，都分别开启和关闭票据打印机电源开关，检查逻辑和功能是否正常。

(5) 防水与防尘。按《外壳防护等级》(GB/T 4208—2017)规定的试验方法进行。

6）电磁兼容性能试验

电磁兼容性试验详见第一篇第五章。

7）环境适应性能

高低温等6项环境适应性能试验详见第一篇第五章。

8）可靠性试验

按《设备可靠性试验 恒定失效率假设下的失效率与平均无故障时间的验证试验方案》(GB/T 5080.7—1986)规定执行。

第三节　安装质量及检验评定标准

一、基本要求

(1)出口车道设备数量、型号规格符合设计要求,部件及配件完整。
(2)收费亭、电动(手动)栏杆、车道控制器(车道计算机)、收费员显示终端、专用键盘、费额显示器、信号灯、车辆检测器、摄像机、收(打)卡设备等主要设备是符合国家或行业标准的定型产品。
(3)收费亭内操作台、座椅、设备安装符合设计要求。
(4)收费亭、控制器、收(打)卡机、UPS、电动栏杆等设备接地连接正确。
(5)电动栏杆、费额显示器、信号灯、摄像机等安装方位和位置正确。
(6)车道设备的电源线、信号线按设计要求进行保护处理。
(7)所有设备安装到位并连通,处于正常工作状态。
(8)隐蔽工程验收记录、分项工程自检和设备调试记录、安装和非安装设备及附(备)件清单、有效的设备检验合格报告或证书等资料齐全。

二、实测项目

车口车道设备实测项目见《公路工程质量检验评定标准　第二册　机电工程》(JTG F80/2—2004)中表4.2.2。

三、外观鉴定

(1)收费亭外设备安装稳固、端正。
(2)收费亭内操作台、座椅、设备、配线列架等整齐、有序、无明显歪斜,标志清楚、牢固。
(3)所有设备安装后,外观无划伤、刻痕以及防护层剥落等缺陷。
(4)设备及收费亭内布线整齐美观、固定可靠、标识清楚;过墙、板、地下通道处要有保护套管,并留有适当余量。
(5)设备之间连线接插头等部件要求连接可靠、紧密、到位准确;布线整齐、余留规整、标识清楚;固定螺钉等要求紧固,无松动。
(6)配电箱内信号线、动力线及其接插头明显区分,标识清楚,有永久性接线图。
(7)电动(手动)栏杆挡杆上反光标记完整醒目,落下时处于水平位置。

第十四章

收费站设备及软件

第一节 概 述

收费站是收费系统的基本管理机构。收费站计算机系统是收费站的功能核心部分,包括硬件和软件。其中硬件指收费计算机系统及其外部设备,如服务器、管理计算机、多媒体计算机、打印机、网络设备及其他辅助设备;软件包括操作系统、数据库系统、网络通信及收费控制、管理软件等。

收费站的主要功能如下:

(1)实时采集收费车道的每一条收费数据,并将各车道的收费数据传输到服务器数据库中。

(2)数据的统计、处理、存储、管理功能,将从车道采集的数据按照管理规定的格式进行统计,形成规定的报表,显示、查询、检索规定时间内收费数据的历史记录。

(3)图像管理功能,可查询、打印各车道抓拍的图像。

(4)具备对本站人员、票据和通行卡的管理功能。

(5)具备收费监视功能,可监视各车道、亭内图像,对收费车道运行车况实时检测,一方面防止收费作弊情况,另一方面对收费状况实时监控,有利于紧急情况的发现和处理。

(6)紧急报警信息处理功能。

(7)作为收费车道和收费(分)中心之间的中间管理机构,实现相关信息的上传与下载。收费站可向收费(分)中心上传数据,并下载规定的数据。

第二节 收费站设备性能及软件测试技术要求

一、收费站设备性能

1. 网络服务器

收费站服务器是收费站所有计算机中配置最高的,它不但要存储收费站所有的收费数据、交通量数据、班次管理数据和图像,还负责收费站局域网的网络管理。收费站服务器功能主要包括:

(1) 数据管理:实时接收车道的数据和图像等收费数据并在数据库归类保存、数据定期自动备份、记录收费员排班表、出错次数超出规定的收费员名单统计、记录设备运作情况、故障报警等。

(2) 系统管理:发布(转发收费上级管理单位)系统指令、时钟(根据收费上级管理单位发布的时钟,发布日期和时间)、收费费率(接受并公布上级管理单位下达的费率表)、口令(设置存储站各级身份口令等)。

(3) 数据通信:收费站根据需要设计分界点,独立打包并加密处理,发往上级管理单位;定时或按指令接收中心数据,包括时钟、费率标准等。

除进行数据管理、安全管理、时钟服务、数据库服务等功能外,服务器应用软件应具备如下数据库:

(1) 系统基本属性数据库:是其他数据库参照的重要属性数据库,主要数据表有收费站代码表、车型标准表、收费费率表、交易清分准则表、数据库参数表、交易代码表、工作人员表等。

(2) IC 卡数据库:是与 IC 卡相关的资料数据,主要包括卡资料表、卡损耗表、黑卡表、卡调度记录表等。

(3) 历史交易数据库:存放全部历史交易流水数据。

(4) 业务统计数据库:为业务统计数据,包括各种报表、统计分析数据、财务数据等。提供业务管理的相关数据,包括人员操作记录表、设备管理表、备件配备管理表、报警事件表等。

网络服务器的主要技术要求包括 CPU、主频、内存、硬盘和接口等。实际设计中需要根据具体要求进行选择。

2. 多媒体计算机

收费站要完成对车道数据和图像的管理,通常需要配备图像监控计算机,也称多媒体计算机。多媒体计算机在存储空间的配置方面,应考虑图像存储占用大量的存储空间这一特点,在接收车道控制计算机发来的图像捕获请求,或在检测到报警信息时,实时打印相关信息并存储,故应预留所需接口。多媒体计算机应具备较高的分辨率,选用大屏幕显示器。多媒体计算机的主要功能包括:

(1) 车道监视功能。多媒体计算机可以直接从收费站服务器调出各车道处理信息,并显示车道状态及正在操作的收费员或维修人员等。

(2) 图像管理功能。主要用于抓拍车道视频图像,并进行存储及管理。

多媒体计算机的主要技术指标包括 CPU、主频、内存、硬盘、显示器分辨率及尺寸等。

3. 管理计算机

管理计算机主要完成各种数据处理、查询、统计和报表打印等功能,包括对图像数据进行进一步的查询统计。主要功能包括:

(1) 从服务器数据库中提取数据,并统计交通量、业务收入、工作人员班次等。

(2) 输入收费员上缴现金,调出服务器中收费作业原始数据库,并由此产生新的财务统计数据库;统计业务收入报表;核对收费员收费金额收缴情况等。

(3) 按需求进行报表打印。

管理计算机的主要技术指标包括 CPU、主频、内存及硬盘等。

4. 打印机

收费站打印机主要用于各种统计报表和抓拍图像的打印。其主要技术指标包括速度、分辨率、接口等。

5. 网络设备

收费站网络设备包括网卡、调制解调器、集线器及路由器等。其主要技术指标包括接口、速度、端口数量等。

6. 辅助设施

收费站系统主要附属设施包括各种收费综合控制台和电视墙及系统需要的光缆、电缆、配电箱等辅助设施。

二、收费软件测试技术

收费软件的主要质量评定标准是《软件工程 软件产品质量要求与评价(SQuaRE) SQuaRE 指南》(GB/T 25000.1—2010)，依据该标准可对收费系统软件从功能度、安全可靠性、效率、易用性、兼容性、可扩充性和用户文档等方面进行测试。

目前收费系统软件多进行功能度的测试，本书仅对收费软件的功能测试进行说明。

收费系统软件功能测试主要围绕计算机软件功能测试的几个方面，按照收费系统收费车道、收费站、收费(分)中心各级管理机构的功能要求展开。收费系统软件功能测试主要是对软件界面、数据、操作、接口等几方面的测试。对于界面的测试主要包括收费车道、收费站、收费(分)中心各级软件的程序安装、启动是否正常，进入操作界面后是否有相应的提示框或错误提示；系统的界面是否清晰美观，功能逻辑清楚，符合使用者的习惯；进入操作界面后相应菜单、按钮是否操作正常、灵活，可处理一些异常操作或对异常操作有错误提示；收费软件关于操作测试内容主要软件是否可接受正确的输入，对异常数据的输入是否有提示、容错处理等；数据的输出结果是否准确；系统的各种状态是否按照业务流程而变化，并保持稳定；收费软件接口测试包括硬件接口和软件接口，检查系统是否能配合多种硬件周边环境；软件升级后，是否能支持旧版本的数据。而对于收费软件最重要的测试是软件的每一项功能是否符合实际使用要求。

1. 软件测试流程

对功能符合性的测试需要做好测试的先期准备，包括制订测试计划、测试用例设计、配备测试所需资源等。

(1) 制订测试计划

在进行测试前首先制订测试计划与方案，明确测试的内容和目的。另外测试计划中需确定测试范围、测试用例的设计、测试中各方的配合条件、所需资源及日程安排。测试计划中需明确测试的性质，属于工程交、竣工验收测试还是委托测试。不同的测试性质，测试的依据也不同，目前对收费系统软件功能测试的主要依据为《公路工程质量检验评定标准 第二册 机电工程》(JTG F80/2—2004)中相关内容及工程合同文件中规定的技术要求。测试计划中需列明测试中各方的配合条件,例如需建设方或委托测试方提供相应软件的操作、访问权限、数据的查询、处理、统计、汇总的权限,需要对方提供配合的人力、物力条件,测试所需资源与环境的要求及测试日程安排等,以保证测试工作的顺利进行。

另一方面,收费软件功能测试和其他软件测试一样使用黑盒测试法,主要应用测试用例的输入,验证软件功能的准确性、完备性和符合性,测试用例的设计也采用黑盒测试用例的设计方法,依据这些方法设计正常输入、错误输入、边界输入的用例,也可以依据经验做错误推断,但错误推断法不是系统的测试方法,只能作为辅助的测试手段。

(2)执行测试方案

在完成测试计划及测试用例设计后,即可依据测试需要设置测试环境,配备测试资源,执行测试计划日程。在执行测试方案中关键的一个环节是进行缺陷记录,也可以理解为不符合项记录,并谨记缺陷的三要素:在哪里,什么情况(前提)下,发生了什么样的问题。这是进行结果分析、软件质量评价及形成测试报告的依据。

(3)测试结果分析及处理

软件功能测试最后一个环节即是对测试结果进行分析,形成测试报告。在执行测试方案后,根据使用测试用例得出软件实际输出结果与测试预期结果进行比较,进行软件质量评价,对于我们收费系统软件功能来说主要表现为对标准要求和工程技术文件要求的符合性。

2. 收费站软件测试要求

收费站软件功能主要围绕数据管理和收费监视展开,各项要求也是为保障数据安全和图像的准确、安全。对收费站软件的测试主要验证功能实现的准确性和稳定性,不考虑软件对错误输入的响应。

对车道实时监控功能:指收费站计算机可查看车道最后一辆车处理信息及车道状态、操作员信息,监视计算机可监视、显示车道设备及操作情况。

数据管理:通过专用服务器和收费管理计算机可查询、统计原始数据。收费数据的统计管理是收费站计算机网络的主要功能,收费数据包括收费站人员管理、收费站票卡管理、通行费管理、交通流量统计等。收费人员管理包括收费人员班次报表,记录收费员姓名、上岗时间、班次、特殊操作统计;票据管理包括通行卡的调入、调出、本站发出、本站回收、各收费员回收、各班次回收等信息的统计管理,票据管理包括计算机自动打印发票、人工手撕票据的统计管理。通行费管理是收费站软件职能的重中之重,按收费员统计、按时间统计、按班次统计、按车道统计等各种形式的通行费收入日报表、月报表、年报表。交通流量统计指根据本站发出与回收的通行卡或车道车辆检测器计算出入本站的车流量。查看费率表功能是收费站另外一个查询功能,尤其是在路段管理模式下,费率表由路段公司管理,收费站必须能查询到本路段的费率。但目前联网收费的路段不断增加,费率表的制定和管理都由联网中心负责,由联网中心下发至收费站服务器,收费车道定时向收费站服务器读取最新的费率。

收费站另外一项重要功能是图形管理功能,包括图像稽查、报警录像、主监视器切换显示各车道及收费亭摄像机功能。《公路工程质量检验评定标准　第二册　机电工程》(JTG F80/2—2004)对"图像稽查功能"的技术要求是可稽查所有出入口车道"有问题"车辆图像。多数路段都是在出口车道安装抓拍设备,而且抓拍对象只针对军警车、公务车、降档车、违章车等特情车。

收费站是收费车道与收费分中心之间的二级管理机构,所以它还需具备通信功能,即与车道数据通信,与收费中心通信。与车道数据通信包含两方面内容:一方面下发车道收费管理数据,包括费率表、时钟等;另一方面是接收车道上传的数据,包括收费数据、车流量数据、车道设备状态数据等。与车道数据通信功能在测试中可不单独设计测试用例,可以通过查原始数据等功能测试中同时进行。与收费中心的通信功能同样包含两方面,上传与接收规定的数据,数据传输准确。在测试用例的设计中应选取可查询、可追溯的数据作为测试数据。

目前,在《收费公路联网收费系统软件测试方法 第2部分:性能测试》(JT/T 966.2—2015)中,规定了收费公路联网收费系统软件性能测试的测试环境和要求、收费车道软件稳定性测试、收费站软件性能测试、路段收费(分)中心软件性能测试、联网收费管理中心软件性能测试、软件可靠性、软件兼容性和软件安全性的测试方法,并在上述各项性能测试中,分别按照测试内容、测试过程和预期结果三部分提出要求[详见《收费公路联网收费系统软件测试方法 第2部分:性能测试》(JT/T 966.2—2015)]。

第三节 安装质量要求及检验评价标准

一、基本要求

(1)收费站内设备数量、型号符合要求,部件完整。
(2)设备安装到位并连通,处于正常工作状态,并进行了严格测试和联调。
(3)提交了分项工程自检和系统联调记录、设备及附(备)件清单、有效的设备检验合格报告或证书等资料。

二、实测项目

收费站设备及软件的实测项目见《公路工程质量检验评定标准 第二册 机电工程》(JTG F80/2—2004)中表4.3.2。

三、外观鉴定

(1)站内设备安装稳固、端正。
(2)收费站内操作台、座椅、设备、配线列架等整齐、有序、无明显歪斜,标志清楚、牢固。
(3)所有设备安装后,外观无划伤、刻痕以及防护层剥落等缺陷。
(4)设备及收费站监控室内布线整齐美观、固定可靠、标识清楚;过墙、板、地下通道处有保护套管,并留有适当余量。
(5)设备之间连线接插头等部件要求连接可靠、紧密、到位准确;布线整齐、余留规整、标识清楚;固定螺钉等紧固,无松动。
(6)配电箱内信号线、动力线及其接插头要求明显区分,标识清楚,有永久性接线图。

第十五章

收费中心设备及软件

第一节 概 述

收费(分)中心是路段收费模式中高速公路的最高管理机构,肩负管理职能。其功能主要包括运行参数的管理,收费数据的汇总管理,人员、票、卡的管理及通信功能。其中,运行参数的管理指接收和下传收费系统运行参数,同步时钟、费率表、车型分类表、黑名单等;收费数据汇总管理是指可接收管辖区内每一收费站上传的数据与资料,并处理收集到的信息与资料,形成各种统计报表;本路段使用的票证、通行卡、身份卡的管理;收费系统中操作、维修人员权限的管理;作为收费数据的最终管理单位,收费(分)中心必须具备数据、资料的存储、备份与安全保护功能,并且具备数据库、系统维护和网络管理功能;部分收费(分)中心需要与监控中心传输规定的数据,如车流量等,这样需要(分)中心可与监控中心通信。

收费中心设备及软件的主要功能:接收收费站计算机上传的统计信息并上报到收费中心;接受总中心转发的各种信息,并下传给收费站计算机;整理、统计、存储、打印所辖收费站上传的数据;通信线路故障时,中心计算机可独立工作。

第二节 收费(分)中心软件测试技术要求

收费中心计算机系统是实现收费(分)中心功能的关键组成部分,其一般采用双绞线星型开放网络结构。该系统主要由微机服务器(或小型机服务器)、交换机、客户机(管理计算机、多媒体计算机)、路由器、打印机、数据备份设备和 UPS 电源等构成,上述硬件设备的要求已在上一章进行了介绍。收费(分)中心的软件测试流程与收费站相同,本节主要结合收费(分)中心的要求,介绍收费(分)中心的软件测试用例。

收费(分)中心主要对所辖区域高速公路的收费、交通流量、通行卡和票据进行统计分析和有效管理,费率、车型分类表、时钟等信息的设定、下发与管理。完成各种数据分析管理的前提是数据正确传输,所以收费(分)中心软件测试的第一项内容是与收费站的数据传输功能,要求定时或实时轮询各收费站的数据。对于此功能有两种测试方法:其一是在车道上以特殊工号操作产生的数据为测试依据,核查上传至(分)中心的数据的准确性;其二是以上传至(分)中心的历史数据为测试依据,用不同统计方法的统计数据作横向比较,核查(分)中心收费数据的准确性。

收费(分)中心承担数据存储、备份的服务器是需要持续可靠 7×24 小时提供服务的系统,因此为保证数据的安全性和服务的可靠性,收费(分)中心服务器一般选取双机热备份系统(以下简称双机热备)。双机热备从广义上讲,就是对于重要的服务,使用两台服务器,互相备份,共同执行同一服务。当一台服务器出现故障时,可以由另外一台服务器承担服务任务,从而在不需要人工干预的情况下,自动保证系统能持续提供服务。从狭义上讲,双机热备特指基于 active/standby 方式的服务器热备。服务器数据包括数据库数据同时往两台或多台服务器写,或者使用一个共享的存储设备。在同一时间内只有一台服务器运行。当其中运行着的一台服务器出现故障无法启动时,另一台备份服务器会通过软件诊测将 standby 机器激活,保证在短时间内完全恢复正常使用。但是一般意义上的双机热备都会有一个切换过程,在切换过程中,服务是有可能短时间中断的,切换完成后,服务将正常恢复。对双机热备功能的技术要求是当主机宕机时,从机能够自动接管,保证业务的连续性和正确性。因此对此功能的测试采取人工宕机的方式检测功能的实现性及切换时间的符合性。对服务器的切换时间依据设计文件的规定。

收费(分)中心一项重要功能是报表统计管理与打印功能,对此功能的要求不仅是能够进行数据的统计管理,同时要求数据严格准确。收费(分)中心统计报表中的数据一般包括收费数据、交通流量数据、票卡管理数据、人员管理数据。对报表统计管理功能的测试核查方法也有两种:一是依据车道模拟数据;二是核查历史数据。测试核查方法参考收费站报表统计管理测试用例设计。

通行卡管理功能指收费(分)中心可通过授权正确制作通行卡、公务卡、身份卡,并能记录、统计、查询本中心发行卡的信息。对于以路段为单位的管理模式来说,制作通行卡、公务卡、身份卡的功能由收费(分)中心完成,但目前对于大部分联网收费的路段制作各种功能卡由联网收费结算管理中心负责制作与发放,所以一般来讲路段收费(分)中心无此功能,但是收费(分)中心可记录、统计、查询本中心发行卡的信息,并能对通行卡流通路径进行查询。收费(分)中心其他功能测试用例设计见表 3-15-1。

收费(分)中心其他功能测试用例设计　　　　　　表 3-15-1

功　能	测试用例	测试预期结果
费率表、车型分类参数的设置与变更	将费率表、车型分类参数设置、变更为与正常值可区别的值,并下发至收费站	收费站接收中心下发的费率表与车型分类参数,将其下发至收费车道,车道按照下发值进行收费操作
系统时间设定功能	将系统时间设定为与正常时间可区别的时间,并下发至收费站	收费站服务器时间同步为收费中心下发时间
图像稽查功能	查询收费中心历史数据中"有问题"车辆的图像并依据历史数据进行核查或查询车道模拟操作中特殊情况的车辆,依据操作情况进行核查	可查询图像与统计数据吻合
对各站及车道 CCTV 图像切换及控制功能	将各站监控图像在中心主监视器上进行切换,并依据设计要求进行控制	可切换、可控制
与监控中心计算机通信功能	向监控中心传输设定的数据	数据传输准确
数据完整性测试	模拟系统或电源故障	系统重新启动时,能自动引导至正常工作状态,不丢失任何历史数据

第三节　安装质量及检验评定标准

一、基本要求

(1)收费中心设备数量、型号符合要求,部件完整。

(2)设备安装到位并已连通,处于正常工作状态,并进行了严格测试和联调。

(3)分项工程自检和系统联调记录、设备及附(备)件清单、有效的设备检验合格报告或证书等资料齐全。

二、实测项目

收费中心设备及软件的实测项目见《公路工程质量检验评定标准　第二册　机电工程》(JTG F80/2—2004)中表4.4.2。

三、外观鉴定

(1)收费中心收费设备安装稳固、端正。

(2)收费中心监控室内操作台、座椅、设备、配线列架等整齐、有序、无明显歪斜,标志清楚、牢固。

(3)所有设备安装后,外观无划伤、刻痕以及防护层剥落等缺陷。

(4)设备及收费监控室内布线整齐美观、固定可靠、标识清楚;过墙、板、地下通道处要有保护套管,并留有适当余量。

(5)设备之间连线接插头等部件要求连接可靠、紧密、到位准确;布线整齐、余留规整、标识清楚;固定螺钉等要求紧固,无松动。

(6)配电箱内信号线、动力线及其接插头要求明显区分,标识清楚,有永久性接线图。

第十六章

IC 卡发卡编码系统

第一节 概 述

IC 卡发卡编码系统是公路收费系统的重要组成部分,主要完成收费系统通行卡的收、发以及收费站的编码等功能,收费系统中 IC 卡发卡编码系统的可靠性及效率是影响整个收费系统效能的关键。公路收费非接触式收发卡机是 IC 卡发卡编码系统的重要设备。

第二节 安装质量及检验评定标准

一、基本要求

(1) IC 卡编码系统的设备数量、型号符合要求,部件完整。
(2) 设备安装到位并已连通,处于正常工作状态。
(3) 分项工程自检和设备调试记录、设备及附(备)件清单、有效的设备检验合格报告或证书等资料齐全。

二、实测项目

IC 卡发卡编码系统实测项目见《公路工程质量检验评定标准 第二册 机电工程》(JTG F80/2—2004)中表 4.5.2。

三、外观鉴定

(1) 设备安装后,外观无划伤、刻痕以及防护层剥落等缺陷。
(2) 设备安装稳定、机箱内布线整齐美观、固定可靠、标识清楚。
(3) 设备之间连线接插头等部件要求连接可靠、紧密、到位准确。布线整齐、余留规整、标识清楚;固定螺钉等要求紧固,无松动。
(4) 收发卡箱边角圆滑、携带方便。

第十七章

内部有线对讲及紧急报警系统

第一节 概 述

一、内部有线对讲系统

内部有线对讲系统为收费站控制室值班人员与收费员提供直接的双向语音通路。在每个收费亭内安装一个对讲分机，以传送收费员在收费作业时的语音内容；在监控中心安装一套对讲主机，监控中心即可与每个收费员进行对话或监听/记录收费员的语言行为，也可与收费人员之间进行语音交流。结合闭路电视监控系统，监控中心的监控员能及时准确掌握收费站的情况。

内部有线对讲系统主要是单向呼叫功能，收费员之间不能相互通话，主机面板上有带指示灯的分机通话按钮、扬声器的音量控制旋钮、"群呼"按钮和状态指示灯，检评时要注意这些指示数的状态是否正常。

内部有线对讲系统的主要构成设备包括：
(1)对讲主机；
(2)对讲分机；
(3)双向音频光端机；
(4)中间光纤传输相关设备。

二、紧急报警系统

紧急报警系统是实现现场收费人员在紧急事件发生时能及时向监控管理中心发送语音紧急报警信号，并可向 CCTV 系统提供报警输出信号。紧急报警系统主要由安装在收费亭内的手动/脚踏报警开关、设在监控室的紧急报警器、设在站上的报警警笛和信号电缆组成。设计报警录像功能的系统还要有与闭路电视矩阵切换器联动的报警控制器。

第二节 内部有线对讲及紧急报警系统安装质量及检验评定

内部有线对讲及紧急报警系统安装质量及检验评定按照《公路工程质量检验评定标准

第二册 机电工程》(JTG F80/2—2004)执行,主要内容如下。

一、基本要求

(1)内部有线对讲及紧急报警系统的设备数量、型号符合要求,部件完整。
(2)设备安装到位并已连通,处于正常工作状态。
(3)分项工程自检和设备调试记录、设备及附(备)件清单、有效的设备检验合格报告或证书等资料齐全。

二、实测项目及检测方法

实测项目及检测方法见表3-17-1。

内部有线对讲及紧急报警系统 表3-17-1

项次	检查项目	技术要求	检查方法
1△	主机全呼分机	按下主控台全呼键,站值班员可向所有车道收费员广播	实际操作
2△	主机单呼某个分机	主机可呼叫某个分机	实际操作
3△	分机呼叫主机	分机可呼叫主机	实际操作
4△	分机之间的串音	分机之间不能相互通信	主管评定
5	主机对分机的侦听功能	能侦听分机试图呼叫分机的操作	实际操作
6	扬声器音量调节	可调	实际操作
7	话音质量	话音清晰、音量适中、无噪声、无断字等缺陷	实际操作
8	按钮状态指示灯	主机上有可视信号显示呼叫的分机号	实际操作+目测
9△	手动/脚踏报警功能	按动报警开关可驱动报警	实际操作
10	报警器故障监测功能	信号电缆出现断路故障时产生报警	断开信号电缆线
11	报警器向CCTV系统提供报警输出信号	报警器可向闭路电视系统提供报警输出信号	实际操作
12	报警器自检功能	报警器具有自检功能	实际操作

三、外观鉴定

(1)主、分机安装位置正确、方便使用。
(2)设备安装后,外观无划伤、刻痕及防护层剥落等缺陷。
(3)主分机之间布线整齐美观、固定可靠、标识清楚;过墙、板、地下通道处有保护套管,并留有适当余量。
(4)设备之间连线接插头等部件连接可靠、紧密、到位准确;布线整齐、余留规整、标识清楚。

第十八章

ETC 门架系统

第一节 概　述

ETC 门架系统是在高速公路沿线断面建设的,具备通行费分段计费、车牌图像识别等功能的专用系统及配套设施,如图 3-18-1 所示。

图 3-18-1　ETC 门架系统

ETC 门架系统关键设备包括 RSU(路侧单元)、PCI 密码卡、PSAM(消费安全访问模块)、车牌图像识别设备、高清摄像机、补光灯等。附属设备主要包括 OBU(车载单元)、OBU 初始化设备、OBE–SAM(车载设备安全访问模块)、CPC 卡(复合通行卡)、CPU 用户卡、IC 卡读写器。

ETC 门架系统关键设备检测应在检测机构设立的实验室内进行。RSU、OBU、CPC 卡辐射测试应在电波暗室内进行。电波暗室的屏蔽效能应符合现行《电磁屏蔽室屏蔽效能的测量方法》(GB/T 12190)的要求,归一化场地衰减应符合现行《信息技术设备的无线电骚扰限值和测量方法》(GB 9254)的要求。

ETC 门架系统工程质量检验、运行检测应在 ETC 门架系统现场进行,且运行检测不应影响所在高速公路车辆的正常通行。

第二节　ETC 门架系统关键设备检测

一、ETC 门架系统关键设备检验要求

1. 型式检验

有下列情况之一,ETC 门架系统关键设备及主要相关设备(RSU、PCI 密码卡、PSAM、

OBU、OBU 初始化设备、OBE-SAM、IC 卡读写器、CPC 卡、CPU 用户卡)应进行型式检验:
(1)新产品试制定型鉴定或老产品转厂生产;
(2)正式生产后,如结构、材料、工艺、硬件固件有较大改变,可能影响产品性能时;
(3)产品停产半年以上,恢复生产时。

2. 抽样检验

抽样检验主要针对批量产品,一般在工程建设、批量采购、市场监管等环节实施。

抽样样品相应技术指标应不低于相关标准要求,样品型号应已通过型式检验,并取得相应的型式检验合格报告。

应对每一批次的产品,从出厂检验合格的产品中随机抽取,RSU、车牌图像识别设备、高清摄像机、补光灯、IC 卡读写器按照现行《计数抽样检验程序 第 11 部分:小总体声称质量水平的评定程序》(GB/T 2828.11)进行抽样,OBU、CPC 卡、CPU 用户卡按照现行《计数抽样检验程序 第 4 部分:声称质量水平的评定程序》(GB/T 2828.4)进行抽样,抽样数量不低于 3 个。

二、ETC 门架系统关键设备技术要求和检验方法

1. RSU(路侧单元)

RSU 型式检验主要包括物理层、协议符合性、互操作性、环境、条件测试,具体项目主要包括载波频率、频率容限、等效全向辐射功率、调制系数、占用带宽、杂散发射、位速率、唤醒信号、前导码、邻道泄漏功率比、接收灵敏度、同信道干扰抑制比、邻信道干扰抑制比、接收带宽、工作温度、协议符合性、互操作性、并发通信、功耗等,具体如表 3-18-1 所示。

RSU 型式检验项目 表 3-18-1

序号	项 目	技 术 要 求	方 法
1	载波频率	《电子收费 专用短程通信 第 1 部分:物理层》(GB/T 20851.1)《电子收费 专用短程通信 第 2 部分:数据链路层》(GB/T 20851.2)《电子收费 专用短程通信 第 3 部分:应用层》(GB/T 20851.3)《电子收费 专用短程通信 第 4 部分:设备应用》(GB/T 20851.4)《交通运输部办公厅关于印发〈高速公路 ETC 门架系统技术要求〉的通知》(交办公路函〔2019〕856 号)《关于公布〈收费公路联网电子不停车收费技术要求〉的公告》(交通运输部公告 2011 年第 13 号)	《电子收费 专用短程通信 第 5 部分:物理层主要参数测试方法》(GB/T 20851.5)《关于公布〈收费公路联网电子不停车收费技术要求〉的公告》(交通运输部公告 2011 年第 13 号)
2	频率容限		
3	等效全向辐射功率		
4	调制系数		
5	占用带宽		
6	杂散发射		
7	位速率		
8	唤醒信号		
9	前导码		
10	邻道泄漏功率比		
11	接收灵敏度		
12	同信道干扰抑制比		
13	邻信道干扰抑制比		《电子收费 专用短程通信 第 5 部分:物理层主要参数测试方法》(GB/T 20851.5)
14	接收带宽		
15	工作温度		
16	协议符合性	《关于公布〈收费公路联网收费技术要求〉的公告》(交通部公告 2007 年第 35 号)	《关于公布〈收费公路联网电子不停车收费技术要求〉的公告》(交通运输部公告 2011 年第 13 号)
17	互操作性		
18	并发通信		
19	功耗		仪表测量

RSU 抽样检验内容应至少包括物理参数、协议符合性及互操作性三项内容。

对于批量采购环节的抽样检验，检验内容可选择部分物理参数和功能性项目。

2. PCI 密码卡

PCI 密码卡型式检验主要内容包括物理特性、化学特性、电特性、通讯协议、基本功能、基本安全性能、稳定性、环境条件、应用测试等，具体如表 3-18-2 所示。

PCI 密码卡型式检验项目　　　　表 3-18-2

序号	项　目	技 术 要 求	方　法
1	物理特性、化学特性、电特性、通讯协议、基本功能、基本安全性能、稳定性、环境条件	符合 PCI 及 PCI-E 技术接口标准	PCI 及 PCI-E 技术接口标准
2	应用测试(文件结构、指令集、交易流程)	《交通运输部办公厅关于印发〈高速公路 ETC 门架系统技术要求〉的通知》(交办公路函〔2019〕856 号)《关于公布〈收费公路联网电子不停车收费技术要求〉的公告》(交通运输部公告 2011 年第 13 号)	《关于公布〈收费公路联网电子不停车收费技术要求〉的公告》(交通运输部公告 2011 年第 13 号)

3. PSAM

PSAM 型式检验主要内容包括物理特性、化学特性、电特性、通讯协议、基本功能、基本安全性能、稳定性、环境条件、应用测试等，具体如表 3-18-3 所示。

PSAM 型式检验项目　　　　表 3-18-3

序号	项　目	技 术 要 求	方　法
1	物理特性、化学特性、电特性、通讯协议、基本功能、基本安全性能、稳定性、环境条件	《中国金融集成电路(IC)卡规范》(JR/T 0025)《识别卡　带触点的集成电路卡》(GB/T 16649)	《中国金融集成电路(IC)卡规范》(JR/T 0025)《识别卡　带触点的集成电路卡》(GB/T 16649)
2	应用测试(文件结构、指令集、交易流程)	《关于公布〈收费公路联网电子不停车收费技术要求〉的公告》(交通运输部公告 2011 年第 13 号)	《关于公布〈收费公路联网电子不停车收费技术要求〉的公告》(交通运输部公告 2011 年第 13 号)

4. 车牌图像识别设备

车牌图像识别设备型式检验内容主要包括车牌图像识别功能、输出图片类型、图像颜色、分辨率、号牌种类、图片编码格式、触发方式、远程校时、传输接口、补光灯控制、支持工作状态应答、车辆捕获率、车牌图像识别准确率、抓拍图像及车牌识别时间、车身颜色、车辆品牌、外观和结构、绝缘电阻、电气强度、安全接地、电源适应性、防水与防尘、功耗、耐低温性能、耐高温性能、耐湿热性能、耐机械振动性能、粉尘试验、耐盐雾腐蚀性能、静电放电抗干扰性能、电快速瞬变脉冲抗扰度、扫描及曝光方式等，具体如表 3-18-4 所示。

车牌图像识别设备型式检验项目   表3-18-4

序号	项目	技术要求	方法
1	车牌图像识别功能	《交通运输部办公厅关于印发〈高速公路ETC门架系统技术要求〉的通知》（交办公路函〔2019〕856号）《汽车号牌视频自动识别系统》（JT/T 604—2011）《机动车号牌图像自动识别技术规范》（GA/T 833—2016）《道路车辆智能监测记录系统通用技术条件》（GA/T 497—2016）《交通技术监控成像补光装置通用技术规范》（GA/T 1202—2014）	《汽车号牌视频自动识别系统》（JT/T 604—2011）《机动车号牌图像自动识别技术规范》（GA/T 833—2016）《道路车辆智能监测记录系统通用技术条件》（GA/T 497—2016）《交通技术监控成像补光装置通用技术规范》（GA/T 1202—2014）
2	输出图片类型		
3	图像颜色		
4	分辨率		
5	号牌种类		
6	图片编码格式		
7	触发方式		
8	远程校时		
9	传输接口		
10	补光灯控制		
11	支持工作状态应答		
12	车辆捕获率		
13	车牌图像识别准确率		
14	抓拍图像及车牌识别时间		
15	车身颜色		
16	车辆品牌		
17	外观和结构		
18	绝缘电阻		
19	电气强度		
20	安全接地		
21	电源适应性		
22	防水与防尘		
23	功耗		
24	耐低温性能		
25	耐高温性能		
26	耐湿热性能		
27	耐机械振动性能		
28	粉尘试验		
29	耐盐雾腐蚀性能		
30	静电放电抗干扰性能		
31	电快速瞬变脉冲抗扰度		
32	扫描方式	逐行扫描	人工检查，提供技术资料
33	曝光方式	全局曝光	人工检查

车牌图像识别设备抽样检验内容应至少包括车辆捕获率、车牌图像识别准确率两项内容。

5. 高清摄像机

高清摄像机型式检验内容主要包括字符叠加、图像颜色、分辨率、视频编码格式、远程校时、传输接口、号牌最低照度、自动增益控制、自动白平衡调整、逆光补偿、日夜模式、电子快门、断线自动重连、恢复出厂设置和重启、几何失真、宽动态能力、补光灯控制、支持工作状态应答、外观和结构、绝缘电阻、电气强度、安全接地、电源适应性、防水与防尘、功耗、耐低温性能、耐高温性能、耐湿热性能、耐机械振动性能、粉尘试验、耐盐雾腐蚀性能、静电放电抗干扰性能、电快速瞬变脉冲抗扰度、扫描及曝光方式等，具体如表3-18-5所示。

高清摄像机型式检验项目　　　　表3-18-5

序号	项目	技术要求	方法
1	字符叠加	《交通运输部办公厅关于印发〈高速公路ETC门架系统技术要求〉的通知》(交办公路函〔2019〕856号)《汽车号牌视频自动识别系统》(JT/T 604—2011)《道路车辆智能监测记录系统通用技术条件》(GA/T 497—2016)《道路交通安全违法行为图像取证技术规范》(GA/T 832—2014)《机动车号牌图像自动识别技术规范》(GA/T 833—2016)《道路交通安全违法行为视频取证设备技术规范》(GA/T 995—2012)《交通技术监控成像补光装置通用技术规范》(GA/T 1202—2014)《安全防范视频监控摄像机通用技术要求》(GA/T 1127—2013)	《汽车号牌视频自动识别系统》(JT/T 604—2011)《道路车辆智能监测记录系统通用技术条件》(GA/T 497—2016)《道路交通安全违法行为图像取证技术规范》(GA/T 832—2014)《机动车号牌图像自动识别技术规范》(GA/T 833—2016)《道路交通安全违法行为视频取证设备技术规范》(GA/T 995—2012)《交通技术监控成像补光装置通用技术规范》(GA/T 1202—2014)《安全防范视频监控摄像机通用技术要求》(GA/T 1127—2013)
2	图像颜色		
3	分辨率		
4	视频编码格式		
5	远程校时		
6	传输接口		
7	号牌最低照度		
8	自动增益控制		
9	自动白平衡调整		
10	逆光补偿		
11	日夜模式		
12	电子快门		
13	断线自动重连		
14	恢复出厂设置和重启		
15	几何失真		
16	宽动态能力		
17	补光灯控制		
18	支持工作状态应答		
19	外观和结构		
20	绝缘电阻		
21	电气强度		
22	安全接地		
23	电源适应性		
24	防水与防尘		
25	功耗		
26	耐低温性能		
27	耐高温性能		
28	耐湿热性能		
29	耐机械振动性能		
30	粉尘试验		
31	耐盐雾腐蚀性能		
32	静电放电抗干扰性能		
33	电快速瞬变脉冲抗扰度		

续上表

序号	项 目	技术要求	方 法
34	扫描方式	逐行扫描	人工检查,提供技术资料
35	曝光方式	全局曝光	人工检查

高清摄像机抽样检验内容应至少包括视频图像中可有效辨识车牌、字符叠加、分辨率三项内容。

6. 补光灯

补光灯型式检验内容主要包括可见光色温、亮度/光照度、补光方式、控制接口、气候环境适应性、功耗等,具体如表3-18-6所示。

补光灯型式检验项目　　　　　表3-18-6

序号	项 目		技术要求	方 法
1	亮度/光照度测量		《交通运输部办公厅关于印发〈高速公路ETC门架系统技术要求〉的通知》(交办公路函〔2019〕856号)　《交通技术监控成像补光装置通用技术规范》(GA/T 1202—2014)	《交通技术监控成像补光装置通用技术规范》(GA/T 1202—2014)
2	补光方式			
3	可见光色温			
4	控制接口			
5	电磁抗扰度测试	静电放电抗扰度试验		
6		电快速瞬变脉冲群抗扰度测试		
7		浪涌抗扰度测试		
8	气候环境适应性试验	高温试验		
9		低温试验		
10		恒定湿热试验		
11		外壳防护等级		
12		盐雾试验		
13	功耗			

补光灯抽样检验内容应至少包括可见光色温、补光方式两项内容。

第三节　ETC门架系统工程质量检验

一、基本要求

ETC门架系统工程质量检验比例:施工单位为100%;工程监理单位或主管单位根据实际情况确定,但不低于20%,当项目点数少于3个时,全部检查。

具体工程质量检验基本要求:

(1)ETC门架系统设备数量、型号符合要求,部件完整;
(2)ETC门架系统的关键设备和交易处理流程应符合相关标准规范要求;
(3)设备安装到位并已连通,处于正常工作状态;

(4) ETC 门架系统控制逻辑缜密、稳定、可靠;

(5) ETC 门架系统标志标线的设置应符合相关标准规范要求;

(6) 具备完整的设计、施工、验收等材料,以及自检和设备调试记录、设备及附(备)件清单、有效的设备检验合格报告或证书等资料;

(7) 设备布线整齐、余留规整、标识清楚;设备之间连线接、插头等部件要求连接可靠、紧密、到位准确;固定螺钉等要求坚固、无松动。

二、实测项目

实测项目具体如表 3-18-7 所示。

ETC 门架系统工程质量检验项目技术要求及检验方法　　表 3-18-7

序号	项目	技术要求	方法
1	ETC 门架系统软件及功能	设备监测控制 《交通运输部办公厅关于印发〈高速公路 ETC 门架系统技术要求〉的通知》(交办公路函〔2019〕856 号) 《交通运输部关于印发〈取消高速公路省界收费站工程建设方案〉的通知》(交公路函〔2019〕387 号) 相关设计文件	车道控制器 CPU:CPU 发生变化时(可使用程序加载大数据表来模拟),查看监测界面的 CPU 是否随之改变; 内存:内存发生变化时(可使用程序加载大数据表来模拟),查看监测界面的内存是否随之改变; 硬盘:硬盘发生变化(可通过在硬盘上放入大文件来模拟),查看监测界面硬盘数据是否随之变化; RSU:RSU 设备状态发生变化(可通过插拔网线来模拟),查看监测界面 RSU 状态是否随之变化; 检查 PSAM 状态; 车牌图像识别设备:车牌图像识别设备状态发生变化(可通过插拔网线来模拟),查看监测界面车牌图像识别设备状态是否随之变化; 机柜温、湿度:调节机柜温、湿度,查看相应设备运维平台机柜温、湿度状态信息是否变化; 机柜供电:关闭机柜市电电源开关,查看相应设备运维平台机柜供电状态信息是否变化; 通信网络:拔掉通信网络网线后,查看监测界面通信网络状态是否变化
2	ETC 分段扣费		使用单片式 OBU,通过 ETC 门架系统,查看是否扣费成功,扣费结果是否正确,ETC 通行凭证流水记录校验是否通过; 使用双片式 OBU,通过 ETC 门架系统,查看是否扣费成功,扣费结果是否正确,ETC 交易流水校验是否通过; 使用未插卡、拆卸或非有效卡 OBU,通过 ETC 门架系统,查看是否生成 ETC 通行记录

续上表

序号	项目		技术要求	方法
3	ETC 门架系统软件及功能	CPC 分段计费	《交通运输部办公厅关于印发〈高速公路 ETC 门架系统技术要求〉的通知》（交办公路函〔2019〕856 号）《交通运输部关于印发〈取消高速公路省界收费站工程建设方案〉的通知》（交公路函〔2019〕387 号）相关设计文件	使用 CPC 卡，通过 ETC 门架系统，查看是否分段计费，CPC 卡通行记录流水校验是否通过
4		车牌图像识别		现场过车；查看 ETC 门架系统是否产生车牌图像识别流水，识别结果是否正确，图像流水记录流水校验是否通过
5		记录生成、存储、查询		校验 ETC 分段扣费、CPC 卡分段计费、车牌图像识别后的 ETC 交易流水（或通行凭证）、ETC 通行记录、图像流水记录，并对记录进行查询操作
6		远程控制		远程授权登陆；调整 RSU、车牌图像识别设备参数，查看是否调整成功；远程获取 ETC 门架日志；备份流水和图片数据；在 ETC 门架管理端导入更新包，并执行更新操作；查看 ETC 门架受控端是否更新成功，最新版本是否为上一步更新的版本；使用单片式 OBU、双片式 OBU、CPC 卡模拟通过 ETC 门架系统，查看是否能正常交易
7		主备切换		设置 ETC 门架系统主用设备状态故障（可通过关闭某设备电源来实现）；查看 ETC 门架系统备用设备是否正常启动，且启动后是否能正常使用；主备设备状态恢复正常，查看系统是否改用主用设备，停用备用设备
8		自我恢复		设置 ETC 门架系统软件故障，查看 ETC 门架系统软件故障是否能够自行恢复；使用双片式 OBU、单片式 OBU、CPC 卡在恢复正常的 ETC 门架系统上进行交易，查看是否能正常交易
9		参数管理		上级系统配置或下发 ETC 门架系统相关参数，查看门架系统能否正常处理或接收更新；使用更新后的参数，门架系统是否能正常交易

续上表

序号	项目		技术要求	方法
10	ETC 门架系统软件及功能	数据存储重传		设置 ETC 门架系统网络故障,查看 ETC 门架系统是否可脱机离线操作;恢复网络后,查看 ETC 门架系统能否自动将本地滞留数据进行上传
11		合计校验		对计费产生的合计数进行校验
12		通行记录匹配		单片式 OBU 交易后,查看 ETC 通行凭证与图像流水记录是否正确匹配、去重;双片式 OBU 交易后,查看 ETC 交易流水与图像识别记录是否正确匹配、去重;CPC 卡交易后,查看 CPC 通行记录和图像流水记录是否正确匹配、去重
13		时钟同步		启动 ETC 门架系统,执行第一次时间同步;修改 ETC 门架时间,查看 ETC 门架系统能否进行时间同步
14		通信区域	《交通运输部办公厅关于印发〈高速公路 ETC 门架系统技术要求〉的通知》(交办公路函〔2019〕856 号)《交通运输部关于印发〈取消高速公路省界收费站工程建设方案〉的通知》(交公路函〔2019〕387 号)相关设计文件	仪表测量
15		19 英寸安装条件		测量需具备 10U 以上 19 英寸机架安装空间
16	机柜	户外空调		开机测试空调调温效果
17		动环监测		模拟烟雾、水浸、温湿度、开关门等操作,查看监控状态变化
18		防盗和防破坏		目测外观部分无裸露部件,不可拆卸
19		门禁控制		远程操控门禁系统,验证开关门效果
20		柜内照明		打开机柜,查验照明功能
21		火灾报警		模拟火灾,查验火灾报警功能
22		移动发电机电源接口		查验是否具备移动发电机电源接口
23	通信	数据传输		实际操作
24		主备切换数据重传		人为中断网络,检查系统是否提示异常并能够继续运行,检查交易记录是否能够在本地存储;人为恢复网络,检查网络中断期间数据是否能够自动上传
25	供配电	输入输出电压		电压表及调压器测量,在输入电压范围内输出电压精度是否满足要求
26		远程控制		远程操控回路开关,查验控制效果
27		过欠压、过流、过载报警和保护功能		利用调压器调节输入电压,在过欠压、过流、过载等情况下是否发出报警和及时进行保护

续上表

序号	项	目	技术要求	方 法
28	供配电	后备电源冗余运行	《交通运输部办公厅关于印发〈高速公路 ETC 门架系统技术要求〉的通知》(交办公路函〔2019〕856 号)《交通运输部关于印发〈取消高速公路省界收费站工程建设方案〉的通知》(交公路函〔2019〕387 号)相关设计文件	查验是否具备模块化 $N+1$ 冗余运行
29		后备电源切换时间		进行市电断电转后备电源满足零时间切换,且设备不间断工作,进行市电恢复后后备电源转市电满足零时间切换,且设备不间断工作
30		后备电源供电时间		断开市电,带载测试备用电池实际备电时长满足各地实际要求的备电时长
31		防雷接地		《公路工程质量检验评定标准 第二册 机电工程》(JTG F80/2—2004)
32	ETC 门架结构	材料		《公路工程质量检验评定标准 第一册 土建工程》(JTG F80/1—2017)
33		结构尺寸、净空		《公路工程质量检验评定标准 第二册 机电工程》(JTG F80/2—2004)
34	交通安全设施	标志	《交通运输部办公厅关于印发〈高速公路 ETC 门架系统技术要求〉的通知》(交办公路函〔2019〕856 号)《道路交通标志板及支撑件》(GB/T 23827—2009)《道路交通标志和标线 第 2 部分:道路交通标志》(GB 5768.2—2009)《交通运输部办公厅关于印发〈国家公路网交通标志调整工作技术指南〉的通知》(交办公路〔2017〕167 号)相关设计文件	现场检查 ETC 门架系统标志《公路工程质量检验评定标准 第一册 土建工程》(JTG F80/1—2017)
35		标线	《交通运输部办公厅关于印发〈高速公路 ETC 门架系统技术要求〉的通知》(交办公路函〔2019〕856 号)《道路交通标志和标线 第 3 部分:道路交通标线》(GB 5768.3—2009)相关设计文件	现场检查 ETC 门架系统标线《公路工程质量检验评定标准 第一册 土建工程》(JTG F80/1—2017)
36		护栏	《交通运输部办公厅关于印发〈高速公路 ETC 门架系统技术要求〉的通知》(交办公路函〔2019〕856 号)《公路交通安全设施设计规范》(JTG D81—2017)《公路交通安全设施设计细则》(JTG/T D81—2017)相关设计文件	现场检查 ETC 门架系统护栏《公路工程质量检验评定标准 第一册 土建工程》(JTG F80/1—2017)

续上表

序号	项 目	技 术 要 求	方 法
37	网络安全	终端仿冒检测功能	《交通运输部关于印发〈取消高速公路省界收费站总体技术方案〉的通知》(交办公路函〔2019〕320号) 《交通运输部关于印发〈联网收费系统省域系统并网接入网络安全基本技术要求〉的通知》(交科技函〔2019〕338号)	《交通运输部关于印发〈取消高速公路省界收费站总体技术方案〉的通知》(交办公路函〔2019〕320号) 《交通运输部关于印发〈联网收费系统省域系统并网接入网络安全基本技术要求〉的通知》(交科技函〔2019〕338号)
38		防火墙功能	《信息安全技术防火墙技术要求和测试评价方法》(GB/T 20281—2006)	《信息安全技术防火墙技术要求和测试评价方法》(GB/T 20281—2006)
39		入侵防御	《信息安全技术防火墙技术要求和测试评价方法》(GB/T 20281—2006)	《信息安全技术网络型入侵防御产品技术要求和测试评价方法》(GB/T 28451—2012)
40		通信链路加密	《IPSecVPN技术规范》(GM/T 0022—2014) 《SSLVPN技术规范》(GM/T 0024—2014)	《IPSecVPN技术规范》(GM/T 0022—2014) 《SSLVPN技术规范》(GM/T 0024—2014)

第四节 运 行 检 测

一、检测要求

ETC门架系统及关键设备运行检测由管理单位或运营单位定期或不定期组织实施。运行检测间隔宜不大于6个月。运行检测应在ETC门架系统正常工作状态下进行,且不影响高速公路正常通行能力。

二、检测方法

ETC门架系统运行检测内容,应包括ETC交易流程(单片式OBU、双片式OBU、CPC卡)、单片式OBU交易成功率、双片式OBU交易成功率、CPC卡交易成功率、设备兼容性、车牌图像识别准确率、车辆捕获率、反向交易处理、RSU工作信号强度、RSU工作频率、标志、标线等。其他内容可根据具体运行情况在工程质量检验项目中选取。

ETC门架系统关键设备运行检验内容,应根据具体运行情况在抽样检验内容中选取,具体如表3-18-8所示。

运 行 检 测 方 法　　　　　　　　　　　　　　　　　　　表 3-18-8

序号	项目		方法
1	ETC 门架系统及关键设备	单片式 OBU 交易流程	在 ETC 门架系统通信区域范围内自动采集 ETC 门架系统单片式 OBU 交易数据
2		双片式 OBU 交易流程	在 ETC 门架系统通信区域范围内自动采集 ETC 门架系统双片式 OBU 交易数据
3		CPC 卡交易流程	在 ETC 门架系统通信区域范围内自动采集 ETC 门架系统 CPC 卡交易数据
4		单片式 OBU 交易成功率	调用最近一周通行记录中单片式 OBU 交易成功率,是否满足指标要求
5		双片式 OBU 交易成功率	调用最近一周通行记录中双片式 OBU 交易成功率,是否满足指标要求
6		CPC 卡交易成功率	调用最近一周通行记录中 CPC 卡交易成功率,是否满足指标要求
7		OBU、CPC 卡反向交易	载有测试 OBU、CPC 卡车辆在 ETC 门架系统对向最内侧车道通过,查看是否扣费、计费,扣费、计费结果是否正确
8		车牌图像识别准确率	调用最近一周通行记录中车牌图像识别准确率,是否满足指标要求
9		设备兼容性	采用典型型号 OBU、CPU 用户卡、RSU、CPC 卡、IC 卡读写器,进行兼容性测试
10		RSU 工作信号强度	在 ETC 门架系统通信区域范围内自动采集 RSU 工作信号,测试 RSU 工作信号强度
11		RSU 工作频率	在 ETC 门架系统通信区域范围内自动采集 RSU 工作信号,测试 RSU 工作频率

第十九章

低压配电设施

第一节 概 述

一、作用与构成特点

配置合理的公路低压配电系统是满足公路专用电气负荷安全与电能质量的基础条件之一。公路交通机电系统与电子信息设施的供电电源一般取自就近的 10kV/6kV 公用电网,由设置于监控中心、收费站、服务区等场区的 10kV/0.4kV 变配电所,分别向各自有效供电半径范围内的动力、照明等设备提供符合正常工作要求的 220V/380V 电力。

鉴于目前相关行业管理划分的现实情况,公路用户通常是以场区变配电所低压配电柜(屏)的配电回路断路器(或空气开关)出线端为界面,并由其引出电源提供公路附属设施中的房建电气设备、电子信息和通信系统、各类功能的照明系统等负荷的工作电能。该电能输送链路所构成的系统称为公路低压配电设施。

由上所述,本章所指的低压配电系统主要是由隔离电器、配电电缆、设备侧配电柜(箱)、开关电器、保护电器、接地装置、无功电容补偿、故障保护与应急电源等产品和设施构成。由于施工阶段所选用的产品与设施均符合相关标准要求,并已通过了相应的试验检测验证,因此,工程检测重点是对低压配电系统的安装质量进行功能和性能检验。

公路沿线用电设施的特点是:容量一般不大,用电点分散,距离供电点较远,配电系统的技术可靠性与经济可行性矛盾突出。例如,优化解决散布在公路沿线,诸如气象检测器、车辆检测器等仅有十余瓦功率监控设备的长距离、低功耗供配电难题就很有代表性。

二、原则与要点

针对公路低压配电系统特点,一般会采取如下设计原则。
(1)公路沿线站点设施一般为三级负荷。
(2)位于变配电所正常供电区域内,当大部分用电设备为中小容量且无特殊要求时,宜采用树干式配电。
(3)当部分用电设备距离供电点较远,而彼此间却相距很近且容量均较小时,可采用链式配电,但每一回路链接设备不宜超过 5 台,其容量总和不宜超过 10kW。
(4)当采用 220V/380V 的 TN 及 TT 系统接地形式且不存在较大功率的冲击性负荷时,照明和其他电力设备宜由同一台变压器供电。

(5) 在 TN 及 TT 系统接地形式低压电网中,当变压器选用的是 Yyn0 接线组别的三相变压器时,其由单相不平衡负荷引起的中性线电流不得超过低压绕组额定电流的 25%,且其任一相的电流在满载时不得超过额定电流值。

(6) 低压配电一般采用 220V/380V 电压。因特殊场所安全需要,可选用安全超低压方式(SELV)供电,但须采取电气分隔或相应的安全隔离措施。当普通配电方式线路损耗较大时,也可以在局部支线回路利用升/降压方式供电,从而减少线路损耗,节省导线截面耗材。

(7) 太阳能、风能条件适宜的地区,可以因地制宜地选择光伏、风力或风光互补等技术提供新型能源。当采用集中供电时,其配电系统的电压确定、接线方式、电能质量以及安全保护等特性,均须满足用电设备的工作需要。

(8) 连续稳定工作要求等级较高的公路机电系统或设备,应根据当地供电条件配备相应的应急电源,其供电、投切与保护方式应能满足相应的可靠性规定。

三、带电导体形式

(1) 带电导体是指正常通过工作电流的导体,包括相线和中性线(N 线及 PEN 线),但不包括 PE 线。常见的形式有:单相二线制、两相三线制、三相三线制、三相四线制及三相五线制。

(2) 交流配电电缆芯线的相间额定电压不得低于使用回路的工作线电压;电缆的冲击耐压水平应满足系统绝缘配合要求。

(3) 电缆截面选取应满足持续允许电流、短路热稳定、允许电压损失等要求。

四、常用接线方式

公路低压配电系统常用接线方式主要有放射式、树干式、链式三种。

(1) 放射式。若某一配电线路发生故障,各回路之间互不影响,供电可靠性较高,断电维修时对系统波及较小。放射式适用于电负荷集中或容量较大的设备,但消耗缆线较多,造成建设成本增加。

(2) 树干式。由电源干线通过各个支线回路给设备供电。该方式的灵活性较好,消耗缆线较少。树干式适用于负荷均匀分布且容量不大的用电系统,但干线若出现故障则会波及线路上所有末端设备的工作正常。

(3) 链式。与干线式配电特点较相似,是由路经附近的配电干线 T 接出支线,直接供给设备用电。该方式所链接的设备不宜超过 5 台,其容量总和不宜超过 10kW。

第二节 技 术 要 求

一、技术要求

1. 通用要求

(1) 电器的额定电压应与所在回路标称电压相适应。

(2)电器的额定电流不应小于所在回路的计算电流。

(3)电器的额定频率应与所在回路的频率相适应。

(4)电器应适应所在场所的环境条件。

(5)电器应满足短路条件下的动稳定与热稳定的要求。用于断开短路电流的电器,应满足短路条件下的通断能力。

(6)配电装置及馈电线路的绝缘电阻值不应小于0.5MΩ。

2. 配电缆线的要求

(1)线路电压损失应满足用电设备正常工作及启动时端电压的要求。

(2)按敷设方式及环境条件确定的导体载流量,不应小于计算电流。

(3)导体应满足动稳定与热稳定的要求。

(4)导体最小截面应满足机械强度的要求。

(5)直接敷设在土壤中的电缆,应采用敷设处历年最热月的月平均温度。当沿不同冷却条件的路径敷设绝缘导线和电缆时,若冷却条件最坏段的长度超过5m,应按该段条件选择绝缘导线和电缆的截面,或只对该段采用大截面的绝缘导线和电缆。

(6)在三相四线制配电系统中,中性线(N线)的允许载流量不应小于线路中的最大不平衡负荷电流,且应计入谐波电流的影响。以气体放电灯为主要负荷的回路中,N线截面不应小于相线截面。

(7)保护线(PE线)采用单芯绝缘导线时,按机械强度要求,有机械性保护时为2.5mm^2;无机械性保护时为4mm^2。

(8)装置外可导电部分禁用作保护中性线(PEN线)。在TN-C系统中,PEN线严禁接入开关设备。

3. 配电线缆的保护

(1)配电线路应装设短路保护、过负载保护和接地故障保护,其目的在于切断供电电源或发出报警信号。

(2)配电线路采用的上下级保护电器,其动作应具有选择性;各级之间应能协调配合。但对于非重要负荷的保护电器,可采用无选择性切断。

(3)保护电器应装设在操作维护方便,不易受机械损伤,不靠近可燃物的地方,并应采取措施避免保护电器运行时意外损坏对周围人员造成伤害。

(4)保护电器应装设在被保护线路与电源线路的连接处,但为了操作与维护方便,可设置在离开连接点的地方,并应符合线路长度不超过3m的规定;应采取将短路危险减至最小的措施;保护电器不靠近可燃物。

(5)短路保护电器应装设在低压配电线路不接地的各相(或极)上,但对于中性点不接地且N线也不引出的三相三线配电系统,可只在二相(或极)上装设保护电器。

(6)在TT或TN-S系统中,若N线的截面与相线相同,或虽小于相线但已能为相线上的保护电器所保护,N线上可不装设保护;若N线不能被相线保护电器所保护,应另在N线上装设保护电器保护,将相应相线电路断开,但不必断开N线。

(7)在TT或TN-S系统中,N线上不宜装设电器将N线断开,当需要断开N线时,应装设相线和 N 线一起切断的保护电器;当装设漏电电流动作的保护电器时,应能将其所保护的回路所有带电导线断开。在 TN 系统中,当能可靠地保持 N 线为低电位时,N 线可不需断开。在 TN-C 系统中,严禁断开 PEN 线;不得装设断开 PEN 线的任何电器。当需要在 PEN 线装设电器时,只能断开相应相线回路。

(8)当维护、测试和检修设备需断开电源时,应设置隔离电器。

二、电能质量的技术要求

(1)配电系统的电能质量包括:电压质量、波形质量(谐波)和频率质量(频率偏差)。电压质量则包括:电压偏差、电压波动和电压闪变、不对称(不平衡)等性能指标。

(2)正常运行情况下,用电设备端子处电压偏差允许值(以额定电压的百分数表示)宜符合下列要求。

①电动机:±5%。

②照明:在一般工作场所为 ±5%;对于远离变电所的小面积一般工作场所,难以满足上述要求时,可为 +5%、-10%;应急照明、道路照明和警卫照明等为 +5%、-10%。

③其他用电设备当无特殊规定时:±5%。

(3)采用电力电容器作为无功补偿装置时,宜就地平衡补偿。

(4)低压电容器组宜加大投切容量或采用专用投切接触器。当在受谐波量较大的用电设备影响的线路上装设电容器组时,宜串联电抗器。

三、应急电源的技术要求

1. 公路负荷等级

公路负荷等级多数情况下属于三级;仅有区域或省级收费结算中心、监控管理中心等信息实时通信的网络系统和数据处理储存系统,可以列为一级负荷;因断电会造成较大经济损失或影响安全通行的收费和通信系统部分用电设备,可以列为二级负荷。

2. 公路机电系统的应急电源种类

因为多数地方的公路沿线电力条件有限且很不稳定,所以有必要在负荷等级要求较高的场所配置应急电源。应用于公路机电系统的应急电源种类主要有以下几种。

(1)蓄电池装置:适用于允许停电时间为毫秒级,且容量不大又要求直流电源的重要负荷。

(2)静止型不间断供电装置(UPS,Uninterrupted Power Supply):适用于允许停电时间为毫秒级,且容量不大又要求交流电源的重要负荷。

(3)快速启动的柴油发电机组:适用于停电时间允许 15s 以上的,需要驱动电动机且启动电流冲击负荷较大的重要负荷。(注:一般快速自启动的发电机组自启动时间为 10s 左右。)

3. 柴油发电机组

柴油发电机组主要由柴油机、发电机和控制屏三部分组成;有移动式和固定式两种安装形式。作为应急电源使用时,应选择 G2 级以上的自动化柴油发电机组(柴油发电机组性能分为

G1、G2、G3、G4 共四个等级)。其功能要求如下:

(1)自动维持:机组应急启动和快速加载时的机油压力、机油温度、冷却水温度应符合产品技术条件的规定。

(2)自动启动和加载:接收自控或遥控指令或市电供电中断时,机组能自动起动供电。机组允许 3 次自动起动,每次起动时间为 8～9s,起动间隙为 5～10s。第 3 次失败时,应发出起动失败的声光报警信号。当有备用机组时,应能自动地将起动信号传递给备用机组;机组自动起动的成功率不低于 98%,市电失电后恢复向负荷供电的时间一般为 8～20s。对于额定功率不大于 250kW 的柴油发电机,首次加载量应不小于 50% 的额定负荷;大于 250kW 的柴油发电机首次加载量应按产品技术条件规定。

(3)启动停机:接收自控或遥控的停机指令后,机组应能自动停机;当电网恢复正常后,机组应能自动切换和自动停机,由电网向负载供电。

(4)自动补给:燃油、机油、冷却水应能够自动补充;机组启动利用蓄电池自动充电。

(5)有过载、短路、过速度(或频率):冷却水能够自动补充,机组起动利用蓄电池自动充电。

(6)有表明正常运行或非正常运行的声光信号系统。

4.不间断电源

不间断电源(UPS)一般由整流器、蓄电池、逆变器、静态开关和控制系统组成。5kV·A 以下小容量 UPS 电源可分为后备式和在线式两种,通常采用在线式 UPS。不间断电源的功能要求如下:

(1)静态旁路开关的切换时间一般为 2～10ms。

(2)用市电旁路时,逆变器的频率和相位应与市电锁相同步。

(3)对于三相输出的负荷不平衡度,最大一相和最小一相负载基波的方均根电流之差,不应超过不间断电源额定电流的 25%,而且最大的线电流不得超过其额定值。

(4)三相输出的系统输出电压不平衡系数(负序分量对正序分量比)应不超过 5%,输出电压的总波形失真度不超过 5%(单相输出允许 10%)。

(5)不间断电源给计算机系统供电时,单台 UPS 的输出功率应大于计算机系统各设备额定功率总和的 1.5 倍;对其他设备供电时,为最大负荷的 1.3 倍。负荷冲击电流不应大于不间断电源设备额定电流的 150%。

(6)为保证用电设备按照操作顺序进行停机,其蓄电池的额定放电时间可按停机所需最大时间来确定,一般可取 8～15min。

5.蓄电池和充电装置

(1)蓄电池

①蓄电池通常分为碱性蓄电池和酸性蓄电池,常用的有:铅酸蓄电池、镉镍碱性蓄电池、铁镍蓄电池、金属氧化物蓄电池、锌银蓄电池、锌镍蓄电池、氢镍蓄电池、锂离子蓄电池等。蓄电池按其供电性质可分为:经常负荷、事故负荷和冲击负荷(可能会是出现事故初期 1min 的初期冲击负荷,也可能是出现在事故末期或事故过程中的 5s 瞬时冲击负荷)。

②铅酸蓄电池不宜采用降压装置;镉镍碱性蓄电池组应设置降压装置。

③国内常用蓄电池计算方法有两种:容量换算法(也称电压控制法)和电流换算法(也称阶梯负荷法)。

④蓄电池试验放电装置按额定电压和额定电流选择,额定电压应不小于蓄电池组的额定电压,额定电流应为(1.10~1.30)I10(镉镍电池为I5)。

(2)充电装置

①充电装置主要有两种类型:高频开关型和晶闸管整流型。目前广泛应用的是高频开关模块型充电装置。

②充电器应满足蓄电池组的充电和浮充电要求。在均衡充电时,若带有经常性负荷,则需特别注意充电装置的容量。

③充电装置的直流输出电压(通常称为标称电压)一般指220V或110V,而实际上长期连续工作电压为230V或115V,应该高出额定电压的5%。

④充电装置应具有良好的稳流、稳压和限流性能,并应具有自动和手动浮充电、均衡充电和稳流、限流充电等功能。

⑤充电装置的交流电源输入宜为三相制,频率为50Hz,额定电压为380×(1±10%)V。小容量充电装置可采用220×(1±10%)V。

四、太阳能供电系统的技术要求

1. 组成及分类

公路太阳能供电系统一般由太阳电池、蓄电池、充放电控制器及稳压电路等组成。对于道班、小型收费站等需要交流供电的场所还应配备逆变器等装置。

太阳能供电系统按负载性质可分为直流供电系统和交流供电系统;按负载大小可分为低功率型(<0.5W)、中功率型(<5W)、大功率型(>5W);按太阳电池的基体材料可分为单晶硅、多晶硅、非晶硅供电系统;按光谱相应类型可分为强光谱型和散射光谱型等供电系统。

2. 选用原则

(1)公路沿线设施应根据供电条件,本着经济适用、环保、安全、节约的原则选用太阳能供电系统。

(2)公路沿线设施的用电负载宜采用直流供电方式,避免直流变换到交流,再由交流变换到直流产生的无效电能损失。

(3)太阳能突起路标、轮廓标等低功耗安全设施可选用散射光谱型太阳电池。

(4)其他耗电较大的设施宜选用转换效率较高的单晶硅太阳电池,以减小外形尺寸。

(5)收费站、公路养护道班等可选用单晶硅或多晶硅太阳电池阵列。

3. 太阳电池

(1)太阳电池应根据年平均日照时间、安装环境、气象条件及负载和蓄电池大小等参数进行容量设计,保证太阳电池、蓄电池和负载等匹配良好。

(2)太阳电池组件的封装和接线接头应无开胶进水、电池变色、插头松动、腐蚀等问题。

(3)太阳电池的光伏效应正常,输出电压在正常范围(16.25~23.75V)。

(4)太阳电池的输出工作电压、电流应符合设计要求,转换效率 η = 最大输出功率 P_M/太阳入射功率 P_{IN},一般大于 10%。

4. 蓄电池

(1)蓄电池连接端紧固无松动,无过热腐蚀,电池壳体无渗漏和变形,极柱、安全阀无爬霜现象。

(2)蓄电池电压、充放电电流符合设计要求。电池组电压值及单节电池电压正常,且每节电压值差不应超过 0.2V。

(3)12V 电池端电压不得低于 10.5V,内阻在 20~30mΩ 左右。

5. 充放电控制器

(1)控制器的指示灯、显示屏、故障报警装置运行正常;输出电压满足蓄电池充电要求。

(2)控制器应具有短路的自动保护功能。

(3)控制器应具有防止蓄电池通过太阳能电池组件反向放电的保护功能。

(4)控制器应具有过、欠电压保护功能。

(5)控制器应能对蓄电池进行温度补偿。

6. 逆变器

(1)逆变器的功率模块无击穿炸裂现象,电容无变色异味,输入输出端子无过热,逆变器风扇工作良好,接地可靠。

(2)逆变器输出电压波动范围:220(380)×(1±5%)V。

(3)逆变器输出频率应具有稳定性,为 49~51Hz。

第三节 施 工 工 艺

一、配电线路的敷设

1. 一般技术要求

(1)应使电缆不易受到机械、振动、化学、地下电流、水锈蚀、热影响、蜂蚁和鼠害等各种损伤;便于维护;避开场地规划中的施工用地或建设用地;电缆路径较短。

(2)对于露天敷设的电缆,尤其是有塑料或橡胶外护层的电缆,应避免日光长时间的直晒;必要时应加装遮阳罩或采用耐日照的电缆。

(3)电缆在屋内、电缆沟、电缆隧道和竖井内明敷时,不应采用黄麻或其他易延燃的外保护层。

(4)支承电缆的构架,当采用钢制材料时,应采取热镀锌等防腐措施;当处于较严重腐蚀的环境中时,应采取相适应的防腐措施。

(5)电缆的长度,宜在进户处、接头、电缆头处或地沟及隧道中留有一定余量。

(6)在经常会受到振动的桥梁上敷设电缆,应有防振措施。桥墩两端和伸缩缝处的电缆,应留有松弛冗余部分。

2. 电缆沟内敷设

(1)电缆沟应采取防水措施;其底部排水沟的坡度不应小于0.5%,并应设置集水坑,积水可经集水坑用泵排出;当有条件时,积水可直接排入下水道。

(2)在多层支架上敷设电缆时,电力电缆应放在控制电缆的上层;在同一支架上的电缆可并列敷设。当两侧均有支架时,1kV 及以下的电力电缆和控制电缆宜与 1kV 以上的电力电缆分别敷设于不同侧支架上。电缆支架的长度不宜大于 350mm。

(3)电缆沟一般采用钢筋混凝土盖板,盖板的质量不宜超过 50kg。

3. 埋地敷设

(1)公路沿线用电设备的配电电缆敷设,一般采用在路肩或边坡下方直埋的敷设方式。直埋敷设的电缆,严禁位于地下管道的正上方或下方。

(2)电缆直接埋地敷设时,沿同一路径敷设的电缆数量不宜超过 8 根。

(3)电缆在屋外直接埋地敷设的深度不应小于 700mm;应在电缆上下各均匀铺设细砂层,其厚度宜为 100mm,在细砂层应覆盖混凝土保护板等保护层,保护层宽度应超出电缆两侧各 50mm。在寒冷地区,电缆应埋设于冻土层以下。当受条件限制不能深埋时,可增加细砂层的厚度,在电缆上方和下方各增加的厚度不宜小于 200mm。

(4)直埋敷设的低压配电电缆与通信电缆平行敷设最小间距为 0.1m,交叉敷设最小间距为 0.5m。与建筑物基础平行敷设最小间距为 0.6m,与公路平行敷设最小间距为 1m,与排水沟平行敷设最小间距为 1m;特殊情况时可视现场条件,在采用必要保护措施后可以酌减且最多能减少一半值。

(5)建筑物和构筑物的基础、散水坡、楼板和穿过墙体等处,铁路、道路处和可能受到机械损伤的地段,引出地面 2m 至地下 200mm 处的一段和人容易接触使电缆可能受到机械损伤地方,电缆通过上述场所,其保护穿管的内径不应小于电缆外径的 1.5 倍。

(6)电缆与建筑物平行敷设时,电缆应埋设在建筑物的散水坡外。电缆引入建筑物时,所穿保护管应超出建筑物散水坡 100mm。

(7)电缆与热力管沟交叉,当采用电缆穿隔热水泥管保护时,其长度应伸出热力管沟两侧各 2m;采用隔热保护层时,其长度应超过热力管沟和电缆两侧各 1m。

(8)电缆与道路、铁路交叉时,应穿管保护,保护管应伸出路基 1m。

(9)埋地敷设电缆的接头盒下面必须垫混凝土基础板,其长度宜超出接头保护盒两端 0.6~0.7m。

(10)电缆沿坡度敷设时,中间接头应保持水平;多根电缆并列敷设时,中间接头的位置应互相错开,其净距不应小于 1.5m。

(11)电缆在拐弯、接头、终端和进出建筑物等地段,应装设明显的方位标志,直线段上应适当增设标桩,标桩露出地面宜为 150mm。

4. 架空敷设

(1)低压配电缆线架空敷设时一般采用水平排列,并可与高压线路同杆架设,但直线杆横担不宜超过四层(包括路灯线路)。高低压同杆时宜少于四回路(允许有两路高压),且高压线路在上,低压线路在下;路灯照明回路应在最下面。

(2)三相四线配电的架空低压绝缘线在引入用户处应将零线重复接地。接地体埋深不应小于 0.6m,接地体不应与地下燃气管、送水管接触。接地电阻不应大于 10Ω。

二、低压强电和弱电设施的机房工程

(1)机房一般等效均布活荷载为 5~7kPa,UPS 机柜与电池间的楼板荷载一般为 10kPa。

(2)面积超过 50m² 的机房应设两个门,并应是外开防火门。

(3)设备(柜、台、盘)前操作距离应 ≥1.5m;背后开门的设备,背面距墙不宜小于 0.8m;并排布置的设备总长度 ≥4m 时,两侧均应设置通道。

(4)一般墙挂式设备安装高度宜为底边距地面 1.3~1.5m,尺寸较大的设备安装高度宜为设备中心距地面 1.5m,侧面距墙应 ≥0.5m。

(5)设置防静电活动地板的机房,活动地板距地坪高度宜为 350~200mm。活动地板下至各设备的线缆应敷设在封闭的金属线槽中。

(6)强电和弱电线槽应分槽敷设,两种线路交叉处应设置有屏蔽分隔板的分线盒。线槽交叉、转弯或分支处也应设置分线盒。线槽的直线长度 ≥6m 时,宜加装分线盒。

(7)机房宜采用联合接地方式,接地电阻应 ≤1Ω。机房内的工作接地、保护接地、防雷接地,活动地板防静电接地等均应接至接地端子箱,形成等电位联结。接地可采用 S 型接法、M 型接法或 S/M 型接法。

三、蓄电池室、直流屏柜布置

1. 机房条件要求

(1)蓄电池室内照明灯具应为防爆型,且应布置在通道的上方,地面最低照度应为 30lx,事故照明最低照度应为 3lx。蓄电池室内照明线宜穿管暗敷,室内不应装设开关和插座。

(2)蓄电池室内应有良好的通风设施。室内的通风换气量应按保证室内含氢量(按体积计算)低于 0.7%,含酸量小于 2mg/m³ 来计算。通风电动机应为防爆型。

(3)蓄电池室的门应向外开启;应采用非燃烧体或难燃烧体的实体门,门的尺寸不宜小于 750mm×1960mm(宽×高)。

2. 蓄电池布设要求

(1)蓄电池容量在 200Ah 及以下时,应采用直流成套装置;容量在 200Ah 以上时,应采用直流柜和蓄电池组分别布置。

(2)阀控密封铅酸蓄电池的钢架(台架)整体高度应不超过 1600mm,台架底层距地面高度不得小于 150~300mm;瓷砖或水泥台架高不得小于 250~300mm;通道宽度不得小于 800mm。

(3)普通防酸电池和镉镍电池的瓷砖或水泥台架高不得小于 250~300mm;通道宽度不得小于 800mm。

(4)蓄电池裸导体间距离:当电压为 65~250V 时,不应小于 800mm;当电压超过 250V 时,不应小于1000mm；距地和建筑物距离不应小于50mm；母线支持点间距离不应大于2000mm。

四、防雷及过电压保护与接地

(1)公路低压配电设施(包括外场设备和敷设电缆)一般不会遭受直击雷,重点是防范雷电感应和防雷电波侵入。

(2)公路沿线建筑物和设施一般属于三类防雷,其防雷电感应的接地装置应和电气设备接装置共用,其冲击接地电阻不宜大于30Ω。

(3)室外低压配电线路宜全线采用直接埋地敷设,且非金属铠装电缆在入户前穿钢管保护的长度不应小于15m。在入户处应将电缆的金属外皮、保护钢管接到等电位连接带或防雷电感应接地装置上；在入户处的总配电箱内是否装设SPD(电涌保护器),应根据气体情况确定。

(4)接地引下线宜采用圆钢或扁钢,宜优先选用圆钢。圆钢直径不应小于8mm；扁钢截面不应小48mm^2,其厚度不应小于4mm。

(5)埋入土壤中的垂直人工接地体,宜采用角钢、钢管或圆钢；人工水平接地体,宜采用扁钢或圆钢。圆钢直径不应小于10mm,扁钢截面不应小于100mm^2,其厚度不应小于4mm；钢管壁厚不应小于3.5mm。在腐蚀性较强的土壤中,应采取热镀锌等防腐措施或加大接地体截面。

(6)人工垂直接地体的长度宜为2.5m；垂直接地体间的距离及水平接地体间的距离宜为5m；当受地方限制时可适当减小。接地体埋设深度不应小于0.5m。

(7)SPD必须能承受预期通过它们的雷电流,并应符合通过电涌时的最大箝压和有能力熄灭雷电通过后产生的工频电流两个要求。

(8)220V/380V设备耐冲击电压额度值为：电源处设备为6kV(Ⅳ类耐冲击过电压)；配电线路和最后分支线设备为4kV(Ⅲ类耐冲击过电压)；用电设备为2.5kV(Ⅱ类耐冲击过电压)；需要特殊保护的设备为1.5kV(Ⅰ类耐冲击过电压)。

(9)一般情况下,当线路上多处安装SPD且无准确数据依据时,电压开关型SPD之间的线路长度不宜小于10m,限压型SPD之间的线路长度不宜小于5m。

第四节 施工质量要求及检测方法

一、中心(站)内低压配电设备

1. 基本要求

(1)电源设备数量、型号规格符合设计要求,部件及配件完整。

(2)电源室内市电油机转换屏(柜)、交直流配电、动力开关柜、UPS、室外配电箱、发电机组、发电机组控制柜等设备安装稳固,位置、方位正确。设备、列架排列整齐、有序,标志清楚、牢固。

(3)进入配电(箱)柜的所有电缆接头按规范进行开剥、焊接、镀锡、绑扎、密封和热塑封合防潮处理。

(4)设备、列架内以及设备之间的连接布线符合规范要求。所有进出线都进行标记,并附有配电简图。

(5)蓄电池组的连接条、螺栓、螺母进行防腐处理,且连接可靠。

(6)所有设备安装到位,工作、安全、防雷等接地连接可靠。

(7)经过通电测试,处于正常工作状态。

(8)电源室、发电机组室通过安全、消防验收。

(9)隐蔽工程验收记录、分项工程自检和设备调试记录、安装和非安装设备及附(备)件清单、有效的设备检验合格报告或证书等资料齐全。

2. 实测项目

(1)室内设备、列架的绝缘电阻:符合设计要求,无要求时应≥2MΩ(设备安装后);用500V兆欧表在设备内布线和地之间测量。

(2)安全接地电阻:≤4Ω;联合接地电阻:≤1Ω;发电机组控制柜接地电阻:≤4Ω;用接地电阻测量仪测量。

(3)设备安装的水平度:≤2mm/m;设备安装的垂直度:≤3mm;用铅锤和量具实测。

(4)发电机组控制柜绝缘电阻:≥2MΩ(设备安装后);发电机组控制柜绝缘电阻:≥2MΩ(设备安装后)。

(5)检验发电机组启动及启动时间、发电机组容量测试、发电机组相序和发电机组输出电压稳定性。

(6)检验自动发电机组自启动转换功能测试与机组供电切换对机电系统的影响。

3. 外观鉴定

(1)配电屏、设备、列架布局合理、安装稳固、横竖端正、排列整齐。

(2)设备安装后表面光泽一致、无划伤、无刻痕、无剥落、无锈蚀;部件标识正确、清楚。

(3)电源输出配线路由位置正确、布放整齐,符合施工工艺要求。

(4)设备内布线整齐、美观、绑扎牢固,接线端头焊(压)接牢固、平滑;编号标识清楚,预留长度适当。

(5)设备抗震加固措施符合设计要求。

二、外场设备电力电缆线路

1. 基本要求

(1)室内外配电设备、电缆程式、保护管道、人(手)孔形式等设施的数量、型号规格、技术要求符合设计规定,部件及配件完整。

(2)电缆路由符合设计要求、人(手)孔及管道设置安装齐全、防水措施良好。

(3)室内外配电箱等设备安装稳固,位置、方位正确。标志清楚、牢固。

(4)室外配电箱应作双层防腐处理并有明显的"高压危险"字样及图案等标志。

(5)进入配电(箱)柜的所有电缆接头都按规范进行了开剥、焊接、镀锡、绑扎、密封处理,并最后进行热塑封合防潮处理。

(6)设备、列架内以及设备之间的连接布线符合规范要求。所有进出线都进行了标记,并附有配电简图。

(7)直埋电缆符合相关施工规范要求。

(8)所有设备安装到位并作可靠的接地连接。

(9)经过了通电测试,处于正常工作状态。

(10)提交了隐蔽工程验收记录、分项工程自检和设备调试记录、安装和非安装设备及附(备)件清单、有效的设备检验合格报告或证书等资料。

2. 实测项目

(1)配电箱基础尺寸及高程:符合设计要求;用量具测量。

(2)配电箱涂层厚度:符合设计要求,无要求时按《公路交通工程钢构件防腐蚀技术条件》(GB/T 18226—2015)执行;用涂层测厚仪实测。

(3)电缆埋深:符合设计要求;查验隐蔽工程记录或实测。

(4)电源箱、配电箱、分线箱安全接地电阻:$\leq 4\Omega$;用接地电阻测量仪实测。

(5)配线架对配电箱绝缘电阻:$\geq 10M\Omega$;用兆欧表实测。

(6)相线对绝缘护套的绝缘电阻:$\geq 2M\Omega$(全程);用兆欧表实测。

3. 外观鉴定

(1)基础混凝土表面应刮平,无损边、无掉角;联结地脚及螺栓规格符合设计要求,外观无锈蚀现象。

(2)配电箱安装后,防腐涂层光泽一致,无划伤、无刻痕、无剥落等缺陷。

(3)箱体开孔合适、切口整齐;出线管与箱体连接密封良好;箱门开闭灵活。

(4)箱内接线整齐、回路编号齐全正确。

(5)机箱密封良好,机箱内应无积水、无明显尘土和霉变。

(6)接地焊接牢固,焊缝饱满并做防腐处理;机箱应接地可靠,连线标识清楚,走线横平竖直,符合视觉美观要求。

(7)电缆成端符合规范要求,沿电缆井引入时,电缆排列整齐有序、绑扎牢固;进入墙壁有保护套管,预留长度满足使用要求。

(8)直埋电缆两端铠装层接地处理措施得当,电缆标石埋设符合设计要求。

第二十章

照明设施

第一节 概 述

一、作用与构成

为了保证交通安全视认性以及视觉舒适性,可在公路一般路段、互通立交、收费广场及收费天棚、特大桥、隧道、平面交叉路口等区段设置照明设施,满足机动车安全行驶与交通管理的需要。

公路照明系统主要是由照明光源、灯具与电器附件等装置、配电与控制设施、安全防护设备等组成。

二、常用术语

(1)路面有效宽度:用于道路照明设计的路面理论宽度,它与道路的实际宽度、灯具的悬挑长度和灯具的布置方式等有关;当灯具采用单侧布置方式时,道路有效宽度为实际路宽减去一个悬挑长度;当灯具采用双侧(包括交错和相对)布置方式时,道路有效宽度为实际路宽减去两个悬挑长度;当灯具在双幅路中间分隔带上采用中心对称布置方式时,道路有效宽度即道路实际宽度。

(2)诱导性:沿着道路恰当地安装灯杆、灯具,可以给驾驶员提供有关道路前方走向、线形、坡度等视觉信息,称其为照明设施的诱导性。

(3)维护系数:照明装置在同一表面上维护平均照度(即使用一定周期后)与新装时的初始平均照度之比。

(4)路面平均亮度:按照国际照明委员会(CIE)有关规定,在路面预先设定点上测得的或计算得到各点亮度的平均值。

(5)路面亮度总均匀度:路面上最小亮度与平均亮度的比值。

(6)路面亮度纵向均匀度:同一条车道中心线上最小亮度与最大亮度的比值。

(7)路面平均照度:按照CIE有关规定在路面预先设定点上测得的或计算得到各点照度的平均值。

(8)路面照度均匀度:路面上最小照度与平均照度的比值。

(9)眩光:由于视野中的亮度分布或者亮度范围的不适宜,或存在极端的对比,以致引起不舒适感觉或降低观察目标或细部能力的视觉现象。

(10)光源颜色包含光源色表和显色性。

①光源色表按相关色温分为三组:暖色(色温＜3300K);中间色(色温介于3300～5300K);冷色(色温＞5300K)。

②显色性是光源对物体色表的影响,以显色指数 R_a 表示,如收费亭、监控中心等场所为80,收费天棚下方地面则可根据辨色要求选择60、40或20。

(11)环境比:车行道外边5m宽状区域内的平均水平照度与相邻的5m宽车行道上平均水平照度之比。

(12)交会区:位于道路的出入口、交叉口、人行横道等区域。在这种区域,机动车之间、机动车和非机动车及行人之间、车辆与固定物体之间的碰撞有增加的可能。

(13)道路照明功率密度(LPD):单位路面面积上的照明安装功率(含镇流器功耗)。

①按照选用的光源、灯具及布置计算照度,在符合标准值后验算实际LPD值,以不超标准规定的LPD限值为合格,低于LPD限值为节能。

②不能用规定的LPD限值作为单位面积功率计算照度。

三、评价指标

公路照明应以路面平均亮度(或路面平均照度)、路面亮度均匀度和纵向均匀度(或路面照度均匀度)、眩光限制、环境比和诱导性等作为评价指标。

第二节 技术要求

交通运输行业标准《公路照明技术条件》(JT/T 367—1997)已经作废,现行有效的版本是国家标准《公路照明技术条件》(GB/T 24969—2010)。

一、照明质量要求

1. 照明等级

公路照明等级可按适用条件分为一级和二级,见表3-20-1。

公路照明等级 表3-20-1

公路照明等级	适用条件
一级	车流密度较大、视距条件较差、公路自身条件复杂的照明路段
二级	车流密度适中、视距条件良好、公路自身条件良好的照明路段

2. 照明质量要求

(1)公路照明应具有良好的视觉诱导性。

(2)公路照明质量应符合表3-20-2的要求。

公路照明质量要求 表 3-20-2

公路照明等级	亮度要求			照度要求		眩光限制阈值增量 T_I(%)	环境比 SR
	平均亮度 L_{av}(cd/m²)	总均匀度 U_0	纵向均匀度 U_1	平均照度 E_{av}(lx)	总均匀度 U_0(E)		
	最小维持值	最小值	最小值	最小维持值	最小值	最大初始值	最小值
一级	2.0	0.4	0.7	30	0.4	10	0.5
二级	1.5	0.4	0.6	20	0.4	10	0.5

注：1. 表中所列数值仅适用于干燥路面。
2. 照度要求仅适用于沥青混凝土路面，水泥混凝土路面照度要求可相应降低不超过30%。
3. 公路照明的维护系数可按0.70确定。
4. 公路照明质量宜优先符合亮度要求。
5. 公路照明测量方法参见《照明测量方法》(GB/T 5700—2008)。

(3) 公路交会区和公路沿线特殊设施及场所照明质量应符合表3-20-3的要求。

公路交会区和公路沿线特殊设施及场所照明质量要求 表 3-20-3

照明区域		照度要求		眩光限制
		平均照度 E_{av} (lx)	总均匀度 U_0(E)	
		最小维持值	最小值	
公路交会区	与一级照明等级公路相连	50	0.4	与灯具向下垂直轴夹角在80°和90°的观察方向上的光强应分别不大于30cd/1000lm 和 10cd/1000lm
	未与一级照明等级公路相连	30	0.4	
公路沿线特殊设施及场所	收费站广场	20~50	0.4	应防止照明设施给行人、机动车驾驶员和作业者造成眩光
	服务区	10~20	0.3	
	养护区	10~20	0.3	
	停车区	15~30	0.3	

注：1. 公路交会区指交叉区、匝道及进出口区、限制宽度车道等。
2. 公路照明的维护系数可按0.70确定。

二、光源和灯具

1. 照明光源

(1) 公路照明光源的选择应综合考虑光效、使用寿命和显色性等因素。
(2) 常规路段照明宜采用高压钠灯，不应采用白炽灯。
(3) 对显色性有较高要求的设施及场所可采用一般显色指数较高的光源。
(4) 公路照明也可采用能够符合公路照明要求的新型光源，如LED光源、无极灯等。

2. 照明灯具及附属设施

(1) 公路照明应采用截光型或半截光型灯具。

①截光型灯具:灯具的最大光强方向与灯具向下垂直轴夹角在0°~65°之间,90°角和80°角方向上的光强最大允许值分别为10cd/1000lm和30cd/1000lm的灯具。不管光源光通量的大小,其在90°角方向上的光强最大值不得超过1000cd。

②半截光型灯具:灯具的最大光强方向与灯具向下垂直轴夹角在0°~75°之间,90°角和80°角方向上的光强最大允许值分别为50cd/1000lm和100cd/1000lm的灯具,且不管光源光通量的大小,其在90°角方向上的光强最大值不得超过1000cd。

③非截光型灯具:灯具的最大光强方向不受限制,90°角方向上的光强最大值不得超过1000cd的灯具。

(2)公路照明灯具的安全要求应符合《灯具 第1部分:一般要求与试验》(GB 7000.1—2007)和《灯具 第2-3部分:特殊要求 道路与街路照明灯具》(GB 7000.203—2013)的规定。

(3)公路照明灯具的防护等级按《外壳防护等级》(GB/T 4208)的规定应不低于IP55,环境污染严重、维护困难的路段和区域,照明灯具的防护等级应不低于IP65。

(4)公路照明灯具应具有耐腐蚀性能和耐候性能。

(5)公路照明应选用金属灯杆或钢筋混凝土灯杆。当采用金属灯杆时,其防腐性能要求应符合《公路交通工程钢构件防腐技术条件》(GB/T 18226—2015)的规定。

三、照明布设要求

1. 照明布设一般要求

(1)根据公路横断面形式、宽度、照明器具的配光性能和照明要求,灯具的布设可在单侧布置、双侧交错布置、双侧对称布置、中心对称布置和中心布置的方式中选择。

(2)照明灯具的间距应根据安装高度(H)、公路宽度、灯具的配光性能以及照明质量的要求设置,一般灯杆间距宜为$(3~4.5)H$。采用泛光灯照明时,高杆灯的灯杆间距宜为$(4~6)H$。

(3)照明灯具的悬挑伸延长度一般不宜超过灯杆高度的1/4,灯具的仰角不宜超过15°。

2. 曲线路段照明布设要求

(1)平曲线半径大于或等于1000m的曲线路段,可按直线路段进行照明布设。

(2)平曲线半径小于1000m的曲线路段,照明灯具的布设间距宜为直线段的0.5~0.7倍。半径越小,间距也应越小。

(3)在反向曲线路段上,宜固定在单侧设置灯具,产生视线障碍时可在曲线外侧增设附加灯具。

(4)当曲线路段的路面较宽需采取双侧布置灯具时,宜采用双侧对称布置。

(5)曲线路段的照明灯具不得安装在直线路段照明灯具的延长线上。

3. 公路交会区和公路沿线特殊设施及场所照明布设要求

(1)公路沿线特殊设施及场所照明应根据其范围和不同功能的要求进行照明布设。小型收费站广场宜采用低杆、中杆照明方式;大型收费站广场和互通式立体交叉应根据其特点及照明要求采用高杆照明方式;停车场宜采用高杆照明方式。当采用高杆照明方式时,宜优先选用升降式高杆照明设施。

(2)特大型桥梁照明宜根据桥梁结构形式采用与之相适应的照明灯具和布设方式。桥梁照明应防止眩光,必要时采用严格控光灯具,不得使用对船舶航行等水上交通及渔业活动造成不利影响的照明设施。

(3)有照明设施且平均亮度高于 $1.0cd/m^2$ 的公路的出入口,应设置照明过渡段。

四、照明供电要求及控制

1. 照明供电安全要求

(1)公路照明配电回路应设保护装置,每个灯具应设有单独保护装置。

(2)可触及的金属灯杆和配电箱等金属照明设备均需保护接地,接地电阻不大于 4Ω。

(3)高杆灯或其他安装在高耸构筑物上的照明装置应配置避雷装置,并应符合《建筑物防雷设计规范》(GB 50057—2010)的规定。

2. 照明控制要求

(1)照明控制宜优先采用定时控制和光电控制相结合的控制方法。定时控制应根据公路所在地区的地理位置和季节变化合理确定;光电控制的开关时间应按照满足照明质量要求的原则合理确定。

(2)对照明系统采用远程控制方式时,照明系统应具有本地控制功能。

五、照明节能要求

1. 照明灯具及器件节能要求

(1)气体放电灯线路功率因数应在 0.85 以上。

(2)常规照明灯具的性能指标应符合国家现行有关能效标准规定的节能评价值要求。

2. 照明功率密度值

公路照明应以照明功率密度值作为照明节能的评价指标,连续照明的常规路段其照明功率密度值应符合表 3-20-4 的要求。

公路照明功率密度值要求　　　　　　表 3-20-4

公路照明等级	车道数(条)	照明功率密度值(W/m^2)	照度值(lx)
一级	≥6	≤1.05	30
	<6	≤1.25	
二级	≥6	≤0.70	20
	<6	≤0.85	

注:本表仅适用于光源为高压钠灯的条件,当采用其他光源时,应将照明功率密度值适当换算。

第三节　升降式高杆照明装置

交通行业标准《升降式高杆照明装置技术条件》(JT/T 312—1996)已经作废,现行有效的版本是国家标准《升降式高杆照明装置》(GB/T 26943—2011)。

一、定义

升降式高杆照明装置由灯杆、灯盘(含灯具)、升降系统、限位装置、配电系统、防雷接地装置等部件组成,用于大面积集中照明,灯杆高度20m(含20m)以上,灯盘可以升降的大功率照明设施。

二、技术要求

1. 材料要求

(1)升降式高杆照明装置的金属材料和连接材料应符合如下要求:
①采用碳素结构钢时,钢材性能应符合《碳素结构钢》(GB/T 700—2006)的规定;
②采用低合金结构钢时,钢材性能应符合《低合金高强度结构钢》(GB/T 1591—2008)的规定;
③采用不锈钢时,钢材性能应符合《不锈钢棒》(GB/T 1220—2007)的规定;
④采用铝合金时,材料性能应符合《铸造铝合金》(GB/T 1173—2013)的规定;
⑤选用钢丝绳时,其技术要求应满足《不锈钢丝绳》(GB/T 9944—2002)的有关规定。

(2)升降式高杆照明装置的焊接材料应满足如下要求:
①材料为碳素钢时,焊条质量应符合《非合金钢及细晶粒钢焊条》(GB/T 5117—2012)的规定;
②材料为低合金钢时,焊条质量应符合《热强钢焊条》(GB/T 5118—2012)的规定;
③材料为不锈钢时,焊条质量应符合《不锈钢焊条》(GB/T 983—2012)的规定;
④采用自动焊和半自动焊时,焊丝质量应符合《气体保护电弧焊用碳钢、低合金钢焊丝》(GB/T 8110—2008)的规定。

(3)升降式高杆照明装置的所有内外金属表面均应进行防腐处理或采用具有耐腐蚀性能的材料。升降式高杆照明装置采用钢材时,其防腐处理可采用热浸镀锌、热浸镀铝、涂塑等。采用热浸镀锌、热浸镀铝、涂塑进行防腐处理时,其防腐性能应符合《公路交通工程钢构件防腐技术条件》(GB/T 18226—2015)的相关规定。

(4)升降式高杆照明装置的配电和灯盘线路的固定连接应符合《电气装置安装工程电缆线路施工及验收规范》(GB 50168—2006)的有关规定,灯具的线路连接应符合《灯具 第1部分:一般要求与试验》(GB 7000.1—2007)的相关规定,所用线缆应符合《额定电子压450/750V及以下橡皮绝缘电缆》(GB/T 5013—2008)和《额定电压450/750V及以下聚氯乙烯绝缘电缆》(GB/T 5023—2008)的要求。升降式高杆照明装置的线缆应确保装置升降过程中不发生缠绞。

(5)升降式高杆照明装置焊缝金属表面的焊波应均匀,不应有影响强度的裂纹、夹渣、焊瘤、烧穿、未溶合、弧坑和针状气孔,且应无褶皱和中断等缺陷。

焊缝区咬肉深度不应超过0.5mm,累计总长不应超过焊缝总长的10%。焊缝宽度应小于20mm,焊角余高为1.5~2.5mm。角焊缝的焊角高度应满足设计要求或不小于焊接所连接最薄金属材料的厚度,焊角尺寸不得小于设计尺寸。按照《焊缝无损检测 超声检测 技术、检测等级和评定》(GB/T 11345—2013)中的评定标准,表面探伤合格率为95%以上。

2. 结构要求

(1)灯杆

①灯杆宜采用圆形拔梢杆或多边形拔梢杆。圆形拔梢杆截面圆度误差不应超过0.3%;多边形拔梢杆截面的对边间距偏差以及对角间距偏差应小于1%。

②每10m灯杆,其轴线测量的直线度误差不应超过0.05%,灯杆全长直线度误差不应超过0.1%。

③灯杆的插接长度不应小于插接处大端直径的1.5倍。

④灯杆安装后杆梢的垂直度不应大于灯杆高度的0.3%。

(2)灯盘、灯具

①灯盘直径与灯杆高度之比宜控制在1:10~1:15之间。

②灯盘宜采用分瓣结构,并应设置橡胶轮或橡胶圈等防撞及导向装置。

③灯具采用截光型泛光灯或投光灯,并可根据设计需要将泛光灯和投光灯搭配使用。

④灯具支架可根据需要调整主光轴的投射面,但主光轴与灯杆之间的夹角不宜大于76°。

(3)升降系统

①升降系统应使用内置式卷扬机。卷筒可采用单卷筒、双卷筒、三卷筒等形式。采用双卷筒或三卷筒卷扬机时,应设有联动装置,以实现卷筒的联动和分动。

②升降系统应设限位装置和过扭矩保护装置。

③升降系统主绳采用单根钢丝绳时,其钢丝绳设计安全系数不小于8;主绳采用两根以上钢丝绳(包括两根)时,其单根钢丝绳设计安全系数不小于6。

④升降系统采用单根主钢丝绳时,应设置防止灯盘意外坠落制动装置或设置自动卸载装置。采用两根或两根以上不锈钢丝绳作主绳时,允许钢丝绳处在负载状态。

⑤升降系统应采用免维修设计的顶部驱动装置。

(4)防雷接地装置

升降式高杆照明装置应设置避雷针和接地装置,避雷针的保护范围和接地电阻应符合《电气装置安装工程接地装置施工及验收规范》(GB 50169—2006)和《交流电气装置的过电压保护和绝缘配合设计规范》(GB/T 50064—2014)的相关要求。升降式高杆照明装置的防雷接地电阻应不大于10Ω。

3. 功能要求

(1)升降系统

①升降系统应具备电动、手动两种功能。电动升降时,灯盘的平均升降速度宜为2~6m/min;手动升降时,操作应轻便灵活、安全可靠。

②升降系统的卷扬部件应具有自锁和防溜车功能,能在升降过程中的任意位置随时停车,并确保灯盘无溜车现象。

(2)配电及控制设备

①配电柜或配电盘应具有照明控制和灯体升降控制功能。照明控制应有手动控制和自动控制两种方式,且应能控制照明灯具实现全负荷照明和部分照明。

②灯盘升降控制时,其距灯杆的操作半径应不小于 5m。

(3)可靠性

①升降系统:可靠性试验后,升降系统应无卡阻、无晃动、无异常声响、无异常发热现象,所有紧固件及连接件应无松动,自动卸载装置应动作正常,卷扬系统及各滑轮组应运转自如。

②自动卸载装置:可靠性试验后,当灯盘升到工作位置后,自动卸载装置应能自动使钢丝绳卸载;当灯盘下降时,灯盘应能与自动卸载装置平稳脱离。

③防止灯盘意外坠落制动装置:每次试验灯盘坠落距离不应大于 1.5m,且制动过程应平稳、不损坏灯盘和灯具,不应有任何零部件坠落。

4. 灯具光学及安全性能

(1)灯具应采用单只功率为 400W 或以上的高光效光源,其光源光效、灯具光效、显色指数和补偿后的功率因数指标应满足表 3-20-5 的指标要求。

光源光效、显色指数、灯具光效和补偿后的功率因数　　　　　表 3-20-5

光源类型	光源光效	显色指数	灯具光效	补偿后功率因数
高压钠灯	120lm/W	25	65%	0.85
金属卤化物灯	60lm/W	65	65%	0.85
无极灯	70lm/W	70	65%	0.85
其他	不低于以上相关指标			

(2)公路用升降式高杆照明装置的平均亮度(照度)、均匀度指标应根据实际应用场所符合《公路照明技术条件》(GB/T 24969—2010)的相关规定。

(3)灯具的防尘和防水应不低于 IP55 等级。

(4)灯具的耐久性和耐热性应符合《灯具　第 1 部分:一般要求与试验》(GB 7000.1—2007)中的规定。

(5)灯具绝缘材料制成的部件,其耐热、耐火和耐电痕应符合《灯具　第 1 部分:一般要求与试验》(GB 7000.1—2007)中的规定。

5. 电气安全性能

(1)绝缘电阻:升降式高杆照明装置电源接线端子与机壳的绝缘电阻应不小于 100MΩ。

(2)介电强度:在升降式高杆照明装置电源接线端子与接地端子之间施加频率 50Hz、有效值 1500V 正弦交流电压,历时 1min,应无火花、飞弧和击穿现象。

(3)安全接地:升降式高杆照明装置应设安全保护接地端子,接地端子与机壳应连接可靠,其接触电阻应小于 0.1Ω。

(4)电源适应性:升降式高杆照明装置应适应电网波动要求,在以下输入电压条件下能可靠工作:

①对于额定工作电压 380V 时,电压:交流 380×(1±15%)V,频率:50×(1±4%)Hz;

②对于额定工作电压 220V 时,电压:交流 220×(1±15%)V,频率:50×(1±4%)Hz。

6. 环境适应性能

(1)耐低温性能:升降式高杆照明装置的配电箱、升降系统等电工电子产品部件,在

-20℃(-40℃、-55℃)条件下试验8h,应工作正常。

(2)耐高温性能:升降式高杆照明装置的配电箱、升降系统等电工电子产品部件,在$+55$℃($+50$℃、$+45$℃)条件下试验8h,应工作正常。

(3)耐湿热性能:升降式高杆照明装置的配电箱、升降系统等电工电子产品部件,在温度$+40$℃,相对湿度$(98±2)\%$条件下试验48h,应工作正常。

(4)耐盐雾腐蚀性能:配电箱、升降系统、灯具及可放入试验箱的构件经168h试验后,应无明显锈蚀现象,金属构件应无红色锈点,电气部件应工作正常。

三、试验方法

1. 原材料

主要核查原材料的材质证明单是否齐全有效,必要时可对原材料的主要性能指标(如物理力学性能)进行检验。

2. 防腐蚀性能

升降式高杆照明装置的防腐涂层外观采用目测和手感法,为主观评定项目。防腐涂层附着性能按照《公路交通工程钢构件防腐技术条件》(GB/T 18226—2015)的相关规定执行。防腐涂层厚度用测厚仪在被测件的两端及中间各随机抽取6处共计18处测量防腐层的厚度,取平均值作为测量结果。

3. 线路与线缆

按照《额定电压450/750V及以下橡皮绝缘电缆》(GB/T 5013—2008)、《额定电压450/750V及以下聚氯乙烯绝缘电缆》(GB/T 5023—2008)、《灯具 第1部分:一般要求与试验》(GB 7000.1—2007)和《电气装置安装工程电缆线路施工及验收规范》(GB 50168—2006)的相关规定执行。

4. 焊接质量

(1)外观质量采用目测和手感法,为主观评定项目。

(2)焊缝尺寸用分度值为0.01mm的游标卡尺或分度值为0.5mm,精度A级的卷尺测量。

(3)焊缝探伤通过随机抽取全部焊接焊缝的50%,采用超声波探伤法进行检测。

5. 结构

(1)圆形拔梢杆截面圆度误差如图3-20-1所示,用分度值为0.01mm的游标卡尺或分度值为1mm的钢卷尺测量出截面最大直径d_{max}及通过该最大直径中点的最小直径d_{min},根据式(3-20-1)计算圆度误差Δd。

$$\Delta d = \frac{d_{max} - d_{min}}{d_{min}} \times 100\% \qquad (3\text{-}20\text{-}1)$$

(2)多边形拔梢杆对边间距偏差如图3-20-2所示,用分度值为0.01mm的游标卡尺或分度值为1mm的钢卷尺量出截面最大对边间距d_{max}和最小对边间距d_{min},根据式(3-20-2)计算对边间距偏差Δd。

$$\Delta d = \frac{d_{\max} - d_{\min}}{d_{\min}} \times 100\% \tag{3-20-2}$$

(3)多边形拔梢杆对角间距偏差如图 3-20-3 所示,用分度值为 0.01mm 的游标卡尺或分度值为 1mm 的钢卷尺量出截面最大对角间距 $d_{\max}$ 和最小对角间距 $d_{\min}$,根据式(3-20-3)计算对角间距偏差 Δd。

$$\Delta d = \frac{d_{\max} - d_{\min}}{d_{\min}} \times 100\% \tag{3-20-3}$$

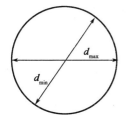
图 3-20-1 圆形拔梢杆截面圆度误差示意图

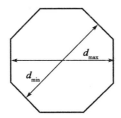
图 3-20-2 多边形拔梢杆对边间距偏差示意图

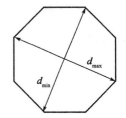
图 3-20-3 多边形拔梢杆对角间距偏差示意图

(4)直线度误差用激光准直仪测量。
(5)接插长度用分度值为 1mm 的钢卷尺测量。
(6)待灯杆安装直立完成后,垂直度用经纬仪测量。
(7)灯盘直径用分度值为 1mm 的钢卷尺测量。灯盘结构采用目测法,为主观评价项目。
(8)灯具和灯具支架采用目测法或核查相关设计文件。
(9)升降系统采用目测法或核查相关设计文件。
(10)防雷接地装置按照《电气装置安装工程接地装置施工及验收规范》(GB 50169—2006)和《交流电装置的过电压保护和绝缘配合设计规范》(GB/T 50064—2014)的相关规定执行。

6. 功能

(1)灯盘平均升降速度用秒表和卷尺测量,其余采用目测和手感法。
(2)配电及控制设备功能采用有线控制时操作半径采用卷尺测量,其余采用目测和手感法。
(3)可靠性测试方法分为定型可靠性试验方法和出厂可靠性试验方法。
①定型试验。
升降系统,在实际组装完成的升降式高杆照明装置,或专用的荷重试验平台(配重块应等于升降系统的全荷重)上对相应规格的定型样品的卷扬机系统进行 100 次升降运行试验,试验结果应符合要求。
自动卸载装置,在实际组装完成的升降式高杆照明装置,或专用的试验平台上对相应规格的定型样品的自动卸载装置进行 100 次试验,试验结果应符合要求。
防止灯盘意外坠落制动装置,在实际组装完成的升降式高杆照明装置,或专用的试验平台上对相应规格的定型样品的防止灯盘意外坠落制动装置进行 100 次试验,试验结果应符合要求。

②出厂可靠性试验。

升降系统,在实际组装完成的升降式高杆照明装置,或专用的试验平台上对相应规格的定型样品的卷扬机系统进行 4 次以上(含 4 次,其中 1 次为手动操作)升降运行试验,试验结果应符合要求。

自动卸载装置,在实际组装完成的升降式高杆照明装置,或专用的试验平台上对相应规格的定型样品的自动卸载装置进行 3 次以上(含 3 次)试验,试验结果应符合要求。

防止灯盘意外坠落制动装置,在实际组装完成的升降式高杆照明装置,或专用的试验平台上对相应规格的定型样品的防止灯盘意外坠落制动装置进行 3 次以上(含 3 次)试验,试验结果应符合要求。

7. 灯具光学及安全性能

(1)灯具光源的显色指数按照《光源显色性评价方法》(GB/T 5702—2003)的规定进行测量。

(2)灯具补偿后的功率因数可采用瓦特功率计进行测量。

(3)平均照度、均匀度指标按照《公路照明技术条件》(GB/T 24969—2010)的规定进行测量。

(4)防尘防水性能按照《灯具 第 1 部分:一般要求与试验》(GB 7000.1—2007)中第 9 章的规定进行试验。

(5)耐久性和耐热性按照《灯具 第 1 部分:一般要求与试验》(GB 7000.1—2007)中第 12 章的规定进行试验。

(6)耐热、耐火和耐电痕按照《灯具 第 1 部分:一般要求与试验》(GB 7000.1—2007)中第 13 章的规定进行试验。

8. 电气安全性能

详见第一篇第五章内容。

9. 环境适应性能

详见第一篇第五章内容。

第四节 公路 LED 照明灯具

照明灯具是照明系统的重要组成部分,LED 照明灯具是近年来在公路领域应用较多的一类新型节能灯具,由于其性能指标和测试方法与传统的气体放电灯存在较大的差异,针对该灯具的特点制定了专用的交通运输行业标准,已颁布实施的标准包括《公路 LED 照明灯具 第 1 部分:通则》(JT/T 939.1—2014),《公路 LED 照明灯具 第 2 部分:公路隧道 LED 照明灯具》(JT/T 939.2—2014)和《公路 LED 照明灯 第 5 部分:照明控制器》(JT/T 939.5—2014)。

一、公路 LED 照明灯具通用技术要求及试验方法

1. 技术要求

（1）外观质量和材料要求

①产品构件应完整、装配牢固、结构稳定、边角过渡圆滑、无飞边、无毛刺。

②灯具应设置可调节灯具照射角度的机构，便于安装施工；其活动零件应灵活、无卡滞现象，机壳及安装连接件应无明显变形、凹凸等缺陷，配光组件无损伤。

③外壳及连接件的防护层色泽应均匀、无划伤、无裂痕等缺陷。

④灯具外壳、机架、安装连接件采用钢构件时应进行防腐处理，其性能指标应符合《公路交通工程钢构件防腐技术条件》（GB/T 18226—2015）的要求。

⑤产品的外壳、机架等结构件在保证结构稳定的条件下，宜采用符合国家相关标准的轻质材料，以减少产品自身质量。发光二极管在 T_s 温度为 85℃ 时的使用寿命不小于 50000h，其他电子元器件的平均无故障时间 MTBF 不小于 30000h。

（2）性能指标

①灯具初始光效应不低于 85lm/W。

②灯具的噪声功率级不高于 55dB（A）。

③灯具工作状态下的温度升高水平直接反映了灯具发光器件和电子器件的发热水平以及灯具外壳、散热器件的散热能力，而 LED 照明灯具的工作温度对产品的光衰速率、使用寿命等有着非常重要的影响，因此灯具应具有良好的散热系统，达到稳定状态后，结温不得大于 105℃。

④光源光谱中很少或缺乏物体在基准光源下所反射的主波时，会使颜色产生明显的色差，色差程度愈大，光源对该颜色的还原真实性愈差，显色指数是目前定义光源显色性评价的普遍方法。鉴于高显色指数的光源对于目标物的辨识较为有利，结合白光 LED 当前的技术水平，LED 照明灯具发光时显色指数不低于 60。

⑤灯具的光度性能包括光通量、配光分布、色温等指标，应根据灯具使用环境和功能性需求提供符合《灯具分布光度测量的一般要求》（GB/T 9468—2008）规定的光度数据。

⑥出于灯具应用对行车安全性的影响，需要对灯具的防眩性能提出要求，考虑到灯具眩光的产生，综合了灯具自身配光设计、安装高度、角度、路宽、线形等多方面因素，灯具防眩性能应符合《公路照明技术条件》（GB/T 24969—2010）的要求。

⑦灯具的结构应稳定，在承受 40m/s 的风速产生的风压后，不影响灯具的使用性能，由此产生的几何变形量应不大于 1mm。

⑧在正常工作条件下，整体产品的平均寿命不小于 30000h。

（3）电磁兼容性

公路 LED 照明灯具产品的电磁兼容性能主要包括骚扰电压、谐波电流、浪涌试验、静电放电抗扰度、辐射电磁场抗扰度和电快速瞬变脉冲群抗扰度 6 部分内容，其指标要求和测试方法应符合国家标准《电气照明和类似设备的无线电骚扰特性的限值和测量方法》（GB 17743—2007）、《电磁兼容限值谐波电流发射限值（设备每相输入电流≤16A）》（GB 17625.1）、《一般照明用设备电磁兼容抗扰度要求》（GB 18595）、《公路机电系统设备通用技术要求及检测方法》（JT/T 817）的规定。

(4)电气安全性能

①绝缘电阻:产品的电源接线端子与机壳、控制端子的绝缘电阻应不小于100MΩ。

②电气强度:在产品的电源接线端子与机壳之间施加频率50Hz、有效值1500V正弦交流电压,历时1min,应无火花、闪络和击穿现象。

③接触电阻:产品应设安全保护接地端子,接地端子与机壳连接可靠,接地端子与机壳的接触电阻应小于0.1Ω。

④产品应适应电网波动要求,在以下条件下应正常工作:

a. 电压:交流220×(1±15%)V;

b. 频率:50Hz±2Hz。

⑤产品应采取必要的防雷电和过电压保护措施,采用的接口、元器件和防护措施应符合有关标准要求。

⑥产品应采取防雨、防尘措施,外壳的防护等级按《灯具 第1部分:一般要求与试验》(GB 7000.1—2007),的规定应不低于IP65级。

⑦其他安全性能,按照《灯具 第1部分:一般要求与试验》(GB 7000.1—2007)和《灯具 第2-3部分:特殊要求 道路与街路照明灯具》(GB 7000.203—2013)协商确定。

(5)环境适应性能

①耐低温性能:在-5℃(-20℃、-40℃、-55℃)条件下,经过8h低温试验,产品应起动正常,逻辑正确。

②耐高温性能:在+55℃(+50℃、+45℃)条件下,经过16h高温试验,产品应起动正常,逻辑正确。

③耐湿热性能:在温度+40℃,相对湿度(98±2)%条件下,经过48h湿热试验,产品应起动正常,逻辑正确。

④耐温度交变性能:应符合《公路机电系统设备通用技术要求及检测方法》(JT/T 817—2011)中第4.2条的要求。

⑤耐机械振动性能:应符合《公路机电系统设备通用技术要求及检测方法》(JT/T 817—2011)中第4.4.2条的要求。

⑥耐盐雾腐蚀性能:应符合《公路机电系统设备通用技术要求及检测方法》(JT/T 817—2011)中第4.6条的要求。

⑦耐候性能:用于太阳光照条件下的灯具应进行耐候性试验,灯具外壳防腐层、支撑件应符合《公路机电系统设备通用技术要求及检测方法》(JT/T 817—2011)中第4.7条的要求。

(6)功能要求

公路LED照明灯具的功能主要包括调光功能和调光等级两项,是对实现照明灯具调光控制的控制器和灯具间配合使用的基本要求。其中,调光功能要求灯具和照明控制器应设置控制信号接收端,可随控制信号的变化而调节发光亮度;调光等级要求灯具宜采用无级调光,当采用有级调光时,不宜低于24级。

2. 试验方法

(1)测试结果的处理

除特殊规定,一般对可重复的客观测试项目进行3次测试,取算术平均值为测试结果,根据需方要求,可给出测试结果的不确定度。对于主观测试项目,测试人员应不少于 3 人,测试结果分为两级:合格和不合格。

(2)材料要求

①主要核查原材料的材质证明单是否齐全有效,必要时可对原材料的主要性能指标(如物理力学性能)进行检验;

②对于平均无故障时间 MTBF,采用序贯试验方案 4∶2,按《设备可靠性试验 恒定失效率假设下的失效率与平均无故障时间的验证试验方案》(GB/T 5080.7—1986)的规定进行。

(3)结构尺寸

产品的结构尺寸用分辨力 0.5mm、精度 A 级的钢板尺和圈尺,分辨力 0.02mm、精度 0.02mm 的游标卡尺进行测量。

(4)外观质量

用目测和手感法,为主观评定项目。

(5)灯具初始光效

老炼试验后,测试灯具在额定工作条件下的初始光通量和实际功率,初始光通量与对应的灯具功率之比为初始光效。

(6)噪声

灯具产品噪声试验按《声学 声压法测定噪声源声功率级 消声室和半消声室精密法》(GB/T 6882—2008)的方法进行。

(7)灯具结温

灯具在额定工作条件下工作稳定后,按照《半导体集成电路封装结到外壳热阻测试方法》(GB/T 14862—1993)中规定的方法测量对称中心位置的 LED 的结温为灯具结温。

(8)显色指数

灯具显色指数试验按《光源显色性评价方法》(GB/T 5702—2003)的方法进行。

(9)灯具光度、防眩性能

灯具光度、防眩等性能的试验按《灯具分布光度测量的一般要求》(GB/T 9468—2008)的方法执行。

(10)机械力学性能

机械力学性能试验按《公路机电系统设备通用技术要求及检测方法》(JT/T 817)中第 5.13 条的方法进行。

(11)电气安全性能

详见第一篇第五章内容。

(12)环境适应性能

详见第一篇第五章内容。

(13)功能测试

为主观评定项目,对规定的内容逐项验证。

(14)可靠性试验

采用序贯试验方案 4∶2,按《设备可靠性试验 恒定失效率假设下的失效率与平均无故障时间的验证试验方案》(GB/T 5080.7—1986)的方法进行。

二、公路 LED 隧道照明灯具技术要求及试验方法

1. 技术要求

(1)结构尺寸

公路隧道 LED 照明灯具从出光面到连接件顶面的总高度宜选择 175mm ± 5mm 或 275mm ± 5mm。

(2)灯具功率

①功率等级。

公路隧道 LED 照明灯具额度功率等级宜分为 40W、50W、60W、70W、80W、100W、120W、140W、160W、180W、200W、240W 等系列。

②功率允差。

在额定工作条件下,公路隧道 LED 照明灯具实测功率不超过额定功率的(100 ± 5)%。

(3)功率因数

公路隧道 LED 照明灯具在额定工作条件下的功率因数值应不低于 0.9。

(4)相关色温

除热辐射光源以外的其他光源具有线状光谱,其辐射特性与黑体辐射特性差别较大,所以这些光源的光色在色度图上不一定准确地落在黑体轨迹上,对这样一类光源,通常用相关色温来描述光源的颜色特性。相关色温是指与具有相同亮度刺激的颜色最相似的黑体辐射体的温度,用 K 氏温度表示。

大功率白光 LED 不属于热辐射光源,因此宜采用相关色温指标来评价其颜色特性。考虑到在一般情况下,高色温白光 LED 的光效相对较高,出于对低能耗、高光通量的追求,高色温白光 LED 更容易受到生产厂家和使用者的青睐,但是色温过高会对处于照明环境中的人眼带来不适感,长时间行驶在高色温照明的隧道中,容易增加驾驶人员的视觉疲劳感和烦躁情绪,因此标准将白光 LED 照明灯具的相对色温要求控制在 5500K 以下。

为了保证公路隧道 LED 照明灯具在维护、更换中能够保持相对较为接近的光照条件,对灯具色温做了分类,并规定了不同色温灯具色温的允差范围,以及色品坐标的有效区域坐标范围。

公路隧道 LED 照明灯具在额定工作条件下的相关色温应在 3000 ~ 5500K 范围内,且满足表 3-20-6 的要求。

相 关 色 温 要 求　　　　　　　　表 3-20-6

名义值 K	目标值 K	容差范围		
		边界点名称	边界点色品坐标	
			x	y
3000	3045 ± 175	中心点	0.4338	0.4030
		右上点	0.4562	0.4260
		左上点	0.4299	0.4165
		左下点	0.4147	0.3814
		右下点	0.4373	0.3893

续上表

名义值 K	目标值 K	容差范围		
		边界点名称	边界点色品坐标	
			x	y
3500	3465±245	中心点	0.4073	0.3917
		右上点	0.4299	0.4165
		左上点	0.3996	0.4015
		左下点	0.3889	0.3690
		右下点	0.4147	0.3814
4000	3985±275	中心点	0.3818	0.3797
		右上点	0.4006	0.4044
		左上点	0.3736	0.3874
		左下点	0.3670	0.3578
		右下点	0.3898	0.3716
4500	4503±243	中心点	0.3611	0.3658
		右上点	0.3736	0.3874
		左上点	0.3548	0.3736
		左下点	0.3512	0.3465
		右下点	0.3670	0.3578
5000	5028±283	中心点	0.3447	0.3553
		右上点	0.3551	0.3760
		左上点	0.3376	0.3616
		左下点	0.3366	0.3369
		右下点	0.3515	0.3487

（5）初始光通量

灯具总光通量是衡量灯具性能的重要光学指标，对公路隧道照明工程测试的照度、亮度指标有着非常直接的影响，在灯具使用过程中，随着电子器件、发光器件的老化，其光学指标输出必然会发生漂移，表现在灯具输出光通量指标上就是光通量的衰减。尤其是在隧道恶劣环境条件下，白光 LED 照明灯具的光通量衰减速度已经不同于实验室测试情况，为保证白光 LED 照明灯具在用期间的有效照明，对灯具一定使用时间的输出总光通量进行测试，测试结果与初始总光通量的比值即为该时刻的光通量维持率，考虑到测试周期和大功率白光 LED 光衰的一般规律，规定了 10000h 内 3 个时间节点的光通量维持率下限指标。

公路隧道 LED 照明灯具的初始光通量（Φ_0）应不小于额定光通量（Φ）的 90%，且不大于额定光通量的 120%，即 Φ_0 应满足下式：

$$0.90\Phi \leq \Phi_0 \leq 1.20\Phi \tag{3-20-4}$$

（6）光通量维持率

公路隧道 LED 照明灯具经老化试验后，其光通量维持率应符合表 3-20-7 的规定。

公路隧道 LED 照明灯具光通量维持率　　　　　　　　　表 3-20-7

老化时间[a]（h）	光通量维持率
3000	≥96%
6000	≥92%
10000	≥86%

[a] 老化时间包括灯具老炼试验时间 1000h。

（7）灯具初始光效

公路隧道 LED 照明灯具的灯具初始光效分为三级，见表 3-20-8。

公路隧道 LED 照明灯具初始光效等级　　　　　　　　　表 3-20-8

等级	初始光效（lm/W）	
	额定相关色温≤3500K	3500K < 额定相关色温≤5500K
Ⅰ	100	110
Ⅱ	90	100
Ⅲ	85	90

（8）灯具配光分布

相比于一般的道路照明和室外照明，公路隧道属于半封闭空间，虽然隧道线形可能存在一点变化，但就单灯或者若干连续的照明灯具而言，照明区域基本为矩形。

通过《灯具分布光度测量的一般要求》（GB/T 9468—2008）中规定的测试仪器，测试单一灯具在一定悬挂条件下的照明区域分布，其宜采用超短投射、短投射或中投射类型，即距高比不大于 3.75，在满足公路隧道入口段、过渡段、基本段和出口段灯具安装间距常规设计的条件下，有效控制眩光 TI 指标。同时配光分布应符合《道路与街路照明灯具性能要求》（GB/T 24827—2009）中Ⅰ类、Ⅱ类、Ⅲ类或Ⅳ类灯具的要求以保证在公路隧道灯具正常安装条件下，灯具有效照明区域可满足常规两车道、三车道公路隧道的照明需求，并便于提高单灯更换的通用性，降低公路隧道照明设施运营期间备件选型的难度。

（9）灯具寿命

灯具在实验室条件下的有效寿命和平均寿命，其测试条件与光通量维持率测试相同。在此试验条件下，单灯总光通量输出衰减到初始值 70% 的时间不应短于 30000h，平均寿命试验需选取相同灯具样本量不小于 10 只，超过 50% 的灯具达到有效寿命的时刻即为该类灯具平均寿命，公路隧道 LED 照明灯具产品的平均寿命应不低于 40000h。

（10）眩光限制

公路隧道 LED 照明灯具应采取措施抑制眩光，避免对安全和视觉舒适性造成干扰。

（11）开关试验

公路隧道 LED 照明灯具经过开关试验后，不应产生零部件脱焊、变形、龟裂及影响正常使用的缺陷，通电后应能正常工作，且 LED 发光单元无闪烁或失效现象。

（12）灯具连接件与安装支架

①公路隧道 LED 照明灯具应采用连接件安装在安装支架（简称"支架"）上，支架固定安装在隧道壁上，支架结构尺寸应符合图 3-20-4 和图 3-20-5 的规定。

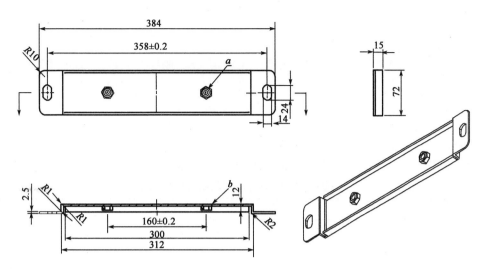

注：
a—2-M10焊接螺母（不锈钢）；
b—该处钣金孔径为12mm，采用点焊，焊接牢固。

图 3-20-4　支架基座结构示意图（尺寸单位：mm）

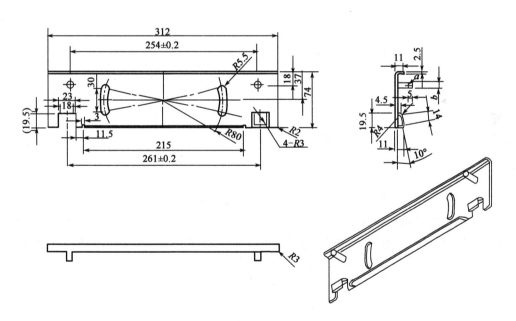

图 3-20-5　支架安装板结构示意图（尺寸单位：mm）

②灯具的连接件应带有角度刻盘并带有锁止部件，方便灯具仰角的安装调节。

③灯具的连接件应保证有足够的空间以便现场徒手更换灯具部件。

④连接件与支架应具有防振动脱落保护功能，并具有良好的防腐性能，采用钢结构时宜采用热镀锌处理，镀锌层厚度不小于 85μm。

2. 试验方法

(1)一般规定

①在所有测试开始之前,需对被测试公路隧道 LED 照明灯具产品进行 1000h 的老炼试验。光电参数测量应在环境温度 25℃±1℃,相对湿度为 50℃±15℃,无对流风的环境中进行,且测试前产品需至少稳定工作 30min 达到热平衡。

②寿命试验和老炼试验环境温度为 25℃±3℃,应该保证照明产品周围的气流是由该产品所造成的正常对流气流,不允许有照明产品的振动和冲击。

③除特殊规定,一般对可重复的客观测试项目进行 3 次测试,取算数平均值为测试结果。对于主观测试项目,测试应不少于 3 人。测试结果分为两级:合格和不合格,取两人判定相同的测试结果。

(2)结构尺寸

产品的结构尺寸,用分辨力 0.5mm、精度 A 级的钢板尺和圈尺,分辨力 0.02mm、精度 0.02mm 的游标卡尺进行测量。

(3)灯具功率和功率因数

在额定工作条件下,将精度 1.0 级的瓦特功率计接入灯具供电线路测量灯具功率和功率因数。

(4)相关色温

相关色温试验按《照明光源颜色的测量方法》(GB/T 7922—2008)的方法进行。

(5)初始光通量

公路隧道 LED 照明灯具的初始光通量应采用分布式光度计按《灯具分布光度测量的一般要求》(GB/T 9468—2008)中第 5 章规定执行。

(6)光通量维持率

灯具光通量测试方法同(10),按照表 3-20-7 中规定的时间分别进行测试,测试结果与初始光通量之比为该时间的光通量维持率。

(7)灯具初始光效

灯具初始光效系初始光通量与对应的灯具功率之比,测试方法同(3)和(5)。

(8)灯具配光分布

灯具配光分布试验按《灯具分布光度测量的一般要求》(GB/T 9468—2008)的方法进行。

(9)灯具寿命

公路隧道 LED 照明灯具产品的寿命测试应在本标准试验方法一般规定中第②条规定的条件下进行,试验中灯具点燃 11.5h,关断 0.5h,关断时间不计入寿命时间。灯具寿命试验样本量不小于 10 只,当灯具光通量衰减至初始光通量的 70%,或 10% 以上的发光单元产生人眼可分辨的闪烁,对应的时间即为单一灯具有效寿命,超过 50% 的灯具达到有效寿命的时间即为该类灯具平均寿命。

(10)眩光限制

灯具光度、防眩等性能的试验按《灯具分布光度测量的一般要求》(GB/T 9468—2008)的方法执行。

(11)开关试验

公路隧道 LED 照明灯具在额定电压、额定频率的工作条件下,点燃 60s、关断 60s 为一个周期,持续进行 5000 个周期,产品性能应符合要求。

(12)安装支架

安装支架的几何尺寸,用分辨力 0.5mm、精度 A 级的钢板尺和圈尺,分辨力 0.02mm、精度 0.02mm 的游标卡尺进行测量。

三、公路 LED 照明控制器技术要求及试验方法

1. 技术要求

(1)外观质量和材料要求

①照明控制器构件应完整、安装牢固。

②照明控制器外壳不应有凹坑、划伤、变形和裂缝等,表面应光滑平整,颜色应均匀一致,不得有皱纹、起泡和龟裂等缺陷,边角过渡圆滑、无毛刺。

③照明控制器外壳、机架、安装连接件采用钢构件时应进行防腐处理,其性能指标应符合《公路交通工程钢构件防腐技术条件》(GB/T 18226—2015)的要求。

④照明控制器外壳上的铭牌、标志、文字、符号等应清晰、端正、牢固,不得脱落,不得磨损。

⑤安装于隧道内的照明控制器壳体连接处应密封良好。

(2)通用要求

①照明控制器可根据上位机指令或环境光亮度、车流量和车速等参数对 LED 灯具进行自动调光控制。

②照明控制器应对上位机指令以及环境光亮度、车流量等参数及时响应。对上位机的响应时间不大于 1s;对环境光亮度、车流量的响应时间不大于 0.1s,并依据设定的调光阈值输出控制信号。

③照明控制器输出的调光等级应不低于 24 级。

④照明控制器应能对 LED 灯具的光输出在 10%～100% 范围内进行调光控制,并具备关闭功能。

⑤照明控制器通信接口、输入/输出接口及其物理形式应满足《公路 LED 照明灯具 第 5 部分:照明控制器》(JT/T 939.5—2014)的相关规定和要求。

⑥照明控制器应具有开机自检功能。

⑦照明控制器应具有时钟校准功能。

⑧照明控制器应具有电源指示和通信状态指示功能。

⑨照明控制器应具有控制参数设定、查询和修改等现场调试操作功能。

⑩照明控制器断电后,已设置参数不应丢失,恢复供电时应能自动进入正常调光状态。控制器内部时钟在断电情况下运行时间不小于 240h。

⑪采用远程自动控制方式时,照明控制器与上位机如发生通信故障,照明控制器应能接管控制任务,根据预设的控制参数对 LED 灯具进行调光控制。

⑫照明控制器平均无故障时间 MTBF 应不小于 30000h。

(3) 数字调光控制器性能要求

①数字调光控制器应具备点播调光、组播调光、广播调光和场景调光功能。

②数字调光控制器应具备对单灯的组地址、场景、最大亮度、最小亮度、维护系数等设置功能。

③数字调光控制器应具备对 LED 灯具电压、电流、运行时间、故障信息等状态参数查询功能。

④数字调光控制器与上位机通信中断时，所控 LED 灯具的状态参数等数据存储时间应不小于 240h。

⑤应具备数字控制方式和脉冲宽度调制(PWM)方式，具体要求如下：

a. 数字控制方式：数字调光控制器通过 RS485 将亮度值或其他信息传输给 LED 灯具，完成调光控制。

b. 脉冲宽度调制(PWM)方式：数字调光控制器通过 RS485 将 PMW 的频率、占空比和其他信息传输给 LED 灯具，完成调光控制。PWM 波形频率应不小于200Hz，波形高电平幅值应为 12V±2V，低电平幅值应为 0±2V；PWM 输出波形占空比与 LED 灯具的亮度成反比关系，当输出 PWM 波形占空比为 0 时，所控制的 LED 灯具在满功率运行状态。

⑥数字调光控制器可控制的 LED 灯具数量应不小于 200 盏。

(4) 模拟调光控制器性能要求

①模拟调光控制器调光信号输出宜采用 DC(0~5)V 或 DC(0~10)V 模拟信号，其中 0V 对应 LED 灯具最大亮度，5V/10V 对应 LED 灯具最小亮度或关断。

②模拟调光控制器输出驱动能力应不小于 200mA。

③模拟调光控制器与上位机通信中断时，所控 LED 灯具的状态参数等数据存储时间应不小于 240h。

(5) 软件要求

①照明控制器软件应能实现(2)、(3)和(4)规定的各种功能。

②照明控制器软件应能接收并执行上位机下发的参数设定、查询、调光等控制指令。

③照明控制器软件应支持开放式协议，具备可扩展性，软件控制协议应符合行业标准的要求。

④照明控制器软件的其他性能应符合国家有关软件标准的要求。

(6) 电磁兼容性

照明控制器的骚扰电压限值、谐波电流限值、浪涌抗扰度、静电放电抗扰度、辐射电磁场抗扰度和电快速瞬变脉冲群抗扰度应符合《公路 LED 照明灯具 第 1 部分：通则》(JT/T 939.1—2014)中有关电磁兼容性的要求。

(7) 电气安全性

照明控制器的绝缘电阻、电气强度、接触电阻、适应电网波动要求、防雷电和过电压保护措施、防雨、防尘措施、外壳防护等级以及其他安全性能应符合《公路 LED 照明灯具 第 1 部分：通则》(JT/T 939.1—2014)中有关电气安全性的要求。

(8) 环境适应性

照明控制器的环境适应性能包括耐低温性能、耐高温性能、耐湿热试验、耐温度交变性能、耐机械振动性能、耐盐雾腐蚀性能,应符合《公路LED照明灯具 第1部分:通则》(JT/T 939.1—2014)中有关环境适应性的要求。

2.试验方法

(1)试验条件

照明控制器试验时的环境温度、相对湿度和大气压力应符合环境温度15~35℃,相对湿度35%~75%,大气压力85~106kPa的要求。

(2)测试结果的处理

除特殊规定,一般对可重复的客观测试项目进行3次测试,取算术平均值为测试结果,根据需方要求,可给出测试结果的不确定度。对于主观测试项目,测试人员应不少于3人,测试结果分为两级:合格和不合格。

(3)材料

①主要核查原材料的材质证明单是否齐全有效,必要时可对原材料的主要性能指标(如物理力学性能)进行检验。

②对于平均无故障时间MTBF,采用序贯试验方案4:2,按《设备可靠性试验 恒定失效率假设下的失效率与平均无故障时间的验证试验方案》(GB/T 5080.7—1986)的规定进行。

(4)外观质量

用目测和手感法,为主观评定项目。

(5)通用要求试验方法

为主观评定项目,应对(2)规定的内容采用功能性验证方法逐项进行功能验证。

①响应时间。

a.对上位机的响应时间。

按图3-20-6将计算机通过RS485与控制器连接在一起,按控制器使用说明设置好相关参数,将双踪数字存储示波器的探头一设置为一次触发方式,接到计算机端RS485控制线的T端子上,探头二以常规方式接到亮度检测器的输出端。在计算机上运行上位机模拟软件,向控制器发送一次调光命令,示波器上探头一的上升沿至探头二波形基本稳定的时间,然后减去灯具和亮度检测器等测试系统的固有延迟时间为响应时间,重复测量3次,取3次的算术平均值为测量结果。

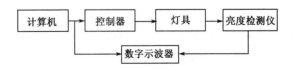

图3-20-6 控制器数字调光响应时间测试原理示意图

b.对环境亮度传感器和车辆检测器的响应时间。

按图3-20-7将信号发生器的输出接到控制器的模拟输入端,先给控制器输入端施加4mA直流电流,然后给其施加8mA的阶跃电流信号,用双踪数字存储示波器记录从输入阶跃变化至灯具亮度基本稳定的时间,然后减去灯具和亮度检测器等测试系统的固有延迟时间为响应时间,重复测量3次,取3次的算术平均值为测量结果。

图 3-20-7　控制器模拟调光响应时间测试原理示意图

②调光等级试验方法。

a. 测试设备及连接。

控制器调光等级测试系统由可调节输出光通量的 55W 标准 A 光源、直流稳压电源、亮度检测仪、计算机和被测控制器组成,各设备连接如图 3-20-8 所示。标准 A 光源由光学透镜组聚光成平行光束,通过可变光阑调节发光亮度。计算机模拟上位机,在其上运行上位机的控制软件。亮度检测器位于标准 A 光源正前方适当距离处,在此处标准 A 光源的光斑应均匀,无明显光晕。

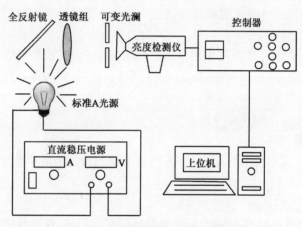

图 3-20-8　调光等级测试系统示意图

b. 测试步骤如下。

(a)给系统加电,开启照明控制器,调通照明控制器与计算机控制软件,使照明控制器处于计算机控制模式下,并将照明控制器的输出置为模拟方式。

(b)开启标准 A 光源并调到到最大亮度,用亮度检测仪测量标准 A 光源的亮度值,记录在表 3-20-9 中。

调光等级试验记录表　　　　　　　　　　表 3-20-9

亮度检测器亮度示值 cd/m²	控制器输出命令亮度等级	控制器输出变化累计次数
×××(最大亮度)	100	1
—	—	2
—	—	—
—	—	—
×××(最小亮度)		n

(c)查看并记录最大亮度条件下计算机,控制软件从照明控制器读取控制器的输出命令信息,将命令信息中的亮度等级记录在表 3-20-9 中。

（d）逐渐降低标准 A 光源的亮度，直至最低亮度，照明控制器的输出控制信号每发生变化一次，记录一次标准 A 光源对应的亮度值，查看并记录一次计算机控制软件从照明控制器读取的输出命令信息。

（e）汇总记录表 3-20-9，最小亮度对应的累计次数即为实测调光等级。

③调光范围。

a. 将灯具脱离控制器，用积分球测量 LED 灯具的额定光通量 Φ_0；将灯具与控制器连接置于受控模式，通过上位机控制软件将 LED 灯具输出调至额定光通量，用积分球测量 LED 灯具的额定光通量 Φ_1。

b. 上位机向灯具发出 50% 的光输出命令，用积分球测量 LED 灯具的额定光通量 Φ_2。

c. 上位机向灯具发出 10% 的光输出命令，用积分球测量 LED 灯具的额定光通量 Φ_3。

d. 上位机向灯具发出关闭命令，用积分球测量 LED 灯具的额定光通量 Φ_4。

e. 结果判定，若各测量值满足下列条件，则测量结果合格，否则不合格：

（a）$\Phi_1 = (1 \pm 3\%)\Phi_0$；

（b）$\Phi_2 = (50\% \pm 5\%)\Phi_0$；

（c）$\Phi_3 = (10\% \pm 3\%)\Phi_0$；

（d）$\Phi_4 = 0$。

④接口。

用目测法验证照明控制器的接口数量、物理形式及标识情况。

⑤开机自检。

采用目测法，开机测试验证。

⑥时钟校准。

与标准报时器核对测试验证。

⑦状态指示。

目测法验证。

⑧控制功能。

采用图 3-20-8 测试原理示意图，分别验证照明控制器的现场独立完成调光和远程自动控制功能。

⑨功能设置。

目测验证。

⑩断电保护。

采用图 3-20-8 测试原理示意图，待照明控制器正常工作后断开供电电源，240h 后恢复照明控制器供电电源，通过目测验证照明控制器恢复供电后是否能进入断电前的调光控制状态。

⑪应急响应。

采用图 3-20-8 测试原理示意图，将照明控制器设置成远程自动控制方式，待照明控制器正常工作后，断开照明控制器与上位机之间的通信连接，通过目测验证照明控制器能否接管控制任务，根据预设的控制参数对 LED 灯具进行调光控制。

⑫可靠性。

采用序贯试验方案 4:2，按《设备可靠性试验　恒定失效率假设下的失效率与平均无故障时间的验证试验方案》(GB/T 5080.7—1986)规定进行。

(6)数字调光控制器性能要求试验方法

①测试仪器设备。

主要测试仪器设备有计算机、亮度检测仪、一级电压表、一级电流表、示波器,可调光 LED 灯具两只。

②点播功能测试。

通过上位机控制软件向任意一盏 LED 灯具发送 24 级调光命令,记录每次调光后 LED 灯具对应亮度检测仪的测量值,24 级亮度测量值之间的变化曲线应接近调光理论曲线。

③组播功能测试。

通过上位机控制软件对两个 LED 灯具进行分组,并对两组 LED 灯具分别下发至少 3 次调光命令,测量并记录每次调光后 LED 灯具的亮度值,LED 灯具应按组号和调光等级正确响应。

④广播功能测试。

通过上位机控制软件下发 3 次广播调光命令,测量并记录每次调光后 LED 灯具的亮度值,两个 LED 灯具应全部响应。

⑤查询功能测试。

上位机控制软件向任意一盏 LED 灯具下发进行 10 次不同等级的调光命令,每次调光完成后对 LED 灯具进行状态参数查询,记录每次查询得到的电压和电流值,并与实时电压、电流值进行比较,要求查询值与实测值之间的误差不超过 5%,完成状态参数查询功能测试。

⑥脉冲宽度调制。

脉冲宽度调制(PWM)的数字调光控制器输出的 PWM 波形频率用频率计或示波器测量,占空比和电平幅值采用示波器测量。

⑦其他项目测试。

数字调光控制器性能要求的其他项目采用目测实际验证。

(7)模拟调光控制器性能要求试验方法

①负载能力。

按图 3-20-9 的测试方法,在照明控制器的输出端接上 3.3kΩ 的可调电阻器,将照明控制器输出功率调至 0%;用精度不低于 0.5 级的电压表和电流表分别测量控制器的输出电压和输出电流,此时照明控制器的输出电压应为 5V 或 10V。

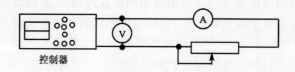

图 3-20-9　模拟调光驱动能力测试图

将照明控制器输出功率调至 100%,调节可调电阻器,使电流逐渐增大,同时观察电流表与电压表读数,当输出电流为 200mA 时,其电压下降值不大于 0.25V。

②其他项目。

模拟调光控制器性能要求的其他项目采用目测实际验证。

(8)控制软件要求试验方法

为主观评定项目,采用功能性验证方法进行逐项验证。

(9)电磁兼容性能

照明控制器的骚扰电压限值、谐波电流限值、浪涌抗扰度、静电放电抗扰度、辐射电磁场抗扰度和电快速瞬变脉冲群抗扰度试验方法按《公路 LED 照明灯具 第 1 部分:通则》(JT/T 939.1—2014)中电磁兼容性能有关规定执行。

(10)电气安全性能

详见第一篇第五章内容。

(11)环境适应性能

详见第一篇第五章内容。

第五节 施工质量要求与检测方法

一、基本要求

(1)照明控制器安装位置应在隧道洞外配电房控制柜内或隧道洞室的配电箱内,安装前应对控制器进行开箱检验。

(2)照明控制器调光控制信号线敷设应符合设计要求,避免短路;宜与强电导线分开敷设,如敷设间距若小于 150mm,应采取屏蔽措施,屏蔽层应做好有效接地,防止电磁干扰。

(3)洞外亮度检测器宜安装在距隧道洞口一个停车视距处,高度宜为 2.5m,检测器探头方向应指向隧道洞口中心。

(4)洞外亮度检测器支撑立柱垂直度应不大于 5mm/m。

(5)洞外亮度检测器应安装牢固,耐机械振动性能应满足《公路机电系统设备通用技术要求及检测方法》(JT/T 817—2011)的规定。

(6)洞外亮度检测器接地端应与隧道接地网可靠连接,工作接地电阻应不大于 4Ω。

(7)入口段亮度检测器应安装在隧道洞内距离隧道洞口一倍隧道净高的侧壁上,高度宜为 2.5m,检测器探头方向应指向行车前进方向且距离检测器一个停车视距位置的路面中心处。

(8)入口段亮度检测器接地端应与隧道接地网可靠连接,工作接地电阻应不大于 4Ω。

(9)车辆检测器应安装于隧道洞口外,安装位置距隧道洞口距离符合表 3-20-10 的规定。

车辆检测器安装距隧道洞口最小距离 表 3-20-10

隧道设计速度(km/h)	距离(m)	隧道设计速度(km/h)	距离(m)
100	110~170	60	70~110
80	90~140	≤40	45~70

(10)车辆检测器应安装牢固,当采用立杆支撑方式时,垂直度应不大于 5mm/m。

(11)车辆检测器接地端应与隧道接地网可靠连接,工作接地电阻应不大于 4Ω。

(12)照明控制器的调光控制信号线、电力线和接地线应固定,并标识清楚。

(13)隐蔽工程验收记录、分项工程自检和设备调试记录、有效的设备检验合格报告或证书等资料应齐全。

二、实测项目

(1)支撑立杆支撑的基础尺寸:符合设计要求;长、宽用量具测量,埋深查隐蔽工程验收记录或实测。

(2)支撑立杆、避雷针(接闪器)高度、法兰和地脚几何尺寸:符合设计要求;用全站仪测量灯杆和避雷针高度,用量具测量其他尺寸。

(3)支撑立杆和照明控制器控制箱防腐涂层壁厚:镀锌≥85μm,其他涂层符合设计要求;用涂层测厚仪测量。

(4)支撑立杆垂直度:≤5mm/m;用经纬仪测量。

(5)洞外亮度检测器、入口段亮度检测器和车辆检测器接地电阻:≤4Ω;用接地电阻测试仪测量。

(6)照明控制器控制箱绝缘电阻:≥100MΩ。

(7)自动、手动两种方式控制全部或部分照明器的开闭、亮度传感器与照明器的联动功能、定时控制功能:可控性检验;模拟或实际操作照明控制器的功能验证。

三、外观鉴定

(1)照明控制器、支撑立柱、控制器机箱安装位置和方位正确、牢固、端正。

(2)各部件表面光泽一致、无划伤、无刻痕、无剥落、无锈蚀。

(3)基础混凝土表面应刮平,无损边、无掉角;机箱、立柱、法兰及地脚螺栓规格应符合设计要求,防腐措施得当,裸露金属基体无锈蚀。

(4)洞外亮度检测器、入口段亮度检测器和车辆检测器防雷接地焊接牢固,焊缝饱满并做防腐处理;防雷引下线及接地体用材料规格、防腐与连接措施、安装位置符合设计要求;金属机箱与安全保护地连接可靠,接地极引出线裸露金属基体无锈蚀。

(5)照明控制器机箱的出线管与箱体连接密封良好,箱体内无积水、尘土、霉变。

(6)照明控制器机箱内电力线、信号线、元器件等布线平直、整齐、固定可靠,标识正确、清楚,插头牢固。

第二十一章 隧道机电设施

第一节 概　述

为充分发挥隧道的通行能力,保证隧道的运营安全,公路,特别是高速公路隧道大都配备了相对较为完善的隧道机电系统,该系统对于保障隧道的安全高效运营,改善隧道交通事故的应急处理能力,提高隧道通行能力起到了积极的作用。

一、公路隧道断面参数

根据《公路隧道设计规范》(JTG D70—2010),高速公路及一级公路等单向行车的公路隧道的建筑限界几何形状如图3-21-1所示。其主要参数如下:H为建筑限界高度,$H=5m$;W为行车道宽度;L_L为左侧向宽度;L_R表示右侧向宽度;C为余宽;J为检修道宽度;h为检修道或人行道的高度;E_L建筑限界左顶角宽度;E_R建筑限界右顶角宽度,当$L_R \leq 1m$时,$E_R = L_R$;当$L_R > 1m$时,$E_R = 1m$。

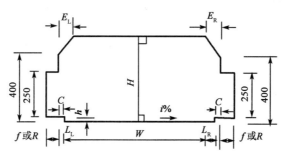

图 3-21-1　公路隧道限界(尺寸单位:cm)

二、隧道机电系统构成

隧道机电系统一般由中央控制系统、现场总线系统、闭路电视系统、隧道信息采集系统、火灾报警系统、交通控制系统、通风照明控制系统、通信系统和供配电系统等组成。

中央控制系统主要由监控分中心监控计算机系统及辅助设施构成,是隧道监控系统的核心部分,包括对交通检测、交通控制、环境检测、通风控制、闭路电视、紧急电话、有线广播、亮度检测和照明控制、变供电设备的监测与控制和火灾报警及消防系统的中心控制。

现场总线系统由具有高可靠性的PLC组成现场区域控制站(RTU)和远程控制站(RIO)

组成，采用自愈环拓扑结构形式。中心发出的指令传到隧道现场的区域控制站（RTU），区域控制站（RTU）通过本地 IO 或远程控制站（RIO），实现对照明系统、通风系统、交通系统等的控制；同时，每个区域控制站（RTU）也可按预先输入的程序控制现场设备运行。VI/CO 值、风向/风速值、亮度值等可通过区域控制站（RTU）或远程控制站（RIO）采集，然后上传到隧道监控中心。

闭路电视系统由外场摄像机、视频传输设备、控制设备、显示设备和录像设备组成。在正常的运行期间用以掌握交通状况，采集交通信息，便于为交通控制提供必要的依据；在发生交通事故或火灾等意外情况时用以确认，并发出相应的报警信息，采取相应的救援及事故处理等一系列活动，充分发挥隧道实时监控的功能。

隧道信息采集系统主要由交通信息采集系统和环境信息采集系统组成，包括视频交通事件事故检测系统、车辆检测器、光强检测器、CO/VI 检测器、风向/风速检测器等设备，用于系统正常运行的数据支持。

火灾报警系统包括火灾自动报警系统、手动报警按钮、火灾探测器、监控中心消防计算机及软件等。报警信号上传至隧道监控分中心监控计算机网络后，通过声光报警器发出声光报警，经操作员进行确认，由监控分中心监控计算机网络采取相应的交通控制方案，包括启动通风、隧道照明、消防系统、调整各外场设备的信息等，以便快速、有序地疏导隧道内的车辆和人员，保证隧道的安全运营。

交通控制系统包括信息发布子系统和有线广播子系统。信息发布子系统主要由交通信号灯、车道控制标志、可变情报板和可变限速标志等组成。主要用于道路的正常交通、交通事故异常、道路施工及隧道正常交通、火灾、交通事故、检修施工等各种工况时的交通控制。

通风照明控制系统根据隧道信息采集系统采集上传的数据，产生并下发控制策略，由本地控制器控制通风设备配电箱内的软启动器对风机的正转、反转和停机进行控制，隧道照明设备配电箱内的交流接触器对隧道照明回路进行控制。

通信系统包括传输设备、光缆、隧道现场光纤环网及紧急电话系统等，主要为隧道控制系统和总线系统提供通信通道，也为隧道运营管理部门提供业务电话，还为与省高速公路通信专网实现数据、图像、语音的互联互通提供通信平台。

供配电系统包括变电所、箱式变电站、不间断电源（UPS）、应急电源（EPS）等，为隧道机电系统供电。根据隧道区段各用电设施的供电要求，可分别为隧道监控、隧道应急照明、隧道消防、隧道通风、隧道照明等用电系统划分用电等级，实行用电优化配置，保障机电系统运行。

第二节 环境检测设备性能、安装质量及检验评定标准

一、概述

隧道环境检测设备主要包括隧道一氧化碳检测器、能见度检测器（也称为烟雾检测器）和风速风向检测器等，它们是隧道监控系统环境信息采集的关键部件，其收集的信息直接影响通风设施是否启动，是高速公路隧道监控和应急处理策略的主要信息源，也是公路隧道安全保障系统的重要组成部分。

在隧道环境检测设备中,一氧化碳检测器(英文简称 CO),主要分为电化学式一氧化碳传感器和红外线检测一氧化碳传感器两类,可快速、准确、连续地自动测定给定点的一氧化碳浓度。能见度检测器(英文简称 VI),主要分为光电感烟烟雾传感器和离子感烟烟雾传感器两类,可快速、准确、连续地自动测定给定点的烟雾透过率,监测隧道内的能见度。风向风速检测传感器(英文简称 TW),主要分为风速感应元件直接输出电信号测量风流速度和采用超声波时间差方法监控隧道内风速风向的传感器两类,可快速、准确、连续地自动测定给定点的水平风速值,检测隧道内的风向。

二、环境检测设备技术要求及试验方法

环境检测设备主要质量评定标准是《隧道环境检测设备》(GB/T 26944—2011)系列标准,主要包括《隧道环境检测设备 第1部分:通则》(GB/T 26944.1—2011)、《隧道环境检测设备 第2部分:一氧化碳检测器》(GB/T 26944.2—2011)、《隧道环境检测设备 第3部分:能见度检测器》(GB/T 26944.3—2011)和《隧道环境检测设备 第4部分:风速风向检测器》(GB/T 26944.4—2011)。

1. 隧道环境检测设备通用技术要求及试验方法

1)技术要求

(1)适用环境条件

①相对湿度:不大于98%。

②环境温度:

a. A 级:-5 ~ +55℃;

b. B 级:-20 ~ +55℃;

c. C 级:-40 ~ +50℃;

d. D 级:-55 ~ +45℃。

③风速:0 ~ 10m/s。

(2)材料和外观

①隧道环境检测设备应构件完整、装配牢固、结构稳定,边角过渡圆滑,无飞边、无毛刺,开关按键操作应灵活、可靠。

②隧道环境检测设备的外壳应经密封防水处理。

③外壳及连接件的防护层色泽应均匀、无划伤、无裂痕、无基体裸露等缺陷,其理化性能指标应符合相关标准的要求。

④壳内元器件安装应牢固端正、位置正确、部件齐全;出线孔开口合适、切口整齐,出线管与壳体连接密封良好;内部接线整齐,符合工艺和视觉美学要求。

(3)功能要求

①实时检测功能:隧道环境检测设备应能以设定频率检测被测点的环境信息,并在其控制器或者隧道监控系统主机上以汉字、数字或图形等多种形式显示。

②报警值设定功能:具有报警功能的隧道环境检测设备应能在其测量范围内任意设置报警值。

③故障显示功能:隧道环境检测设备应具有电源、数据传输等故障的显示功能,在故障发

生时,应能够显示故障信息并报警。

④数据通信功能:隧道环境检测设备应具有数据通信接口,可采用有线或无线方式进行可靠的数据通信,其通信接口和传输协议应符合《数据通信基本型控制规程》(GB/T 3453—1994)、《数据终端设备(DTE)和数据电路终接设备(DCE)之间的接口电路定义表》(GB/T 3454—2011)或《高速公路监控设施通信规程 第1部分:通用规程》(JT/T 606.1—2004)等国家或行业相关标准要求。

⑤信号输出功能:隧道环境检测器应具有数字信号输出和模拟信号输出功能。其中模拟信号应采用4~20mA的隔离输出;数字输出信号应符合相应标准要求。

(4)供电要求与安全

①绝缘电阻。隧道环境检测设备电源输入线缆端子与外壳的绝缘电阻应不小于100MΩ。

②电气强度。在隧道环境检测设备电源输入线缆端子与外壳之间施加频率50Hz、有效值1500V正弦交流电压,历时1min,应无闪络或击穿现象。

③安全接地。隧道环境检测设备应设置安全保护接地端子,并与外壳可靠连接,接地端子与外壳的接触电阻应小于0.1Ω。

④电源适应性。隧道环境检测设备应适应交流电网波动要求,在以下条件下应可靠工作:

a. 电压:交流 $220 \times (1 \pm 15\%)$ V;

b. 频率: $50 \times (1 \pm 4\%)$ Hz。

⑤过电压保护。隧道环境检测设备宜采取必要的过电压保护措施,采用的接口、元器件和防护措施应符合有关标准的要求。

(5)环境适应性能

①耐低温性能。

隧道环境检测设备正常工作时,在 $-5℃$($-20℃$、$-40℃$、$-55℃$)条件下,进行耐低温性能试验8h,试验期间和试验结束后,隧道环境检测设备应工作正常。

②耐高温性能。

隧道环境检测设备正常工作时,在 $+55℃$($+50℃$、$+45℃$)条件下,进行耐高温性能试验8h,试验期间和试验结束后,隧道环境检测设备应工作正常。

③耐湿热性能。

隧道环境检测设备正常工作时,在温度 $+40℃$,相对湿度$(98 \pm 2)\%$条件下,进行耐湿热性能试验48h,试验期间和试验结束后,隧道环境检测设备应工作正常。

④耐盐雾腐蚀性能。

隧道环境检测设备的外壳防腐层、印刷电路板等部件,经过168h的耐盐雾腐蚀性能试验后,应无明显锈蚀现象,金属构件应无锈点,印刷电路板经过24h自然晾干后功能正常。

⑤耐候性能。

隧道环境检测设备的外壳防腐层及支撑底板等部件,经过人工加速老化试验累积能量达到 $3.5 \times 10^6 kJ/m^2$ 后,应符合《公路沿线设施塑料制品耐候性要求及测试方法》(GB/T 22040—2008)中第5.1条的规定。

⑥耐机械振动性能。

隧道环境检测设备正常工作时,在振动频率2~150Hz的范围内进行扫频试验。在2~

9Hz 时按位移控制,位移峰值 3.5mm;在 9~150Hz 时按加速度控制,加速度为 10m/s²。2Hz→9Hz→150Hz→9Hz→2Hz 为一个循环,共经历 20 个循环,隧道环境检测设备应工作正常,结构不受影响,零部件无松动。

⑦密封防护性能。

隧道环境检测设备的外壳防护等级按《外壳防护等级》(GB/T 4208—2017)的规定应不低于 IP65 级。

2)试验方法

(1)试验条件

除特殊规定外,一般试验条件如下:

①环境温度:15~35℃;

②相对湿度:35%~75%;

③大气压力:85~106kPa。

(2)材料和外观

外观采用目测和手感法。材料可核查设备材质证明单等相关证明文件,必要时进行材料的理化性能试验。

(3)功能要求

①除数据传输功能外,可通过现场或实验室模拟方式进行,并按本标准的相关技术要求验证其符合性。

②数据通信功能,按标准中相关要求验证符合性,同时测试 24h 数据传输误码率(要求不大于 10^{-8})。

(4)供电要求与安全试验

①绝缘电阻。用精度 1.0 级、500V 的兆欧表在电源接线端子与外壳之间测量。

②电气强度。用精度 1.0 级的耐电压测试仪在电源接线端子与外壳之间测量。

③安全接地。用精度 0.5 级、分辨力 0.01Ω 的电阻表在外壳顶部金属部位与安全保护接地端子之间测量。

④电源适应性。用可调交流电源给隧道环境检测设备供电,保持测试频率为 50Hz,测试电压分别为 185V→200V→220V→240V→255V→230V→210V→185V,每调整到一档电压并稳定后,分别开启和关闭隧道环境检测设备开关,检查是否工作正常;保持测试电压为 220V,测试频率分别为 48Hz→49Hz→51Hz→52Hz,每调整到一档频率并稳定后,分别开启和关闭隧道环境检测设备开关,检查是否工作正常。

⑤过电压保护。过电压保护通过模拟过电压故障条件进行检验。

(5)环境适应性能试验

7 项环境适应性能详见第一篇第五章。密封防护性能试验按《外壳防护等级》(GB/T 4208—2017)的规定进行。

2. 隧道一氧化碳检测器

1)技术要求

(1)主要技术指标

①测量范围:0~300×10⁻⁶;

②测量误差:根据隧道监控系统设备配置,一氧化碳检测器测量误差应符合表3-21-1的规定。

一氧化碳检测器测量误差($\times 10^{-6}$)　　　　　表3-21-1

测量范围	基本误差(绝对误差)	测量范围	基本误差(绝对误差)
0~10	±1	>50	±5
10~50	±2		

(2)适用环境、材料和外观

应符合本节隧道环境检测设备通用技术要求及试验方法的相关要求。

(3)可靠性

①检测器连续工作15d的基本误差应不超过通用技术要求的规定。

②检测器的响应时间应不大于35s。

③具有报警功能。

(4)功能要求、供电要求与安全、密封防护性能、环境适应性能

应符合本节隧道环境检测设备通用技术要求及试验方法的相关要求。

2)试验方法

(1)试验条件

按本节隧道环境检测设备通用技术要求及试验方法的相关规定进行。

(2)试验用气样和试验用主要仪器

①试验用气样。空气中一氧化碳标准气样应采用经国家计量部门考核认证的单位提供的气样,其不确定度不大于3%。各项试验所用气样应符合表3-21-2的要求。

试验气样表($\times 10^{-6}$)　　　　　表3-21-2

试验项目	气样	试验项目	气样
基本误差试验	2、7、15	报警误差试验	15
响应时间试验	7		

注:标准气体值与标准气样标称值的偏离不超过±10%。

②试验主要仪器和设备包括:

a.气体流量计:测量范围0~30mL/min;准确度:2.5级;

b.秒表:分度值0.01s;

c.直流毫安表:0~100mA;

d.直流稳压电源:输出电压0~30V、输出电流2A,电压调整率小于为0.5%,负载调整率小于为0.5%;

e.电压表及电流表:采用四位半的数字万用表,其准确度应不小于0.5级。

(3)基本误差

在以下需通气的试验中,除报警误差试验外,其余的试验通气流量应保持为产品企业标准规定的传感器校准时的流量。按规定流量,用清洁空气和7×10^{-6}的标准气样校准3次传感器,在以后的测定中不得再次校准。待传感器零点在清洁空气中稳定后,按规定流量分别向传

感器依次通入表 3-21-2 中标准气样各 3min,记录传感器的显示值或输出信号值(换算为一氧化碳浓度值)。重复测定 4 次,取其后 3 次的算术平均值与标准气样的差值,即为基本误差。

(4)材料和外观

按本节隧道环境检测设备通用技术要求及试验方法的相关规定进行。

(5)可靠性试验

①工作稳定性试验。将调整好的传感器在空气中连续运行 15d,每隔 12h 记录零点并按规定流量通入量程 7×10^{-6} 左右的标准气样 3min,记录显示值和输出信号值。试验期间不得调整传感器。

②响应时间试验。将制造厂提供的扩散取样注气装置与传感器进气部位相接,按规定流量通入清洁空气,待传感器零点稳定后,以相同的流量通入 7×10^{-6} 的标准气样 3min,记录显示值。然后通入清洁空气,待传感器零点稳定后,把以相同的流量通入 7×10^{-6} 的标准气样的注气装置迅速换到取样头上,并开始记录传感器的指示值达到原显示测量值 90% 所需要的时间,测量 3 次,取其算术平均值。

③报警功能试验。将传感器报警点设置在 15×10^{-6},待传感器零点稳定后,缓慢通入表 3-21-2 所规定一氧化碳浓度值为 15×10^{-6} 的气样,在误差允许和响应时间的范围内报警。

(6)功能要求试验、供电要求与安全试验、密封防护性能试验和环境适应性试验

按本节隧道环境检测设备通用技术要求及试验方法的相关规定进行。

3. 隧道能见度检测器

1)技术要求

(1)主要技术指标

①测量范围:$0 \sim 0.015 \mathrm{m}^{-1}$。

②测量精度:$\pm 0.0002 \mathrm{m}^{-1}$。

③输出:应符合本节隧道环境检测设备通用技术要求及试验方法的相关要求。

(2)适用环境、材料及外观和功能要求

应符合本节隧道环境检测设备通用技术要求及试验方法的相关要求。

(3)自动补偿功能

应具有污染和长期漂移的自动补偿功能,保持能见度检测器的检测精度。

(4)抗干扰性能

在环境光线等环境参数干扰下,能见度检测器应工作正常,不发生误报警。

(5)供电要求与安全和环境适应性能

应符合本节隧道环境检测设备通用技术要求及试验方法的相关要求。

2)试验方法

(1)试验条件

应符合本节隧道环境检测设备通用技术要求及试验方法的相关要求。

(2)主要技术指标试验

①检测器的测量范围和精度指标可使用经国家计量部门考核认证单位检定或校准的精度等级高于能见度检测器精度指标的标准样片或标准检测设备进行试验。试验方法如下:

a.采用标准样片进行检测器测量范围及精度指标试验:标准样片应至少选取3个,其标称值应分别为0、0.015m^{-1}和0.0075m^{-1}。将标准样片置于能见度检测器测量区域的中间位置,待检测器输出值稳定后,记录检测器的输出值与标准样片的标称值,重复试验5次,按式(3-21-1)计算检测器的测量精度,其结果应符合上节技术要求的有关规定。

$$\Delta = R_t - R_v \qquad (3\text{-}21\text{-}1)$$

式中:Δ——测量精度;

R_t——检测器的输出值;

R_v——标准样片的标称值。

b.采用标准检测设备进行检测器测量范围及精度指标试验:将标准检测设备和检测器置于同一检测环境下,待检测设备和检测器输出值稳定后,分别记录检测设备和检测器的输出值,重复试验5次,按式(3-21-2)计算检测器的测量精度,其结果应符合上节技术要求的有关规定。

$$\Delta = R_t - R_d \qquad (3\text{-}22\text{-}2)$$

式中:Δ——测量精度;

R_t——检测器的输出值;

R_d——标准检测设备的标称值。

②输出信号制式使用直流毫安表、频率计和示波器进行试验,试验结果应符合上节技术要求的有关规定。

(3)材料和外观、功能要求

按上节隧道环境检测设备通用技术要求及试验方法的相关规定进行。

(4)自动补偿功能

核查相关资料及证明文件,按上节的要求验证符合性。

(5)抗干扰性能

将能见度检测器安装于特定装置内,在烟雾环境中变换不同环境光线,记录检测器的输出,判断其是否产生误报警,试验结果应符合上节相关要求。

(6)供电要求与安全试验、密封防护性能试验和环境适应性能试验

按本节隧道环境检测设备通用技术要求及试验方法的相关规定进行。

4.隧道风速风向检测器

1)技术要求

(1)主要技术指标

隧道风速风向检测器的主要技术指标见表3-21-3。

测量范围及测量精度指标 表3-21-3

主要技术指标		风速风向检测器
风向测量精度		不应超过±3°
风速测量精度		±0.2m/s
启动风速		不应大于0.2m/s
测量范围	风向	0°~360°
	风速	0.2~30m/s

(2)适用环境、材料和外观、功能要求、供电要求与安全和环境适应性能应符合本节隧道环境检测设备通用技术要求及试验方法的相关要求。

2)试验方法

(1)试验条件

按本节隧道环境检测设备通用技术要求及试验方法的相关要求进行。

(2)主要技术指标试验

①试验设备和仪器。包括风洞、标准方位盘、皮托管和微差压计。

②风向测量范围及精度。如图 3-21-2 所示,在 10m/s 的固定风向条件下,将检测器的零度检测方向和标准方位盘零度方向与实际风向重合,保持标准方位盘不动,旋转检测器零度轴分别与标准方位盘上的 16 个均匀分布的方位 θ_i^s 重合,并记录检测器相应的风向检测值 θ_i^t,检测值与标准方位盘差值(风向测量误差)$\Delta\theta = |\theta_i^t - \theta_i^s|$ ($i = 1,2,3\cdots\cdots16$) 应满足表 3-21-3 的规定。

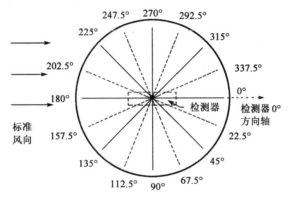

图 3-21-2　风向精度检测示意图

③风速测量范围及精度。在风洞中分别对以下风速值进行测试,分别为 1m/s、5m/s、10m/s、15m/s、20m/s,测试结果应满足表 3-21-3 的规定。

④启动风速。将检测器按工程应用方位固定在风洞中,均匀、缓慢增加风速,显示风速检测值时,风洞中实际风速应满足表 3-21-3 的规定。

(3)材料和外观、功能要求、供电要求与安全试验和环境适应性能试验

按本节隧道环境检测设备通用技术要求及试验方法的相关要求。

三、安装质量及检验评定标准

1. 基本要求

(1)环境检测器及其配置的 CO 传感器、烟雾传感器、照度传感器、风向风速传感器的数量、型号规格符合要求,部件完整。

(2)环境检测器及其配置的传感器安装位置正确,符合要求。

(3)按规范要求连接环境检测器及其传感器的保护线、信号线、电力线,排列规整、无交叉拧绞,经过通电测试,处于正常工作状态。

(4)隐蔽工程验收记录、分项工程自检和设备调试记录、安装和非安装设备及附(备)件清单、有效的设备检验合格报告或证书等资料齐全。

2. 实测项目

隧道环境检测设备的实测项目见《公路工程质量检验评定标准 第二册 机电工程》(JTG F80/2—2004)中表7.5.2。

3. 外观鉴定

(1)环境检测器控制箱安装稳固、位置正确,表面光泽一致、无划伤、无刻痕、无剥落、无锈蚀。

(2)控制箱门开关灵活、出线孔分列明确、密封措施得当,机箱内无积水、无霉变、无明显尘土,表面无锈蚀。

(3)控制箱内电力线、信号线、接地线分列明确,布线整齐、美观、绑扎牢固,接线端头焊(压)接牢固、平滑;编号标识清楚,预留长度适当、规整。

(4)控制箱至传感器的电力线、信号线、接地线端头制作规范;按设计要求采取了线缆保护措施、布线排列整齐美观、安装牢固、标识清楚。

(5)传感器的布设位置正确、排列整齐美观、安装牢固、标识清楚。

(6)传感器表面光泽一致、无划伤、无刻痕、无剥落、无锈蚀。

第三节 报警与诱导设施

一、概述

隧道报警与诱导设施是指隧道运营过程中发生火灾、交通事故等紧急情况或者隧道正常运营时,为道路使用者提供报警并引导道路使用者撤离的机电设施。其设置的合理性与科学性与隧道运营安全息息相关,性能及可靠性直接关系到隧道使用者的安全。

隧道报警与诱导设施主要由火灾手动报警器、隧道紧急电话、车道指示器、可变限速标志、可变信息标志、主动发光隧道诱导标、紧急疏散照明灯等构成。其中,可变信息标志、可变限速标志、紧急电话、车道指示器(LED车道控制标志)等的技术要求及试验方法,已在监控系统、收费系统的相关章节中进行了介绍,火灾手动报警设施将在隧道消防设施中介绍。

二、安装质量及检验评定标准

1. 基本要求

(1)报警与诱导设施的数量、型号规格符合设计要求,部件完整。

(2)报警与诱导设施的安装位置正确,符合要求。

(3)按规范要求连接报警与诱导设施的保护线、信号线、电力线,排列规整、无交叉拧绞,经过通电测试,工作状态正常。

(4)隐蔽工程验收记录、分项工程自检和设备调试记录、安装和非安装设备及附(备)件清单、有效的设备检验合格报告或证书等资料齐全。

2. 实测项目

隧道报警与诱导设施实测项目见《公路工程质量检验评定标准 第二册 机电工程》(JTG F80/2—2004)中表7.6.2。

3. 外观鉴定

(1)警报器和诱导设施控制箱安装稳固、位置正确,表面光泽一致,无划伤、无刻痕、无剥落、无锈蚀。

(2)控制箱柜门开关灵活、出线孔分列明确、密封措施得当,机箱内无积水、无霉变、无明显尘土,表面无锈蚀。

(3)控制箱内电力线、信号线、接地线分列明确、布线整齐、美观、绑扎牢固,接线端头焊(压)接牢固、平滑;编号标识清楚、预留长度适当、规整。

(4)控制箱至警报器和诱导设施的电力线、信号线、接地线端头制作规范;按设计要求采取线缆保护措施、布线排列整齐美观、安装牢固、标识清楚。

(5)警报器和诱导设施的布设位置正确、排列整齐美观、安装牢固、标识清楚。

(6)警报器和诱导设施表面光泽一致,无划伤、无刻痕、无剥落、无锈蚀。

第四节 通 风 设 施

一、概述

公路隧道的通风系统是保证隧道行车安全的关键系统,其原理是通过向隧道内注入新鲜空气,稀释洞内由汽车排出的废气和烟雾,使得隧道内的空气质量和烟雾透过率能保证驾乘人员的身体健康和行车安全。隧道通风设施主要由轴流风机、射流风机、软件启动器等组成。

公路隧道通风系统的目的不仅要保证正常运营时的需风量,更重要的还要保证火灾时的通风有利于人员逃生和救灾。正常运营时,隧道的通风系统主要稀释隧道内的CO、烟雾和空气中的异味,提高隧道行车的舒适性和安全性。

公路隧道通风方式通常可分为纵向式、半横向式、全横向式以及在这三种基本方式基础上的组合通风方式。

二、隧道通风基本要求及测量方法

1. 隧道通风基本要求

依据《公路隧道通风设计细则》(JTG/T D70/2-02—2014),公路隧道通风的基本要求如下[详细的隧道通风系统设计要求请见《公路隧道通风设计细则》(JTG/T D70/2-02—2014)]。

(1)公路隧道通风方式的选择应综合考虑隧道平纵指标、交通量、气象条件、地貌、经济性等因素。

(2)采用纵向通风方式时,单向交通且长度 $L \leq 5000m$ 和双向交通且长度 $L \leq 3000m$ 的隧道可采用全射流纵向通风方案。

(3)隧道通风要求

①单向交通隧道的设计风速不宜大于 10.0m/s,特殊情况不应大于 12.0m/s;双向交通隧道的设计风速不应大于 8.0m/s;人车混合通行的隧道设计风速不应大于 7.0m/s。

②双向交通隧道设计风向宜与行车上坡较长方向一致,洞内通风气流组织方向不宜频繁变化。

③连拱或小净距特长隧道的左右洞相邻洞口间宜采取措施避免污染空气窜流;当不可避免污染空气窜流时,通风设计应考虑窜流带来的影响。

④上游隧道行车出口排出洞外的污染空气对下游隧道产生二次污染时,应根据污染程度综合考虑上、下游隧道的通风方式。

(4)通风标准的一般规定

①公路隧道通风设计的安全标准应以稀释机动车排放的烟尘为主,必要时可考虑隧道内机动车带来的粉尘污染。

②公路隧道通风设计的卫生标准应以稀释机动车排放的一氧化碳(CO)为主,必要时可考虑稀释二氧化氮(NO_2)。

③公路隧道通风设计的舒适性标准应以换气稀释机动车带来的异味为主,必要时可考虑稀释富余热量。

(5)烟尘设计浓度

①烟尘设计浓度 K 取值应符合下列规定:

a. 采用显色指数 $33 \leq R_a \leq 60$、相关色温 2000~3000K 的钠光源时,烟尘设计浓度 K 应按表3-21-4取值。

烟尘设计浓度 K(钠光源)　　　　　　　　　　　　　表3-21-4

设计速度 v_t(km/h)	≥90	$60 \leq v_t < 90$	$50 \leq v_t < 60$	$30 < v_t < 50$	$v_t \leq 30$
烟尘设计浓度 $K(m^{-1})$	0.0065	0.0070	0.0075	0.0090	0.0120*

注:"*"此工况下应采取交通管制或关闭隧道等措施。

b. 采用显色指数 $R_a \geq 65$,相关色温 3300~6000K 的荧光灯、LED 灯等光源时,烟尘设计浓度 K 应按表3-21-5取值。

烟尘设计浓度 K(荧光灯、LED 灯等光源)　　　　　　　表3-21-5

设计速度 v_t(km/h)	≥90	$60 \leq v_t < 90$	$50 \leq v_t < 60$	$30 < v_t < 50$	$v_t \leq 30$
烟尘设计浓度 $K(m^{-1})$	0.0050	0.0065	0.0070	0.0075	0.0120*

②双洞单向交通临时改为单洞双向交通时,隧道内烟尘允许浓度不应大于 $0.012m^{-1}$。

③隧道内养护维修时,洞内作业段空气的烟尘浓度不应大于 $0.0030m^{-1}$。

(6)一氧化碳(CO)和二氧化氮(NO_2)设计浓度

①隧道内 CO 和 NO_2 设计浓度应满足以下要求:

a. 正常交通时,隧道内 CO 设计浓度可按表3-21-6取值。

CO 设计浓度 δ_{CO} 表 3-21-6

隧道长度(m)	≤1000	>3000
δ_{CO}(cm³/m³)	150	100

注:隧道长度为 1000m<L≤3000m 时,可按线性内插法取值。

b. 交通阻滞时,阻滞段的平均 CO 设计浓度可取 150cm³/m³,同时经历时间不超过 20min。

c. 隧道内 20min 内的平均 NO_2 设计浓度 δ_{NO_2} 可取 1.0cm³/m³。

②人车混合通行的隧道,隧道内 CO 设计浓度不应大于 70cm³/m³,隧道内 60min 内 NO_2 平均设计浓度不应大于 0.2cm³/m³。

③隧道内养护维修时,洞内作业段空气的 CO 浓度不应大于 30cm³/m³,NO_2 浓度不应大于 0.12cm³/m³。

(7)换气要求

①隧道空间不间断换气频率,不应低于每小时 3 次;

②采用纵向通风的隧道,隧道内换气风速不应低于 1.5m/s。

2. 隧道断面风速的测试方法

进行隧道断面风速试验前应检查风机的功能是否正常,风机进出口之间不得存在未规定的气体循环。根据隧道通风系统设计文件确定其工作模式,开启风机,并应确定所测试的隧道内的气流处于稳定状态(不存在紊流等非稳定状态)。

(1)断面选择

隧道风速测试断面的选择,应根据隧道通风设施的抽样情况,在所抽中的射流风机或通风区段前根据隧道线形、湍流、逆流等情况确定测试断面。

(2)测点分布

根据《工业通风机 现场性能测试》(GB/T 10178—2006)以及隧道主洞轮廓,将该断面划分为 16 个测试区域,并将该断面测点设于每个测试区域的形心,如图 3-21-3 所示。

实际测试时,可根据隧道的断面轮廓、通风设施安装位置等选择合理的测点数量及分布。

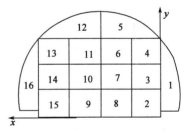

图 3-21-3 隧道测试断面测点分布图

(3)断面平均风速计算

根据断面测点分布、通风系统流线及现场实施条件,搭建隧道断面风速测试装置,利用风速计多次测量该断面的 16 个测点处的风速值 V_i($i=1,2,\cdots,16$)。

则该测试断面的平均风速可根据下式计算:

$$\overline{V} = \frac{\sum_{i=1}^{16} V_i A_i}{A} \tag{3-21-3}$$

$$A = \sum_{i=1}^{16} A_i \tag{3-21-4}$$

式中:A_i——与风速 V_i 对应的小块面积(m²);

A——断面总面积(m²)。

三、隧道通风设施安装质量及检验评定标准

1. 基本要求

（1）通风设备及缆线的数量、型号规格、程式应符合设计要求，部件及配件完整。

（2）通风设备安装支架的结构尺寸、预埋件、安装方位、安装间距等应符合设计要求，并附抗拔力的检验报告。

（3）通风设备安装牢固、方位正确。

（4）按规范要求连接通风设备的保护线、信号线、电力线，应排列规整、无交叉拧绞，并经过通电测试，工作状态正常。

（5）隐蔽工程验收记录、分项工程自检和设备调试记录、安装和非安装设备及附（备）件清单、有效的设备检验合格报告或证书等资料应齐全。

2. 实测项目

隧道通风设施的实测项目见《公路工程质量检验评定标准 第二册 机电工程》（JTG F80/2—2004）中表7.8.2。

3. 外观鉴定

（1）通风设备安装稳固、位置正确。

（2）通风设备的电力线、信号线、接地线端头制作规范；按设计要求采取线缆保护措施、布线排列整齐美观、安装固定、标识清楚。

（3）设备表面光泽一致、无划伤、无刻痕、无剥落、无锈蚀。

（4）控制柜内布线整齐、美观、绑扎牢固，接线端头焊（压）接牢固、平滑；编号标识清楚，预留长度适当；柜门开关灵活、出线孔密封措施得当，机箱内无积水、无霉变、无明显尘土，表面无锈蚀。

第五节 照 明 设 施

一、概述

隧道照明系统是保证公路隧道行车安全的重要辅助系统。该系统可以改善交通条件，减轻驾驶员疲劳，提高隧道行车舒适性，保证隧道行车安全。隧道照明系统由隧道照明设施（隧道照明灯具）、照明控制器和照明配电箱等组成。

二、隧道照明基本要求及试验方法

1. 隧道照明基本要求

依据《公路隧道照明设计细则》（JTG/T D70/2-01—2014），公路隧道通风的基本要求如下

[详细的隧道照明系统设计要求请见《公路隧道照明设计细则》(JTG/T D70/2-01—2014)]。

(1) 各级公路隧道照明设置条件应符合下列要求：

①长度 $L>200\mathrm{m}$ 的高速公路隧道、一级公路隧道应设置照明。

②长度 $100\mathrm{m}<L\leqslant200\mathrm{m}$ 的高速公路光学长隧道、一级公路光学长隧道应设置照明。

③长度 $L>1000\mathrm{m}$ 的二级公路隧道应设置照明，长度 $500\mathrm{m}<L\leqslant1000\mathrm{m}$ 的二级公路隧道宜设置照明。

(2) 照明设计应综合考虑环境条件、交通状况、土建结构设计、供电条件、设计与运营费用等因素。

(3) 公路隧道照明设计应满足路面平均亮度、路面亮度总均匀度、路面中线亮度纵向均匀度、闪烁和诱导性要求。

照明设计路面亮度总均匀度(U_0)应不低于表3-21-7的要求，路面亮度纵向均匀度(U_1)应不低于表3-21-8的要求。

路面亮度总均匀度 表3-21-7

设计交通量 $N[\text{veh}/(\text{h}\cdot\text{ln})]$		U_0
单向交通	双向交通	
≥1200	≥650	0.4
≤350	≤180	0.3

亮度纵向均匀度 表3-21-8

设计交通量 $N[\text{veh}/(\text{h}\cdot\text{ln})]$		U_1
单向交通	双向交通	
≥1200	≥650	0.6
≤350	≤180	0.5

(4) 中间段亮度要求如下：

①中间段亮度可按表3-21-9取值。

②当设计速度为100km/h时，中间段亮度可按80km/h对应亮度取值。

③当设计速度为120km/h时，中间段亮度可按100km/h对应亮度取值。

④人车混合通行的隧道中，中间段亮度不得低于 2.0cd/m^2。

中间段亮度 L_in (cd/m²) 表3-21-9

设计速度 v_t (km/h)	L_in		
	单向交通 $N\geqslant1200\text{veh}/(\text{h}\cdot\text{ln})$ 双向交通 $N\geqslant650\text{veh}/(\text{h}\cdot\text{ln})$	350veh/(h·ln)<单向交通 $N<1200\text{veh}/(\text{h}\cdot\text{ln})$ 180veh/(h·ln)<双向交通 $N<650\text{veh}/(\text{h}\cdot\text{ln})$	单向交通 $N\leqslant350\text{veh}/(\text{h}\cdot\text{ln})$ 双向交通 $N\leqslant180\text{veh}/(\text{h}\cdot\text{ln})$
120	10.0	6.0	4.5
100	6.5	4.5	3.0
80	3.5	2.5	1.5
60	2.0	1.5	1.0
40	1.0	1.0	1.0

⑤当隧道内按设计速度行车时间超过 20s 时,灯具布置间距应满足闪烁频率低于 2.5Hz 后高于 15Hz 的要求。

⑥隧道内交通分流段、合流段的亮度不宜低于中间段亮度的 3 倍。

⑦紧急停车带宜采用显色指数高的光源,其照明亮度不应低于 4.0cd/m^2。

⑧横通道亮度不应低于 1.0cd/m^2。

⑨单向交通且通过隧道的行车时间超过 135s 时,隧道中间段可分为两个区段,与之对应的长度及亮度可按表 3-21-10 取值。

中间段分区段设置的长度及亮度取值　　　　　表 3-21-10

项　目	长度(m)	亮度(cd/m^2)	备　注
中间段第一区段	设计速度下的 30s 行程	L_{in}	
中间段第二区段	余下的中间段长度	$L_{in} \times 80\%$,且不低于 1.0cd/m^2	
		$L_{in} \times 50\%$,且不低于 1.0cd/m^2	采用连续光带布灯方式,或隧道壁面反射系数不小于 0.7 时

⑩当显色指数 $R_a \geqslant 65$,色温介于 3500～6500K 的 LED 光源用于隧道基本照明时,设计亮度按表 3-21-10 所列亮度标准的 50% 取值,但不应低于 1.0cd/m^2。当显色指数 $R_a \geqslant 65$,色温介于 3500～6500K 的单端无极荧光灯用于隧道基本照明时,设计亮度按表 3-21-10 所列亮度标准的 80% 取值,但不应低于 1.0cd/m^2。

(5)入口段亮度可按下式计算:

$$L_{th1} = k \times L_{20}(S) \quad (3\text{-}21\text{-}5)$$

$$L_{th2} = 0.5 \times k \times L_{20}(S) \quad (3\text{-}21\text{-}6)$$

式中:L_{th1}——入口段 1 亮度(cd/m^2);

L_{th2}——入口段 2 亮度(cd/m^2);

k——入口段亮度折减系数,可按表 3-21-11 取值;

$L_{20}(S)$——洞外亮度(cd/m^2)。

入口段亮度折减系数　　　　　表 3-21-11

设计交通量 $N[\text{veh}/(\text{h}\cdot\text{ln})]$		k				
		设计速度 v_t(km/h)				
单向交通	双向交通	120	100	80	60	40
≥1200	≥650	0.070	0.045	0.035	0.022	0.012
≤350	≤180	0.050	0.035	0.025	0.015	0.01

(6)过渡段照明要求如下:

①过渡段亮度。过渡段由 TR_1、TR_2、TR_3 三个照明段组成,与之对应的亮度可按以下公式计算。

$$L_{TR1} = 0.15 \times L_{th1} \quad (3\text{-}21\text{-}7)$$

$$L_{TR2} = 0.05 \times L_{th1} \quad (3\text{-}21\text{-}8)$$

$$L_{TR3} = 0.02 \times L_{th1} \tag{3-21-9}$$

式中：L_{TR1}——入口段 1 亮度（cd/m^2）；

L_{TR2}——入口段 2 亮度（cd/m^2）；

L_{TR3}——入口段 3 亮度（cd/m^2）。

②过渡段长度。各过渡段的长度可按表 3-21-12 取值。

过渡段长度 D_{TR} 计算表（考虑隧道高度）（m）　　　　表 3-21-12

设计速度 v_t(km/h)	D_{TR1}			D_{TR2}	D_{TR3}
	h(m)				
	6	7	8		
120	139	137	135	133	200
100	108	106	103	111	167
80	74	72	70	89	133
60	46	44	42	67	100
40	26	26	26	44	67

(7) 出口段照明要求如下：

①出口段宜划分为 EX_1、EX_2 两个照明段，每段长度宜取 30m，其亮度如下所示：

$$L_{EX1} = 3 \times L_{in} \tag{3-21-10}$$

$$L_{EX2} = 5 \times L_{in} \tag{3-21-11}$$

②长度 $L \leqslant 300m$ 的直线隧道可不设置出口段加强照明，长度 $300m < L \leqslant 500m$ 的直线隧道可只设置 EX_2 出口段加强照明。

(8) 隧道照明灯具的防护等级应不低于 IP65。

2. 隧道照明测量方法

依据《公路隧道照明设计细则》（JTG/T D70/2-01—2014），隧道照明系统的设计参数即为路面亮度及亮度均匀度（路面亮度总均匀度和纵向均匀度）。因此，对于隧道照明系统最直观的测量方法是进行隧道路面亮度的检测，然而由于亮度的测试相对于照度而言条件较为严苛。目前隧道照明系统的工程测试多采用先采用照度测试，然后根据平均亮度与平均照度间的换算关系进行换算。

平均亮度与平均照度间的换算关系一般取值为：按沥青路面 $15lx/cd \cdot m^{-2}$；水泥混凝土路面 $10lx/cd \cdot m^{-2}$。

对于隧道照明系统中测量区域的抽样可按照隧道设计的入口段、过渡段、中间段、过渡段和出口段分别进行。通常入口段、过渡段、出口段每个照明段抽取 1 个测量点，如果中间段较长，可将每中间段按长度划分为若干百米段，在每公里的 10 个百米段内，随机抽取 3 个百米段进行测量。

依据《照明测量方法》（GB/T 5700—2008），以下分别给出了隧道照明系统照度和亮度测量方法。

1）照度测量方法

（1）仪器要求

分辨力不低于 0.1lx 的照度计。

（2）照度测量范围

沿隧道纵向,为同一侧至少一组灯具之间的区域;沿隧道横向,当灯具采用单侧布置时,应为隧道路面的路宽;当灯具采用双侧交错布置、双侧对称布置、中心对称布置和中心布置时宜为隧道的半条路宽。

（3）照度测量点

将测量范围内的路段划分为若干大小相等的矩形网格。沿隧道纵向宜将测量范围 10 等分;对于两车道、对称布灯的隧道,取隧道半条路宽,宜将测量点布于隧道路面中线、车道中线和车道边缘线;对于三车道、对称布灯隧道,宜将测量点布于隧道路面中线、外侧(靠近隧道路面边缘)车道线、车道中线和外侧车道边缘线;对于非对称布灯的隧道,可按以上方法将测量点覆盖整个路面。

对应每个测量矩形网格区域,可选择四点法和中心法进行布点。实际测试过程中,多用中心法进行测量,以下主要介绍中心法。

如图 3-21-4 所示,中心法测点应布置在每个网格的中心点,测量网格中心点的照度。

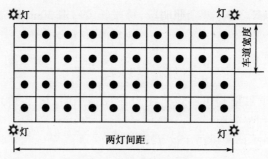

图 3-21-4　中心法测点布局

（4）平均水平面照度和照度均匀度的计算

中心法的平均水平面照度按下式计算:

$$E_{\text{hav}} = \frac{1}{MN}\sum E_i \qquad (3\text{-}22\text{-}12)$$

式中:E_{hav}——平均水平照度(lx);

E_i——第 i 个测点上的照度(lx);

M——纵向网格数;

N——横向网格数。

照度总均匀度按下式计算:

$$U_0 = \frac{E_{\text{hmin}}}{E_{\text{hav}}} \qquad (3\text{-}21\text{-}13)$$

式中:U_0——照度总均匀度;

E_{hmin}——测点的最小照度值(lx);

E_hav——按式(3-21-12)计算出的平均水平面照度(lx)。

2)亮度测量方法

(1)亮度测量仪器要求

应使用在垂直方向的视场角不大于2′,在水平方向的视场角为2′~20′的亮度计进行测量。

(2)亮度测量范围

沿隧道纵向为从一个灯具起100m距离以内的区域,当灯具采用双向交错布设时,应以观测方向右侧灯具为参考,沿隧道横向宜为整条路宽。

(3)亮度测量点

沿隧道纵向宜将测量范围内两个灯具间区域10等分;沿隧道横向宜将每条车道横向布置3个测量点,其中一点位于中心线上,其余两个点分别位于车道两侧边界线内侧1/6车道宽处。亮度测量点应位于沿隧道纵向的等分线上。

(4)亮度测量观测点要求

亮度计的观测点高度应距路面1.5m;纵向位置应距测量范围起始处60m;横向位置应位于观测方向右侧路缘内侧1/4路宽处,当进行亮度纵向均匀度的测量时,应位于每条车道的中心线上。

(5)隧道路面亮度及亮度均匀度的计算

①隧道路面平面亮度按下式计算:

$$L_\mathrm{av} = \frac{\sum L_i}{M} \tag{3-21-14}$$

式中:L_av——隧道路面的平均亮度($\mathrm{cd/m^2}$);

　　M——总测点数;

　　L_i——第 i 个测点上的亮度($\mathrm{cd/m^2}$)。

②亮度总均匀度按下式计算:

$$U_0 = \frac{L_\mathrm{min}}{L_\mathrm{av}} \tag{3-21-15}$$

式中:U_0——亮度总均匀度;

　　L_min——测点的最小亮度值($\mathrm{cd/m^2}$);

　　L_av——路面平均亮度($\mathrm{cd/m^2}$)。

③亮度纵向均匀度按下式计算:

$$U_1 = \frac{L'_\mathrm{min}}{L'_\mathrm{max}} \tag{3-21-16}$$

式中:U_1——隧道路面亮度纵向均匀度;

　　L'_min——沿隧道行车方向同一车道内中心线的路面亮度最小值($\mathrm{cd/m^2}$);

　　L'_max——沿隧道行车方向同一车道内中心线的路面亮度最大值($\mathrm{cd/m^2}$)。

三、隧道照明设施安装质量及检验评定标准

1. 基本要求

(1)照明设备及缆线的数量、型号规格、程式应符合设计要求,部件及配件完整。

(2)照明灯具安装支架的结构尺寸、预埋件、安装方位、安装间距等应符合设计要求。

(3)照明设备及控制柜应安装牢固、方位正确。

(4)按规范要求连接照明设备的保护线、信号线、电力线,应排列规整、无交叉拧绞;经过通电测试,工作状态正常。

(5)隐蔽工程验收记录、分项工程自检和设备调试记录、安装和非安装设备及附(备)件清单、有效的设备检验合格报告或证书等资料应齐全。

2. 实测项目

隧道照明设施实测项目见《公路工程质量检验评定标准 第二册 机电工程》(JTG F80/2—2004)中表7.9.2。

3. 外观鉴定

(1)照明灯具应安装稳固、位置正确,灯具轮廓线形与隧道协调、美观。

(2)照明设备的电力线、信号线、接地线端头制作规范;按设计要求采取线缆保护措施、布线排列整齐美观、安装固定符合要求、标识清楚。

(3)设备表面光泽一致、无划伤、无刻痕、无剥落、无锈蚀。

(4)控制柜内布线整齐、美观、绑扎牢固,接线端头焊(压)接牢固、平滑;编号标识清楚,预留长度适当;柜门开关灵活、出线孔密封措施得当,机箱内无积水、无霉变、无明显尘土,表面无锈蚀。

(5)照明灯具应发光均匀、无刺眼的眩光。

4. 补充说明

隧道照明设施安装质量检验评定标准的重点如下:

(1)基本要求:照明设备的规格、数量;安装位置、质量;各种接线的质量;提交的资料。

(2)实测项目:设备的安全保护、路面照度。照明灯具的控制方式与相应功能验证。

第六节 消 防 设 施

一、概述

隧道消防设施主要由火灾探测器、消防控制器、火灾报警器、消火栓、灭火器、加压设施、供水设施及消防专用连接线缆、管道、配(附)件等构成。它是在隧道发生火灾时用于灭火及应急救援的重要设施,也是隧道机电设施的重要组成部分。

二、公路隧道火灾报警系统技术要求及试验方法

公路隧道火灾报警系统主要质量评定标准是《公路隧道火灾报警系统技术条件》(JT/T 610—2004)。依据该标准,火灾自动报警系统用于火灾自动探测、报警,由火灾探测传感器、下位机、手动报警按钮、火灾报警控制器等设备构成。其技术要求及试验方法如下。

1. 技术要求

1) 系统的设置与设备配置

(1) 火灾报警系统的设置应符合《高速公路隧道监控系统模式》(GB/T 18567—2010)的相应规定。

(2) 每一系统应至少配置一台火灾报警控制器,其余设备的选取见表3-21-13。

火灾报警系统设备配置表 表3-21-13

设备名称		隧道部位			配置要求
		隧道内	隧道工程建筑物内		
			中控室及设备房	配电房及地下风机房	发电机房备用	
室外下位机		√				每100m一台
室内下位机			√	√		在建筑物相应位置进行设置
手报按钮		√	√	√	√	隧道内不大于50m一个;与消防设备同址设置,建筑物内按需设置
探测器	线型感温	√				沿隧道长度分段布设
	点型感烟		√	√	√	按《火灾自动报警系统设计规范》(GB 50116—2013)设置
	点型感温				√	按《火灾自动报警系统设计规范》(GB 50116—2013)设置

注:有"√"的设备宜设置。

2) 系统设备认证

(1) 火灾报警系统设备应有具备资质的检测机构出具的检验合格证明,并符合国家相关标准、规范的规定。

(2) 国外引进的火灾报警系统设备,无论其是否取得国际防火联合会的认可,均需办理中国国家消防电子产品质量认可证明,并符合国家相关标准、规范的规定。

3) 系统设计

(1) 火灾报警系统的设计应符合《火警自动报警系统设计规范》(GB 50116)的相关规定及表3-21-13中的配置要求,传感器宜选择线缆式感温传感器。

(2) 连接各设备的所有缆线,除铠装电缆及线性感温探测器外,应穿管保护并封堵。

(3) 装于隧道壁上设备,若无特殊规定,应暗装。

(4)火灾报警系统应采用一级负荷,并采用单独的配电回路。

4)功能

(1)实时温度监测。在控制器计算机上应以汉字、数字、图形等多种形式不间断地显示被监测现场的温度、温升速率等信息。

(2)报警温度设定。线性感温探测器的定温报警温度及差温报警温升速率,应由相应级别的人员根据应用场所的要求进行设定或修改设定。

(3)传输介质。火灾报警系统应满足传输介质为光缆与电缆的要求;导电线芯最小截面积不应小于表3-21-14的规定。

铜芯绝缘导线和铜芯电缆线芯最小截面面积　　　　　　表3-21-14

序　号	类　别	线芯最小截面面积(mm^2)
1	穿管敷设的绝缘导线	1.00
2	线槽内敷设的绝缘导线	0.75
3	多芯电缆	0.50

(4)通信。火灾报警系统(含手动报警与自动报警)的数据通信应正常、可靠,同时应具备与中央控制计算机、PLC或其他设备进行数据通信与联动控制的能力,并具有以太网接口。

(5)系统软件。火灾报警系统的软件应满足《火灾报警控制器》(GB 4717—2005)(以下简称GB 4717—2005)中相关规定的要求。

5)工作环境

如应用场所无特殊要求,安装在隧道内的火灾自动报警系统设施应满足以下环境要求:温度,$-15 \sim +45$℃;相对湿度,35%~90%。

6)性能

(1)绝缘性能。火灾报警系统设备电源接点(接地点除外)与设备外壳间应能耐受1500V、50Hz交流电压,历时(60 ± 5)s的耐压试验。试验期间设备不应发生表面飞弧、扫掠放电或击穿现象。

(2)接地。火灾报警系统接地装置的接地电阻值应符合下列要求:

①采用专用接地装置时,接地电阻值应不大于4Ω。

②采用共用接地装置时,接地电阻值应不大于1Ω。

7)系统指标

(1)火灾报警。分为手动火灾报警和自动火灾报警两种。

①手动火灾报警:按下手动报警按钮,控制器应发出声、光报警信号,报警响应时间不超过60s。

②自动火灾报警:发生火灾时,火灾控制器须同时进行声、光报警,火灾自动报警响应时间应不超过60s。火灾报警区间应不大于100m。

(2)故障报警。火灾报警系统发生下列故障之一时,控制器应发出声、光报警信号,报警响应时间不超过100s。

①主电源故障:主电过压、欠压、断路。

②无应答故障:下位机电源断路或通信线缆断路。

③探测器、手报按钮断路、短路。

（3）防护等级。装入隧道内的火灾报警系统设备,如下位机、火灾探测传感器、手动报警按钮等应符合 IP65 的要求。

（4）寿命。

①火灾探测传感器:在工作环境下,连续正常工作寿命(未发生过火灾)应不少于 10 年。

②下位机:在工作环境下,隧道内下位机连续正常工作寿命(未发生过火灾)应不少于 5 年。安装在室内的下位机连续正常工作寿命(未发生过火灾)应不少于 10 年。

2. 试验方法

1）试验环境条件

如火灾自动报警场所没有特殊要求时,则各项试验均在下述大气条件下进行:温度, $-15 \sim +45℃$;湿度,35% ~90%;气压,86 ~106kPa。

2）性能试验

（1）绝缘性能

①试验设备。满足下述技术要求的绝缘电阻试验装置(在不具备专用测试装置的条件下,也可以用兆欧表或摇表测试):试验电压(500 ±50)VDC;测量范围 0 ~500MΩ;最小分度 0.1MΩ;计时(60 ±5)s。

②试验方法。通过绝缘电阻试验装置,对火灾报警系统设备电源输入接点(接地点除外),设备外壳之间施加(500 ±50)V 的直流电压,持续时间为(60 ±5)s。试验时,应保证接触点有可靠的接触,引线间的绝缘电阻应足够大,以保证度数正确。

（2）接地电阻

①试验设备:地阻仪。

②试验方法。将地阻仪与被测试系统相接,其阻值应符合《火灾报警控制器》(GB 4717—2005)的相关规定。

（3）系统指标试验

①火灾报警。下述火灾报警均在火灾报警系统处于正常工作状态下进行。对于手动火灾报警,随机按动一手动火灾报警按钮,控制器应符合《火灾报警控制器》(GB 4717—2005)的相关规定;对于火灾自动报警,应按规定在隧道中实施模拟点火试验,应符合《火灾报警控制器》(GB 4717—2005)的相关规定。

②故障报警。下述故障报警均在火灾报警系统处于正常工作状态下进行。

a. 主电源故障:将控制器主供电回路接入 1000W、可调范围 0 ~250V 的调压器。当出现下列情况之一时,控制器应符合本标准的相关规定:

(a)主电断路——断开主电源或将调压器调至 0V;

(b)主电过压——将调压器调至 242V 以上;

(c)主电欠压——将调压器调至 187V 以上。

b. 无应答故障:随机断开一火灾探测器线路或随机断开一通信电缆,控制器应符合《火灾报警控制器》(GB 4717—2005)的相关规定。

c. 探测器、手报按钮断路、短路:随机断开或短路探测器、手报按钮,控制器应符合《火灾报警控制器》(GB 4717—2005)的相关规定。

3)火灾报警系统模拟点火试验规则

(1)要求

在实体隧道进行定点(火盆位置固定)点火试验;按本规则点火后,控制器应发出火灾报警声、光信号,报警响应时间不超过60s;按本规则点火后,报警区间应不大于100m。

(2)试验方法

①试验设施与材料。

a.火盆:面积$(0.632 \times 0.632)m^2$,火盆高度不小于150mm,火盆不得泄漏燃油。

b.燃油:3L90号以上汽油。

c.灭火器:有效灭火器若干桶。

d.风速仪:便携式风速仪,精度不小于0.1m/s。

e.时钟:便携式时钟,精度不小于0.1s。

f.支架:面积不小于火盆面积,高度为90cm,由不易燃烧材料制成。

②试验工况。

a.风速:考虑正常运营与火灾时运营两种情况,包括7.5m/s、2.5m/s两种工况。

b.阻挡:火灾探测器安装于隧道洞壁时应做该项因素影响程度测试,以应用场所主要车型车辆作为阻挡物,试验时将车辆停在下位机正前方。

c.光照:感光型火灾自动检测系统进行试验检测时应做该项因素影响程度测试,包括大型汽车停在传感器上游25m用车灯照射传感器和隧道照明灯全开两种,试验时火盆应置于隧道加强段照明处。

d.污染:包括探测器被污染50%、25%、10%三种工况。

e.明火:火盆内仅存放燃油,以棉纱引燃盆内燃油。

f.烟火:火盆内先存放燃油,在火盆上放湿树枝或其他着火时现有浓烟后起明火不易燃烧物若干,用棉纱引燃盆内燃油。

g.探测区间:包括传感器布置于1个探测区间、2个探测区间、3个探测区间、4个探测区间四种工况。

h.点火位置:包括火盆置于某个探测区间中间、火盆置于某连续两个探测区间中间两种工况。

③试验项目。

a.火灾探测传感器响应时间试验。

火灾探测传感器响应时间试验:可将有一个探测区间时火灾报警响应时间作为火灾探测传感器响应时间。

工况确定:仅设置一个火灾探测区间,除线缆式感温型火灾自动报警系统可不考虑阻挡和光照工况外,安装于隧道洞壁的其他类型火灾自动报警系统均应对上述所有试验工况进行组合试验检测。

b.系统响应时间试验。

系统响应时间:系统报警时间与火灾探测传感器响应时间之差,可根据不同探测区间系统响应时间确定探测距离与系统响应时间之间的关系。

工况确定:除火灾探测区间变化外,其他与火灾探测传感器响应时间试验工况相同。

c. 系统报警时间试验。

可根据火灾探测传感响应时间试验结果和探测距离与系统响应时间的关系,确定不同探测距离系统报警时间。

④试验次数。每种工况至少应进行 3 次试验。

⑤试验资料。生产商至少应提供本标准要求的相关证明材料;生产商可提供系统响应时间的说明书、计算公式、图表作为试验结果评定的参考资料。

⑥试验准备。点火试验前,应制订试验方法与记录表格并应检查试验设施以确保工作正常;点火时,隧道内应禁止车辆通行,无关人员不得在试验区内行走、停留;点火时,火盆左右各 50m 范围内不得有易燃、易爆或其他危险物品,也不得有车辆停放;移动点火时,试验范围内不得有上述物品及无关车辆。点火现场应备足相应的灭火器材,并安排专人负责点火安全,预先组织拟定好对点火以外事故的处置方案、方法及实施步骤。

⑦点火试验。点火前,将点火计时表与控制器计算机时钟校准;准备工作完成后,将规定的燃油、引燃物置于火盆内,实施点火,并记录点火时间;一次点火后,应待火盆冷却后,再倒入燃油进行下次点火试验。

(3)试验报告

①有效试验。某一工况连续 3 次试验结果误差不超过 5%,则其可作为该工况有效试验结果,否则,应增加重复试验次数直到满足该规定为止。某一工况连续 6 次试验结果仍不能满足本规范的要求时,可认为该工况被检测的火灾自动报警系统不稳定。

②试验评定。试验结果分为合格与不合格两个等级;应对每种试验工况分别评定合格或不合格;若上述任一工况不合格,被检测的火灾自动报警系统应评定为整体不合格。

③报告内容。试验报告至少包括各个工况的火灾探测传感器响应时间、系统最大探测范围(报警时间为 60s 时对应的探测区间长度)、误报区间、总体结论等内容。

三、隧道消防设施安装质量及检验评定标准

1. 基本要求

(1)消防设施的火灾探测器、消防控制器、火灾报警器、消火栓、灭火器、加压设施、供水设施及消防专用连接线缆、管道、配(附)件等器材的产品质量应符合国家或行业标准,其数量、型号规格应符合设计要求,部件完整。

(2)消防设施的安装支架、预埋锚固件、预埋管线、在隧道内安装孔位、安装间距等应符合设计要求。

(3)明装的线缆、管道保护措施应符合设计要求。

(4)所有安装设施应安装到位、方位正确、不侵入公路建筑限界,设备标识清楚。

(5)按规范要求连接消防设施的保护线、信号线、电力线,线缆应排列规整、无交叉拧绞;标识应完整、清楚;消防系统应经过通电测试、联调,工作状态正常。

(6)隐蔽工程验收记录、分项工程自检和设备调试记录、安装和非安装设备及附(备)件清单、有效的设备检验合格报告或证书等资料应齐全。

2. 实测项目

隧道消防设施的实测项目见《公路工程质量检验评定标准 第二册 机电工程》(JTG F80/2—2004)中表7.10.2。

3. 外观鉴定

(1)消防设施安装稳固、位置正确,与隧道协调、美观。

(2)消防设施的电力线、信号线、接地线端头制作规范;按设计要求采取了线缆保护措施、布线排列整齐美观、安装固定、标识清楚。

(3)设备表面光泽一致、无划伤、无刻痕、无剥落、无锈蚀。

(4)控制箱内布线整齐、美观、绑扎牢固,接线端头焊(压)接牢固、平滑并进行了热塑封合;编号标识清楚,预留长度适当;箱门开关灵活、出线孔密封措施得当,机箱内无积水、无霉变、无明显尘土,表面无锈蚀。

4. 补充说明

隧道消防设施现场检测要点如下。

(1)基本要求

现场检测的要点是消防设备的规格、数量;安装位置、质量;各种接线的质量;提交的资料。

(2)实测项目

实测项目包括:各设备的安全保护;用水、用气设施的水压、气压。还应进行功能测试:首先是能够检测到火灾并启动报警;其次是消防设施(各种灭火器)能够正常工作(自动喷水灭火系统的自动启动,手动灭火设备的灭火功能)。

第七节 本地控制器

一、概述

本地控制器是隧道监控系统中区域控制器的中央处理单元,也是隧道监控的关键和核心设备。它通过交通监控设施(如车辆检测器、可变信息标志、通行信号灯等)、火灾报警设施、通风设施、照明设施、风速风向检测器、能见度检测器、温度检测器和有害气体浓度(或烟感)检测器等,检测和控制单元的数据通信,完成系统的逻辑功能。

二、本地控制器技术要求及试验方法

目前,隧道本地控制器主要质量评定标准是《隧道可编程控制器》(JT/T 608—2004),依据该标准,本地控制器的主要技术要求及试验方法如下。

1. 本地控制器技术要求

1)工作条件

除了特别规定更加严酷的使用环境要求外,一般工作条件如下所述。

(1) 安装地点:隧道监控站室内或隧道洞壁内固定安装。
(2) 大气压力:86~106kPa。
(3) 环境温度:-5~+55℃。
(4) 相对湿度:30%~90% RH。
(5) 电源容差:AC220×(1±15%)V,频率:50×(1±5%)Hz;其他电源条件应符合《标准电压》(GB/T 156—2007)的规定。

2) 基本功能与配置
(1) 基本功能
①监控系统中的应用功能。隧道可编程控制器是隧道监控系统中区域控制器的中央处理单元,通过交通监控设施(如车辆检测器、可变信息标志、通行信号灯等)、火灾报警设施、通风设施、照明设施、风速风向检测器、能见度检测器、温度检测器和有害气体浓度(或烟感)检测器等,检测和控制单元的数据通信,完成系统的逻辑功能。

②隧道可编程控制器分类。隧道可编程控制器按照其安装位置的不同可分为隧道监控站内和隧道洞内的区域可编程控制器。

隧道监控站内的可编程控制器是指:
a. 隧道监控系统的中央节点,公路交通监控子系统(隧道监控)的主节点端机;
b. 与公路监控(分)中心远程通信,执行(分)中心上位机的动作指令和本机的控制程序。
隧道洞内的区域可编程控制器是指:
(a) 环网(或总线)拓扑结构的隧道监控子系统(区域监控)的节点端机;
(b) 通过光、电传输介质的连接,执行隧道站上位机的动作指令和本机的控制程序。

(2) 基本配置
隧道可编程控制器通常包括:
①硬件构成。主处理器、内存、电源、数据处理模块、输入/输出模块、通信模块(包括支持RS232/485、以太网、FDDI、TCP/IP等协议)、总线连接器和防护机箱等。

②软件系统。操作系统与可编程的应用软件;外围工作器件与安全防护装置等。同时,防护机箱内应备有功能测试和检修维护时所必需的电源和信号端口。

其他相关的数据处理模块、通信模块、传感器、执行器、人机接口和电源等器件以及编程语言应符合《可编程序控制器 第3部分:编程语言》(GB/T 15969.3—2005)的相关规定。

3) 技术要求
(1) 防护性能
①防护机箱。机箱密封性能应符合《外壳防护等级》(GB/T 4208—2017)的相关规定,不低于IP65的防尘、防潮等级。

②防腐蚀涂层。机箱防腐涂层应符合以下要求:机箱外壳宜采用不小于1.5mm厚度的冷轧钢板或机械强度相当的户外型材料;有机防腐蚀涂层厚度应不小于0.076mm;镀锌防腐蚀层厚度应不小于72μm;镀铝防腐蚀涂层厚度应不小于44μm;机箱其他组件的相关要求应符合《公路交通工程钢构件防腐技术条件》(GB/T 18226—2015)的相关规定。

(2) 结构稳定性
落地或隧道洞壁内安装的机箱,其质量大于25kg时,工作及检修状态下不应倾倒。

(3)机械强度

①耐恒定作用力。机箱外壳在承受一定外应力时,箱体表面不应出现损伤、龟裂、凹痕和掉落碎片等现象。

②耐机械冲击力。机箱受到一定外冲击力时,产品功能正常,结构不受影响,零部件无松动。

(4)布线和端接

①布线和保护。机箱内部布线应以适当方式联机、支撑、夹持或固定,线孔护口和线槽折角应平滑、无锋利棱角。

②线缆端接。电源、信号、地线等线缆的端接装置(端子排、焊接、压接、插接等)应保证产品正常使用时,连接点不会发生位移、松动和脱落,且各连接点之间的爬电距离和电气间隙应符合《信息技术设备 安全 第1部分:通用要求》(GB 4943.1—2011)的相关规定。

(5)电气安全

①绝缘电阻。电源输入线缆端子与箱体外壳的绝缘电阻应不小于100MΩ。

②抗电强度。设备被试部分承受 AC1500V/50Hz 的电压,漏电流不大于 3.5mA,并保持 1min,期间绝缘不应击穿。

③接触(地)电阻。产品安全保护接地端子应与机箱外壳紧固连接,接地端子与箱体顶部最长距离测试点的接触电阻应不大于 0.01Ω。

(6)后备电源

一般工作条件下:后备电源可维持数据存储时间应大于300h;更换后备电源或向后备电池充电时,存储资料不应丢失。

(7)电磁兼容性能

①涌(冲击)抗扰度。电源输入端口浪涌器标称导通电压一般为 $U = 2.2U_n$(U_n 为额定电压);信号输入/输出端口能承受电压脉冲波形为 10/700μs、峰值为5kV 的过电压脉冲的冲击,导通电压应在 $1.5 \sim 2U_n$ 之间(U_n 为最大工作电压)。

②工频、脉冲、阻尼振荡磁场抗扰度。如产品安装现场存在产生漏磁通的大功率电气设备(变压器等)、保护系统的接地导体、敷设间距小于 30m 的中压(6kV)回路或高压母线(不小于10kV)等环境,则工频磁场、脉冲和阻尼振荡磁场应为4级抗扰度。

③电压跌落和中断。电源短时间扰动,即电压跌落至 AC44~187V(额定电压的20%~85%之间),产品主机应保持正常工作;电源瞬间中断,产品主机应保持正常工作或者进入预先设定的状态;掉电停机重新起动后,产品主机应无操作系统错误和任何异常动作。

(8)环境适应性

①耐低温待机。在 -25℃条件下,通电运行8h 后,在室温条件下恢复2h,应起动和关机正常、系统引导正确,应用软件满足功能要求,并能通过测试程序的验证,外围设备工作逻辑正确。

②耐低温工作。在 -5℃条件下,通电运行8h,应关机与起动正常、系统引导正确,应用软件满足功能要求,并能通过测试程序的验证,外围设备工作逻辑正确。

③耐高温工作。在 +55℃条件下,通电运行8h,应关机与起动正常、系统引导正确,应用软件满足功能要求,并能通过测试程序的验证,外围设备工作逻辑正确。

④耐湿热工作。在温度+40℃,相对湿度93%±2%条件下,通电运行48h,应关机与起动正常、系统引导正确,应用软件满足功能要求,并能通过测试程序的验证,外围设备工作逻辑正确。

⑤振动。通电状态振动试验后,产品功能正常,结构不受影响,零部件无松动。

⑥耐盐雾腐蚀。有机涂层除划痕部位任何一侧0.5mm内,应无起泡、剥离、生锈等现象;金属防腐蚀材料应无红色锈斑等现象。

(9)通信规程

主机与外围设备或周边系统的DTE/DCE数据通信接口和传输协议,应符合《数据通信基本型控制规程》(GB/T 3453—1994)及《数据终端设备(DTE)和数据电路终接设备(DCE)之间的接口电路定义表》(GB/T 3454—2011)的相关规定。

(10)平均无故障时间

主机MTBF大于20000h。

2. 本地控制器试验方法

1)试验条件

(1)除特殊规定外,一般试验条件如下:温度,+15~+35℃;湿度,35%~75%RH;气压,86~106kPa;额定电源,AC220V,50Hz。

(2)如果有关条文中没有说明,则各项试验数据允差范围为±5%。

2)试验结果判定

除特殊规定外,一般对可重复的测量项目进行3次试验,取算术平均值为试验结果。试验结果分为合格与不合格两级判定。

3)功能测试

(1)功能测试条件。各项功能验证应在符合基本配置规定的产品上进行;硬件和软件被测平台应具备完整的产品属性,为合格产品;制造商需提供实现产品功能验证所必需的测试程序;制造商需提供正确运用测试程序的方法;外围设备或周边系统的功能响应,可由软件模拟工作信号或者直接与外围设备进行实物连接测试(包括试验室内搭建模拟系统环境)。

(2)功能测试内容。不应出现硬件失控和损坏;不应发生操作系统和测试程序的修改及程序执行的变化;不应出现功能、部件的信息路径逻辑紊乱;各项工作状态正确提示(显示、指示灯、报警信号、寄存器自检结果等);验证正常启动和停机、冷/热重新启动、编程、装载、监视等基本操作;验证设备部件的初始化和复位条件;对模块、单元、外部输入/输出接线、可拆卸连接器进行100%范围测试(适用于熔断器、电池等);若标准未作具体规定,但为实现产品功能需要的特殊性能也应当进行测试。

4)防护性能试验

(1)机箱防护性能试验。按《外壳防护等级》(GB/T 4208—2017)的规定进行,符合本标准的相关要求。

(2)机箱防腐蚀涂层试验。用电子涂层测厚仪,按平均法取样测量,符合本标准的相关要求。

5) 结构稳定性试验

在箱门呈最大开启状态,距离地面 2m 以下高度的任意方向施加相当于箱体自重 20% 的推/拉力(但该力不大于 250N),符合相关规范的要求。

6) 机械强度试验

(1) 耐恒定作用力试验。通过一个直径 30mm 的圆形试验平面依次施加 250N±10N 的恒定作用力到机箱的顶面和侧面,持续 5s,符合相关标准的要求。

(2) 耐机械冲击力试验。用一个直径 50mm、质量 500g±25g,光滑的实心钢球,从距离机箱试验面上方 1.3m 处自由跌落,符合相关标准的要求。

7) 布线和端接测试

目测验证,应符合相关标准的技术要求。

8) 电气安全试验

(1) 绝缘电阻试验。用精度 1.0 级、500V 的兆欧表在电源接线端子与机壳之间测量,符合相关标准的要求。

(2) 抗电强度试验。用精度 1.0 级的耐电压测试仪在电源接线端子与机壳之间测量,符合相关标准的要求;因试验引起电流以失控方式迅速增大,则视为绝缘已被击穿;电晕放电和单次瞬间闪络则不视为绝缘击穿。

(3) 接触(地)电阻。用分辨力 0.1mΩ 的接地电阻测试仪在机壳顶部金属部位与安全保护接地端子之间测量,符合相关标准的要求。

9) 电源性能试验

(1) 电源容差试验。用自耦变压器或可调交流电源分别给出测试电压 185V→200V→220V→240V→255V→230V→210V→185V。每调整一档电压达到稳定后(持续时间大于 10s),分别关闭和开启主机电源开关,检查逻辑和功能,应符合相关标准的要求。

(2) 后备电源试验。断掉外供电源,每 12h 对产品进行一次功能序列测试,应符合相关标准的要求。

10) 电磁兼容性能试验

(1) 浪涌(冲击)抗扰度试验。按《电磁兼容 试验和测量技术 浪涌(冲击)抗扰度试验》(GB/T 17626.5—2008)的规定,进行测试冲击波形为 3kA、6kV,限制电压 8/20μs 条件以及测试冲击波形为 5kV,10/700μs 条件下试验,符合本标准的相关要求。

(2) 工频、脉冲、阻尼振荡磁场抗扰度试验。按《电磁兼容 试验和测量技术 工频磁场抗扰度试验》(GB/T 17626.8—2006)、《电磁兼容 试验和测量技术 脉冲磁场抗扰度试验》(GB/T 17626.9—2011)与《电磁兼容 试验和测量技术 阻尼振荡磁场抗扰度试验》(GB/T 17626.10—1998)的规定,应符合本标准的相关要求。

(3) 电压跌落和中断试验。试验方法按《电磁兼容 试验和测量技术 电压暂降、短时中断和电压变化的抗扰度试验》(GB/T 17626.11—2008)的规定进行,应符合本标准的相关要求。电源跌落至 AC 44~187V(额定电压的 20%~85% 之间),共试验 20 次,每次间隔不小于 1s,应符合本标准的相关技术要求。电压瞬间中断,持续时间不大于 10ms,共试验 20 次,每次间隔不小于 1s,应符合本标准的要求。模拟掉电停机,以正常电压平缓重新起动,共进行两次,两次试验间隔不大于 10s,应符合本标准的相关要求。

11)环境适应性试验

(1)耐低温待机试验方法。按《电子电工产品环境试验 第 2 部分:试验方法 试验 A:低温》(GB/T 2423.1—2008)的规定,适应性应符合本标准的要求。

(2)耐低温工作试验方法。按《电子电工产品环境试验 第 2 部分:试验方法 试验 A:低温》(GB/T 2423.1—2008)的规定,适应性应符合本标准的要求。

(3)耐高温工作试验方法。按《电子电工产品环境试验 第 2 部分:试验方法 试验 B:高温》(GB/T 2423.2—2008)的规定,适应性应符合本标准的要求。

(4)耐湿热工作试验方法。按《电子电工产品环境试验 第 2 部分:试验方法 试验 Cab:恒定湿热方法》(GB/T 2423.3—2006)的规定,适应性应符合本标准的要求。

(5)振动试验方法。按《电子电工产品环境试验 第 2 部分:试验方法 试验 Fc:振动(正弦)》(GB/T 2423.10—2008)的规定,适应性符合本标准的要求。振动频率范围:1~150Hz,适用于 3 个相互垂直轴的每 1 个轴,1 个扫频循环:1Hz→9Hz→150Hz→9Hz→1Hz,持续 20 次;振动幅值:1~9Hz 范围按振幅控制,振幅 7.5mm;9~150Hz 范围按加速度控制,加速度为 10m/s^2。

(6)耐盐雾腐蚀试验。取规格为 65mm×142mm 的机箱外壳试样共 9 件,按《电子电工产品环境试验 第 2 部分:试验方法 试验 Ka:盐雾》(GB/T 2423.17—2008)的规定,经过 168h 的盐雾试验,耐盐雾腐蚀应符合本标准的要求。

12)通信规程测试

按本标准的相关要求验证符合性,同时测试 24h 数据传输误码率(要求 $\leqslant 10^{-8}$)。

13)平均故障时间(MTBF)测试

按《设备可靠性试验 恒定失效率假设下的失效率与平均无故障时间的验证试验方案》(GB 5080.7—1986)的要求,应符合相关标准的要求。

三、本地控制器安装质量及检验评定标准

1. 基本要求

(1)本地控制器及其配件的数量、型号规格符合要求,部件完整。
(2)本地控制器安装方位正确、不侵入公路建筑限界,设备标识清楚。
(3)明装的线缆、管道保护措施符合设计要求。
(4)本地控制器至控制中心以及隧道内下端设备的保护线、信号线、电力线的连接符合设计要求。线缆排列规整、无交叉拧绞,标识完整、清楚。
(5)与下端设备及控制中心计算机消防进行通电测试、联调,工作状态正常。
(6)隐蔽工程验收记录、分项工程自检和设备调试记录、有效的设备检验合格报告或证书等资料齐全。

2. 实测项目

隧道本地控制器的实测项目见《公路工程质量检验评定标准 第二册 机电工程》(JTG F80/2—2004)中表 7.11.2。

3. 外观鉴定

(1)本地控制器安装稳固、位置正确,设备表面光泽一致、无划伤、无刻痕、无剥落、无

锈蚀。

（2）与外部连接的电力线、信号线、接地线端头制作规范；按设计要求采取线缆保护措施、布线排列整齐美观、安装固定符合要求、标识清楚。

（3）控制箱内布线整齐、美观、绑扎牢固，接线端头焊（压）接牢固、平滑并进行热塑封合；编号标识清楚，预留长度适当。

（4）箱门开关灵活、出线孔密封措施得当，机箱内无积水、无霉变、无明显尘土，表面无锈蚀。

应注意：隧道本地控制器的安全防护、密封防潮应是检查重点之一，一方面是靠目测，另一方面要查看检验报告。

第八节　隧道监控中心设备及软件

一、概述

与公路监控中心设备及软件类似，隧道监控中心设备及软件亦是整个隧道机电系统的指挥中枢，是整个隧道监控系统安全、高效运行的核心。主要由隧道监控中心设备和计算机控制系统软件构成。在集中控制的隧道控制模式下，隧道监控中心计算机控制系统软件，主要完成以下功能：

(1) 能准确及时采集交通流、交通环境和主要交通设施运行状态的各种信息。
(2) 能探测和确认交通事件，能监测冬季路面状态。
(3) 能对交通事故做出快速响应，迅速准确地提供事故信息。
(4) 根据已掌握的信息，迅速做出有针对性的处理和优化控制方案，并立即执行。
(5) 有多种信息发布渠道，为用户提供信息服务。

二、隧道监控中心设备及软件安装质量及检验评测标准

1. 基本要求

1）隧道监控中心设备
(1) 所有设备型号规格、数量、性能参数和配置符合设计和合同要求。
(2) 隧道监控中心机房的防雷、接地、水暖、供电、空调通风、照明等辅助设施安装调试完毕并通过相关专业的验收。
(3) 隧道监控中心机房应整洁，通风、照明良好。
(4) 计算机控制系统所有硬件设备安装调试完毕，并与外场所有子系统通过了联调，系统处于正常运转工作状态。
(5) 隐蔽工程验收记录、分项工程自检和设备及系统联调记录、有效的设备检验合格报告或证书等资料齐全。

2)计算机控制系统软件

(1)具有采集隧道段交通流、气象参数、隧道内环境参数、火灾信息、声音图像信息、隧道段主要交通设施运行状态信息的功能。

(2)具有自动探测和确认隧道内异常事件并做出快速响应的功能。

(3)具有建立隧道段交通数据库的功能。

(4)按国家相关标准进行软件的稳定性、可靠性测试并附报告;编制并提供符合规范的软件手册及相关文档。

2. 实测项目

隧道监控中心设备及软件实测项目见《公路工程质量检验证定标准 第二册 机电工程》(JTG F80/2—2004)中表 7.12.2。

3. 外观鉴定

(1)监控中心计算机设备安装稳固、端正。

(2)中心监控室内操作台、座椅、设备、配线列架等整齐、有序、无明显歪斜,标志清楚、牢固。

(3)所有设备安装后,外观无划伤、刻痕以及防护层剥落等缺陷。

(4)设备及收费监控室内布线整齐美观、固定可靠、标识清楚;过墙、板、地下通道处要有保护套管,并留有适当余量。

(5)设备之间连线接插头等部件要求连接可靠、紧密、到位准确;布线整齐、余留规整、标识清楚;固定螺钉等要求紧固,无松动。

(6)配电箱内信号线、动力线及其接插头要求明显区分,标识清楚,有永久性接线图。

参 考 文 献

[1] 任福田,刘小明,荣建,等.交通工程学[M].北京:人民交通出版社,2003.
[2] 陈宝智.安全原理[M].北京:冶金工业出版社,2002.
[3] 张智勇,朱传征,等.公路机电工程检测技术[M].北京:人民交通出版社,2008.
[4] 赵祥模,关可,靳引利.高速公路通信系统理论及应用[M].北京:电子工业出版社,2003.
[5] 王立吉.计量学基础[M].北京:中国计量出版社,1997.
[6] 南仁植.粉末涂料与涂装技术[M].北京:化学工业出版社,2000.
[7] 邓忠礼,赵晖,等.光同步数字传输系统测试:修订版[M].北京:人民邮电出版社,2001.
[8] 胡志先,刘泽恒,等.光纤光缆工程测试[M].北京:人民邮电出版社,2001.
[9] 中华人民共和国国家标准.道路交通标志和标线:GB 5768.1~5768.3—2009[S].北京:中国标准出版社,2009.
[10] 中华人民共和国国家标准.道路交通信号灯:GB 14887—2011[S].北京:中国标准出版社,2011.
[11] 中华人民共和国国家标准.电工电子产品环境试验 试验A:低温:GB/T 2423.1—2008[S].北京:中国标准出版社,2008.
[12] 中华人民共和国国家标准.电工电子产品环境试验 试验B:高温:GB/T 2423.2—2008[S].北京:中国标准出版社,2008.
[13] 中华人民共和国国家标准.环境试验 第2部分:试验方法 试验Cab:恒定湿热试验:GB/T 2423.3—2016[S].北京:中国标准出版社,2016.
[14] 中华人民共和国国家标准.环境试验 第2部分:试验方法 试验Db:交变湿热:GB/T 2423.4—2019[S].北京:中国标准出版社,2008.
[15] 中华人民共和国国家标准.环境试验 第2部分:试验方法 试验Fc:振动(正弦):GB/T 2423.10—2019[S].北京:中国标准出版社,2019.
[16] 中华人民共和国国家标准.电工电子产品环境试验 第2部分:试验方法 试验Ka:盐雾:GB/T 2423.17—2008[S].北京:中国标准出版社,2008.
[17] 中华人民共和国国家标准.环境试验 第2部分:试验方法 试验N:温度变化:GB/T 2423.22—2012[S].北京:中国标准出版社,2012.
[18] 中华人民共和国国家标准.电工电子产品环境试验 第2部分:试验方法 试验L:沙尘试验:GB/T 2423.37—2006[S].北京:中国标准出版社,2006.
[19] 中华人民共和国国家标准.外壳防护等级:GB/T 4208—2017[S].北京:中国标准出版社,2017.
[20] 中华人民共和国国家标准.照明测量方法:GB/T 5700—2008[S].北京:中国标准出版社,2008.
[21] 中华人民共和国国家标准.人造气氛腐蚀试验 盐雾试验:GB/T 10125—2012[S].北京:中国标准出版社,2012.
[22] 中华人民共和国国家标准.道路交通标线质量要求和检测方法:GB/T 16311—2009[S].

北京:中国标准出版社,2009.

[23] 中华人民共和国国家标准.信息安全技术路由器安全技术要求:GB/T 18018—2007[S]. 北京:中国标准出版社,2007.

[24] 中华人民共和国国家标准.公路交通工程钢构件防腐技术条件:GB/T 18226—2015[S]. 北京:中国标准出版社,2015.

[25] 中华人民共和国国家标准.高速公路隧道监控系统模式:GB/T 18567—2010[S].北京: 中国标准出版社,2011.

[26] 中华人民共和国国家标准.道路交通反光膜:GB/T 18833—2012[S].北京:中国标准出版社,2012.

[27] 中华人民共和国国家标准.太阳能突起路标:GB/T 19813—2005[S].北京:中国标准出版社,2005.

[28] 中华人民共和国国家标准.交通信息采集 微波交通流检测器:GB/T 20609—2006[S]. 北京:中国标准出版社,2006.

[29] 中华人民共和国国家标准.电子收费专用短程通信:GB/T 20851—2007[S].北京:中国标准出版社,2007.

[30] 中华人民共和国国家标准.基于以太网技术的局域网(LAN)系统验收测试方法:GB/T 21671—2018[S].北京:中国标准出版社,2008.

[31] 中华人民共和国国家标准.公路沿线设施塑料制品耐候性要求及测试方法:GB/T 22040—2008[S].北京:中国标准出版社,2008.

[32] 中华人民共和国国家标准.高速公路LED可变限速标志:GB 23826—2009[S].北京:中国标准出版社,2009.

[33] 中华人民共和国国家标准.道路交通标志板及支撑件:GB/T 23827—2009[S].北京:中国标准出版社,2009.

[34] 中华人民共和国国家标准.高速公路LED可变信息标志:GB/T 23828—2009[S].北京: 中国标准出版社,2009.

[35] 中华人民共和国国家标准.高密度聚乙烯硅芯管:GB/T 24456—2009[S].北京:中国标准出版社,2009.

[36] 中华人民共和国国家标准.公路沿线设施太阳能供电系统通用技术规范:GB/T 24716—2009[S].北京:中国标准出版社,2009.

[37] 中华人民共和国国家标准.防眩板:GB/T 24718—2009[S].北京:中国标准出版社,2009.

[38] 中华人民共和国国家标准.公路收费亭:GB/T 24719—2009[S].北京:中国标准出版社,2009.

[39] 中华人民共和国国家标准.公路用玻璃纤维增强塑料产品:GB/T 24721.1～24721.5—2009[S].北京:中国标准出版社,2009.

[40] 中华人民共和国国家标准.路面标线用玻璃珠:GB/T 24722—2009[S].北京:中国标准出版社,2009.

[41] 中华人民共和国国家标准.票据打印机:GB/T 24723—2009[S].北京:中国标准出版

社,2009.

[42] 中华人民共和国国家标准.收费专用键盘:GB/T 24724—2009[S].北京:中国标准出版社,2009.

[43] 中华人民共和国国家标准.突起路标:GB/T 24725—2009[S].北京:中国标准出版社,2010.

[44] 中华人民共和国国家标准.交通信息采集 视频车辆检测器:GB/T 24726—2009[S].北京:中国标准出版社,2009.

[45] 中华人民共和国国家标准.交通警示灯:GB/T 24965.1~24965.4—2010[S].北京:中国标准出版社,2010.

[46] 中华人民共和国国家标准.车辆分离光栅:GB/T 24966—2010[S].北京:中国标准出版社,2010.

[47] 中华人民共和国国家标准.公路收费车道控制机:GB/T 24968—2010[S].北京:中国标准出版社,2010.

[48] 中华人民共和国国家标准.公路照明技术条件:GB/T 24969—2010[S].北京:中国标准出版社,2010.

[49] 中华人民共和国国家标准.轮廓标:GB/T 24970—2010[S].北京:中国标准出版社,2010.

[50] 中华人民共和国国家标准.收费用电动栏杆:GB/T 24973—2010[S].北京:中国标准出版社,2010.

[51] 中华人民共和国国家标准.隔离栅:GB/T 26941.1~26941.6—2011[S].北京:中国标准出版社,2011.

[52] 中华人民共和国国家标准.环形线圈车辆检测器:GB/T 26942—2011[S].北京:中国标准出版社,2011.

[53] 中华人民共和国国家标准.升降式高杆照明装置:GB/T 26943—2011[S].北京:中国标准出版社,2011.

[54] 中华人民共和国国家标准.隧道环境检测设备:GB/T 26944.1~26944.4—2011[S].北京:中国标准出版社,2011.

[55] 中华人民共和国国家标准.公路收费用费额显示器:GB/T 27879—2011[S].北京:中国标准出版社,2011.

[56] 中华人民共和国国家标准.公路防撞桶:GB/T 28650—2012[S].北京:中国标准出版社,2012.

[57] 中华人民共和国国家标准.视频交通事件检测器:GB/T 28789—2012[S].北京:中国标准出版社,2012.

[58] 中华人民共和国国家标准.波形梁钢护栏 第1部分:两波形梁钢护栏:GB/T 31439.1—2015[S].北京:中国标准出版社,2015.

[59] 中华人民共和国国家标准.波形梁钢护栏 第2部分:三波形梁钢护栏:GB/T 31439.2—2015[S].北京:中国标准出版社,2015.

[60] 中华人民共和国国家标准.LED主动发光道路交通标志:GB/T 31446—2015[S].北京:

中国标准出版社,2015.

[61] 中华人民共和国行业标准.公路交通安全设施设计规范:JTG D81—2017[S].北京:人民交通出版社股份有限公司,2017.

[62] 中华人民共和国行业标准.公路工程质量检验评定标准 第一册 土建工程:JTG F80/1—2017[S].北京:人民交通出版社股份有限公司,2018.

[63] 中华人民共和国行业标准.公路工程质量检验评定标准 第二册 机电工程:JTG F80/2—2004[S].北京:人民交通出版社,2004.

[64] 中华人民共和国行业推荐性标准.公路隧道照明设计细则:JTG/T D70/2-01—2014[S].北京:人民交通出版社股份有限公司,2014.

[65] 中华人民共和国行业推荐性标准.公路隧道通风设计细则:JTG/T D70/2-02—2014[S].北京:人民交通出版社股份有限公司,2014.

[66] 中华人民共和国行业推荐性标准.公路交通安全设施设计细则:JTG/T D81—2017[S].北京:人民交通出版社股份有限公司,2017.

[67] 中华人民共和国交通行业标准.路面标线涂料:JT/T 280—2004[S].北京:人民交通出版社,2005.

[68] 中华人民共和国交通运输行业标准.公路交通安全设施质量检验抽样方法:JT/T 495—2014[S].北京:人民交通出版社股份有限公司,2014.

[69] 中华人民共和国交通行业标准.公路地下通信管道 高密度聚乙烯硅芯塑料管:JT/T 496—2018[S].北京:人民交通出版社股份有限公司,2018.

[70] 中华人民共和国交通行业标准.LED车道控制标志:JT/T 597—2004[S].北京:人民交通出版社,2004.

[71] 中华人民共和国交通行业标准.公路用防腐蚀粉末涂料及涂层:JT/T 600.1~600.4—2004[S].北京:人民交通出版社,2005.

[72] 中华人民共和国交通运输行业标准.汽车号牌视频自动识别系统:JT/T 604—2011[S].北京:人民交通出版社,2011.

[73] 中华人民共和国交通行业标准.高速公路监控设施通信规程:JT/T 606.1~606.3—2004[S].北京:人民交通出版社,2004.

[74] 中华人民共和国交通行业标准.隧道可编程控制器:JT/T 608—2004[S].北京:人民交通出版社,2004.

[75] 中华人民共和国交通行业标准.公路隧道火灾报警系统技术条件:JT/T 610—2004[S].北京:人民交通出版社,2004.

[76] 中华人民共和国交通行业标准.路面防滑涂料:JT/T 712—2008[S].北京:人民交通出版社,2008.

[77] 中华人民共和国交通行业标准.道路交通环境能见度检测器:JT/T 714—2008[S].北京:人民交通出版社,2008.

[78] 中华人民共和国交通行业标准.道路交通环境埋入式路面状况检测器:JT/T 715—2008[S].北京:人民交通出版社,2008.

[79] 中华人民共和国交通运输行业标准.公路用钢网复合型玻璃纤维增强塑料管箱:JT/T

800—2011[S].北京:人民交通出版社,2011.

[80] 中华人民共和国交通运输行业标准.公路机电系统设备通用技术要求及检测方法:JT/T 817—2011[S].北京:人民交通出版社,2011.

[81] 中华人民共和国交通运输行业标准.公路隧道发光型诱导设施:JT/T 820—2011[S].北京:人民交通出版社,2011.

[82] 中华人民共和国交通运输行业标准.视频光端机:JT/T 830—2012[S].北京:人民交通出版社,2012.

[83] 中华人民共和国交通运输行业标准.公路用复合隔离栅立柱:JT/T 848—2013[S].北京:人民交通出版社,2013.

[84] 中华人民共和国交通运输行业标准.视频矩阵:JT/T 897—2014[S].北京:人民交通出版社股份有限公司,2014.

[85] 中华人民共和国交通运输行业标准.公路LED照明灯具:JT/T 939.1、JT/T 939.2、JT/T 939.5—2014[S].北京:人民交通出版社股份有限公司,2014.

[86] 中华人民共和国交通运输行业标准.高速公路监控系统软件测试方法 第1部分:功能测试:JT/T 965.1—2015[S].北京:人民交通出版社股份有限公司,2015.

[87] 中华人民共和国交通运输行业标准.高速公路监控系统软件测试方法 第2部分:性能测试:JT/T 965.2—2015[S].北京:人民交通出版社股份有限公司,2015.

[88] 中华人民共和国交通运输行业标准.收费公路联网收费系统软件测试方法 第1部分:功能测试:JT/T 966.1—2015[S].北京:人民交通出版社股份有限公司,2015.

[89] 中华人民共和国交通运输行业标准.收费公路联网收费系统软件测试方法 第2部分:功能测试:JT/T 966.2—2015[S].北京:人民交通出版社股份有限公司,2015.

[90] 中华人民共和国交通运输行业标准.公路用聚氨酯复合电缆桥架:JT/T 1034—2016[S].北京:人民交通出版社股份有限公司,2016.

[91] 中华人民共和国通信行业标准.地下通信管道用塑料管:YD/T 841.1～841.5—2016[S].北京:人民邮电出版社,2016.

[92] 中华人民共和国通信行业标准.综合布线系统电气特性通用测试方法:YD/T 1013—2013[S].北京:人民邮电出版社,2013.

[93] 中华人民共和国通信行业标准.以太网交换机技术要求:YD/T 1099—2013[S].北京:人民邮电出版社,2013.

附 2020年度《交通工程》科目考试大纲

第一部分 考试说明

一、考试科目

考试分为试验检测师、助理试验检测师两个级别,均设《公共基础》科目和专业科目,其中,专业科目包括《道路工程》《桥梁隧道工程》《交通工程》《水运结构与地基》和《水运材料》等5个科目。公路水运工程试验检测师和助理试验检测师两者考试科目的设置和考试范围相同,考试内容的难易程度结合实际工作的性质不同有所侧重。

二、考试题型

考试题型共有四种形式:单选题、判断题、多选题和综合题。《公共基础》科目不设综合题,试卷设置单选题40道、判断题30道、多选题25道,总计120分;专业科目每套试卷设置单选题30道、判断题30道、多选题20道、综合题5道(含25道小题),总计150分。

(一)**单选题**:每道题目有四个备选项,要求考生通过对题干的审查理解,从四个备选项中选出唯一的正确答案,每题1分。

(二)**判断题**:每道题目列出一个可能的事实,通过审题给出该事实是正确还是错误的判断,每题1分。

(三)**多选题**:每道题目所列备选项中,有两个或两个以上正确答案,每题2分。选项全部正确得满分,选项部分正确按比例得分,出现错误选项该题不得分。

(四)**综合题**:设5大题25小题,内容包括试验检测原理、试验操作、案例分析及计算题等。每小题有四个备选项,要求考生从中选出一个或一个以上正确答案,每小题2分,选项部分正确按比例得分,出现错误选项该题不得分。其中,《桥梁隧道工程》《交通工程》科目设有选答题。

三、考试时间

《公共基础》科目考试时间为120分钟;专业科目考试时间为150分钟。

四、参考教材

交通运输部职业资格中心组织专家编写了公路水运工程试验检测专业技术人员职业资格考试用书,供广大考生复习备考。特别强调,考试用书中的内容和现行有效的国家法律法规、标准规范相对应的内容不一致时,应以现行有效的国家法律法规、标准规范的内容为准。

第二部分 《交通工程》考试大纲

★ 试验检测师

【考试目的】

检验应考人员对交通工程(含交通安全设施与机电工程)产品检测和工程质量检验的相关理论和基本原理、标准规范、检验检测方法的掌握情况,以及对仪器设备配置、核查、调试、操作的能力,制定检验检测作业指导书、产品检测细则、工程检验方案、原始记录格式文件的能力,编制和审核检验检测报告的能力,对检验检测的技术指标、方法和结果做出合理解释的能力。

【考试内容】

一、交通工程检测基础

(一)交通工程概论。

(二)交通工程专业学科基础。

(三)交通工程标准体系:交通工程标准分类、级别、组成及体系结构。

(四)抽样基础

1. 抽样检验的风险和基本要求;

2. 交通工程设施抽样检验技术;

3. 交通安全设施的产品质量验收抽样和监督检验抽样的抽样方案和结果判定。

(五)数据处理与通用试验方法

1. 几何参数、涂层厚度、力学性能、光学(光度和色度)性能、电压、电流、电阻、接地电阻、电气绝缘强度的测量原理、仪器设备、方法和注意事项;

2. 环境温度试验、环境湿度试验的要求、严酷等级、仪器设备、方法和注意事项;

3. 盐雾试验的原理、分类和评价方法;中性盐雾试验的标准要求、仪器设备、步骤和操作方法;交变(循环)盐雾试验的作用、严酷等级、试验设备和操作方法;

4. 耐候性试验分类;氙弧灯人工加速老化试验条件、仪器设备、试样的要求,以及试验方法;

5. 机械振动试验的分类和原理;电磁振动试验的仪器设备、严酷等级、操作步骤、注意事项;

6. IP防护等级的分类、代码和试验仪器设备及试验方法;

7. 交通机电产品电磁兼容主要检测指标及其主要使用的仪器设备;

8. 公路交通工程钢构件防腐涂层分类、质量要求及检测方法;

9. 单位工程、分部工程、分项工程的划分及内容,单位工程、分部工程、分项工程质量的评定方法。

二、交通安全设施

(一)道路交通标志

1. 交通标志的颜色、形状、图形符号;交通标志的分类、基本要求、设置原则;

2. 交通标志基础与支撑的施工、制作及安装工艺要求;

3. 道路交通标志产品的组成、技术要求、试验方法、检验规则,以及产品的标志、包装、运输与贮存要求;

4. LED 主动发光道路交通标志的构成及主要技术指标。

(二)道路交通反光膜

1. 反光膜的作用原理、生产工艺;

2. 反光膜产品的结构、分类、技术要求、试验方法、检验规则,以及标志、包装、运输与贮存要求。

(三)道路交通标线

1. 道路交通标线分类及颜色、形状;道路交通标线的作用、施划原则、施工工艺;

2. 道路交通标线检测的抽样方法;

3. 道路交通标线工程质量要求、检验评定标准及检测方法。

(四)路面标线涂料及玻璃珠

1. 路面标线涂料的成分构成、成膜机理、生产工艺;

2. 路面标线涂料的产品分类、技术要求、试验方法、检验规则、标识、包装、运输与贮存;

3. 路面标线用玻璃珠的产品分类、技术要求、试验方法、检验规则、标识、包装、运输与贮存;

4. 路面防滑涂料主要技术要求。

(五)公路安全护栏

1. 公路安全护栏的功能、分类和防护等级;刚性护栏、半刚性护栏、柔性护栏的作用原理;

2. 波形梁钢护栏的生产工艺及防腐处理工艺流程;混凝土护栏、波形梁钢护栏、缆索护栏的施工工艺要求;

3. 波形梁钢护栏产品的分类及组成、技术要求、试验方法、检验规则,以及产品的标志、包装、运输与贮存要求;

4. 缆索护栏的组成、分类及结构尺寸要求。

(六)隔离设施

1. 隔离设施的分类、设置原则和构造要求;

2. 热浸镀锌和热涂塑隔离设施生产工艺过程;隔离设施施工方法及过程质量控制要点;

3. 隔离栅产品分类、结构尺寸、技术要求、试验方法和检验规则。

(七)防眩设施

1. 防眩设施的形式和设置原则;防眩原理、遮光角计算;

2. 防眩设施施工方法及过程质量控制要点;

3. 防眩板产品的分类、技术要求、试验方法和检验规则,以及标识、包装、运输与贮存要求。

（八）突起路标

1. 突起路标的功能和作用原理、生产工艺、布设原则和施工方法；

2. 突起路标产品的分类与组成、技术要求、试验方法、检验规则，以及标识、包装、运输与贮存要求；

3. 普通突起路标和太阳能突起路标的区别；太阳能突起路标的结构与分类、技术要求及试验方法。

（九）轮廓标

1. 轮廓标产品作用原理及生产工艺；轮廓标的设置原则、布设间距和安装方法；

2. 轮廓标产品分类与结构、技术要求、试验方法、检验规则，以及产品标志、包装、运输与贮存要求。

（十）防腐粉末涂料及涂层

1. 公路防腐粉末涂料的分类和特点；

2. 公路防腐粉末涂料及涂层的技术要求、检测方法。

（十一）交通安全设施工程验收检测

三、机电工程

（一）监控设施

1. 交通监控系统的组成、结构原理及功能作用；

2. 车辆检测器的分类、工作原理、主要组成及主要参数指标；环形线圈车辆检测器的技术要求和试验方法；

3. 气象检测器的分类、工作原理、主要组成及主要参数指标；能见度检测器、埋入式路面状况检测器的技术要求和试验方法；

4. 闭路电视监视系统的组成、作用及工作原理；视频传输产品及通道性能主要指标及测量方法；

5. 可变标志的工作原理、用途、显示方式、版面要求、设置原则；现行国家标准中可变标志（含可变信息标志、可变限速标志、车道控制标志、信号灯）规定的分类与组成、技术要求、试验方法、检验规则，以及产品标志、包装、运输与贮存要求；

6. 监控中心功能、设备组成与作用及工作原理；

7. 监控系统计算机网络的组成、网络布线分类、布线测试连接方式、系统性能要求及其测试方法；

8. 监控设施各分项工程质量检验评定标准的内容。

（二）通信设施

1. 公路常用通信管道的类型；通信管道施工工艺及施工过程质量控制要点；高密度聚乙烯硅芯塑料管产品结构、分类与标记、技术要求、试验方法、检验规则，以及产品标志、包装、运输与贮存要求；

2. 双壁波纹管产品型号、分类和结构、要求、试验方法、检验规则；玻璃纤维增强塑料管箱及管道产品结构、分类、尺寸及偏差、技术要求、试验方法、检验规则以及产品标志、包装、运输与贮存要求；

3. 通信基本原理;通信网的主要分类与构成;高速公路通信系统的功能作用与特点;

4. 基带传输与频带传输的区分;数据电路与数据链路的区别;调制、解调、并行通信、串行通信的基本原理;单工、半双工、全双工的特点;

5. 光电缆线路分类;

6. 光纤数字传输系统的构成;PCM、SDH 的工作原理与系统组成;

7. 数字程控交换系统、紧急电话系统和通信电源的组成、功能与作用;

8. 光电缆线路、光纤数字传输设备、数字程控交换设备、紧急电话系统、通信电源设备的主要技术参数、测量原理、测试仪器和方法;

9. 通信设施各分项工程质量检验评定标准的内容。

(三)收费设施

1. 收费的制式及方式;收费系统的构成模式;联网收费的主要内容;

2. 收费用电动栏杆、公路收费用费额显示器、公路收费车道控制机、封闭式收费用非接触式 IC 卡收发卡机、公路收费用票据打印机、收费专用键盘、汽车号牌视频自动识别系统、车辆分离光栅等车道设备产品标准规定的组成分类及型号、技术要求、试验方法、检验规则、以及产品标志、包装、运输与贮存要求;拒超(治超)设备的组成及要求;

3. 公路收费亭的分类与结构尺寸、力学性能、防护性能、照明条件要求及其试验方法;

4. ETC 的组成与作用,车载单元、路侧单元的主要技术指标;ETC 门架系统的关键设备、检测要求及主要技术指标;

5. 收费中心软件测试技术要求;

6. 收费设施各分项工程质量检验评定标准的内容。

(四)低压配电设施

1. 公路沿线用电设施的特点、用电负荷等级、常用接线方式;

2. 有功功率、视在功率、功率因素计算;防雷与接地基本原理;

3. 低压配电设施、电能质量、应急电源的技术要求;

4. 太阳能供电系统的组成及分类;

5. 低压配电设施各分项工程质量检验评定标准的内容。

(五)照明设施

1. 公路照明作用与构成、常用术语、评价指标;

2. 公路照明等级、照明质量、灯具和光源、照明布设、供电安全控制等要求;

3. 照度、亮度的测量要求和测量方法;

4. 升降式高杆照明装置、公路 LED 照明灯具的组成分类及型号、技术要求、试验方法、检验规则,以及产品标志、包装、运输与贮存要求;

5. 照明设施工程质量检验评定标准的内容。

(六)隧道机电设施

1. 隧道机电系统构成;公路隧道分段照明的涵义及设计要求;

2. 环境检测设备、公路隧道火灾报警系统、本地控制器的技术要求和试验方法;通风设施、照明设施的基本要求及测量方法;

3. 隧道监控中心系统及软件测试要求、检验评定标准;

4. 隧道机电设施各分项工程质量检验评定标准的内容。

★ 助理试验检测师

【考试目的】

检验应考人员对交通工程(含交通安全设施与机电工程)产品检测和工程质量检验的相关理论、标准规范、检验检测方法的掌握情况,以及对仪器设备保养、调试和操作的能力,依据标准规范完成产品检测和工程质量检验、处理检测数据、编制检验检测报告的能力。

【考试内容】

一、交通工程检测基础

(一)交通工程概论。

(二)交通工程专业学科基础。

(三)交通工程标准体系:交通工程标准分类、级别、组成。

(四)抽样基础:抽样检验风险和基本要求。

(五)数据处理与通用试验方法。

1. 几何参数、涂层厚度、力学性能、光学(光度和色度)性能、电压、电流、电阻、接地电阻、电气绝缘强度的测量原理、仪器设备、方法和注意事项;

2. 环境温度试验、环境湿度试验的要求、严酷等级、仪器设备、方法和注意事项;

3. 盐雾试验的分类和评价方法;中性盐雾试验的标准要求、仪器设备、步骤和操作方法;

4. 耐候性试验分类;

5. 电磁振动试验的仪器设备、严酷等级、操作步骤、注意事项;

6. IP 防护等级的分类、代码和试验仪器设备及试验方法;

7. 公路交通工程钢构件防腐涂层分类、质量要求及检测方法;

8. 单位工程、分部工程、分项工程的划分及内容,单位工程、分部工程、分项工程质量的评定方法。

二、交通安全设施

(一)道路交通标志

1. 交通标志的颜色、形状、图形符号;交通标志的分类、基本要求、设置原则;

2. 道路交通标志产品的组成、技术要求、试验方法、检验规则。

(二)道路交通反光膜:产品的结构、分类、技术要求、试验方法、检验规则。

(三)道路交通标线

1. 道路交通标线分类及颜色、形状;

2. 道路交通标线工程质量要求、检测抽样方法、检验评定标准及检测方法。

(四)路面标线涂料及玻璃珠

1. 路面标线涂料的产品分类、技术要求、试验方法、检验规则;

2. 路面标线用玻璃珠的产品分类、技术要求、试验方法、检验规则。

(五)公路安全护栏

1. 公路安全护栏的功能、分类和防护等级；

2. 波形梁钢护栏产品的分类及组成、技术要求、试验方法、检验规则。

(六)隔离设施

隔离栅产品分类、结构尺寸、技术要求、试验方法和检验规则。

(七)防眩设施

1. 防眩设施的形式和设置原则；

2. 防眩板产品的分类、技术要求、试验方法和检验规则。

(八)突起路标

1. 突起路标的功能、布设原则；

2. 突起路标产品的分类与组成、技术要求、试验方法、检验规则。

(九)轮廓标

1. 轮廓标的设置原则、布设间距；

2. 轮廓标产品分类与结构、技术要求、试验方法、检验规则。

(十)交通安全设施工程验收检测

三、机电工程

(一)监控设施

1. 交通监控系统的组成及功能作用；

2. 车辆检测器的分类、主要参数指标；环形线圈车辆检测器的技术要求和试验方法；

3. 气象检测器的分类、主要参数指标；能见度检测器的技术要求和试验方法；

4. 闭路电视监视系统的组成、作用；视频传输通道主要指标及测量方法；

5. 可变标志的用途、显示方式、版面要求、设置原则；现行国家标准中可变标志(含可变信息标志、可变限速标志、车道控制标志、信号灯)规定的分类与组成、技术要求、试验方法、检验规则；

6. 监控中心功能、设备组成与作用；

7. 监控系统计算机网络的组成、网络布线分类、系统性能要求及其测试方法；

8. 监控设施各分项工程质量检验评定标准的内容。

(二)通信设施

1. 公路常用通信管道的类型；高密度聚乙烯硅芯塑料管产品结构、分类与标记、技术要求、试验方法、检验规则；

2. 通信网的主要分类与构成；高速公路通信系统的功能作用与特点；

3. 基带传输与频带传输的区分；数据电路与数据链路的区别；单工、半双工、全双工的特点；

4. 光电缆线路分类；光纤数字传输系统的构成；

5. 数字程控交换系统、紧急电话系统和通信电源的组成、功能与作用；

6. 光电缆线路、光纤数字传输设备、数字程控交换设备、紧急电话系统、通信电源设备的主要技术参数、测试仪器和方法；

7. 分项工程质量检验评定标准的内容。

(三)收费设施

1. 收费的制式及方式;收费系统的构成模式;ETC 的组成与作用;

2. 收费用电动栏杆、公路收费用费额显示器、公路收费车道控制机、封闭式收费用非接触式 IC 卡收发卡机、公路收费用票据打印机、收费专用键盘、汽车号牌视频自动识别系统等车道设备产品标准规定的组成分类及型号、技术要求、试验方法、检验规则;

3. 收费设施各分项工程质量检验评定标准的内容。

(四)低压配电设施

1. 公路沿线用电设施的特点、用电负荷等级、常用接线方式;

2. 低压配电设施、电能质量、应急电源的技术要求;

3. 太阳能供电系统的组成及分类;

4. 低压配电设施各分项工程质量检验评定标准的内容。

(五)照明设施

1. 公路照明作用与构成、常用术语、评价指标;

2. 公路照明等级、照明质量、灯具和光源、照明布设、供电安全控制等要求;

3. 照度、亮度的测量要求和测量方法;

4. 升降式高杆照明装置、公路 LED 照明灯具的组成分类及型号、技术要求、试验方法、检验规则;

5. 照明设施工程质量检验评定标准的内容。

(六)隧道机电设施

1. 隧道机电系统构成;

2. 环境检测设备、公路隧道火灾报警系统、本地控制器的技术要求和试验方法;通风设施、照明设施的基本要求及测量方法;

3. 隧道机电设施各分项工程质量检验评定标准的内容。